PASSCODE

9급 공무원

기출이 답이다

교정직

[전과목] 5개년 기출

SD에듀

기출은 합격의 키

"기출문제는 중요합니다."

그러나 기출문제가 왜 중요한지에 대해 명확히 알고 있는 사람은 의외로 찾아보기 힘듭니다.
'그저 출제된 문제를 풀어 보는 것이 성적 향상에 도움이 될까?', '계속 틀리기만 하는데 도움이 되긴 되는 건가?'
이러한 반문에도 불구하고 우리는 다음과 같은 이유를 통해
기출의 중요성, 즉 '기출의 힘'에 대해 생각해 볼 수 있습니다.

Step 1   과목별로 빈출되는 영역, 유형을 중점으로 불필요한 학습량을 줄인다!

Step 2   해당 영역이 어떤 방식으로 출제되는지 그 유형을 파악한다!

Step 3   문제 해결 능력을 기르고 시험에 익숙해진다!

2022 국가직 9급 국어

16 한자 표기가 옳지 않은 것은?

① 오늘 협상에서 만족(滿足)할 만한 성과를 거두었다.
② 김 위원의 주장을 듣고 그 의견에 동의하여 재청(再請)했다.
③ 우리 지자체의 해묵은 문제를 해결(解結)할 방안이 생각났다.
④ 다수가 그 의견에 동의하지 않았기에 재론(再論)이 필요하다.

2021 국가직 9급 국어

07 한자 표기가 옳은 것은?

① 그분은 냉혹한 현실(現室)을 잘 견뎌 냈다.
② 첫 손님을 야박(野薄)하게 대해서는 안 된다.
③ 그에게서 타고난 승부 근성(謹性)이 느껴진다.
④ 그는 평소 희망했던 기관에 채용(債用)되었다.

영역일치
유형일치

어휘
한자 표기

2022 국가직 9급 영어

09 다음 글의 제목으로 가장 적절한 것은?

Lasers are possible because of the way light interacts with electrons. Electrons exist at specific energy levels or states characteristic of that particular atom or molecule. The energy levels can be imagined as rings or orbits around a nucleus. Electrons in outer rings are at higher energy levels than those in inner rings. Electrons can be bumped up to higher energy levels by the injection of energy—for example, by a flash of

2021 국가직 9급 영어

07 다음 글의 제목으로 가장 적절한 것은?

Warming temperatures and loss of oxygen in the sea will shrink hundreds of fish species—from tunas and groupers to salmon, thresher sharks, haddock and cod—even more than previously thought, a new study concludes. Because warmer seas speed up their metabolisms, fish, squid and other water-breathing creatures will need to draw more oxygen from the ocean. At the same time, warming seas are already reducing the availability

영역일치
유형일치

독해
제목, 주제

2022 국가직 9급 한국사

02 우리나라 유네스코 세계 유산에 대한 설명으로 옳지 않은 것은?

① 미륵사지에는 목탑 양식의 석탑이 있다.
② 정림사지에는 백제의 5층 석탑이 남아 있다.
③ 능산리 고분군에는 계단식 돌무지 무덤이 있다.
④ 무령왕릉에는 무덤 주인공을 알려주는 지석이 있었다.

시대 통합
문화사

2021 국가직 9급 한국사

08 우리나라 세계 유산과 세계 기록 유산에 대한 설명으로 옳은 것만을 모두 고르면?

> ㉠ 공주 송산리 고분군에는 전축분인 6호분과 무령왕릉이 있다.
> ㉡ 양산 통도사는 금강 계단 불사리탑이 있는 삼보 사찰이다.
> ㉢ 남한산성은 병자호란 때 인조가 피난했던 산성이다.
> ㉣ 『승정원 일기』는 역대 왕의 훌륭한 언행을 『실록』에서 뽑아 만든 사서이다.

2022 국가직 9급 교정학개론

04 「형의 집행 및 수용자의 처우에 관한 법률」상 징벌에 대한 설명으로 옳지 않은 것은?

① 징벌은 동일한 행위에 관하여 거듭하여 부과할 수 없다.
② 징벌사유가 발생한 날부터 2년이 지나면 이를 이유로 징벌을 부과하지 못한다.
③ 징벌의 집행유예는 허용되지 아니한다.
④ 징벌집행의 면제와 일시정지는 허용된다.

교정학
시설내 처우

2021 국가직 9급 교정학개론

06 「형의 집행 및 수용자의 처우에 관한 법률」상 징벌에 대한 설명으로 옳지 않은 것은?

① 수용자가 징벌이 집행 중에 있거나 징벌의 집행이 끝난 후 또는 집행이 면제된 후 6개월 내에 다시 징벌사유에 해당하는 행위를 한 때에는 징벌(경고는 제외)의 장기의 2분의 1까지 가중할 수 있다.
② 소장은 징벌사유에 해당하는 행위를 하였다고 의심할 만한 이유가 있는 수용자가 증거를 인멸할 우려가 있는 때에 한하여 조사기간 중 분리하여 수용할 수 있다.

2022 국가직 9급 형사소송법개론

10 공소장변경에 대한 설명으로 옳지 않은 것은?(다툼이 있는 경우 판례에 의함)

① 공소사실의 동일성을 판단할 경우 순수한 사실관계의 동일성이라는 관점에서만 파악할 수 없고, 피고인의 행위와 자연적 · 사회적 사실관계 이외에 규범적 요소를 고려하여 기본적 사실관계가 실질적으로 동일한지에 따라 판단해야 한다.
② 甲이 한 개의 강도범행을 하는 기회에 수 명의 피해자에게 각각 폭행을 가하여 각 상해를 입힌 사실에 대하여 포괄일죄로 기소된 경우 법원은 공소장변경 없이 피해자별로 수 개의 강도상해죄의 실체적 경

수사와 공소
수사의 종결과 공소의 제기

2021 국가직 9급 형사소송법개론

12 공소장변경에 대한 설명으로 옳지 않은 것은?(다툼이 있는 경우 판례에 의함)

① 약식명령에 대하여 피고인만 정식재판을 청구한 사건에서 법정형에 유기징역형만 있는 범죄로 공소장을 변경하는 것은 공소사실의 동일성이 인정되더라도 허용될 수 없다.
② 법원은 공소사실의 동일성이 인정되는 범위 내에서 심리의 경과 등에 비추어 피고인의 방어권 행사에 실질적인 불이익을 주는 것이 아니라면 공동정범으로 기소된 범죄 사실을 방조사실로 인정할 수 있다.

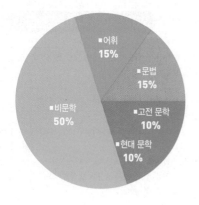

국어

문법과 한자성어는 기출문제를 여러 번 풀어 본 수험생들이라면 어렵지 않게 해결할 수 있었던 평이한 수준으로 출제되었고, 비문학에서도 단문 위주로 출제되어 체감 난도가 높지 않았을 것이다.

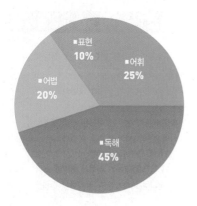

영어

주제·요지 등을 묻는 독해 문제들은 두괄식 형태의 문제로 정답의 근거가 명확하였고, 출제된 어휘나 표현들이 거의 기출문제의 범위를 벗어나지 않았기 때문에 꾸준하게 학습했다면 좋은 결과가 있었을 것이라 예상된다.

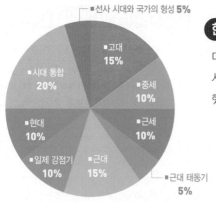

한국사

대체로 평이한 수준으로 출제되었다. 문화사와 관련된 문제가 다수 출제되었으며 사료에 대한 학습이 필수적이었다. 쉬운 문제에서 실수하지 않도록 꾸준하게 학습했다면 좋은 결과가 있었을 것이라 예상된다.

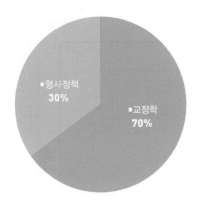

교정학개론

2021년보다는 전체적으로 쉬운 편이었고 기존 경향과는 다르게 법령보다는 이론 부분에서 많이 출제되었다. 전년보다 형사정책의 비중이 줄고 교정학의 비중이 상당히 높아졌다.

형사소송법개론

전체적으로 평이한 난도로 판례 관련 지문이 조문 관련 지문보다 월등하게 많았고, 수사와 공판 관련 문제가 높은 비중을 차지하였다. 최신 판례 2문항을 제외하고는 익숙한 판례들이 출제되었다.

교정직 실력 상승!
역시 기출이 답이다!

이 책의 구성과 특징

문제편

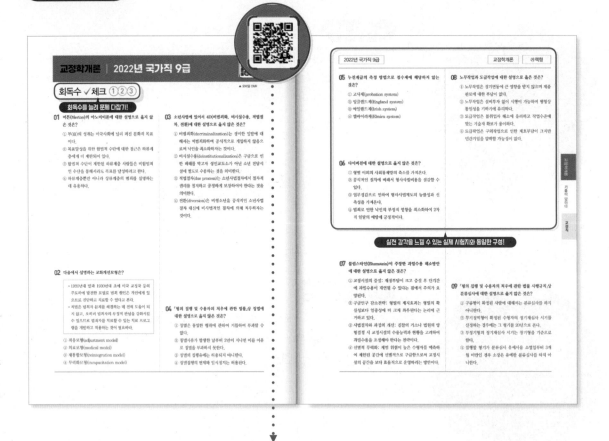

실전 감각을 느낄 수 있는 실제 시험지와 동일한 구성!

OMR 입력　　채점결과　　성적분석

풀이 시간 측정, 자동 채점 그리고 결과 분석까지!

모바일 OMR 답안분석 서비스

문제편에 수록된 기출문제에 대한 객관적인
결과(점수, 순위)를 종합적으로 분석

❶ 스마트폰을 활용하여 QR코드 접속
❷ 시험 시간에 맞춰 풀고, 모바일 OMR로 답안 입력
　(3회까지 가능)
❸ 종합적 결과 분석으로 현재 나의 합격 가능성 예측

QR코드 찍기 ▶ 로그인 ▶ 시작하기 ▶ 응시하기 ▶ 모바일 OMR 카드에 답안 입력 ▶ 채점결과&성적분석 ▶ 내 실력 확인하기

GUIDE

해설편

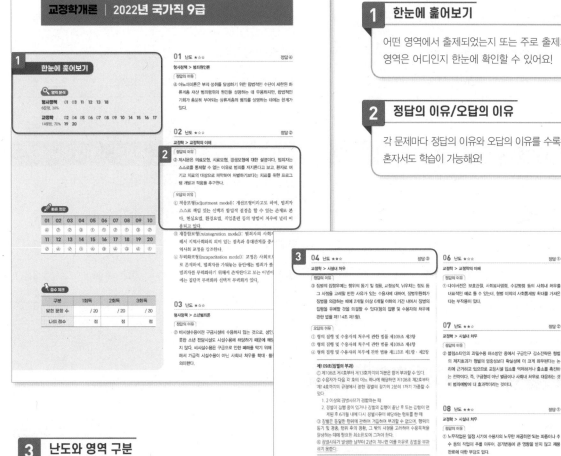

1 한눈에 훑어보기

어떤 영역에서 출제되었는지 또는 주로 출제되는 영역은 어디인지 한눈에 확인할 수 있어요!

2 정답의 이유/오답의 이유

각 문제마다 정답의 이유와 오답의 이유를 수록하여 혼자서도 학습이 가능해요!

3 난도와 영역 구분

문제를 분석하고 난도와 영역을 구분하여, 해당 개념은 어떤 방식으로 출제되는지, 문항의 난도는 어느 정도인지 파악할 수 있어요!

4 더알아보기

이해도를 높일 수 있도록 문제와 관련된 핵심 이론과 개념을 알기 쉽게 정리했어요!

이 책의 목차

국어	문제편	해설편	회독 Check	교정학개론	문제편	해설편	회독 Check
2022년 국가직 9급	004	004	1 ◯ 2 ◯ 3 ◯	2022년 국가직 9급	114	130	1 ◯ 2 ◯ 3 ◯
2021년 국가직 9급	012	012	1 ◯ 2 ◯ 3 ◯	2021년 국가직 9급	119	136	1 ◯ 2 ◯ 3 ◯
2020년 국가직 9급	020	020	1 ◯ 2 ◯ 3 ◯	2020년 국가직 9급	124	142	1 ◯ 2 ◯ 3 ◯
2019년 국가직 9급	028	027	1 ◯ 2 ◯ 3 ◯	2019년 국가직 9급	130	147	1 ◯ 2 ◯ 3 ◯
2018년 국가직 9급	036	034	1 ◯ 2 ◯ 3 ◯	2018년 국가직 9급	136	152	1 ◯ 2 ◯ 3 ◯

영어	문제편	해설편	회독 Check	형사소송법개론	문제편	해설편	회독 Check
2022년 국가직 9급	046	044	1 ◯ 2 ◯ 3 ◯	2022년 국가직 9급	144	158	1 ◯ 2 ◯ 3 ◯
2021년 국가직 9급	052	053	1 ◯ 2 ◯ 3 ◯	2021년 국가직 9급	152	167	1 ◯ 2 ◯ 3 ◯
2020년 국가직 9급	060	062	1 ◯ 2 ◯ 3 ◯	2020년 국가직 9급	160	174	1 ◯ 2 ◯ 3 ◯
2019년 국가직 9급	068	071	1 ◯ 2 ◯ 3 ◯	2019년 국가직 9급	168	182	1 ◯ 2 ◯ 3 ◯
2018년 국가직 9급	076	079	1 ◯ 2 ◯ 3 ◯	2018년 국가직 9급	175	189	1 ◯ 2 ◯ 3 ◯

한국사	문제편	해설편	회독 Check
2022년 국가직 9급	086	090	1 ◯ 2 ◯ 3 ◯
2021년 국가직 9급	091	098	1 ◯ 2 ◯ 3 ◯
2020년 국가직 9급	096	105	1 ◯ 2 ◯ 3 ◯
2019년 국가직 9급	101	112	1 ◯ 2 ◯ 3 ◯
2018년 국가직 9급	106	120	1 ◯ 2 ◯ 3 ◯

기출이 답이다

9급 공무원

교 정 직

문제편

PART 1
국어

- 2022년 국가직 9급

- 2021년 국가직 9급

- 2020년 국가직 9급

- 2019년 국가직 9급

- 2018년 국가직 9급

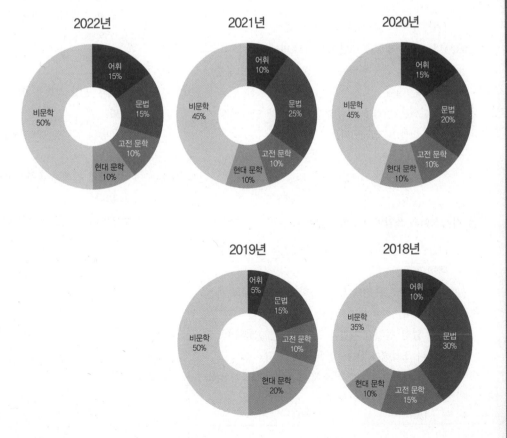

01 밑줄 친 말의 쓰임이 옳지 않은 것은?

① 그는 아까운 능력을 썩히고 있다.

② 음식물 쓰레기를 썩혀서 거름으로 만들었다.

③ 나는 이제까지 부모님 속을 썩혀 본 적이 없다.

④ 그들은 새로 구입한 기계를 창고에서 썩히고 있다.

02 (가)~(라)를 고쳐 쓴 것으로 옳지 않은 것은?

> (가) 오빠는 생김새가 나하고는 많이 틀려.
> (나) 좋은 결실이 맺어졌으면 하는 바람입니다.
> (다) 내가 오직 바라는 것은 네가 잘됐으면 좋겠어.
> (라) 신은 인간을 사랑하기도 하지만 시련을 주기도 한다.

① (가): 오빠는 생김새가 나하고는 많이 달라.

② (나): 좋은 결실을 맺었으면 하는 바램입니다.

③ (다): 내가 오직 바라는 것은 네가 잘됐으면 좋겠다는 거야.

④ (라): 신은 인간을 사랑하기도 하지만 인간에게 시련을 주기도 한다.

03 사자성어의 쓰임이 적절하지 않은 것은?

① 그는 구곡간장(九曲肝腸)이 끊어지는 듯한 슬픔에 빠졌다.

② 학문의 정도를 걷지 않고 곡학아세(曲學阿世)하는 이가 있다.

③ 이유 없이 친절한 사람은 구밀복검(口蜜腹劍)일 수 있으니 조심해야 한다.

④ 신중한 태도로 문제의 본질에 접근하는 당랑거철(螳螂拒轍)의 자세가 필요하다.

04 다음 대화에서 나타난 '지민'의 의사소통 방식으로 가장 적절한 것은?

> 정수: 지난번에 너랑 같이 들었던 면접 전략 강의가 정말 유익했어.
> 지민: 그랬어? 나도 그랬는데.
> 정수: 특히 아이스크림 회사의 면접 내용이 도움이 많이 됐어.
> 지민: 맞아. 그중에서도 두괄식으로 답변하라는 첫 번째 내용이 정말 인상적이더라. 핵심 내용을 먼저 말하는 전략이 면접에서 그렇게 효과적일 줄 몰랐어.
> 정수: 어! 그래? 나는 두 번째 내용이 훨씬 더 인상적이었는데.
> 지민: 그랬구나. 하긴 아이스크림 매출 증가에 관한 통계 자료를 인용해서 답변한 전략도 설득력이 있었어. 하지만 초두 효과의 효용성도 크지 않을까 해.
> 정수: 그렇긴 해.

① 자신의 면접 경험을 예로 들어 상대방을 설득하고 있다.

② 상대방의 약점을 공략하며 상대방의 이견을 반박하고 있다.

③ 상대방의 견해를 존중하면서 자신의 의견을 제시하고 있다.

④ 상대방과의 갈등 해소를 위해 자신의 감정을 표현하고 있다.

05 다음 글에 대한 이해로 적절하지 않은 것은?

> 승상이 말을 마치기도 전에 구름이 걷히더니 노승은 간 곳이 없고 좌우를 돌아보니 팔낭자도 간 곳이 없었다. 승상이 놀라 어찌할 바를 모르는 중에 높은 대와 많은 집들이 한순간에 사라지고 자기의 몸은 작은 암자의 포단 위에 앉아 있었는데, 향로의 불은 이미 꺼져 있었고 지는 달이 창가에 비치고 있었다.
>
> 자신의 몸을 보니 백팔염주가 걸려 있고 머리를 손으로 만져보니 갓 깎은 머리털이 까칠까칠하더라. 완연한 소화상의 몸이요, 전혀 대승상의 위의가 아니었으니, 이에 제 몸이 인간 세상의 승상 양소유가 아니라 연화도량의 행자 성진임을 비로소 깨달았다.
>
> 그리고 생각하기를, '처음에 스승에게 책망을 듣고 풍도옥으로 가서 인간 세상에 환도하여 양가의 아들이 되었지. 그리고 장원급제를 하여 한림학사가 된 후 출장입상하고 공명신퇴하여 두 공주와 여섯 낭자로 더불어 즐기던 것이 다 하룻밤 꿈이었구나. 이는 필시 사부가 나의 생각이 그릇됨을 알고 나로 하여금 이런 꿈을 꾸게 하시어 인간 부귀와 남녀 정욕이 다 허무한 일임을 알게 하신 것이로다.'
>
> – 김만중, 「구운몽」에서 –

① '양소유'는 장원급제를 하여 한림학사가 되었다.
② '양소유'는 인간 세상에 환멸을 느껴 스스로 '성진'의 모습으로 되돌아왔다.
③ '성진'이 있는 곳은 인간 세상이 아니다.
④ '성진'은 자신의 외양을 통해 꿈에서 돌아왔음을 인식한다.

06 (가)~(라)의 ㉠~㉣에 대한 설명으로 적절하지 않은 것은?

> (가) 간밤의 부던 ᄇᆞ람에 눈서리 치단 말가
> 　　㉠ 낙락장송(落落長松)이 다 기우러 가노미라
> 　　ᄒᆞ믈며 못다 핀 곳이야 닐러 무슴 ᄒᆞ리오.
>
> (나) 철령 노픈 봉에 쉬여 넘는 져 구름아
> 　　고신원루(孤臣寃淚)를 비 사마 ᄯᅴ여다가
> 　　㉡ 님 계신 구중심처(九重深處)에 ᄲᅮ려 본들 엇ᄃᆞ리.
>
> (다) 이화우(梨花雨) 훗ᄲᅳ릴 제 울며 잡고 이별ᄒᆞᆫ 님
> 　　추풍낙엽(秋風落葉)에 ㉢ 저도 날 싱각ᄂᆞᆫ가
> 　　천리(千里)에 외로온 ᄭᅮᆷ만 오락가락 ᄒᆞ노매.
>
> (라) 삼동(三冬)의 뵈옷 닙고 암혈(巖穴)의 눈비 마자
> 　　구룸 ᄭᅵᆫ 볏뉘도 쬔 적이 업건마ᄂᆞᆫ
> 　　서산의 ㉣ ᄒᆡ 디다 ᄒᆞ니 그ᄅᆞᆯ 셜워 ᄒᆞ노라.

① ㉠은 억울하게 해를 입은 충신을 가리킨다.
② ㉡은 궁궐에 계신 임금을 가리킨다.
③ ㉢은 헤어진 연인을 가리킨다.
④ ㉣은 오랜 세월을 함께한 벗을 가리킨다.

07 ㉠~㉢에 들어갈 말로 가장 적절한 것은?

> • 그들의 끈기가 이 경기의 승패를 　㉠　했다.
> • 올해 영화제 시상식은 11개 　㉡　으로 나뉜다.
> • 그 형제는 너무 닮아서 누가 동생이고 누가 형인지 　㉢　할 수 없다.

	㉠	㉡	㉢
①	가름	부문	구별
②	가름	부분	구분
③	갈음	부문	구별
④	갈음	부분	구분

08 다음 글의 '동기화 단계 조직'에 따라 (가)~(마)를 배열한 것으로 가장 적절한 것은?

> 설득하는 말하기의 메시지를 조직하는 방법으로 '동기화 단계 조직'이 있다. 이 방법의 세부 단계는 다음과 같다.
> 1단계: 주제에 대한 청자의 주의나 관심을 환기한다.
> 2단계: 특정 문제를 청자와 관련지어 설명함으로써 청자의 요구나 기대를 자극한다.
> 3단계: 해결 방안을 제시하여 청자의 이해와 만족을 유도한다.
> 4단계: 해결 방안이 청자에게 어떤 도움이 되는지 구체화한다.
> 5단계: 구체적인 행동의 내용과 방법을 제시하여 특정 행동을 요구한다.

> (가) 지난주 제 친구는 일을 마친 후 자전거를 타고 집으로 돌아오다가 사고를 당해 머리를 다쳤습니다.
> (나) 여러분이 자전거를 탈 때 헬멧을 착용하면 머리를 보호할 수 있습니다.
> (다) 아마 여러분도 가끔 자전거를 타는 경우가 있을 것입니다. 그런데 매년 2천여 명이 자전거를 타다가 머리를 다쳐 고생한다고 합니다.
> (라) 만약 자전거를 타는 모든 사람이 헬멧을 착용한다면 자전거 사고를 당해도 뇌손상을 비롯한 신체 피해를 75% 줄일 수 있습니다. 또 자전거 타기가 주는 즐거움과 편리함을 안전하게 누릴 수 있습니다.
> (마) 자전거를 탈 때는 안전을 위해서 반드시 헬멧을 착용하시기 바랍니다.

① (가) – (나) – (다) – (라) – (마)
② (가) – (다) – (나) – (라) – (마)
③ (가) – (다) – (라) – (나) – (마)
④ (가) – (라) – (다) – (나) – (마)

09 다음 글에 대한 이해로 적절하지 않은 것은?

> 국가정보자원관리원과 ○○시는 빅데이터 기반의 맞춤형 복지 서비스 분석 사업을 수행했다. 국가정보자원관리원은 자체 확보한 공공 데이터와 ○○시로부터 받은 복지 사업 관련 데이터를 활용하여 '복지 공감 지도'를 제작하고, 복지 기관 접근성 분석을 통해 취약 지역 지원 방안을 제시했다.
> 복지 공감 지도는 공간 분석 시스템을 활용하여 ○○시에 소재한 복지 기관들의 다양한 지원 항목과 이를 필요로 하는 복지 대상자, 독거노인, 장애인 등의 수급자 현황을 한눈에 확인할 수 있도록 구현한 것이다. 이 지도를 활용하면 복지 혜택이 필요한 지역과 수급자를 빨리 찾아낼 수 있으며, 생필품 지원이나 방문 상담 등 복지 기관의 맞춤형 대응이 가능하고, 최적의 복지 기관 설립 위치를 선정할 수 있다.
> 이 사업을 통해 ○○시는 그동안 복지 기관으로부터 도보로 약 15분 내 위치한 수급자에게 복지 혜택이 집중되고 있는 것도 확인했다. 이에 교통이나 건강 등의 문제로 복지 기관 방문이 어려운 수급자를 위해 맞춤형 복지 서비스가 절실하게 필요한 상황임을 발견하고, 복지 셔틀버스 노선을 4개 증설할 계획을 수립했다.

① 빅데이터를 활용하여 복지 사각지대를 줄이는 방안을 마련할 수 있다.
② 복지 기관과 수급자 거주지 사이의 거리는 복지 혜택의 정도에 영향을 준다.
③ 복지 기관 접근성 분석 결과는 복지 셔틀버스 노선 증설의 근거가 된다.
④ 복지 공감 지도로 복지 혜택에 대한 수급자들의 개별 만족도를 파악할 수 있다.

10 ㉠~㉢의 사례로 적절하지 않은 것은?

> 단어의 의미가 변화하는 양상은 다양하다. 첫째, "아침 먹고 또 공부하자."에서 '아침'은 본래의 의미인 '하루 중의 이른 시간'을 가리키지 않고 '아침에 먹는 밥'이라는 의미로 쓰인다. '밥'의 의미가 '아침'에 포함되어서 '아침'만으로도 '아침밥'의 의미를 표현하게 된 것으로, ㉠ 두 개의 단어가 긴밀한 관계여서 한쪽이 다른 한쪽의 의미까지 포함하는 의미로 변화하게 된 경우이다. 둘째, '바가지'는 원래 박의 껍데기를 반으로 갈라 썼던 물건을 가리켰는데, 오늘날에는 흔히 플라스틱 바가지를 가리킨다. 이것은 ㉡ 언어 표현은 그대로인데 시대의 변화에 따라 지시 대상 자체가 바뀌어서 의미 변화가 발생한 경우이다. 셋째, '묘수'는 본래 바둑에서 만들어진 용어이지만 일상적인 언어생활에서도 '쉽게 생각해 내기 어려운 좋은 방안'이라는 의미로 사용된다. 이는 ㉢ 특수한 영역에서 사용되던 말이 일반화되면서 단어의 의미가 변화한 경우에 해당한다. 넷째, 호랑이를 두려워하던 시절에 사람들은 '호랑이'라는 이름을 직접 부르기 꺼려서 '산신령'이라고 부르기도 했는데, 이는 ㉣ 심리적인 이유로 특정 표현을 피하려다 보니 그것을 대신하는 단어의 의미에 변화가 생긴 경우이다.

① ㉠: '아이들의 코 묻은 돈'에서 '코'는 '콧물'의 의미로 쓰인다.

② ㉡: '수세미'는 원래 식물의 이름이었지만 오늘날에는 '그릇을 씻는 데 쓰는 물건'이라는 의미로 쓰인다.

③ ㉢: '배꼽'은 일반적으로 '탯줄이 떨어지면서 배의 한가운데에 생긴 자리'를 가리키지만 바둑에서는 '바둑판의 한가운데'라는 의미로 쓰인다.

④ ㉣: 무서운 전염병인 '천연두'를 꺼려서 '손님'이라고 불렀다.

11 다음 글에 대한 이해로 적절하지 않은 것은?

> △△시 시장님께
>
> 안녕하십니까? 저는 △△시에서 농장을 운영하는 □□□입니다. 이렇게 글을 쓰게 된 것은 우리 농장 근처에 신축된 골프장의 빛 공해 문제에 대해 말씀드리기 위함입니다. 빛이 공해가 될 수 있다는 말이 다소 생소하실 수도 있습니다. 하지만 지나친 야간 조명이 식물의 성장에 부정적인 영향을 끼쳐 작물 수확량을 감소시킬 수 있음은 이미 여러 연구를 통해 입증된 바 있습니다. 좀 늦었지만 △△시에서도 이 문제에 대해 경각심을 가질 필요가 있습니다. 실제로 골프장이 야간 운영을 시작했을 때를 기점으로 우리 농장의 수확률이 현저히 낮아졌음을 제가 확인했습니다. 물론, 이윤을 추구하는 골프장의 야간 운영을 무조건 막는다면 골프장 측에서 반발할 것입니다. 그래서 계절에 따라 야간 운영 시간을 조정하거나 운영 제한에 따른 손실금을 보전해 주는 등의 보완책도 필요합니다. 또한 ○○군에서도 빛 공해 문제를 해결하기 위해 야간 조명의 조도를 조정하는 프로젝트를 진행한 바 있으니 참고해 보시기 바랍니다. 모쪼록 시장님께서 이 문제에 관심을 가지고 농장과 골프장이 상생할 수 있는 정책을 펼쳐 주시기를 부탁드립니다.

① 시장에게 빛 공해로 농장이 겪는 어려움에 대해 관심을 촉구하고 있다.

② 건의에 대한 신뢰성을 높이기 위해 인용한 자료의 출처를 밝히고 있다.

③ 다른 지역에서 야간 조명으로 인한 폐해를 해결하기 위해 노력한 사례를 언급하고 있다.

④ 골프장의 야간 운영을 제한할 때 예상되는 문제점과 그 해결 방안에 대해 제시하고 있다.

12 다음 대화의 ㉠~㉤에 대한 설명으로 적절하지 않은 것은?

> 이진: 태민아, ㉠ 이 책 읽어 봤니?
> 태민: 아니, ㉡ 그 책은 아직 읽어 보지 못했어.
> 이진: 그렇구나. 이 책은 작가의 문체가 독특해서 읽어 볼 만해.
> 태민: 응, 꼭 읽어 볼게. 한 권 더 추천해 줄래?
> 이진: 그럼 ㉢ 저 책은 어때? 한국 대중문화를 다양한 시각에서 다룬 재미있는 책이야.
> 태민: 그래, ㉣ 그 책도 함께 읽어 볼게.
> 이진: (두 책을 들고 계산대로 간다.) 읽어 보겠다고 하니, 생일 선물로 ㉤ 이 책 두 권 사 줄게.
> 태민: 고마워. 잘 읽을게.

① ㉠은 청자보다 화자에게, ㉡은 화자보다 청자에게 가까이 있는 대상을 가리킨다.

② ㉢은 화자보다 청자에게 멀리 있는 대상을 가리킨다.

③ ㉢과 ㉣은 같은 대상을 가리킨다.

④ ㉤은 ㉡과 ㉢ 모두를 가리킨다.

13 다음 글에 대한 이해로 적절하지 않은 것은?

> 아동이 부모의 소유물 또는 종족의 유지나 국가의 방위를 위한 수단으로 간주되었던 전근대사회에서는 아동의 권리에 대한 인식이 존재하지 않았다. 산업혁명으로 봉건제도가 붕괴되고 자본주의가 탄생한 근대사회에 이르러 구빈법에 따른 국가 개입과 민간단체의 자발적인 참여로 아동보호가 시작되었다.
>
> 1922년 잽 여사는 아동권리사상을 담아 아동권리에 대한 내용을 성문화하였다. 이를 기초로 1924년 국제연맹에서는 전문과 5개의 조항으로 된 「아동권리에 관한 제네바 선언」을 채택하였다. 여기에는 "아동은 물질적으로나 정신적으로 정상적인 발달을 위해 필요한 조건이 충족되어야 한다."라든지 "아동의 재능은 인류를 위해 쓰인다는 자각 속에서 양육되어야 한다." 등의 내용이 포함되었다.
>
> 그러나 여기에서도 아동은 보호의 객체로만 인식되었을 뿐 생존, 보호, 발달을 위한 적극적인 권리의 주체로 인식되지는 않았다. 최근에 와서야 국제사회의 노력에 힘입어 아동은 보호되어야 할 수동적인 존재에서 자신의 권리를 주장할 수 있는 능동적인 존재로 자리매김할 수 있게 되었다. 1989년 유엔총회에서 채택된 「아동권리협약」이 그것이다.
>
> 우리나라는 이를 토대로 2016년 「아동권리헌장」 9개 항을 만들었다. 이 헌장은 '생존과 발달의 권리', '아동이 최선의 이익을 보장 받을 권리', '차별 받지 않을 권리', '자신의 의견이 존중될 권리' 등 유엔의 「아동권리협약」의 네 가지 기본 원칙을 포함하고 있다. 또한 전문에는 아동의 권리와 더불어 "부모와 사회, 국가와 지방자치단체는 아동의 이익을 최우선으로 고려해야 하며, 다음과 같은 아동의 권리를 확인하고 실현할 책임이 있다."라고 명시하여 아동을 둘러싼 사회적 주체들의 책임을 명확히 하였다.

① 아동의 권리에 대한 인식은 근대 이후에 형성되었다.

② 「아동권리헌장」은 「아동권리협약」을 토대로 만들어졌다.

③ 「아동권리에 관한 제네바 선언」, 「아동권리협약」, 「아동권리헌장」에는 모두 아동의 발달에 대한 내용이 들어가 있다.

④ 「아동권리에 관한 제네바 선언」은 아동을 적극적인 권리의 주체로 인식함으로써 아동의 권리에 대한 진전된 성과를 이루었다.

14 다음 시에 대한 이해로 적절하지 않은 것은?

> 봄은
> 남해에서도 북녘에서도
> 오지 않는다.
>
> 너그럽고
> 빛나는
> 봄의 그 눈짓은,
> 제주에서 두만까지
> 우리가 디딘
> 아름다운 논밭에서 움튼다.
>
> 겨울은,
> 바다와 대륙 밖에서
> 그 매운 눈보라 몰고 왔지만
> 이제 올
> 너그러운 봄은, 삼천리 마을마다
> 우리들 가슴속에서
> 움트리라.
>
> 움터서,
> 강산을 덮은 그 미움의 쇠붙이들
> 눈 녹이듯 흐물흐물
> 녹여버리겠지.
>
> — 신동엽, 「봄은」 —

① 현실을 초월한 순수 자연의 세계를 노래하고 있다.
② 희망과 신념을 드러내는 단정적 어조로 표현하고 있다.
③ 시어들의 상징적인 의미를 통해 주제를 형성하고 있다.
④ '봄'과 '겨울'의 이원적 대립으로 시상을 전개하고 있다.

15 다음 글의 전개 순서로 가장 자연스러운 것은?

> (가) 이 기관을 잘 수리하여 정련하면 그 작동도 원활하게 될 것이요, 수리하지 아니하여 노둔해지면 그 작동도 막혀 버릴 것이니 이런 기관을 다스리지 아니하고야 어찌 그 사회를 고취하여 발달케 하리오.
> (나) 이러므로 말과 글은 한 사회가 조직되는 근본이요, 사회 경영의 목표와 지향을 발표하여 그 인민을 통합시키고 작동하게 하는 기관과 같다.
> (다) 말과 글이 없으면 어찌 그 뜻을 서로 통할 수 있으며, 그 뜻을 서로 통하지 못하면 어찌 그 인민들이 서로 이어져 번듯한 사회의 모습을 갖출 수 있으리오.
> (라) 그뿐 아니라 그 기관은 점점 녹슬고 상하여 필경은 쓸 수 없는 지경에 이를 것이니 그 사회가 어찌 유지될 수 있으리오. 반드시 패망을 면하지 못할지라.
> (마) 사회는 여러 사람이 그 뜻을 서로 통하고 그 힘을 서로 이어서 개인의 생활을 경영하고 보존하는 데에 서로 의지하는 인연의 한 단체라.
>
> — 주시경, 「대한국어문법 발문」에서 —

① (마) – (가) – (다) – (나) – (라)
② (마) – (가) – (라) – (다) – (나)
③ (마) – (다) – (가) – (라) – (나)
④ (마) – (다) – (나) – (가) – (라)

16 한자 표기가 옳지 않은 것은?

① 오늘 협상에서 만족(滿足)할 만한 성과를 거두었다.
② 김 위원의 주장을 듣고 그 의견에 동의하여 재청(再請)했다.
③ 우리 지자체의 해묵은 문제를 해결(解結)할 방안이 생각났다.
④ 다수가 그 의견에 동의하지 않았기에 재론(再論)이 필요하다.

17 다음 문장이 들어가기에 가장 적절한 곳을 ㉠~㉣에서 고르면?

> 신분에 따라 문체를 고착화하는 것을 인정하지 않았던 것이다.

> 유럽이 교회로부터 정신적으로 해방된 것은 그리스와 로마의 고대 작가들에 대한 재발견을 통해서였다. ㉠ 그 이후 고대 작가들의 문체는 귀족 중심의 유럽 문화에서 모범으로 여겨졌다. ㉡ 이러한 상황은 대략 1770년대에 시작되는 낭만주의에서부터 변화하기 시작했다. ㉢ 이 낭만주의 시기에 평등과 민주주의를 꿈꿨던 신흥 시민계급은 문학에서 운문과 영웅적 운명을 귀족에게만 전속시키고 하층민에게는 산문과 우스꽝스러운 상황을 배정하는 전통 시학을 거부했다. ㉣ 고전 문학은 더 이상 문학의 규범이 아니었으며, 문학을 현실의 모방으로 인식하는 태도도 포기되었다.

① ㉠

② ㉡

③ ㉢

④ ㉣

18 다음 글에 대한 이해로 적절하지 않은 것은?

> 정거장에 나온 박은 수염도 깎은 지 오래어 터부룩한 데다 버릇처럼 자주 찡그려지는 비웃는 웃음은 전에 못 보던 표정이었다. 그 다니는 학교에서만 지싯지싯* 붙어 있는 것이 아니라 이 시대 전체에서 긴치 않게 여기는, 지싯지싯 붙어 있는 존재 같았다. 현은 박의 그런 지싯지싯함에서 선뜻 자기를 느끼고 또 자기의 작품들을 느끼고 그만 더 울고 싶게 괴로워졌다.
>
> 한참이나 붙들고 섰던 손목을 놓고, 그들은 우선 대합실로 들어왔다. 할 말은 많은 듯하면서도 지껄여 보고 싶은 말은 골라낼 수가 없었다. 이내 다시 일어나 현은,
>
> "나 좀 혼자 걸어 보구 싶네."
>
> 하였다. 그래서 박은 저녁에 김을 만나 가지고 대동강가에 있는 동일관이란 요정으로 나오기로 하고 현만이 모란봉으로 온 것이다.
>
> 오면서 자동차에서 시가도 가끔 내다보았다. 전에 본 기억이 없는 새 빌딩들이 꽤 많이 늘어섰다. 그중에 한 가지 인상이 깊은 것은 어느 큰 거리 한 뿌다귀*에 벽돌 공장도 아닐 테요 감옥도 아닐 터인데 시뻘건 벽돌만으로, 무슨 큰 분묘와 같이 된 건축이 웅크리고 있는 것이다. 현은 운전사에게 물어보니, 경찰서라고 했다.
>
> ― 이태준, 「패강랭」에서 ―

* 지싯지싯: 남이 싫어하는지는 아랑곳하지 아니하고 제가 좋아하는 것만 짓궂게 자꾸 요구하는 모양

* 뿌다귀: '뿌다구니'의 준말로, 쑥 내밀어 구부러지거나 꺾어져 돌아간 자리

① '현'은 예전과 달라진 '박'의 태도가 자신의 작품 때문이라고 생각하고 있다.

② '현'은 자신과 비슷한 처지에 있는 '박'을 통해 자신을 연민하고 있다.

③ '현'은 새 빌딩들을 보고 도시가 많이 변화하고 있음을 인지하고 있다.

④ '현'은 시뻘건 벽돌로 만든 경찰서를 보고 암울한 분위기를 느끼고 있다.

19 다음 규정에 근거할 때 옳지 <u>않은</u> 것은?

> **한글 맞춤법 제30항**
> 사이시옷은 다음과 같은 경우에 받치어 적는다.
> (가) 순우리말로 된 합성어로서 앞말이 모음으로 끝나면서 뒷말의 첫소리가 된소리로 나는 것
> (나) 순우리말과 한자어로 된 합성어로서 앞말이 모음으로 끝나면서 뒷말의 첫소리가 된소리로 나는 것

① (가)에 따라 '아래+집'은 '아랫집'으로 적는다.
② (가)에 따라 '쇠+조각'은 '쇳조각'으로 적는다.
③ (나)에 따라 '전세+방'은 '전셋방'으로 적는다.
④ (나)에 따라 '자리+세'는 '자릿세'로 적는다.

20 글쓴이의 견해에 부합하는 것은?

> 문화란 공동체의 구성원들이 공유하는 생각과 행동 양식의 총체라고 할 수 있다. 문화를 연구하는 사람들의 주된 관심사는 특정 생각과 행동 양식이 하나의 공동체 안에서 전파되는 기제이다.
> 이에 대한 견해 중 하나는 문화를 생각의 전염이라는 각도에서 바라보는 것이다. 예컨대, 리처드 도킨스는 '밈(meme)'이라는 개념을 통해 생각의 전염 과정을 설명하고자 했다. 그에 따르면 문화는 복수의 밈으로 이루어져 있는데, 유전자에 저장된 생명체의 주요 정보가 번식을 통해 복제되어 개체군 내에서 확산되듯이, 밈 역시 유전자와 마찬가지로 공동체 내에서 복제를 통해 확산된다.
> 그러나 문화 전파의 기제를 설명하는 이론으로는 밈 이론보다 의사소통 이론이 더 적절해 보인다. 일례로, 요크셔 지역에 내려오는 독특한 푸딩 요리법은 누군가가 푸딩 만드는 것을 지켜본 후 그것을 그대로 따라 하는 방식으로 전파되었다기보다는 요크셔 푸딩 요리법에 대한 부모와 친척, 친구들의 설명을 통해 입에서 입으로 전파되고 공유되었을 가능성이 크다.

> 생명체의 경우와 달리 문화는 완벽하게 동일한 형태로 전파되지 않는다. 전파된 문화와 그것을 수용한 결과는 큰 틀에서는 비슷하더라도 세부적으로는 다를 수밖에 없다. 다시 말해 요크셔 지방의 푸딩 요리법은 다른 지방의 푸딩 요리법과 변별되는 특색을 지니는 동시에 요크셔 지방 내부에서도 가정이나 개인에 따라 약간씩의 차이를 보인다. 이는 푸딩 요리법의 수신자가 발신자가 전해 준 정보에다 자신의 생각을 덧붙였기 때문인데, 복제의 관점에서 문화의 전파를 설명하는 이론으로는 이와 같은 현상을 설명하기 어렵다. 반면, 의사소통 이론으로는 설명 가능하다. 이에 따르면 사람들은 자신이 들은 이야기를 남에게 전달할 때 들은 이야기에다 자신의 생각을 더해서 그 이야기를 전달하기 때문이다.

① 문화의 전파 기제는 밈 이론보다는 의사소통 이론으로 설명하는 것이 적절하다.
② 의사소통 이론에 따르면 문화의 수용 과정에는 수용 주체의 주관이 개입하지 않는다.
③ 의사소통 이론에 따르면 특정 공동체의 문화는 다른 공동체로 복제를 통해 전파될 수 있다.
④ 요크셔 푸딩 요리법이 요크셔 지방의 가정이나 개인에 따라 세부적인 차이를 보이는 현상은 밈 이론에 의해 설명할 수 있다.

01 맞춤법에 맞는 것만으로 묶은 것은?

① 돌나물, 꼭지점, 페트병, 낚시꾼
② 흡입량, 구름양, 정답란, 칼럼난
③ 오뚝이, 싸라기, 법석, 딱다구리
④ 찻간(車間), 홧병(火病), 셋방(貰房), 곳간(庫間)

02 ㉠의 단어와 의미가 같은 것은?

> 친구에게 줄 선물을 예쁜 포장지에 ㉠ 싼다.

① 사람들이 안채를 겹겹이 싸고 있다.
② 사람들은 봇짐을 싸고 산길로 향한다.
③ 아이는 몇 권의 책을 싼 보퉁이를 들고 있다.
④ 내일 학교에 가려면 책가방을 미리 싸 두어라.

03 가장 자연스러운 문장은?

① 날씨가 선선해지니 역시 책이 잘 읽힌다.
② 이렇게 어려운 책을 속독으로 읽는 것은 하늘의 별 따기이다.
③ 내가 이 일의 책임자가 되기보다는 직접 찾기로 의견을 모았다.
④ 그는 시화전을 홍보하는 일과 시화전의 진행에 아주 열성적이다.

04 다음 글의 설명 방식으로 적절하지 않은 것은?

> 빛 공해란 인공조명의 과도한 빛이나 조명 영역 밖으로 누출되는 빛이 인간의 건강하고 쾌적한 생활을 방해하거나 환경에 피해를 주는 상태를 말한다. 국제 과학 저널인 『사이언스 어드밴스』의 '전 세계 빛 공해 지도'에 따르면, 우리나라는 빛 공해가 심각한 국가이다. 빛 공해는 멜라토닌 부족을 초래해 인간에게 수면 부족과 면역력 저하 등의 문제를 유발하고, 농작물의 생산량 저하, 생태계 교란 등의 문제를 일으킨다.

① 빛 공해의 정의를 제시하고 있다.
② 빛 공해의 주요 요인인 인공조명의 누출 원인을 제시하고 있다.
③ 자료를 인용하여 빛 공해가 심각한 국가로 우리나라를 제시하고 있다.
④ 사례를 들어 빛 공해의 악영향을 제시하고 있다.

05 ㉠, ㉡의 사례로 옳은 것만을 짝 지은 것은?

> 용언의 불규칙 활용은 크게 ㉠ 어간만 불규칙하게 바뀌는 부류, ㉡ 어미만 불규칙하게 바뀌는 부류, 어간과 어미 둘 다 불규칙하게 바뀌는 부류로 나눌 수 있다.

	㉠	㉡
①	걸음이 빠름	꽃이 노람
②	잔치를 치름	공부를 함
③	라면이 불음	합격을 바람
④	우물물을 품	목적지에 이름

06 ㉠~㉣의 의미로 적절하지 않은 것은?

> 二月ㅅ 보로매 아으 노피 ㉠ 현 燈ㅅ블 다호라
> 萬人 비취실 즈시샷다 아으 動動다리
> 三月 나며 開흔 아으 滿春 둘욋고지여
> 느미 브롤 ㉡ 즈슬 디녀 나샷다 아으 動動다리
> 四月 아니 ㉢ 니저 아으 오실셔 곳고리새여
> ㉣ 므슴다 錄事니믄 녯 나를 닛고신뎌 아으 動動다리
> 　　　　　　　　　　 – 작자 미상, 「動動」에서 –

① ㉠은 '켠'을 의미한다.
② ㉡은 '모습을'을 의미한다.
③ ㉢은 '잊어'를 의미한다.
④ ㉣은 '무심하구나'를 의미한다.

07 한자 표기가 옳은 것은?

① 그분은 냉혹한 현실(現室)을 잘 견뎌 냈다.
② 첫 손님을 야박(野薄)하게 대해서는 안 된다.
③ 그에게서 타고난 승부 근성(謹性)이 느껴진다.
④ 그는 평소 희망했던 기관에 채용(債用)되었다.

08 다음 토의에 대한 설명으로 적절하지 않은 것은?

> 사회자: 오늘의 토의 주제는 '통일 시대의 남북한 언어가 나아갈 길'입니다. 먼저 최○○ 교수님께서 '남북한 언어 차이와 의사소통'이라는 제목으로 발표해 주시겠습니다.
> 최 교수: 남한과 북한의 말은 비슷하지만 다른 점이 있습니다. 남한과 북한의 어휘 차이가 대표적입니다. 남한과 북한의 어휘 차이를 분석한 결과, …(중략)… 앞으로도 남북한 언어 차이에 대한 연구가 지속되어야 합니다.
> 사회자: 이로써 최 교수님의 발표를 마치겠습니다. 다음은 정○○ 박사님의 '남북한 언어의 동질성 회복 방안'에 대한 발표가 있겠습니다.
> 정 박사: 앞으로 통일을 대비해 남북한 언어의 다른 점을 줄여 나가는 노력이 필요합니다. 실제로도 남한과 북한의 학자들로 구성된 '겨레말큰사전 편찬위원회'에서는 남북한 공통의 사전인 『겨레말큰사전』을 만들며 서로의 차이를 이해하고 받아들이기 위한 노력을 하고 있습니다. …(중략)…
> 사회자: 그러면 질의응답이 있겠습니다. 시간상 간략하게 질문해 주시기 바랍니다.
> 청중 A: 두 분의 말씀 잘 들었습니다. 남북한 언어의 차이와 이를 극복하는 방안을 말씀하셨는데요. 그렇다면 통일 시대에 대비한 언어 정책에는 무엇이 있을까요?

① 학술적인 주제에 대해 발표 형식으로 진행되고 있다.
② 사회자는 발표자 간의 이견을 조정하여 의사결정을 유도하고 있다.
③ 발표자는 주제에 대한 자신의 견해를 밝혀 청중에게 정보를 제공하고 있다.
④ 청중 A는 발표자의 발표 내용을 확인하고 주제와 관련된 질문을 하고 있다.

09 ⊙~㉢은 '공손하게 말하기'에 대한 설명이다. ⊙~㉢을 적용한 B의 대답으로 적절하지 않은 것은?

> ⊙ 자신을 상대방에게 낮추어 겸손하게 말해야 한다.
> ㉡ 상대방의 처지를 고려하여 상대방이 부담을 갖지 않도록 말해야 한다.
> ㉢ 상대방이 관용을 베풀 수 있도록 문제를 자신의 탓으로 돌려 말해야 한다.
> ㉣ 상대방의 의견에서 동의하는 부분을 찾아 인정해 준 다음에 자신의 의견을 말해야 한다.

① ⊙ ┌ A: "이번에 제출한 디자인 시안 정말 멋있었어."
　　　└ B: "아닙니다. 아직도 여러모로 부족한 부분이 많습니다."

② ㉡ ┌ A: "미안해요. 생각보다 길이 많이 막혀서 늦었어요."
　　　└ B: "괜찮아요. 쇼핑하면서 기다리니 시간 가는 줄 몰랐어요."

③ ㉢ ┌ A: "혹시 내가 설명한 내용이 이해 가니?"
　　　└ B: "네 목소리가 작아서 내용이 잘 안 들렸는데 다시 한 번 크게 말해 줄래?"

④ ㉣ ┌ A: "가원아, 경희 생일 선물로 귀걸이를 사주는 것은 어때?"
　　　└ B: "그거 좋은 생각이네. 하지만 경희의 취향을 우리가 잘 모르니까 귀걸이 대신 책을 선물하는 게 어떨까?"

10 하버마스의 주장에 부합하는 사례로 가장 적절한 것은?

> 하버마스는 18세기부터 현대까지 미디어의 등장 배경과 발전 과정을 분석하면서, 공공 영역의 부상과 쇠퇴를 추적했다. 하버마스에게 공공 영역은 일반적 쟁점에 대한 토론과 의견을 형성하는 공공 토론의 민주적 장으로서 역할을 한다.
>
> 하버마스는 17세기와 18세기 유럽 도시의 살롱에서 당시의 공공 영역을 찾았다. 비록 소수의 사람들만이 살롱 토론 문화에 참여했으나, 공공 토론을 통해 정치적 문제를 해결하는 논리를 도입할 수 있었기 때문에 살롱이 초기 민주주의 발전에 중요한 역할을 했다고 그는 주장한다. 적어도 살롱 문화의 원칙에서 공개적 토론을 위한 공공 영역은 각각의 참석자들에게 동등한 자격을 부여했다.
>
> 그러나 하버마스에 따르면, 현대 사회에서 민주적 토론은 문화 산업의 발달과 함께 퇴보했다. 대중매체와 대중오락의 보급은 공공 영역이 공허해지는 원인으로 작용했다. 상업적 이해관계는 공공의 이해관계에 우선하게 되었다. 공공 여론은 개방적이고 합리적 토론을 통해서가 아니라 광고에서처럼 조작과 통제를 통해 형성되고 있다.
>
> 미디어가 점차 상업화되면서 하버마스가 주장한 대로 공공영역이 침식당하고 있다. 상업화된 미디어는 광고 수입에 기대어 높은 시청률과 수익을 보장하는 콘텐츠 제작만을 선호하게 되었다. 그 결과 공적 주제에 대한 시민들의 논의와 소통의 장이 줄어들어 결과적으로 공공 영역이 축소되었다. 많은 것을 약속한 미디어는 이제 민주주의 문제의 일부로 변해 버린 것이다.

① 살롱 문화에서 특정 사회 계층에 대한 비판적인 토론은 허용되지 않았다.
② 인터넷의 발달과 보급은 상업적 광고뿐만 아니라 공익 광고도 증가시켰다.
③ 글로벌 미디어가 발달하더라도 국제 사회의 공공 영역은 공허해지지 않는다.
④ 수익성 위주의 미디어 플랫폼과 콘텐츠가 더 많아지면서 민주적 토론이 감소되었다.

11 ㉠~㉤의 전개 순서로 가장 자연스러운 것은?

> 폭설, 즉 대설이란 많은 눈이 시간적, 공간적으로 집중되어 내리는 현상을 말한다.
> ㉠ 그런데 눈은 한 시간 안에 5cm 이상 쌓일 수 있어 순식간에 도심 교통을 마비시키는 위력을 가지고 있다.
> ㉡ 또한, 경보는 24시간 신적설이 20cm 이상 예상될 때이다.
> ㉢ 다만, 산지는 24시간 신적설이 30cm 이상 예상될 때 발령된다.
> ㉣ 이때 대설의 기준으로 주의보는 24시간 새로 쌓인 눈이 5cm 이상이 예상될 때이다.
> ㉤ 이뿐만 아니라 운송, 유통, 관광, 보험을 비롯한 서비스 업종과 사회 전반에 영향을 미친다.

① ㉠ - ㉤ - ㉡ - ㉢ - ㉣
② ㉠ - ㉣ - ㉤ - ㉢ - ㉡
③ ㉣ - ㉡ - ㉢ - ㉠ - ㉤
④ ㉣ - ㉠ - ㉤ - ㉢ - ㉡

12 다음 글의 사례로 적절하지 않은 것은?

> 인간은 언어를 사용하며 언어는 인간의 사고, 사회, 문화를 반영한다. 인간의 지적 능력이 발달하게 된 것은 바로 언어를 사용하기 때문이다.
> 언어와 사고는 기본적으로 상호작용을 한다. 둘 중 어느 것이 먼저 발달하고 어떻게 영향을 주는지는 알 수 없다. 그러나 언어와 사고가 서로 깊은 관계를 맺고 있다는 사실은 여러 가지 근거를 통해서 뒷받침된다.

① 영어의 '쌀(rice)'에 해당하는 우리말에는 '모', '벼', '쌀', '밥' 등이 있다.
② 어떤 사람은 산도 파랗다고 하고, 물도 파랗다고 하고, 보행신호의 녹색등도 파랗다고 한다.
③ 일상생활에서 어떠한 사물의 개념은 머릿속에서 맴도는데도 그 명칭을 떠올리지 못할 때가 있다.
④ 우리나라는 수박(watermelon)은 '박'의 일종으로 보지만 어떤 나라는 '멜론(melon)'에 가까운 것으로 파악한다.

13 다음 글의 주된 서술 방식은?

> 　변지의가 천 리 길을 마다하지 않고 나를 찾아왔다. 내가 그 뜻을 물었더니, 문장 공부를 하기 위해 나를 찾아왔다고 했다. 때마침 이날 우리 아이들이 나무를 심었기에 그 나무를 가리켜 이렇게 말해 주었다. "사람이 글을 쓰는 것은 나무에 꽃이 피는 것과 같다. 나무를 심는 사람은 가장 먼저 뿌리를 북돋우고 줄기를 바로잡는 일에 힘써야 한다. …(중략)… 나무의 뿌리를 북돋아 주듯 진실한 마음으로 온갖 정성을 쏟고, 줄기를 바로잡듯 부지런히 실천하며 수양하고, 진액이 오르듯 독서에 힘쓰고, 가지와 잎이 돋아나듯 널리 보고 들으며 두루 돌아다녀야 한다. 그렇게 해서 깨달은 것을 헤아려 표현한다면 그것이 바로 좋은 글이요, 사람들이 칭찬을 아끼지 않는 훌륭한 문장이 된다. 이것이야말로 참다운 문장이라고 할 수 있다."

① 서사
② 분류
③ 비유
④ 대조

14 다음 글에 대한 이해로 적절하지 않은 것은?

> 　언어마다 고유의 표기 체계가 있는데, 이는 읽기 과정에 영향을 미친다. 알파벳 언어는 표기 체계에 따라 철자 읽기의 명료성 수준이 달라진다. 철자 읽기가 명료하다는 것은 한 글자에 대응되는 소리가 규칙적이어서 글자와 소리의 대응이 거의 일대일이라는 것을 의미한다. 그 예로 이탈리아어와 스페인어가 있다. 이 두 언어의 사용자는 의미를 전혀 모르는 새로운 단어를 발견하더라도 보자마자 정확한 발음을 할 수 있다. 이에 비해 영어는 철자 읽기의 명료성이 낮은 언어이다. 영어는 발음이 아예 나지 않는 묵음과 같은 예외도 많은 편이고 글자에 대응하는 소리도 매우 다양하다.
>
> 　한편 알파벳 언어를 읽을 때 사용하는 뇌의 부위는 유사하지만 뇌의 부위에 의존하는 방식에는 차이가 있다. 영어와 이탈리아어를 읽는 사람은 동일하게 좌반구의 읽기 네트워크를 사용한다. 하지만 무의미한 단어를 읽을 때 영어를 읽는 사람은 암기된 단어의 인출과 연관된 뇌 부위에 더 의존하는 반면 이탈리아어를 읽는 사람은 음운 처리에 연관된 뇌 부위에 더 의존한다. 왜냐하면 무의미한 단어를 읽을 때 이탈리아어를 읽는 사람은 규칙적인 음운 처리 규칙을 적용하는 반면에, 영어를 읽는 사람은 암기해 둔 수많은 예외들을 떠올리기 때문이다.

① 알파벳 언어의 철자 읽기는 소리와 표기의 대응과 관련되는데, 각 소리가 지닌 특성은 철자 읽기의 명료성을 판단하는 기준이 된다.
② 영어 사용자는 무의미한 단어를 읽을 때 좌반구의 읽기 네트워크를 활용하면서 암기된 단어의 인출과 연관된 뇌 부위에 더욱 의존한다.
③ 이탈리아어는 소리와 글자의 대응이 규칙적이어서 낯선 단어를 발음할 때 영어에 비해 철자 읽기의 명료성이 높다.
④ 영어는 음운 처리 규칙에 적용되지 않는 예외들이 많아서 스페인어에 비해 소리와 글자의 대응이 덜 규칙적이다.

15 (가)~(라)에 대한 이해로 적절하지 않은 것은?

> (가) 반중(盤中) 조홍(早紅)감이 고아도 보이는다
> 　　 유자 안이라도 품엄즉도 ㅎ다마는
> 　　 품어 가 반기리 업슬새 글노 설워ㅎ는이다
> (나) 동짓들 기나긴 밤을 한 허리를 버혀 내여
> 　　 춘풍 니불 아래 서리서리 너헛다가
> 　　 어론 님 오신 날 밤이여든 구뷔구뷔 펴리라
> (다) 말 업슨 청산(靑山)이오 태(態) 업슨 유수(流水)
> 　　 로다
> 　　 갑 업슨 청풍(淸風)이오 님ᄌ 업슨 명월(明月)이
> 　　 로다
> 　　 이 중에 병 업슨 이 몸이 분별 업시 늘그리라
> (라) 농암(籠巖)에 올라보니 노안(老眼)이 유명(猶明)
> 　　 이로다
> 　　 인사(人事)이 변ᄒ들 산천이ᄯᆫ 가샐가
> 　　 암전(巖前)에 모수 모구(某水 某丘)이 어제 본
> 　　 듯 ㅎ예라

① (가)는 고사의 인용을 통해 돌아가신 부모님에 대한 그리움을 표현하고 있다.

② (나)는 의태적 심상을 통해 임에 대한 기다림을 표현하고 있다.

③ (다)는 대구와 반복을 통해 자연에 귀의하려는 의지를 표현하고 있다.

④ (라)는 자연과의 대조를 통해 허약해진 노년의 무력함을 표현하고 있다.

16 다음 글에 대한 이해로 가장 적절한 것은?

> 암소의 뿔은 수소의 그것보다도 한층 더 겸허하다. 이 애상적인 뿔이 나를 받을 리 없으니 나는 마음 놓고 그 곁 풀밭에 가 누워도 좋다. 나는 누워서 우선 소를 본다.
> 　소는 잠시 반추를 그치고 나를 응시한다.
> 　'이 사람의 얼굴이 왜 이리 창백하냐. 아마 병인인가 보다. 내 생명에 위해를 가하려는 거나 아닌지 나는 조심해야 되지.'
> 　이렇게 소는 속으로 나를 심리하였으리라. 그러나 오 분 후에는 소는 다시 반추를 계속하였다. 소보다도 내가 마음을 놓는다.
> 　소는 식욕의 즐거움조차를 냉대할 수 있는 지상 최대의 권태자다. 얼마나 권태에 지질렸길래 이미 위에 들어간 식물을 다시 게워 그 시큼털털한 반소화물의 미각을 역설적으로 향락하는 체해 보임이리오?
> 　소의 체구가 크면 클수록 그의 권태도 크고 슬프다. 나는 소 앞에 누워 내 세균 같이 사소한 고독을 겸손하면서 나도 사색의 반추는 가능할는지 불가능할는지 몰래 좀 생각해 본다.
>
> - 이상, 「권태」에서 -

① 대상의 행위를 통해 글쓴이의 심리가 투사되고 있다.

② 과거의 삶을 회상하며 글쓴이의 처지를 후회하고 있다.

③ 공간의 이동을 통해 글쓴이의 무료함을 표현하고 있다.

④ 현실에 대한 글쓴이의 불만이 반성적 어조로 표출되고 있다.

17 다음 글에서 '황거칠'이 처한 상황에 어울리는 한자성어로 가장 적절한 것은?

> 　황거칠 씨는 더 참을 수가 없었다. 그는 거의 발작적으로 일어섰다.
> 　"이 개 같은 놈들아, 어쩌면 남이 먹는 식수까지 끊으려노?"
> 　그는 미친 듯이 우르르 달려가서 한 인부의 괭이를 억지로 잡아서 저만큼 내동댕이쳤다. …(중략)…
> 　경찰은 발포를 — 다행히 공포였지만 — 해서 겨우 군중을 해산시키고, 황거칠 씨와 청년 다섯 명을 연행해 갔다. 물론 강제집행도 일시 중단되었었다.
> 　경찰에 끌려간 사람들은 밤에도 풀려나오지 못했다. 공무집행 방해에다, 산주의 권리행사 방해, 그리고 폭행죄까지 뒤집어쓰게 되었던 것이다. 그래서 그 이튿날도 풀려 나오질 못했다. 쌍말로 썩어 갔다.
> 　황거칠 씨는 모든 죄를 자기가 안아맡아서 처리하려고 했다. 그러나 그것이 뜻대로 되지 않았다. 면회를 오는 가족들의 걱정스런 얼굴을 보자, 황거칠 씨는 가슴이 아팠다. 그는 만부득이 담당 경사의 타협안에 도장을 찍기로 했다. 석방의 조건으로서, 다시는 강제집행을 방해하지 않겠다는 각서였다.
> 　이리하여 황거칠 씨는 애써 만든 산수도를 포기하게 되고 '마삿등'은 한때 도로 물 없는 지대가 되고 말았다.
>
> 　　　　　　　　　　　　　　　－ 김정한, 「산거족」에서 －

① 同病相憐
② 束手無策
③ 自家撞着
④ 輾轉反側

18 다음 글의 특징으로 가장 적절한 것은?

> 살아가노라면
> 가슴 아픈 일 한두 가지겠는가
>
> 깊은 곳에 뿌리를 감추고
> 흔들리지 않는 자기를 사는 나무처럼
> 그걸 사는 거다
>
> 봄, 여름, 가을, 긴 겨울을
> 높은 곳으로
> 보다 높은 곳으로, 쉬임 없이
> 한결같이
>
> 사노라면
> 가슴 상하는 일 한두 가지겠는가
>
> 　　　　　　　　　　　　　－조병화, 「나무의 철학」 －

① 문답법을 통해 과거의 삶을 반추하고 있다.
② 반어적 표현을 활용하여 슬픔의 정서를 나타내고 있다.
③ 사물을 의인화하여 현실을 목가적으로 보여 주고 있다.
④ 설의적 표현을 활용하여 삶의 깨달음을 강조하고 있다.

19 ㉠에 들어갈 말로 가장 적절한 것은?

> 한 민족이 지닌 문화재는 그 민족 역사의 누적일 뿐 아니라 그 누적된 민족사의 정수로서 이루어진 혼의 상징이니, 진실로 살아 있는 민족적 신상(神像)은 이를 두고 달리 없을 것이다. 더구나 국보로 선정된 문화재는 우리 민족의 성력(誠力)과 정혼(精魂)의 결정으로 그 우수한 질과 희귀한 양에서 무비(無比)의 보(寶)가 된 자이다. 그러므로 국보 문화재는 곧 민족 전체의 것이요, 민족을 결속하는 정신적 유대로서 민족의 힘의 원천이라 할 것이다.
>
> 로마는 하루아침에 만들어지지 않는다는 말도 그 과거 문화의 존귀함을 말하는 것이요, (㉠)는 말도 국보 문화재가 얼마나 힘 있는가를 밝힌 예증이 된다.

① 구르는 돌에는 이끼가 끼지 않는다

② 지식은 나눌 수 있지만 지혜는 나눌 수 없다

③ 사람은 겪어 보아야 알고 물은 건너 보아야 안다

④ 그 무엇을 내놓는다고 해도 셰익스피어와는 바꾸지 않는다

20 다음 글에서 추론한 내용으로 적절하지 않은 것은?

> 과학의 개념은 분류 개념, 비교 개념, 정량 개념으로 구분할 수 있다. 식물학과 동물학의 종, 속, 목처럼 분명한 경계를 가지고 대상들을 분류하는 개념들이 분류 개념이다. 어린이들이 맨 처음에 배우는 단어인 '사과', '개', '나무'같은 것 역시 분류 개념인데, 하위 개념으로 분류할수록 그 대상에 대한 정보가 더 많이 전달된다. 또한, 현실 세계에 적용 대상이 하나도 없는 분류 개념도 있을 수 있다. 예를 들어 '유니콘'이라는 개념은 '이마에 뿔이 달린 말의 일종임'같은 분명한 정의가 있기에 '유니콘'은 분류 개념으로 인정되는 것이다.
>
> '더 무거움', '더 짧음' 등과 같은 비교 개념은 분류 개념보다 설명에 있어서 정보 전달에 더 효과적이다. 이것은 분류 개념처럼 자연의 사실에 적용되어야 하지만, 분류 개념과 달리 논리적 관계도 반드시 성립해야 한다. 예를 들면, 대상 A의 무게가 대상 B의 무게보다 더 무겁다면, 대상 B의 무게가 대상 A의 무게보다 더 무겁다고 말할 수 없는 것처럼 '더 무거움' 같은 비교 개념은 논리적 관계를 반드시 따라야 한다.
>
> 마지막으로 정량 개념은 비교 개념으로부터 발전된 것인데, 이것은 자연의 사실로부터 파악할 수 있는 물리량을 측정함으로써 만들어진다. 물리량을 측정하기 위해서는 몇 가지 규칙이 필요한데, 그 규칙에는 두 물리량의 크기를 비교하는 경험적 규칙과 물리량의 측정 단위를 정하는 규칙 등이 포함된다. 이러한 정량 개념은 자연에 의해서 주어지는 것이 아니라 우리가 자연현상에 수를 적용하는 과정에서 생겨나는 것이다. 정량 개념은 과학의 언어를 수많은 비교 개념 대신 수를 사용할 수 있게 하여 과학 발전의 기초가 되었다.

① '호랑나비'는 '나비'와 동일한 종에 속하지만, 나비에 비해 정보량이 적다.

② '용(龍)'은 현실 세계에 적용할 수 있는 지시물이 없더라도 분류 개념으로 인정된다.

③ '꽃'이나 '고양이'와 같은 개념은 논리적 관계를 따라야 하는 것은 아니기 때문에 비교 개념에 포함되지 않는다.

④ 물리량을 측정할 수 있는 'cm'나 'kg'과 같은 측정 단위는 자연현상에 수를 적용할 수 있게 해 주었다.

01 안긴문장이 없는 것은?

① 나는 동생이 시험에 합격하기를 고대한다.
② 착한 영호는 언제나 친구들을 잘 도와준다.
③ 해진이는 울산에 살고 초희는 광주에 산다.
④ 아버지께서는 나에게 내일 가족 여행을 가자고 말씀하셨다.

02 밑줄 친 부분이 바르게 쓰이지 않은 것은?

① 지금쯤 골아떨어졌겠지?
② 그 친구, 생각이 깊던데 책깨나 읽었겠어.
③ 갖은 곤욕과 모멸과 박대는 각오한 바이다.
④ 김 과장은 그러고 나서 서류를 보완해 달라고 했다.

03 문장 성분의 호응이 자연스러운 것은?

① 내가 강조하고 싶은 점은 우리가 고유 언어를 가졌다.
② 좋은 사람과 대화하며 함께한 일은 즐거운 시간이었다.
③ 내 생각은 집을 사서 이사하는 것이 좋겠다고 결정했다.
④ 그는 내 생각이 옳지 않다고 여러 사람 앞에서 말을 하였다.

04 ㉠~㉢의 고쳐 쓰기 방안으로 적절하지 않은 것은?

> ㉠ 공사하는 기간 동안 안전사고가 일어나지 않도록 유의해 주십시오.
> ㉡ 오늘 오후에 팀 전체가 모여 회의를 갖겠습니다.
> ㉢ 비상문이 열려져 있어 신속하게 대피할 수 있었다.
> ㉣ 지난밤 검찰은 그를 뇌물 수수 혐의로 구속했다.

① ㉠: '기간'과 '동안'은 의미가 중복되므로 '공사하는 기간 동안'은 '공사하는 동안'으로 고쳐 쓴다.
② ㉡: '회의를 갖겠습니다.'는 번역 투이므로 '회의하겠습니다.'로 고쳐 쓴다.
③ ㉢: '열려져'는 '-리-'와 '-어지다'가 결합한 이중 피동 표현이므로 '열려'로 고쳐 쓴다.
④ ㉣: 동작의 대상에게 행위의 효력이 미친다는 의미를 제시해야 하므로 '구속했다'는 '구속시켰다'로 고쳐 쓴다.

05 ㉠~㉣을 사전에 올릴 때 '한글 맞춤법 규정'에 따른 순서로 적절한 것은?

> ㉠ 곬   ㉡ 규탄
> ㉢ 곳간   ㉣ 광명

① ㉠ → ㉢ → ㉡ → ㉣
② ㉠ → ㉢ → ㉣ → ㉡
③ ㉢ → ㉠ → ㉡ → ㉣
④ ㉢ → ㉠ → ㉣ → ㉡

06 밑줄 친 말의 의미와 거리가 먼 것은?

> • 넌 얼마나 오지랖이 넓기에 남의 일에 그렇게 미주 알고주알 캐는 거냐?
> • 강쇠네는 입이 재고 무슨 일에나 오지랖이 넓었지만, 무작정 덤벙거리고만 다니는 새줄랑이는 아니었다.

① 謁見   ② 干涉
③ 參見   ④ 干與

07 다음 글에 대한 이해로 적절하지 않은 것은?

> 천국에 사는 사람들은 지옥을 생각할 필요가 없다. 그러나 우리 다섯 식구는 지옥에 살면서 천국을 생각했다. 단 하루라도 천국을 생각해 보지 않은 날이 없다. 하루하루의 생활이 지겨웠기 때문이다. 우리의 생활은 전쟁과 같았다. 우리는 그 전쟁에서 날마다 지기만 했다.
> 아버지가 평생을 통해 해 온 일은 다섯 가지이다. 채권 매매, 칼 갈기, 고층 건물 유리 닦기, 펌프 설치하기, 수도 고치기이다. 이 일들만 해 온 아버지가 갑자기 다른 일을 하겠다고 했다. 서커스단의 일이었다. 아버지는 처음 보는 꼽추 한 사람을 데리고 와 여러 가지 이야기를 했다. 처음 얼마 동안은 그의 조수로 일하면 된다고 했다. 두 사람은 자기들이 무대 위에서 해야 할 연기에 대해 이야기했다. 그러자 어머니가 아버지에게 대들었다. 우리들도 아버지를 성토했다. 아버지는 힘없이 물러섰다. 꼽추는 멍하니 앉아 우리를 보았다. 꼽추는 눈물이 핑 돌아 돌아갔다. 그의 뒷모습은 아주 쓸쓸해 보였다. 아버지의 꿈은 깨어졌다. 아버지는 무거운 부대를 메고 다시 일을 찾아 나갔다.
>   …(중략)…
> 어머니가 울었다. 어머니는 인쇄소 제본 공장에 나가 접지 일을 했다. 고무 골무를 끼고 인쇄물을 접었다. 나는 겁이 났다. 나는 인쇄소 공무부 조역으로 출발했다. 땀을 흘리지 않고는 아무것도 얻을 수 없다는 것을 뒤늦게 알았다. 영호와 영희도 몇 달 간격을 두고 학교를 그만두었다. 마음이 차라리 편해졌다.

> 우리를 해치는 사람은 없었다. 우리는 보이지 않는 보호를 받고 있었다. 남아프리카의 어느 원주민들이 일정한 구역 안에서 보호를 받듯이 우리도 이질 집단으로서 보호를 받았다. 나는 우리가 이 구역 안에서 한 걸음도 밖으로 나갈 수 없다는 것을 깨달았다. 나는 조역, 공목, 약물, 해판의 과정을 거쳐 정판에서 일했다. 영호는 인쇄에서 일했다. 나는 우리가 한 공장에서 일하는 것이 싫었다. 영호도 마찬가지였다. 그래서 영호는 먼저 철공소 조수로 들어가 잔심부름을 했다. 가구 공장에서도 일했다. 그 공장에 가 일하는 영호를 보았다. 뽀얀 톱밥 먼지와 소음 속에 서 있는 작은 영호를 보고 나는 그만두라고 했다. 인쇄 공장의 소음도 무서운 것이었으나 그곳에는 톱밥 먼지가 없었다. 우리는 죽어라 하고 일했다. 우리의 팔목은 공장 안에서 굵어 갔다. 영희는 그때 큰길가 슈퍼마켓 한쪽에 자리 잡은 빵집에서 일했다. 우리가 고맙게 생각한 것은 환경이 깨끗하다는 것 하나뿐이었다.
> 우리는 무슨 일이 있든 공부는 해야 한다고 생각했다. 공부를 하지 않고는 우리 구역에서 벗어날 수가 없다고 생각했다. 세상은 공부를 한 자와 못 한 자로 너무나 엄격하게 나누어져 있었다. 끔찍할 정도로 미개한 사회였다. 우리가 학교 안에서 배운 것과는 정반대로 움직였다. 나는 무슨 책이든 손에 잡히는 대로 읽었다. 정판에서 식자로 올라간 다음에는 일을 하다 말고 원고를 읽는 버릇까지 생겼다. 동생들에게 필요하다고 느껴지는 것은 판을 들고 가 몇 벌씩 교정쇄를 내기도 했다. 영호와 영희는 나의 말을 잘 들었다. 내가 가져다준 교정쇄를 동생들은 열심히 읽었다. 실제로 우리가 이 노력으로 잃은 것은 하나도 없었다. 나는 고입 검정고시를 거쳐 방송 통신 고교에 입학했다.
>   – 조세희, 「난장이가 쏘아 올린 작은 공」 –

① '우리 다섯 식구'는 생존을 위해 애쓰지만 윤택한 삶을 누리기 어려운 처지에 있다.
② '아버지'는 가족들의 바람을 수용하여, 평생 해 온 일을 그만두고 새로운 일을 시작하기로 결심한다.
③ '보이지 않는 보호'는 말 그대로의 보호라기보다는 벗어날 수 없는 계층적 한계를 의미한다고 할 수 있다.
④ '우리'는 자신들의 '구역'에서 벗어날 길을 '공부를 한 자'가 됨으로써 찾을 수 있다고 여긴다.

08 글쓴이의 견해에 부합하지 않는 것은?

사물 인터넷(IoT, Internet of Things)의 정의로 '수십 억 개의 사물이 서로 연결되는 것'이라고 설명하는 것은 그리 유용하지 않다. 사물 인터넷이 무엇인지 이해하기 위해서는 '사물'에서 출발하기보다는 '인터넷'에서 출발하는 것이 좋다. 인터넷이 전 세계의 컴퓨터를 서로 소통하도록 만든다는 생각이 실현된 것이라면, 사물 인터넷은 이제 전 세계의 사물들을 '컴퓨터로 만들어' 서로 소통하도록 만든다는 생각을 실현하는 것이다. 컴퓨터는 본래 전원이 있고 칩이 있고, 이것이 통신 장치와 프로토콜을 갖게 되어 연결된 것이다. 그렇다면 이제는 전원이 있었던 전자 기기나 기계 등은 그 자체로, 전원이 없었던 일반 사물들은 새롭게 센서와 배터리, 통신 모듈이 부착되면서 컴퓨터가 되고 이렇게 컴퓨터가 된 사물들이 그들 간에 또는 인간의 스마트 기기와 네트워크로 연결되는 것이다.

현재의 인터넷과 사물 인터넷의 차이를, 혹자는 사람이 개입되는 것은 사물 인터넷이 아니라고 이야기하면서 엄격한 M2M(Machine to Machine)이라는 개념에 근거해 설명한다. 또 혹자는 사물 인터넷이 실현되려면 사람만큼 사물이 판단할 수 있어야 한다고 주장하면서 사물의 지능성을 중요시하는 경우도 있는데, 두 가지 모두 그릇된 것이다. 사물 인터넷을 제대로 이해하려면 기존 인터넷과의 차이점에 주목하기보다는 오히려 공통점을 인식하는 것이 더 중요하다. 컴퓨터를 서로 연결하는 수준에서 출발한 것이 기존의 인터넷이라면, 이제는 사물 각각이 컴퓨터가 되고, 그 사물들이 사람과 손쉽게 닿는 스마트폰, 스마트 워치 등과 서로 소통하는 것이다.

① 사물 인터넷의 개념을 파악하기 위해서는 기존 인터넷과의 공통점을 이해하는 것이 필요하다.
② 센서와 배터리, 통신 모듈 등을 갖춘 사물들이 네트워크로 연결되어 사물 인터넷으로 기능한다.
③ 사물 인터넷은 사람 수준의 지능을 가진 사물들이 네트워크상에서 인간의 개입 없이 서로 소통하는 것으로 정의된다.
④ 사물 인터넷은 컴퓨터가 아니었던 사물도 네트워크로 연결될 수 있다는 점에서 기존의 인터넷과 다르다.

09 〈보기〉는 다음 한시에 대한 감상이다. ㉠~㉣ 중 적절하지 않은 것은?

白犬前行黃犬隨	흰둥이가 앞서고 누렁이는 따라가는데
野田草際塚纍纍	들밭머리 풀섶에는 무덤이 늘어서 있네
老翁祭罷田間道	늙은이가 제사를 끝내고 밭 사이 길로 들어서자
日暮醉歸扶小兒	해 저물어 취해 돌아오는 길을 아이가 부축하네

－ 이달, 「제총요(祭塚謠)」 －

─────〈보 기〉─────

이달(李達, 1561~1618)이 살았던 시기를 고려할 때, 시인은 임진왜란을 겪었을 것이라 추정된다. ㉠ 이 시는 해질 무렵 두 사람이 제사를 지낸 뒤 집으로 돌아오는 상황을 노래하고 있다. ㉡ 이 시에서 무덤이 들밭머리에 늘어서 있다는 것은 전란을 겪은 마을에서 많은 이들이 갑작스러운 죽음을 맞이했음을 의미한다고 할 것이다. 여기 등장하는 늙은이와 아이는 할아버지와 손자의 관계로 파악할 수 있다. 아마도 이들은 아이의 부모이자 할아버지의 자식에 해당하는 이의 무덤에 다녀오는 길일 것이다. ㉢ 할아버지가 취한 까닭도 죽은 이에 대한 안타까움과 속상함 때문일 것이다. ㉣ 이 시는 전반부에서는 그림을 그리듯이 장면을 묘사하고 후반부에서는 정서를 표출하는 선경후정의 형식을 취하고 있다.

① ㉠   ② ㉡
③ ㉢   ④ ㉣

10 ㉠~㉣의 한자 표기로 옳은 것은?

> 　과학사를 들춰 보면 기존의 학문 체계에 ㉠ 도전했다가 낭패를 본 인물들의 이야기를 자주 만날 수 있다. 대표적인 인물이 천동설을 부정하고 지동설을 주장한 갈릴레이다. 천동설을 ㉡ 지지하던 당시의 권력층은 그들의 막강한 힘을 이용하여 갈릴레이를 신의 권위에 도전하는 이단자로 욕하고 목숨까지 위협했다. 갈릴레이가 영원한 ㉢ 침묵을 ㉣ 맹세하지 않고 계속 지동설을 주장했더라면 그는 단두대의 이슬로 사라졌을지도 모른다.

① ㉠ 逃戰 　　　　② ㉡ 持地
③ ㉢ 浸默 　　　　④ ㉣ 盟誓

11 다음 대화에서 '정민'의 의사소통 방식으로 가장 적절한 것은?

> 상수: 요즘 짝꿍이랑 사이가 별로야.
> 정민: 왜? 무슨 일이 있었어?
> 상수: 그 애가 내 일에 자꾸 끼어들어. 사물함 정리부터 내 걸음걸이까지 하나하나 지적하잖아.
> 정민: 그런 일이 있었구나. 짝꿍한테 그런 말을 해 보지 그랬어.
> 상수: 해 봤지. 하지만 그때뿐이야. 아마 나를 자기 동생처럼 여기나 봐.
> 정민: 나도 그런 적이 있어. 작년의 내 짝꿍도 나한테 무척이나 심했거든. 자꾸 끼어들어서 너무 힘들었어. 네 얘기를 들으니 그때가 다시 생각난다. 그런데 생각을 바꿔 보니 그게 관심이다 싶더라고. 그랬더니 마음이 좀 편해졌어. 그리고 짝꿍과 솔직하게 얘기를 해 봤더니, 그 애도 자신의 잘못된 점을 고치더라고.
> 상수: 너도 그랬구나. 나도 생각을 바꾸려고 노력해 보고, 짝꿍하고 진솔한 대화를 나눠 봐야겠어.

① 상대방의 입장을 고려해 용서함으로써 갈등을 해결하고 있다.
② 자신의 경험을 들어 상대방이 해결점을 찾을 수 있도록 돕고 있다.
③ 상대방의 약점을 비판하면서 자신의 장점을 최대한 부각하고 있다.
④ 상대방이 말하는 내용을 경청하면서 그 타당성을 평가하고 있다.

12 다음에서 제시한 글의 전개 방식의 예로 가장 적절한 것은?

> 　'인과'는 원인과 결과를 서술하는 전개 방식이다. 어떤 현상이나 결과가 나타나게 된 원인이나 힘을 제시하고 그로 말미암아 초래된 결과를 나타내는 서술 방식이다.

① 온실 효과로 지구의 기온이 상승할 때 가장 심각한 영향은 해수면의 상승이다. 이러한 현상은 바다와 육지의 비율을 변화시켜 엄청난 기후 변화를 유발하며, 게다가 섬나라나 저지대는 온통 물에 잠기게 된다.
② 이 사회의 경제는 모두가 제로섬 요소로 구성되어 있다. 제로섬(zero-sum)이란 어떤 수를 합해서 제로가 된다는 뜻이다. 어떤 운동 경기를 한다고 할 때 이기는 사람이 있으면 반드시 지는 사람이 있게 마련이다.
③ 다음날도 찬호는 학교 담을 따라 돌았다. 그리고 고무신을 벗어 한 손에 한 짝씩 쥐고는 고양이 걸음으로 보초의 뒤를 빠져 팽이처럼 교문 안으로 뛰어들었다.
④ 벼랑 아래는 빽빽한 소나무 숲에 가려 보이지 않았다. 새털 구름이 흩어진 하늘 아래 저 멀리 논과 밭, 강을 선물 세트처럼 끼고 들어앉은 소읍의 전경은 적막해 보였다.

13 다음 진행자 'A'의 대화 진행 전략으로 적절하지 않은 것은?

> A: 여러분, 안녕하세요? 한 지방 자치 단체가 의료 취약 계층을 위한 의약품 공급 정보망 구축 사업을 진행해 오고 있는데요. 오늘은 그 관계자 한 분을 모시고 말씀을 들어 보기로 하겠습니다. 과장님, 안녕하세요?
>
> B: 네, 안녕하세요.
>
> A: 의약품 공급 정보망이라는 말이 다소 생소한데 이게 무슨 말인가요?
>
> B: 네, 약국이나 제약 회사가 의약품을 저희에게 기탁하면, 이 약품을 필요한 사회 복지 시설이나 국내외 의료 봉사 단체에 무상으로 줄 수 있도록 연결하는 사이버상의 네트워크입니다.
>
> A: 그렇군요. 그동안 이 사업에 성과가 있었다면 그럴 만한 이유가 있을 텐데요, 이에 대해 말씀해 주세요.
>
> B: 그렇습니다. 약국이나 제약 회사에서는 판매되지 않은 의약품을 기탁하고 세금 혜택을 받습니다. 그리고 복지 시설이나 봉사 단체에서는 필요한 의약품을 무상으로 지원받을 수 있습니다.
>
> A: 그렇군요. 혹시 이 사업에 걸림돌은 없나요?
>
> B: 의약품을 의사의 처방에 따라서 주는 것이 아니라 수요자가 요구하면 주는 방식이어서 전문 의약품을 제공하는 과정에 어려움이 있습니다. 처방전 발급을 부탁할 수도 없고 ……
>
> A: 그러니까 앞으로 이런 문제를 해결하기 위한 제도 정비나 의료 전문가의 지원이 좀 더 필요하다는 말씀인 것 같군요. 끝으로 이 사업에 참여하려면 어떻게 해야 하나요?
>
> B: 그건 생각보다 쉽습니다. 저희 홈페이지에 접속하셔서 회원으로 가입하시면 기부하실 때나 받으실 때나 모두 쉽게 참여하실 수 있습니다.
>
> A: 네, 간편해서 좋군요. 모쪼록 이 의약품 공급 정보망 사업이 확대되어 국내외 의료 취약 계층에 많은 도움이 되기를 바랍니다. 감사합니다.

① 상대방의 말을 들었다는 반응을 보인다.
② 상대방의 대답에서 모순점을 찾아 논리적으로 대응한다.
③ 대화의 화제가 된 일을 홍보할 수 있는 대답을 유도한다.
④ 상대방의 말을 대화의 흐름에 맞게 해석하여 상대방의 말을 보충한다.

14 다음 글에 대한 이해로 가장 적절한 것은?

> 용왕의 아들 이목(璃目)은 항상 절 옆의 작은 연못에 있으면서 남몰래 보양(寶壤) 스님의 법화(法化)를 도왔다. 문득 어느 해에 가뭄이 들어 밭의 곡식이 타들어 가자 보양 스님이 이목을 시켜 비를 내리게 하니 고을 사람들이 모두 흡족히 여겼다. 하늘의 옥황상제가 장차 하늘의 뜻을 모르고 비를 내렸다 하여 이목을 죽이려 하였다. 이목이 보양 스님에게 위급함을 아뢰자 보양 스님이 이목을 침상 밑에 숨겨 주었다. 잠시 후에 옥황상제가 보낸 천사(天使)가 뜰에 이르러 이목을 내놓으라고 하였다. 보양 스님이 뜰 앞의 배나무[梨木]를 가리키자 천사가 배나무에 벼락을 내리고 하늘로 올라갔다. 그 바람에 배나무가 꺾어졌는데 용이 쓰다듬자 곧 소생하였다(일설에는 보양 스님이 주문을 외워 살아났다고 한다). 그 나무가 근래에 땅에 쓰러지자 어떤 이가 빗장 막대기로 만들어 선법당(善法堂)과 식당에 두었다. 그 막대기에는 글귀가 새겨져 있다.
>
> — 일연, 「삼국유사」 —

① 천사의 벼락을 맞은 배나무는 저절로 소생했다.
② 천사는 이목을 죽이려다 실수로 배나무에 벼락을 내렸다.
③ 벼락 맞은 배나무로 만든 막대기가 글쓴이의 당대까지 전해졌다.
④ 제멋대로 비를 내린 보양 스님을 벌하려고 옥황상제가 천사를 보냈다.

15 ㉠에 들어갈 주장으로 가장 적절한 것은?

> 경상 지역 방언을 쓰는 사람들은 대체로 'ㅓ'와 'ㅡ'를 구별하지 못한다. 이들은 '증표(證票)'나 '정표(情表)'를 구별하여 듣지 못할 뿐만 아니라 구별하여 발음하지 못하기 십상이다. 또 이들은 'ㅅ'과 'ㅆ'을 구별하지 못하는 경우가 많다. 따라서 이들은 '살밥을 많이 먹어서 쌀이 많이 쪘다'고 말하든 '쌀밥을 많이 먹어서 살이 많이 쪘다'고 말하든 쉽게 그 차이를 알지 못한다. 한편 평안도 및 전라도와 경상도의 일부에서는 'ㅗ'와 'ㅓ'를 제대로 분별해서 발음하지 않는 경우가 종종 있다. 평안도 사람들의 'ㅈ' 발음은 다른 지역의 'ㄷ' 발음과 매우 비슷하다. 이처럼 (㉠)

① 우리말에는 지역마다 다양한 소리가 있다.
② 우리말은 지역에 따라 다양한 표준 발음법이 있다.
③ 우리말에는 지역에 따라 구별되지 않는 소리가 있다.
④ 자음보다 모음을 변별하지 못하는 지역이 더 많이 있다.

16 글의 통일성을 고려할 때 ㉠에 들어갈 문장으로 가장 적절한 것은?

> 기술 혁신의 상징으로 화려하게 등장한 이후 글로벌 아이콘이 됐던 소위 스마트폰이 그 진화의 한계에 봉착한 듯하다. 게다가 최근 들어 중국 업체들의 성장세가 만만치 않은 상황이 펼쳐지고 있다. 이런 가운데 오랜 기간 스마트폰 생산량의 수위를 지켜 왔던 기업들의 호시절도 끝난 분위기다. (㉠)
>
> 그렇다면 스마트폰 이후 글로벌 주도 산업은 무엇일까. 첫손가락에 꼽히는 것은 페이스북, 아마존, 넷플릭스, 구글을 뜻하는 '팡(FANG)'이다. 모바일 퍼스트 시대에서 소프트웨어, 플랫폼 사업에 눈뜬 기업들이다. 이들은 지난해 매출과 순이익이 크게 늘었으며 주가도 폭등했다. 하지만 이들이라고 영속 불멸하지는 않을 것이다.

① 온 국민이 절치부심(切齒腐心)하여 반성하지 않으면 안 된다.
② 정보 기술 업계의 권불십년(權不十年)이라 하지 않을 수 없다.
③ 다른 나라의 기업들을 보고 아전인수(我田引水)해야 할 때다.
④ 글로벌 위기의 내우외환(內憂外患)에 국가 간 협력이 절실하다.

17 다음 글에 대한 이해로 적절하지 않은 것은?

> 희극의 발생 조건에 대하여 베르그송은 집단, 지성, 한 개인의 존재 등을 꼽았다. 즉 집단으로 모인 사람들이 자신들의 감성을 침묵하게 하고 지성만을 행사하는 가운데 그들 중 한 개인에게 그들의 모든 주의가 집중되도록 할 때 희극이 발생한다고 보았다. 그러나 그가 말하는 세 가지 사항은 웃음을 유발하는 것이 아니라 그러한 것을 가능케 하는 조건들이다. 웃음을 유발하는 단순한 형태의 직접적인 장치는 대상의 신체적인 결함이나 성격적인 결함을 들 수 있다. 관객은 이러한 결함을 지닌 인물을 통하여 스스로 자기 우월성을 인식하고 즐거워질 수 있게 된다. 이와 관련해 "한 인물이 우리에게 희극적으로 보이는 것은 우리 자신과 비교해서 그 인물이 육체의 활동에는 많은 힘을 소비하면서 정신의 활동에는 힘을 쓰지 않는 경우이다. 어느 경우에나 우리의 웃음이 그 인물에 대하여 우리가 지니는 기분 좋은 우월감을 나타내는 것임은 부정할 수 없다."라는 프로이트의 말은 시사적이다.

① 베르그송에 의하면 희극은 관객의 감성이 집단적으로 표출된 결과이다.
② 베르그송에 의하면 집단, 지성, 한 개인의 존재는 희극 발생의 조건이다.
③ 한 개인의 신체적·성격적 결함은 집단의 웃음을 유발하는 직접적인 장치이다.
④ 프로이트에 의하면 상대적으로 정신 활동보다 육체 활동에 힘을 쓰는 상대가 희극적인 존재이다.

18 ㉠과 가장 유사한 정서가 드러나는 것은?

> 다시 방수액을 부어 완벽을 기하고 이음새 부분은 손가락으로 몇 번씩 문대어 보고 나서야 임 씨는 허리를 일으켰다. 임 씨가 일에 몰두해 있는 동안 그는 숨소리조차 내지 않고 일하는 양을 지켜보았다. ㉠ 저 열 손가락에 박힌 공이의 대가가 기껏 지하실 단칸방만큼의 생활뿐이라면 좀 너무하지 않나 하는 안타까움이 솟아오르기도 했다. 목욕탕 일도 그러했지만 이 사람의 손은 특별한 데가 있다는 느낌이었다. 자신이 주무르고 있는 일감에 한 치의 틈도 없이 밀착되어 날렵하게 움직이고 있는 임 씨의 열 손가락은 손가락 이상의 그 무엇이었다.
>
> — 양귀자, 「비 오는 날이면 가리봉동에 가야 한다」 —

① 즐거운 지상의 잔치에 / 금으로 타는 태양의 즐거운 울림 / 아침이면, / 세상은 개벽을 한다.

② 산에 / 산에 / 피는 꽃은 / 저만치 혼자서 피어 있네. // 산에서 우는 작은 새여. / 꽃이 좋아 / 산에서 / 사노라네.

③ 남편은 어디에 나가 있는지 / 아침에 소 끌고 산에 올랐는데 / 산 밭을 일구느라 고생을 하며 / 저물도록 돌아오지 못한다네.

④ 눈을 가만 감으면 굽이 잦은 풀밭 길이, / 개울물 돌돌 길섶으로 흘러가고, / 백양 숲 사립을 가린 초집들도 보이구요.

19 다음 글의 시사점으로 적절하지 않은 것은?

> 기존의 의학적 연구는 건장한 성인 남성의 몸을 표준으로 삼아 이루어지는 경우가 많았다. 예를 들어 농약과 같은 화학 물질이 몸에 들어와 어떠한 변화를 일으키는지 검토한 연구에서 생리 주기에 따라 변화하는 여성 호르몬이 그 물질과 어떤 상호 작용을 일으킬 수 있는지는 고려되지 않았다. 자동차 충돌 사고를 인체 공학적으로 시뮬레이션할 때도 특정 연령대 남성의 몸이 연구 대상으로 사용되었고, 여성의 신체 특성이나 다양한 연령대 남성의 신체적 특성은 고려되지 않았다.
>
> 특정 연령대 성인 남성의 몸을 표준화된 인체로 여겼던 사고방식은 여러 문제점을 낳고 있다. 예를 들어 대사율, 피부와 조직 두께 등을 감안한, 사람이 가장 효과적으로 일할 수 있는 사무실 온도는 21℃로 알려져 있다. 그런데 한 연구에서 남성과 여성 직장인에게 각각 선호하는 사무실 온도를 조사한 결과는 남성은 평균 22℃, 여성은 평균 25℃였다. 남성은 기존의 적정 실내 온도에 가까운 답을 했고, 여성은 더 따뜻한 사무실에서 일하기를 원했다.
>
> 이러한 차이의 이유는 무엇일까? 현재 적정 사무실 온도로 알려진 21℃는 1960년대 측정된 자료를 바탕으로 하는데, 당시 몸무게 70kg인 40세 성인 남성을 기준으로 측정된 것이다. 이러한 '표준화된 신체'를 가진 남성의 대사율은 여성이나 다른 연령대 남성들의 대사율과 다르고, 당연히 체내 열 생산의 양도 차이가 있다.

① 표준으로 삼은 대상이 나머지 대상의 특성까지 대표하지 못하므로 앞으로 의학적 연구를 하려면 하나의 표준을 정하기보다 가능한 한 다양한 대상을 선정해서 하는 것이 바람직하다.

② 현재 우리가 알고 있는 의학 지식 중에는 특정 표준 대상만을 연구한 결과인 것이 있으므로 앞으로 이런 의학 지식을 활용하려면 연구한 대상을 살펴봐서 그대로 활용할지를 결정하는 것이 바람직하다.

③ 성별이나 연령대 등에 따라 신체 조건이 같지 않으므로 근무 환경을 조성할 때 근무자들의 성별이나 연령대를 고려하는 것이 바람직하다.

④ 기존의 사무실 적정 실내 온도가 조사된 것보다 낮게 설정되어 있으므로 향후에 모든 공공 기관의 사무실 온도를 조정할 때 현재보다 설정 온도를 일률적으로 높이는 것이 바람직하다.

20 다음 글을 바탕으로 ㉠을 이해할 때 가장 적절한 것은?

> 나는 ㉠ '연극에서의 관객의 공감'에 대해 강연한 일이 있다. 나는 관객이 공감하는 것을 직접 보여 주려고 시도했다. 먼저 나는 자원자가 있으면 나와서 배우처럼 읽어 주기를 청했다. 그리고 청중에게는 연극의 관객이 되어 들어 달라고 했다. 한 사람이 앞으로 나왔다. 나는 그에게 아우슈비츠를 소재로 한 드라마의 한 장면이 적힌 종이를 건네주었다. 자원자가 종이를 받아들고 그것을 훑어볼 때 청중들은 어수선했다. 그런데 자원자의 입에서 떨어진 첫 대사는 끔찍한 내용이었다. 아우슈비츠에 관한 적나라한 증언은 너무나 충격적이어서 청중들은 완전히 압도되었다. 자원자는 청중들의 얼어붙은 듯한 침묵 속에서 낭독을 계속했다. 자원자의 낭독은 세련되지도 능숙하지도 않았다. 그러나 관객들의 열렬한 공감을 이끌어 냈다. 과거 역사가 현재의 관객들에게 생생하게 공감되었다.
>
> 이것이 끝나고 이번에는 강연장에 함께 갔던 전문 배우에게 셰익스피어의 희곡 「헨리 5세」에서 발췌한 대사를 낭독해 달라고 부탁했다. 그 대본은 400년 전 아쟁쿠르 전투(백년 전쟁 당시 벌어졌던 영국과 프랑스의 치열한 전투)에서 처참하게 사망한 자들의 명단과 그 숫자를 나열한 것이었다. 그는 셰익스피어의 위대한 희곡임을 알아보자 품위 있고 고풍스럽게 큰 목소리로 낭독했다. 그는 유려한 어조로 전쟁에서 희생된 이들의 이름을 읽어 내려갔다. 그러나 청중들은 듣는 둥 마는 둥 했다. 갈수록 청중들은 낭독자 따위는 안중에도 없다는 듯이 행동했다. 그들에게 아쟁쿠르 전투는 공감할 수 없는 것으로 분리된 것 같아 보였다. 앞서의 경우와는 전혀 다른 반응이었다.

① 배우의 연기력이 관객의 공감을 좌우한다.

② 비참한 죽음을 다룬 비극적인 소재는 관객의 공감을 일으킨다.

③ 훌륭한 고전이라고 해서 항상 청중의 공감을 불러일으킬 수 있는 것은 아니다.

④ 현재와 가까운 역사적 사실을 극화했다고 해서 관객의 공감 가능성이 커지지는 않는다.

01 밑줄 친 단어의 품사를 같은 것끼리 묶은 것은?

> • 쌍둥이도 서로 성격이 ㉠ 다른 법이다.
> • 날씨가 건조하면 나무가 잘 ㉡ 크지 못한다.
> • 남부 지방에 홍수가 ㉢ 나서 많은 수재민이 생겼다.
> • 그 사람이 농담은 하지만 ㉣ 허튼 말은 하지 않는다.
> • 상대에게 자유를 주는 것이 진정한 사랑이 ㉤ 아닐까?

① ㉠, ㉡   ② ㉡, ㉢
③ ㉢, ㉣   ④ ㉣, ㉤

02 다음의 여러 조건에 가장 잘 맞는 토론 논제는?

> • 긍정 평서문으로 제시되어야 한다.
> • 찬성과 반대의 대립이 분명하게 나타나야 한다.
> • 쟁점이 하나여야 한다.
> • 찬성이나 반대 어느 한 편에 유리하게 작용하는 정서적 표현을 사용해서는 안 된다.

① 징병제도는 유지해야 한다.
② 정보통신망법을 개선할 수는 없다.
③ 야만적인 두발 제한을 폐지해야 한다.
④ 내신 제도와 논술 시험을 개혁해야 한다.

03 다음 글에 대한 설명으로 옳지 않은 것은?

> 해설자: (관객들에게 무대와 등장인물을 설명한다.) 이곳은 황야입니다. 이리 떼의 내습을 알리는 망루가 세워져 있죠. 드높이 솟은 이 망루는 하늘로 둘러싸여 있습니다. 하늘은 연극의 진행에 따라 황혼, 초승달이 뜬 밤, 그리고 아침으로 변할 겁니다. 저기 위를 바라보십시오. 파수꾼이 앉아 있습니다. 높은 곳에서 하늘을 등지고 있기 때문에 그는 언제나 시커먼 그림자로만 보입니다. 그는 내가 태어나기 전부터 파수꾼이었습니다. 나의 늙으신 아버지께서도 어린 시절에 저 유명한 파수꾼의 이야기를 들으셨다 합니다.
>
> — 이강백, 「파수꾼」에서 —

① 공간적 배경은 망루가 세워져 있는 황야이다.
② 시간적 배경은 연극의 진행에 따라 변한다.
③ 해설자는 무대 위의 아버지를 소개한다.
④ 파수꾼의 얼굴은 분명하게 알 수 없다.

04 두 사람의 대화에 적용된 공감적 듣기의 방법이 아닌 것은?

> "수빈 씨, 나 처음 한 프레젠테이션인데 엉망이었어."
> "정말? 무슨 일이 있었는지 자세히 말해 봐."
> "너무 긴장해서 팀장님 질문에 대답을 못했어."
> "팀장님 질문에 대답을 못했구나. 처음 하는 프레젠테이션이라 정아 씨가 긴장을 많이 했나 보다."

① 수빈은 정아의 말에 자신이 주의 집중하고 있음을 보여 주고 있다.
② 수빈은 정아가 계속 말을 할 수 있도록 격려하고 있다.
③ 수빈은 정아의 혼란스러운 감정을 정아 스스로 정리하게끔 도와주고 있다.
④ 수빈은 정아의 말을 자신의 처지로 바꾸어 의미를 재구성하고 있다.

05 국어의 주요한 음운 변동을 다음과 같이 유형화할 때, '부엌일'에 일어나는 음운 변동 유형으로 옳은 것은?

변동 전		변동 후
㉠　XaY	→	XbY (교체)
㉡　XY	→	XaY (첨가)
㉢　XabY	→	XcY (축약)
㉣　XaY	→	XY (탈락)

① ㉠, ㉡
② ㉠, ㉣
③ ㉡, ㉢
④ ㉡, ㉣

06 토론자들의 말하기 방식에 대한 설명으로 적절한 것은?

사회자: 학교 폭력 문제가 나날이 심각해지고 있습니다. 이와 관련해 오늘은 '학교 폭력을 방관한 학생에게도 책임을 물어야 한다'를 주제로 토론을 해 보도록 하겠습니다. 먼저 찬성 측 말씀해 주시죠.

찬성 측: 친구가 학교 폭력에 의해 희생되고 있는데도 자신에게 피해가 올까 두려워 아무런 조치를 취하지 않는 학생들이 많다고 합니다.

이러한 행동으로 인해 학교 폭력은 점점 확산되고 있습니다. 학교 폭력을 행하는 것을 목격했음에도 어떤 조치도 취하지 않은 것은 폭력에 대해 묵시적으로 동의한 것과 같습니다. 폭력을 직접 행사하는 행위뿐 아니라, 불의에 저항하지 않는 정의롭지 못한 행위에 대해서도 합당한 책임을 물어야 할 것입니다.

사회자: 다음으로 반대 측 의견 말씀해 주시죠.

반대 측: 특정 학생에게 폭력을 직접 행사해서 피해를 준 사실이 명백할 때에만 책임을 물을 수 있을 것입니다. 또한 사건에 대한 개입과 방관은 개인의 자율적 의지에 달린 문제이므로 외부에서 규제할 성질의 문제가 아닙니다.

사회자: 그럼 이번에는 반대 측부터 찬성 측에 대해 반론해 주시지요.

반대 측: 과연 누구까지를 학교 폭력의 방관자라고 규정지을 수 있을까요? 집에 가는 길에 우연히 폭력을 목격했을 경우, 자신의 친구로부터 폭력에 관련된 소문을 접했을 경우 등 방관자라고 규정하기에는 애매한 경우가 많습니다. 어떠한 행위를 처벌하려면 확고한 기준이 필요한데, 방관자의 범위부터 규정하기가 불명확하다고 볼 수 있습니다.

찬성 측: 불의를 방관한 행위에 대해 사회가 책임을 묻지 않는다면 이후로도 사람들은 아무런 죄책감 없이 불의를 모른 체하고 방관할 것입니다. 결국 이는 사회 전체의 건전성과 도덕성을 떨어뜨릴 것이고, 정의에 근거한 시민의 고발정신까지 약화시킬 것입니다.

① 찬성 측은 친숙한 상황을 빗대어 자신의 견해를 펼치고 있다.
② 찬성 측은 자신의 경험을 제시하여 논지를 보충하고 있다.
③ 반대 측은 윤리적 방법으로 해결책을 제시하고 있다.
④ 반대 측은 논제에 의문을 제기하여 주장을 강화하고 있다.

07 괄호 안에 들어갈 단어를 순서대로 바르게 나열한 것은?

> 한국 문학의 미적 범주에서 눈에 띄는 전통으로 풍자와 해학이 있다. 풍자와 해학은 주어진 상황에 순종하기보다 그것을 극복하고자 하는 건강한 삶의 의지에서 나온 (　㉠　)을(를) 통해 드러난다. (　㉠　)은(는) '있어야 할 것'으로 행세해 온 관념을 부정하고, 현실적인 삶인 '있는 것'을 그대로 긍정한다. 이때 있어야 할 것을 깨뜨리는 것에 관심을 집중한 것이 (　㉡　)이고, 있는 것이 지닌 긍정에 관심을 집중하는 것이 (　㉢　)이다.

	㉠	㉡	㉢
①	골계(滑稽)	해학(諧謔)	풍자(諷刺)
②	해학(諧謔)	풍자(諷刺)	골계(滑稽)
③	풍자(諷刺)	해학(諧謔)	골계(滑稽)
④	골계(滑稽)	풍자(諷刺)	해학(諧謔)

08 다음 글에서 〈보기〉가 들어가기에 가장 적절한 곳은?

> ── 〈보 기〉 ──
> 아침기도는 간략한 아침 뉴스로, 저녁기도는 저녁 종합 뉴스로 바뀌었다.

> 철학자 헤겔이 주장했듯이, 삶을 인도하는 원천이자 권위의 시금석으로서의 종교를 뉴스가 대체할 때 사회는 근대화된다. 선진 경제에서 뉴스는 이제 최소한 예전에 신앙이 누리던 것과 동등한 권력의 지위를 차지한다. 뉴스 타전은 소름이 돋을 정도로 정확하게 교회의 시간 규범을 따른다. (　㉠　) 뉴스는 우리가 한때 신앙심을 품었을 때와 똑같은 공손한 마음을 간직하고 접근하기를 요구하기도 한다. (　㉡　) 우리 역시 뉴스에서 계시를 얻기 바란다. (　㉢　) 누가 착하고 누가 악한지 알기를 바라고, 고통을 헤아려 볼 수 있기를 바라며, 존재의 이치가 펼쳐지는 광경을 이해하길 희망한다. (　㉣　) 그리고 이 의식에 참여하길 거부하는 경우 이단이라는 비난을 받기도 한다.

① ㉠　　　　　　② ㉡

③ ㉢　　　　　　④ ㉣

09 ㉠과 ㉡에 대한 설명으로 적절한 것은?

> 헌 먼덕* 숙여 쓰고 축 없는 짚신에 설피설피 물러오니
> 풍채 적은 형용에 ㉠ 개 짖을 뿐이로다
> 와실(蝸室)에 들어간들 잠이 와서 누었으랴
> 북창(北窓)을 비겨 앉아 새벽을 기다리니
> 무정한 ㉡ 대승(戴勝)*은 이내 한을 돋우도다
> 종조(終朝) 추창(惆悵)*하며 먼 들을 바라보니
> 즐기는 농가(農歌)도 흥 없이 들리나다
> 세정(世情) 모르는 한숨은 그칠 줄을 모르도다
> ── 박인로, 「누항사(陋巷詞)」에서 ──

> * 먼덕: 짚으로 만든 모자
> * 대승(戴勝): 오디새
> * 추창(惆悵): 슬퍼하는 모습

① ㉠은 실재하는 존재물이고, ㉡은 상상적 허구물이다.

② ㉠은 화자의 절망을 나타내고, ㉡은 화자의 희망을 나타낸다.

③ ㉠은 화자의 내면을 상징하고, ㉡은 화자의 외양을 상징한다.

④ ㉠은 화자의 초라함을 부각시키고, ㉡은 화자의 수심을 깊게 한다.

10 화자의 상황을 적절하게 표현한 한자성어는?

> 미인이 잠에서 깨어 새 단장을 하는데
> 향기로운 비단, 보배 띠에 원앙이 수놓였네
> 겹발을 비스듬히 걷으니 비취새가 보이는데
> 게으르게 은 아쟁을 안고 봉황곡을 연주하네
> 금 재갈, 꾸민 안장은 어디로 떠났는가?
> 다정한 앵무새는 창가에서 지저귀네
> 풀섶에 놀던 나비는 뜰 밖으로 사라지고
> 꽃잎에 가리운 거미줄은 난간 너머에서 춤추네
> 뉘 집의 연못가에서 풍악 소리 울리는가?
> 달빛은 금 술잔에 담긴 좋은 술을 비추네
> 시름겨운 이는 외로운 밤에 잠 못 이루는데
> 새벽에 일어나니 비단 수건에 눈물이 흥건하네
>
> — 허난설헌, 「사시사(四時詞)」에서 —

① 琴瑟之樂
② 輾轉不寐
③ 錦衣夜行
④ 麥秀之嘆

11 다음 글의 괄호 안에 들어갈 문장으로 적절한 것은?

> 국어의 높임법에는 말하는 이가 듣는 이에 대하여 높이거나 낮추어 말하는 상대 높임법, 서술어의 주체를 높이는 주체 높임법, 서술어의 객체를 높이는 객체 높임법 등이 있다. 이러한 높임 표현은 한 문장에서 복합적으로 실현되기도 하는데, (　　　　　)의 경우 대화의 상대, 서술어의 주체, 서술어의 객체를 모두 높인 표현이다.

① 아버지께서 할머니를 모시고 댁에 들어가셨다.
② 제가 어머니께 그렇게 말씀을 드리면 될까요?
③ 어머니께서 아주머니께 이 김치를 드리라고 하셨습니다.
④ 주민 여러분께서는 잠시만 제 이야기에 귀를 기울여 주시기 바랍니다.

12 다음 글의 특징으로 적절하지 않은 것은?

> 가리워진 안개를 걷게 하라,
> 국경이며 탑이며 어용학(御用學)의 울타리며
> 죽 가래 밀어 바다로 몰아 넣라.
>
> 하여 하늘을 흐르는 날새처럼
> 한 세상 한 바람 한 햇빛 속에,
> 만 가지와 만 노래를 한 가지로 흐르게 하라.
>
> 보다 큰 집단은 보다 큰 체계를 건축하고,
> 보다 큰 체계는 보다 큰 악을 양조(釀造)한다.
>
> 조직은 형식을 강요하고
> 형식은 위조품을 모집한다.
>
> 하여, 전통은 궁궐안의 상전이 되고
> 조작된 권위는 주위를 침식한다.
>
> 국경이며 탑이며 일만년 울타리며
> 죽 가래 밀어 바다로 몰아 넣라.
>
> — 신동엽, 「이야기하는 쟁기꾼의 대지」에서 —

① 직설적인 어조로써 메시지를 전달하고 있다.
② 고전적인 질서를 통해 새로운 희망을 추구하고 있다.
③ 인위적인 것과 자연적인 것이 대조적으로 제시되고 있다.
④ 농기구의 상징을 통해 체제 개혁을 역설하고 있다.

13 ㉠~㉣ 중 서술자가 개입되어 있지 않은 것은?

　　이때 춘향이는 사령이 오는지 군노가 오는지 모르고 주야로 도련님을 생각하여 우는데, ㉠ 생각지 못할 우환을 당하려 하니 소리가 화평할 수 있겠는가. 한때나마 빈방살이할 계집아이라 목소리에 청승이 끼어 자연히 슬픈 애원성이 되니 ㉡ 보고 듣는 사람의 심장인들 아니 상할 것인가. 임 그리워 서러운 마음 밥맛없어 밥 못 먹고 불안한 잠자리에 잠 못 자고 도련님 생각으로 상처가 쌓여 피골이 상접하고 양기가 쇠진하여 진양조 울음이 되어 노래를 부른다. 갈까 보다 갈까 보다, 임을 따라 갈까 보다. 천 리라도 갈까 보다. 만 리라도 갈까 보다. 바람도 쉬어 넘고 수진이 날진이 해동청 보라매도 쉬어 넘는 높은 고개 동선령 고개라도 임이 와 날 찾으면 신발 벗어 손에 들고 아니 쉬고 달려가리. ㉢ 한양 계신 우리 낭군 나와 같이 그리워하는가, 무정하여 아주 잊고 나의 사랑 옮겨다가 다른 임을 사랑하는가? ㉣ 이렇게 한참을 서럽게 울 때 사령 등이 춘향의 슬픈 목소리를 들으니 목석이라도 어찌 감동을 받지 않겠는가? 봄눈 녹듯 온몸에 맥이 탁 풀렸다.

　　　　　　　　　　　　－ 작자 미상, 「춘향전」에서 －

① ㉠　　　　　　　　② ㉡
③ ㉢　　　　　　　　④ ㉣

14 다음 글에 대한 설명으로 옳지 않은 것은?

　　동네 사람들이 방앗간의 터진 두 면을 둘러쌌다. 그리고 방앗간 속을 들여다보았다. 과연 어둠 속에 움직이는 게 있었다. 그리고 그게 어둠 속에서도 흰 짐승이라는 걸 알 수 있었다. 분명히 그놈의 신둥이개다. 동네 사람들은 한 걸음 한 걸음 죄어들었다. 점점 뒤로 움직여 쫓기는 짐승의 어느 한 부분에 불이 켜졌다. 저게 산개의 눈이다. 동네 사람들은 몽둥이 잡은 손에 힘을 주었다. 이 속에서 간난이 할아버지도 몽둥이 잡은 손에 힘을 주었다. 한 걸음 더 죄어들었다. 눈앞의 새파란 불이 빠져나갈 틈을 엿보듯이 획 한 바퀴 돌았다. 별나게 새파란 불이었다. 문득 간난이 할아버지는 이런 새파란 불이란 눈앞에 있는 신둥이개 한 마리의 몸에서 나오는 것이 아니고 여럿의 몸에서 나오는 것이 합쳐진 것이라는 생각이 들었다. 말하자면 지금 이 신둥이개의 뱃속에 든 새끼의 몫까지 합쳐진 것이라는. 그러자 간난이 할아버지의 가슴속을 흘러 지나가는 게 있었다. 짐승이라도 새끼 밴 것을 차마?

　　이때에 누구의 입에선가, 때레라! 하는 고함 소리가 나왔다. 다음 순간 간난이 할아버지의 양옆 사람들이 욱 개를 향해 달려들며 몽둥이를 내리쳤다. 그와 동시에 간난이 할아버지는 푸른 불꽃이 자기 다리 곁을 빠져나가는 것을 느꼈다.

　　뒤이어 누구의 입에선가, 누가 빈틈을 냈어? 하는 흥분에 찬 목소리가 들렸다. 그리고 저마다, 거 누구야? 거 누구야? 하고 못마땅해 하는 말소리 속에 간난이 할아버지 턱밑으로 디미는 얼굴이 있어,

　　"아즈반이웨다레"

　　하는 것은 동장네 절가였다.

　　　　　　　　　　－ 황순원, 「목넘이 마을의 개」에서 －

① 토속적이면서도 억센 삶의 현장을 그리고 있다.
② 신둥이의 새파란 불은 생의 욕구를 암시한다.
③ 간난이 할아버지에게서 생명에 대한 외경을 느낄 수 있다.
④ 동장네 절가는 간난이 할아버지의 행동에 동조하고 있다.

15 (가)와 (나)를 통해서 추정하기 어려운 내용은?

> (가) 찬성공 형제께서 정경부인의 상(喪)을 당하였다. 부윤공의 부인 이 씨가 우연히 언문 소설을 읽다가 그 소리가 밖으로 들렸다. 찬성공이 기뻐하지 않으며 제수를 계단 아래에 서게 하고, "부녀자의 무식을 심하게 책망할 필요는 없지만, 어찌 상중(喪中)에 있으면서 예의에 어긋난 책을 소리 내어 읽어서 스스로 평민과 같아지려 할 수 있는가?" 하고 꾸짖었다.
>
> (나) 전기수: 늙은이가 동문 밖에 살면서 입으로 언문 소설을 읽었는데, 「숙향전」, 「소대성전」, 「심청전」, 「설인귀전과 같은 전기소설이었다. … 잘 읽었기 때문에 옆에서 구경하는 사람들이 빙 둘러섰다. 가장 재미있고 긴요하여 매우 들을 만한 구절에 이르면 갑자기 침묵하고 소리를 내지 않았다. 사람들이 다음 이야기를 듣고 싶어서 다투어 돈을 던졌다. 이를 바로 '요전법(돈을 요구하는 법)'이라 한다.

① 상층 남성들은 상중의 예법에 대해 매우 엄격하였다.
② 혼자 소설을 보면서 소리 내어 읽기도 하였다.
③ 하층에서도 소설을 창작하는 사람이 많았다.
④ 상층이 아닌 하층에서도 소설을 즐겼다.

16 다음 글의 글쓰기 전략으로 볼 수 없는 것은?

> 고전파 음악은 어떤 음악인가? 서양 음악의 뿌리는 종교 음악에서 비롯되었다. 바로크 시대까지는 음악이 종교에 예속되어 있었으며, 음악가들 또한 종교에 예속되어 있었다. 고전파는 이렇게 종교에 예속되었던 음악을, 음악을 위한 음악으로 정립하려는 예술 운동에서 출발하였다. 따라서 종래의 신을 위한 음악에서 탈피해 형식과 내용의 일체화를 꾀하고 균형 잡힌 절대 음악을 추구하였다. 즉 '신'보다는 '사람'을 위한 음악, '음악'을 위한 음악을 이루어 나가겠다는 굳은 결의를 보여 준 것이다.
>
> 또한 고전파 음악은 음악적 형식과 내용의 완숙을 이룬 음악이기도 하다. 이 시기에는 하이든, 모차르트, 베토벤 등 음악의 역사에서 가장 위대한 작곡가들이 배출되기도 하였다. 이때에는 성악이 아닌 기악만으로도 음악이 가능하게 되었으며, 교향곡의 기본을 이루는 소나타 형식이 완성되었다. 특히 옛 그리스나 로마 때처럼 보다 정돈된 형식을 가진 음악을 해 보자고 주장하였기에 '옛것에서 배우자는 의미의 고전'과 '청정하고 우아하며 흐림 없음, 최고의 예술적 경지에 다다름으로서의 고전'을 모두 지향하게 되었다.
>
> 이렇듯 역사적으로 고전파 음악은 종교의 영역에서 음악 자체의 영역을 확보하였으며 최고 수준의 음악적 내용과 형식을 수립하였다. 고전파 음악이 서양 전통 음악 전체를 대표하게 된 것은 고전파 음악이 이룩한 역사적인 성과에서 비롯된 것일지도 모른다. 따라서 고전 음악의 개념을 이해하기 위해서는 고전파 음악의 성격과 특질에 대한 이해가 선행되어야 할 것이다.

① 고전파 음악이 지닌 음악사적 의의를 밝힌다.
② 고전파 음악의 음악가를 예시하여 이해를 돕는다.
③ 고전파 음악의 특징이 형식과 내용의 분리에 있음을 강조한다.
④ 질문을 통해 화제를 제시함으로써 호기심을 유발한다.

17 (가)를 바탕으로 (나)에 담긴 글쓴이의 생각을 적절히 추론한 것은?

> (가) 철학사에서 합리론의 전통은 감각에 대해 매우 비판적이었다. 예컨대 플라톤은 감각이 보여 주는 세계를 끊임없이 변화하는, 전적으로 불안정한 세계로 간주하고 이에 근거하여 지식을 얻는 것은 불가능하다고 생각했다. 반대로 경험론자들은 우리의 모든 관념과 판단은 감각 경험에서 출발한다고 주장하면서 어떤 지식도 절대적으로 확실할 수는 없다고 결론짓는다.
>
> (나) 모든 사람은 착시 현상 등을 경험해 본 적이 있기에 감각이 우리를 속일 수 있다는 것을 분명히 알고 있고 감각에 대한 어느 정도의 경계심을 지니고 있다. 하지만 그렇다고 해서 일상생활에서 자신의 감각을 신뢰하고 이에 따라 행동하는 것은 잘못이 아니다. 모든 감각적 정보를 검증 절차를 거친 후 받아들이다가는 정상적 생활을 영위하는 것 자체가 불가능해질 것이기 때문이다. 반대로, 실용적 기술 개발이나 평범한 일상적 행동과는 달리 과학적 연구는 상당한 정도의 정확성을 요구하므로 경험적 자료에 대해 어느 정도의 경계심을 유지하는 것도 당연하다.

① 실용적 기술을 개발하는 것은 일차적으로 경험론적 사고에 토대를 둔다.

② 세계는 끊임없이 변화하므로 일상생활에서는 합리론적 사고를 우선하여야 한다.

③ 과학 연구는 합리론을 버리고 철저히 경험론을 바탕으로 이루어져야 한다.

④ 감각에 대한 신뢰는 어느 분야에나 전적으로 차별 없이 요구된다.

18 다음 글에 대한 설명으로 적절하지 않은 것은?

> 믿기 어렵겠지만 자장면 문화와 미국의 피자 문화는 닮은 점이 많다. 젊은 청년들이 오토바이를 타고 배달한다는 점에서 참으로 닮은꼴이다. 이사한다고 짐을 내려놓게 되면 주방 기구들이 부족하게 되고 이때 자장면은 참으로 편리한 해결책이다. 미국에서의 피자도 마찬가지다. 갑자기 아이들의 친구들이 많이 몰려왔을 때 피자는 참으로 편리한 음식이다.
>
> 남자들이 군에 가 훈련을 받을 때 비라도 추적추적 오게 되면 자장면 생각이 제일 많이 난다고 한다. 비가 오는 바깥을 보며 따뜻한 방에서 입에 자장을 묻히는 장면은 정겨울 수밖에 없다. 프로 농구 원년에 수입된 미국 선수들은 하루도 빠지지 않고 피자를 시켜 먹었다고 한다. 음식이 맞지 않는 탓도 있겠지만 향수를 달래고자 함이 아닐까?
>
> 싸게 먹을 수 있는 이국 음식이란 점에서 자장면과 피자는 특별한 의미를 갖는다. 외식을 하기엔 부담되고 한번쯤 식단을 바꾸어 보고 싶을 즈음이면 중국식 자장면이나 이탈리아식 피자는 한국이나 미국의 서민에겐 안성맞춤이다. 그런데 한국에서나 미국에서나 변화가 생기기 시작했다. 한국에서는 피자 배달이 보편화되기 시작했다. 피자를 간식이 아닌 주식으로 삼고자 하는 아이들도 생겼다. 졸업식을 마치고 중국집으로 향하던 발걸음들이 이제 피자집으로 돌려졌다. 피자보다 자장면을 좋아하는 아이들을 찾아보기가 힘들어졌다.

① 피자는 쉽게 배달시켜 먹을 수 있는 편리한 음식이다.

② 자장면과 피자는 이국적인 음식이다.

③ 자장면과 피자는 값이 싸면서도 기분 전환이 되는 음식이다.

④ 자장면은 특별한 날에 어린이들에게 여전히 가장 사랑받는 음식이다.

19 글의 내용을 구체적으로 설명하기 위한 예로 적절하지 않은 것은?

> 하나의 개념에 두 개 이상의 단어가 필요한 것은 아니다. 따라서 동의어는 서로 경쟁을 통해 하나가 없어지거나 각기 다른 의미 영역을 확보하는 등의 다양한 양상을 보인다. 현실 언어에서 동의어로 공존하면서 경쟁을 계속하는 경우가 있으며, 한쪽은 살아남고 다른 쪽은 소멸하는 경우가 있다. 동의 충돌의 결과 의미 영역이 바뀌는 경우도 있다. 이는 의미 축소, 의미 확대, 의미 교체 등으로 구분된다.

① '가을걷이'와 '추수'는 공존하며 경쟁하고 있다.
② '말미'는 쓰지 않고 '휴가'라는 말을 사용하고 있다.
③ '얼굴'은 '형체'의 뜻에서 '안면'의 뜻으로 의미가 축소되었다.
④ '겨레'는 '친척'의 뜻에서 '민족'의 뜻으로 의미가 확대되었다.

20 다음 글에 대한 설명으로 적절하지 않은 것은?

> (가) 20세기 들어서 생태학자들은 지속성 농약이 자연 생태계에 어떤 악영향을 미치는지를 밝힐 수 있었다. 예컨대 제2차 세계대전 이후 전 세계에서 해충 구제용으로 널리 사용됨으로써 농업 생산량 향상에 커다란 기여를 한 디디티(DDT)는 유기 염소계 살충제의 대명사이다.
>
> (나) 그렇지만 이 유기 염소계 살충제는 물에 잘 녹지 않고 자연에서 햇빛에 의한 광분해나 미생물에 의한 생물학적 분해가 거의 이루어지지 않는다. 그래서 디디티는 토양이나 물속의 퇴적물 속에 수십 년간 축적된다. 게다가 디디티는 지방에는 잘 녹아서 먹이사슬을 거치는 동안 지방 함량이 높은 동물 체내에 그 농도가 높아진다. 이렇듯 많은 양의 유기 염소계 살충제를 체내에 축적하게 된 맹금류는 물질대사에 장애를 일으켜서 껍질이 매우 얇은 알을 낳기 때문에, 포란 중 대부분의 알이 깨져 버려 멸종의 길을 걷게 된다.
>
> (다) 디디티는 쉽게 분해되지 않기 때문에 한번 뿌려진 디디티는 물과 공기, 생물체 등을 매개로 세계 전역으로 퍼질 수 있다. 그래서 디디티에 한번도 노출된 적이 없는 알래스카 지방의 에스키모 산모의 젖에서도 디디티가 검출되었고, 남극 지방의 펭귄 몸속에서도 디디티가 발견되었다. 이러한 생물 농축과 잔존성의 특성이 밝혀짐으로써 미국에서는 1972년부터 디디티 생산이 전면 중단되었고, 1980년대에 이르러서는 유기 염소계 농약의 사용이 대부분 금지되었다.
>
> (라) 이와 같이 디디티의 생물 농축 현상에서처럼 생태학자들은 한 생물 종에 미치는 오염의 영향이 오랫동안 누적되면 전체 생태계를 훼손시킬 수 있다는 사실을 발견하였다. 그래서인지 최근 우리나라에서도 사소한 환경오염 행위가 장차 어떠한 재앙을 몰고 올 수 있는지에 대한 연구가 활발히 이루어지고 있다.

① (가)는 중심 화제를 소개하고, 핵심어를 제시함으로써 전개될 내용을 암시하고 있다.
② (나)는 디디티가 끼칠 생태계의 영향을 인과 분석의 방법으로 설명하고 있다.
③ (다)는 디디티의 악영향을 제시하고, 그것의 사용 금지를 주장하고 있다.
④ (라)는 환경오염에 대한 경각심을 암시적으로 드러내고 있다.

01 로마자 표기법에 관한 다음 규정이 적용된 것은?

> 발음상 혼동의 우려가 있을 때에는 음절 사이에 붙임표(-)를 쓸 수 있다.

① 독도: Dok-do
② 반구대: Ban-gudae
③ 독립문: Dok-rip-mun
④ 인왕리: Inwang-ri

02 다음 글의 중심 내용으로 가장 적절한 것은?

> '언문'은 실용 범위에 제약이 있었는데, 이런 현실은 '언간'에도 적용된다. '언간' 사용의 제약은 무엇보다 이것을 주고받은 사람의 성별(性別)에서 뚜렷이 드러난다. 15세기 후반 이래로 숱한 언간이 현전하지만 남성 간에 주고받은 언간은 찾아보기 어렵다. 이는 남성 간에는 한문 간찰이 오간 때문이나 남성이 공적인 영역을 독점했던 당시의 현실을 감안하면 '언문'이 공식성을 인정받지 못했던 사실과 상통한다. 결국 조선시대에는 언간의 발신자나 수신자 어느 한쪽으로 반드시 여성이 관여하는 특징을 보인다고 할 수 있다.
>
> 이러한 사용자의 성별 특징으로 인하여 종래 '언간'은 '내간'으로 일컬어지기도 하였다. 그러나 이러한 명칭 때문에 내간이 부녀자만을 상대로 하거나 부녀자끼리만 주고받은 편지로 오해되어서는 안 된다. 16, 17세기의 것만 하더라도 수신자는 왕이나 사대부를 비롯하여 한글 해독 능력이 있는 하층민에 이르기까지 거의 전 계층의 남성이 될 수 있었기 때문이다. 한문 간찰이 사대부 계층 이상 남성만의 전유물이었다면 언간은 특정 계층에 관계없이 남녀 모두의 공유물이었다고 할 수 있다.

① '언문'과 마찬가지로 '언간'의 실용 범위에는 제약이 있었다.
② 사용자의 성별 특징으로 인해 '언간'은 '내간'으로 일컬어졌다.
③ 언간은 특정 계층과 성별에 관계없이 이용된 의사소통 수단이었다.
④ 조선시대에는 언간의 발신자나 수신자 어느 한쪽으로 반드시 여성이 관여하는 특징을 보인다.

03 (가)~(라)에 대한 고쳐 쓰기 방안으로 옳지 않은 것은?

> (가) 수학 성적은 참 좋군. 국어 성적도 좋고.
> (나) 친구가 "난 학교에 안 가겠다."고 말했다.
> (다) 동생은 가던 길을 멈추면서 나에게 달려왔다.
> (라) 대통령은 진지한 연설로서 국민을 설득했다.

① (가): '수학 성적은 참 좋군.'은 국어 성적이 좋을 가능성을 배제하는 의미가 포함되어 있다. 따라서 보조사 '은'을 주격 조사 '이'로 바꿔 쓴다.
② (나): 직접 인용문 다음이므로 인용 조사는 '고'가 아닌 '라고'를 쓴다.
③ (다): 어미 '-면서'는 두 동작의 동시성을 나타내지 못하므로 '-고'로 바꿔 쓴다.
④ (라): '로서'는 자격을 나타내는 기능을 하므로 수단을 나타내는 기능을 하는 조사 '로써'로 바꿔 쓴다.

04 〈보기〉를 근거로 판단할 때, ㉠~㉣ 중 적절하지 않은 것은?

> ─── 〈보 기〉───
>
> 통일성은 글의 내용이 하나의 주제로 긴밀하게 관련되는 특성을 말한다. 초고의 적절성을 평가할 때에는 글의 내용이 하나의 주제를 드러낼 수 있도록 선정되었는지, 그리고 중심 내용에 부합하는 하위 내용들로 선정되었는지를 검토한다.

> 사람들은 대개 수학 과목이 어렵다고 한다. 하지만 나는 수학 시간이 재미있다. ㉠ 바로 수업을 재미있게 진행하시는 수학 선생님 덕분이다. 수학 선생님은 유머로 딱딱한 수학 시간을 웃음바다로 만들곤 한다. ㉡ 졸리는 오후 시간에 뜬금없이 외국으로 수학여행을 가자고 하여 분위기를 부드럽게 만든 후 어려운 수학 문제를 쉽게 설명한 적도 있다. 그래서 우리 학교에서는 수학 선생님의 인기가 시들 줄 모른다. ㉢ 그리고 수학 선생님의 아들이 수학을 굉장히 잘한다는 소문이 나 있다. ㉣ 내 수학 성적이 좋아진 것도 수학 선생님의 재미있는 수업 덕택이다.

① ㉠

② ㉡

③ ㉢

④ ㉣

05 다음 글에 대한 이해로 가장 적절한 것은?

> (가) 내 마음 베어 내어 저 달을 만들고져
>   구만 리 장천(長天)의 번듯이 걸려 있어
>   고운 님 계신 곳에 가 비추어나 보리라
> (나) 열다섯 아리따운 아가씨가
>   남부끄러워 이별의 말 못 하고
>   돌아와 겹겹이 문을 닫고는
>   배꽃 비친 달 보며 흐느낀다

① (가)와 (나)에서 '달'은 사랑하는 마음을 임에게 전달하는 매개체이다.

② (가)의 '고운 님'과, (나)의 '아리따운 아가씨'는 화자가 사랑하는 대상이다.

③ (가)의 '나'는 적극적인 태도로, (나)의 '아가씨'는 소극적인 태도로 정서를 드러낸다.

④ (가)의 '장천(長天)'은 사랑하는 임이 머무르는 공간이고, (나)의 '문'은 사랑하는 임에 대한 마음을 숨기는 공간이다.

06 ㉠~㉣에 대한 이해로 가장 적절한 것은?

> 막차는 좀처럼 오지 않았다
> 대합실 밖에는 밤새 송이눈이 쌓이고
> ㉠ 흰 보라 수수꽃 눈시린 유리창마다
> 톱밥난로가 지펴지고 있었다
> 그믐처럼 몇은 졸고
> 몇은 감기에 쿨럭이고
> 그리웠던 순간들을 생각하며 나는
> 한 줌의 톱밥을 불빛 속에 던져 주었다
> 내면 깊숙이 할 말들은 가득해도
> ㉡ 청색의 손바닥을 불빛 속에 적셔 두고
> 모두들 아무 말도 하지 않았다
> 산다는 것이 때론 술에 취한 듯
> 한 두릅의 굴비 한 광주리의 사과를
> 만지작거리며 귀향하는 기분으로
> 침묵해야 한다는 것을
> 모두들 알고 있었다
> ㉢ 오래 앓은 기침소리와
> 쓴 약 같은 입술담배 연기 속에서
> 싸륵싸륵 눈꽃은 쌓이고
> 그래 지금은 모두들
> 눈꽃의 화음에 귀를 적신다
> 자정 넘으면
> 낯설음도 뼈아픔도 다 설원인데
> 단풍잎 같은 몇 잎의 차창을 달고
> 밤열차는 또 어디로 흘러가는지
> ㉣ 그리웠던 순간들을 호명하며 나는
> 한 줌의 눈물을 불빛 속에 던져 주었다
>
> - 곽재구, 「사평역에서」 -

① ㉠: 여러 개의 난로가 지펴져 안온한 대합실의 상황을 비유적으로 표현하였다.

② ㉡: 대조적 색채 이미지를 통해, 눈 오는 겨울 풍경의 서정적 정취를 강조하였다.

③ ㉢: 오랜 병마에 시달린 이들의 비관적 심리와 무례한 행동을 묘사하였다.

④ ㉣: 화자가 그리워하는 지난 때를 떠올리며 느끼는 정서를 화자의 행위에 투영하였다.

07 다음 글에 대한 이해로 적절하지 않은 것은?

> 우리 장인님은 약이 오르면 이렇게 손버릇이 아주 못됐다. 또 사위에게 이 자식 저 자식 하는 이놈의 장인님은 어디 있느냐. 오죽해야 우리 동리에서 누굴 물론하고 그에게 욕을 안 먹는 사람은 명이 짜르다 한다. 조그만 아이들까지도 그를 돌아세 놓고 욕필이(본 이름이 봉필이니까), 욕필이, 하고 손가락질을 할 만치 두루 인심을 잃었다. 하나 인심을 정말 잃었다면 욕보다 읍의 배참봉 댁 마름으로 더 잃었다. 번이 마름이란 욕 잘 하고 사람 잘 치고 그리고 생김 생기길 호박개 같아야 쓰는 거지만 장인님은 외양에 똑 됐다. 장인께 닭 마리나 좀 보내지 않는다든가 애벌 논 때 품을 좀 안 준다든가 하면 그해 가을에는 영락없이 땅이 뚝뚝 떨어진다. 그러면 미리부터 돈도 먹이고 술도 먹이고 안달재신으로 돌아치던 놈이 그 땅을 슬쩍 돌아앉는다.
>
> - 김유정, 「봄봄」 -

① 마름의 특성을 동물의 외양에 빗대어 낮잡아 표현했다.

② 비속어와 존칭어를 혼용하여 해학적 표현을 구사했다.

③ 여러 정황을 거론하며 장인의 됨됨이가 마땅치 않음을 드러냈다.

④ 장인과 소작인들 사이의 뒷거래 장면을 생생하게 묘사하여 제시했다.

08 밑줄 친 부분에 들어갈 한자어로 가장 적절한 것은?

> _____(이)란 이익과 관련된 갈등을 인식한 둘 이상의 주체들이 이를 해결할 의사를 가지고 모여서 합의에 이르기 위해 대안들을 조정하고 구성하는 공동 의사 결정 과정을 말한다.

① 協贊
② 協奏
③ 協助
④ 協商

09 밑줄 친 한자어의 쓰임이 문맥상 적절한 것은?

① 초고를 校訂하여 책을 완성하였다.
② 내용이 올바른지 서로 交差 검토하시오.
③ 전자 문서에 決濟를 받아 합격자를 확정하겠습니다.
④ 지금 제안한 계획은 수용할 수 없으니 提高 바랍니다.

10 ㉠~㉢의 예를 추가할 때 가장 적절한 것은?

> 논리학에서 비형식적 오류 유형에는 우연의 오류, 애매어의 오류, 결합의 오류, 분해의 오류 등이 있다.
> 우선 ㉠ 우연의 오류란 거의 대부분의 경우에 적용되는 일반적인 원리나 규칙을 우연적인 상황으로 인해 생긴 예외적인 특수한 경우에까지도 무차별적으로 적용할 때 생기는 오류이다. 그 예로 "인간은 이성적인 동물이다. 중증 정신 질환자는 인간이다. 그러므로 중증 정신 질환자는 이성적인 동물이다."를 들 수 있다. ㉡ 애매어의 오류는 동일한 한 단어가 한 논증에서 맥락마다 서로 다른 의미를 지니는 것으로 사용될 때 생기는 오류를 말한다. "김 씨는 성격이 직선적이다. 직선적인 모든 것들은 길이를 지닌다. 고로 김 씨의 성격은 길이를 지닌다."가 그 예이다. 한편 각각의 원소들이 개별적으로 어떤 성질을 지니고 있다는 내용의 전제로부터 그 원소들을 결합한 집합 전체도 역시 그 성질을 지니고 있다는 결론을 도출하는 경우가 ㉢ 결합의 오류이고, 반대로 집합이 어떤 성질을 지니고 있다는 내용의 전제로부터 그 집합의 각각의 원소들 역시 개별적으로 그 성질을 지니고 있다는 결론을 도출하는 경우가 ㉣ 분해의 오류이다. 전자의 예로는 "그 연극단 단원들 하나하나가 다 훌륭하다. 고로 그 연극단은 훌륭하다."를, 후자의 예로는 "그 연극단은 일류급이다. 박 씨는 그 연극단 일원이다. 그러므로 박씨는 일류급이다."를 들 수 있다.

① ㉠: 모든 사람은 죽는다. 소크라테스는 사람이다. 그러므로 소크라테스는 죽는다.

② ㉡: 부패하기 쉬운 것들은 냉동 보관해야 한다. 세상은 부패하기 쉽다. 고로 세상은 냉동 보관해야 한다.

③ ㉢: 미국 아이스하키 선수단이 이번 올림픽에서 금메달을 차지했다. 그러므로 미국 선수 각자는 세계 최고 기량을 갖고 있다.

④ ㉣: 그 학생의 논술 시험 답안은 탁월하다. 그의 답안에 있는 문장 하나하나가 탁월하기 때문이다.

11 다음 글의 주된 설명 방식이 적용된 것으로 가장 적절한 것은?

> 문학이 구축하는 세계는 실제 생활과 다르다. 즉 실제 생활은 허구의 세계를 구축하는 데 필요한 재료가 되지만 이 재료들이 일단 한 구조의 구성 분자가 되면 그 본래의 재료로서의 성질과 모습은 확연히 달라진다. 건축가가 집을 짓는 것을 떠올려 보자. 건축가는 어떤 완성된 구조를 생각하고 거기에 필요한 재료를 모아서 적절하게 집을 짓게 되는데, 이때 건물이라고 하는 하나의 구조를 완성하게 되면 이 완성된 구조의 구성 분자가 된 재료들은 본래의 재료와 전혀 다른 것이 된다.

① 르네상스 시대의 화가들은 원근법을 사용하여 세상을 향한 창과 같은 사실적인 그림을 그렸다. 현대 회화를 출발시켰다고 평가되는 인상주의자들이 의식적으로 추구한 것도 이러한 사실성이었다.

② 소설을 구성하는 요소는 물론 많지만 그중에서도 인물, 배경, 사건을 들 수 있다. 인물은 사건의 주체, 배경은 인물이 행동을 벌이는 시간과 공간, 분위기 등이고, 사건은 인물이 배경 속에서 벌이는 행동의 세계이다.

③ 목적을 지닌 인생은 의미 있다. 목적 없이 살아가는 사람은 험난한 인생의 노정을 완주하지 못한다. 목적을 갖고 뛰어야 마라톤에서 완주가 가능한 것처럼 우리의 인생에서도 목표를 가지고 꾸준히 노력하는 사람이 성공한다.

④ 신라의 육두품 출신 가운데 학문적으로 출중한 자들이 많았다. 가령, 강수, 설총, 녹진, 최치원 같은 사람들은 육두품 출신이었다. 이들은 신분적 한계 때문에 정계보다는 예술과 학문 분야에 일찌감치 몰두하게 되었다.

12 다음 글의 내용과 부합하지 않는 것은?

> 세잔이, 사라졌다고 느낀 것은 균형과 질서의 감각이다. 인상주의자들은 순간순간의 감각에만 너무 사로잡힌 나머지 자연의 굳건하고 지속적인 형태는 소홀히했다고 느꼈던 것이다. 반 고흐는 인상주의가 시각적 인상에만 집착하여 빛과 색의 광학적 성질만을 탐구한 나머지 미술의 강렬한 정열을 상실하게 될 위험에 처했다고 느꼈다. 마지막으로 고갱은 그가 본 인생과 예술 전부에 대해 철저하게 불만을 느꼈다. 그는 더 단순하고 더 솔직한 어떤 것을 열망했고 그것을 원시인들 속에서 발견할 수 있으리라고 기대했다. 이 세 사람의 화가가 모색했던 제각각의 해법은 세 가지 현대 미술 운동의 이념적 바탕이 되었다. 세잔의 해결 방법은 프랑스에 기원을 둔 입체주의(cubism)를 일으켰고, 반 고흐의 방법은 독일 중심의 표현주의(expressionism)를 일으켰다. 고갱의 해결 방법은 다양한 형태의 프리미티비즘(primitivism)을 이끌어 냈다.

① 세잔은 인상주의가 균형과 질서의 감각을 잃었다고 생각했다.

② 고흐는 인상주의가 강렬한 정열을 상실할 위험에 처했다고 생각했다.

③ 고갱은 인상주의가 충분히 솔직하고 단순했다고 생각했다.

④ 세잔, 고흐, 고갱은 인상주의의 문제를 극복하고자 각자 새로운 해결 방법을 모색했다.

13 밑줄 친 부분의 띄어쓰기가 옳지 않은 것은?

① 이처럼 좋은 걸 어떡해?

② 제 3장의 내용을 요약해 주세요.

③ 공사를 진행한 지 꽤 오래되었다.

④ 결혼 10년 차에 내 집을 장만했다.

14 '깎다'의 활용형에 적용된 음운 변동에 대한 설명으로 옳은 것은?

> • 교체: 한 음운이 다른 음운으로 바뀌는 현상
> • 탈락: 한 음운이 없어지는 현상
> • 첨가: 없던 음운이 생기는 현상
> • 축약: 두 음운이 합쳐져서 또 다른 음운 하나로 바뀌는 현상
> • 도치: 두 음운의 위치가 서로 바뀌는 현상

① '깎는'은 교체 현상에 의해 '깡는'으로 발음된다.

② '깎아'는 탈락 현상에 의해 '까까'로 발음된다.

③ '깎고'는 도치 현상에 의해 '깍꼬'로 발음된다.

④ '깎지'는 축약 현상과 첨가 현상에 의해 '깍찌'로 발음된다.

15 다음 글에서 추론할 수 있는 내용으로 적절하지 않은 것은?

> '포스트휴먼'은 그 기본적인 능력이 근본적으로 현재의 인간을 넘어서기 때문에 현재의 기준으로는 더 이상 인간이라 부를 수 없는 존재를 가리키는 표현이다. 스웨덴 출신의 철학자 보스트롬은 건강 수명, 인지, 감정이라는, 인간의 세 가지 주요 능력 중 최소한 하나 이상의 능력에서 현재의 인간이 도달할 수 있는 최대한의 한계를 엄청나게 넘어설 경우 이를 '포스트휴먼'으로 부르자고 제안하였다.
>
> 현재 가장 뛰어난 인간이 가질 수 있는 지능보다 훨씬 더 뛰어난 지능을 가지며, 더 이상 질병에 시달리지 않고, 노화가 완전히 제거되어서 젊음과 활력을 계속 유지하는 어떤 존재를 생각해 볼 수 있다. 이 존재는 스스로의 심리 상태에 대한 조절도 자유롭게 할 수 있어서 피곤함이나 지루함을 거의 느끼지 않으며, 미움과 같은 감정을 피하고, 즐거움, 사랑, 미적 감수성, 평정 등의 태도를 유지한다. 이러한 존재가 어떤 존재일지 지금은 정확하게 상상하기 어렵지만 현재 인간의 상태로 접근할 수 없는 새로운 신체나 의식 상태에 놓여 있을 것임은 분명하다.

이러한 포스트휴먼은 완전히 인위적으로 만들어진 인공지능일 수도 있고, 신체를 버리고 슈퍼컴퓨터 안의 정보 패턴으로 살기를 선택한 업로드의 형태일 수도 있으며, 또는 생물학적 인간에 대한 개선들이 축적된 결과일 수도 있다. 만약 생물학적 인간이 포스트휴먼이 되고자 한다면 유전공학, 신경약리학, 항노화술, 컴퓨터-신경 인터페이스, 기억 향상 약물, 웨어러블 컴퓨터, 인지 기술과 같은 다양한 과학 기술을 이용해 우리의 두뇌나 신체에 근본적인 기술적 변형을 가해야만 할 것이다. '포스트휴먼'은 '내가 이런 능력을 가지고 있었으면 얼마나 좋을까' 하고 누구나 한 번쯤 상상해 보았을 법한 슈퍼 인간의 모습을 기술한 용어이다.

① 포스트휴먼 개념에 따라 제시되는 미래의 존재는 과학 기술의 발전 양상에 따른 영향을 현재의 인간에 비해 더 크게 받을 것이다.

② 포스트휴먼 개념은 인간의 신체적 결함을 다양한 과학 기술을 이용해 보완하여 기술적 한계를 극복한 새로운 인간형의 탄생에 귀결될 것이다.

③ 포스트휴먼은 인간의 현재 상태를 뛰어넘는 능력을 가진 새로운 존재일 것으로 예측되지만 그 형태가 어떠할지 여하는 다양한 가능성에 열려 있다.

④ 포스트휴먼은 건강 수명, 인지 능력, 감정 등의 측면에서 현재의 인간보다 뛰어나기 때문에 포스트휴먼 사회에서는 인간에 대한 개념이 새로 구성될 것이다.

16 반의 관계 어휘에 대한 설명으로 옳지 않은 것은?

① '크다/작다'의 경우, 두 단어를 동시에 긍정하거나 부정하면 모순이 발생한다.

② '출발/도착'의 경우, 한 단어의 부정이 다른 쪽 단어의 부정과 모순되지 않는다.

③ '참/거짓'의 경우, 한 단어의 부정은 다른 쪽 단어의 긍정을 함의한다.

④ '넓다/좁다'의 경우, 한 단어의 의미가 다른 쪽 단어의 부정을 함의한다.

17 밑줄 친 부분에 대한 설명으로 적절한 것은?

> 말ᄊᆞ물 ㉠ 솔ᄫᆞ리 하디 天命을 疑心ᄒᆞ실ᄊᆡ 꾸므로 ㉡ 뵈아시니
>
> 놀애ᄅᆞᆯ 브르리 ㉢ 하디 天命을 모ᄅᆞ실ᄊᆡ 꾸므로 ㉣ 알외시니
>
> (말씀을 아뢸 사람이 많지만, 天命을 의심하시므로 꿈으로 재촉하시니
>
> 노래를 부를 사람이 많지만, 天命을 모르므로 꿈으로 알리시니)
>
> — 「용비어천가」 13장 —

① ㉠에서 '-이'는 주격을 나타내는 조사로 기능한다.

② ㉡에서 '-아시-'는 높임을 나타내는 선어말 어미로 기능한다.

③ ㉢에서 '-디'는 이유를 나타내는 연결 어미로 기능한다.

④ ㉣에서 '-외-'는 사동을 나타내는 접미사로 기능한다.

18 다음 글의 내용과 부합하는 것은?

> 동양의 음식 중에는 특별한 의미가 담긴 것들이 있다. 우리나라 대표적인 명절 음식 중 하나인 송편은 반달의 모습을 본뜬 음식으로 풍년과 발전을 상징한다. 『삼국사기』에 따르면, 백제 의자왕 때 궁궐 땅속에서 파낸 거북이 등에 쓰여 있는 '백제는 만월(滿月) 신라는 반달'이라는 글귀를 두고 점술사가 백제는 만월이라서 다음 날부터 쇠퇴하고 신라는 앞으로 크게 발전할 징표라고 해석했다고 한다. 결과적으로 점술가의 예언이 적중했다. 이때부터 반달은 더 나은 미래를 기원하는 뜻으로 쓰이며, 그러한 뜻을 담아 송편도 반달 모양의 떡으로 빚었다고 한다.
>
> 중국에서는 반달이 아닌 보름달 모양의 월병을 빚어 즐겨 먹었다. 옛날에 월병은 송편과 마찬가지로 제수 용품이었다. 점차 제례 음식으로서 위상을 잃었지만 모든 가족이 모여 보름달을 바라보면서 함께 나눠 먹는 음식으로 자리 잡았다. 이 때문에 보름달 모양의 월병은 둥근 원탁에 온가족이 모인 것을 상징한다. 한국에서 지역의 단합을 위해 수천 명 분의 비빔밥을 만들듯이 중국에서는 수천 명이 먹을 수 있는 월병을 만들 정도로 이는 의미 있는 음식으로 대접받고 있다.

① 중국의 월병은 제수 음식으로서의 명맥을 유지하고 있다.

② 신라인들은 더 나은 미래를 기원하는 마음을 담아 송편을 빚었다.

③ 중국의 월병은 한국에서 비빔밥을 만들어 먹는 것을 본떠 만든 음식이다.

④ 『삼국사기』에 따르면 점술가의 예언 덕분에 신라가 크게 발전할 수 있었다.

[19~20] 다음 글을 읽고 물음에 답하시오.

잔을 씻어 다시 술을 부으려 하는데 ㉠ 갑자기 석양에 막대기 던지는 소리가 나거늘 괴이하게 여겨 생각하되, '어떤 사람이 올라오는고.' 하였다. 이윽고 한 중이 오는데 눈썹이 길고 눈이 맑고 얼굴이 특이하더라. 엄숙하게 자리에 이르러 승상을 보고 예하여 왈,

"산야(山野) 사람이 대승상께 인사를 드리나이다."

승상이 이인(異人)인 줄 알고 황망히 답례하여 왈,

"사부는 어디에서 오신고?"

중이 웃으며 왈,

"평생의 낯익은 사람을 몰라보시니 귀인이 잘 잊는다는 말이 옳도소이다."

승상이 자세히 보니 과연 낯이 익은 듯하거늘 문득 깨달아 능파 낭자를 돌아보며 왈,

"소유가 전에 토번을 정벌할 때 꿈에 동정 용궁에 가서 잔치하고 돌아오는 길에 남악에 가서 놀았는데 한 화상이 법좌에 앉아서 불경을 강론하더니 노부께서 바로 그 노화상이냐?"

중이 박장대소하고 말하되,

"옳다. 옳다. 비록 옳지만 ㉡ 꿈속에서 잠깐 만나본 일은 생각하고 ㉢ 십 년을 같이 살던 일은 알지 못하니 누가 양 장원을 총명하다 하더뇨?"

승상이 어리둥절하여 말하되,

"소유가 ㉣ 열대여섯 살 전에는 부모 슬하를 떠나지 않았고, 열여섯에 급제하여 줄곧 벼슬을 하였으니 동으로 연국에 사신을 갔고 서로 토번을 정벌한 것 외에는 일찍이 서울을 떠나지 않았으니 언제 사부와 십 년을 함께 살았으리오?"

중이 웃으며 왈,

"상공이 아직 춘몽에서 깨어나지 못하였도소이다."

승상이 왈,

"사부는 어떻게 하면 소유를 춘몽에게 깨게 하리오?"

중이 왈,

"어렵지 않으니이다."

하고 손 가운데 돌 지팡이를 들어 난간을 두어 번 치니 갑자기 사방 산골짜기에서 구름이 일어나 누대 위에 쌓여 지척을 분변하지 못했다. 승상이 정신이 아득하여 마치 꿈에 취한 듯하더니 한참 만에 소리 질러 말하되,

"사부는 어찌 소유를 정도로 인도하지 않고 환술(幻術)로 희롱하나뇨?"

대답을 듣기도 전에 구름이 날아가니 중은 간 곳이 없고 좌우를 돌아보니 여덟 낭자 또한 간 곳이 없는지라.

– 김만중, 「구운몽」 –

19 ㉠~㉣을 사건의 시간 순서에 따라 가장 적절하게 배열한 것은?

① ㉠ → ㉢ → ㉣ → ㉡
② ㉠ → ㉣ → ㉢ → ㉡
③ ㉢ → ㉣ → ㉡ → ㉠
④ ㉣ → ㉢ → ㉡ → ㉠

20 윗글에 대한 이해로 가장 적절한 것은?

① '승상'은 꿈에 남악에서 '중'을 보았던 기억을 떠올리며 낯이 익은 듯하다고 여기기 시작한다.
② '승상'은 본디 남악에서 '중'의 문하생으로 불도를 닦던 승려였음을 인정한 뒤 꿈에서 깨게 된다.
③ '승상'은 '중'이 여덟 낭자를 사라지게 한 환술을 부렸음을 확인하고서 그의 진의를 의심한다.
④ '승상'은 능파 낭자와 어울려 놀던 죄를 징벌한 이가 '중'임을 깨닫고서 '중'과의 관계를 부정하게 된다.

PART 2
영어

- 2022년 국가직 9급

- 2021년 국가직 9급

- 2020년 국가직 9급

- 2019년 국가직 9급

- 2018년 국가직 9급

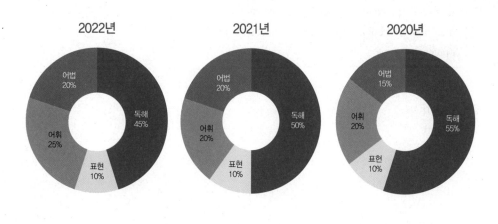

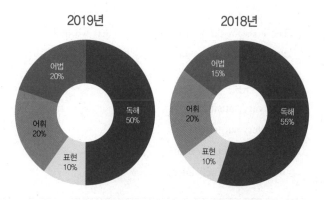

▲ 모바일 OMR

[01~03] 밑줄 친 부분의 의미와 가장 가까운 것을 고르시오.

01

For years, detectives have been trying to unravel the mystery of the sudden disappearance of the twin brothers.

① solve
② create
③ imitate
④ publicize

02

Before the couple experienced parenthood, their four-bedroom house seemed unnecessarily opulent.

① hidden
② luxurious
③ empty
④ solid

03

The boss hit the roof when he saw that we had already spent the entire budget in such a short period of time.

① was very satisfied
② was very surprised
③ became extremely calm
④ became extremely angry

[04~05] 밑줄 친 부분에 들어갈 말로 가장 적절한 것을 고르시오.

04

A mouse potato is the computer _____ of television's couch potato: someone who tends to spend a great deal of leisure time in front of the computer in much the same way the couch potato does in front of the television.

① technician
② equivalent
③ network
④ simulation

05

Mary decided to _____ her Spanish before going to South America.

① brush up on
② hear out
③ stick up for
④ lay off

06 어법상 옳은 것은?

① A horse should be fed according to its individual needs and the nature of its work.

② My hat was blown off by the wind while walking down a narrow street.

③ She has known primarily as a political cartoonist throughout her career.

④ Even young children like to be complimented for a job done good.

07 다음 글의 내용과 일치하지 않는 것은?

Umberto Eco was an Italian novelist, cultural critic and philosopher. He is widely known for his 1980 novel *The Name of the Rose*, a historical mystery combining semiotics in fiction with biblical analysis, medieval studies and literary theory. He later wrote other novels, including *Foucault's Pendulum* and *The Island of the Day Before*. Eco was also a translator: he translated Raymond Queneau's book *Exercices de style* into Italian. He was the founder of the Department of Media Studies at the University of the Republic of San Marino. He died at his Milanese home of pancreatic cancer, from which he had been suffering for two years, on the night of February 19, 2016.

① *The Name of the Rose* is a historical novel.

② Eco translated a book into Italian.

③ Eco founded a university department.

④ Eco died in a hospital of cancer.

08 밑줄 친 부분 중 어법상 옳지 않은 것은?

To find a good starting point, one must return to the year 1800 during ① which the first modern electric battery was developed. Italian Alessandro Volta found that a combination of silver, copper, and zinc ② were ideal for producing an electrical current. The enhanced design, ③ called a Voltaic pile, was made by stacking some discs made from these metals between discs made of cardboard soaked in sea water. There was ④ such talk about Volta's work that he was requested to conduct a demonstration before the Emperor Napoleon himself.

09 다음 글의 제목으로 가장 적절한 것은?

Lasers are possible because of the way light interacts with electrons. Electrons exist at specific energy levels or states characteristic of that particular atom or molecule. The energy levels can be imagined as rings or orbits around a nucleus. Electrons in outer rings are at higher energy levels than those in inner rings. Electrons can be bumped up to higher energy levels by the injection of energy—for example, by a flash of light. When an electron drops from an outer to an inner level, "excess" energy is given off as light. The wavelength or color of the emitted light is precisely related to the amount of energy released. Depending on the particular lasing material being used, specific wavelengths of light are absorbed (to energize or excite the electrons) and specific wavelengths are emitted (when the electrons fall back to their initial level).

① How Is Laser Produced?

② When Was Laser Invented?

③ What Electrons Does Laser Emit?

④ Why Do Electrons Reflect Light?

10 다음 글의 흐름상 가장 어색한 문장은?

> Markets in water rights are likely to evolve as a rising population leads to shortages and climate change causes drought and famine. ① But they will be based on regional and ethical trading practices and will differ from the bulk of commodity trade. ② Detractors argue trading water is unethical or even a breach of human rights, but already water rights are bought and sold in arid areas of the globe from Oman to Australia. ③ Drinking distilled water can be beneficial, but may not be the best choice for everyone, especially if the minerals are not supplemented by another source. ④ "We strongly believe that water is in fact turning into the new gold for this decade and beyond," said Ziad Abdelnour. "No wonder smart money is aggressively moving in this direction."

[11~12] 밑줄 친 부분에 들어갈 말로 가장 적절한 것을 고르시오.

11

> A: I heard that the university cafeteria changed their menu.
> B: Yeah, I just checked it out.
> A: And they got a new caterer.
> B: Yes. Sam's Catering.
> A: _____?
> B: There are more dessert choices. Also, some sandwich choices were removed.

① What is your favorite dessert
② Do you know where their office is
③ Do you need my help with the menu
④ What's the difference from the last menu

12

> A: Hi there. May I help you?
> B: Yes, I'm looking for a sweater.
> A: Well, this one is the latest style from the fall collection. What do you think?
> B: It's gorgeous. How much is it?
> A: Let me check the price for you. It's $120.
> B: _____.
> A: Then how about this sweater? It's from the last season, but it's on sale for $50.
> B: Perfect! Let me try it on.

① I also need a pair of pants to go with it
② That jacket is the perfect gift for me
③ It's a little out of my price range
④ We are open until 7 p.m. on Saturdays

[13~14] 우리말을 영어로 잘못 옮긴 것을 고르시오.

13 ① 우리가 영어를 단시간에 배우는 것은 결코 쉬운 일이 아니다.
 → It is by no means easy for us to learn English in a short time.
② 우리 인생에서 시간보다 더 소중한 것은 없다.
 → Nothing is more precious as time in our life.
③ 아이들은 길을 건널 때 아무리 조심해도 지나치지 않다.
 → Children cannot be too careful when crossing the street.
④ 그녀는 남들이 말하는 것을 쉽게 믿는다.
 → She easily believes what others say.

14

① 커피 세 잔을 마셨기 때문에, 그녀는 잠을 이룰 수 없다.

→ Having drunk three cups of coffee, she can't fall asleep.

② 친절한 사람이어서, 그녀는 모든 이에게 사랑받는다.

→ Being a kind person, she is loved by everyone.

③ 모든 점이 고려된다면, 그녀가 그 직위에 가장 적임 인 사람이다.

→ All things considered, she is the best-qualified person for the position.

④ 다리를 꼰 채로 오랫동안 앉아 있는 것은 혈압을 상 승시킬 수 있다.

→ Sitting with the legs crossing for a long period can raise blood pressure.

15 밑줄 친 (A), (B)에 들어갈 말로 가장 적절한 것은?

> Beliefs about maintaining ties with those who have died vary from culture to culture. For example, maintaining ties with the deceased is accepted and sustained in the religious rituals of Japan. Yet among the Hopi Indians of Arizona, the deceased are forgotten as quickly as possible and life goes on as usual. (A) , the Hopi funeral ritual concludes with a break-off between mortals and spirits. The diversity of grieving is nowhere clearer than in two Muslim societies— one in Egypt, the other in Bali. Among Muslims in Egypt, the bereaved are encouraged to dwell at length on their grief, surrounded by others who relate to similarly tragic accounts and express their sorrow. (B) , in Bali, bereaved Muslims are encouraged to laugh and be joyful rather than be sad.

	(A)	(B)
①	However	Similarly
②	In fact	By contrast
③	Therefore	For example
④	Likewise	Consequently

16 밑줄 친 부분에 들어갈 말로 가장 적절한 것은?

> Scientists have long known that higher air temperatures are contributing to the surface melting on Greenland's ice sheet. But a new study has found another threat that has begun attacking the ice from below: Warm ocean water moving underneath the vast glaciers is causing them to melt even more quickly. The findings were published in the journal Nature Geoscience by researchers who studied one of the many "ice tongues" of the Nioghalvfjerdsfjorden Glacier in northeast Greenland. An ice tongue is a strip of ice that floats on the water without breaking off from the ice on land. The massive one these scientists studied is nearly 50 miles long. The survey revealed an underwater current more than a mile wide where warm water from the Atlantic Ocean is able to flow directly towards the glacier, bringing large amounts of heat into contact with the ice and _____ the glacier's melting.

① separating

② delaying

③ preventing

④ accelerating

17 다음 글의 제목으로 가장 적절한 것은?

Do people from different cultures view the world differently? A psychologist presented realistic animated scenes of fish and other underwater objects to Japanese and American students and asked them to report what they had seen. Americans and Japanese made about an equal number of references to the focal fish, but the Japanese made more than 60 percent more references to background elements, including the water, rocks, bubbles, and inert plants and animals. In addition, whereas Japanese and American participants made about equal numbers of references to movement involving active animals, the Japanese participants made almost twice as many references to relationships involving inert, background objects. Perhaps most tellingly, the very first sentence from the Japanese participants was likely to be one referring to the environment, whereas the first sentence from Americans was three times as likely to be one referring to the focal fish.

① Language Barrier Between Japanese and Americans
② Associations of Objects and Backgrounds in the Brain
③ Cultural Differences in Perception
④ Superiority of Detail-oriented People

18 주어진 문장이 들어갈 위치로 가장 적절한 곳은?

Thus, blood, and life-giving oxygen, are easier for the heart to circulate to the brain.

People can be exposed to gravitational force, or g-force, in different ways. It can be localized, affecting only a portion of the body, as in getting slapped on the back. It can also be momentary, such as hard forces endured in a car crash. A third type of g-force is sustained, or lasting for at least several seconds. (①) Sustained, body-wide g-forces are the most dangerous to people. (②) The body usually withstands localized or momentary g-force better than sustained g-force, which can be deadly because blood is forced into the legs, depriving the rest of the body of oxygen. (③) Sustained g-force applied while the body is horizontal, or lying down, instead of sitting or standing tends to be more tolerable to people, because blood pools in the back and not the legs. (④) Some people, such as astronauts and fighter jet pilots, undergo special training exercises to increase their bodies' resistance to g-force.

19 다음 글의 요지로 가장 적절한 것은?

If someone makes you an offer and you're legitimately concerned about parts of it, you're usually better off proposing all your changes at once. Don't say, "The salary is a bit low. Could you do something about it?" and then, once she's worked on it, come back with "Thanks. Now here are two other things I'd like..." If you ask for only one thing initially, she may assume that getting it will make you ready to accept the offer (or at least to make a decision). If you keep saying "and one more thing...," she is unlikely to remain in a generous or understanding mood. Furthermore, if you have more than one request, don't simply mention all the things you want—A, B, C, and D; also signal the relative importance of each to you. Otherwise, she may pick the two things you value least, because they're pretty easy to give you, and feel she's met you halfway.

① Negotiate multiple issues simultaneously, not serially.

② Avoid sensitive topics for a successful negotiation.

③ Choose the right time for your negotiation.

④ Don't be too direct when negotiating salary.

20 주어진 글 다음에 이어질 글의 순서로 가장 적절한 것은?

Today, Lamarck is unfairly remembered in large part for his mistaken explanation of how adaptations evolve. He proposed that by using or not using certain body parts, an organism develops certain characteristics.

(A) There is no evidence that this happens. Still, it is important to note that Lamarck proposed that evolution occurs when organisms adapt to their environments. This idea helped set the stage for Darwin.

(B) Lamarck thought that these characteristics would be passed on to the offspring. Lamarck called this idea *inheritance of acquired characteristics.*

(C) For example, Lamarck might explain that a kangaroo's powerful hind legs were the result of ancestors strengthening their legs by jumping and then passing that acquired leg strength on to the offspring. However, an acquired characteristic would have to somehow modify the DNA of specific genes in order to be inherited.

① (A) − (C) − (B)

② (B) − (A) − (C)

③ (B) − (C) − (A)

④ (C) − (A) − (B)

[01~03] 밑줄 친 부분의 의미와 가장 가까운 것을 고르시오.

01

Privacy as a social practice shapes individual behavior in conjunction with other social practices and is therefore central to social life.

① in combination with
② in comparison with
③ in place of
④ in case of

02

The influence of Jazz has been so pervasive that most popular music owes its stylistic roots to jazz.

① deceptive
② ubiquitous
③ persuasive
④ disastrous

03

This novel is about the vexed parents of an unruly teenager who quits school to start a business.

① callous
② annoyed
③ reputable
④ confident

04 밑줄 친 부분에 들어갈 말로 가장 적절한 것은?

A group of young demonstrators attempted to _____ the police station.

① line up
② give out
③ carry on
④ break into

05 다음 글의 내용과 일치하는 것은?

The most notorious case of imported labor is of course the Atlantic slave trade, which brought as many as ten million enslaved Africans to the New World to work the plantations. But although the Europeans may have practiced slavery on the largest scale, they were by no means the only people to bring slaves into their communities: earlier, the ancient Egyptians used slave labor to build their pyramids, early Arab explorers were often also slave traders, and Arabic slavery continued into the twentieth century and indeed still continues in a few places. In the Americas some native tribes enslaved members of other tribes, and slavery was also an institution in many African nations, especially before the colonial period.

① African laborers voluntarily moved to the New World.
② Europeans were the first people to use slave labor.
③ Arabic slavery no longer exists in any form.
④ Slavery existed even in African countries.

06 어법상 옳은 것은?

① This guide book tells you where should you visit in Hong Kong.
② I was born in Taiwan, but I have lived in Korea since I started work.
③ The novel was so excited that I lost track of time and missed the bus.
④ It's not surprising that book stores don't carry newspapers any more, doesn't it?

07 다음 글의 제목으로 가장 적절한 것은?

Warming temperatures and loss of oxygen in the sea will shrink hundreds of fish species—from tunas and groupers to salmon, thresher sharks, haddock and cod—even more than previously thought, a new study concludes. Because warmer seas speed up their metabolisms, fish, squid and other water-breathing creatures will need to draw more oxygen from the ocean. At the same time, warming seas are already reducing the availability of oxygen in many parts of the sea. A pair of University of British Columbia scientists argue that since the bodies of fish grow faster than their gills, these animals eventually will reach a point where they can't get enough oxygen to sustain normal growth. "What we found was that the body size of fish decreases by 20 to 30 percent for every 1 degree Celsius increase in water temperature," says author William Cheung.

① Fish Now Grow Faster than Ever
② Oxygen's Impact on Ocean Temperatures
③ Climate Change May Shrink the World's Fish
④ How Sea Creatures Survive with Low Metabolism

08 밑줄 친 부분 중 어법상 옳지 않은 것은?

Urban agriculture (UA) has long been dismissed as a fringe activity that has no place in cities; however, its potential is beginning to ① be realized. In fact, UA is about food self-reliance: it involves ② creating work and is a reaction to food insecurity, particularly for the poor. Contrary to ③ which many believe, UA is found in every city, where it is sometimes hidden, sometimes obvious. If one looks carefully, few spaces in a major city are unused. Valuable vacant land rarely sits idle and is often taken over—either formally, or informally—and made ④ productive.

09 주어진 문장이 들어갈 위치로 가장 적절한 것은?

For example, the state archives of New Jersey hold more than 30,000 cubic feet of paper and 25,000 reels of microfilm.

Archives are a treasure trove of material: from audio to video to newspapers, magazines and printed material—which makes them indispensable to any History Detective investigation. While libraries and archives may appear the same, the differences are important. (①) An archive collection is almost always made up of primary sources, while a library contains secondary sources. (②) To learn more about the Korean War, you'd go to a library for a history book. If you wanted to read the government papers, or letters written by Korean War soldiers, you'd go to an archive. (③) If you're searching for information, chances are there's an archive out there for you. Many state and local archives store public records—which are an amazing, diverse resource. (④) An online search of your state's archives will quickly show you they contain much more than just the minutes of the legislature—there are detailed land grant information to be found, old town maps, criminal records and oddities such as peddler license applications.

* treasure trove: 귀중한 발굴물(수집물)

* land grant: (대학, 철도 등을 위해) 정부가 주는 땅

10 다음 글의 흐름상 가장 어색한 문장은?

The term burnout refers to a "wearing out" from the pressures of work. Burnout is a chronic condition that results as daily work stressors take their toll on employees. ① The most widely adopted conceptualization of burnout has been developed by Maslach and her colleagues in their studies of human service workers. Maslach sees burnout as consisting of three interrelated dimensions. The first dimension—emotional exhaustion—is really the core of the burnout phenomenon. ② Workers suffer from emotional exhaustion when they feel fatigued, frustrated, used up, or unable to face another day on the job. The second dimension of burnout is a lack of personal accomplishment. ③ This aspect of the burnout phenomenon refers to workers who see themselves as failures, incapable of effectively accomplishing job requirements. ④ Emotional labor workers enter their occupation highly motivated although they are physically exhausted. The third dimension of burnout is depersonalization. This dimension is relevant only to workers who must communicate interpersonally with others (e.g. clients, patients, students) as part of the job.

[11~12] 밑줄 친 부분에 들어갈 말로 가장 적절한 것을 고르시오.

11

A: Were you here last night?
B: Yes. I worked the closing shift. Why?
A: The kitchen was a mess this morning. There was food spattered on the stove, and the ice trays were not in the freezer.
B: I guess I forgot to go over the cleaning checklist.
A: You know how important a clean kitchen is.
B: I'm sorry. _____

① I won't let it happen again.
② Would you like your bill now?
③ That's why I forgot it yesterday.
④ I'll make sure you get the right order.

12

A: Have you taken anything for your cold?
B: No, I just blow my nose a lot.
A: Have you tried nose spray?
B: _____
A: It works great.
B: No, thanks. I don't like to put anything in my nose, so I've never used it.

① Yes, but it didn't help.
② No, I don't like nose spray.
③ No, the pharmacy was closed.
④ Yeah, how much should I use?

13 다음 글의 내용과 일치하지 않는 것은?

> Deserts cover more than one-fifth of the Earth's land area, and they are found on every continent. A place that receives less than 25 centimeters (10 inches) of rain per year is considered a desert. Deserts are part of a wider class of regions called drylands. These areas exist under a "moisture deficit," which means they can frequently lose more moisture through evaporation than they receive from annual precipitation. Despite the common conceptions of deserts as hot, there are cold deserts as well. The largest hot desert in the world, northern Africa's Sahara, reaches temperatures of up to 50 degrees Celsius (122 degrees Fahrenheit) during the day. But some deserts are always cold, like the Gobi Desert in Asia and the polar deserts of the Antarctic and Arctic, which are the world's largest. Others are mountainous. Only about 20 percent of deserts are covered by sand. The driest deserts, such as Chile's Atacama Desert, have parts that receive less than two millimeters (0.08 inches) of precipitation a year. Such environments are so harsh and otherworldly that scientists have even studied them for clues about life on Mars. On the other hand, every few years, an unusually rainy period can produce "super blooms," where even the Atacama becomes blanketed in wildflowers.

① There is at least one desert on each continent.
② The Sahara is the world's largest hot desert.
③ The Gobi Desert is categorized as a cold desert.
④ The Atacama Desert is one of the rainiest deserts.

[14~15] 우리말을 영어로 가장 잘 옮긴 것을 고르시오.

14 ① 나는 너의 답장을 가능한 한 빨리 받기를 고대한다.
  → I look forward to receive your reply as soon as possible.
② 그는 내가 일을 열심히 했기 때문에 월급을 올려 주겠다고 말했다.
  → He said he would rise my salary because I worked hard.
③ 그의 스마트 도시 계획은 고려할 만했다.
  → His plan for the smart city was worth considered.
④ Cindy는 피아노 치는 것을 매우 좋아했고 그녀의 아들도 그랬다.
  → Cindy loved playing the piano, and so did her son.

15 ① 당신이 부자일지라도 당신은 진실한 친구들을 살 수는 없다.
  → Rich as if you may be, you can't buy sincere friends.
② 그것은 너무나 아름다운 유성 폭풍이어서 우리는 밤새 그것을 보았다.
  → It was such a beautiful meteor storm that we watched it all night.
③ 학위가 없는 것이 그녀의 성공을 방해했다.
  → Her lack of a degree kept her advancing.
④ 그는 사형이 폐지되어야 하는지 아닌지에 대한 에세이를 써야 한다.
  → He has to write an essay on if or not the death penalty should be abolished.

[16~17] 밑줄 친 부분에 들어갈 말로 가장 적절한 것을 고르시오.

16

Social media, magazines and shop windows bombard people daily with things to buy, and British consumers are buying more clothes and shoes than ever before. Online shopping means it is easy for customers to buy without thinking, while major brands offer such cheap clothes that they can be treated like disposable items—worn two or three times and then thrown away. In Britain, the average person spends more than £1,000 on new clothes a year, which is around four percent of their income. That might not sound like much, but that figure hides two far more worrying trends for society and for the environment. First, a lot of that consumer spending is via credit cards. British people currently owe approximately £670 per adult to credit card companies. That's 66 percent of the average wardrobe budget. Also, not only are people spending money they don't have, they're using it to buy things _____. Britain throws away 300,000 tons of clothing a year, most of which goes into landfill sites.

① they don't need
② that are daily necessities
③ that will be soon recycled
④ they can hand down to others

17

Excellence is the absolute prerequisite in fine dining because the prices charged are necessarily high. An operator may do everything possible to make the restaurant efficient, but the guests still expect careful, personal service: food prepared to order by highly skilled chefs and delivered by expert servers. Because this service is, quite literally, manual labor, only marginal improvements in productivity are possible. For example, a cook, server, or bartender can move only so much faster before she or he reaches the limits of human performance. Thus, only moderate savings are possible through improved efficiency, which makes an escalation of prices _____. (It is an axiom of economics that as prices rise, consumers become more discriminating.) Thus, the clientele of the fine-dining restaurant expects, demands, and is willing to pay for excellence.

① ludicrous
② inevitable
③ preposterous
④ inconceivable

18 주어진 글 다음에 이어질 글의 순서로 가장 적절한 것은?

> To be sure, human language stands out from the decidedly restricted vocalizations of monkeys and apes. Moreover, it exhibits a degree of sophistication that far exceeds any other form of animal communication.

> (A) That said, many species, while falling far short of human language, do nevertheless exhibit impressively complex communication systems in natural settings.
>
> (B) And they can be taught far more complex systems in artificial contexts, as when raised alongside humans.
>
> (C) Even our closest primate cousins seem incapable of acquiring anything more than a rudimentary communicative system, even after intensive training over several years. The complexity that is language is surely a species-specific trait.

① (A) − (B) − (C)

② (B) − (C) − (A)

③ (C) − (A) − (B)

④ (C) − (B) − (A)

19 다음 글의 주제로 가장 적절한 것은?

> During the late twentieth century socialism was on the retreat both in the West and in large areas of the developing world. During this new phase in the evolution of market capitalism, global trading patterns became increasingly interlinked, and advances in information technology meant that deregulated financial markets could shift massive flows of capital across national boundaries within seconds. 'Globalization' boosted trade, encouraged productivity gains and lowered prices, but critics alleged that it exploited the low-paid, was indifferent to environmental concerns and subjected the Third World to a monopolistic form of capitalism. Many radicals within Western societies who wished to protest against this process joined voluntary bodies, charities and other non-governmental organizations, rather than the marginalized political parties of the left. The environmental movement itself grew out of the recognition that the world was interconnected, and an angry, if diffuse, international coalition of interests emerged.

① The affirmative phenomena of globalization in the developing world in the past

② The decline of socialism and the emergence of capitalism in the twentieth century

③ The conflict between the global capital market and the political organizations of the left

④ The exploitative characteristics of global capitalism and diverse social reactions against it

20 다음 글에 나타난 Johnbull의 심경으로 가장 적절한 것은?

In the blazing midday sun, the yellow egg-shaped rock stood out from a pile of recently unearthed gravel. Out of curiosity, sixteen-year-old miner Komba Johnbull picked it up and fingered its flat, pyramidal planes. Johnbull had never seen a diamond before, but he knew enough to understand that even a big find would be no larger than his thumbnail. Still, the rock was unusual enough to merit a second opinion. Sheepishly, he brought it over to one of the more experienced miners working the muddy gash deep in the jungle. The pit boss's eyes widened when he saw the stone. "Put it in your pocket," he whispered. "Keep digging." The older miner warned that it could be dangerous if anyone thought they had found something big. So Johnbull kept shoveling gravel until nightfall, pausing occasionally to grip the heavy stone in his fist. Could it be?

① thrilled and excited
② painful and distressed
③ arrogant and convinced
④ detached and indifferent

[01~04] 밑줄 친 부분의 의미와 가장 가까운 것을 고르시오.

01

Extensive lists of microwave oven models and styles along with candid customer reviews and price ranges are available at appliance comparison websites.

① frank
② logical
③ implicit
④ passionate

02

It had been known for a long time that Yellowstone was volcanic in nature and the one thing about volcanoes is that they are generally conspicuous.

① passive
② vaporous
③ dangerous
④ noticeable

03

He's the best person to tell you how to get there because he knows the city inside out.

① eventually
② culturally
③ thoroughly
④ tentatively

04

All along the route were thousands of homespun attempts to pay tribute to the team, including messages etched in cardboard, snow and construction paper.

① honor
② compose
③ publicize
④ join

05 어법상 옳은 것은?

① The traffic of a big city is busier than those of a small city.
② I'll think of you when I'll be lying on the beach next week.
③ Raisins were once an expensive food, and only the wealth ate them.
④ The intensity of a color is related to how much gray the color contains.

06 우리말을 영어로 가장 잘 옮긴 것은?

① 몇 가지 문제가 새로운 회원들 때문에 생겼다.
→ Several problems have raised due to the new members.

② 그 위원회는 그 건물의 건설을 중단하라고 명했다.
→ The committee commanded that construction of the building cease.

③ 그들은 한 시간에 40마일이 넘는 바람과 싸워야 했다.
→ They had to fight against winds that will blow over 40 miles an hour.

④ 거의 모든 식물의 씨앗은 혹독한 날씨에도 살아남는다.
→ The seeds of most plants are survived by harsh weather.

07 우리말을 영어로 잘못 옮긴 것은?

① 인간은 환경에 자신을 빨리 적응시킨다.
→ Human beings quickly adapt themselves to the environment.

② 그녀는 그 사고 때문에 그녀의 목표를 포기할 수밖에 없었다.
→ She had no choice but to give up her goal because of the accident.

③ 그 회사는 그가 부회장으로 승진하는 것을 금했다.
→ The company prohibited him from promoting to vice-president.

④ 그 장난감 자동차를 조립하고 분리하는 것은 쉽다.
→ It is easy to assemble and take apart the toy car.

08 다음 글의 요지로 가장 적절한 것은?

Listening to somebody else's ideas is the one way to know whether the story you believe about the world—as well as about yourself and your place in it—remains intact. We all need to examine our beliefs, air them out and let them breathe. Hearing what other people have to say, especially about concepts we regard as foundational, is like opening a window in our minds and in our hearts. Speaking up is important. Yet to speak up without listening is like banging pots and pans together: even if it gets you attention, it's not going to get you respect. There are three prerequisites for conversation to be meaningful: 1. You have to know what you're talking about, meaning that you have an original point and are not echoing a worn-out, hand-me-down or pre-fab argument; 2. You respect the people with whom you're speaking and are authentically willing to treat them courteously even if you disagree with their positions; 3. You have to be both smart and informed enough to listen to what the opposition says while handling your own perspective on the topic with uninterrupted good humor and discernment.

① We should be more determined to persuade others.
② We need to listen and speak up in order to communicate well.
③ We are reluctant to change our beliefs about the world we see.
④ We hear only what we choose and attempt to ignore different opinions.

09 다음 글의 제목으로 가장 적절한 것은?

The future may be uncertain, but some things are undeniable: climate change, shifting demographics, geopolitics. The only guarantee is that there will be changes, both wonderful and terrible. It's worth considering how artists will respond to these changes, as well as what purpose art serves, now and in the future. Reports suggest that by 2040 the impacts of human-caused climate change will be inescapable, making it the big issue at the centre of art and life in 20 years' time. Artists in the future will wrestle with the possibilities of the post-human and post-Anthropocene—artificial intelligence, human colonies in outer space and potential doom. The identity politics seen in art around the #MeToo and Black Lives Matter movements will grow as environmentalism, border politics and migration come even more sharply into focus. Art will become increasingly diverse and might not 'look like art' as we expect. In the future, once we've become weary of our lives being visible online for all to see and our privacy has been all but lost, anonymity may be more desirable than fame. Instead of thousands, or millions, of likes and followers, we will be starved for authenticity and connection. Art could, in turn, become more collective and experiential, rather than individual.

① What will art look like in the future?

② How will global warming affect our lives?

③ How will artificial intelligence influence the environment?

④ What changes will be made because of political movements?

10 다음 글의 내용과 일치하지 않는 것은?

The Second Amendment of the U.S. Constitution states: "A well-regulated Militia, being necessary to the security of a free State, the right of the people to keep and bear Arms, shall not be infringed." Supreme Court rulings, citing this amendment, have upheld the right of states to regulate firearms. However, in a 2008 decision confirming an individual right to keep and bear arms, the court struck down Washington, D.C. laws that banned handguns and required those in the home to be locked or disassembled. A number of gun advocates consider ownership a birthright and an essential part of the nation's heritage. The United States, with less than 5 percent of the world's population, has about 35~50 percent of the world's civilian-owned guns, according to a 2007 report by the Switzerland-based Small Arms Survey. It ranks number one in firearms per capita. The United States also has the highest homicide-by-firearm rate among the world's most developed nations. But many gun-rights proponents say these statistics do not indicate a cause-and-effect relationship and note that the rates of gun homicide and other gun crimes in the United States have dropped since highs in the early 1990's.

① In 2008, the U.S. Supreme Court overturned Washington, D.C. laws banning handguns.

② Many gun advocates claim that owning guns is a natural-born right.

③ Among the most developed nations, the U.S. has the highest rate of gun homicides.

④ Gun crimes in the U.S. have steadily increased over the last three decades.

11 두 사람의 대화 중 가장 어색한 것은?

① A: When is the payment due?

　B: You have to pay by next week.

② A: Should I check this baggage in?

　B: No, it's small enough to take on the plane.

③ A: When and where shall we meet?

　B: I'll pick you up at your office at 8 : 30.

④ A: I won the prize in a cooking contest.

　B: I couldn't have done it without you.

12 밑줄 친 부분에 들어갈 말로 가장 적절한 것은?

> A: Thank you for calling the Royal Point Hotel Reservations Department. My name is Sam. How may I help you?
>
> B: Hello, I'd like to book a room.
>
> A: We offer two room types: the deluxe room and the luxury suite.
>
> B: _____ ?
>
> A: For one, the suite is very large. In addition to a bedroom, it has a kitchen, living room and dining room.
>
> B: It sounds expensive.
>
> A: Well, it's $200 more per night.
>
> B: In that case, I'll go with the deluxe room.

① Do you need anything else

② May I have the room number

③ What's the difference between them

④ Are pets allowed in the rooms

13 밑줄 친 (A), (B)에 들어갈 말로 가장 적절한 것은?

> Advocates of homeschooling believe that children learn better when they are in a secure, loving environment. Many psychologists see the home as the most natural learning environment, and originally the home was the classroom, long before schools were established. Parents who homeschool argue that they can monitor their children's education and give them the attention that is lacking in a traditional school setting. Students can also pick and choose what to study and when to study, thus enabling them to learn at their own pace. ___(A)___ , critics of homeschooling say that children who are not in the classroom miss out on learning important social skills because they have little interaction with their peers. Several studies, though, have shown that the home-educated children appear to do just as well in terms of social and emotional development as other students, having spent more time in the comfort and security of their home, with guidance from parents who care about their welfare. ___(B)___ , many critics of homeschooling have raised concerns about the ability of parents to teach their kids effectively.

	(A)	(B)
①	Therefore	Nevertheless
②	In contrast	In spite of this
③	Therefore	Contrary to that
④	In contrast	Furthermore

14 다음 글의 주제로 가장 적절한 것은?

> For many people, work has become an obsession. It has caused burnout, unhappiness and gender inequity, as people struggle to find time for children or passions or pets or any sort of life besides what they do for a paycheck. But increasingly, younger workers are pushing back. More of them expect and demand flexibility—paid leave for a new baby, say, and generous vacation time, along with daily things, like the ability to work remotely, come in late or leave early, or make time for exercise or meditation. The rest of their lives happens on their phones, not tied to a certain place or time—why should work be any different?

① ways to increase your paycheck
② obsession for reducing inequity
③ increasing call for flexibility at work
④ advantages of a life with long vacations

15 주어진 글 다음에 이어질 글의 순서로 가장 적절한 것은?

> Past research has shown that experiencing frequent psychological stress can be a significant risk factor for cardiovascular disease, a condition that affects almost half of those aged 20 years and older in the United States.

> (A) Does this mean, though, that people who drive on a daily basis are set to develop heart problems, or is there a simple way of easing the stress of driving?
>
> (B) According to a new study, there is. The researchers noted that listening to music while driving helps relieve the stress that affects heart health.
>
> (C) One source of frequent stress is driving, either due to the stressors associated with heavy traffic or the anxiety that often accompanies inexperienced drivers.

① (A) − (C) − (B)
② (B) − (A) − (C)
③ (C) − (A) − (B)
④ (C) − (B) − (A)

16 다음 글의 흐름상 가장 어색한 문장은?

When the brain perceives a threat in the immediate surroundings, it initiates a complex string of events in the body. It sends electrical messages to various glands, organs that release chemical hormones into the bloodstream. Blood quickly carries these hormones to other organs that are then prompted to do various things. ① The adrenal glands above the kidneys, for example, pump out adrenaline, the body's stress hormone. ② Adrenaline travels all over the body doing things such as widening the eyes to be on the lookout for signs of danger, pumping the heart faster to keep blood and extra hormones flowing, and tensing the skeletal muscles so they are ready to lash out at or run from the threat. ③ The whole process is called the fight-or-flight response, because it prepares the body to either battle or run for its life. ④ Humans consciously control their glands to regulate the release of various hormones. Once the response is initiated, ignoring it is impossible, because hormones cannot be reasoned with.

17 주어진 문장이 들어갈 위치로 가장 적절한 것은?

It was then he remembered his experience with the glass flask, and just as quickly, he imagined that a special coating might be applied to a glass windshield to keep it from shattering.

In 1903 the French chemist, Edouard Benedictus, dropped a glass flask one day on a hard floor and broke it. (①) However, to the astonishment of the chemist, the flask did not shatter, but still retained most of its original shape. (②) When he examined the flask he found that it contained a film coating inside, a residue remaining from a solution of collodion that the flask had contained. (③) He made a note of this unusual phenomenon, but thought no more of it until several weeks later when he read stories in the newspapers about people in automobile accidents who were badly hurt by flying windshield glass. (④) Not long thereafter, he succeeded in producing the world's first sheet of safety glass.

18 다음 글의 내용과 일치하지 않는 것은?

Dubrovnik, Croatia, is a mess. Because its main attraction is its seaside Old Town surrounded by 80-foot medieval walls, this Dalmatian Coast town does not absorb visitors very well. And when cruise ships are docked here, a legion of tourists turn Old Town into a miasma of tank-top-clad tourists marching down the town's limestone-blanketed streets. Yes, the city of Dubrovnik has been proactive in trying to curb cruise ship tourism, but nothing will save Old Town from the perpetual swarm of tourists. To make matters worse, the lure of making extra money has inspired many homeowners in Old Town to turn over their places to Airbnb, making the walled portion of town one giant hotel. You want an "authentic" Dubrovnik experience in Old Town, just like a local? You're not going to find it here. Ever.

① Old Town은 80피트 중세 시대 벽으로 둘러싸여 있다.
② 크루즈 배가 정박할 때면 많은 여행객이 Old Town 거리를 활보한다.
③ Dubrovnik 시는 크루즈 여행을 확대하려고 노력해 왔다.
④ Old Town에서는 많은 집이 여행객 숙소로 바뀌었다.

19 밑줄 친 (A), (B)에 들어갈 말로 가장 적절한 것은?

When an organism is alive, it takes in carbon dioxide from the air around it. Most of that carbon dioxide is made of carbon-12, but a tiny portion consists of carbon-14. So the living organism always contains a very small amount of radioactive carbon, carbon-14. A detector next to the living organism would record radiation given off by the carbon-14 in the organism. When the organism dies, it no longer takes in carbon dioxide. No new carbon-14 is added, and the old carbon-14 slowly decays into nitrogen. The amount of carbon-14 slowly ___(A)___ as time goes on. Over time, less and less radiation from carbon-14 is produced. The amount of carbon-14 radiation detected for an organism is a measure, therefore, of how long the organism has been ___(B)___ . This method of determining the age of an organism is called carbon-14 dating. The decay of carbon-14 allows archaeologists to find the age of once-living materials. Measuring the amount of radiation remaining indicates the approximate age.

	(A)	(B)
①	decreases	dead
②	increases	alive
③	decreases	productive
④	increases	inactive

20 밑줄 친 부분에 들어갈 말로 가장 적절한 것은?

All creatures, past and present, either have gone or will go extinct. Yet, as each species vanished over the past 3.8-billion-year history of life on Earth, new ones inevitably appeared to replace them or to exploit newly emerging resources. From only a few very simple organisms, a great number of complex, multicellular forms evolved over this immense period. The origin of new species, which the nineteenth-century English naturalist Charles Darwin once referred to as "the mystery of mysteries," is the natural process of speciation responsible for generating this remarkable _____ with whom humans share the planet. Although taxonomists presently recognize some 1.5 million living species, the actual number is possibly closer to 10 million. Recognizing the biological status of this multitude requires a clear understanding of what constitutes a species, which is no easy task given that evolutionary biologists have yet to agree on a universally acceptable definition.

① technique of biologists

② diversity of living creatures

③ inventory of extinct organisms

④ collection of endangered species

[01~02] 밑줄 친 부분의 의미와 가장 가까운 것을 고르시오.

01

Natural Gas World subscribers will receive accurate and reliable key facts and figures about what is going on in the industry, so they are fully able to discern what concerns their business.

① distinguish

② strengthen

③ undermine

④ abandon

02

Ms. West, the winner of the silver in the women's 1,500m event, stood out through the race.

① was overwhelmed

② was impressive

③ was depressed

④ was optimistic

03 두 사람의 대화 중 가장 어색한 것은?

① A: I'm traveling abroad, but I'm not used to staying in another country.

B: Don't worry. You'll get accustomed to it in no time.

② A: I want to get a prize in the photo contest.

B: I'm sure you will. I'll keep my fingers crossed!

③ A: My best friend moved to Sejong City. I miss her so much.

B: Yeah. I know how you feel.

④ A: Do you mind if I talk to you for a moment?

B: Never mind. I'm very busy right now.

04 밑줄 친 부분에 들어갈 말로 가장 적절한 것은?

A: Would you like to try some dim sum?

B: Yes, thank you. They look delicious. What's inside?

A: These have pork and chopped vegetables, and those have shrimps.

B: And, um, _____?

A: You pick one up with your chopsticks like this and dip it into the sauce. It's easy.

B: Okay. I'll give it a try.

① how much are they

② how do I eat them

③ how spicy are they

④ how do you cook them

[05~06] 우리말을 영어로 잘못 옮긴 것을 고르시오.

05 ① 제가 당신께 말씀드렸던 새로운 선생님은 원래 페루 출신입니다.
→ The new teacher I told you about is originally from Peru.
② 나는 긴급한 일로 자정이 5분이나 지난 후 그에게 전화했다.
→ I called him five minutes shy of midnight on an urgent matter.
③ 상어로 보이는 것이 산호 뒤에 숨어 있었다.
→ What appeared to be a shark was lurking behind the coral reef.
④ 그녀는 일요일에 16세의 친구와 함께 산 정상에 올랐다.
→ She reached the mountain summit with her 16-year-old friend on Sunday.

06 ① 개인용 컴퓨터를 가장 많이 가지고 있는 나라는 종종 바뀐다.
→ The country with the most computers per person changes from time to time.
② 지난여름 나의 사랑스러운 손자에게 일어난 일은 놀라웠다.
→ What happened to my lovely grandson last summer was amazing.
③ 나무 숟가락은 아이들에게 매우 좋은 장난감이고 플라스틱 병 또한 그렇다.
→ Wooden spoons are excellent toys for children, and so are plastic bottles.
④ 나는 은퇴 후부터 내내 이 일을 해 오고 있다.
→ I have been doing this work ever since I retired.

[07~08] 밑줄 친 부분 중 어법상 옳지 않은 것을 고르시오.

07

Domesticated animals are the earliest and most effective 'machines' ① underline available to humans. They take the strain off the human back and arms. ② underline Utilizing with other techniques, animals can raise human living standards very considerably, both as supplementary foodstuffs (protein in meat and milk) and as machines ③ underline to carry burdens, lift water, and grind grain. Since they are so obviously ④ underline of great benefit, we might expect to find that over the centuries humans would increase the number and quality of the animals they kept. Surprisingly, this has not usually been the case.

08

A myth is a narrative that embodies—and in some cases ① underline helps to explain—the religious, philosophical, moral, and political values of a culture. Through tales of gods and supernatural beings, myths ② underline try to make sense of occurrences in the natural world. Contrary to popular usage, myth does not mean "falsehood." In the broadest sense, myths are stories—usually whole groups of stories—③ underline that can be true or partly true as well as false; regardless of their degree of accuracy, however, myths frequently express the deepest beliefs of a culture. According to this definition, the *Iliad* and the *Odyssey*, the Koran, and the Old and New Testaments can all ④ underline refer to as myths.

09 다음 글의 제목으로 가장 적절한 것은?

Mapping technologies are being used in many new applications. Biological researchers are exploring the molecular structure of DNA ("mapping the genome"), geophysicists are mapping the structure of the Earth's core, and oceanographers are mapping the ocean floor. Computer games have various imaginary "lands" or levels where rules, hazards, and rewards change. Computerization now challenges reality with "virtual reality," artificial environments that stimulate special situations, which may be useful in training and entertainment. Mapping techniques are being used also in the realm of ideas. For example, relationships between ideas can be shown using what are called concept maps. Starting from a general or "central" idea, related ideas can be connected, building a web around the main concept. This is not a map by any traditional definition, but the tools and techniques of cartography are employed to produce it, and in some ways it resembles a map.

① Computerized Maps vs. Traditional Maps
② Where Does Cartography Begin?
③ Finding Ways to DNA Secrets
④ Mapping New Frontiers

10 다음 글의 요지로 가장 적절한 것은?

When giving performance feedback, you should consider the recipient's past performance and your estimate of his or her future potential in designing its frequency, amount, and content. For high performers with potential for growth, feedback should be frequent enough to prod them into taking corrective action, but not so frequent that it is experienced as controlling and saps their initiative. For adequate performers who have settled into their jobs and have limited potential for advancement, very little feedback is needed because they have displayed reliable and steady behavior in the past, knowing their tasks and realizing what needs to be done. For poor performers—that is, people who will need to be removed from their jobs if their performance doesn't improve—feedback should be frequent and very specific, and the connection between acting on the feedback and negative sanctions such as being laid off or fired should be made explicit.

① Time your feedback well.
② Customize negative feedback.
③ Tailor feedback to the person.
④ Avoid goal-oriented feedback.

11 다음 글의 내용과 일치하지 않는 것은?

Langston Hughes was born in Joplin, Missouri, and graduated from Lincoln University, in which many African-American students have pursued their academic disciplines. At the age of eighteen, Hughes published one of his most well-known poems, "Negro Speaks of Rivers." Creative and experimental, Hughes incorporated authentic dialect in his work, adapted traditional poetic forms to embrace the cadences and moods of blues and jazz, and created characters and themes that reflected elements of lower-class black culture. With his ability to fuse serious content with humorous style, Hughes attacked racial prejudice in a way that was natural and witty.

① Hughes는 많은 미국 흑인들이 다녔던 대학교를 졸업하였다.

② Hughes는 실제 사투리를 그의 작품에 반영하였다.

③ Hughes는 하층 계급 흑인들의 문화적 요소를 반영한 인물을 만들었다.

④ Hughes는 인종 편견을 엄숙한 문체로 공격하였다.

12 밑줄 친 부분 중 글의 흐름상 가장 어색한 것은?

In 2007, our biggest concern was "too big to fail." Wall Street banks had grown to such staggering sizes, and had become so central to the health of the financial system, that no rational government could ever let them fail. ① Aware of their protected status, banks made excessively risky bets on housing markets and invented ever more complicated derivatives. ② New virtual currencies such as bitcoin and ethereum have radically changed our understanding of how money can and should work. ③ The result was the worst financial crisis since the breakdown of our economy in 1929. ④ In the years since 2007, we have made great progress in addressing the too-big-to-fail dilemma. Our banks are better capitalized than ever. Our regulators conduct regular stress tests of large institutions.

13 다음 글의 주제로 가장 적절한 것은?

Imagine that two people are starting work at a law firm on the same day. One person has a very simple name. The other person has a very complex name. We've got pretty good evidence that over the course of their next 16 plus years of their career, the person with the simpler name will rise up the legal hierarchy more quickly. They will attain partnership more quickly in the middle parts of their career. And by about the eighth or ninth year after graduating from law school the people with simpler names are about seven to ten percent more likely to be partners—which is a striking effect. We try to eliminate all sorts of other alternative explanations. For example, we try to show that it's not about foreignness because foreign names tend to be harder to pronounce. But even if you look at just white males with Anglo-American names—so really the true in-group, you find that among those white males with Anglo names they are more likely to rise up if their names happen to be simpler. So simplicity is one key feature in names that determines various outcomes.

① the development of legal names
② the concept of attractive names
③ the benefit of simple names
④ the roots of foreign names

[14~15] 밑줄 친 부분의 의미와 가장 가까운 것을 고르시오.

14

Schooling is compulsory for all children in the United States, but the age range for which school attendance is required varies from state to state.

① complementary
② systematic
③ mandatory
④ innovative

15

Although the actress experienced much turmoil in her career, she never disclosed to anyone that she was unhappy.

① let on
② let off
③ let up
④ let down

16 밑줄 친 (A), (B)에 들어갈 말로 가장 적절한 것은?

Visionaries are the first people in their industry segment to see the potential of new technologies. Fundamentally, they see themselves as smarter than their opposite numbers in competitive companies—and, quite often, they are. Indeed, it is their ability to see things first that they want to leverage into a competitive advantage. That advantage can only come about if no one else has discovered it. They do not expect,   (A) , to be buying a well-tested product with an extensive list of industry references. Indeed, if such a reference base exists, it may actually turn them off, indicating that for this technology, at any rate, they are already too late. Pragmatists,   (B) , deeply value the experience of their colleagues in other companies. When they buy, they expect extensive references, and they want a good number to come from companies in their own industry segment.

	(A)	(B)
①	therefore	on the other hand
②	however	in addition
③	nonetheless	at the same time
④	furthermore	in conclusion

17 주어진 문장이 들어갈 위치로 가장 적절한 것은?

Some of these ailments are short-lived; others may be long-lasting.

For centuries, humans have looked up at the sky and wondered what exists beyond the realm of our planet. (①) Ancient astronomers examined the night sky hoping to learn more about the universe. More recently, some movies explored the possibility of sustaining human life in outer space, while other films have questioned whether extraterrestrial life forms may have visited our planet. (②) Since astronaut Yuri Gagarin became the first man to travel in space in 1961, scientists have researched what conditions are like beyond the Earth's atmosphere, and what effects space travel has on the human body. (③) Although most astronauts do not spend more than a few months in space, many experience physiological and psychological problems when they return to the Earth. (④) More than two-thirds of all astronauts suffer from motion sickness while traveling in space. In the gravity-free environment, the body cannot differentiate up from down. The body's internal balance system sends confusing signals to the brain, which can result in nausea lasting as long as a few days.

18 밑줄 친 부분에 들어갈 말로 가장 적절한 것은?

Why bother with the history of everything? _____ _____. In literature classes you don't learn about genes; in physics classes you don't learn about human evolution. So you get a partial view of the world. That makes it hard to find *meaning* in education. The French sociologist Emile Durkheim called this sense of disorientation and meaninglessness *anomie*, and he argued that it could lead to despair and even suicide. The German sociologist Max Weber talked of the "disenchantment" of the world. In the past, people had a unified vision of their world, a vision usually provided by the origin stories of their own religious traditions. That unified vision gave a sense of purpose, of meaning, even of enchantment to the world and to life. Today, though, many writers have argued that a sense of meaninglessness is inevitable in a world of science and rationality. Modernity, it seems, means meaninglessness.

① In the past, the study of history required disenchantment from science

② Recently, science has given us lots of clever tricks and meanings

③ Today, we teach and learn about our world in fragments

④ Lately, history has been divided into several categories

19 다음 글의 내용과 일치하지 않는 것은?

The earliest government food service programs began around 1900 in Europe. Programs in the United States date from the Great Depression, when the need to use surplus agricultural commodities was joined to concern for feeding the children of poor families. During and after World War II, the explosion in the number of working women fueled the need for a broader program. What was once a function of the family—providing lunch—was shifted to the school food service system. The National School Lunch Program is the result of these efforts. The program is designed to provide federally assisted meals to children of school age. From the end of World War II to the early 1980s, funding for school food service expanded steadily. Today it helps to feed children in almost 100,000 schools across the United States. Its first function is to provide a nutritious lunch to all students; the second is to provide nutritious food at both breakfast and lunch to underprivileged children. If anything, the role of school food service as a replacement for what was once a family function has been expanded.

① The increase in the number of working women boosted the expansion of food service programs.

② The US government began to feed poor children during the Great Depression despite the food shortage.

③ The US school food service system presently helps to feed children of poor families.

④ The function of providing lunch has been shifted from the family to schools.

20 주어진 문장 다음에 이어질 글의 순서로 가장 적절한 것은?

> South Korea boasts of being the most wired nation on earth.

> (A) This addiction has become a national issue in Korea in recent years, as users started dropping dead from exhaustion after playing online games for days on end. A growing number of students have skipped school to stay online, shockingly self-destructive behavior in this intensely competitive society.
>
> (B) In fact, perhaps no other country has so fully embraced the Internet.
>
> (C) But such ready access to the Web has come at a price as legions of obsessed users find that they cannot tear themselves away from their computer screens.

① (A) − (B) − (C)

② (A) − (C) − (B)

③ (B) − (A) − (C)

④ (B) − (C) − (A)

[01~02] 밑줄 친 부분에 들어갈 말로 가장 적절한 것을 고르시오.

01

A: Can I ask you for a favor?

B: Yes, what is it?

A: I need to get to the airport for my business trip, but my car won't start. Can you give me a lift?

B: Sure. When do you need to be there by?

A: I have to be there no later than 6:00.

B: It's 4:30 now. _____.
   We'll have to leave right away.

① That's cutting it close
② I took my eye off the ball
③ All that glitters is not gold
④ It's water under the bridge

02

Fear of loss is a basic part of being human. To the brain, loss is a threat and we naturally take measures to avoid it. We cannot, however, avoid it indefinitely. One way to face loss is with the perspective of a stock trader. Traders accept the possibility of loss as part of the game, not the end of the game. What guides this thinking is a portfolio approach; wins and losses will both happen, but it's the overall portfolio of outcomes that matters most. When you embrace a portfolio approach, you will be _____ because you know that they are small parts of a much bigger picture.

① less inclined to dwell on individual losses
② less interested in your investments
③ more averse to the losses
④ more sensitive to fluctuations in the stock market

03 다음 글의 제목으로 가장 적절한 것은?

Over the last years of traveling, I've observed how much we humans live in the past. The past is around us constantly, considering that, the minute something is manifested, it is the past. Our surroundings, our homes, our environments, our architecture, our products are all past constructs. We should live with what is part of our time, part of our collective consciousness, those things that were produced during our lives. Of course, we do not have the choice or control to have everything around us relevant or conceived during our time, but what we do have control of should be a reflection of the time in which we exist and communicate the present. The present is all we have, and the more we are surrounded by it, the more we are aware of our own presence and participation.

① Travel: Tracing the Legacies of the Past
② Reflect on the Time That Surrounds You Now
③ Manifestation of a Hidden Life
④ Architecture of a Futuristic Life

04 밑줄 친 부분 중 어법상 옳지 않은 것은?

It would be difficult ① to imagine life without the beauty and richness of forests. But scientists warn we cannot take our forest for ② granted. By some estimates, deforestation ③ has been resulted in the loss of as much as eighty percent of the natural forests of the world. Currently, deforestation is a global problem, ④ affecting wilderness regions such as the temperate rainforests of the Pacific.

05 밑줄 친 부분의 의미와 가장 가까운 것은?

Robert J. Flaherty, a legendary documentary filmmaker, tried to show how indigenous people gathered food.

① native
② ravenous
③ impoverished
④ itinerant

06 밑줄 친 부분에 들어갈 말로 가장 적절한 것은?

Listening to music is _____ being a rock star. Anyone can listen to music, but it takes talent to become a musician.

① on a par with
② a far cry from
③ contingent upon
④ a prelude to

07 다음 글의 흐름상 가장 어색한 문장은?

Biologists have identified a gene that will allow rice plants to survive being submerged in water for up to two weeks—over a week longer than at present. Plants under water for longer than a week are deprived of oxygen and wither and perish. ① The scientists hope their discovery will prolong the harvests of crops in regions that are susceptible to flooding. ② Rice growers in these flood-prone areas of Asia lose an estimated one billion dollars annually to excessively waterlogged rice paddies. ③ They hope the new gene will lead to a hardier rice strain that will reduce the financial damage incurred in typhoon and monsoon seasons and lead to bumper harvests. ④ This is dreadful news for people in these vulnerable regions, who are victims of urbanization and have a shortage of crops. Rice yields must increase by 30 percent over the next 20 years to ensure a billion people can receive their staple diet.

08 밑줄 친 부분에 들어갈 말로 가장 적절한 것은?

A: Do you know how to drive?
B: Of course. I'm a great driver.
A: Could you teach me how to drive?
B: Do you have a learner's permit?
A: Yes, I got it just last week.
B: Have you been behind the steering wheel yet?
A: No, but I can't wait to ＿＿＿＿＿＿＿.

① take a rain check
② get my feet wet
③ get an oil change
④ change a flat tire

09 다음 글의 내용과 일치하는 것은?

Sharks are covered in scales made from the same material as teeth. These flexible scales protect the shark and help it swim quickly in water. A shark can move the scales as it swims. This movement helps reduce the water's drag. Amy Lang, an aerospace engineer at the University of Alabama, studies the scales on the shortfin mako, a relative of the great white shark. Lang and her team discovered that the mako shark's scales differ in size and in flexibility in different parts of its body. For instance, the scales on the sides of the body are tapered—wide at one end and narrow at the other end. Because they are tapered, these scales move very easily. They can turn up or flatten to adjust to the flow of water around the shark and to reduce drag. Lang feels that shark scales can inspire designs for machines that experience drag, such as airplanes.

① A shark has scales that always remain immobile to protect itself as it swims.
② Lang revealed that the scales of a mako shark are utilized to lessen drag in water.
③ A mako shark has scales of identical size all over its body.
④ The scientific designs of airplanes were inspired by shark scales.

10 밑줄 친 부분 중 어법상 옳지 않은 것은?

Focus means ① getting stuff done. A lot of people have great ideas but don't act on them. For me, the definition of an entrepreneur, for instance, is someone who can combine innovation and ingenuity with the ability to execute that new idea. Some people think that the central dichotomy in life is whether you're positive or negative about the issues ② that interest or concern you. There's a lot of attention ③ paying to this question of whether it's better to have an optimistic or pessimistic lens. I think the better question to ask is whether you are going to do something about it or just ④ let life pass you by.

11 밑줄 친 부분 중 글의 흐름상 가장 어색한 것은?

Most people like to talk, but few people like to listen, yet listening well is a ① rare talent that everyone should treasure. Because they hear more, good listeners tend to know more and to be more sensitive to what is going on around them than most people. In addition, good listeners are inclined to accept or tolerate rather than to judge and criticize. Therefore, they have ② fewer enemies than most people. In fact, they are probably the most beloved of people. However, there are ③ exceptions to that generality. For example, John Steinbeck is said to have been an excellent listener, yet he was hated by some of the people he wrote about. No doubt his ability to listen contributed to his capacity to write. Nevertheless, the result of his listening didn't make him ④ unpopular.

12 다음 글의 주제로 가장 적절한 것은?

Worry is like a rocking horse. No matter how fast you go, you never move anywhere. Worry is a complete waste of time and creates so much clutter in your mind that you cannot think clearly about anything. The way to learn to stop worrying is by first understanding that you energize whatever you focus your attention on. Therefore, the more you allow yourself to worry, the more likely things are to go wrong! Worrying becomes such an ingrained habit that to avoid it you consciously have to train yourself to do otherwise. Whenever you catch yourself having a fit of worry, stop and change your thoughts. Focus your mind more productively on what you do want to happen and dwell on what's already wonderful in your life so more wonderful stuff will come your way.

① What effects does worry have on life?

② Where does worry originate from?

③ When should we worry?

④ How do we cope with worrying?

13 다음 글의 내용과 일치하지 않는 것은?

> Students at Macaulay Honors College (MHC) don't stress about the high price of tuition. That's because theirs is free. At Macaulay and a handful of other service academies, work colleges, single-subject schools and conservatories, 100 percent of the student body receive a full tuition scholarship for all four years. Macaulay students also receive a laptop and $7,500 in "opportunities funds" to pursue research, service experiences, study abroad programs and internships. "The most important thing is not the free tuition, but the freedom of studying without the burden of debt on your back," says Ann Kirschner, university dean of Macaulay Honors College. The debt burden, she says, "really compromises decisions students make in college, and we are giving them the opportunity to be free of that." Schools that grant free tuition to all students are rare, but a greater number of institutions provide scholarships to enrollees with high grades. Institutions such as Indiana University Bloomington offer automatic awards to high-performing students with stellar GPAs and class ranks.

① MHC에서는 모든 학생이 4년간 수업료를 내지 않는다.

② MHC에서는 학생들에게 컴퓨터 구입 비용과 교외활동 비용을 합하여 $7,500를 지급한다.

③ 수업료로 인한 빚 부담이 있으면 학생들이 자유롭게 공부할 수 없다고 Kirschner 학장은 말한다.

④ MHC와 달리 학업 우수자에게만 장학금을 주는 대학도 있다.

[14~15] 밑줄 친 부분의 의미와 가장 가까운 것을 고르시오.

14

> The police spent seven months working on the crime case but were never able to determine the identity of the malefactor.

① culprit

② dilettante

③ pariah

④ demagogue

15

> While at first glance it seems that his friends are just leeches, they prove to be the ones he can depend on through thick and thin.

① in no time

② from time to time

③ in pleasant times

④ in good times and bad times

16 주어진 문장이 들어갈 위치로 가장 적절한 것은?

> Some remain intensely proud of their original accent and dialect words, phrases and gestures, while others accommodate rapidly to a new environment by changing their speech habits, so that they no longer "stand out in the crowd."

> Our perceptions and production of speech change with time. (①) If we were to leave our native place for an extended period, our perception that the new accents around us were strange would only be temporary. (②) Gradually, we will lose the sense that others have an accent and we will begin to fit in—to accommodate our speech patterns to the new norm. (③) Not all people do this to the same degree. (④) Whether they do this consciously or not is open to debate and may differ from individual to individual, but like most processes that have to do with language, the change probably happens before we are aware of it and probably couldn't happen if we were.

17 다음 글의 내용과 일치하지 않는 것은?

> Insomnia can be classified as transient, acute, or chronic. Transient insomnia lasts for less than a week. It can be caused by another disorder, by changes in the sleep environment, by the timing of sleep, severe depression, or by stress. Its consequences such as sleepiness and impaired psychomotor performance are similar to those of sleep deprivation. Acute insomnia is the inability to consistently sleep well for a period of less than a month. Acute insomnia is present when there is difficulty initiating or maintaining sleep or when the sleep that is obtained is not refreshing. These problems occur despite adequate opportunity and circumstances for sleep and they can impair daytime functioning. Acute insomnia is also known as short term insomnia or stress related insomnia. Chronic insomnia lasts for longer than a month. It can be caused by another disorder, or it can be a primary disorder. People with high levels of stress hormones or shifts in the levels of cytokines* are more likely than others to have chronic insomnia. Its effects can vary according to its causes. They might include muscular weariness, hallucinations, and/or mental fatigue. Chronic insomnia can also cause double vision.
>
> *cytokines: groups of molecules released by certain cells of the immune system

① Insomnia can be classified according to its duration.

② Transient insomnia occurs solely due to an inadequate sleep environment.

③ Acute insomnia is generally known to be related to stress.

④ Chronic insomnia patients may suffer from hallucinations.

18 밑줄 친 부분에 들어갈 말로 가장 적절한 것은?

Kisha Padbhan, founder of Everonn Education, in Mumbai, looks at his business as nation-building. India's student-age population of 230 million (kindergarten to college) is one of the largest in the world. The government spends $83 billion on instruction, but there are serious gaps. "There aren't enough teachers and enough teacher-training institutes," says Kisha. "What children in remote parts of India lack is access to good teachers and exposure to good-quality content." Everonn's solution? The company uses a satellite network, with two-way video and audio _____. It reaches 1,800 colleges and 7,800 schools across 24 of India's 28 states. It offers everything from digitized school lessons to entrance exam prep for aspiring engineers and has training for job-seekers, too.

① to improve the quality of teacher training facilities
② to bridge the gap through virtual classrooms
③ to get students familiarized with digital technology
④ to locate qualified instructors across the nation

19 주어진 문장 다음에 이어질 글의 순서로 가장 적절한 것은?

A technique that enables an individual to gain some voluntary control over autonomic, or involuntary, body functions by observing electronic measurements of those functions is known as biofeedback.

(A) When such a variable moves in the desired direction (for example, blood pressure down), it triggers visual or audible displays—feedback on equipment such as television sets, gauges, or lights.

(B) Electronic sensors are attached to various parts of the body to measure such variables as heart rate, blood pressure, and skin temperature.

(C) Biofeedback training teaches one to produce a desired response by reproducing thought patterns or actions that triggered the displays.

① (A) – (B) – (C)　　　② (B) – (C) – (A)
③ (B) – (A) – (C)　　　④ (C) – (A) – (B)

20 우리말을 영어로 잘못 옮긴 것은?

① 그 연사는 자기 생각을 청중에게 전달하는 데 능숙하지 않았다.
 → The speaker was not good at getting his ideas across to the audience.
② 서울의 교통 체증은 세계 어느 도시보다 심각하다.
 → The traffic jams in Seoul are more serious than those in any other city in the world.
③ 네가 말하고 있는 사람과 시선을 마주치는 것은 서양 국가에서 중요하다.
 → Making eye contact with the person you are speaking to is important in western countries.
④ 그는 사람들이 생각했던 만큼 인색하지 않았다는 것이 드러났다.
 → It turns out that he was not so stingier as he was thought to be.

PART 3
한국사

- 2022년 국가직 9급

- 2021년 국가직 9급

- 2020년 국가직 9급

- 2019년 국가직 9급

- 2018년 국가직 9급

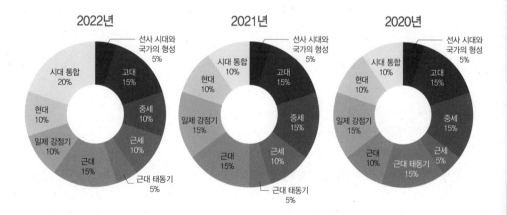

2022년

선사 시대와
국가의 형성
5%

고대
15%

중세
10%

근세
10%

근대 태동기
5%

근대
15%

일제 강점기
10%

현대
10%

시대 통합
20%

2021년

선사 시대와
국가의 형성
5%

고대
15%

중세
15%

근세
10%

근대 태동기
5%

근대
15%

일제 강점기
15%

현대
10%

시대 통합
10%

2020년

선사 시대와
국가의 형성
5%

고대
15%

중세
15%

근세
5%

근대 태동기
15%

근대
10%

일제 강점기
15%

현대
10%

시대 통합
10%

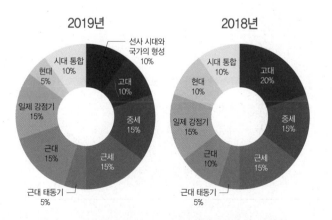

2019년

선사 시대와
국가의 형성
10%

고대
10%

중세
15%

근세
15%

근대 태동기
5%

근대
15%

일제 강점기
15%

현대
5%

시대 통합
10%

2018년

고대
20%

중세
15%

근세
15%

근대 태동기
5%

근대
10%

일제 강점기
15%

현대
10%

시대 통합
10%

01 다음 풍습이 있었던 나라에 대한 설명으로 옳은 것은?

> • 가족이 죽으면 시체를 가매장하였다가 나중에 그 뼈를 추려서 가족 공동 무덤인 커다란 목곽에 안치하였다.
> • 목곽 입구에는 죽은 자가 먹을 양식으로 쌀을 담은 항아리를 매달아 놓기도 하였다.
>
> – 『삼국지』 위서 동이전 –

① 민며느리제라는 혼인 풍습이 있었다.
② 제가가 별도로 사출도를 다스렸다.
③ 소도라는 신성 구역이 존재하였다.
④ 무천이라는 제천 행사를 열었다.

02 우리나라 유네스코 세계 유산에 대한 설명으로 옳지 않은 것은?

① 미륵사지에는 목탑 양식의 석탑이 있다.
② 정림사지에는 백제의 5층 석탑이 남아 있다.
③ 능산리 고분군에는 계단식 돌무지 무덤이 있다.
④ 무령왕릉에는 무덤 주인공을 알려주는 지석이 있었다.

03 조선 시대의 관청에 대한 설명으로 옳은 것은?

① 사간원 – 교지를 작성하였다.
② 한성부 – 시정기를 편찬하였다.
③ 춘추관 – 외교 문서를 작성하였다.
④ 승정원 – 국왕의 명령을 출납하였다.

04 (가)에 대한 설명으로 옳은 것은?

> 3·1 운동 직후에 만들어진 ☐(가)☐ 은/는 연통제라는 비밀 행정 조직을 만들었으며, 국내 인사와의 연락과 이동을 위해 교통국을 두었다. 또 외교 선전물을 간행하여 일제 침략의 부당성을 널리 알리고자 하였다. 그러나 이러한 활동은 뚜렷한 성과를 내지 못하였다. 그러한 가운데 ☐(가)☐ 의 활동 방향을 두고 외교 운동 노선과 무장 투쟁 노선 사이에서 갈등이 빚어지기도 하였다.

① 외교 운동을 위해 미국에 구미 위원부를 설치하였다.
② 비밀 결사 운동을 추진하고자 독립 의군부를 만들었다.
③ 이인영, 허위 등을 중심으로 서울 진공 작전을 추진하였다.
④ 영국인 베델을 발행인으로 한 대한매일신보를 창간하였다.

05 다음 (가), (나) 승려에 대한 설명으로 옳은 것은?

> (가) 중국 유학에서 돌아와 부석사를 비롯한 여러 사원을 건립하였으며, 문무왕이 경주에 성곽을 쌓으려 할 때 만류한 일화로 유명하다.
> (나) 진골 귀족 출신으로 대국통을 역임하였으며, 선덕 여왕에게 황룡사 9층탑의 건립을 건의하였다.

① (가)는 모든 것이 한마음에서 나온다는 일심 사상을 제시하였다.
② (가)는 『화엄일승법계도』를 만들었다.
③ (나)는 『왕오천축국전』이라는 여행기를 남겼다.
④ (나)는 이론과 실천을 같이 강조하는 교관겸수를 제시하였다.

06 (가) 왕에 대한 설명으로 옳은 것은?

> 당 현종 개원 7년에 대조영이 죽으니, 그 나라에서 사사로이 시호를 올려 고왕(高王)이라 하였다. 아들 [(가)]이/가 뒤이어 왕위에 올라 영토를 크게 개척하니, 동북의 모든 오랑캐가 겁을 먹고 그를 섬겼으며, 또 연호를 인안(仁安)으로 고쳤다.
>
> – 『신당서』 –

① 수도를 상경성으로 옮겼다.

② '해동성국'이라고 불릴 만큼 전성기를 이루었다.

③ 장문휴를 시켜 당의 등주(산둥성)를 공격하였다.

④ 고구려 유민과 말갈족을 이끌고 동모산에 도읍을 정하였다.

07 (가)~(라) 국왕 대에 있었던 사실로 옳지 않은 것은?

> 조선 시대 국가를 운영하는 핵심 법전인 『경국대전』은 세조 대에 그 편찬이 시작되어 [(가)] 대에 완성되었다. 이후 여러 차례의 전쟁으로 혼란에 빠진 국가 체제를 수습하고 새로운 정치·사회적 변화에 대응하기 위해 법전 정비가 필요하게 되었다. 이에 따라 [(나)] 대에 『속대전』을 편찬하였으며, [(다)] 대에 『대전통편』을, 그리고 [(라)] 대에는 『대전회통』을 편찬하였다.

① (가) – 홍문관을 두어 집현전을 계승하였다.

② (나) – 서원을 붕당의 근거지로 인식하여 대폭 정리하였다.

③ (다) – 사도 세자의 무덤을 옮기고 화성을 축조하였다.

④ (라) – 삼정의 문란을 바로잡기 위해 삼정이정청을 설치하였다.

08 밑줄 친 '사건'의 명칭은?

> 중종에 의해 등용된 조광조는 현량과를 통해 사림을 대거 등용하였다. 그는 3사의 언관직을 통해 개혁을 추진해 나갔고, 위훈 삭제를 주장하기도 하였다. 이러한 움직임은 반발을 불러일으켰으며, 중종도 급진적인 개혁 조치에 부담을 느껴 조광조 등을 제거하였다. 이 사건으로 사림은 큰 피해를 입었다.

① 갑자사화   ② 기묘사화

③ 무오사화   ④ 을사사화

09 (가), (나)에 대한 설명으로 옳은 것은?

> [(가)] 역사서의 저자는 다음과 같은 글을 지어 왕에게 바쳤다. "성상 전하께서 옛 사서를 널리 열람하시고, '지금의 학사 대부는 모두 오경과 제자의 책과 진한(秦漢) 역대의 사서에는 널리 통하여 상세히 말하는 이는 있으나, 도리어 우리나라의 사실에 대하여서는 망연하고 그 시말(始末)을 알지 못하니 심히 통탄할 일이다. 하물며 신라·고구려·백제가 나라를 세우고 정립하여 능히 예의로써 중국과 통교한 까닭으로 범엽의 『한서』나 송기의 『당서』에는 모두 열전이 있으나 국내는 상세하고 국외는 소략하게 써서 자세히 실리지 않았다. …(중략)… 일관된 역사를 완성하고 만대에 물려주어 해와 별처럼 빛나게 해야 하겠다.'라고 하셨다."
>
> [(나)] 역사서에는 다음과 같은 서문이 실려 있다. "부여씨와 고씨가 망한 다음에 김씨의 신라가 남에 있고, 대씨의 발해가 북에 있으니 이것이 남북국이다. 여기에는 마땅히 남북국사가 있어야 할 터인데, 고려가 그것을 편찬하지 않은 것은 잘못이다."

① (가)는 동명왕의 업적을 칭송한 영웅 서사시이다.

② (가)는 불교를 중심으로 고대 설화를 수록하였다.

③ (나)는 만주 지역까지 우리 역사의 범위를 확장하였다.

④ (나)는 고조선부터 고려에 이르는 역사를 체계적으로 정리하였다.

10 다음 주장을 한 실학자가 쓴 책은?

> 토지를 겸병하는 자라고 해서 어찌 진정으로 빈민을 못살게 굴고 나라의 정치를 해치려고 했겠습니까? 근본을 다스리고자 하는 자라면 역시 부호를 심하게 책망할 것이 아니라 관련 법제가 세워지지 않은 것을 걱정해야 할 것입니다. …(중략)… 진실로 토지의 소유를 제한하는 법령을 세워, "어느 해 어느 달 이후로는 제한된 면적을 초과해 소유한 자는 더는 토지를 점하지 못한다. 이 법령이 시행되기 이전부터 소유한 것에 대해서는 아무리 광대한 면적이라 해도 불문에 부친다. 자손에게 분급해 주는 것은 허락한다. 만약에 사실대로 고하지 않고 숨기거나 법령을 공포한 이후에 제한을 넘어 더 점한 자는 백성이 적발하면 백성에게 주고, 관(官)에서 적발하면 몰수한다."라고 하면, 수십 년이 못 가서 전국의 토지 소유는 균등하게 될 것입니다.

① 반계수록
② 성호사설
③ 열하일기
④ 목민심서

11 (가) 시기에 있었던 사실로 옳은 것은?

> 한국을 식민지로 삼은 일제는 헌병에게 경찰 업무를 부여한 헌병 경찰제를 시행했다. 헌병 경찰은 정식 재판 없이 한국인에게 벌금 등의 처벌을 가하거나 태형에 처할 수도 있었다. 한국인은 이처럼 강압적인 지배에 저항해 3·1 운동을 일으켰으며, 일제는 이를 계기로 지배 정책을 전환했다. 일제가 한국을 병합한 직후부터 3·1 운동이 벌어진 때까지를 (가) 시기라고 부른다.

① 토지 조사령이 공포되었다.
② 창씨 개명 조치가 시행되었다.
③ 초등 교육 기관의 명칭이 국민학교로 변경되었다.
④ 전쟁 물자 동원을 내용으로 한 국가 총동원법이 적용되었다.

12 밑줄 친 '그'에 대한 설명으로 옳은 것은?

> 한국 국민당을 이끌던 그는 독립운동 세력을 통합하고자 한국 독립당을 결성해 항일 운동을 주도하였다. 광복 직후 귀국한 그는 정부 수립을 위한 활동을 이어갔으며, 남한 단독 선거가 결정되자 김규식과 더불어 남북 협상을 위해 평양을 방문하기도 하였다.

① 좌우 합작 위원회를 구성해 좌우 합작 7원칙을 발표하였다.
② 광복 직후 안재홍 등과 함께 조선 건국 준비 위원회를 만들었다.
③ 무장 항일 투쟁을 위해 하와이로 건너가 대조선 국민 군단을 결성하였다.
④ 모스크바 3국 외상 회의의 결정 사항이 알려지자 신탁 통치 반대 운동을 펼쳤다.

13 제헌 국회에 대한 설명으로 옳은 것은?

① 반민족 행위 특별 조사 위원회를 구성하였다.
② 한·일 기본 조약 체결에 반대하는 성명을 내놓았다.
③ 통일 3대 원칙이 언급된 7·4 남북 공동 성명을 발표하였다.
④ 통일 주체 국민 회의에서 대통령을 뽑는다는 내용의 개헌안을 통과시켰다.

14 밑줄 친 '그'에 대한 설명으로 옳은 것은?

> 고종이 즉위한 직후에 실권을 장악한 그는 러시아를 견제하기 위해 천주교 선교사를 통해 프랑스와 교섭하려 했다. 하지만 천주교를 금지해야 한다는 유생의 주장이 높아지자 다수의 천주교도와 선교사를 잡아들여 처형한 병인박해를 일으켰다. 이후 고종의 친정이 시작됨에 따라 물러난 그는 임오군란이 일어났을 때 잠시 권력을 장악했지만, 청군의 개입으로 곧 물러났다.

① 미국에 보빙사라는 사절단을 파견하였다.
② 전국 여러 곳에 척화비를 세우도록 했다.
③ 국경을 획정하고자 백두산정계비를 세웠다.
④ 통리기무아문을 설치하고 그 아래에 12사를 두었다.

15 밑줄 친 '이 왕'에 대한 설명으로 옳은 것은?

> 백제 개로왕은 장기와 바둑을 좋아하였는데, 도림이 고하기를 "제가 젊어서부터 바둑을 배워 꽤 묘한 수를 알게 되었으니 개로왕께 알려드리기를 원합니다." 라고 하였다. …(중략)… 개로왕이 (도림의 말을 듣고) 나라 사람을 징발하여 흙을 쪄서 성(城)을 쌓고 그 안에는 궁실, 누각, 정자를 지으니 모두가 웅장하고 화려하였다. 이로 말미암아 창고가 비고 백성이 곤궁하니, 나라의 위태로움이 알을 쌓아 놓은 것보다 더 심하게 되었다. 그제야 도림이 도망을 쳐 와서 그 실정을 고하니 이 왕이 기뻐하여 백제를 치려고 장수에게 군사를 나누어 주었다.
>
> — 『삼국사기』 —

① 평양으로 도읍을 천도하였다.
② 진대법을 처음으로 시행하였다.
③ 낙랑군을 점령하고 한 군현 세력을 몰아내었다.
④ 신라에 침입한 왜군을 낙동강 유역에서 물리쳤다.

16 다음 설명에 해당하는 문화 유산은?

> 이 건물은 주심포 양식에 맞배지붕 건물로 기둥은 배흘림 양식이다. 1972년 보수 공사 중에 공민왕 때 중창하였다는 상량문이 나와 우리나라에서 가장 오래된 목조 건물로 보고 있다.

① 서울 흥인지문
② 안동 봉정사 극락전
③ 영주 부석사 무량수전
④ 합천 해인사 장경판전

17 (가) 단체에 대한 설명으로 옳은 것은?

> 아관파천 이후 러시아의 영향력이 강화되고 열강의 이권 침탈이 가속화되었다. 이러한 가운데 서재필 등은 　(가)　을/를 만들었다. 　(가)　은/는 고종에게 자주 독립을 굳건히 하고 내정 개혁을 단행하라는 내용이 담긴 상소문을 제출하였으며, 만민 공동회를 개최하여 외국의 간섭과 일부 관리의 부정부패를 비판하였다.

① 교육 입국 조서를 작성해 공포하였다.
② 영은문이 있던 자리 부근에 독립문을 세웠다.
③ 개혁의 기본 강령인 홍범 14조를 발표하였다.
④ 일본에 진 빚을 갚자는 국채 보상 운동을 일으켰다.

18 (가) 시기의 사실로 옳지 않은 것은?

① 만권당이 만들어졌다.
② 정동행성이 설치되었다.
③ 쌍성총관부가 수복되었다.
④『제왕운기』가 저술되었다.

19 밑줄 친 '이 나라'의 경제 상황에 대한 설명으로 옳지 않은 것은?

> 이 나라에는 관리에게 정해진 면적의 토지에서 조세를 거둘 수 있는 권리를 나누어주는 전시과라는 제도가 있었다. 농민은 소를 이용해 깊이갈이를 하기도 했으며, 시비법의 발달로 휴경지가 점차 줄어들었다. 밭농사는 2년 3작의 윤작법이 점차 보급되었다. 이 나라의 말기에는 직파법 대신 이앙법이 남부 지방 일부에 보급될 정도로 논농사에 변화가 나타났다. 또한 이암에 의해 중국 농서인 『농상집요』도 소개되었다.

① 재정을 운영하는 관청으로 삼사를 두었다.
② 공물 부과 기준이 가호에서 토지로 바뀌었다.
③ 생산량의 10분의 1에 해당하는 조세를 거두었다.
④ '소'라는 행정구역의 주민이 국가에서 필요로 하는 물품을 생산하였다.

20 (가) 시기에 있었던 일로 옳은 것은?

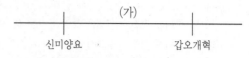

① 을사늑약 체결
② 정미의병 발생
③ 오페르트 도굴 미수 사건
④ 조·미 수호 통상 조약 체결

01 다음 시가를 지은 왕의 재위 기간에 있었던 사실은?

> 펄펄 나는 저 꾀꼬리
> 암수 서로 정답구나
> 외로울사 이 내 몸은
> 뉘와 더불어 돌아가랴

① 진대법을 시행하였다.
② 낙랑군을 축출하였다.
③ 졸본에서 국내성으로 천도하였다.
④ 율령을 반포하여 중앙 집권 체제를 강화하였다.

02 밑줄 친 '유학자'에 대한 설명으로 옳은 것은?

> 풍기군수 주세붕은 고려 시대 유학자의 고향인 경상
> 도 순흥면 백운동에 회헌사(晦軒祠)를 세우고, 1543
> 년에 교육 시설을 더해서 백운동 서원을 건립하였다.

① 해주향약을 보급하였다.
② 원 간섭기에 성리학을 국내로 소개하였다.
③ 『성학십도』를 저술하여 경연에서 강의하였다.
④ 일본의 동정을 담은 『해동제국기』를 저술하였다.

03 밑줄 친 '왕'에 대한 설명으로 옳은 것은?

> 1919년 3월 1일 탑골 공원에서 민족 대표 33인이 서
> 명한 독립 선언서가 낭독되었다. 이 공원에 있는 탑은
> 왕이 세운 것으로 경천사 10층 석탑의 영향을 받았다.

① 우리나라 전쟁사를 정리한 『동국병감』을 편찬하였다.
② 우리나라 역대 문장의 정수를 모은 『동문선』을 편찬
하였다.
③ 6조 직계제를 실시하여 국왕 중심의 정치 체제를 구
축하였다.
④ 한양으로 다시 천도하면서 이궁인 창덕궁을 창건하
였다.

04 (가) 인물에 대한 설명으로 옳은 것은?

> ☐(가)☐ 이/가 올립니다. "지방의 경우에는 관찰사
> 와 수령, 서울의 경우에는 홍문관과 육경(六卿), 그리
> 고 대간(臺諫)들이 모두 능력 있는 사람을 천거하게
> 하십시오. 그 후 대궐에 모아 놓고 친히 여러 정책과
> 관련된 대책 시험을 치르게 한다면 인물을 많이 얻을
> 수 있을 것입니다. 이는 역대 선왕께서 하지 않으셨
> 던 일이요, 한나라의 현량과와 방정과의 뜻을 이은
> 것입니다. 덕행은 여러 사람이 천거하는 바이므로 반
> 드시 헛되거나 그릇되는 일이 없을 것입니다."

① 기묘사화로 탄압받았다.
② 조의제문을 사초에 실었다.
③ 문정 왕후의 수렴청정을 지지하였다.
④ 연산군의 생모 윤씨를 폐비하는 데 동조하였다.

기출이 답이다

한국사

교정직

05 신석기 시대 유적과 유물을 바르게 연결한 것만을 모두 고르면?

> ㉠ 양양 오산리 유적 – 덧무늬 토기
> ㉡ 서울 암사동 유적 – 빗살무늬 토기
> ㉢ 공주 석장리 유적 – 미송리식 토기
> ㉣ 부산 동삼동 유적 – 아슐리안형 주먹도끼

① ㉠, ㉡
② ㉠, ㉣
③ ㉡, ㉢
④ ㉢, ㉣

06 (가) 시기에 신라에서 있었던 사실은?

> 고구려의 침입으로 한성이 함락되자,
> 수도를 웅진으로 옮겼다.
> ↓
> (가)
> ↓
> 성왕은 사비로 도읍을 옮겼다.

① 대가야를 정복하였다.
② 황초령 순수비를 세웠다.
③ 거칠부가 『국사』를 편찬하였다.
④ 이차돈의 순교를 계기로 불교가 공인되었다.

07 시기별 대외 교류에 관한 설명으로 옳지 않은 것은?

① 백제: 노리사치계가 일본에 불경과 불상을 전하였다.
② 통일 신라: 장보고가 청해진을 설치하여 해상권을 장악하였다.
③ 고려: 예성강 하구의 벽란도가 국제항으로 번성하였다.
④ 조선: 명과의 교류에서 중강 개시와 책문 후시가 전개되었다.

08 우리나라 세계 유산과 세계 기록 유산에 대한 설명으로 옳은 것만을 모두 고르면?

> ㉠ 공주 송산리 고분군에는 전축분인 6호분과 무령왕릉이 있다.
> ㉡ 양산 통도사는 금강 계단 불사리탑이 있는 삼보 사찰이다.
> ㉢ 남한산성은 병자호란 때 인조가 피난했던 산성이다.
> ㉣ 『승정원 일기』는 역대 왕의 훌륭한 언행을 『실록』에서 뽑아 만든 사서이다.

① ㉠, ㉡
② ㉡, ㉢
③ ㉠, ㉡, ㉢
④ ㉠, ㉢, ㉣

09 다음은 발해 수도에 대한 답사 계획이다. 각 수도에 소재하는 유적에 대한 탐구 내용으로 옳은 것만을 모두 고르면?

발해 유적
답사 계획서

🗓️ 일시	출발 ○○○○년 ○월 ○○일 귀국 ○○○○년 ○월 ○○일
👥 인원	○○명
📍 장소	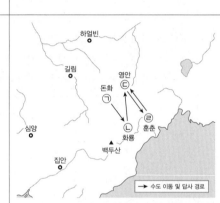
📖 탐구 내용	㉠ 정효공주 무덤을 찾아 벽화에 그려진 인물들의 복식을 탐구한다. ㉡ 용두산 고분군을 찾아 벽돌무덤의 특징을 탐구한다. ㉢ 오봉루 성문터를 찾아 성의 구조를 당의 장안성과 비교해 본다. ㉣ 정혜공주 무덤을 찾아 고구려 무덤과의 계승성을 탐구한다.

① ㉠, ㉡
② ㉠, ㉣
③ ㉡, ㉢
④ ㉢, ㉣

10 다음 상소문을 올린 왕대에 있었던 사실은?

> 석교(釋敎)를 행하는 것은 수신(修身)의 근본이요, 유교를 행하는 것은 이국(理國)의 근원입니다. 수신은 내생의 자(資)요, 이국은 금일의 요무(要務)로서, 금일은 지극히 가깝고 내생은 지극히 먼 것인데도 가까움을 버리고 먼 것을 구함은 또한 잘못이 아니겠습니까.

① 양경과 12목에 상평창을 설치하였다.
② 균여를 귀법사 주지로 삼아 불교를 정비하였다.
③ 국자감에 7재를 두어 관학을 부흥하고자 하였다.
④ 전지(田地)와 시지(柴地)를 지급하는 경정 전시과를 실시하였다.

11 이승만 정부의 경제 정책으로 옳지 않은 것은?

① 한·미 원조 협정을 체결하였다.
② 농지 개혁에 따른 지가 증권을 발행하였다.
③ 제분, 제당, 면방직 등 삼백 산업을 적극 지원하였다.
④ 제1차 경제 개발 5개년 계획을 추진하였다.

12 중·일 전쟁 이후 조선 총독부가 시행한 민족 말살 정책이 아닌 것은?

① 아침마다 궁성요배를 강요하였다.
② 일본에 충성하자는 황국 신민 서사를 암송하게 하였다.
③ 공업 자원의 확보를 위하여 남면북양 정책을 시행하였다.
④ 황국 신민 의식을 강화하고자 소학교를 국민학교로 개칭하였다.

13 밑줄 친 '조약'에 대한 설명으로 옳지 않은 것은?

> 1905년 8월 4일 오후 3시, 우리가 앉아 있는 곳은 새거모어 힐의 대기실. 루스벨트의 저택이다. 새거모어 힐은 루스벨트의 여름용 대통령 관저로 3층짜리 저택이다. …(중략)… 대통령과 마주하자 나는 말했다. "감사합니다. 각하. 저는 대한제국 황제의 친필 밀서를 품고 지난 2월에 헤이 장관을 만난 사람입니다. 그 밀서에서 우리 황제는 1882년에 맺은 <u>조약</u>의 거중 조정 조항에 따른 귀국의 지원을 간곡히 부탁했습니다."

① 영사재판권이 인정되었다.
② 임오군란을 계기로 체결되었다.
③ 최혜국 대우 조항이 포함되었다.
④ 『조선책략』의 영향을 받았다.

14 고려 시대 향리에 대한 설명으로 옳은 것만을 모두 고르면?

> ㉠ 부호장 이하의 향리는 사심관의 감독을 받았다.
> ㉡ 상층 향리는 과거로 중앙 관직에 진출할 수 있었다.
> ㉢ 일부 향리의 자제들은 기인으로 선발되어 개경으로 보내졌다.
> ㉣ 속현의 행정 실무는 향리가 담당하였다.

① ㉠
② ㉠, ㉡
③ ㉡, ㉢, ㉣
④ ㉠, ㉡, ㉢, ㉣

15 밑줄 친 '이 농법'에 대한 설명으로 옳은 것만을 모두 고르면?

> 대개 <u>이 농법</u>을 귀중하게 여기는 이유는 다음과 같다. 두 땅의 힘으로 하나의 모를 서로 기르는 것이고, …(중략)… 옛 흙을 떠나 새 흙으로 가서 고갱이를 씻어 내어 더러운 것을 제거하는 것이다. 무릇 벼를 심는 논에는 물을 끌어들일 수 있는 하천이나 물을 댈 수 있는 저수지가 꼭 필요하다. 이러한 것이 없다면 볏논이 아니다.
>
> — 『임원경제지』 —

> ㉠ 세종 때 편찬된 『농사직설』에도 등장한다.
> ㉡ 고랑에 작물을 심도록 하였다.
> ㉢ 『경국대전』의 수령칠사 항목에서도 강조되었다.
> ㉣ 직파법보다 풀 뽑는 노동력을 절약할 수 있었다.

① ㉠, ㉡
② ㉠, ㉣
③ ㉡, ㉢
④ ㉢, ㉣

16 밑줄 친 '헌법'이 시행 중인 시기에 일어난 사건은?

> 이 <u>헌법</u>은 한 사람의 집권자가 긴급 조치라는 형식적인 법 절차와 권력 남용으로 양보할 수 없는 국민의 기본 인권과 존엄성을 억압하였다. 그리고 이러한 권력 남용에 형식적인 합법성을 부여하고자 …(중략)… 입법, 사법, 행정 3권을 한 사람의 집권자에게 집중시키고 있다.

① 부·마 민주 항쟁이 일어났다.
② 국민 교육 헌장을 선포하였다.
③ 7·4 남북 공동 성명이 발표되었다.
④ 한·일 협정 체결을 반대하는 6·3 시위가 있었다.

17 밑줄 친 '회의'에서 있었던 사실은?

> 본 회의는 2천만 민중의 공정한 뜻에 바탕을 둔 국민적 대화합으로 최고의 권위를 가지고 국민의 완전한 통일을 공고하게 하며, 광복 대업의 근본 방침을 수립하여 우리 민족의 자유를 만회하며 독립을 완성하기를 기도하고 이에 선언하노라. …(중략)… 본 대표 등은 국민이 위탁한 사명을 받들어 국민적 대단결에 힘쓰며 독립운동이 나아갈 방향을 확립하여 통일적 기관 아래에서 대업을 완성하고자 하노라.

① 대한민국 건국 강령이 상정되었다.
② 박은식이 임시 대통령으로 선출되었다.
③ 민족 유일당 운동 차원에서 조선 혁명당이 참가하였다.
④ 임시 정부를 대체할 새로운 조직을 만들자는 주장이 나왔다.

18 다음 법령에 따라 시행된 사업에 대한 설명으로 옳은 것은?

> 제1조 토지의 조사 및 측량은 본령에 따른다.
> 제4조 토지 소유자는 조선 총독이 정한 기간 내에 주소, 성명 또는 명칭 및 소유지의 소재, 지목, 자 번호, 사표, 등급, 지적, 결수를 임시토지조사국장에게 신고해야 한다. 단, 국유지는 보관 관청이 임시토지조사국장에게 통지해야 한다.

① 농상공부를 주무 기관으로 하였다.
② 역둔토, 궁장토를 총독부 소유로 만들었다.
③ 토지 약탈을 위해 동양 척식 회사를 설립하였다.
④ 춘궁 퇴치, 농가 부채 근절을 목표로 내세웠다.

19 개항기 무역에 대한 설명으로 옳지 않은 것은?

① 개항장에서 조선인 객주가 중개 활동을 하였다.
② 조·청 무역 장정으로 청국에서의 수입액이 일본을 앞질렀다.
③ 일본 상인은 면제품을 팔고, 쇠가죽·쌀·콩 등을 구입하였다.
④ 조·일 통상 장정의 개정으로 곡물 수출이 금지되기도 하였다.

20 밑줄 친 '그'에 대한 설명으로 옳은 것은?

> 군역에 뽑힌 장정에게 군포를 거두었는데, 그 폐단이 많아서 백성들이 뼈를 깎는 원한을 가졌다. 그런데 사족들은 한평생 한가하게 놀며 신역(身役)이 없었다. …(중략)… 그러나 유속(流俗)에 끌려 이행되지 못하였으나 갑자년 초에 그가 강력히 나서서 귀천이 동일하게 장정 한 사람마다 세납전(歲納錢) 2민(緡)을 바치게 하니, 이를 동포전(洞布錢)이라고 하였다.
> ─ 『매천야록』 ─

① 만동묘 건립을 주도하였다.
② 군국기무처 총재를 역임하였다.
③ 통리기무아문을 폐지하고 5군영을 부활하였다.
④ 탕평 정치를 정리한 『만기요람』을 편찬하였다.

01 (가) 시기의 생활상에 대한 설명으로 옳은 것은?

> 1935년 두만강가의 함경북도 종성군 동관진에서 한반도 최초로 (가) 시대 유물인 석기와 골각기 등이 발견되었다. 발견 당시 일본에서는 (가) 시대 유물이 출토되지 않은 상황이었다.

① 반달 돌칼을 이용하여 벼를 수확하였다.
② 넓적한 돌 갈판에 옥수수를 갈아서 먹었다.
③ 사냥이나 물고기잡이 등을 통해 식량을 얻었다.
④ 영혼 숭배 사상이 있어 사람이 죽으면 흙 그릇 안에 매장하였다.

02 (가) 인물에 대한 설명으로 옳은 것은?

> 신종 원년 사노비 만적 등이 북산에서 땔나무를 하다가 공사의 노비들을 모아 모의하기를, "우리가 성 안에서 봉기하여 먼저 (가) 등을 죽인다. 이어서 각각 자신의 주인을 죽이고 천적(賤籍)을 불태워 삼한에서 천민을 없게 하자. 그러면 공경장상이라도 우리가 모두 할 수 있을 것이다."라고 하였다.

① 정방을 설치하여 인사권을 장악하였다.
② 치안 유지를 위해 야별초를 설립하였다.
③ 이의방을 제거하고 권력을 장악하였다.
④ 봉사 10조를 올려 사회 개혁안을 제시하였다.

03 조선 전기 문화에 대한 설명으로 옳은 것은?

① 『어우야담』을 비롯한 야담·잡기류가 성행하였다.
② 유서(類書)로 불리는 백과사전이 널리 편찬되었다.
③ 『동문선』이 편찬되어 우리 문학의 독자성을 강조하였다.
④ 중인층을 중심으로 시사가 결성되어 문학 활동을 벌였다.

04 다음 자료에 나타난 사상에 대한 설명으로 옳은 것은?

> 군신, 부자, 부부, 붕우, 장유의 윤리는 인간의 본성에 부여된 것으로서 천지를 통하는 만고불변의 이치이고, 위에 존재하는 것으로서 도(道)가 됩니다. 이에 대해 배, 수레, 군사, 농사, 기계가 국민에게 편리하고 나라에 이롭게 하는 것은 외형적인 것으로서 기(器)가 됩니다. 신이 변혁을 꾀하고자 하는 것은 기(器)이지 도(道)가 아닙니다.

① 왜양일체론(倭洋一體論)을 주장하였다.
② 근대 문물 수용의 사상적 기반이 되었다.
③ 갑신정변 주도 세력의 견해를 대변하였다.
④ 우등한 사회가 열등한 사회를 지배하는 것이 당연하다고 보았다.

05 (가)에 들어갈 기관으로 옳은 것은?

> 5월에 조서를 내리기를 "개경 내의 사람들이 역질에 걸렸으니 마땅히 ⬜(가)⬜ 을/를 설치하여 이들을 치료하고, 또한 시신과 유골은 거두어 묻어서 비바람에 드러나지 않게 할 것이며, 신하를 보내어 동북도와 서남도의 굶주린 백성을 진휼하라."라고 하였다.
>
> – 『고려사』 –

① 의창
② 제위보
③ 혜민국
④ 구제도감

06 밑줄 친 '이 지역'에 대한 설명으로 옳은 것은?

> 장수왕은 군사 3만을 거느리고 백제를 침공하여 왕도인 이 지역을 함락시켜, 개로왕을 살해하고 남녀 8천 명을 사로잡아 갔다.

① 망이, 망소이가 반란을 일으켰다.
② 고려 문종 대에 남경이 설치되었다.
③ 보조국사 지눌이 수선사 결사를 주도하였다.
④ 고려 태조가 북진 정책의 전진 기지로 삼았다.

07 다음 사건이 일어난 왕의 재위 기간에 있었던 사실로 옳은 것은?

> 그들 조선군은 비상한 용기를 가지고 응전하면서 성벽에 올라 미군에게 돌을 던졌다. 창칼로 상대하는데 창칼이 없는 병사들은 맨손으로 흙을 쥐어 적군 눈에 뿌렸다. 모든 것을 각오하고 한 걸음 한 걸음 다가드는 적군에게 죽기로 싸우다 마침내 총에 맞아 죽거나 물에 빠져 죽었다.

① 군포에 대한 양반들의 면세 특권이 폐지되었다.
② 금난전권을 제한하려는 통공 정책이 시작되었다.
③ 결작세가 신설되면서 지주들의 부담이 증가하였다.
④ 영정법이 제정되어 복잡한 전세 방식이 일원화되었다.

08 (가)~(라)에 해당하는 사실로 옳지 않은 것은?

(가)	(나)	(다)	(라)
낙랑군 축출	광개토 대왕릉비 건립	살수 대첩 승리	안시성 전투 승리	고구려 멸망

① (가) – 백제 침류왕이 불교를 받아들였다.
② (나) – 고구려 영양왕이 요서 지방을 선제 공격하였다.
③ (다) – 백제가 신라 대야성을 공격하여 함락시켰다.
④ (라) – 신라가 매소성에서 당군을 격파하였다.

09 밑줄 친 '이 책'에 대한 설명으로 옳은 것은?

> 신(臣)이 <u>이 책</u>을 편수하여 바치는 것은 …(중략)… 중국은 반고부터 금국에 이르기까지, 동국은 단군으로부터 본조(本朝)에 이르기까지 처음 일어나게 된 근원을 간책에서 다 찾아보아 같고 다른 것을 비교하여 요점을 취하고 읊조림에 따라 장을 이루었습니다.

① 성리학적 유교 사관이 반영되어 대의명분을 강조하였다.

② 국왕, 훈신, 사림이 서로 합의하여 통사 체계를 구성하였다.

③ 원 간섭기에 중국과 구별되는 우리 역사의 독자성을 강조하였다.

④ 왕명으로 단군 조선에서 고려 말까지의 역사를 노래 형식으로 정리하였다.

10 다음 그래프에 표시된 시기에 일어난 사회 현상으로 옳지 않은 것은?

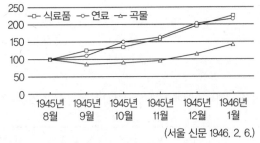

(물가 지수)

(서울 신문 1946. 2. 6.)

① 해외로부터 귀환인이 급증하여 식량이 부족했다.

② 38도선 분할 점령 이후 식료품 부문의 생산이 크게 위축되었다.

③ 미군정이 재정 적자를 메우기 위해 화폐를 과도하게 발행했다.

④ 미곡 수집제 폐지, 토지 개혁 실시를 주장하는 대규모 시위가 일어났다.

11 밑줄 친 '왕'의 재위 기간에 있었던 사실로 옳은 것은?

> 나라 안의 여러 군현에서 공부(貢賦)를 바치지 않으니 창고가 비어 버리고 나라의 쓰임이 궁핍해졌다. <u>왕</u>이 사신을 보내어 독촉하자, 이로 말미암아 곳곳에서 도적이 벌떼처럼 일어났다. 이때 원종과 애노 등이 사벌주에 웅거하여 반란을 일으켰다.

① 발해가 멸망하였다.

② 국학을 설치하였다.

③ 최치원이 시무책 10여 조를 건의하였다.

④ 장보고의 건의에 따라 청해진이 설치되었다.

12 독도가 대한민국의 영토임을 알 수 있는 자료로 옳은 것만을 모두 고르면?

> ㉠ 일본의 『은주시청합기』(1667년)
> ㉡ 일본의 「삼국접양지도」(1785년)
> ㉢ 일본의 태정관 지령문(1877년)
> ㉣ 일본의 시마네현 고시(1905년)

① ㉠, ㉡, ㉢

② ㉠, ㉡, ㉣

③ ㉠, ㉢, ㉣

④ ㉡, ㉢, ㉣

13 (가)에 대한 설명으로 옳은 것은?

> 문화 통치의 일환으로 한글 신문의 발행이 허용되었다. 이에 따라 　(가)　이/가 창간되었다. 　(가)　은/는 자치 운동을 모색하던 이광수의 「민족적 경륜」을 실어 비판받기도 하였으나, '일장기 말소 사건'으로 일제로부터 정간 처분을 받기도 하였다.

① 한글 보급 운동에 앞장서 『한글원본』을 만들었다.
② 브나로드 운동이라는 농촌 계몽 운동을 전개하였다.
③ 『개벽』, 『신여성』, 『어린이』 등의 잡지를 발행하였다.
④ 신간회가 결성되자 신간회 본부와 같은 역할을 하게 되었다.

14 (가) 인물에 대한 설명으로 옳은 것은?

> 김춘추가 당나라에 들어가 군사 20만을 요청해 얻고 돌아와서 　(가)　을/를 보며 말하기를, "죽고 사는 것이 하늘의 뜻에 달렸는데, 살아 돌아와 다시 공과 만나게 되니 얼마나 다행한 일입니까?"라고 하였다. 이에 　(가)　이/가 대답하기를, "저는 나라의 위엄과 신령함에 의지하여 두 차례 백제와 크게 싸워 20성을 빼앗고 3만여 명을 죽이거나 사로잡았습니다. 그리고 품석 부부의 유골이 고향으로 되돌아왔으니 천행입니다."라고 하였다.
>
> 　　　　　　　　　　　　　　　 - 『삼국사기』 -

① 황산벌에서 백제군을 물리쳤다.
② 화랑이 지켜야 할 세속오계를 제시하였다.
③ 진덕 여왕의 뒤를 이어 신라왕으로 즉위하였다.
④ 당에서 숙위 활동을 하다가 부대총관이 되어 신라로 돌아왔다.

15 (가), (나) 신분층에 대한 설명으로 옳지 않은 것은?

> 오래도록 막혀 있으면 반드시 터놓아야 하고, 원한은 쌓이면 반드시 풀어야 하는 것이 하늘의 이치다. 　(가)　와/과 　(나)　에게 벼슬길이 막히게 된 것은 우리나라의 편벽된 일로 이제 몇백 년이 되었다. 　(가)　은/는 다행히 조정의 큰 성덕을 입어 문관은 승문원, 무관은 선전관에 임명되고 있다. 그런데도 우리들 　(나)　은/는 홀로 이 은혜를 함께 입지 못하니 어찌 탄식조차 없겠는가?

① (가)의 신분 상승 운동은 (나)에게 자극을 주었다.
② (가)는 수차례에 걸친 집단 상소를 통해 관직 진출의 제한을 없애 줄 것을 요구하였다.
③ (나)에 해당하는 인물로는 정조 때 규장각 검서관으로 등용된 유득공, 박제가, 이덕무 등이 있다.
④ (나)는 주로 기술직에 종사하며 축적한 재산과 탄탄한 실무 경력을 바탕으로 신분 상승을 추구하였다.

16 다음 자료에 나타난 사상에 대한 설명으로 옳은 것은?

> 사람이 곧 하늘이라. 그러므로 사람은 평등하며 차별이 없나니, 사람이 마음대로 귀천을 나눔은 하늘을 거스르는 것이다. 우리 도인은 차별을 없애고 선사의 뜻을 받들어 생활하기를 바라노라.

① 이 사상에 대해 순조 즉위 이후 대탄압이 가해졌다.
② 이 사상을 바탕으로 『동경대전』과 『용담유사』가 편찬되었다.
③ 이 사상을 근거로 몰락한 양반의 지휘 아래 평안도에서 난이 일어났다.
④ 이 사상을 근거로 단성에서 시작된 농민 봉기는 진주로 이어졌다.

17 다음은 우리나라 경제 성장 과정을 시간순으로 나열한 것이다. (가)에 들어갈 내용으로 옳은 것은?

수출액 100억 달러를 돌파하다.
↓
제2차 석유 파동으로 경제가 침체에 빠지다.
↓
(가)
↓
경제 협력 개발 기구에 가입하다.

① 제3차 경제 개발 5개년 계획이 실시되다.
② 저금리, 저유가, 저달러의 3저 호황을 경험하다.
③ 베트남 파병을 시작하고 브라운 각서를 체결하다.
④ 일본과 대일 청구권 문제에 합의하고 한·일 기본 조약을 체결하다.

18 다음 법령이 실시된 기간에 있었던 사실로 옳은 것은?

> 제1조 국체를 변혁 또는 사유 재산제를 부인할 목적으로 결사를 조직하거나 그 정을 알고 이에 가입하는 자는 10년 이하의 징역 또는 금고에 처함
> 제2조 전조의 제1항의 목적으로 그 목적한 사항의 실행에 관하여 협의한 자는 7년 이하의 징역 또는 금고에 처함

① 조선 태형령이 공포되었다.
② 경성 제국 대학이 설립되었다.
③ 물산 장려 운동이 시작되었다.
④ 학도 지원병 제도가 실시되었다.

19 다음 사실이 있었던 시기의 향촌 사회에 대한 설명으로 옳지 않은 것은?

> 황해도 봉산 사람 이극천이 향전(鄕戰) 때문에 투서하여 그와 알력이 있는 사람들을 무고하였는데, 내용이 감히 말할 수 없는 문제에 저촉되었다.

① 향전의 전개 속에서 수령의 권한이 강화되었다.
② 신향층은 수령과 그를 보좌하는 향리층과 결탁하였다.
③ 수령은 경재소와 유향소를 연결하여 지방 통치를 강화하였다.
④ 재지사족은 동계와 동약을 통해 향촌 사회에 대한 영향력을 유지하려 하였다.

20 다음 자료가 발표된 이후의 사실에 해당하지 않는 것은?

> 우리는 3천만 한국 인민과 정부를 대표하여 삼가 중·영·미·소·캐나다 기타 제국의 대일 선전이 일본을 격패케 하고 동아를 재건하는 가장 유효한 수단이 됨을 축하하여 이에 특히 다음과 같이 성명한다.
> 1. 한국 전 인민은 현재 이미 반침략 전선에 참가하였으니 한 개의 전투 단위로서 추축국에 선전한다.
> 2. 1910년의 합방 조약과 일체의 불평등 조약의 무효를 거듭 선포하며 아울러 반(反) 침략 국가인 한국에 있어서의 합리적 기득권익을 존중한다.
> 　　　…(중략)…
> 5. 루스벨트·처어칠 선언의 각조를 견결히 주장하며 한국 독립을 실현키 위하여 이것을 적용하여 민주 진영의 최후 승리를 축원한다.

① 한국 광복군은 김원봉이 이끌던 조선 의용대의 병력을 통합하였다.
② 영국군의 요청에 따라 인도, 미얀마 전선에 한국 광복군이 파견되었다.
③ 조선 독립 동맹은 조선 의용대 화북지대를 기반으로 조선 의용군을 조직하였다.
④ 대한민국 임시 정부는 김구를 주석으로 하는 단일 지도 체제를 만들고 대한민국 건국 강령을 제정하였다.

회독수 √체크 ①②③

▲ 모바일 OMR

한국사

기출이 답이다

교정직

01 청동기 시대의 유적과 유물에 대한 설명으로 옳은 것은?

① 연천 전곡리에서는 사냥 도구인 주먹도끼가 출토되었다.

② 창원 다호리에서는 문자를 적는 붓이 출토되었다.

③ 강화 부근리에서는 탁자식 고인돌이 발견되었다.

④ 서울 암사동에서는 곡물을 담는 빗살무늬 토기가 나왔다.

02 (가), (나)의 나라에 대한 설명으로 옳은 것은?

> (가) 음력 12월에 지내는 제천 행사가 있는데, 이를 영고라고 한다. 이때에는 형옥을 중단하고 죄수를 풀어 주었다.
> (나) 해마다 10월 하늘에 제사를 지내는데, 밤낮으로 술마시며 노래부르고 춤추니 이를 무천이라고 한다.
>
> — 「삼국지」 —

① (가) - 5부가 있었으며, 계루부에서 왕위를 차지하였다.

② (가) - 정치적 지배자로 신지, 읍차 등이 있었다.

③ (나) - 죄를 지은 사람이 소도에 들어가면 잡아가지 못하였다.

④ (나) - 다른 부족의 영역을 침범하면 책화라 하여 노비나 소, 말로 변상하였다.

03 (가) 왕의 시기에 일어난 사실로 옳은 것은?

> 이자겸, 척준경이 말하기를 "금이 예전에는 작은 나라여서 요와 우리나라를 섬겼으나, 지금은 갑자기 흥성하여 요와 송을 멸망시켰다. …(중략)… 작은 나라로서 큰 나라를 섬기는 것은 선왕의 도이니, 마땅히 우선 사절을 보내야 합니다."라고 하니 (가) 이/가 그 의견을 따랐다.
>
> — 「고려사」 —

① 도평의사사를 중심으로 정치를 주도하였다.

② 성리학을 수용하면서 「주자가례」를 보급하였다.

③ 서경에 대화궁을 짓게 하고 칭제건원을 주장하였다.

④ 몽골의 침략에 대응하기 위해 강화도로 도읍을 옮겼다.

04 밑줄 친 ⊙ 이후에 일어난 사실로 옳지 않은 것은?

> 상쾌한 아침의 나라라는 뜻을 지닌 조선은 일본의 총칼 아래 민족 정신을 무참하게 유린당했다. …(중략)… 조선 민족은 독립 항쟁을 줄기차게 계속하였다. 그중에서도 중요한 것은 ⊙ 1919년의 독립 만세 운동이었다.
>
> — 네루, 「세계사 편력」 —

① 암태도 소작쟁의가 일어났다.

② 정우회 선언이 발표되었다.

③ 임병찬이 독립 의군부를 조직하였다.

④ 조선 민립 대학 기성회가 창립되었다.

05 밑줄 친 '성상(聖上)' 대에 편찬된 서적에 대한 설명으로 옳은 것은?

> 세조가 신하들에게 말씀하시기를, "법의 과목(科目)이 너무 번잡하고 앞뒤가 맞지 않았기 때문에 상세히 살펴 다듬어 자손만대의 성법(成法)을 만들고자 한다."라고 하셨다. 『형전(刑典)』과 『호전(戶典)』은 이미 반포되어 시행하고 있으나 나머지 네 법전은 미처 교정을 마치지 못했다. 이에 성상(聖上)께서 세조의 뜻을 받들어 여섯 권의 법전을 완성하게 하여 중외에 반포하셨다.

① 『동국병감』은 고조선에서 고려 말까지의 전쟁을 정리한 병서이다.
② 『동몽선습』은 중국과 우리나라의 역사를 담은 아동 교육서이다.
③ 『삼강행실도』는 모범적인 효자·충신·열녀를 다룬 윤리서이다.
④ 『국조오례의』는 국가의 여러 행사에 필요한 의례를 정비한 의례서이다.

06 (가) 토지 제도에 대한 설명으로 옳은 것은?

> 비로소 직관(職官)·산관(散官) 각 품(品)의 ⃞(가)⃞ 을/를 제정하였는데, 관품의 높고 낮은 것은 논하지 않고 다만 인품만 가지고 그 등급을 결정하였다.
> ー 『고려사』 ー

① 4색 공복을 기준으로 문반, 무반, 잡업으로 나누어 지급 결수를 정하였다.
② 산관이 지급 대상에서 제외되었으며 무반의 차별 대우가 개선되었다.
③ 전임 관료와 현임 관료를 대상으로 경기지방에 한하여 지급하였다.
④ 고려의 건국과정에서 충성도와 공로에 따라 차등 지급되었다.

07 (가), (나) 시기에 있었던 사실로 옳은 것은?

① (가) - 시전 상인을 중심으로 황국 중앙 총상회가 조직되었다.
② (가) - 신민회는 일제가 날조한 105인 사건으로 와해되었다.
③ (나) - 함경도 관찰사 조병식이 곡물 수출을 막는 방곡령을 내렸다.
④ (나) - 일제의 황무지 개간권 요구를 반대하기 위해 보안회가 창설되었다.

08 (가) 왕대의 사실에 대한 설명으로 옳은 것은?

> ⃞(가)⃞ 은/는 흑수말갈이 당과 통하려고 하자 군사를 동원하여 흑수말갈을 치게 하였다. 또한 일본에 사신 고제덕 등을 보내 "여러 나라를 관장하고 여러 번(蕃)을 거느리며, 고구려의 옛 땅을 회복하고 부여의 옛 습속을 지니고 있다."라고 하여 강국임을 자부하였다.

① 국호를 진국에서 발해로 바꾸었다.
② 신라는 급찬 숭정을 발해에 사신으로 보냈다.
③ 대흥이라는 독자적인 연호를 사용하였다.
④ 장문휴가 당의 등주를 공격하였다.

09 다음 전투를 이끈 한국인 부대에 대한 설명으로 옳은 것은?

> 아군은 사도하자에 주둔 병력을 증강시키면서 훈련에 여념이 없었다. 새벽에 적군은 황가둔에서 이도하 방면을 거쳐 사도하로 진격하여 왔다. 그런데 적군은 아군이 세운 작전대로 함정에 들어왔고, 이에 일제히 포문을 열어 급습함으로써 적군은 응전할 사이도 없이 격파되었다.

① 양세봉이 총사령관이었다.
② 미쓰야 협정이 체결되기 직전까지 활약하였다.
③ 한국 독립당의 산하 부대로 동경성 전투도 수행하였다.
④ 조선 민족 전선 연맹이 중국 국민당의 지원을 받아 창설하였다.

10 밑줄 친 ㉠~㉣과 관련된 임란 이후 경제에 대한 설명으로 옳지 않은 것은?

> • ㉠ 서울 안팎과 번화한 큰 도시에 파 · 마늘 · 배추 · 오이밭 따위는 10묘의 땅에서 얻은 수확이 돈 수만을 헤아리게 된다. 서도 지방의 ㉡ 담배밭, 북도 지방의 삼밭, 한산의 모시밭, 전주의 생강밭, 강진의 ㉢ 고구마밭, 황주의 지황밭에서의 수확은 모두 상상등전(上上等田)의 논에서 나는 수확보다 그 이익이 10배에 이른다.
> • 작은 보습으로 이랑에다 고랑을 내는데, 너비 1척, 깊이 1척이다. 이렇게 한 이랑, 즉 1묘마다 고랑 3개와 두둑 3개를 만들면, 두둑의 높이와 너비는 고랑의 깊이와 너비와 같아진다. 그 뒤 ㉣ 고랑에 거름 재를 두껍게 펴고, 구멍 뚫린 박에 조를 담고서 파종한다.

① ㉠ – 신해통공을 반포하여 육의전의 금난전권을 폐지하였다.
② ㉡ – 인삼과 더불어 대표적인 상업 작물로 재배되었다.
③ ㉢ – 『감저보』, 『감저신보』에서 재배법을 기술하였다.
④ ㉣ – 밭농사에서 농업 생산력의 발전을 가져온 농법이었다.

11 단군에 대한 인식을 설명한 것으로 옳지 않은 것은?

① 이승휴의 『제왕운기』에서는 우리 역사를 단군부터 서술하였다.
② 홍만종의 『동국역대총목』은 단군 정통론의 입장에서 기술하였다.
③ 이규보의 「동명왕편」은 단군의 건국 과정을 다루고 있다.
④ 기미독립 선언서에는 '조선 건국 4252년'으로 연도를 표기하였다.

12 다음 내용이 실린 사서에 대한 설명으로 옳은 것은?

> 제왕이 장차 일어날 때는 하늘의 명령과 상서로운 기운을 받아서 반드시 보통 사람과는 다른 점이 있으니, 그런 뒤에야 능히 큰 변화를 타서 제왕의 지위를 얻고 대업을 이루었다. …(중략)… 삼국의 시조들이 모두 신이(神異)한 일로 탄생했음이 어찌 괴이하겠는가. 이것이 책 첫머리에 「기이(紀異)」편이 실린 까닭이며, 그 의도도 여기에 있는 것이다.

① 불교 승려의 전기를 수록한 고승전이다.
② 불교 중심의 고대 민간 설화를 수록하였다.
③ 고조선부터 고려 말까지의 역사를 정리하였다.
④ 유교적 사관에 기초하여 기전체로 서술하였다.

13 (가)의 체결 이후에 일어난 사실로 옳은 것은?

> 청군과 일본군의 개입으로 사태가 악화되자 농민군은 폐정 개혁을 제시하며 정부와 （가） 을/를 맺었다. 이에 따라 농민군은 해산하였다.

① 농민군이 황토현에서 감영군을 격파하였다.
② 고부 군수 조병갑이 만석보를 쌓아 수세를 강제로 거두었다.
③ 안핵사 이용태가 농민을 동학도로 몰아 처벌하였다.
④ 남접군과 북접군이 논산에서 합류하여 연합군을 형성하였다.

14 (가) 시기의 경제 상황에 대한 설명으로 옳은 것은?

① 백성에게 정전을 처음으로 지급하였다.
② 시장을 감독하는 관청인 동시전을 신설하였다.
③ 백성의 구휼을 위하여 진대법을 제정하였다.
④ 청주(菁州)의 거로현을 국학생의 녹읍으로 삼았다.

15 우리나라 문화 유산에 대한 설명으로 옳지 않은 것은?

① 개성 경천사지 10층 석탑은 원의 석탑을 본떠 만들어졌다.
② 영주 부석사 무량수전은 주심포식 목조 건물이다.
③ 부여 정림사지 5층 석탑에서는 백제 무왕의 왕후가 넣은 사리기가 발견되었다.
④ 김제 금산사 미륵전은 다층 건물이나 내부가 하나로 통한다.

16 (가) 교육 기관에 대한 설명으로 옳은 것은?

> 주세붕이 비로소 （가） 을/를 창건할 적에 세상에서 자못 의심했으나, 그의 뜻은 더욱 독실해져 무리들의 비웃음을 무릅쓰고 비방을 극복하여 전례 없던 장한 일을 이루었습니다. …(중략)… 최충, 우탁, 정몽주, 길재, 김종직, 김굉필 같은 이가 살던 곳에 （가） 을/를 건립하게 될 것입니다.
>
> — 『퇴계집』 —

① 지방의 군현에 있던 유일한 관학이다.
② 선비와 평민의 자제에게 『천자문』 등을 가르쳤다.
③ 성적 우수자는 문과의 초시를 면제해 주었다.
④ 학문 연구와 선현의 제사를 위해 설립된 사설 교육 기관이다.

17 (가), (나)가 설명하는 조약을 옳게 짝 지은 것은?

> (가) 강화도 조약에 이어 몇 달 뒤 체결되었다. 양곡의 무제한 유출을 가능하게 한 규정과 일본 정부에 소속된 선박은 항세를 납부하지 않는다는 규정이 들어 있었다.
> (나) 김홍집이 일본에서 황준헌의 『조선책략』을 가져오면서 그 내용의 영향으로 체결되었으며, 청의 적극적인 알선이 있었다. 거중 조정 조항과 최혜국 대우의 규정이 포함되어 있었다.

	(가)	(나)
①	조 · 일 무역 규칙	조 · 미 수호 통상 조약
②	조 · 일 무역 규칙	조 · 러 수호 통상 조약
③	조 · 일 수호 조규 부록	조 · 미 수호 통상 조약
④	조 · 일 수호 조규 부록	조 · 러 수호 통상 조약

18 다음은 어떤 인물에 대한 연보이다. 밑줄 친 ㉠~㉣의 설명으로 옳은 것은?

> 1566년(31세) ㉠ 사간원 정언에 제수되다.
> 1568년(33세) ㉡ 이조 좌랑이 되었으나 외할머니 이 씨의 병환 소식을 듣고 사퇴하다.
> 1569년(34세) 동호독서당에 머물면서 『동호문답』을 찬진하다.
> 1574년(39세) ㉢ 승정원 우부승지에 제수되어 「만언 봉사」를 올리다.
> 1575년(40세) ㉣ 홍문관 부제학에서 사퇴하고 『성학 집요』를 편찬하다.

① ㉠ – 왕명을 출납하면서 왕의 비서 기관의 업무를 하였다.

② ㉡ – 삼사의 관리를 추천하는 권한이 있었다.

③ ㉢ – 왕의 정책을 간쟁하고 관원의 비행을 감찰하였다.

④ ㉣ – 서적 출판 및 간행의 업무를 전담하였다.

19 다음 글의 저자에 대한 설명으로 옳은 것은?

> 무릇 동양의 수천 년 교화계(敎化界)에서 바르고 순수하며 광대 정밀하여 많은 성현들이 전해주고 밝혀 준 유교가 끝내 인도의 불교와 서양의 기독교와 같이 세계에 큰 발전을 하지 못함은 어째서이며 …(중략)… 유교계에 3대 문제가 있는지라. 그 3대 문제에 대하여 개량하고 구신(求新)을 하지 않으면 우리 유교는 흥왕할 수가 없을 것이다.

① '조선얼'을 강조하며 '조선학 운동'을 펼쳤다.

② '나라는 형(形)이고 역사는 신(神)'이라고 주장하였다.

③ 주석 · 부주석 체제하의 대한민국 임시 정부에서 주석을 역임하였다.

④ 「독사신론」에서 민족을 역사 서술의 주체로 설정하고 사대주의를 비판하였다.

20 (가)~(라)를 시기순으로 바르게 나열한 것은?

> (가) 좌우 합작 7원칙이 발표되었다.
> (나) 조선 건국 준비 위원회가 결성되었다.
> (다) 모스크바 3국 외상 회의가 개최되었다.
> (라) 김구와 김규식이 남북 협상을 제의하였다.

① (나) → (가) → (라) → (다)

② (나) → (다) → (가) → (라)

③ (다) → (가) → (나) → (라)

④ (다) → (나) → (가) → (라)

01 시대별 지방 행정 제도에 대한 설명으로 옳은 것은?

① 통일 신라 – 촌의 행정은 촌주가 담당하였다.
② 발해 – 전국 330여 개의 모든 군현에 수령을 파견하였다.
③ 고려 – 촌락 지배 방식으로 면리제가 확립되었다.
④ 조선 – 향리 통제를 위하여 사심관을 파견하였다.

02 다음 (갑)과 (을)의 담판 이후에 있었던 (을)의 활동으로 옳은 것은?

> (갑) 그대 나라는 신라 땅에서 일어났고 고구려 땅은 우리의 소유인데 그대들이 침범했다.
> (을) 아니다. 우리야말로 고구려를 이은 나라이다. 그래서 나라 이름도 고려라 했고, 평양에 도읍하였다. 만일 땅의 경계로 논한다면 그대 나라 동경도 모두 우리 강역에 들어 있는 것인데 어찌 침범이라 하겠는가.

① 9성 설치
② 귀주 대첩
③ 강동 6주 경략
④ 천리장성 축조

03 밑줄 친 ㉠의 결과에 해당하는 사실로 옳은 것은?

> (영락) 6년 병신(丙申)에 왕이 직접 수군을 이끌고 백제를 토벌하였다. (백제왕이) 우리 왕에게 항복하면서 "지금 이후로는 영원히 노객(奴客)이 되겠습니다."라고 맹세하였다. …(중략)… ㉠ 10년 경자(庚子)에 왕이 보병과 기병 5만 명을 보내어 신라를 구원하게 하였다.

① 고구려가 신라 내정 간섭을 강화하였다.
② 백제가 고구려의 평양성을 공격하였다.
③ 신라가 관산성 전투에서 백제 성왕을 살해하였다.
④ 금관가야가 가야 지역의 중심 세력으로 대두하였다.

04 (가)와 (나)를 주장한 각 인물에 대한 설명으로 옳은 것은?

> (가) 우리는 남방만이라도 임시 정부 혹은 위원회 같은 것을 조직하여 38도선 이북에서 소련이 철퇴하도록 세계 공론에 호소해야 할 것이다.
> (나) 나는 통일된 조국을 달성하려다 38도선을 베고 쓰러질지언정 일신의 구차한 안일을 위하여 단독 정부를 세우는 데는 협력하지 아니하겠다.

① (가) – 5·10 총선거에 불참하였다.
② (가) – 좌우 합작 7원칙을 지지하였다.
③ (나) – 탁치 반대 국민 총동원 위원회를 조직하였다.
④ (나) – 남조선 과도 입법 의원의 의장을 역임하였다.

05 다음 (가)에 대한 설명으로 옳지 않은 것은?

> 예전에 성종이 　(가)　 시행에 따르는 잡기가 정도 (正道)에 어긋나는데다가 번거롭고 요란스럽다 하여 이를 모두 폐지하였다. …(중략)… 이것을 폐지한 지 가 거의 30년이나 되었는데, 이때에 와서 정당문학 최항이 청하여 이를 부활시켰다.

① 국제 교류의 장이었다.
② 정월 보름에 개최되었다.
③ 토속 신에게 제사를 지냈다.
④ 훈요 10조에서 시행할 것을 강조하였다.

06 다음과 같이 주장한 인물에 대한 설명으로 옳은 것은?

> 달은 하나이나 냇물의 갈래는 만 개가 된다. …(중략)… 나는 그 냇물이 세상 사람들이라는 것을 안다. 빛을 받아 비추어서 드러나는 것은 사람들의 상이다. 달이라는 것은 태극이요, 태극은 나이다.

① 『해동농서』를 편찬하도록 하였다.
② 갑인예송에서 왕권을 강조하며 기년복을 주장하였다.
③ 이순신에게 현충이라는 시호를 내리고 강감찬 사당을 건립하였다.
④ 민간의 광산 개발 참여를 허용하는 설점수세제를 처음 실시하였다.

07 밑줄 친 '국왕'의 재위 기간에 있었던 일로 옳은 것은?

> 지금 국왕께서 풍속을 바꾸려는 데에 뜻이 있으므로 신은 지극하신 뜻을 받들어 완악한 풍속을 고치고자 합니다. …(중략)… 『이륜행실(二倫行實)』로 말하면 신이 전에 승지가 되었을 때에 간행할 것을 청했습니다. 삼강이 중한 것은 아무리 어리석은 부부라도 모두 알고 있으나, 붕우·형제의 이륜에 이르러서는 평범한 사람들이 제대로 모르는 경우가 있습니다.

① 주세붕이 백운동 서원을 세웠다.
② 김시습이 『금오신화』를 저술하였다.
③ 『국조오례의』가 편찬되고 『동국여지승람』이 만들어졌다.
④ 문화와 제도를 유교식으로 갖추기 위해 집현전을 창설하였다.

08 다음의 법률에 근거하여 실시된 식민지 정책으로 옳지 않은 것은?

> 제4조 정부는 전시에 국가총동원상 필요하다고 인정 될 때에는 칙령이 정하는 바에 따라서 제국 신 민을 징용하여 총동원 업무에 종사하도록 할 수 있다.
>
> 제7조 정부는 칙령이 정하는 바에 따라 노동 쟁의의 예방 혹은 해결에 관한 명령, 작업소 폐쇄, 작 업 혹은 노무의 중지 …(중략)… 등을 명할 수 있다.

① 물자통제령을 공포하여 배급제를 확대하였다.
② 육군 특별 지원병령을 제정하여 지원병을 선발하였다.
③ 금속류 회수령을 제정하여 주요 군수 물자를 공출하였다.
④ 국민 징용령을 공포하여 강제적인 노무 동원을 실시하였다.

09 (가) 시기에 해당되는 사실로 옳은 것은?

> 방금 안핵사 이용태의 보고에 따르면 "죄인들이 대다수 도망치는 바람에 조사하지 못하였다."라고 하였다.
> － 『승정원 일기』 －
>
> ↓
>
> | (가) |
>
> ↓
>
> 전봉준은 금구 원평에 앉아 (전라) 우도에 호령하였으며, 김개남은 남원성에 앉아 좌도를 통솔하였다.
> － 『갑오약력』 －

① 논산에서 남·북접의 동학군이 집결하였다.
② 우금치 전투에서 동학군이 일본군과 격전을 벌였다.
③ 동학교도가 궁궐 앞에서 교조 신원을 주장하는 집회를 열었다.
④ 백산에서 전봉준이 보국안민을 위해 궐기하라는 통문을 보냈다.

10 (가) 기구가 존속한 시기의 사람들이 볼 수 있었던 사실로 적절한 것은?

> 지주는 조선 총독이 정하는 기간 내에 ｜ (가) ｜ 혹은 그것의 출장소 직원에게 신고해야 한다. 만약 제출을 태만히 하거나 신고서를 제출하지 않을 시에는 당국에서 해당 토지에 대해 소유권의 유무 등을 조사하다가 소유자를 알지 못하는 경우에 지주가 없는 것으로 간주하여 국유지로 편입할 수 있다.

① 조선 청년 연합회에 출입하는 일본인 고문
② 신문에 연재 중인 소설 무정을 읽는 학생
③ 연초 전매 제도에 따라 조합에 수매되는 담배
④ 의열단에 가입하는 신흥 무관 학교 출신 청년

11 밑줄 친 '이 지도'에 대한 설명으로 옳지 않은 것은?

> 1402년 제작된 이 지도는 조선 학자들에 의해 제작된 세계 지도이다. 권근의 글에 의하면 중국에서 수입한 『성교광피도』와 『혼일강리도』를 기초로 하고, 우리나라와 일본의 지도를 합해서 제작하였다고 한다.

① 유럽과 아프리카 대륙까지 묘사하였다.
② 중국이 세계의 중심이라는 중화사상이 반영되었다.
③ 이 지도의 작성에는 이슬람 지도학의 영향이 있었다.
④ 우리나라에 해당하는 부분은 백리척을 사용하여 과학화에 기여하였다.

12 다음 왕의 재위 기간에 있었던 사실로 옳은 것은?

> • 왕 원년: 소판 김흠돌, 파진찬 흥원, 대아찬 진공 등이 반역을 도모하다가 사형을 당하였다.
> • 왕 9년: 달구벌로 서울을 옮기려다 실현하지 못하였다.
> － 『삼국사기』 －

① 사방에 우역을 설치하였다.
② 수도에 서시와 남시를 설치하였다.
③ 국학을 설치하여 유학을 교육하였다.
④ 관료에게 지급하는 녹읍을 부활하였다.

13 다음은 발해사에 대한 중국과 러시아 입장이다. 한국사의 입장에서 이를 반박하는 증거로 적절한 것은?

> • 중국: 소수 민족 지역의 분리 독립 의식을 약화시키려고, 국가라기보다는 당 왕조에 예속된 지방 민족 정권 차원에서 본다.
> • 러시아: 중국 문화보다는 중앙 아시아나 남부 시베리아의 영향을 강조하여 러시아의 역사에 편입시키려 한다.

① 신라와의 교통로
② 상경성 출토 온돌 장치
③ 유학 교육 기관인 주자감
④ 3성 6부의 중앙 행정 조직

14 신라 문무왕의 유언이다. 밑줄 친 ㉠~㉣의 내용과 부합하지 않는 것은?

> 과인은 운수가 어지럽고 전쟁을 하여야 하는 때를 만나서 ㉠ 서쪽을 정벌하고 ㉡ 북쪽을 토벌하여 영토를 안정시켰고, ㉢ 배반하는 무리를 토벌하고 ㉣ 협조하는 무리를 불러들여 멀고 가까운 곳을 모두 안정시켰다.
> － 『삼국사기』 －

① ㉠ – 태자로서 참전하여 백제를 멸망시켰다.
② ㉡ – 당나라 군대와 함께 고구려를 멸망시켰다.
③ ㉢ – 백제 부흥 운동을 주도한 복신을 공격하였다.
④ ㉣ – 임존성에서 저항하던 지수신의 투항을 받아주었다.

15 다음은 대한제국 시기에 설립된 어느 회사에 관한 내용이다. 밑줄 친 '이 회사'에 대한 설명으로 옳은 것은?

> • 이 회사의 고금(股金, 주권)은 액면 50원씩이고, 총 1천만 원을 발행하고, 주당 불입금은 5년간 총 10회 5원씩 나눠서 낸다.
> • 이 회사는 국내 진황지 개간, 관개 사무와 산림천택(山林川澤), 식양채벌(殖養採伐) 등의 사무 이외에 금·은·동·철·석유 등의 각종 채굴 사무에 종사한다.

① 종로의 백목전 상인이 주도가 된 직조 회사였다.
② 역둔토나 국유 미간지를 약탈하려는 국책 회사였다.
③ 황무지 개간권 요구에 대응하여 설립된 특허 회사였다.
④ 외국 상인과의 상권 경쟁을 위해 시전 상인이 만든 척식 회사였다.

16 조선 성리학의 학설이나 동향을 시기순으로 바르게 나열한 것은?

> ㉠ 현실세계를 구성하는 기를 중시하여 경장(更張)을 주장하였다.
> ㉡ 우주를 무한하고 영원한 기로 보는 '태허(太虛)설'을 제기하였다.
> ㉢ 정지운의 『천명도』 해석을 둘러싸고 사단 칠정 논쟁이 시작되었다.
> ㉣ 향약 보급 운동과 함께 일상에서의 실천 윤리가 담긴 『소학』을 중시하였다.

① ㉡ → ㉠ → ㉣ → ㉢
② ㉡ → ㉣ → ㉠ → ㉢
③ ㉣ → ㉡ → ㉢ → ㉠
④ ㉣ → ㉢ → ㉡ → ㉠

17 일제 강점기 조선인의 생활 모습으로 옳지 않은 것은?

① 도시 외곽의 토막촌에는 빈민이 살았다.
② 번화가에서 최신 유행의 모던 걸과 모던 보이가 활동하였다.
③ 몸뻬를 입은 여성들이 근로보국대에서 강제 노동을 하였다.
④ 상류층이 한식 주택을 2층으로 개량한 영단 주택에 모여 살았다.

18 (가)와 (나)는 외국과 맺은 각서이다. 두 각서 사이에 있었던 사실로 옳은 것은?

> (가) 일본 측은 한국 측에 무상원조 3억 달러, 유상원조(해외경제협력기금) 2억 달러, 그리고 수출입은행 차관 1억 달러 이상을 제공한다.
> (나) 미국 정부가 한국과 약속했던 1억 5천만 달러 규모의 차관 공여와 더불어 …(중략)… 한국의 경제 발전을 돕기 위한 추가 AID차관을 제공한다.

① 경부 고속 국도가 개통되었다.
② 마산에 수출 자유 지역이 건설되었다.
③ 국가 기간 산업인 울산 정유 공장이 가동되었다.
④ 유엔의 지원으로 충주에 비료 공장을 설립하였다.

19 다음은 고려 시대 진화의 시이다. 이 시인과 교류를 통해 자부심을 공유한 인물의 작품은?

> 서쪽 송나라는 이미 기울고 북쪽 오랑캐는 아직 잠자고 있네.
> 앉아서 문명의 아침을 기다려라, 하늘의 동쪽에서 태양이 떠오르네.

① 『삼국사기』
② 『동명왕편』
③ 『제왕운기』
④ 『삼국유사』

20 다음 해외 견문 기록을 시기순으로 바르게 나열한 것은?

> ㉠ 『표해록』
> ㉡ 『열하일기』
> ㉢ 『서유견문』
> ㉣ 『해동제국기』

① ㉠ → ㉡ → ㉣ → ㉢
② ㉠ → ㉣ → ㉢ → ㉡
③ ㉣ → ㉠ → ㉡ → ㉢
④ ㉣ → ㉢ → ㉠ → ㉡

PART 4
교정학개론

- 2022년 국가직 9급

- 2021년 국가직 9급

- 2020년 국가직 9급

- 2019년 국가직 9급

- 2018년 국가직 9급

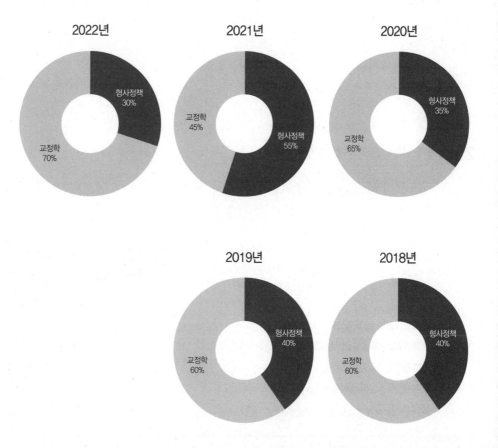

01 머튼(Merton)의 아노미이론에 대한 설명으로 옳지 않은 것은?

① 부(富)의 성취는 미국사회에 널리 퍼진 문화적 목표이다.

② 목표달성을 위한 합법적 수단에 대한 접근은 하류계층에게 더 제한되어 있다.

③ 합법적 수단이 제한된 하류계층 사람들은 비합법적인 수단을 통해서라도 목표를 달성하려고 한다.

④ 하류계층뿐만 아니라 상류계층의 범죄를 설명하는 데 유용하다.

02 다음에서 설명하는 교화개선모형은?

> • 1920년대 말과 1930년대 초에 미국 교정국 등의 주도하에 발전한 모델로 범죄 원인은 개인에게 있으므로 진단하고 치료할 수 있다고 본다.
>
> • 처벌은 범죄자 문제를 해결하는 데 전혀 도움이 되지 않고, 오히려 범죄자의 부정적 관념을 강화시킬 수 있으므로 범죄자를 치료할 수 있는 치료 프로그램을 개발하고 적용하는 것이 필요하다.

① 적응모형(adjustment model)

② 의료모형(medical model)

③ 재통합모형(reintegration model)

④ 무력화모형(incapacitation model)

03 소년사법에 있어서 4D(비범죄화, 비시설수용, 적법절차, 전환)에 대한 설명으로 옳지 않은 것은?

① 비범죄화(decriminalization)는 경미한 일탈에 대해서는 비범죄화하여 공식적으로 개입하지 않음으로써 낙인을 최소화하자는 것이다.

② 비시설수용(deinstitutionalization)은 구금으로 인한 폐해를 막고자 성인교도소가 아닌 소년 전담시설에 별도로 수용하는 것을 의미한다.

③ 적법절차(due process)는 소년사법절차에서 절차적 권리를 철저하고 공정하게 보장하여야 한다는 것을 의미한다.

④ 전환(diversion)은 비행소년을 공식적인 소년사법절차 대신에 비사법적인 절차에 의해 처우하자는 것이다.

04 「형의 집행 및 수용자의 처우에 관한 법률」상 징벌에 대한 설명으로 옳지 않은 것은?

① 징벌은 동일한 행위에 관하여 거듭하여 부과할 수 없다.

② 징벌사유가 발생한 날부터 2년이 지나면 이를 이유로 징벌을 부과하지 못한다.

③ 징벌의 집행유예는 허용되지 아니한다.

④ 징벌집행의 면제와 일시정지는 허용된다.

05 누진계급의 측정 방법으로 점수제에 해당하지 않는 것은?

① 고사제(probation system)

② 잉글랜드제(England system)

③ 아일랜드제(Irish system)

④ 엘마이라제(Elmira system)

06 다이버전에 대한 설명으로 옳지 않은 것은?

① 형벌 이외의 사회통제망의 축소를 가져온다.

② 공식적인 절차에 비해서 형사사법비용을 절감할 수 있다.

③ 업무경감으로 인하여 형사사법제도의 능률성과 신축성을 가져온다.

④ 범죄로 인한 낙인의 부정적 영향을 최소화하여 2차적 일탈의 예방에 긍정적이다.

07 블럼스타인(Blumstein)이 주장한 과밀수용 해소방안에 대한 설명으로 옳지 않은 것은?

① 교정시설의 증설: 재정부담이 크고 증설 후 단기간에 과밀수용이 재연될 수 있다는 점에서 주의가 요망된다.

② 구금인구 감소전략: 형벌의 제지효과는 형벌의 확실성보다 엄중성에 더 크게 좌우된다는 논리에 근거하고 있다.

③ 사법절차와 과정의 개선: 검찰의 기소나 법원의 양형결정 시 교정시설의 수용능력과 현황을 고려하여 과밀수용을 조정해야 한다는 전략이다.

④ 선별적 무력화: 재범 위험이 높은 수형자를 예측하여 제한된 공간에 선별적으로 구금함으로써 교정시설의 공간을 보다 효율적으로 운영하려는 방안이다.

08 노무작업과 도급작업에 대한 설명으로 옳은 것은?

① 노무작업은 경기변동에 큰 영향을 받지 않으며 제품 판로에 대한 부담이 없다.

② 노무작업은 설비투자 없이 시행이 가능하며 행형상 통일성을 기하기에 유리하다.

③ 도급작업은 불취업자 해소에 유리하고 작업수준에 맞는 기술자 확보가 용이하다.

④ 도급작업은 구외작업으로 인한 계호부담이 크지만 민간기업을 압박할 가능성이 없다.

09 「형의 집행 및 수용자의 처우에 관한 법률 시행규칙」상 분류심사에 대한 설명으로 옳지 않은 것은?

① 구류형이 확정된 사람에 대해서는 분류심사를 하지 아니한다.

② 무기징역형이 확정된 수형자의 정기재심사 시기를 산정하는 경우에는 그 형기를 20년으로 본다.

③ 부정기형의 정기재심사 시기는 장기형을 기준으로 한다.

④ 집행할 형기가 분류심사 유예사유 소멸일부터 3개월 미만인 경우 소장은 유예한 분류심사를 하지 아니한다.

10 형의 집행 및 수용자의 처우에 관한 법령상 미결수용자 및 사형확정자의 처우에 대한 설명으로 옳지 않은 것은?

① 소장은 미결수용자로서 사건에 서로 관련이 있는 사람은 분리수용하고 서로 간의 접촉을 금지하여야 한다.

② 소장은 사형확정자와 수형자를 혼거수용할 수 있으나, 사형확정자와 미결수용자는 혼거수용할 수 없다.

③ 미결수용자의 접견 횟수는 매일 1회로 하되, 미결수용자와 변호인과의 접견은 그 횟수에 포함시키지 않는다.

④ 사형확정자의 접견 횟수는 매월 4회로 하되, 소장은 사형확정자의 교화나 심리적 안정을 도모하기 위하여 특히 필요하다고 인정하면 접견 횟수를 늘릴 수 있다.

11 사회학적 범죄원인론 중 통제이론을 주장한 학자만을 모두 고르면?

> ㄱ. 서덜랜드(Sutherland)
> ㄴ. 나이(Nye)
> ㄷ. 애그뉴(Agnew)
> ㄹ. 라이스(Reiss)
> ㅁ. 베커(Becker)

① ㄱ, ㄷ
② ㄴ, ㄹ
③ ㄴ, ㄷ, ㄹ
④ ㄷ, ㄹ, ㅁ

12 「소년법」상 형사사건 처리 절차에 대한 설명으로 옳지 않은 것은?

① 소년에 대한 구속영장은 부득이한 경우가 아니면 발부하지 못한다.

② 부정기형을 선고받은 소년에 대하여는 단기의 3분의 1이 지나면 가석방을 허가할 수 있다.

③ 소년이 법정형으로 장기 2년 이상의 유기형에 해당하는 죄를 범한 경우에는 그 형의 범위에서 장기와 단기를 정하여 선고한다.

④ 검사가 소년부에 송치한 사건을 소년부는 다시 해당 검찰청 검사에게 송치할 수 없다.

13 범죄학 이론에 대한 설명으로 옳지 않은 것은?

① 레머트(Lemert)는 1차적 일탈과 2차적 일탈의 개념을 제시하였다.

② 허쉬(Hirschi)는 사회통제이론을 통해 법집행기관의 통제가 범죄를 야기하는 과정을 설명하였다.

③ 머튼(Merton)은 아노미 상황에서 긴장을 느끼는 개인이 취할 수 있는 5가지 적응유형을 제시하였다.

④ 갓프레드슨과 허쉬(Gottfredson & Hirschi)는 부모의 부적절한 자녀 양육이 자녀의 낮은 자기통제력의 원인이라고 보았다.

14 형의 집행 및 수용자의 처우에 관한 법령상 작업과 직업훈련에 대한 설명으로 옳지 않은 것은?

① 소장은 금고형 또는 구류형의 집행 중에 있는 사람에 대하여 신청 여부와 관계없이 작업을 부과할 수 있다.

② 소장은 수형자가 15세 미만인 경우에는 직업훈련 대상자로 선정해서는 아니 된다.

③ 소장은 직업훈련 대상자가 심신이 허약하거나 질병 등으로 훈련을 감당할 수 없는 경우에는 직업훈련을 보류할 수 있다.

④ 법무부장관은 직업훈련을 위하여 필요한 경우에는 수형자를 다른 교정시설로 이송할 수 있다.

15 「형의 집행 및 수용자의 처우에 관한 법률」상 교도관이 수용자에 대하여 무기를 사용할 수 있는 경우는?

① 수용자가 위력으로 교도관의 정당한 직무집행을 방해하는 때

② 수용자가 자살하려고 하는 때

③ 수용자가 교정시설의 설비·기구 등을 손괴하거나 손괴하려고 하는 때

④ 도주하는 수용자에게 교도관이 정지할 것을 명령하였음에도 계속하여 도주하는 때

16 「형의 집행 및 수용자의 처우에 관한 법률 시행규칙」상 엄중관리대상자에 대한 설명으로 옳은 것은?

① 소장은 교정시설에 마약류를 반입하는 것을 방지하기 위하여 필요하면 강제로 수용자의 소변을 채취하여 마약반응검사를 할 수 있다.

② 소장은 엄중관리대상자 중 지속적인 상담이 필요하다고 인정되는 사람에 대하여는 상담책임자를 지정하는데, 상담대상자는 상담책임자 1명당 20명 이내로 하여야 한다.

③ 소장은 관심대상수용자로 지정할 필요가 있다고 인정되는 미결수용자에 대하여는 교도관회의의 심의를 거쳐 관심대상수용자로 지정할 수 있다.

④ 소장은 조직폭력수용자에게 거실 및 작업장 등의 수용자를 대표하는 직책을 부여할 수 있다.

17 형의 집행 및 수용자의 처우에 관한 법령상 수형자 외부통근 작업에 대한 설명으로 옳지 않은 것은?

① 소장은 외부통근자에게 수형자 자치에 의한 활동을 허가할 수 있다.

② 소장은 수형자의 건전한 사회복귀와 기술습득을 촉진하기 위하여 필요하면 수형자에게 외부통근작업을 하게 할 수 있다.

③ 소장은 외부통근자가 법령에 위반되는 행위를 하거나 법무부장관 또는 소장이 정하는 지켜야 할 사항을 위반한 경우에는 외부통근자 선정을 취소할 수 있다.

④ 소장은 일반경비처우급에 해당하는 수형자를 외부기업체에 통근하며 작업하는 대상자로 선정할 수 없다.

18 「보호소년 등의 처우에 관한 법률」에 대한 설명으로 옳은 것은?

① 보호소년등은 남성과 여성, 보호소년과 위탁소년 및 유치소년, 16세 미만인 자와 16세 이상인 자 등의 기준에 따라 분리 수용한다.

② 보호소년등이 규율 위반행위를 하여 20일 이내의 기간 동안 지정된 실(室) 안에서 근신하는 징계를 받은 경우에는 그 기간 중 원내 봉사활동, 텔레비전 시청 제한, 단체 체육활동 정지, 공동행사 참가 정지가 함께 부과된다.

③ 보호장비는 징벌의 수단으로 사용되어서는 아니 된다.

④ 소년원 또는 소년분류심사원에서 보호소년등이 사용하는 목욕탕, 세면실 및 화장실에는 전자영상장비를 설치하여서는 아니 된다.

19 「형의 집행 및 수용자의 처우에 관한 법률 시행규칙」상 수형자에게 부정기재심사를 할 수 있는 경우만을 모두 고르면?

> ㄱ. 수형자가 지방기능경기대회에서 입상한 때
> ㄴ. 수형자가 현재 수용의 근거가 된 사건 외의 추가적 형사사건으로 인하여 벌금형이 확정된 때
> ㄷ. 수형자를 징벌하기로 의결한 때
> ㄹ. 분류심사에 오류가 있음을 발견한 때
> ㅁ. 수형자가 학사 학위를 취득한 때

① ㄱ, ㄷ

② ㄴ, ㄹ

③ ㄱ, ㄴ, ㅁ

④ ㄷ, ㄹ, ㅁ

20 형의 집행 및 수용자의 처우에 관한 법령상 작업 및 직업훈련과 관련하여 교정시설의 장이 취할 수 없는 조치는?

① 일반경비처우급의 수형자에 대하여 직업능력의 향상을 위하여 특히 필요하다고 인정되어 교정시설 외부의 기업체에서 운영하는 직업훈련을 받게 하였다.

② 장인(丈人)이 사망하였다는 소식을 접한 수형자에 대하여, 본인이 작업을 계속하기를 원하지 않는 것을 확인하고 2일간 작업을 면제하였다.

③ 수형자에 대하여 교화목적상 특별히 필요하다고 판단되어, 작업장려금을 석방 전에 전액 지급하였다.

④ 법무부장관의 승인을 받아 직업훈련의 직종과 훈련과정별 인원을 정하였다.

회독수 √체크 ①②③

▲ 모바일 OMR

01 「소년법」상 보호처분에 대한 설명으로 옳은 것은?

① 사회봉사명령은 14세 이상의 소년에게만 할 수 있다.

② 수강명령과 장기 소년원 송치는 14세 이상의 소년에게만 할 수 있다.

③ 보호관찰관의 단기 보호관찰과 장기 보호관찰 처분 시에는 2년 이내의 기간을 정하여 야간 등 특정 시간대의 외출을 제한하는 명령을 보호관찰대상자의 준수 사항으로 부과할 수 있다.

④ 수강명령은 200시간을, 사회봉사명령은 100시간을 초과할 수 없으며, 보호관찰관이 그 명령을 집행할 때에는 사건 본인의 정상적인 생활을 방해하지 아니하도록 하여야 한다.

02 「성폭력범죄자의 성충동 약물치료에 관한 법률」에 대한 내용으로 옳지 않은 것은?

① 치료명령은 검사의 지휘를 받아 보호관찰관이 집행한다.

② 치료명령을 받은 사람은 형의 집행이 종료되거나 면제·가석방 또는 치료감호의 집행이 종료·가종료 또는 치료위탁되는 날부터 7일 이내에 주거지를 관할하는 보호관찰소에 출석하여 서면으로 신고하여야 한다.

③ 치료명령의 집행 중 구속영장의 집행을 받아 구금된 때에는 치료명령의 집행이 정지된다.

④ 치료기간은 연장될 수 있지만, 종전의 치료기간을 합산하여 15년을 초과할 수 없다.

03 범죄와 생물학적 특성 연구에 대한 학자들의 주장으로 옳지 않은 것은?

① 덕데일(Dugdale)은 범죄는 유전의 결과라는 견해를 밝힌 대표적인 학자이다.

② 랑게(Lange)는 일란성쌍생아가 이란성쌍생아보다 유사한 행동경향을 보인다고 하였다.

③ 달가드(Dalgard)와 크링그렌(Kringlen)은 쌍생아 연구에서 환경적 요인이 고려될 때도 유전적 요인의 중요성은 변함없다고 하였다.

④ 허칭스(Hutchings)와 메드닉(Mednick)은 입양아 연구에서 양부모보다 생부모의 범죄성이 아이의 범죄성에 더 큰 영향을 준다고 하였다.

04 「수형자 등 호송 규정」상 호송에 대한 설명으로 옳지 않은 것은?

① 피호송자가 도주한 때에 서류와 금품은 수송관서로 송부하여야 한다.

② 교도소·구치소 및 그 지소 간의 호송은 교도관이 행한다.

③ 송치 중의 영치금품을 호송관에게 탁송한 때에는 호송관서에 보관책임이 있고, 그러하지 아니한 때에는 발송관서에 보관책임이 있다.

④ 호송관의 여비나 피호송자의 호송비용은 호송관서가 부담하나, 피호송자를 교정시설이나 경찰관서에 숙식하게 한 때에는 그 비용은 교정시설이나 경찰관서가 부담한다.

05 형의 집행 및 수용자 처우에 관한 법령상 교정자문위원회에 대한 설명으로 옳은 것은?

① 수용자의 관리·교정교화 등 사무에 관한 소장의 자문에 응하기 위하여 교도소에 교정자문위원회를 둔다.

② 교정자문위원회는 5명 이상 7명 이하의 위원으로 성별을 고려하여 구성하고, 위원장은 위원 중에서 호선하며, 위원은 교정에 관한 학식과 경험이 풍부한 외부인사 중에서 소장의 추천을 받아 법무부장관이 위촉한다.

③ 교정자문위원회 위원장이 부득이한 사유로 직무를 수행할 수 없을 때에는 부위원장이 그 직무를 대행하고, 부위원장도 부득이한 사유로 직무를 수행할 수 없을 때에는 위원 중 연장자인 위원이 그 직무를 대행한다.

④ 교정자문위원회 위원 중 4명 이상은 여성으로 한다.

06 「형의 집행 및 수용자의 처우에 관한 법률」상 징벌에 대한 설명으로 옳지 않은 것은?

① 수용자가 징벌이 집행 중에 있거나 징벌의 집행이 끝난 후 또는 집행이 면제된 후 6개월 내에 다시 징벌사유에 해당하는 행위를 한 때에는 징벌(경고는 제외)의 장기의 2분의 1까지 가중할 수 있다.

② 소장은 징벌사유에 해당하는 행위를 하였다고 의심할 만한 이유가 있는 수용자가 증거를 인멸할 우려가 있는 때에 한하여 조사기간 중 분리하여 수용할 수 있다.

③ 징벌위원회는 징벌을 의결하는 때에 행위의 동기 및 정황, 교정성적, 뉘우치는 정도 등 그 사정을 고려할 만한 사유가 있는 수용자에 대하여 2개월 이상 6개월 이하의 기간 내에서 징벌의 집행을 유예할 것을 의결할 수 있다.

④ 징벌위원회는 위원장을 포함한 5명 이상 7명 이하의 위원으로 구성하고, 위원장은 소장의 바로 다음 순위자가 된다.

07 형의 집행 등에 대한 설명으로 옳지 않은 것은?(다툼이 있는 경우 판례에 의함)

① 형사사건으로 외국법원에 기소되어 무죄판결을 받은 경우, 그 무죄판결을 받기까지 미결구금일수도 외국에서 형의 전부 또는 일부가 집행된 경우로 보아 국내법원에서 선고된 유죄판결의 형에 전부 또는 일부를 산입하여야 한다.

② 처단형은 선고형의 최종적인 기준이 되므로 그 범위는 법률에 따라서 엄격하게 정하여야 하고 별도의 명시적 규정이 없는 이상 「형법」 제56조에서 열거하는 가중, 감경사유에 해당하지 않는 다른 성질의 감경사유를 인정할 수 없다.

③ 판결 주문에서 경합범의 일부에 대하여 유죄가 선고되더라도 다른 부분에 대하여 무죄가 선고되었다면 형사보상을 청구할 수 있으나, 그 경우라도 미결구금일수의 전부 또는 일부가 유죄에 대한 본형에 산입되는 것으로 확정되었다면, 그 본형이 실형이든 집행유예가 부가된 형이든 불문하고 그 산입된 미결구금일수는 형사보상의 대상이 되지 않는다.

④ 형집행정지 심의위원회 위원은 학계, 법조계, 의료계, 시민단체 인사 등 학식과 경험이 있는 사람 중에서 각 지방검찰청 검사장이 임명 또는 위촉한다.

08 형의 집행 및 수용자 처우에 관한 법령상 수용자 이송에 대한 설명으로 옳은 것은?

① 법무부장관은 이송승인에 관한 권한을 법무부령으로 정하는 바에 따라 지방교정청장에게 위임할 수 있다.

② 소장은 수용자를 다른 교정시설에 이송하는 경우에 의무관으로부터 수용자가 건강상 감당하기 어렵다는 보고를 받으면 이송을 중지하고 그 사실을 지방교정청장에게 알려야 한다.

③ 소장은 수용자의 정신질환 치료를 위하여 필요하다고 인정하면 법무부장관의 승인을 받아 치료감호시설로 이송할 수 있다.

④ 수용자가 이송 중에 징벌대상 행위를 하거나 다른 교정시설에서 징벌대상 행위를 한 사실이 이송된 후에 발각된 경우에는 그 수용자를 인수한 지방교정청장이 징벌을 부과한다.

09 「형의 집행 및 수용자의 처우에 관한 법률 시행규칙」상 외부기업체에 통근하며 작업하는 수형자의 선정 기준으로 옳은 것만을 모두 고르면?

> ㄱ. 19세 이상 65세 미만일 것
> ㄴ. 해당 작업 수행에 건강상 장애가 없을 것
> ㄷ. 일반경비처우급에 해당할 것
> ㄹ. 가족·친지 또는 교정위원 등과 접견·편지수수·전화통화 등으로 연락하고 있을 것
> ㅁ. 집행할 형기가 7년 미만이고 직업훈련이 제한되지 아니할 것

① ㄴ, ㄹ

② ㄱ, ㄷ, ㅁ

③ ㄴ, ㄹ, ㅁ

④ ㄱ, ㄴ, ㄹ, ㅁ

10 「형의 집행 및 수용자의 처우에 관한 법률 시행규칙」상 수용자의 처우에 대한 설명으로 옳은 것은?

① 소장은 임산부인 수용자에 대하여 필요하다고 인정하는 경우에는 교정시설에 근무하는 교도관의 의견을 들어 필요한 양의 죽 등의 주식과 별도로 마련된 부식을 지급할 수 있다.

② 소장은 소년수형자의 나이·적성 등을 고려하여 필요하다고 인정하면 전화통화 횟수를 늘릴 수 있으나 접견 횟수를 늘릴 수는 없다.

③ 소장은 외국인수용자가 질병 등으로 위독하거나 사망한 경우에는 그의 국적이나 시민권이 속하는 나라의 외교공관 또는 영사관의 장이나 그 관원 또는 가족에게 이를 10일 이내에 통지하여야 한다.

④ 소장은 노인수용자가 거동이 불편하여 혼자서 목욕하기 어려운 경우에는 교도관, 자원봉사자 또는 다른 수용자로 하여금 목욕을 보조하게 할 수 있다.

11 「소년법」상 소년사건 처리절차에 대한 설명으로 옳지 않은 것은?

① 형벌법령에 저촉되는 행위를 한 10세 이상 14세 미만의 소년에 대하여 경찰서장은 직접 관할 소년부에 송치할 수 없다.

② 보호사건을 송치받은 소년부는 보호의 적정을 기하기 위하여 필요하다고 인정하면 결정으로써 사건을 다른 관할 소년부에 이송할 수 있다.

③ 소년부 판사는 사건의 조사 또는 심리에 필요하다고 인정하면 기일을 지정하여 사건 본인이나 보호자 또는 참고인을 소환할 수 있다.

④ 소년부 판사는 심리 결과 보호처분을 할 수 없거나 할 필요가 없다고 인정하면 그 취지의 결정을 하고, 이를 사건 본인과 보호자에게 알려야 한다.

12 범죄원인과 관련하여 실증주의 학파에 대한 설명으로 옳지 않은 것은?

① 페리(Ferri)는 범죄자의 통제 밖에 있는 힘이 범죄성의 원인이므로 범죄자에게 그들의 행위에 대해 개인적으로나 도덕적으로 책임을 물어서는 안 된다고 주장했다.

② 범죄의 연구에 있어서 체계적이고 객관적인 방법을 추구하여야 한다고 하였다.

③ 인간은 자신의 행동을 합리적, 경제적으로 계산하여 결정하기 때문에 자의적이고 불명확한 법률은 이러한 합리적 계산을 불가능하게 하여 범죄억제에 좋지 않다고 보았다.

④ 범죄는 개인의 의지에 의해 선택한 규범침해가 아니라, 과학적으로 분석가능한 개인적 · 사회적 원인에 의해 발생하는 것이라 하였다.

13 소년사법의 대표적 제도인 소년법원의 특성으로 옳지 않은 것은?

① 소년법원은 반사회성이 있는 소년의 형사처벌을 지양하며 건전한 성장을 도모하기 위한 교화개선과 재활철학을 이념으로 한다.

② 소년법원은 범죄소년은 물론이고 촉법소년, 우범소년 등 다양한 유형의 문제에 개입하여 비행의 조기 발견 및 조기처우를 하고 있다.

③ 소년법원의 절차는 일반법원에 비해 비공식적이고 융통성이 있다.

④ 소년법원은 감별 또는 분류심사 기능과 절차 및 과정이 잘 조직되어 있지 못한 한계가 있다.

14 「형의 집행 및 수용자의 처우에 관한 법률」상 수용자의 보호실 수용에 대한 설명으로 옳은 것은?

① 소장은 수용자가 교도관의 제지에도 불구하고 소란행위를 계속하여 다른 수용자의 평온한 수용생활을 방해하는 때에 강제력을 행사하거나 보호장비를 사용하여도 그 목적을 달성할 수 없는 경우에만 보호실에 수용할 수 있다.

② 수용자의 보호실 수용기간은 15일 이내로 하되, 소장은 특히 계속하여 수용할 필요가 있으면 의무관의 의견을 고려하여 1회당 7일의 범위에서 기간을 연장할 수 있다.

③ 소장은 수용자를 보호실에 수용하거나 수용기간을 연장하는 경우에는 그 사유를 가족에게 알려주어야 한다.

④ 수용자를 보호실에 수용할 수 있는 기간은 계속하여 2개월을 초과할 수 없다.

15 형의 집행 및 수용자 처우에 관한 법령상 접견에 대한 설명으로 옳지 않은 것은?

① 수용자가 소송사건의 대리인인 변호사와 접견하는 경우로서 교정시설의 안전 또는 질서를 해칠 우려가 없는 경우에는 접촉차단시설이 설치되지 아니한 장소에서 접견하게 한다.

② 수용자가 「형사소송법」에 따른 상소권회복 또는 재심 청구사건의 대리인이 되려는 변호사와 접견할 수 있는 횟수는 월 4회이다.

③ 소장은 범죄의 증거를 인멸하거나 형사 법령에 저촉되는 행위를 할 우려가 있는 때에는 교도관으로 하여금 수용자의 접견내용을 청취 · 기록 · 녹음 또는 녹화하게 할 수 있다.

④ 수용자가 미성년자인 자녀와 접견하는 경우에는 접촉차단시설이 설치되지 아니한 장소에서 접견하게 할 수 있다.

16 범죄피해자 보호법령상 형사조정 대상 사건으로서 형사조정에 회부할 수 있는 경우로 옳은 것은?

① 피의자가 도주할 염려가 있는 경우
② 기소유예처분의 사유에 해당하는 경우
③ 공소시효의 완성이 임박한 경우
④ 피의자가 증거를 인멸할 염려가 있는 경우

17 「보호관찰 등에 관한 법률」상 갱생보호제도에 대한 설명으로 옳지 않은 것은?

① 법무부장관은 갱생보호사업의 허가를 취소하거나 정지하려는 경우에는 청문을 하여야 한다.
② 법무부장관은 갱생보호사업자가 정당한 이유 없이 갱생보호사업의 허가를 받은 후 6개월 이내에 갱생보호사업을 시작하지 아니하거나 1년 이상 갱생보호사업의 실적이 없는 경우, 그 허가를 취소하여야 한다.
③ 갱생보호는 갱생보호 대상자의 신청에 의한 갱생보호와 법원의 직권에 의한 갱생보호로 규정되어 있다.
④ 갱생보호사업을 효율적으로 추진하기 위하여 한국법무보호복지공단을 설립한다.

18 다양한 형태로 출현하여 시행되고 있는 지역사회 교정(사회내 처우)의 형태로 옳지 않은 것은?

① 출소자들에 대한 원조(advocacy)
② 지역사회 융합을 위한 재통합(reintegration)
③ 사회적 낙인문제 해소를 위한 전환제도(diversion)
④ 범죄자의 선별적 무력화(selective incapacitation)

19 「전자장치 부착 등에 관한 법률」상 법원이 19세 미만의 사람에 대해서 성폭력범죄를 저지른 사람에 대해 전자장치 부착명령을 선고하는 경우, 반드시 포함하여 부과해야 하는 준수사항으로 옳은 것은? 〈변형〉

① 어린이 보호구역 등 특정지역·장소에의 출입금지
② 주거지역의 제한
③ 피해자 등 특정인에의 접근금지
④ 특정범죄 치료 프로그램의 이수

20 「치료감호 등에 관한 법률」상 치료감호의 내용에 대한 설명으로 옳은 것은?

① 치료감호 대상자는 의사무능력이나 심신미약으로 인하여 형이 감경되는 심신장애인으로서 징역형 이상의 형에 해당하는 죄를 지은 자이다.
② 피치료감호자를 치료감호시설에 수용하는 기간은 치료감호 대상자에 해당하는 심신장애인과 정신성적 장애인의 경우 15년을 초과할 수 없다.
③ 피치료감호자의 치료감호가 가종료되었을 때 시작되는 보호 관찰의 기간은 2년으로 한다.
④ 보호관찰 기간이 끝나더라도 재범의 위험성이 없다고 판단될 때까지 치료감호가 종료되지 않는다.

01 다음 설명에 해당하는 학자는?

> • 범죄는 정상(normal)이라고 주장함
> • 규범이 붕괴되어 사회 통제 또는 조절 기능이 상실된 상태를 아노미로 규정함
> • 머튼(R. Merton)이 주창한 아노미 이론의 토대가 됨

① 뒤르켐(E. Durkheim)
② 베까리아(C. Beccaria)
③ 케틀레(A. Quetelet)
④ 서덜랜드(E. Sutherland)

02 「형의 집행 및 수용자의 처우에 관한 법률 시행규칙」상 교정장비의 하나인 보안장비에 해당하는 것만을 모두 고르면?

> ㄱ. 포승
> ㄴ. 교도봉
> ㄷ. 전자경보기
> ㄹ. 전자충격기

① ㄱ, ㄷ
② ㄱ, ㄹ
③ ㄴ, ㄷ
④ ㄴ, ㄹ

03 형의 집행 및 수용자의 처우에 관한 법령상 교도작업에 대한 설명으로 옳은 것은?

① 소장은 교도관에게 매일 수형자의 작업실적을 확인하게 하여야 한다.
② 소장은 수형자에게 작업을 부과하는 경우 작업의 종류 및 작업과정을 정하여 수형자에게 고지할 필요가 없다.
③ 소장은 공휴일·토요일과 그 밖의 휴일에는 예외 없이 일체의 작업을 부과할 수 없다.
④ 작업과정은 작업성적, 작업시간, 작업의 난이도 및 숙련도를 고려하여 정하며, 작업과정을 정하기 어려운 경우에는 작업의 난이도를 작업과정으로 본다.

04 형의 집행 및 수용자의 처우에 관한 법령상 조직폭력수용자에 대한 설명으로 옳지 않은 것은?

① 소장은 공범·피해자 등의 체포영장, 구속영장, 공소장 또는 재판서에 조직폭력사범으로 명시된 수용자에 대하여는 조직폭력수용자로 지정한다.
② 소장은 조직폭력수용자에게 거실 및 작업장 등의 봉사원, 반장, 조장, 분임장, 그 밖에 수용자를 대표하는 직책을 부여해서는 아니 된다.
③ 소장은 조직폭력수용자로 지정된 사람이 공소장변경 또는 재판 확정에 따라 지정사유가 해소되었다고 인정되는 경우에는 교도관회의의 심의 또는 교정자문위원회의 의결을 거쳐 지정을 해제한다.
④ 소장은 조직폭력수형자가 작업장 등에서 다른 수형자와 음성적으로 세력을 형성하는 등 집단화할 우려가 있다고 인정하는 경우에는 법무부장관에게 해당 조직폭력수형자의 이송을 지체 없이 신청하여야 한다.

05 형의 집행 및 수용자의 처우에 관한 법령상 소장이 교도관으로 하여금 수용자의 접견내용을 청취·기록·녹음 또는 녹화하게 할 수 있는 경우가 아닌 것은?

① 수용자의 처우 또는 교정시설의 운영에 관하여 거짓 사실을 유포하는 때

② 시설의 안전과 질서유지를 위하여 필요한 때

③ 범죄의 증거를 인멸하거나 형사 법령에 저촉되는 행위를 할 우려가 있는 때

④ 수형자의 교화 또는 건전한 사회복귀를 위하여 필요한 때

06 형의 집행 및 수용자의 처우에 관한 법령상 특별한 보호가 필요한 수용자의 처우에 대한 설명으로 옳지 않은 것은?

① 소장은 수용자가 임신 중이거나 출산(유산·사산은 제외한다)한 경우에는 모성보호 및 건강유지를 위하여 정기적인 검진 등 적절한 조치를 하여야 한다.

② 장애인수용자의 거실은 시설부족 또는 그 밖의 부득이한 사정이 없으면 건물의 1층에 설치하고, 특히 장애인이 이용할 수 있는 변기 등의 시설을 갖추도록 하여야 한다.

③ 소장은 외국인수용자의 수용거실을 지정하는 경우에는 종교 또는 생활관습이 다르거나 민족감정 등으로 인하여 분쟁의 소지가 있는 외국인수용자는 거실을 분리하여 수용하여야 한다.

④ 노인수형자 전담교정시설에는 별도의 공동휴게실을 마련하고 노인이 선호하는 오락용품 등을 갖춰두어야 한다.

07 「교도작업의 운영 및 특별회계에 관한 법률」상 옳지 않은 것만을 모두 고르면?

> ㄱ. 특별회계는 지출할 자금이 부족할 경우에는 특별회계의 부담으로 국회의 의결을 받은 금액의 범위에서 일시적으로 차입하거나 세출예산의 범위에서 수입금 출납공무원 등이 수납한 현금을 우선 사용할 수 있다.
>
> ㄴ. 특별회계는 세출총액이 세입총액에 미달된 경우 또는 교도작업 관련 시설의 신축·마련·유지·보수에 필요한 경우에는 예산의 범위에서 일반회계로부터 전입을 받을 수 있다.
>
> ㄷ. 특별회계의 결산상 잉여금은 일시적으로 차입한 차입금의 상환, 작업장려금의 지급, 검정고시반·학사고시반 교육비의 지급 목적으로 사용하거나 다음 연도 일반회계의 세출예산에 예비비로 계상한다.
>
> ㄹ. 교도작업으로 생산된 제품은 민간기업 등에 직접 판매하거나 위탁하여 판매할 수 있으며, 교도작업의 효율적인 운영을 위하여 교도작업특별회계를 설치한다.

① ㄱ, ㄴ

② ㄱ, ㄹ

③ ㄴ, ㄷ

④ ㄱ, ㄴ, ㄷ

08 민영교도소 등의 설치·운영에 관한 법령상 옳지 않은 것은?

① 민영교도소 등의 설치·운영에 관한 회계는 교도작업회계와 일반회계로 구분하며, 민영교도소에 수용된 수용자가 작업하여 발생한 수입은 국고수입으로 한다.

② 교정법인은 기본재산에 대하여 용도변경 또는 담보 제공의 행위를 하려면 기획재정부장관의 허가를 받아야 한다.

③ 민영교도소 등의 직원은 근무 중 법무부장관이 정하는 제복을 입어야 한다.

④ 법무부장관은 민영교도소 등의 직원이 위탁업무에 관하여 「민영교도소 등의 설치·운영에 관한 법률」에 따른 명령이나 처분을 위반하면 그 직원의 임면권자에게 해임이나 정직·감봉 등 징계처분을 하도록 명할 수 있다.

09 「치료감호 등에 관한 법률」상 옳은 것은?

① 마약·향정신성의약품·대마, 그 밖에 남용되거나 해독(害毒)을 끼칠 우려가 있는 물질이나 알코올을 식음(食飮)·섭취·흡입·흡연 또는 주입받는 습벽이 있거나 그에 중독된 자가 금고 이상의 형에 해당하는 죄를 범하여 치료감호의 선고를 받은 경우 치료감호시설 수용 기간은 1년을 초과할 수 없다.

② 구속영장에 의하여 구속된 피의자에 대하여 검사가 공소를 제기하지 아니하는 결정을 하고 치료감호 청구만을 하는 때에는 그 구속영장의 효력이 당연히 소멸하므로 검사는 법원으로부터 치료감호영장을 새로이 발부받아야 한다.

③ 치료감호와 형(刑)이 병과(倂科)된 경우에는 치료감호를 먼저 집행하며, 이 경우 치료감호의 집행기간은 형 집행기간에 포함되지 않는다.

④ 피치료감호자의 텔레비전 시청, 라디오 청취, 신문·도서의 열람은 일과시간이나 취침시간 등을 제외하고는 자유롭게 보장된다.

10 「소년법」상 보호처분에 대한 내용으로 옳은 것만을 모두 고르면?

ㄱ. 보호관찰관의 단기 보호관찰기간은 1년으로 한다.

ㄴ. 보호관찰관의 장기 보호관찰기간은 2년으로 한다. 다만, 소년부 판사는 보호관찰관의 신청에 따라 결정으로써 1년의 범위에서 한 번에 한하여 그 기간을 연장할 수 있다.

ㄷ. 보호자 또는 보호자를 대신하여 소년을 보호할 수 있는 자에게 감호 위탁하는 기간은 3개월로 하되, 소년부 판사는 결정으로써 3개월의 범위에서 한 번에 한하여 그 기간을 연장할 수 있다. 다만, 소년부 판사는 필요한 경우에는 언제든지 결정으로써 그 위탁을 종료시킬 수 있다.

ㄹ. 단기로 소년원에 송치된 소년의 보호기간은 3개월을 초과할 수 없다.

ㅁ. 장기로 소년원에 송치된 소년의 보호기간은 2년을 초과할 수 없다.

① ㄱ, ㄴ, ㄷ

② ㄱ, ㄴ, ㄹ

③ ㄱ, ㄴ, ㅁ

④ ㄷ, ㄹ, ㅁ

11 「형의 집행 및 수용자의 처우에 관한 법률」상 수용자 권리구제에 대한 설명으로 옳지 않은 것은?

① 소장은 수용자가 정당한 사유 없이 면담사유를 밝히지 아니하는 때에는 면담을 거부할 수 있다.

② 수용자는 그 처우에 관하여 불복하는 경우 법무부장관, 순회점검 공무원 또는 관할 지방법원장에게만 청원할 수 있다.

③ 수용자는 그 처우에 관하여 불복하여 순회점검 공무원에게 청원하는 경우 청원서가 아닌 말로도 할 수 있다.

④ 수용자는 청원, 진정, 소장과의 면담, 그 밖의 권리구제를 위한 행위를 하였다는 이유로 불이익한 처우를 받지 아니한다.

12 청소년범죄 관련 다이버전(diversion, 전환) 프로그램에 대한 설명으로 옳지 않은 것은?

① 다이버전은 형사사법기관이 통상적인 형사절차를 대체하는 절차를 활용하여 범죄인을 처리하는 제도를 말한다.

② 공식적인 형사처벌로 인한 낙인효과를 최소화하려는 목적을 갖고 있다.

③ 다이버전은 주체별로 '경찰에 의한 다이버전', '검찰에 의한 다이버전', '법원에 의한 다이버전' 등으로 분류하는 경우도 있다.

④ 경찰의 '선도조건부 기소유예 제도'가 대표적인 '기소전 다이버전' 프로그램이라고 할 수 있다.

13 회복적 사법(restorative justice)에 대한 설명으로 옳지 않은 것은?

① 경쟁적, 개인주의적 가치를 권장한다.

② 형사절차상 피해자의 능동적 참여와 감정적 치유를 추구한다.

③ 가족집단회합(family group conference)은 피해자와 가해자 및 양 당사자의 가족까지 만나 피해회복에 대해 논의하는 회복적 사법 프로그램 중 하나이다.

④ 사건의 처리과정이나 결과에 대한 보다 많은 정보를 피해자에게 제공해 줄 수 있다.

14 다음에서 설명하는 수용자 구금제도는?

> 이 제도는 '보호' 또는 '피난시설'이란 뜻을 갖고 있으며, 영국 켄트지방의 지역 이름을 따 시설을 운영했던 것에서 일반화되어 오늘날 소년원의 대명사로 사용되곤 한다. 주로 16세에서 21세까지의 범죄소년을 수용하여 직업훈련 및 학과교육 등을 실시함으로써 교정, 교화하려는 제도이다.

① 오번 제도(Auburn system)

② 보스탈 제도(Borstal system)

③ 카티지 제도(Cottage system)

④ 펜실베니아 제도(Pennsylvania system)

15 형의 집행 및 수용자의 처우에 관한 법령상 미결수용자의 처우에 대한 설명으로 옳지 않은 것은?

① 미결수용자는 무죄의 추정을 받으며, 미결수용자가 수용된 거실은 참관할 수 없다.

② 소장은 미결수용자의 신청에 따라 작업을 부과할 수 있으며, 이에 따라 작업이 부과된 미결수용자가 작업의 취소를 요청하는 경우에는 그 미결수용자의 의사, 건강 및 교도관의 의견 등을 고려하여 작업을 취소할 수 있다.

③ 소장은 미결수용자가 도주하거나 도주한 미결수용자를 체포한 경우 및 미결수용자가 위독하거나 사망한 경우에는 그 사실을 검사에게 통보하고, 기소된 상태인 경우에는 법원에도 지체없이 통보하여야 한다.

④ 소장은 미결수용자로서 사건에 서로 관련이 있는 사람은 분리수용하고 서로 간의 접촉을 금지하여야 하며, 만약 미결수용자를 이송, 출정 또는 그 밖의 사유로 교정시설 밖으로 호송하는 경우에는 반드시 해당 사건에 관련된 사람이 탑승한 호송 차량이 아닌 별도의 호송 차량에 탑승시켜야 한다.

16 형의 집행 및 수용자의 처우에 관한 법령상 수형자 교육과 교화프로그램에 대한 설명으로 옳지 않은 것은?

① 소장은 「교육기본법」 제8조의 의무교육을 받지 못한 수형자의 교육을 위하여 필요하면 수형자를 중간처우를 위한 전담교정 시설에 수용하여 외부 교육기관에의 통학, 외부 교육기관에서의 위탁교육을 받도록 할 수 있다.

② 소장은 수형자의 교정교화를 위하여 상담·심리치료, 그 밖의 교화프로그램을 실시하여야 하며, 수형자의 정서 함양을 위하여 필요하다고 인정하면 연극·영화관람, 체육행사, 그 밖의 문화예술활동을 하게 할 수 있다.

③ 소장은 특별한 사유가 없으면 교육기간 동안에는 교육대상자를 다른 기관으로 이송할 수 없다.

④ 소장은 수형자에게 학위취득 기회를 부여하기 위하여 독학에 의한 학사학위 취득과정을 설치·운영할 수 있다. 이 교육을 실시하는 경우 소요되는 비용은 특별한 사정이 없으면 국가의 부담으로 한다.

17 「전자장치 부착 등에 관한 법률」상 검사가 위치추적 전자장치 부착명령을 법원에 반드시 청구하여야 하는 경우는?

① 미성년자 대상 유괴범죄로 징역형의 실형 이상의 형을 선고받아 그 집행이 종료 또는 면제된 후 다시 미성년자 대상 유괴범죄를 저지른 경우

② 강도범죄를 2회 이상 범하여 그 습벽이 인정된 경우

③ 성폭력범죄로 징역형의 실형을 선고받은 사람이 그 집행을 종료한 후 또는 집행이 면제된 후 10년 이내에 성폭력범죄를 저지른 경우

④ 신체적 또는 정신적 장애가 있는 사람에 대하여 성폭력범죄를 저지른 경우

18 「보호관찰 등에 관한 법률」상 사회봉사명령과 수강명령에 대한 설명으로 옳지 않은 것은?

① 법원은 「형법」 제62조의2에 따른 사회봉사를 명할 때에는 500시간, 수강을 명할 때에는 200시간의 범위에서 그 기간을 정하여야 한다. 다만, 다른 법률에 특별한 규정이 있는 경우에는 그 법률에서 정하는 바에 따른다.

② 법원은 「형법」 제62조의2에 따른 사회봉사 또는 수강을 명하는 판결이 확정된 때부터 3일 이내에 판결문 등본 및 준수사항을 적은 서면을 피고인의 주거지를 관할하는 보호관찰소의 장에게 보내야 한다.

③ 사회봉사·수강명령 대상자는 주거를 이전하거나 10일 이상의 국외여행을 할 때에는 미리 보호관찰관에게 신고하여야 한다.

④ 사회봉사·수강명령 대상자가 사회봉사·수강명령 집행 중 금고 이상의 형의 집행을 받게 된 때에는 해당 형의 집행이 종료·면제되거나 사회봉사·수강명령 대상자가 가석방된 경우 잔여 사회봉사·수강명령을 집행한다.

19 「보호관찰 등에 관한 법률」상 보호관찰 심사위원회가 심사·결정하는 사항으로 옳지 않은 것은?

① 가석방과 그 취소에 관한 사항

② 임시퇴원, 임시퇴원의 취소 및 보호소년 등의 처우에 관한 법률 제43조 제3항에 따른 보호소년의 퇴원에 관한 사항

③ 보호관찰의 임시해제와 그 취소에 관한 사항

④ 보호관찰을 조건으로 한 형의 선고유예의 실효

20 낙인이론에 대한 설명으로 옳은 것만을 모두 고르면?

> ㄱ. 일탈·범죄행위에 대한 공식적·비공식적 통제
> 기관의 반응(reaction)과 이에 대해 일탈·범죄
> 행위자 스스로가 정의(definition)하는 자기관념
> 에 주목한다.
>
> ㄴ. 비공식적 통제기관의 낙인, 공식적 통제기관의
> 처벌이 2차 일탈·범죄의 중요한 동기로 작용한
> 다고 본다.
>
> ㄷ. 범죄행동은 보상에 의해 강화되고 부정적 반응이
> 나 처벌에 의해 중단된다고 설명한다.
>
> ㄹ. 형사정책상 의도하는 바는 비범죄화, 탈시설화
> 등이다.

① ㄴ, ㄹ

② ㄱ, ㄴ, ㄷ

③ ㄱ, ㄴ, ㄹ

④ ㄴ, ㄷ, ㄹ

01 형의 집행 및 수용자의 처우에 관한 법령상 수용에 대한 설명으로 옳지 않은 것은?

① 수형자의 교화 또는 건전한 사회복귀를 위하여 필요한 때에는 혼거수용을 할 수 있다.

② 처우상 독거수용의 경우에는 주간에는 교육·작업 등의 처우를 하여 일과에 따른 공동생활을 하게 하고, 휴업일과 야간에만 독거수용을 한다.

③ 계호상 독거수용의 경우에는 사람의 생명·신체의 보호 또는 교정시설의 안전과 질서유지를 위하여 항상 독거수용하고 다른 수용자와의 접촉을 금지한다. 다만, 수사·재판·실외운동·목욕·접견·진료 등을 위하여 필요한 경우에는 그러하지 아니하다.

④ 교도관은 모든 독거수용자를 수시로 시찰하여 건강상 또는 교화상 이상이 없는지 살펴야 한다.

02 지역사회교정(community-based corrections)에 대한 설명으로 옳지 않은 것은?

① 범죄자에 대한 인도주의적 처우, 사회복귀의 긍정적 효과 그리고 교정경비의 절감과 재소자관리상 이익의 필요성 등의 요청에 의해 대두되었다.

② 통상의 형사재판절차에 처해질 알코올중독자, 마약사용자, 경범죄자 등의 범죄인에 대한 전환(diversion) 방안으로 활용할 수 있다.

③ 범죄자에게 가족, 지역사회, 집단 등과의 유대관계를 유지하게 하여 지역사회 재통합 가능성을 높여줄 수 있다.

④ 사회 내 재범가능자들을 감시하고 지도함으로써 지역사회의 안전과 보호에 기여하고, 사법통제망을 축소시키는 효과를 기대할 수 있다.

03 형의 집행 및 수용자의 처우에 관한 법령상 귀휴제도에 대한 설명으로 옳지 않은 것은?

① 소장은 6개월 이상 형을 집행받은 수형자로서 그 형기의 3분의 1(21년 이상의 유기형 또는 무기형의 경우에는 7년)이 지나고 교정성적이 우수한 사람이 질병이나 사고로 외부의료시설에의 입원이 필요한 때에는 1년 중 20일 이내의 귀휴를 허가할 수 있다.

② 소장은 교화 또는 사회복귀 준비 등을 위하여 특히 필요한 경우에는 일반경비처우급 수형자에게도 귀휴를 허가할 수 있다.

③ 소장은 수형자의 가족 또는 수형자 배우자의 직계존속이 사망하거나 위독한 때에는 수형자에게 5일 이내의 특별귀휴를 허가할 수 있다.

④ 귀휴기간은 형 집행기간에 포함되며, 귀휴자의 여비와 귀휴 중 착용할 복장은 본인이 부담한다.

04 범죄원인론 중 고전주의 학파에 대한 설명으로 옳은 것만을 모두 고르면?

> ㄱ. 인간은 자유의사를 가진 합리적인 존재이다.
> ㄴ. 인간은 처벌에 대한 두려움 때문에 범죄를 선택하는 것이 억제된다.
> ㄷ. 범죄는 주로 생물학적·심리학적·환경적 원인에 의해 일어난다.
> ㄹ. 범죄를 효과적으로 제지하기 위해서는 처벌이 엄격·확실하고, 집행이 신속해야 한다.
> ㅁ. 인간에 대한 과학적 분석을 통해 범죄원인을 규명하고자 하였다.

① ㄱ, ㄴ, ㄷ   ② ㄱ, ㄴ, ㄹ

③ ㄴ, ㄷ, ㄹ   ④ ㄷ, ㄹ, ㅁ

05 「전자장치 부착 등에 관한 법률」상 전자장치 부착에 대한 설명으로 옳지 않은 것은? 〈변형〉

① 검사는 강도범죄로 징역형의 실형을 선고받은 사람이 그 집행을 종료한 후 8년 뒤 다시 강도범죄를 저지른 경우, 강도범죄를 다시 범할 위험성이 있다고 인정되는 때에는 부착명령을 법원에 청구할 수 있다.

② 전자장치 피부착자가 9일 간 국내여행을 하거나 출국할 때에는 미리 보호관찰관의 허가를 받아야 한다.

③ 보호관찰소의 장 또는 피부착자 및 그 법정대리인은 해당 보호관찰소를 관할하는 심사위원회에 부착명령의 임시해제를 신청할 수 있으며, 이 신청은 부착명령의 집행이 개시된 날부터 3개월이 경과한 후에 하여야 한다.

④ 만 19세 미만의 자에 대해서는 부착명령을 선고할 수 없다.

06 「소년법」상 형사사건의 처리에 대한 설명으로 옳은 것은?

① 검사가 소년피의사건에 대하여 소년부 송치결정을 한 경우에는 소년을 구금하고 있는 시설의 장은 검사의 이송 지휘를 받은 때로부터 법원 소년부가 있는 시·군에서는 12시간 이내에 소년을 소년부에 인도하여야 한다.

② 소년보호사건에서 소년부 판사는 사건의 조사 또는 심리에 필요하다고 인정하면 기일을 지정하여 사건 본인이나 보호자 또는 참고인을 소환할 수 있으며, 사건 본인이나 보호자가 정당한 이유 없이 소환에 응하지 아니하면 소년부 판사는 동행영장을 발부할 수 있다.

③ 보호처분이 계속 중일 때에 사건 본인에 대하여 유죄판결이 확정된 경우에 보호처분을 한 소년부 판사는 결정으로써 보호처분을 취소하여야 한다.

④ 죄를 범할 당시 19세 미만인 소년에 대하여 사형 또는 무기형으로 처할 경우에는 15년의 유기징역으로 한다.

07 낙인이론에 대한 설명으로 옳지 않은 것은?

① 탄넨바움(F. Tannenbaum)은 공공에 의해 부여된 범죄자라는 꼬리표에 비행소년 스스로가 자신을 동일시하고 그에 부합하는 역할을 수행하게 되는 과정을 '악의 극화(dramatization of evil)'라고 하였다.

② 슈어(E. Schur)는 사람에게 범죄적 낙인이 일단 적용되면, 그 낙인이 다른 사회적 지위나 신분을 압도하게 되므로 일탈자로서의 신분이 그 사람의 '주지위(master status)'로 인식된다고 하였다.

③ 레머트(E. Lemert)는 1차적 일탈에 대하여 부여된 사회적 낙인으로 인해 일탈적 자아개념이 형성되고, 이 자아개념이 직접 범죄를 유발하는 요인으로 작용하여 2차적 일탈이 발생된다고 하였다.

④ 베커(H. Becker)는 금지된 행동에 대한 사회적 반응이 2차적 일탈을 부추길 뿐 아니라 사회집단이 만든 규율을 특정인이 위반한 경우 '이방인(outsider)'으로 낙인찍음으로써 일탈을 창조한다고 하였다.

08 형의 집행 및 수용자의 처우에 관한 법령상 수형자의 분류심사에 대한 설명으로 옳은 것은?

① 법무부장관은 분류심사를 전담하는 교정시설을 지정·운영하는 경우에는 지방교정청별로 2개소 이상이 되도록 하여야 한다.

② 개별처우계획을 수립하기 위한 분류심사는 매월 초일부터 말일까지 형집행지휘서가 접수된 수형자를 대상으로 하며, 그 다음 달까지 완료하여야 한다. 다만, 특별한 사유가 있는 경우에는 그 기간을 연장할 수 있다.

③ 소장은 분류심사를 위하여 수형자와 그 가족을 대상으로 상담 등을 통해 수형자 신상에 관한 개별사안의 조사, 심리·지능·적성검사, 그 밖에 필요한 검사를 할 수 있다.

④ 징역형·금고형이 확정된 사람으로서 집행할 형기가 형집행지휘서 접수일부터 6개월 미만인 사람 또는 구류형이 확정된 사람에 대해서는 분류심사를 하지 아니한다.

09 수형자 분류에 대한 설명으로 옳지 않은 것은?

① 미네소타 다면적 인성검사(MMPI)는 인성에 기초한 수형자 분류방법으로서, 비정상적인 행동을 객관적으로 측정하기 위한 수단으로 만들어졌다.

② 대인적 성숙도검사(I-Level)는 수형자를 지적 능력에 따라 분류하기 위해 사용하는 도구로서, 전문가의 도움 없이 교도관들이 분류심사에 활용할 수 있어 비용이 적게 든다는 장점이 있다.

③ 수형자에 대한 분류는 1597년 네덜란드의 암스테르담 노역장에서 남녀혼거의 폐해를 막기 위하여 남자로부터 여자를 격리수용한 것에서부터 시작되었다고 한다.

④ 우리나라에서는 1894년 갑오개혁으로 「징역표」가 제정되면서 수형자 분류사상이 처음으로 도입되었다고 한다.

10 재소자의 교도소화와 하위문화에 대한 설명으로 옳지 않은 것은?

① 클레머(D. Clemmer)는 수용기간이 장기화될수록 재소자의 교도소화가 강화된다고 한다.

② 휠러(S. Wheeler)는 재소자의 교도관에 대한 친화성 정도가 입소 초기와 말기에는 높고, 중기에는 낮다고 하면서 교도소화의 정도가 U자형 곡선 모양을 보인다고 한다.

③ 서덜랜드(E. Sutherland)와 크레시(D. Cressey)는 재소자가 지향하는 가치를 기준으로 범죄지향적 부문화, 수형지향적 부문화, 합법지향적 부문화로 구분하고, 수형지향적 재소자는 자신의 수용생활을 보다 쉽고 편하게 보내는 데 관심을 둘 뿐만 아니라, 이를 이용하여 출소 후의 생활을 원활히 하는 데 많은 관심을 둔다고 한다.

④ 슈랙(C. Schrag)은 재소자의 역할유형을 고지식자(square Johns), 정의한(right guys), 정치인(politicians), 무법자(outlaws)로 구분하고, 고지식자는 친사회적 수형자로서 교정시설의 규율에 동조하며 법을 준수하는 생활을 긍정적으로 지향하는 유형이라고 한다.

11 형의 집행 및 수용자의 처우에 관한 법령상 청원에 대한 설명으로 옳지 않은 것은?

① 수용자는 그 처우에 관하여 불복하는 경우 법무부장관·순회점검공무원 또는 관할 지방교정청장에게 청원할 수 있다.

② 청원하려는 수용자는 청원서를 작성하여 봉한 후 소장에게 제출하여야 한다. 다만, 순회점검공무원에 대한 청원은 말로도 할 수 있다.

③ 소장은 청원서를 개봉하여서는 아니 되며, 이를 지체 없이 법무부장관·순회점검공무원 또는 관할 지방교정청장에게 보내거나 순회점검공무원에게 전달하여야 한다.

④ 소장은 수용자가 관할 지방교정청장에게 청원하는 경우에는 그 인적사항을 청원부에 기록하여야 한다.

12 형의 집행 및 수용자의 처우에 관한 법령상 편지수수와 전화통화에 대한 설명으로 옳은 것은? 〈변형〉

① 소장은 처우등급이 중(重)경비시설 수용대상인 수형자가 변호인 외의 자에게 편지를 보내려는 경우 법령에 따라 금지된 물품이 들어있는지 확인을 위하여 필요한 경우에는 편지를 봉함하지 않은 상태로 제출하게 할 수 있다.

② 소장은 「형의 집행 및 수용자의 처우에 관한 법률」에 의하여 발신 또는 수신이 금지된 편지는 수용자에게 그 사유를 알린 후 즉시 폐기하여야 한다.

③ 수용자가 허가를 받아 교정시설의 외부에 있는 사람과 전화통화를 하는 경우 소장은 통화내용을 청취 또는 녹음을 하여야 한다.

④ 수용자가 외부에 있는 사람과 전화통화를 하는 경우 전화통화요금은 소장이 예산의 범위에서 부담하되, 국제통화요금은 수용자가 부담한다.

13 다음은 브럼스타인(A. Blumstein)이 주장한 교도소 과밀화 해소방안 전략 중 어느 것에 해당하는가?

> • 교정 이전단계에서 범죄자를 보호관찰, 가택구금, 벌금형, 배상처분, 사회봉사명령 등 비구금적 제재로 전환시킴으로써 교정시설에 수용되는 인구 자체를 줄이자는 전략이다.
> • 이 전략은 강력범죄자에게는 적용이 적절하지 않기 때문에 일부 경미범죄자나 초범자들에게만 적용가능하다는 한계가 있다.

① 무익한 전략(null strategy)
② 선별적 무능력화(selective incapacitation)
③ 정문정책(front-door policy)
④ 후문정책(back-door policy)

14 「민영교도소 등의 설치 · 운영에 관한 법률」상 민영교도소 등의 설치 · 운영에 대한 설명으로 옳지 않은 것은?

① 법무부장관은 필요하다고 인정하면 교정업무를 공공단체 외의 법인 · 단체 또는 그 기관이나 개인에게 위탁할 수 있다. 다만, 교정업무를 포괄적으로 위탁하여 한 개 또는 여러 개의 교도소 등을 설치 · 운영하도록 하는 경우에는 법인에만 위탁할 수 있다.
② 교정업무의 민간 위탁계약 기간은 수탁자가 교도소 등의 설치비용을 부담하는 경우는 10년 이상 20년 이하, 그 밖의 경우는 1년 이상 5년 이하로 하되, 그 기간은 갱신할 수 있다.
③ 교정법인의 대표자는 그 교정법인이 운영하는 민영교도소 등의 장을 겸할 수 없고, 이사는 감사나 해당 교정법인이 운영하는 민영교도소 등의 장이나 직원을 겸할 수 없다.
④ 법무부장관은 민영교도소 등의 업무 및 그와 관련된 교정법인의 업무를 지도 · 감독하며, 필요한 경우 지시나 명령을 할 수 있다. 다만, 수용자에 대한 교육과 교화프로그램에 관하여는 그 교정법인의 의견을 최대한 존중하여야 한다.

15 「형의 집행 및 수용자의 처우에 관한 법률」상 안전과 질서에 대한 설명으로 옳은 것만을 모두 고르면?

> ㄱ. 소장은 수용자가 자살 또는 자해의 우려가 있는 때에는 의무관의 의견을 고려하여 진정실에 수용할 수 있다.
> ㄴ. 교도관은 자살 · 자해 · 도주 · 폭행 · 손괴, 그 밖에 수용자의 생명 · 신체를 해하거나 시설의 안전 또는 질서를 해하는 행위(이하 "자살 등"이라 한다)를 방지하기 위하여 필요한 범위에서 전자장비를 이용하여 수용자 또는 시설을 계호할 수 있다. 다만, 전자영상장비로 거실에 있는 수용자를 계호하는 것은 자살 등의 우려가 큰 때에만 할 수 있다.
> ㄷ. 교도관은 수용자가 위력으로 교도관의 정당한 직무집행을 방해하는 때에는 수갑 · 포승을 사용할 수 있다.
> ㄹ. 교도관은 수용자가 다른 사람에게 위해를 끼치거나 끼치려고 하는 때에는 무기를 사용할 수 있다.

① ㄱ, ㄷ
② ㄱ, ㄹ
③ ㄴ, ㄷ
④ ㄴ, ㄹ

16 「치료감호 등에 관한 법률」상 치료감호에 대한 설명으로 옳은 것은?

① 법원은 치료감호사건을 심리하여 그 청구가 이유 없다고 인정할 때 또는 피고사건에 대하여 심신상실 외의 사유로 무죄를 선고하거나 사형을 선고할 때에는 판결로써 청구기각을 선고하여야 한다.

② 근로에 종사하는 피치료감호자에게는 근로의욕을 북돋우고 석방 후 사회정착에 도움이 될 수 있도록 법무부장관이 정하는 바에 따라 작업장려금을 지급할 수 있다.

③ 치료감호심의위원회는 치료감호만을 선고받은 피치료감호자에 대한 집행이 시작된 후 6개월이 지났을 때에는 상당한 기간을 정하여 그의 법정대리인, 배우자, 직계친족, 형제자매에게 치료감호시설 외에서의 치료를 위탁할 수 있다.

④ 「형법」상 살인죄(제250조 제1항)의 죄를 범한 자의 치료감호 기간을 연장하는 신청에 대한 검사의 청구는 치료감호기간 또는 치료감호가 연장된 기간이 종료하기 3개월 전까지 하여야 한다.

17 교도작업의 운영 및 특별회계에 관한 법령상 교도작업 및 특별회계에 대한 설명으로 옳지 않은 것은?

① 소장은 민간기업과 처음 교도작업에 대한 계약을 할 때에는 지방교정청장의 승인을 받아야 한다. 다만, 계약기간이 3개월 이하인 경우에는 승인을 요하지 아니하다.

② 교도작업의 종류는 직영작업·위탁작업·노무작업·도급작업으로 구분한다.

③ 소장은 교도작업을 중지하려면 지방교정청장의 승인을 받아야 한다.

④ 특별회계의 세입·세출의 원인이 되는 계약을 담당하는 계약담당자는 계약을 수의계약으로 하려면 「교도관직무규칙」 제21조에 따른 교도관회의의 심의를 거쳐야 한다.

18 「형법」상 벌금과 과료에 대한 설명으로 옳지 않은 것은?

① 벌금은 5만 원 이상으로 하되 감경하는 경우에는 5만 원 미만으로 할 수 있으며, 과료는 2천원 이상 5만 원 미만으로 한다.

② 벌금과 과료는 판결확정일로부터 30일 내에 납입하여야 한다. 단, 벌금 또는 과료를 선고할 때에는 동시에 그 금액을 완납할 때까지 노역장에 유치할 것을 명할 수 있다.

③ 선고하는 벌금이 1억 원 이상 5억 원 미만인 경우에는 300일 이상, 5억 원 이상 50억 원 미만인 경우에는 500일 이상, 50억 원 이상인 경우에는 1,000일 이상의 유치기간을 정하여야 한다.

④ 벌금을 납입하지 아니한 자는 1일 이상 3년 이하, 과료를 납입하지 아니한 자는 1일 이상 30일 미만의 기간 노역장에 유치하여 작업에 복무하게 한다.

19 「보호소년 등의 처우에 관한 법률」상 보호소년의 수용·보호에 대한 설명으로 옳지 않은 것은?

① 소년원장은 분류수용, 교정교육상의 필요, 그 밖의 이유로 보호소년을 다른 소년원으로 이송하는 것이 적당하다고 인정하면 법무부장관의 허가를 받아 이송할 수 있다.

② 보호소년이 사용하는 목욕탕, 세면실 및 화장실에 전자영상장비를 설치하여 운영하는 것은 이탈·난동·폭행·자해·자살, 그 밖에 보호소년의 생명·신체를 해치거나 시설의 안전 또는 질서를 해치는 행위의 우려가 큰 때에만 할 수 있다.

③ 소년원장은 공동으로 비행을 저지른 관계에 있는 사람의 편지인 경우 등 보호소년의 보호 및 교정교육에 지장이 있다고 인정되는 경우에는 보호소년의 편지 왕래를 제한할 수 있으며, 편지의 내용을 검사할 수 있다.

④ 소년원장은 미성년자인 보호소년이 친권자나 후견인이 없거나 있어도 그 권리를 행사할 수 없을 때에는 법원의 허가를 받아 적당한 자로 하여금 그 보호소년을 위하여 친권자나 후견인의 직무를 행사하게 하여야 한다.

20 바톨라스(C. Bartollas)의 소년교정모형에 대한 설명이다. 〈보기 1〉에 제시된 설명과 〈보기 2〉에서 제시된 교정모형을 옳게 짝 지은 것은?

〈보기 1〉

ㄱ. 비행소년은 통제할 수 없는 요인에 의해서 범죄자로 결정되어졌으며, 이들은 사회적 병질자이기 때문에 처벌의 대상이 아니라 치료의 대상이다.

ㄴ. 범죄소년은 치료의 대상이지만 합리적이고 책임 있는 결정을 할 수 있다고 하면서, 현실요법·집단지도상호작용·교류분석 등의 처우를 통한 범죄소년의 사회재통합을 강조한다.

ㄷ. 비행소년에 대해서 소년사법이 개입하게 되면 낙인의 부정적 영향 등으로 인해 지속적으로 법을 어길 가능성이 증대되므로, 청소년을 범죄소년으로 만들지 않는 길은 시설에 수용하지 않는 것이다.

ㄹ. 지금까지 소년범죄자에 대하여 시도해 온 다양한 처우모형들이 거의 실패했기 때문에 유일한 대안은 강력한 조치로서 소년범죄자에 대한 훈육과 처벌뿐이다.

〈보기 2〉

A. 의료모형
B. 적응(조정)모형
C. 범죄통제모형
D. 최소제한(제약)모형

	ㄱ	ㄴ	ㄷ	ㄹ
①	A	B	C	D
②	A	B	D	C
③	A	C	D	B
④	B	A	D	C

회독수 √체크 ①②③

▲ 모바일 OMR

01 「형의 집행 및 수용자의 처우에 관한 법률」상 용어에 대한 설명으로 옳지 않은 것은?

① '수용자'란 법률과 적법한 절차에 따라 교정시설에 수용된 사람으로서 수형자 및 미결수용자는 물론이고 사형확정자까지도 포함한다.

② '수형자'란 징역형·금고형 또는 구류형의 선고를 받아 그 형이 확정되어 교정시설에 수용된 사람을 말하며, 벌금 또는 과료를 완납하지 아니하여 노역장 유치명령을 받아 교정시설에 수용된 사람은 제외한다.

③ '미결수용자'란 형사피고인 또는 형사피의자로서 체포되거나 구속영장의 집행을 받아 교정시설에 수용된 사람을 말한다.

④ '사형확정자'란 사형의 선고를 받아 그 형이 확정되어 교정시설에 수용된 사람을 말한다.

02 범죄자 처우의 모델에 대한 설명으로 옳지 않은 것은?

① 개선모델 – 가혹한 형벌을 지양하고 개선과 교화를 강조한다.

② 의료(치료·갱생)모델 – 수용자에 대한 강제적 처우로 인권침해라는 비판을 받았다.

③ 사법(정의·공정)모델 – 갱생에 대한 회의론과 의료모델로의 회귀경향이 맞물려 등장하였다.

④ 재통합모델 – 범죄자와 지역사회의 유대 및 지역사회에 기초한 처우를 중요시한다.

03 다음 사례에 해당하는 중화의 기술을 옳게 짝 지은 것은?

(가) 친구의 물건을 훔치면서 잠시 빌린 것이라고 주장하는 경우

(나) 술에 취해서 자기도 모르는 사이에 저지른 범행이라고 주장하는 경우

	(가)	(나)
①	가해(손상)의 부정	책임의 부정
②	가해(손상)의 부정	비난자에 대한 비난
③	책임의 부정	비난자에 대한 비난
④	피해자의 부정	충성심에 대한 호소

04 머튼(Merton)이 제시한 아노미 상황에서의 적응양식 중에서 기존 사회체제를 거부하는 혁명가(A)와 알코올 중독자(B)에 해당하는 유형을 옳게 짝 지은 것은?

적응양식의 유형	문화적 목표	제도화된 수단
㉠	+	+
㉡	+	−
㉢	−	+
㉣	−	−
㉤	±	±

※ +는 수용, −는 거부, ±는 제3의 대안을 추구하는 것을 의미

	(A)	(B)
①	㉣	㉢
②	㉡	㉤
③	㉤	㉣
④	㉤	㉢

05 「소년법」상 소년 형사절차에 대한 설명으로 옳지 않은 것은?

① 소년에 대한 구속영장은 부득이한 경우가 아니면 발부할 수 없다.

② 형의 집행유예를 선고하면서 부정기형을 선고할 수 있다.

③ 소년에 대한 형사사건은 다른 피의사건과 관련된 경우에도 분리하여 심리하는 것이 원칙이다.

④ 18세 미만인 소년에게는 노역장유치를 선고할 수 없다.

06 구금방법에 대한 설명으로 옳지 않은 것은?

① 펜실베니아시스템(Pennsylvania System)은 독거생활을 통한 반성과 참회를 강조한다.

② 오번시스템(Auburn System)은 도덕적 개선보다 노동습관의 형성을 더 중요시한다.

③ 펜실베니아시스템은 윌리엄 펜(William Penn)의 참회사상에 기초하여 창안되었으며 침묵제 또는 교담금지제로 불린다.

④ 오번시스템은 엘람 린즈(Elam Lynds)가 창안하였으며 반독거제 또는 완화독거제로 불린다.

07 「소년법」상 보호처분에 대한 설명으로 옳지 않은 것은?

① 사회봉사명령은 200시간을, 수강명령은 100시간을 초과할 수 없으며, 보호관찰관이 그 명령을 집행할 때에는 사건 본인의 정상적인 생활을 방해하지 아니하도록 하여야 한다.

② 보호처분이 계속 중일 때에 사건 본인이 처분 당시 19세 이상인 것으로 밝혀진 경우에는 소년부 판사는 결정으로써 그 보호처분을 취소하여야 한다.

③ 장기 보호관찰처분을 할 때에는 해당 보호관찰기간 동안 야간 등 특정 시간대의 외출을 제한하는 명령을 보호관찰대상자의 준수 사항으로 부과할 수 있다.

④ 사회봉사명령은 14세 이상의 소년에게만 할 수 있으며, 수강명령은 12세 이상의 소년에게만 할 수 있다.

08 「소년법」상 소년부 판사가 취할 수 있는 임시조치로 옳지 않은 것은?

① 보호자에게 1개월간 감호 위탁

② 요양소에 3개월간 감호 위탁

③ 소년분류심사원에 3개월간 감호 위탁

④ 소년을 보호할 수 있는 적당한 자에게 1개월간 감호 위탁

09 형의 집행 및 수용자의 처우에 관한 법령상 분류심사에 대한 설명으로 옳은 것만을 모두 고른 것은?

> ㄱ. 교정시설의 장은 분류심사를 위하여 수형자를 대상으로 상담 등을 통한 신상에 관한 개별사안의 조사, 심리·지능·적성 검사, 그 밖에 필요한 검사를 할 수 있다.
>
> ㄴ. 개별처우계획을 조정할 것인지를 결정하기 위한 분류심사는 정기재심사, 부정기재심사, 특별재심사로 구분된다.
>
> ㄷ. 경비처우급의 조정을 위한 평정소득점수 기준은 수용 및 처우를 위하여 필요한 경우 법무부장관이 달리 정할 수 있다.
>
> ㄹ. 교정시설의 장은 수형자가 부상이나 질병, 그 밖의 부득이한 사유로 작업 또는 교육을 받지 못한 경우에는 3점 이내의 범위에서 작업 또는 교육 성적을 부여할 수 있다.
>
> ㅁ. 조정된 처우등급에 따른 처우는 그 조정이 확정된 다음 날부터 한다. 이 경우 조정된 처우등급은 조정이 확정된 날부터 적용된 것으로 본다.

① ㄱ, ㄴ, ㄷ
② ㄱ, ㄷ, ㄹ
③ ㄴ, ㄷ, ㅁ
④ ㄴ, ㄹ, ㅁ

10 형의 집행 및 수용자의 처우에 관한 법령상 교도작업 등에 대한 설명으로 옳은 것만을 모두 고른 것은?

> ㄱ. 교정시설의 장은 수형자에게 부상·질병, 그 밖에 작업을 계속하기 어려운 특별한 사정이 있으면 그 사유가 해소될 때까지 작업을 면제할 수 있다.
>
> ㄴ. 교정시설의 장은 수형자가 개방처우급 또는 완화경비처우급으로서 작업기술이 탁월하고 작업성적이 우수한 경우에는 수형자 자신을 위한 개인작업을 하게 할 수 있다.
>
> ㄷ. 교정시설의 장은 관할 지방교정청장의 승인을 받아 수형자에게 부과하는 작업의 종류를 정한다.
>
> ㄹ. 작업장려금은 본인의 가족생활 부조, 교화 또는 건전한 사회복귀를 위하여 특히 필요하면 석방 전이라도 그 전부 또는 일부를 지급할 수 있다.
>
> ㅁ. 교정시설의 장은 수형자의 가족이 사망하면 3일간 해당 수형자의 작업을 면제한다.

① ㄱ, ㄴ, ㄷ
② ㄱ, ㄴ, ㄹ
③ ㄱ, ㄷ, ㅁ
④ ㄷ, ㄹ, ㅁ

11 〈보기 1〉에 제시된 설명과 〈보기 2〉에 제시된 학자를 옳게 짝 지은 것은?

───── 〈보기 1〉 ─────

ㄱ. 감옥개량의 선구자로 인도적인 감옥개혁을 주장 하였다.

ㄴ. 『범죄와 형벌』을 집필하고 죄형법정주의를 강조 하였다.

ㄷ. 파놉티콘(Panopticon)이라는 감옥형태를 구상하 였다.

ㄹ. 범죄포화의 법칙을 주장하였다.

───── 〈보기 2〉 ─────

A. 베까리아(Beccaria)　　B. 하워드(Howard)
C. 벤담(Bentham)　　　D. 페리(Ferri)

	ㄱ	ㄴ	ㄷ	ㄹ
①	A	B	C	D
②	C	A	B	D
③	B	A	C	D
④	B	A	D	C

12 「형의 집행 및 수용자의 처우에 관한 법률」의 내용으로 옳지 않은 것은?

① 법무부장관은 교정시설의 설치 및 운영에 관한 업무 의 일부를 법인 또는 개인에게 위탁할 수 있다.

② 법무부장관은 교정시설의 운영, 교도관의 복무, 수 용자의 처우 및 인권실태 등을 파악하기 위하여 매 월 1회 이상 교정시설을 순회점검하거나 소속 공무 원으로 하여금 순회점검하게 하여야 한다.

③ 수형자가 소년교도소에 수용 중에 19세가 된 경우 에도 교육·교화프로그램, 작업, 직업훈련 등을 실 시하기 위하여 특히 필요하다고 인정되면 23세가 되기 전까지는 계속하여 수용할 수 있다.

④ 교정시설의 장은 법률이 정한 사유가 있는 수형자에 게 5일 이내의 특별귀휴를 허가할 수 있다.

13 「형의 집행 및 수용자의 처우에 관한 법률 시행규칙」상 〈보기 1〉의 경비처우급과 〈보기 2〉의 작업기준을 바르 게 연결한 것은?

───── 〈보기 1〉 ─────

ㄱ. 개방처우급　　　ㄴ. 중(重)경비처우급
ㄷ. 완화경비처우급　　ㄹ. 일반경비처우급

───── 〈보기 2〉 ─────

A. 개방지역작업 및 필요시 외부통근작업 가능

B. 구내작업 및 필요시 개방지역작업 가능

C. 외부통근작업 및 개방지역작업 가능

D. 필요시 구내작업 가능

① ㄱ - A
② ㄴ - C
③ ㄷ - D
④ ㄹ - B

14 형의 집행 및 수용자의 처우에 관한 법령상 교정시설의 시찰 및 참관에 대한 설명으로 옳지 않은 것은?

① 교정시설의 장은 판사와 검사 외의 사람이 교정시설 의 참관을 신청하는 경우에는 그 성명·직업·주 소·나이·성별 및 참관 목적을 확인한 후 허가 여 부를 결정하여야 한다.

② 판사와 검사 외의 사람은 교정시설을 참관하려면 학 술연구 등 정당한 이유를 명시하여 관할 지방교정 청장의 허가를 받아야 한다.

③ 판사 또는 검사가 교정시설을 시찰할 경우에는 미리 그 신분을 나타내는 증표를 교정시설의 장에게 제 시해야 한다.

④ 교정시설의 장은 판사 또는 검사가 교정시설을 시찰 할 경우 교도관에게 시찰을 요구받은 장소를 안내 하게 해야 한다.

15 현행 법령상 형벌에 대한 설명으로 옳지 않은 것은?

① 죄를 범할 당시 18세 미만인 소년에 대해서는 사형을 선고할 수 없다.

② 유기징역은 1개월 이상 30년 이하로 하며, 형을 가중하는 경우에는 50년까지 가능하다.

③ 형을 병과할 경우에는 그 형의 일부에 대하여 집행을 유예할 수 있다.

④ 형의 선고유예를 받은 날부터 1년을 경과한 때에는 면소된 것으로 간주한다.

16 「형의 집행 및 수용자의 처우에 관한 법률」상 여성수용자의 처우에 대한 설명으로 옳지 않은 것은?

① 교정시설의 장은 여성수용자에 대하여 건강검진을 실시하는 경우에는 나이·건강 등을 고려하여 부인과질환에 관한 검사를 포함시켜야 한다.

② 교정시설의 장은 수용자가 미성년자인 자녀와 접견하는 경우 접촉차단시설이 없는 장소에서 접견하게 할 수 있다.

③ 교정시설의 장은 여성수용자에 대하여 상담·교육·작업 등을 실시하는 때에는 여성교도관이 담당하도록 하여야 한다. 다만, 여성교도관이 부족하거나 그 밖의 부득이한 사정이 있으면 그러하지 아니하다.

④ 교정시설의 장은 수용자가 임신 중이거나 출산(유산·사산은 포함되지 않음)한 경우에는 모성보호 및 건강유지를 위하여 정기적인 검진 등 적절한 조치를 하여야 한다.

17 「형의 집행 및 수용자의 처우에 관한 법률 시행규칙」상 직업훈련에 대한 설명으로 옳지 않은 것은?

① 직업훈련의 직종 선정 및 훈련과정별 인원은 지방교정청장의 승인을 받아 교정시설의 장이 정한다.

② 교정시설의 장은 소년수형자의 선도를 위하여 필요한 경우에는 직업훈련에 필요한 기본소양을 갖추었다고 인정할 수 없더라도 직업훈련 대상자로 선정하여 교육할 수 있다.

③ 교정시설의 장은 15세 미만의 수형자를 직업훈련 대상자로 선정해서는 아니 된다.

④ 교정시설의 장은 직업훈련 대상자가 징벌대상행위의 혐의가 있어 조사를 받게 된 경우 직업훈련을 보류할 수 있다.

18 현행 법령상 가석방제도에 대한 설명으로 옳지 않은 것은? 〈변형〉

① 가석방은 행정처분의 일종이다.

② 가석방심사위원회는 위원장을 포함한 5명 이상 9명 이하의 위원으로 구성한다.

③ 가석방심사위원회는 가석방 적격결정을 하였으면 5일 이내에 법무부장관에게 가석방 허가를 신청하여야 한다.

④ 가석방취소자의 남은 형기 기간은 가석방을 실시한 다음 날부터 원래 형기의 종료일까지로 하고, 남은 형기 집행 기산일은 가석방을 실시한 다음 날로 한다.

19 「치료감호 등에 관한 법률」상 보호관찰에 대한 설명으로 옳지 않은 것은?

① 보호관찰의 기간은 3년으로 한다.

② 피치료감호자에 대한 치료감호가 가종료되었을 때 보호관찰이 시작된다.

③ 피치료감호자가 치료감호시설 외에서 치료받도록 법정대리인 등에게 위탁되었을 때 보호관찰이 시작된다.

④ 치료감호심의위원회의 치료감호 종료결정이 있어도 보호관찰기간이 남아 있다면 보호관찰은 계속된다.

20 「형의 집행 및 수용자의 처우에 관한 법률 시행령」에 따를 때, 괄호 안에 들어갈 내용을 옳게 짝 지은 것은?

- 미결수용자의 접견 횟수는 (㉠)로 하되, 변호인과의 접견은 그 횟수에 포함시키지 않는다.
- 교정시설의 장은 19세 미만의 수용자와 계호상 독거수용자에 대하여 (㉡) 이상 건강검진을 하여야 한다.
- 교정시설의 장은 작업의 특성, 계절, 그 밖의 사정을 고려하여 수용자의 목욕횟수를 정하되 부득이한 사정이 없으면 (㉢) 이상이 되도록 한다.

	㉠	㉡	㉢
①	매일 1회	6개월에 1회	매주 1회
②	매일 1회	1년에 1회	매주 1회
③	매주 1회	6개월에 1회	매주 1회
④	매주 1회	1년에 1회	매월 1회

PART 5
형사소송법개론

- 2022년 국가직 9급

- 2021년 국가직 9급

- 2020년 국가직 9급

- 2019년 국가직 9급

- 2018년 국가직 9급

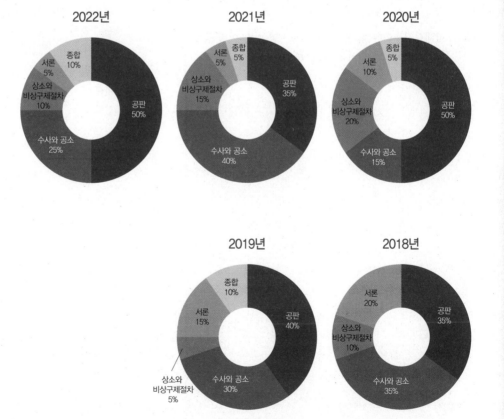

2022년
- 공판 50%
- 수사와 공소 25%
- 상소와 비상구제절차 10%
- 서론 5%
- 종합 10%

2021년
- 공판 35%
- 수사와 공소 40%
- 상소와 비상구제절차 15%
- 서론 5%
- 종합 5%

2020년
- 공판 50%
- 수사와 공소 15%
- 상소와 비상구제절차 20%
- 서론 10%
- 종합 5%

2019년
- 공판 40%
- 수사와 공소 30%
- 상소와 비상구제절차 5%
- 서론 15%
- 종합 10%

2018년
- 공판 35%
- 수사와 공소 35%
- 상소와 비상구제절차 10%
- 서론 20%

01 형사소송의 이념과 기본원칙에 대한 설명으로 옳지 않은 것은?(다툼이 있는 경우 판례에 의함)

① 「헌법」과 「형사소송법」이 정한 절차에 따르지 아니하고 수집한 증거는 물론 이를 기초로 하여 획득한 2차적 증거 역시 기본적 인권보장을 위해 마련된 적법한 절차에 따르지 않은 것으로 원칙적으로 유죄인정의 증거로 삼을 수 없다.

② 검사와 피고인 쌍방이 항소한 경우에 제1심 선고형기 경과 후 제2심 공판이 개정되었다면 이는 위법으로서 신속한 재판을 받을 권리를 박탈한 것이다.

③ 신속한 재판을 받을 권리는 주로 피고인의 이익을 보호하기 위하여 인정된 기본권이지만 동시에 실체적 진실 발견, 소송경제, 재판에 대한 국민의 신뢰와 형벌목적의 달성과 같은 공공의 이익에도 근거가 있기 때문에 어느 면에서는 이중적 성격을 갖고 있다고 할 수 있다.

④ 실체진실주의는 형사소송의 지도이념이며, 이를 공판절차에서 구현하기 위하여 「형사소송법」은 법원이 직권에 의한 증거조사를 할 수 있도록 하고 있다.

02 진술거부권에 대한 설명으로 옳은 것만을 모두 고르면? (다툼이 있는 경우 판례에 의함)

ㄱ. 진술거부권은 형사책임과 관련하여 형사절차에서 보장되는 것이므로 행정절차나 국회의 조사절차 등에서는 자기에게 불리한 사실을 묵비할 권리가 인정되지 않는다.

ㄴ. 「헌법」 제12조 제2항은 형사상 자기에게 불리한 진술을 강요당하지 아니한다고 규정하고 있으나, 피고인 또는 피의자는 자기에게 유리한 내용이더라도 그 진술을 거부할 수 있다.

ㄷ. 진술거부권은 형사절차의 피고인 또는 피의자에게 인정되는 권리이므로 피내사자나 참고인에게는 인정되지 않는다.

ㄹ. 재판장은 인정신문을 하기 전에 피고인에게 진술거부권을 고지하여야 하고, 공판기일마다 고지할 필요는 없으나 공판절차를 갱신하는 경우에는 다시 고지하여야 한다.

ㅁ. 진술거부권이 보장되는 절차에서 진술거부권을 고지받을 권리는 「헌법」 제12조 제2항에 의하여 바로 도출되므로 별도의 입법적 뒷받침이 필요 없다.

① ㄱ, ㄴ
② ㄴ, ㄷ
③ ㄴ, ㄹ
④ ㄹ, ㅁ

03 친고죄에서의 고소에 대한 설명으로 옳은 것은?(다툼이 있는 경우 판례에 의함)

① 수사기관이 고소권자를 증인 또는 피해자로서 신문한 경우 그 진술에 범인의 처벌을 요구하는 고소권자의 의사표시가 포함되어 있고 그 의사표시가 조서에 기재되어 있다면, 친고죄의 고소는 적법하다.

② 피고인과 고소인이 작성한 합의서가 제1심 법원에 제출된 경우에는 고소취소의 효력이 있고, 고소인이 제1심 법정에서 이를 번복하는 증언을 하더라도 그 고소취소의 효력에는 영향이 없다.

③ 친고죄에서 적법한 고소가 있었는지는 엄격한 증명의 대상이 되고, 일죄의 관계에 있는 범죄사실 일부에 대한 고소의 효력은 일죄 전부에 대하여 미친다.

④ 고소는 제1심 판결 선고 전까지 취소할 수 있으나 상소심에서 제1심 공소기각판결을 파기하고 이 사건을 제1심으로 환송한 경우 환송받은 제1심에서는 판결 선고 전이더라도 친고죄에서의 고소를 취소할 수 없다.

04 국민참여재판에 대한 설명으로 옳지 않은 것은?(다툼이 있는 경우 판례에 의함)

① 배심원의 평결과 의견은 법원을 기속하지 아니한다.

② 국민참여재판에 관하여 변호인이 없는 때에는 법원은 직권으로 변호인을 선정하여야 한다.

③ 피고인이 법원에 국민참여재판을 신청하였음에도 불구하고 법원이 이에 대한 배제결정도 하지 않은 채 통상의 공판절차로 재판을 진행하는 것은 피고인의 국민참여재판을 받을 권리 및 법원의 배제결정에 대한 항고권 등의 중대한 절차적 권리를 침해한 것으로 위법하다.

④ 배심원은 만 19세 이상의 대한민국 국민 중에서 선정된다.

05 증거개시제도에 대한 설명으로 옳지 않은 것은?(다툼이 있는 경우 판례에 의함)

① 증거개시제도는 실질적인 당사자 대등을 확보하고 피고인의 신속·공정한 재판을 받을 권리를 실현하기 위한 제도로서, 「형사소송법」은 검사가 보유하고 있는 증거뿐만 아니라 피고인이 보유하고 있는 증거의 개시도 인정하고 있다.

② 검사의 증거개시 대상이 되는 것은 공소제기된 사건에 관한 서류 또는 물건의 목록과 공소사실의 인정 또는 양형에 영향을 미칠 수 있는 서류 또는 물건이다.

③ 피고인 또는 변호인은 검사가 서류 또는 물건의 열람·등사 또는 서면의 교부를 거부하거나 그 범위를 제한한 때에는 법원에 그 서류 또는 물건의 열람·등사 또는 서면의 교부를 허용하도록 할 것을 신청할 수 있다.

④ 법원의 증거개시에 관한 결정에 대하여는 집행정지의 효력이 있는 즉시항고의 방법으로 불복할 수 있다.

06 전문증거에 대한 설명으로 옳지 않은 것은?(다툼이 있는 경우 판례에 의함)

① 검사가 작성한 피의자신문조서는 적법한 절차와 방식에 따라 작성된 것으로서 공판준비, 공판기일에 그 피의자였던 피고인 또는 변호인이 그 내용을 인정할 때에 한정하여 증거로 할 수 있다.

② 상업장부, 항해일지 기타 업무상 필요로 작성한 통상문서는 당연히 증거능력 있는 서류이다.

③ 법정에 출석한 증인이 「형사소송법」 제148조, 제149조 등에서 정한 바에 따라 정당하게 증언거부권을 행사하여 증언을 거부한 경우도 「형사소송법」 제314조의 '그 밖에 이에 준하는 사유로 인하여 진술할 수 없는 때'에 해당한다.

④ 피고인의 진술을 그 내용으로 하는 전문진술이 기재된 조서는 「형사소송법」 제312조 내지 제314조의 규정에 의하여 각 그 증거능력이 인정될 수 있는 경우에 해당하여야 함은 물론, 나아가 「형사소송법」 제316조 제1항의 규정에 따라 피고인의 진술이 특히 신빙할 수 있는 상태하에서 행하여진 때에는 이를 증거로 할 수 있다.

07 다음 사례에서 P가 할 수 있는 조치에 대한 설명으로 옳은 것은?(다툼이 있는 경우 판례에 의함)

> 미성년자 甲은 음주운전을 하다가 교통사고를 내고 구급차에 실려 병원으로 이송되었다. 사법경찰관 P는 응급실에 누워 있는 甲에게서 술냄새가 강하게 나는 것을 인지하고 甲을 도로교통법위반(음주운전)죄로 입건하기 위해 증거 수집의 목적으로 甲의 혈액을 취득·보관하려고 한다.

① P가 甲의 동의 없이 혈액을 강제로 취득하는 것은 「형사소송법」이 정한 압수의 방법으로 하여야 하고, 감정에 필요한 처분으로는 이를 할 수 없다.

② 甲이 응급실에서 의식을 잃지 않고 의사능력이 있는 경우라도 甲은 미성년자이므로 P는 甲의 법정대리인의 동의를 얻어야 그의 혈액을 압수할 수 있다.

③ 위 응급실은 「형사소송법」 제216조 제3항의 범죄장소에 준한다고 볼 수 없으므로, P는 긴급체포시 압수의 방법으로 영장 없이 甲의 혈액을 취득할 수 있다.

④ P는 당시 간호사가 위 혈액의 소지자 겸 보관자인 의료기관 또는 담당의사를 대리하여 혈액을 경찰관에게 임의로 제출할 수 있는 권한이 없었다고 볼 특별한 사정이 없는 이상, 간호사로부터 진료 목적으로 채혈해 놓은 甲의 혈액을 임의로 제출받아 영장 없이 압수할 수 있다.

08 증거조사에 대한 설명으로 옳지 않은 것은?(다툼이 있는 경우 판례에 의함)

① 검사, 피고인 또는 변호인은 증거조사에 관하여 법령의 위반이 있거나 상당하지 아니함을 이유로 이의신청할 수 있다.

② 유죄의 심증은 반드시 직접증거에 의하여 형성되어야 하며, 경험칙과 논리칙에 위반되지 않는다고 하여 간접증거에 의하여 형성되어서는 아니 된다.

③ 공판준비기일에 신청하지 못한 증거라도 법원은 직권으로 증거를 조사할 수 있다.

④ 검사, 피고인 또는 변호인의 신청에 따라 증거서류를 조사하는 때에는 신청인이 이를 낭독하여야 한다.

09 재심에 대한 설명으로 옳지 않은 것은?(다툼이 있는 경우 판례에 의함)

① 재심이 개시된 사건에서 범죄사실에 대하여 적용하여야 할 법령은 재심판결 당시의 법령이고, 재심대상판결 당시의 법령이 변경된 경우 법원은 그 범죄사실에 대하여 재심판결 당시의 법령을 적용하여야 한다.

② 재심심판절차에서는 특별한 사정이 없는 한 검사가 재심대상사건과 별개의 공소사실을 추가하는 내용으로 공소장을 변경하는 것은 허용되지 않는다.

③ 유죄의 확정판결 등에 대해 재심개시결정이 확정된 후 재심심판절차가 진행되면 확정판결은 효력을 잃게 된다.

④ 재심개시절차에서는 「형사소송법」에서 규정하고 있는 재심사유가 있는지 여부만을 판단하여야 하고, 나아가 재심사유가 재심대상판결에 영향을 미칠 가능성이 있는가의 실체적 사유는 고려하여서는 아니 된다.

10 공소장변경에 대한 설명으로 옳지 않은 것은?(다툼이 있는 경우 판례에 의함)

① 공소사실의 동일성을 판단할 경우 순수한 사실관계의 동일성이라는 관점에서만 파악할 수 없고, 피고인의 행위와 자연적·사회적 사실관계 이외에 규범적 요소를 고려하여 기본적 사실관계가 실질적으로 동일한지에 따라 판단해야 한다.

② 甲이 한 개의 강도범행을 하는 기회에 수 명의 피해자에게 각각 폭행을 가하여 각 상해를 입힌 사실에 대하여 포괄일죄로 기소된 경우 법원은 공소장변경 없이 피해자별로 수 개의 강도상해죄의 실체적 경합범으로 처벌할 수 있다.

③ 甲이 과실로 교통사고를 발생시켰다는 각 「교통사고처리 특례법」 위반죄'의 공소사실을 고의로 교통사고를 낸 뒤 보험금을 청구하여 수령하거나 미수에 그쳤다는 '사기 및 사기미수죄'로 변경하고자 하는 경우 기본적 사실관계가 동일하므로 공소장변경은 허용된다.

④ 甲이 A에게 필로폰 0.3g을 교부하였다는 '마약류관리법위반(향정)죄'의 공소사실을 필로폰을 구해주겠다고 속여 대금을 편취하였다는 '사기죄'로 변경하고자 하는 경우 기본적 사실관계가 동일하다고 볼 수 없으므로 공소장변경은 허용되지 않는다.

11 증거동의에 대한 설명으로 옳지 않은 것은?(다툼이 있는 경우 판례에 의함)

① 변호인은 피고인의 명시한 의사에 반하지 않는 한 피고인을 대리하여 증거로 함에 동의할 수 있다.

② 증거동의의 효력은 당해 심급에만 미치므로 공판절차의 갱신이 있거나 심급을 달리하면 그 효력이 상실된다.

③ 서류의 기재내용이 가분적인 경우에는 서류의 일부에 대한 증거동의도 가능하다.

④ 필요적 변호사건에서 피고인과 변호인이 무단퇴정하여 수소법원이 피고인이나 변호인이 출석하지 않은 상태에서 증거조사를 하는 경우, 피고인의 진의와 관계없이 증거로 함에 동의가 있는 것으로 간주한다.

12 공동피고인에 대한 설명으로 옳지 않은 것은?(다툼이 있는 경우 판례에 의함)

① 공범인 공동피고인은 당해 소송절차에서 피고인의 지위에 있으므로 소송절차가 분리되지 않으면 다른 공동피고인에 대한 공소사실에 대하여 증인이 될 수 없다.

② 대향범인 공동피고인은 소송절차의 분리로 피고인의 지위에서 벗어나더라도 다른 공동피고인에 대한 공소사실에 관하여 증인이 될 수 없다.

③ 공범이 아닌 공동피고인은 변론을 분리하지 않더라도 다른 공동피고인에 대한 공소사실에 대하여 증인이 될 수 있다.

④ 「형사소송법」 제310조의 피고인의 자백에는 공범인 공동피고인의 진술은 포함되지 아니하므로 공범인 공동피고인의 진술은 다른 공동피고인에 대한 범죄사실을 인정하는 증거로 할 수 있다.

13 다음 설명 중 옳지 않은 것은?(다툼이 있는 경우 판례에 의함)

① 공판준비 또는 공판기일에 이미 증언을 마친 증인을 검사가 소환한 후 피고인에게 유리한 증언 내용을 추궁하여 이를 일방적으로 번복시키는 방식으로 작성한 진술조서는 원칙적으로 증거능력이 있다.

② 검사의 불기소처분에는 확정재판에 있어서의 확정력과 같은 효력이 없어 일단 불기소처분을 한 후에도 공소시효가 완성되기 전이면 언제라도 공소를 제기할 수 있다.

③ 재정신청에 관하여 법원의 공소제기 결정이 있는 때에는 공소시효에 관하여 그 결정이 있는 날에 공소가 제기된 것으로 본다.

④ 공소장에 적용법조의 기재에 오기가 있거나 누락이 있더라도 이로 인하여 피고인의 방어에 실질적 불이익이 없는 한 공소제기의 효력에는 영향이 없다.

14 「형사소송법」 제312조 제3항에 대한 설명으로 옳지 않은 것은?(다툼이 있는 경우 판례에 의함)

① 사법경찰관이 작성한 피고인의 공범에 대한 피의자신문조서의 경우에 사망 등의 사유로 인하여 법정에서 진술할 수 없는 때에는 예외적으로 증거능력을 인정하는 규정인 「형사소송법」 제314조가 적용된다.

② 「형사소송법」 제312조 제3항의 '그 내용을 인정할 때'라 함은 피의자신문조서의 기재내용이 진술 내용대로 기재되어 있다는 의미가 아니고 그와 같이 진술한 내용이 실제 사실과 부합한다는 것을 의미한다.

③ 피고인과 공범관계에 있는 공동피고인에 대하여 수사과정에서 작성된 피의자신문조서는 그 공동피고인에 의하여 성립의 진정이 인정되더라도 해당 피고인이 공판기일에 그 조서의 내용을 부인하면 증거능력이 없다.

④ 사법경찰관이 작성한 양벌규정 위반 행위자의 피의자신문조서가 적법한 절차와 방식에 따라 작성된 것이지만, 공판기일에 양벌규정에 의해 기소된 사업주가 그 내용을 증거로 함에 동의하지 않고 그 내용을 부인하였다면 증거로 할 수 없다.

15 「통신비밀보호법」이 규정하는 통신제한조치에 대한 설명으로 옳은 것은?(다툼이 있는 경우 판례에 의함)

① 「통신비밀보호법」에서 보호하는 타인 간의 '대화'에는 원칙적으로 현장에 있는 당사자들이 말을 주고받는 육성과 의사소통 과정에서 사물에서 발생하는 음향이 포함된다.

② 「통신비밀보호법」이 규정하는 감청에는 실시간으로 전기통신의 내용을 지득·채록하는 행위, 통신의 송·수신을 직접적으로 방해하는 행위, 이미 수신이 완료된 전기통신에 관하여 남아 있는 기록이나 내용을 열어보는 행위 등이 포함된다.

③ 통신의 당사자 일방이 수사기관에 제출할 의도로 상대방의 동의 없이 전자장치나 기계장치를 사용하여 통신의 음향·문언·부호·영상을 청취하는 것은 「통신비밀보호법」이 정한 감청에 해당하지 아니한다.

④ 사법경찰관은 인터넷 회선을 통하여 송신·수신하는 전기통신을 대상으로 통신제한조치를 집행한 후 그 전기통신의 보관등을 하고자 하는 때에는 집행종료일부터 14일 이내에 보관등이 필요한 전기통신을 선별하여 검사에게 보관등의 승인을 청구하고, 검사는 청구가 이유 있다고 인정하는 경우에는 보관등을 승인하여야 한다.

16 전자정보의 압수에 대한 설명으로 옳은 것은?(다툼이 있는 경우 판례에 의함)

① 피의자 소유 정보저장매체를 제3자가 보관하고 있던 중 이를 수사기관에 임의제출하면서 그곳에 저장된 모든 전자정보를 일괄하여 임의제출한다는 의사를 밝힌 경우에도 특별한 사정이 없는 한 수사기관은 범죄혐의사실과 관련된 전자정보에 한정하여 영장 없이 적법하게 압수할 수 있다.

② 임의제출된 전자정보매체에서 압수의 대상이 되는 전자정보의 범위를 넘어서는 전자정보에 대해 수사기관이 영장 없이 압수·수색하여 취득한 증거는 위법수집증거에 해당하지만, 사후에 법원으로부터 영장이 발부되었거나 피고인 또는 변호인이 이를 증거로 함에 동의하였다면 그 위법성은 치유된다.

③ 정보저장매체를 임의제출 받아 이를 탐색·복제·출력하는 경우, 압수·수색 당시 또는 이와 시간적으로 근접한 시기까지 해당 정보저장매체를 현실적으로 지배·관리하지는 아니하였더라도 그곳에 저장되어 있는 개별 전자정보의 생성·이용 등에 관여한 자에 대하여서는 압수·수색절차에 대한 참여권을 보장해 주어야 한다.

④ 수사기관이 임의제출된 정보저장매체에서 범죄혐의 사실이 아닌 별도의 범죄혐의와 관련된 전자정보를 우연히 발견한 경우, 당해 정보저장매체에 대한 임의제출에 기한 압수·수색이 종료되기 전이라면 별도의 영장을 발부받지 않고 이를 적법하게 압수·수색할 수 있으나 임의제출에 의한 압수·수색이 종료되었던 경우에는 별도의 범죄혐의에 대한 압수·수색영장을 발부받아야 이를 적법하게 압수할 수 있다.

17 강제처분에 대한 설명으로 옳지 않은 것은?(다툼이 있는 경우 판례에 의함)

① 수사기관이 압수·수색에 착수하면서 그 장소의 관리책임자에게 영장을 제시하였더라도, 물건을 소지하고 있는 다른 사람으로부터 이를 압수하고자 하는 때에는 그 사람에게도 따로 영장을 제시하여야 한다.

② 우편물 통관검사절차에서 이루어지는 우편물의 개봉, 시료채취, 성분분석 등의 검사는 수출입물품에 대한 적정한 통관 등을 목적으로 한 행정조사의 성격을 가지는 것으로서 수사기관의 강제처분이라고 할 수 없으므로, 압수·수색영장 없이 우편물의 개봉, 시료채취, 성분분석 등 검사가 진행되었다 하더라도 특별한 사정이 없는 한 위법하다고 볼 수 없다.

③ 피처분자가 현장에 없거나 현장에서 그를 발견할 수 없는 경우 등 영장 제시가 현실적으로 불가능한 경우에는 영장을 제시하지 아니한 채 압수·수색을 하더라도 위법하다고 볼 수 없다.

④ 여자의 신체에 대하여 수색할 때에는 의사와 성년 여자를 참여하게 하여야 한다.

18 보강증거에 대한 설명으로 옳지 않은 것은?(다툼이 있는 경우 판례에 의함)

① 휴대전화기의 카메라를 이용하여 성명불상 여성 피해자의 치마 속을 몰래 촬영하다가 현행범으로 체포된 피고인이 공소사실에 대해 자백한 바, 현행범 체포 당시 임의제출 방식으로 압수된 피고인 소유 휴대전화기에 대한 압수조서의 '압수경위'란에 기재된 피고인의 범행을 직접 목격한 사법경찰관의 진술내용은 피고인의 자백을 보강하는 증거가 된다.

② '○○자동차 점거로 甲이 처벌받은 것은 학교측의 제보 때문이라 하여 피고인이 그 보복으로 학교총장실을 침입점거했다'는 피고인의 자백에 대해, '피고인과 공소외 甲이 ○○자동차 △△영업소를 점거했다가 甲이 처벌받았다'는 검사 제출의 증거내용은 보강증거가 될 수 없다.

③ 피고인이 甲과 합동하여 피해자 乙의 재물을 절취하려다가 미수에 그쳤다는 내용의 공소사실을 자백한 경우, 피고인을 현행범으로 체포한 피해자 乙의 수사기관에서의 진술과 현장사진이 첨부된 수사보고서는 피고인 자백에 대한 보강증거가 된다.

④ 자동차등록증에 차량의 소유자가 피고인으로 등록·기재된 것이 피고인이 그 차량을 운전하였다는 사실의 자백 부분에 대한 보강증거는 될 수 있지만 피고인의 무면허운전이라는 전체 범죄사실의 보강증거가 될 수는 없다.

19 「형사소송법」의 내용에 대한 설명으로 옳지 않은 것은?

① 재정신청이 법률상의 방식에 위배되거나 이유가 없는 때에는 법원은 신청을 기각하는 결정을 하며, 이러한 기각결정에 대하여는 즉시항고를 할 수 있다.

② 검사는 송치사건의 공소제기 여부 결정 또는 공소의 유지에 관하여 필요한 경우 사법경찰관에게 재수사를 요청할 수 있다.

③ 즉시항고는 법률에 명문의 규정이 있는 경우에만 허용되며 즉시항고의 제기기간은 7일로 한다.

④ 재심에서 무죄의 선고를 한 때 무죄를 선고받은 자가 원하지 아니하는 경우에는 재심무죄판결을 공시하지 아니할 수 있다.

20 즉결심판에 대한 설명으로 옳지 않은 것은?

① 즉결심판의 대상은 20만 원 이하의 벌금, 구류 또는 과료에 처할 사건이다.

② 즉결심판에 있어서 피고인의 출석은 개정 요건이므로 벌금 또는 과료를 선고하는 경우에 피고인이 출석하지 아니한 때에는 피고인의 진술을 듣지 아니하고 형을 선고할 수 없다.

③ 즉결심판절차에서 피고인이 정식재판을 청구하는 경우, 즉결심판의 선고·고지를 받은 날부터 7일 이내에 정식재판청구서를 경찰서장에게 제출하여야 하며, 이를 받은 경찰서장은 지체 없이 판사에게 송부하여야 한다.

④ 즉결심판이 확정된 때에는 확정판결과 동일한 효력이 있고, 즉결심판은 정식재판의 청구기간의 경과, 정식재판청구권의 포기 또는 그 청구의 취하에 의하여 확정되며 정식재판청구를 기각하는 재판이 확정된 때에도 같다.

▲ 모바일 OMR

01 공판에 대한 설명으로 옳지 않은 것은?(다툼이 있는 경우 판례에 의함)

① 피고인이 출석하지 아니하면 개정하지 못하는 경우에는 구속된 피고인이 정당한 사유 없이 공판정 출석을 거부하고, 교도관에 의한 인치가 불가능하거나 현저히 곤란하다고 인정되는 때에도 피고인의 출석 없이 공판절차를 진행하였다면 위법하다.

② 항소심 공판기일에 증거조사가 종료되자 변호인이 피고인을 신문하겠다는 의사를 표시하였으나, 재판장이 일체의 피고인신문을 불허하고 변호인에게 주장할 내용을 변론요지서로 제출할 것을 명령하면서 변론을 종결한 것은 위법하다.

③ 검사가 공판기일의 통지를 2회 이상 받고 출석하지 아니하거나 판결만을 선고하는 때에는 검사의 출석 없이 개정할 수 있다.

④ 법원은 공소의 제기가 있는 때에는 지체 없이, 늦어도 제1회 공판기일 전 5일까지 공소장부본을 피고인 또는 변호인에게 송달하여야 한다.

02 「대한민국헌법」에서 형사절차와 관련하여 명시적으로 규정하고 있는 것만을 모두 고르면?

ㄱ. 누구든지 체포 또는 구속을 당한 때에는 적부의 심사를 법원에 청구할 권리를 가진다.

ㄴ. 적법한 절차에 따르지 아니하고 수집한 증거는 증거로 할 수 없다.

ㄷ. 형사피의자 또는 형사피고인으로서 구금되었던 자가 법률이 정하는 불기소처분을 받거나 무죄판결을 받은 때에는 법률이 정하는 바에 의하여 국가에 정당한 보상을 청구할 수 있다.

ㄹ. 피고인의 자백이 고문·폭행·협박·구속의 부당한 장기화 또는 기망 기타의 방법에 의하여 자의로 진술된 것이 아니라고 인정될 때 또는 정식재판에 있어서 피고인의 자백이 그에게 불리한 유일한 증거일 때에는 이를 유죄의 증거로 삼거나 이를 이유로 처벌할 수 없다.

ㅁ. 영장에 의한 체포·긴급체포 또는 현행범인의 체포에 따라 체포된 피의자에 대하여 구속영장을 청구받은 판사는 지체 없이 피의자를 심문하여야 한다.

① ㄱ, ㄷ
② ㄱ, ㄷ, ㄹ
③ ㄴ, ㄷ, ㄹ
④ ㄴ, ㄹ, ㅁ

03 공소시효에 대한 설명으로 옳지 않은 것은?(다툼이 있는 경우 판례에 의함) 〈변형〉

① 두 개 이상의 형을 병과(倂科)하거나 두 개 이상의 형에서 한 개를 과(科)할 범죄에 대해서는 무거운 형에 의하여 공소시효의 기간을 결정한다.

② 범인이 국외에서 범죄를 저지르고 형사처분을 면할 목적으로 국외에서 체류를 계속하는 경우에도 공소시효는 정지된다.

③ 공범 중 1인에 대해 약식명령이 확정된 후 그에 대한 정식재판청구권회복결정이 있었다고 하더라도 그 사이의 기간 동안에는 특별한 사정이 없는 한 다른 공범자에 대한 공소시효는 정지함이 없이 계속 진행한다.

④ 공소제기 후 공소장이 변경된 경우 변경된 공소 사실에 대한 공소시효의 완성여부는 공소장 변경시점을 기준으로 판단하여야 한다.

04 소송주체에 대한 설명으로 옳지 않은 것은?(다툼이 있는 경우 판례에 의함)

① 단독판사의 관할사건이 공소장변경에 의하여 합의부 관할 사건으로 변경된 경우에 법원은 결정으로 사건을 관할권이 있는 법원에 이송하여야 한다.

② 변호인의 선임은 심급마다 변호인과 연명날인한 서면으로 제출하여야 하며, 공소제기 전의 변호인 선임은 제1심에도 그 효력이 있다.

③ 검사는 부패범죄, 경제범죄, 공직자범죄, 선거범죄, 방위사업범죄, 대형참사 등 「검사의 수사개시범죄 범위에 관한 규정」이 정하는 중요범죄, 경찰공무원이 범한 범죄에 대하여 수사를 개시할 수 있다.

④ 반의사불벌죄의 피해자는 피의자나 피고인 및 그들의 변호인에게 자신을 대리하여 수사기관이나 법원에 자신의 처벌불원의사를 표시할 수 있는 권한을 수여할 수 없다.

05 압수·수색에 대한 설명으로 옳지 않은 것만을 모두 고르면?(다툼이 있는 경우 판례에 의함)

ㄱ. 수사기관이 정보저장매체에 기억된 정보 중에서 범죄 혐의사실과 관련 있는 정보를 선별한 다음, 선별한 파일을 복제하여 생성한 파일을 제출받아 적법하게 압수하였다면 수사기관 사무실에서 위와 같이 압수된 이미지 파일을 탐색·복제·출력하는 과정에서 피의자 등에게 참여의 기회를 보장하여야 하는 것은 아니다.

ㄴ. 영장담당판사가 발부한 압수·수색영장에 법관의 서명이 있다면 비록 날인이 없다고 하더라도 그 압수·수색영장은 「형사소송법」이 정한 요건을 갖추지 못하였다고 볼 수는 없다.

ㄷ. 압수·수색영장의 피처분자가 현장에 없거나 현장에서 그를 발견할 수 없는 등 영장 제시가 현실적으로 불가능한 경우에도 영장을 제시하지 아니한 채 압수·수색을 하면 위법하다.

ㄹ. 수사기관이 압수·수색영장을 집행하면서 압수·수색 대상 기관에 팩스로 영장 사본을 송신하기만 하였을 뿐 영장 원본을 제시하거나 압수조서와 압수물 목록을 작성하여 피압수·수색 당사자에게 교부하지도 않았다면 그 압수·수색은 위법하다.

① ㄱ, ㄴ

② ㄱ, ㄹ

③ ㄴ, ㄷ

④ ㄷ, ㄹ

06 전문증거의 증거능력에 대한 설명으로 옳지 않은 것은? (다툼이 있는 경우 판례에 의함)

① 「형사소송법」 제312조 제4항에서 '적법한 절차와 방식에 따라 작성'한다는 것은 「형사소송법」이 피고인 아닌 사람의 진술에 대한 조서 작성 과정에서 지켜야 한다고 정한 여러 절차를 준수하고 조서의 작성 방식에도 어긋나지 않아야 한다는 것을 의미한다.

② 「형사소송법」 제313조에 따르면 피고인이 작성한 진술서는 공판준비나 공판기일에서의 피고인의 진술에 의하여 그 성립의 진정함이 증명된 때에만 증거로 할 수 있고, 피고인이 그 성립의 진정을 부인한 경우에는 증거로 할 수 있는 방법은 없다.

③ 「형사소송법」 제314조의 '외국거주'는 진술을 하여야 할 사람이 외국에 있다는 사정만으로는 부족하고, 가능하고 상당한 수단을 다하더라도 그 사람을 법정에 출석하게 할 수 없는 사정이 있어야 예외적으로 그 요건이 충족될 수 있다.

④ 「형사소송법」 제316조 제2항에서 '그 진술이 특히 신빙할 수 있는 상태 하에서 행하여졌음'이란 진술 내용에 허위가 개입할 여지가 거의 없고, 진술내용의 신빙성이나 임의성을 담보할 구체적이고 외부적인 정황이 있는 경우를 의미한다.

07 위법수집증거배제법칙에 대한 설명으로 옳지 않은 것은? (다툼이 있는 경우 판례에 의함)

① 사인이 위법하게 수집한 증거에 대해서는 효과적인 형사소추 및 형사소송에서의 진실발견이라는 공익과 개인의 인격적 이익 등의 보호이익을 비교형량하여 그 허용 여부를 결정하여야 한다.

② '악'과 같은 대화가 아닌 사람의 목소리를 녹음하거나 청취하는 행위가 개인의 사생활의 비밀과 자유 또는 인격권을 중대하게 침해하여 사회통념상 허용되는 한도를 벗어난 것이 아니라면 위와 같은 목소리를 들었다는 진술을 형사절차에서 증거로 사용할 수 있다.

③ 압수·수색영장의 집행과정에서 별건 범죄혐의와 관련된 증거를 우연히 발견하여 압수한 경우에는 별건 범죄혐의에 대해 별도의 압수·수색영장을 발부받지 않았다 하더라도 위법한 압수·수색에 해당하지 않는다.

④ 위법수집증거배제법칙에 대한 예외를 인정하기 위해서는 예외적인 경우에 해당한다고 볼 만한 구체적이고 특별한 사정이 존재한다는 점을 검사가 증명하여야 한다.

08 과학적 증거에 대한 판례의 태도로서 옳지 않은 것은?

① 범죄구성요건에 해당하는 사실을 증명하기 위한 근거가 되는 과학적인 연구 결과는 적법한 증거조사를 거친 증거능력 있는 증거에 의하여 엄격한 증명으로 증명되어야 한다.

② 유전자검사나 혈액형검사 등 과학적 증거방법은 그 전제로 하는 사실이 모두 진실임이 입증되고 그 추론의 방법이 과학적으로 정당하여 오류의 가능성이 전무하거나 무시할 정도로 극소한 것으로 인정되는 경우에는 법관이 사실인정을 함에 있어 상당한 정도로 구속력을 가진다.

③ 전문감정인이 공인된 표준 검사기법으로 분석한 후 법원에 제출한 과학적 증거는 모든 과정에서 시료의 동일성이 인정되고 인위적인 조작·훼손·첨가가 없었음이 담보되었다면, 각 단계에서 시료에 대한 정확한 인수·인계 절차를 확인할 수 있는 기록이 유지되지 않았다 하더라도 사실인정에 있어서 상당한 정도로 구속력을 가진다.

④ 컴퓨터 디스켓에 들어 있는 문건이 증거로 사용되는 경우 그 컴퓨터 디스켓은 그 기재의 매체가 다를 뿐 실질에 있어서는 피고인 또는 피고인 아닌 자의 진술을 기재한 서류와 크게 다를 바 없고, 압수 후의 보관 및 출력과정에 조작의 가능성이 있으며, 기본적으로 반대신문의 기회가 보장되지 않는 점 등에 비추어 그 기재내용의 진실성에 관하여는 전문법칙이 적용된다.

09 증인신문에 대한 설명으로 옳지 않은 것은?

① 증언을 거부하는 자는 거부사유를 소명하여야 한다.

② 증인이 들을 수 없는 때에는 서면으로 묻고, 말할 수 없는 때에는 서면으로 답하게 할 수 있다.

③ 필요한 때에는 증인과 다른 증인 또는 피고인과 대질하게 할 수 있다.

④ 변호인이 신청한 증인은 검사, 변호인, 재판장의 순으로 신문하며, 합의부원은 당해 증인을 신문할 수 없다.

10 불이익변경금지원칙에 대한 설명으로 옳지 않은 것은?(다툼이 있는 경우 판례에 의함)

① 피고인만 항소한 경우 제1심법원이 소송비용의 부담을 명하는 재판을 하지 않았음에도 항소심법원이 제1심의 소송비용에 관하여 피고인에게 부담하도록 재판을 하였다면 불이익변경금지원칙에 위배된다.

② 경합범 관계에 있는 수 개의 범죄사실을 유죄로 인정하여 한 개의 형을 선고한 불가분의 확정판결에서 그중 일부의 범죄사실에 대하여만 재심청구의 이유가 있는 것으로 인정되었으나 그 판결 전부에 대하여 재심개시의 결정을 한 경우, 불이익변경금지 원칙이 적용되어 원판결의 형보다 중한 형을 선고하지 못한다.

③ 피고인이 항소심 선고 이전에 19세에 도달하여 제1심에서 선고한 부정기형을 파기하고 정기형을 선고함에 있어 불이익변경금지원칙 위반 여부를 판단하는 기준은 부정기형의 장기와 단기의 중간형이 되어야 한다.

④ 벌금형의 환형유치기간이 징역형의 기간을 초과한다고 하더라도, 벌금형이 징역형보다 경한 형이라고 보아야 한다.

11 공소가 제기된 이후 당해 피고인에 대한 수사와 관련된 설명으로 옳은 것은?(다툼이 있는 경우 판례에 의함)

① 불구속으로 기소된 피고인이 도망하거나 증거인멸의 염려가 있는 경우 검사는 지방법원판사에게 구속영장을 청구하여 발부받아 피고인을 구속할 수 있다.

② 검사 작성의 피고인에 대한 진술조서가 공소제기 후에 작성된 것이라는 이유만으로 곧 그 증거능력이 없다고 할 수는 없다.

③ 수사기관은 수소법원 이외의 지방법원판사로부터 압수·수색영장을 청구하여 발부받아 피고사건에 관하여 압수·수색을 할 수 있다.

④ 피고인에 대한 수소법원의 구속영장을 집행하는 경우 필요한 때에도 수사기관은 그 집행현장에서 영장 없이는 압수·수색·검증을 할 수 없다.

12 공소장변경에 대한 설명으로 옳지 않은 것은?(다툼이 있는 경우 판례에 의함)

① 약식명령에 대하여 피고인만 정식재판을 청구한 사건에서 법정형에 유기징역형만 있는 범죄로 공소장을 변경하는 것은 공소사실의 동일성이 인정되더라도 허용될 수 없다.

② 법원은 공소사실의 동일성이 인정되는 범위 내에서 심리의 경과 등에 비추어 피고인의 방어권 행사에 실질적인 불이익을 주는 것이 아니라면 공동정범으로 기소된 범죄 사실을 방조사실로 인정할 수 있다.

③ 공소사실의 동일성이 인정되지 않는 등의 사유로 공소장변경허가결정에 위법사유가 있는 경우에는 공소장변경허가를 한 법원 스스로 이를 취소할 수 있다.

④ 검사의 공소장변경 신청이 공소사실의 동일성을 해하지 아니하는 한 법원은 이를 허가하여야 한다.

13 구속에 대한 설명으로 옳지 않은 것은?(다툼이 있는 경우 판례에 의함)

① '범죄의 중대성, 재범의 위험성, 피해자 및 중요참고인 등에 대한 위해우려 등'은 독립된 구속사유가 아니라 구속사유를 심사함에 있어서 필요적 고려사항이다.

② 지방법원판사가 구속영장청구를 기각한 경우에 검사는 지방법원판사의 기각결정에 대하여 항고 또는 준항고의 방법으로 불복할 수 없다.

③ 긴급체포된 피의자를 구속전 피의자심문을 하는 경우 구속기간은 구속영장 발부 시가 아닌 피의자를 체포한 날부터 기산하며, 법원이 구속영장청구서·수사 관계 서류 및 증거물을 접수한 날부터 구속영장을 발부하여 검찰청에 반환한 날까지의 기간은 구속기간에 산입하지 않는다.

④ 구속영장 발부에 의하여 적법하게 구금된 피의자가 피의자신문을 위한 출석요구에 응하지 아니하면서 수사기관 조사실에 출석을 거부하는 경우에도 수사기관은 구속영장의 효력에 의하여 피의자를 조사실로 구인할 수 없다.

14 상소에 대한 설명으로 옳지 않은 것은?(다툼이 있는 경우 판례에 의함)

① 즉시항고의 제기기간은 7일로 한다.

② 항소를 함에는 항소장을 원심법원에 제출하여야 한다.

③ 형사소송에서는 판결등본이 당사자에게 송달되는 여부에 관계없이 공판정에서 판결이 선고된 날부터 상소기간이 기산되며, 이는 피고인이 불출석한 상태에서 재판을 하는 경우에도 마찬가지이다.

④ 항고는 즉시항고 외에는 재판의 집행을 정지하는 효력이 없으므로 원심법원 또는 항고법원이 결정으로 항고에 대한 결정이 있을 때까지 집행을 정지할 수 없다.

15 간이공판절차에 대한 설명으로 옳지 않은 것은?

① 피고인이 공판정에서 공소사실에 대하여 자백한 때에는 법원은 그 공소사실에 한하여 간이공판절차에 의하여 심판할 것을 결정할 수 있다.

② 법원은 간이공판절차에 의하여 심판할 것을 결정한 사건에 대하여 피고인의 자백이 신빙할 수 없다고 인정되거나 간이공판절차로 심판하는 것이 현저히 부당하다고 인정할 때에는 검사의 의견을 들어 그 결정을 취소하여야 한다.

③ 간이공판절차 개시결정이 있는 경우 전문법칙이 적용되는 증거에 대하여 동의가 있는 것으로 간주되므로 피고인 또는 변호인은 이를 증거로 함에 이의를 제기할 수 없다.

④ 간이공판절차 개시결정이 취소된 때에는 공판절차를 갱신하여야 하지만 검사, 피고인 또는 변호인이 이의가 없는 때에는 그러하지 아니하다.

16 소송조건에 대한 설명으로 옳지 않은 것은?(다툼이 있는 경우 판례에 의함)

① 친고죄에서 고소취소의 의사표시는 공소제기 전에는 고소사건을 담당하는 수사기관에, 공소제기 후에는 고소사건의 수소법원에 대하여 이루어져야 한다.

② 고소를 함에 있어서 고소인은 범죄사실을 특정하여 신고하면 족하며, 범인이 누구인지, 나아가 범인 중 처벌을 구하는 자가 누구인지를 적시할 필요는 없다.

③ 친고죄의 공범 중 그 일부에 대하여 제1심판결이 선고된 후에는 제1심판결 선고 전의 다른 공범자에 대하여는 그 고소를 취소할 수 없고, 그 고소의 취소가 있다 하더라도 그 효력을 발생할수 없으며, 이러한 법리는 필요적 공범과 임의적 공범 모두에 적용된다.

④ 친고죄에서 고소는 제1심판결 선고 전까지 취소할 수 있으므로, 상소심에서 제1심 공소기각판결을 파기하고 이 사건을 제1심 법원에 환송함에 따라 다시 제1심 절차가 진행된 때에는 환송 후의 제1심판결 선고 전이라도 고소를 취소할 수 없다.

17 형사절차에 대한 설명으로 옳지 않은 것은?(다툼이 있는 경우 판례에 의함)

① 체포·구속적부심사에 대한 법원의 기각결정에 대하여는 항고하지 못하지만, 보증금납입조건부석방 결정에 대하여는 항고할 수 있다.

② 법원은 피고인이 도망하거나 죄증을 인멸할 염려가 있다고 믿을 만한 충분한 이유가 있는 때에는 직권으로 보석을 취소할 수 있으며, 이러한 보석취소결정에 대하여는 항고할 수 있다.

③ 수사기관이 법원으로부터 영장 또는 감정처분허가장을 발부받지 아니한 채 피의자의 동의 없이 피의자의 신체로부터 혈액을 채취하고 사후에도 지체 없이 영장을 발부받지 아니한 채 혈액 중 알코올농도에 관한 감정을 의뢰하였더라도, 이러한 과정을 거쳐 얻은 감정의뢰회보 등은 피고인이나 변호인의 동의가 있다면 유죄의 증거로 사용할 수 있다.

④ 압수·수색의 방법으로 소변을 채취하는 경우 압수대상물인 피의자의 소변을 확보하기 위한 수사기관의 노력에도 불구하고, 피의자가 소변 채취에 적합한 인근 병원 등으로 이동하는 것에 저항하는 등 임의동행을 기대할 수 없는 사정이 있는 때에는, 수사기관으로서는 소변 채취에 적합한 장소로 피의자를 데려가기 위해서 필요 최소한의 유형력을 행사하는 것이 허용된다.

18 재판에 대한 설명으로 옳지 않은 것은?(다툼이 있는 경우 판례에 의함)

① 공소가 취소된 경우 법원은 결정으로 공소를 기각하여야 한다.

② 항고의 제기가 법률상의 방식에 위반하거나 항고권 소멸 후인 것이 명백한 때에는 원심법원은 결정으로 항고를 기각하여야 한다.

③ 판결 선고 전 미결구금일수는 그 전부가 법률상 당연히 본형에 산입되므로 판결에서 별도로 미결구금일수 산입에 관한 사항을 판단할 필요가 없다.

④ 상습범으로서 포괄적 일죄의 관계에 있는 여러 개의 범죄사실 중 일부에 대하여 유죄판결이 확정된 경우에, 그 확정판결의 사실심판결 선고 전에 저질러진 나머지 범죄에 대하여 새로이 공소가 제기되었다면 판결로 공소를 기각하여야 한다.

19 「형사소송법」의 내용으로 옳지 않은 것만을 모두 고르면?

ㄱ. 사법경찰관이 작성한 피의자신문조서는 적법한 절차와 방식에 따라 작성된 것으로서 공판 준비 또는 공판기일에 그 피의자였던 피고인 또는 변호인이 그 내용을 인정 할 때에 한하여 증거능력이 있다.

ㄴ. 공판기일에 검사는 공소장에 의하여 공소사실·죄명 및 적용법조를 낭독하여야 한다. 다만 재판장은 필요하다고 인정하는 때에는 검사에게 공소장의 낭독 또는 공소요지의 진술을 생략하도록 할 수 있다.

ㄷ. 형을 선고하는 경우 재판장은 상소할 기간뿐만 아니라 상소할 법원을 피고인에게 고지해야 한다.

ㄹ. 공판준비기일의 지정 신청에 관한 법원의 결정에 대해서는 항고할 수 있다.

ㅁ. 법원은 소송관계를 분명하게 하기 위해 직권 또는 검사, 피고인 또는 변호인의 신청으로 전문심리위원을 지정하여 소송절차에 참여하게 할 수 있으며, 이러한 전문심리위원은 재판장의 허가를 받으면 피고인, 변호인, 증인 등 소송관계인에게 필요한 사항에 관하여 직접 질문할 수 있다.

① ㄱ, ㄷ

② ㄴ, ㄹ

③ ㄴ, ㄷ, ㅁ

④ ㄴ, ㄹ, ㅁ

20 「형사보상 및 명예회복에 관한 법률」에 따른 형사보상에 대한 설명으로 옳지 않은 것은?

① 미결구금을 당하여 이 법에 따라 보상을 청구할 수 있는 자가 그 청구를 하지 아니하고 사망한 경우, 그 상속인이 이를 청구할 수 있다.

② 1개의 재판으로 경합범의 일부에 대하여 무죄재판을 받고 다른 부분에 대하여 유죄 재판을 받았던 경우에는 법원은 재량으로 보상청구의 전부 또는 일부를 기각할 수 있다.

③ 형사보상을 받을 자가 다른 법률에 따라 손해배상을 청구하는 것은 금지된다.

④ 보상청구가 이유 있을 때에는 보상결정을 하여야 하며, 이러한 보상결정에 대하여는 1주일 이내에 즉시항고할 수 있다.

01 형사절차에 대한 설명으로 옳지 않은 것은?(다툼이 있는 경우 판례에 의함)

① 형사사건으로 외국에서 미결구금되었다가 무죄판결을 받은 경우, 그 미결구금일수를 국내에서 같은 행위로 인하여 선고받는 형에 산입하지 않더라도 위법하지 않다.

② 불심검문 당시 여러 사정들을 종합적으로 고려하여 검문자가 경찰관이고 검문이유가 범죄행위에 관한 것임을 검문대상자가 충분히 알고 있었다고 보이는 경우라도, 검문자가 신분증을 제시하지 않았다면 위법하다.

③ 판결의 선고는 변론을 종결한 기일에 하여야 하고, 특별한 사정이 있는 때라도 그 선고기일은 변론종결 후 14일 이내로 지정되어야 한다.

④ 법원은 피고인의 신청이 없으면 토지관할에 관하여 관할위반의 선고를 할 수 없고, 피고인은 피고사건에 대한 진술 후에는 토지관할위반의 신청을 할 수 없다.

02 공판절차에 대한 설명으로 옳은 것만을 모두 고르면? (다툼이 있는 경우 판례에 의함)

ㄱ. 공판준비기일에는 검사와 변호인이 출석하여야 하며, 법원은 공판준비기일이 지정된 사건에 관하여 변호인이 없는 때에는 직권으로 변호인을 선정하여야 한다.

ㄴ. 「형사소송법」 제33조 제1항의 규정에 따라 법원이 직권으로 국선변호인을 선정해야 하는 사건이라도 판결만을 선고하는 경우라면 변호인 없이 개정할 수 있다.

ㄷ. 피고인에게 변호인이 있는 경우에 피고인은 검사에게 공소제기된 사건에 관한 서류 또는 물건의 목록과 공소사실의 인정 또는 양형에 영향을 미칠 수 있는 서류 또는 물건의 열람만을 신청할 수 있다.

ㄹ. 제1심에서 합의부 관할사건에 관하여 단독판사 관할사건으로 죄명과 적용법조를 변경하는 공소장변경허가신청서가 제출된 경우, 사건을 배당받은 합의부는 공소장변경을 허가하는 결정을 하였더라도 단독판사에게 재배당할 것이 아니라 사건의 실체에 대하여 심판하여야 한다.

① ㄱ, ㄷ
② ㄴ, ㄹ
③ ㄱ, ㄴ, ㄷ
④ ㄱ, ㄴ, ㄷ, ㄹ

03 증거와 재판에 대한 설명으로 옳은 것은?(다툼이 있는 경우 판례에 의함)

① 검사의 구형은 양형에 관한 의견진술에 불과하므로 법원이 그 의견에 구속되는 것은 아니지만, 법원이 피고인에 대한 형을 정함에 있어 검사의 구형에 포함되지 아니한 벌금형을 병과하는 것은 위법하다.

② 증거능력이 없는 증거도 구성요건 사실을 추인하게 하는 간접사실이나 구성요건 사실을 입증하는 직접 증거의 증명력을 보강하는 보조사실의 인정자료로서는 허용된다.

③ 피고인이 증거로 함에 동의한 바 없는, 공범이 아닌 공동피고인에 대한 검사작성 피의자신문조서는 공동피고인의 증언에 의하여 그 성립의 진정이 인정되지 아니하는 한 피고인의 공소범죄사실을 인정하는 증거로 할 수 없다.

④ 법원이 적법하게 공판의 심리를 종결한 후에 피고인이 증인신청을 하면 법원은 공판의 심리를 재개하여 증인신문을 하여야 한다.

04 공소사실의 특정에 대한 설명으로 옳지 않은 것은?(다툼이 있는 경우 판례에 의함)

① 약속어음거래에서 백지식 배서나 교부에 의한 양도를 한 경우라도 위조유가증권행사죄의 범죄사실에 어음거래의 상대방이나 이로 인한 피해자가 성명불상자로만 표시되어 있다면 공소사실의 특정은 인정되지 않는다.

② 사문서변조의 공소사실에 변조행위의 일시·장소와 방법, 변조의 실행행위자 등이 기재되지 않은 경우라면 공소사실의 특정은 인정되지 않는다.

③ 저작재산권 침해행위에 관한 공소사실에 침해대상인 저작물 및 침해방법의 종류, 형태 등 침해행위의 내용이 명확하게 기재되어 있어 피고인의 방어권 행사에 지장이 없는 정도라면 각 저작물의 저작재산권자가 누구인지 특정되지 않더라도 공소사실의 특정은 인정될 수 있다.

④ 교사범이나 방조범의 경우에는 교사나 방조의 사실뿐만 아니라 정범의 범죄구성을 충족하는 구체적 사실을 공소장에 기재하여야 한다.

05 구속에 대한 설명으로 옳은 것은?(다툼이 있는 경우 판례에 의함)

① 구속기간의 만료로 피고인에 대한 구속의 효력이 상실된 후 항소법원이 판결을 선고하면서 피고인을 구속한 것은 실질적으로 재구속 또는 이중구속에 해당되므로 위법하다.

② 법원이 구속된 피고인의 구속집행정지의 결정을 함에 있어서 급속을 요하는 경우가 아닌 한 검사의 의견을 물어야 하지만, 구속집행정지결정에 대한 검사의 즉시항고는 허용되지 않는다.

③ 구속의 사유가 소멸된 때에는 법원은 직권 또는 검사, 피고인, 변호인 등의 청구에 의하여 결정으로 구속을 취소하여야 하므로, 구속 중인 피고인에 대하여 자유형(실형)의 판결이 확정된 때에는 법원은 구속의 취소 결정을 하여야 한다.

④ 수사 당시 긴급체포되었다가 수사기관의 조치로 석방된 피의자를 동일한 범죄사실에 관하여 법원이 발부한 구속영장에 의하여 수사기관이 다시 구속하는 것은 위법하다.

06 재심에 대한 설명으로 옳지 않은 것은?(다툼이 있는 경우 판례에 의함)

① 재심심판절차에서 재심의 판결을 선고하고 그 재심판결이 확정된 때에 종전의 유죄의 확정판결은 효력을 상실한다.

② 재심심판절차에서는 특별한 사정이 없는 한 재심사건에 다른 사건의 공소사실을 추가하는 공소장변경을 하거나 다른 일반 사건을 병합하여 함께 심판하는 것이 허용되지 않는다.

③ 원 판결의 증거가 된 증언이 나중에 확정판결에 의하여 허위임이 증명되더라도 허위증언 부분을 제외하고 다른 증거에 의하여 그 범죄사실이 유죄로 인정될 개연성이 있으면 재심사유는 인정되지 않는다.

④ 재심이 개시된 사건에 적용되어야 할 형벌에 관한 법령이 헌법재판소의 위헌결정으로 소급하여 그 효력을 상실하였다면 재심사건에 대하여 무죄를 선고하여야 한다.

07 상소의 포기 또는 취하에 대한 설명으로 옳지 않은 것은?(다툼이 있는 경우 판례에 의함)

① 피고인이 상소를 포기한 후 그 포기의 무효를 주장하기 위해서는 상소제기 기간이 경과하기 전이라도 상소권회복청구를 하여야 한다.

② 피고인은 사형 또는 무기징역이나 무기금고가 선고된 판결에 대하여는 상소의 포기를 할 수 없다.

③ 변호인의 상소취하에 피고인의 동의가 없다면 상소취하의 효력은 발생하지 아니한다.

④ 피고인의 상소취하가 착오에 기인한 경우, 그 착오에 관하여 피고인에게 과실이 있으면 피고인이 착오를 일으키게 된 과정에 교도관의 과실이 개입되었더라도 상소취하는 무효로 되지 않는다.

08 필요적 변호사건에 대한 설명으로 옳은 것만을 모두 고르면?(다툼이 있는 경우 판례에 의함)

ㄱ. 필요적 변호사건과 다른 사건을 병합하여 심리하는 경우에 변호인의 관여 없이 공판절차를 진행한 위법은 필요적 변호사건이 아닌 다른 사건 부분에는 미치지 않는다.

ㄴ. 필요적 변호사건에서 항소법원이 국선변호인을 선정하고 피고인과 그 변호인에게 소송기록접수통지를 한 다음 피고인이 새로이 사선변호인을 선임함에 따라 국선변호인의 선정을 취소한 경우, 항소법원은 사선변호인에게 소송기록접수통지를 다시 하여야 한다.

ㄷ. 필요적 변호사건의 항소심에서는, 원심법원이 피고인 본인의 항소이유서 제출기간 경과 후 국선변호인을 선정하고 그에게 소송기록접수통지를 하였으나 국선변호인이 법정기간 내에 항소이유서를 제출하지 아니한 경우, 국선변호인의 항소이유서 불제출에 대하여 피고인의 귀책사유가 밝혀지지 아니한 이상 피고인의 항소를 기각할 것이 아니라 국선변호인의 선정을 취소하고 새로운 국선변호인을 선정하는 조치를 취하여야 한다.

ㄹ. 필요적 변호사건이라 하여도 피고인이 재판거부 의사를 표시하고 재판장의 허가 없이 퇴정한 후 변호인마저 이에 동조하여 퇴정해 버린 경우, 피고인과 변호인이 출석하지 않은 상태에서 증거조사를 할 수밖에 없는 때에는 피고인의 증거동의가 있는 것으로 간주한다.

① ㄱ, ㄴ

② ㄴ, ㄷ

③ ㄷ, ㄹ

④ ㄱ, ㄷ, ㄹ

09 「형법」의 강도죄를 범한 자와 관련하여 「형사소송법」의 기간의 적용에 대한 설명으로 옳지 않은 것은?(기간 연장은 고려하지 않음)

① 2020년 6월 1일 (월) 23시에 피의자를 구속한 경찰관은 2020년 6월 10일 (수) 24시까지 피의자를 검사에게 인치하여야 한다.

② 2020년 6월 2일 (화) 17시에 공소가 제기된 피고인에 대한 제1심의 구속기간은 2020년 8월 1일 (토) 24시까지이다.

③ 2020년 6월 2일 (화) 14시에 제1심 공판정에 출석하여 유죄판결을 선고받은 피고인은 2020년 6월 8일 (월) 24시까지 항소를 제기할 수 있다.

④ 2020년 6월 1일 (월) 14시에 항소장을 받은 원심법원은 항소를 기각하는 경우가 아닌 한 2020년 6월 15일 (월) 24시까지 소송기록과 증거물을 항소법원에 송부하여야 한다.

10 항고에 대한 설명으로 옳은 것만을 모두 고르면?(다툼이 있는 경우 판례에 의함)

> ㄱ. 판사가 증거보전청구(「형사소송법」 제184조)를 기각한 결정에 대해서는 항고할 수 없다.
>
> ㄴ. 압수물에 대하여 몰수의 선고가 없어 압수가 해제된 것으로 간주되었음(「형사소송법」 제332조)에도 불구하고 검사가 그 해제된 압수물의 인도를 거부하는 조치에 대해서는 준항고로 불복할 수 없다.
>
> ㄷ. 약식명령에 대한 정식재판청구를 기각하는 결정에 대해서는 즉시항고할 수 있다.
>
> ㄹ. 「국민의 형사재판 참여에 관한 법률」에 따라 사건을 국민참여재판으로 진행 또는 배제하기로 하는 법원의 결정에 대해서는 즉시항고할 수 있다.

① ㄱ, ㄴ   ② ㄴ, ㄷ

③ ㄴ, ㄹ   ④ ㄱ, ㄷ, ㄹ

11 법원의 관할에 대한 설명으로 옳지 않은 것은?(다툼이 있는 경우 판례에 의함)

① 동일 사건이 사물관할을 달리하는 수개의 제1심 법원에 계속된 때에는 법원 합의부가 심판하게 되는데, 이 경우 단독판사는 즉시 공소기각의 결정을 하여야 하지만 만일 단독판사의 판결이 먼저 확정되었다면 합의부는 면소판결을 하여야 한다.

② 토지관할의 기준으로서 피고인의 현재지는 공소제기 당시 피고인이 현재한 장소를 의미하며, 여기에는 임의에 의한 현재지뿐만 아니라 적법한 강제에 의한 현재지도 포함된다.

③ 지방법원 본원에 제1심 토지관할이 인정된다고 볼 특별한 사정이 없다면, 지방법원 지원에 제1심 토지관할이 인정된다는 사정만으로 지방법원 본원에도 제1심 토지관할이 당연히 인정된다고 볼 수 없다.

④ 일반 국민이 범한 수개의 죄 가운데 특정 군사범죄와 그 밖의 일반 범죄가 「형법」 제37조 전단의 경합범 관계에 있다고 보아 하나의 사건으로 일반법원에 기소된 경우, 그 일반법원은 재판권이 없는 군사범죄를 포함하여 기소된 사건 전부를 심판할 수 있다.

12 증명의 기본원칙에 대한 설명으로 옳지 않은 것은?(다툼이 있는 경우 판례에 의함)

① 공모공동정범에 있어서 공모는 엄격한 증명을 요한다.

② 「형법」 제87조 내란죄에서 국헌문란의 목적은 범죄 성립을 위하여 고의 외에 요구되는 초과주관적 위법요소이므로 엄격한 증명을 요한다.

③ 도로교통법위반(음주운전)죄에서 혈중알코올농도의 추정방식으로 위드마크 공식을 이용한 경우에 그 적용을 위한 자료인 섭취한 알코올의 양, 음주시각, 체중 등의 사실은 자유로운 증명으로 족하다.

④ 「형법」 제307조 제1항의 명예훼손죄 성립 여부에 있어서 동법 제310조의 위법성조각사유의 존재는 자유로운 증명으로 족하다.

13 탄핵증거에 대한 설명으로 옳지 않은 것은?(다툼이 있는 경우 판례에 의함)

① 탄핵증거는 엄격한 증거조사 없이 증거로 사용할 수 있으므로, 탄핵증거를 제출하는 자는 어느 부분에 의하여 진술의 어느 부분을 다투려고 한다는 점을 사전에 상대방에게 알릴 필요가 없다.

② 탄핵증거는 진술의 증명력을 감쇄하기 위하여 인정되는 것이고, 범죄사실 또는 그 간접사실을 인정하는 증거로는 허용되지 않는다.

③ 피고인의 공판정 외의 자백에 관하여 피고인이 그 내용을 부인하더라도 그것이 임의로 작성된 것이 아니라고 의심할 만한 사정이 없는 한, 그 자백은 피고인의 공판정에서의 진술의 증명력을 다투기 위한 탄핵증거로 사용할 수 있다.

④ 진술자의 서명·날인이 없어 성립의 진정이 인정되지 아니한 증거도 탄핵증거가 될 수 있다.

14 면소판결을 할 수 있는 것은?(다툼이 있는 경우 판례에 의함)

① 피고인이 유죄판결에 대하여 상고하였는데, 그 후에 헌법재판소가 처벌의 근거가 된 법률조항에 대해 헌법불합치결정을 선고하면서 개정시한을 정하여 입법개선을 촉구하였는데도 위 시한까지 법률개정이 이루어지지 아니한 경우

② 유죄판결 확정 후 피고인에 대하여 형 선고의 효력을 상실케 하는 특별사면이 있었는데, 이후 재심개시결정이 확정되어 재심심판절차를 진행하게 된 경우

③ 피고인이 외국에서 유죄판결을 받고 판결이 확정된 후 우리나라에서 같은 행위로 다시 기소된 경우

④ 구 「형법」상 혼인빙자간음죄(제304조)로 기소되었는데, 그 후 해당 조문의 혼인빙자간음죄 부분이 헌법재판소의 결정에 의하여 위헌으로 판단되었고, 이를 삭제하는 「형법」 개정을 하면서 부칙 등에서 그 시행 전 행위에 대한 벌칙의 적용에 관하여 아무런 경과규정을 두지 아니한 경우

15 「형사소송법」 제315조에 규정된 당연히 증거능력 있는 서류에 해당하는 것(○)과 해당하지 않는 것(×)을 바르게 연결한 것은?(다툼이 있는 경우 판례에 의함)

ㄱ. 보험사기 사건에서 건강보험심사평가원이 수사기관의 의뢰에 따라 그 수사기관이 보내온 자료를 토대로 작성한 입원진료의 적정성에 대한 의견을 제시하는 내용의 '입원진료 적정성 여부 등 검토의뢰에 대한 회신'

ㄴ. 대한민국 주중국 대사관 영사가 공무수행과정에서 작성하였지만 공적인 증명보다는 상급자에 대한 보고를 목적으로 작성한 사실확인서(공인(公印) 부분은 제외)

ㄷ. 검찰에서 피고인이 소지·탐독을 인정한 유인물에 대하여, 사법경찰관이 그 내용을 분석하고 이를 기계적으로 복사하여 그 말미에 그대로 첨부하여 작성한 수사보고서

ㄹ. 성매매업소에서 성매매 여성들이 영업에 참고하기 위하여 성매매 상대방의 아이디, 전화번호 등에 관한 정보를 입력하여 작성한 메모리카드의 내용

	ㄱ	ㄴ	ㄷ	ㄹ
①	○	×	○	×
②	×	×	○	×
③	○	○	×	○
④	×	×	○	○

16 간이공판절차에 대한 설명으로 옳은 것은?(다툼이 있는 경우 판례에 의함)

① 간이공판절차에서의 증거조사에서 증거방법을 표시하고 증거조사내용을 "증거조사함"이라고 표시하는 방법으로 하였다면 법원이 인정채택한 상당한 증거방법이라고 인정할 수 있다.

② 상습폭행죄로 기소된 사건에서 피고인이 폭행사실을 인정한 경우에는 상습성을 부인하더라도 간이공판절차에 의하여 심판할 수 있다.

③ 피고인이 피의자 신분으로 수사기관에서 공소사실에 대하여 자백하였다면 법원은 간이공판절차를 명할 수 있다.

④ 간이공판절차의 개시 요건인 자백은 공소장 기재사실을 인정하는 것일 뿐만 아니라 명시적으로 유죄임을 자인하는 진술이어야 한다.

17 친고죄의 고소에 대한 설명으로 옳은 것만을 모두 고르면?(다툼이 있는 경우 판례에 의함)

ㄱ. 친고죄가 아닌 범죄로 기소되었으나 항소심에서 공소장의 변경에 의하여 친고죄로 인정된 경우, 고소인이 공소제기 전에 행한 고소를 항소심에서 취소하면 법원은 공소기각의 판결을 선고하여야 한다.

ㄴ. 수사기관이 고소권이 있는 자를 증인 또는 피해자로서 신문한 경우에는 그 진술에 범인의 처벌을 요구하는 의사표시가 포함되어 있고 그 의사표시가 조서에 기재되어 있더라도 이는 고소로서 유효하지 않다.

ㄷ. 수사가 장차 고소나 고발의 가능성이 없는 상태하에서 행해졌다는 등의 특단의 사정이 없는 한, 고소나 고발이 있기 전에 수사를 하였다는 이유만으로 그 수사가 위법하게 되는 것은 아니다.

ㄹ. 친고죄에 있어서 피해자의 고소권은 공법상의 권리로서 법이 특히 명문으로 인정하는 경우를 제외하고는 고소 전에 고소권을 포기할 수 없다.

① ㄱ, ㄴ
② ㄴ, ㄷ
③ ㄷ, ㄹ
④ ㄱ, ㄷ, ㄹ

18 기소와 재판에 대한 설명으로 옳지 않은 것은?(다툼이 있는 경우 판례에 의함)

① 공소기각의 판결은 피고인에게 불이익한 재판이라고 할 수 없으므로 이에 대하여 피고인은 상소권이 없다.

② 공소사실의 동일성이 인정되지 아니하고 실체적 경합관계에 있는 수개의 공소사실의 전부 또는 일부를 철회하는 공소취소에 따라 공소기각의 결정이 확정된 때와 마찬가지로, 포괄일죄로 기소된 공소사실 중 일부에 대하여 공소장변경의 방식으로 이루어진 공소사실의 일부 철회가 있는 경우에 그 범죄사실에 대하여도 다른 중요한 증거가 발견되지 않는 한 재기소할 수 없다.

③ 무죄의 제1심판결에 대하여 검사가 채증법칙 위배 등을 들어 항소하였으나 공소기각의 사유가 있다고 인정될 경우, 항소심 법원은 직권으로 판단하여 제1심판결을 파기하고 피고인에 대한 공소사실에 관하여 유·무죄의 판단을 하기에 앞서 공소기각의 판결을 선고하여야 한다.

④ 위법한 함정수사에 기한 공소제기는 그 절차가 법률의 규정에 위반하여 무효인 때에 해당하여 공소기각의 판결을 하여야 한다.

19 압수와 수색에 대한 설명으로 옳지 않은 것은?(다툼이 있는 경우 판례에 의함)

① 압수의 대상은 압수·수색영장의 범죄사실 자체와 직접적으로 연관된 물건에 한정되지 않으므로, 압수·수색영장의 범죄사실과 기본적 사실관계가 동일한 범행 또는 동종·유사의 범행과 관련된다고 의심할 만한 상당한 이유가 있는 범위 내에서는 압수를 실시할 수 있다.

② 압수·수색영장의 집행에 있어서 여관, 음식점 기타 야간에 공중이 출입할 수 있는 장소는 공개한 시간 내에 한하여 야간집행의 제한을 받지 않는다.

③ 전자정보에 대한 압수·수색이 종료되기 전에 혐의사실과 관련된 전자정보를 적법하게 탐색하는 과정에서 별도의 범죄혐의와 관련된 전자정보를 우연히 발견한 경우라면, 수사기관은 더 이상의 추가 탐색을 중단하고 법원에서 별도의 범죄혐의에 대한 압수·수색영장을 발부받은 경우에 한하여 그 정보에 대하여 적법하게 압수·수색을 할 수 있다.

④ 검사 또는 사법경찰관은 현행범 체포현장이나 범죄 장소에서 소지자 등이 임의로 제출하는 물건을 영장 없이 압수할 수 있다. 다만, 이 경우에 검사나 사법경찰관은 사후에 영장을 받아야 한다.

20 다음 설명 중 옳은 것만을 모두 고르면?(다툼이 있는 경우 판례에 의함)

ㄱ. 국가는 무죄판결이 확정되어 당해 사건의 피고인이었던 자에 대하여 그 재판에 소요된 비용을 보상할 경우에 그 비용의 보상은 피고인이었던 자의 청구에 따라 무죄판결을 선고한 법원의 합의부에서 결정으로 한다. 다만, 이 청구는 무죄판결이 확정된 사실을 안 날부터 3년, 무죄판결이 확정된 때부터 5년 이내에 하여야 한다.

ㄴ. 피의자의 지위에 있지 아니한 자가 한 진술은 수사기관에 의하여 진술거부권이 고지되지 아니하였더라도 증거능력을 부정할 것은 아니다.

ㄷ. 사법경찰관이 피의자에게 진술거부권을 행사할 수 있음을 알려 주고 그 행사 여부를 질문하였더라도, 진술거부권 행사 여부에 대한 피의자의 답변이 자필로 기재되어 있지 아니하거나 그 답변 부분에 피의자의 기명날인 또는 서명이 되어 있지 아니한 사법경찰관 작성의 피의자신문조서는 특별한 사정이 없는 한 적법한 절차와 방식에 따라 작성된 조서라 할 수 없으므로 증거능력이 인정되지 않는다.

ㄹ. 음주운전자가 정당한 이유 없이 상당한 시간이 경과한 후에야 경찰관의 호흡측정 결과에 이의를 제기하면서 2차 호흡측정 또는 혈액채취의 방법에 의한 측정을 요구하는 경우에, 경찰공무원이 2차 호흡측정 또는 혈액채취의 방법에 의한 측정을 실시하지 않았다고 하더라도 1차 호흡측정기에 의한 측정의 결과만으로 음주운전 사실을 증명할 수 있다.

---

① ㄱ, ㄴ

② ㄱ, ㄷ, ㄹ

③ ㄴ, ㄷ, ㄹ

④ ㄱ, ㄴ, ㄷ, ㄹ

01 진술거부권에 대한 설명으로 옳지 않은 것은?(다툼이 있는 경우 판례에 의함)

① 피고인이 증거서류의 진정성립을 묻는 검사의 질문에 대하여 진술거부권을 행사하여 진술을 거부한 경우는 「형사소송법」 제314조의 '그 밖에 이에 준하는 사유로 인하여 진술할 수 없는 때'에 해당하지 아니한다.

② 「헌법」상 진술거부권이 보장되므로, 진술거부권이 보장되는 절차에서 진술거부권을 고지받을 권리를 인정하기 위하여 별도의 입법적 뒷받침이 필요한 것은 아니다.

③ 「헌법」상 보장된 진술거부권에 비추어 볼 때, 교통사고를 낸 차의 운전자 등의 신고의무는 사고의 규모나 당시의 구체적인 상황에 따라 피해자의 구호 및 교통질서의 회복을 위하여 당사자의 개인적인 조치를 넘어 경찰관의 조직적 조치가 필요하다고 인정되는 경우에만 있는 것이다.

④ 조사대상자의 진술내용이 자신과 제3자에게 공동으로 관련된 범죄에 관한 것이거나 제3자의 피의사실뿐만 아니라 자신의 피의사실에 관한 것이기도 하여 그 실질이 피의자신문조서의 성격을 가지는 경우에 수사기관은 그 진술을 듣기 전에 미리 진술거부권을 고지하여야 한다.

02 공판기일의 절차 진행을 순서대로 바르게 나열한 것은?

① 인정신문 – 진술거부권 고지 – 모두절차 – 피고인신문 – 증거조사

② 인정신문 – 모두절차 – 진술거부권 고지 – 증거조사 – 피고인신문

③ 진술거부권 고지 – 인정신문 – 모두절차 – 증거조사 – 피고인신문

④ 진술거부권 고지 – 인정신문 – 모두절차 – 피고인신문 – 증거조사

03 피의자신문에 대한 설명으로 옳지 않은 것은?(다툼이 있는 경우 판례에 의함)

① 적법한 구속영장이 발부된 이상 수사기관으로서는 피의자신문을 위해 그 구속영장의 효력에 의하여 구금된 피의자를 조사실로 구인할 수 있다.

② 수사기관이 진술자의 성명을 가명으로 기재하여 조서를 작성하였다고 해서 그 이유만으로 그 조서가 '적법한 절차와 방식'에 따라 작성되지 않았다고 할 것은 아니다.

③ 검사가 피고인의 공판절차에서 이미 증언을 마친 증인에게 수사기관에 출석할 것을 요구하여 그 증인을 상대로 위증의 혐의를 조사한 내용을 담은 피의자신문조서는 그 피고인이 증거로 함에 동의하더라도 증거능력이 인정되지 않는다.

④ 피의자의 진술을 영상녹화하는 경우 미리 그 사실을 알려주어야 하며, 조사의 개시부터 종료까지의 전 과정 및 객관적 정황을 영상녹화하여야 한다.

04 공판준비기일의 절차에 대한 설명으로 옳은 것은?

① 공판준비기일에 신청하지 못한 증거는 원칙적으로 공판기일에 신청할 수 없으나, 법원은 실체적 진실 발견을 위하여 공판절차에서 직권으로 증거를 조사할 수 있다.

② 공판준비기일에 변호인의 출석은 필수요건이지만 피고인의 출석은 필수사항이 아니므로 피고인이 출석한 경우에도 재판장은 피고인에게 진술거부권을 고지할 필요가 없다.

③ 공판준비기일은 공개하지 않지만, 재판의 공정성을 위해서 필요한 경우에는 공개할 수 있다.

④ 검사, 피고인 또는 변호인은 법원에 대하여 공판준비기일의 지정을 신청할 수 있고, 이 경우 당해 신청에 관한 법원의 결정에 대하여는 불복할 수 있다.

05 법관에 대한 기피신청의 설명으로 옳은 것은?(다툼이 있는 경우 판례에 의함)

① 기피신청을 받은 법관이 소송진행 정지에 대한 예외사유가 없음에도 불구하고 본안의 소송절차를 정지하지 않은 채 그대로 진행한 소송행위는 효력이 없지만, 그 후 기피신청에 대한 기각결정이 확정되었다면 유효하다.

② 원심 합의부원인 법관이 원심 재판장에 대한 기피신청 사건의 심리와 기각결정에 관여한 사실이 있다면, 이는 「형사소송법」 제17조 제7호 소정의 '법관이 사건에 관하여 그 기초되는 조사, 심리에 관여한 때'에 해당하여 기피사유가 인정된다.

③ 법관이 피고인의 증거신청을 채택하지 아니하거나 이미 한 증거결정을 취소한 사정만으로도 기피사유에 해당한다.

④ 법관에 대한 기피신청이 있는 경우 「형사소송법」 제22조에 따라 정지되는 소송진행에 판결의 선고는 포함되지 아니한다.

06 소송행위에 대한 설명으로 옳은 것은?(다툼이 있는 경우 판례에 의함)

① 송달 당시 영수인이 10세 정도라면 송달로 인하여 생기는 형사소송절차에 있어서의 효력까지 이해하였다고 볼 수는 없으나 그 송달 자체의 취지를 이해하고 이를 아버지인 피고인에게 교부하는 것을 기대할 수 있으므로 피고인에 대한 소송기록접수통지서의 송달은 적법하다.

② 피고인이 공판정에 재정하지 않더라도 피고인에게 이익이 되는 경우라면 구술에 의한 공소장변경을 허가할 수 있다.

③ 경찰서장의 청구에 의해 즉결심판을 받은 피고인으로부터 적법한 정식재판의 청구가 있는 경우, 경찰서장의 즉결심판청구는 공소제기와 동일한 소송행위라고 할 수 없고 검사의 공소제기에 의하여 심판하여야 한다.

④ 검사가 공소사실의 일부가 되는 범죄일람표를 컴퓨터 프로그램을 통하여 열어보거나 출력할 수 있는 전자적 형태의 문서로 작성한 후, 종이문서로 출력하여 제출하지 아니하고 위 전자적 형태의 문서가 저장된 저장매체 자체를 서면인 공소장에 첨부하여 제출한 경우, 그 저장매체나 전자적 형태의 문서를 공소장의 일부로서의 '서면'으로 볼 수 있다.

07 공소제기에 대한 설명으로 옳지 않은 것은?(다툼이 있는 경우 판례에 의함)

① 약식명령에 대한 정식재판청구가 제기되었음에도 법원이 증거서류 및 증거물을 검사에게 반환하지 않고 보관하고 있다고 하여 그 이전에 이미 적법하게 제기된 공소제기의 절차가 위법하게 된다고 할 수 없다.

② 포괄일죄에서 공소장변경 허가 여부를 결정할 때는 포괄일죄를 구성하는 개개 공소사실별로 종전 것과의 동일성 여부를 판단하여야 한다.

③ 살인, 방화 등의 경우 범죄의 직접적인 동기 또는 공소범죄사실과 밀접불가분의 관계에 있는 동기를 공소사실에 기재하는 것이 공소장일본주의 위반이 아님은 명백하고, 설사 범죄의 직접적인 동기가 아닌 경우에도 동기의 기재는 공소장의 효력에 영향을 미치지 아니한다.

④ 불특정 다수 인터넷 이용자들의 컴퓨터에 자신들의 프로그램을 설치하여 경쟁업체 프로그램이 정상적으로 사용되거나 설치되지 못하도록 함으로써 인터넷 이용자들의 인터넷 이용에 관한 업무를 방해하였다고 하여 '컴퓨터 등 장애업무방해'로 기소된 경우, 공소장 기재만으로는 업무 주체인 구체적인 피해자와 방해된 업무 내용을 알 수 없는 때는 공소사실이 특정되지 않은 것이다.

08 체포 및 구속에 대한 설명으로 옳은 것만을 모두 고르면?(다툼이 있는 경우 판례에 의함)

> ㄱ. 긴급체포의 요건을 갖추었는지 여부는 사후에 밝혀진 사정을 기초로 판단하는 것이 아니라 체포 당시의 상황을 기초로 판단하여야 한다.
>
> ㄴ. 구속집행 당시 영장이 제시되지는 않았으나, 피고인이 청구한 구속적부심사절차에서 영장을 제시받아 그 기재된 범죄사실을 숙지하고 있으며, 구속 중 이루어진 법정진술의 임의성 등을 다투지 않고 오히려 변호인과의 충분한 상의를 거친 후 공소사실 전부에 대하여 자백한 경우라면, 그 자백을 증거로 할 수 있다.
>
> ㄷ. 현행범인 체포의 적법성과 관련하여 체포사유의 판단은 현행범인체포서에 기재된 죄명에 의하여야만 한다.
>
> ㄹ. 「형사소송법」 제33조 제1항은 국선변호인을 반드시 선정해야 하는 사유를 정하고 있는데, 그 제1호에서 정한 '피고인이 구속된 때'라고 함에는 피고인이 별건으로 구속된 경우가 제외되는 것은 아니다.

① ㄱ, ㄴ

② ㄱ, ㄹ

③ ㄴ, ㄷ

④ ㄷ, ㄹ

09 공소장변경에 대한 설명으로 옳은 것은?(다툼이 있는 경우 판례에 의함)

① 검사가 형이 보다 가벼운 일반법의 법조를 적용하여 그 죄명으로 기소한 경우, 공소사실에 변경이 없고 그 적용법조의 구성요건이 완전히 동일하다면 법원은 공소장변경 없이 형이 더 무거운 특별법의 법조를 적용하여 처벌할 수 있다.

② 단독범으로 기소된 것을 다른 사람과 공모하여 동일한 내용으로 공동정범의 범행을 한 것으로 인정하는 경우, 이로 말미암아 피고인에게 예기치 않은 타격을 주어 방어권 행사에 실질적 불이익을 줄 우려가 없더라도 공소장변경이 필요하다.

③ 기소된 공소사실의 재산상 피해자와 공소장에 기재된 피해자가 다른 것으로 판명된 경우에는 공소사실의 동일성을 해하지 않고 피고인의 방어권 행사에 실질적 불이익을 주지 않는 한 공소장변경 없이 공소장 기재의 피해자와 다른 실제의 피해자를 적시하여 이를 유죄로 인정해야 한다.

④ 동일한 범죄사실에 대하여 포괄일죄로 기소된 것을 법원이 공소장변경 없이 실체적 경합관계에 있는 수죄로 인정하는 것은 피고인의 방어권 행사에 실질적으로 불이익을 초래할 우려가 있어서 허용되지 아니한다.

10 공판 및 상소절차에 대한 설명으로 옳은 것은?(다툼이 있는 경우 판례에 의함)

① 재판장은 여러 공판기일을 일괄하여 지정할 수 없다.

② 간이공판절차로 진행된 제1심에서 「형사소송법」 제318조의3에 의하여 증거동의가 의제되어 증거능력이 인정된 증거라도 피고인이 항소심에서 진술을 번복하여 범행을 부인한다면 그 증거능력은 그대로 유지될 수 없다.

③ 제1심이 위법한 공시송달 결정에 터 잡아 피고인의 진술 없이 심리·판단하였다면, 항소심은 검사만이 양형부당을 이유로 항소한 경우라도 직권으로 제1심의 위법을 시정하는 조치를 취하여야 한다.

④ 준항고의 청구는 재판의 고지 있는 날로부터 5일 이내에 하여야 한다.

11 자수에 대한 설명으로 옳은 것은?(다툼이 있는 경우 판례에 의함)

① 피고인이 자수하였음에도 불구하고 법원이 「형법」 제52조 제1항에 따른 자수감경을 하지 않거나 자수감경 주장에 대하여 판단을 하지 않았더라도 위법하지 않다.

② 수사기관에의 자발적 신고 내용이 범행을 부인하는 등 범죄성립요건을 갖추지 아니한 경우에는 자수는 성립하지 않지만, 그 후 수사과정에서 범행을 시인하였다면 새롭게 자수가 성립될 여지가 있다.

③ 수사기관의 직무상의 질문 또는 조사에 응하여 범죄사실을 진술하는 경우라도 자수가 인정될 수 있다.

④ 범인이 수사기관에 뇌물수수의 범죄사실을 자발적으로 신고하였다면, 「특정범죄 가중처벌 등에 관한 법률」의 적용을 피하기 위해 그 수뢰액을 실제보다 적게 신고한 것일지라도 자수는 성립한다.

12 「형사소송법」 제266조의3에서 규정하고 있는 '공소제기 후 검사가 보관하고 있는 서류 등의 열람·등사'에 대한 설명으로 옳은 것은?

① 피고인에게 변호인이 있는 경우에는 피고인은 열람·등사만을 신청할 수 있다.

② 서류 등에는 컴퓨터용 디스크나 그 밖에 정보를 담기 위하여 만들어진 물건으로서 문서가 아닌 특수매체는 포함되지 않는다.

③ 검사는 열람·등사 또는 서면의 교부를 거부하거나 그 범위를 제한하는 때에는 48시간 이내에 그 이유를 서면으로 통지하여야 한다.

④ 검사는 서류 등의 목록에 대하여는 열람 또는 등사를 거부할 수 없다.

13 「국민의 형사재판 참여에 관한 법률」에 따른 국민참여재판에 대한 설명으로 옳은 것은?(다툼이 있는 경우 판례에 의함)

① 제1심 법원이 피고인의 의사에 따라 국민참여재판으로 진행하기로 결정한 경우, 위 결정에 대해 검사는 항고할 수 있다.

② 국민참여재판에서 배심원이 만장일치 의견으로 내린 무죄의 평결을 존중하여 제1심 법원이 무죄판결을 내린 경우, 검사는 항소를 제기할 수 없다.

③ 피고인은 공소장 부본을 송달받은 날부터 7일이 경과한 후에는 국민참여재판 신청을 할 수 없다.

④ 법원은 국민참여재판으로 진행하는 것이 적절하지 아니하다고 인정되는 경우, 공소제기 후부터 공판준비기일이 종결된 다음날까지 국민참여재판 배제결정을 할 수 있다.

14 재정신청에 대한 설명으로 옳은 것은?(다툼이 있는 경우 판례에 의함)

① 재정신청 기각결정에 대한 재항고나 그 재항고 기각결정에 대한 즉시항고로서의 재항고에 대한 법정기간의 준수 여부는 재항고장이나 즉시항고장이 법원에 도달한 시점을 기준으로 판단하여야 하고, 거기에 재소자 피고인 특칙은 준용되지 아니한다.

② 재정신청사건의 심리 중에는 관련 서류 및 증거물을 열람 또는 등사할 수 있다.

③ 공동신청권자 중 1인의 재정신청 및 취소는 전원을 위하여 효력을 발생한다.

④ 법원이 재정신청 대상 사건이 아닌 「공직선거법」 제251조의 후보자비방죄에 관한 재정신청임을 간과한 채 공소제기결정을 한 관계로 그에 따른 공소가 제기되어 본안사건의 절차가 개시되었다면, 다른 특별한 사정이 없는 한 그 본안사건에서 그 잘못을 다툴 수 있다.

15 자백의 증거능력에 대한 설명으로 옳은 것은?(다툼이 있는 경우 판례에 의함)

① 자백하면 가벼운 형으로 처벌되도록 하겠다고 약속하거나 또는 일정한 증거가 발견되면 자백하겠다는 약속하에 이루어진 자백이라고 하여 곧 임의성이 부정되는 것은 아니다.

② 수사기관이 피의자를 신문함에 있어서 피의자에게 미리 진술거부권을 고지하지 않은 경우라 하더라도 진술의 임의성이 있으면 증거능력이 인정된다.

③ 피고인이 경찰수사 단계에서 고문 등 가혹행위로 인하여 임의성 없는 자백을 하고, 그 후에도 임의성 없는 심리상태가 검사 조사단계에서도 계속된 경우에는 검사 앞에서의 자백도 임의성이 부정된다.

④ 공범인 공동피고인의 법정 자백은 피고인들 간에 이해관계가 상반되지 않는 경우에만 다른 공동피고인에 대하여 독립한 증거능력이 있다.

16 디지털 저장매체에 저장되어 있는 피고인 아닌 자가 작성한 문서를 출력하여 제출한 경우, 그 증거능력 인정 요건에 대한 설명으로 옳지 않은 것은?(증거동의가 없음을 전제하고, 다툼이 있는 경우 판례에 의함)

① 디지털 저장매체의 사용자 및 소유자, 로그기록 등 저장매체에 남은 흔적, 초안 문서의 존재, 작성자만의 암호 사용 여부, 전자서명의 유무 등 객관적 사정에 의하여 동일인이 작성하였다고 볼 수 있다면 그 작성자의 부인에도 불구하고 진정성립을 인정할 수 있다.

② 디지털 저장매체 원본에 저장된 내용과 출력 문건의 동일성이 인정되어야 하고, 이를 위해서는 정보저장매체 원본이 압수 시부터 문건 출력 시까지 변경되지 않았다는 무결성이 담보되어야 한다.

③ 작성자가 자기에게 맡겨진 사무를 처리한 내역을 그때그때 계속적·기계적으로 기재하여 저장해 놓은 문서로서 업무상 필요로 작성한 통상문서에 해당하면 증거능력이 인정된다.

④ 디지털 저장매체에 저장된 로그파일의 원본이 아니라 그 복사본의 일부 내용을 요약·정리하는 방식으로 새로운 문서파일이 작성된 경우, 새로 작성한 파일을 출력한 문서는 로그파일의 복사본과 원본의 동일성이 인정되더라도 로그파일 원본의 내용을 증명하는 증거로 사용할 수 없다.

17 다음 중 전문증거에 해당하는 것은?(다툼이 있는 경우 판례에 의함)

① 甲이 정보통신망을 통하여 공포심이나 불안감을 유발하는 글을 반복적으로 상대방에게 도달하게 하는 행위를 하였음을 공소사실로 하여 기소되었는데, 검사가 위 죄에 대한 유죄의 증거로 휴대전화기에 저장된 문자정보를 제출한 경우

② 증인이 법정에서 "甲이 ○○ 체육관 부지를 공시지가로 매입하게 해 주겠다고 말하였다."라고 증언하였는데, 그 증언이 甲이 그와 같이 말한 사실의 존재를 증명하기 위한 증거로 제출된 경우

③ 甲이 반국가단체 구성원 A와 회합한 후 A로부터 지령을 받고 국가기밀을 탐지·수집하였다는 공소사실로 기소되었고, 甲의 컴퓨터에서 "A 선생 앞 : 2011년 면담은 1월 30일 북경에서 하였으면 하는 의견입니다."라는 등의 내용이 담겨져 있는 파일이 발견되었는데, 이 파일이 甲과 A의 회합을 입증하기 위한 증거로 제출된 경우

④ 甲이 반국가단체로부터 지령을 받고 국가기밀을 탐지·수집하였다는 공소사실로 기소되었는데 甲의 컴퓨터에 저장되어 있던 국가기밀을 담은 서류가 증거로 제출된 경우

18 위법수집증거에 대한 설명으로 옳은 것은?(다툼이 있는 경우 판례에 의함)

① 지문채취 대상물을 적법한 절차에 의하지 아니하고 압수한 경우에는 그 압수 이전에 범행현장에서 지문채취 대상물로부터 채취한 지문일지라도 그 지문의 증거능력은 없다.

② 위법하게 수집된 증거도 당사자의 동의가 있으면 증거능력이 인정된다.

③ 증인이 친분이 있던 피해자와 통화를 마친 후 전화가 끊기지 않은 상태에서 휴대전화를 통하여 몸싸움을 연상시키는 '악' 하는 소리와 '우당탕' 소리를 1~2분 들었다고 증언한 경우, 그 소리는 「통신비밀보호법」에서 말하는 타인 간의 대화에 해당하지 않는다.

④ 피고인이 범행 후 피해자에게 전화를 걸어오자 피해자가 증거를 수집하려고 그 전화내용을 녹음한 경우, 그 녹음테이프가 피고인 모르게 녹음된 것이면 그 녹음테이프는 위법하게 수집된 증거이다.

19 상소에 대한 설명으로 옳지 않은 것은?(다툼이 있는 경우 판례에 의함)

① 공소기각의 재판이 있으면 피고인은 유죄판결의 위험으로부터 벗어나는 것이므로 그 재판은 피고인에게 불이익한 재판이라고 할 수 없어서 이에 대하여 피고인은 상소권이 없다.

② 공판기일에 출석한 피고인이 변호인의 상소취하에 대한 동의 여부를 묻는 재판장의 질문에 특별히 의사를 표시하지 않았다면 상소취하에 동의한 것으로 볼 수 있다.

③ 「형법」 제37조 전단의 경합범 관계에 있는 죄에 대하여 일부는 유죄, 일부는 무죄를 선고한 원심판결 전체에 대하여 검사만이 상소한 경우, 무죄 부분에만 상소이유가 있더라도 상소심은 원심판결 전부를 파기하여야 한다.

④ 검사와 피고인 쌍방이 항소하였으나 검사가 항소이유서를 제출하지 아니하여 검사의 항소를 기각하여야 하는 경우에는 불이익변경금지의 원칙이 적용된다.

20 형사절차에 대한 설명으로 옳지 않은 것은?(다툼이 있는 경우 판례에 의함)

① 법원이 판결의 선고 전에 피고인이 이미 사망한 사실을 알지 못하여 공소기각의 결정을 하지 않고 실체판결에 나아감으로써 법령위반의 결과를 초래한 경우, 이에 대한 검찰총장의 비상상고는 적법하다.

② 피고인이 정식재판을 청구한 사건에 대하여는 약식명령의 형보다 중한 종류의 형을 선고하지 못하고, 약식명령의 형보다 중한 형을 선고하는 경우에는 판결서에 양형의 이유를 적어야 한다.

③ 피의자는 미리 증거를 보전하지 아니하면 그 증거를 사용하기 곤란한 사정이 있는 때에는 제1회 공판기일 전이라도 판사에게 증인신문을 청구할 수 있는데, 판사가 이를 기각하는 결정에 대하여는 3일 이내에 항고할 수 있다.

④ 甲이 수사기관에서 조사를 받을 때 乙의 성명, 주소, 본적 등 인적 사항을 모용하였기 때문에 검사가 이를 오인하여 乙의 표시로 공소를 제기한 경우, 검사가 공소제기 후 피고인표시정정을 함으로써 그 모용관계가 바로 잡혔다고 볼만한 사정이 없는 이상 이 공소는 「형사소송법」 제254조의 공소제기의 방식에 관한 규정에 위반하여 무효로 된다.

01 다음 사례에 대한 설명으로 옳지 않은 것은?(다툼이 있는 경우 판례에 의함)

> 경찰관은 절도범을 현행범으로 체포하면서 상의 주머니와 소지품을 수색하여 지갑과 노트북 1대를 압수하였다. 그 이후 노트북은 피의자의 소유인 것으로 확인하여 돌려주었다가, 추가 수사의 목적으로 다시 임의제출 받았다.

① 노트북 1대를 임의제출 받는 과정에서 제출에 임의성이 있었다는 점에 대해서는 검사가 입증해야 한다.

② 지갑이 체포범죄사실과 관련성이 있다면 압수영장 없이 압수했더라도 적법하다.

③ 현행범 체포과정에서 적법하게 압수한 것이라도 계속 압수할 필요성이 있으면 압수한 때로부터 48시간 내에 사후압수영장을 받아야 한다.

④ 현행범으로 체포하면서 현장에서 범인의 상의 주머니를 수색한 행위는 적법하다.

02 약식절차에 대한 설명으로 옳은 것은?(다툼이 있는 경우 판례에 의함)

① 법원은 검사의 청구가 있는 때에는 공판절차 없이 약식명령으로 피고인을 벌금, 구류 또는 과료에 처할 수 있다.

② 약식절차에서 자백배제법칙은 적용되지만 자백보강법칙과 전문법칙은 적용되지 않는다.

③ 벌금형이 고지된 약식명령에 대해 피고인만이 정식재판을 청구한 경우 법원은 벌금액을 상향하여 선고할 수 있다.

④ 약식명령에 대한 정식재판청구가 있으면 약식명령은 효력을 상실한다.

03 수사의 적법성에 대한 설명으로 옳지 않은 것은?(다툼이 있는 경우 판례에 의함)

① 법원으로부터 감정처분허가장이 아닌 혈액에 대한 압수영장을 발부받아 피의자의 신체로부터 혈액을 채취하는 행위는 위법한 강제수사이다.

② 검찰수사관이 피의자신문에 참여한 변호인에게 피의자 후방에 앉으라고 요구한 행위는 이를 정당화할 특별한 사정이 없는 한 변호인의 변호권을 침해하므로 「헌법」에 위배된다.

③ 응급구호가 필요한 자살기도자를 영장 없이 24시간을 초과하지 아니하는 범위에서 경찰서에 설치되어 있는 보호실에 유치한 것은 위법한 강제수사가 아니다.

④ 수사기관이 범행 중 또는 직후에 증거보전의 필요성, 긴급성이 있어서 상당한 방법으로 사진을 촬영한 경우라면 영장 없는 사진촬영도 위법한 수사가 아니다.

04 피고인의 특정에 대한 설명으로 옳지 않은 것은?(다툼이 있는 경우 판례에 의함)

① 피의자가 다른 사람의 성명을 모용하였기 때문에 공소장에 피모용자가 피고인으로 표시되었다고 하면, 검사는 모용자에 대하여 공소를 제기한 것이므로 모용자가 피고인이 된다.

② 성명을 모용한 사실이 재판 중에 밝혀진 경우 검사는 공소장변경절차를 거쳐 피고인의 인적사항을 변경하여야 한다.

③ 피모용자가 약식명령에 대하여 정식재판을 청구함으로써 정식재판절차에서 성명모용사실이 판명된 경우와 같이 피모용자에게 사실상의 소송계속이 발생하고 형식상 또는 외관상 피고인의 지위를 갖게 된 경우 법원은 그에게 공소기각의 판결을 선고하여야 한다.

④ 검사가 공소장의 피고인 성명모용을 바로잡지 아니한 경우에는 공소제기의 방식이 「형사소송법」의 규정에 위반하여 무효이므로 법원은 공소기각의 판결을 선고하여야 한다.

05 형사소송의 구조에 대한 설명으로 옳지 않은 것은?

① 소추기관과 재판기관이 분리되었는지 여부에 따라 규문주의와 탄핵주의로 구별된다.

② 소송의 스포츠화 또는 합법적 도박이 야기될 수 있다는 점은 당사자주의에 대한 비판이고, 사건의 심리가 국가기관의 자의적 판단이나 독단으로 흐를 수 있다는 점은 직권주의에 대한 비판이다.

③ 증인에 대한 교호신문절차, 증거동의제도는 당사자주의적 요소이다.

④ 피고인신문제도, 법원의 공소장변경 요구의무, 공소장일본주의는 직권주의적 요소이다.

06 공소제기에 대한 설명으로 옳은 것은?(다툼이 있는 경우 판례에 의함)

① 현행법은 기소편의주의를 취하고 있기 때문에 설사 검사가 고의로 공소권을 남용해서 피고인에게 실질적인 불이익을 주더라도 공소제기의 효력을 부인할 수는 없다.

② 수소법원은 늦어도 제1회 공판기일 전 5일까지는 피고인 또는 변호인에게 공소장 부본을 송달하여야 한다.

③ 검사가 기명날인만 있고 자필서명이 없는 공소장을 법원에 제출한 경우, 공소를 제기한 검사가 제1심의 제1회 공판기일에 공판검사로 출석해서 기소요지를 진술하고 공소장에 서명을 추가하더라도 이러한 공소제기는 무효이다.

④ 동일한 사건에 대해 동일한 법원에 이중으로 공소가 제기된 때에는 법원으로서는 후소에 대해 공소기각의 결정을 하여야 한다.

07 불이익변경금지의 원칙에 대한 설명으로 옳지 않은 것은? (다툼이 있는 경우 판례에 의함)

① 피고인만 상고한 상고심에서 항소심판결을 파기하고 사건을 항소심에 환송한 경우에 그 항소심에서는 파기된 항소심판결보다 중한 형을 선고할 수 없다.

② 피고인만 항소한 항소심판결에 대해 검사만 상고한 경우 상고심에서도 불이익변경금지의 원칙이 적용된다.

③ 제1심에서 사문서위조죄로 벌금형의 선고를 받은 피고인만 항소한 항소심에서 동일한 공소사실에 대해 법정형에 벌금형이 없는 사서명위조죄가 인정되었다면 항소심법원은 불이익변경금지의 원칙에도 불구하고 벌금형을 선고할 수는 없다.

④ 징역형의 집행유예가 확정된 사건에 대한 재심에서 원판결보다 주형을 경하게 하면서 집행유예를 없앤 경우에는 불이익변경금지의 원칙에 위배된다.

08 전문법칙에 대한 설명으로 옳은 것은?(다툼이 있는 경우 판례에 의함)

① "甲이 도둑질 하는 것을 보았다"라는 乙의 발언사실을 A가 법정에서 증언하는 경우, 乙의 명예훼손 사건에 대한 전문증거로서 전문법칙이 적용된다.

② 조사과정에 참여한 통역인의 증언은 검사작성 피의자신문조서에 대한 실질적 진정성립을 증명할 수 있는 수단으로서 「형사소송법」 제312조 제2항에 규정된 '영상녹화물이나 그 밖의 객관적인 방법'에 해당한다고 볼 수 없다.

③ 사법경찰관작성의 공동피고인(乙)에 대한 피의자신문조서를 乙이 법정에서 진정성립 및 내용을 인정한 경우, 공동피고인(甲)이 그 피의자신문조서의 진정성립 및 내용을 인정하지 않더라도 甲에 대하여 증거능력이 있다.

④ 의사가 작성한 진단서는 업무상 필요에 의하여 순서적, 계속적으로 작성되는 것이고 그 작성이 특히 신빙할 만한 정황에 의하여 작성된 문서이므로 당연히 증거능력이 인정되는 서류라고 할 수 있다.

09 증거개시제도에 대한 설명으로 옳지 않은 것은?(다툼이 있는 경우 판례에 의함)

① 법원의 개시결정에도 불구하고 검사가 피고인에게 유리한 증거서류의 열람·등사를 거부한 것은 피고인의 신속하고 공정한 재판을 받을 권리와 변호인의 조력을 받을 권리를 침해한 것으로 「헌법」에 위반된다.

② 피고인 또는 변호인은 검사가 서류 등의 열람·등사 또는 서면의 교부를 거부하거나 그 범위를 제한한 때에는 법원에 그 서류 등의 열람·등사 또는 서면의 교부를 허용하도록 할 것을 신청할 수 있다.

③ 검사는 공소제기된 사건에 관한 서류 또는 물건의 목록에 대하여는 국가안보, 증인보호의 필요성 등의 중대한 사유가 있는 경우를 제외하고, 열람 또는 등사를 거부할 수 없다.

④ 검사가 열람·등사 등에 관한 법원의 결정을 지체없이 이행하지 아니하는 때에는 해당 증인 및 서류 등에 대한 증거신청을 할 수 없다.

10 변호인에 대한 설명으로 옳지 않은 것은?(다툼이 있는 경우 판례에 의함)

① 피고인 및 피의자와 「형사소송법」 제30조 제2항에 규정된 자뿐만 아니라 피고인 및 피의자로부터 그 선임권을 위임받은 자도 피고인이나 피의자를 대리하여 변호인을 선임할 수 있다.

② 국선변호인 선정을 청구한 피고인이 빈곤으로 인하여 변호인을 선임할 수 없다고 인정할 여지가 충분한 경우, 법원은 특별한 사정이 없는 한 국선변호인 선정결정을 하여야 한다.

③ 공범관계에 있지 않은 공동피고인들 사이에서 공소사실로 보아 어느 피고인에 대하여는 유리한 변론이 다른 피고인에 대하여는 불리한 결과를 초래하는 사건의 경우, 그 공동피고인들에 대하여 선정된 동일한 국선변호인이 공동피고인들을 함께 변론하였다면 위법하다.

④ 구속 전 피의자심문에서 심문할 피의자에게 변호인이 없는 때에는 지방법원판사는 직권으로 변호인을 선정하여야 하며, 이 경우 변호인의 선정은 피의자에 대한 구속영장 청구가 기각된 경우를 제외하고, 제1심까지 효력이 있다.

11 제척, 기피제도에 대한 설명으로 옳지 않은 것은?(다툼이 있는 경우 판례에 의함)

① 법원사무관등과 통역인에 대한 기피재판은, 소송지연의 목적이 명백하거나 관할위반의 경우를 제외하고, 그 소속법원이 결정으로 하여야 한다.

② 약식명령을 발령한 법관이 정식재판절차의 제1심 판결에 관여하였다고 하여 제척의 원인이 된다고 볼 수는 없다.

③ 기피신청을 인용한 결정 및 기각한 결정에 대하여는 즉시항고가 허용된다.

④ 기피당한 법관은 기피에 관한 결정에 관여하지 못하며, 기피당한 법관의 소속법원이 합의부를 구성하지 못하는 때에는 직근 상급법원이 결정하여야 한다.

12 함정수사에 대한 설명으로 옳지 않은 것은?(다툼이 있는 경우 판례에 의함)

① 피고인이 본래 범의를 가지지 아니하였는데 수사기관의 사술 또는 계략으로 인해 범의를 일으켜 행위한 것으로 인정된다면 법원은 무죄판결을 하여야 한다.

② 구체적인 사건에서 위법한 함정수사에 해당하는지 여부는 해당 범죄의 종류와 성질, 유인자의 지위와 역할, 유인의 경위와 방법, 유인에 따른 피유인자의 반응, 피유인자의 처벌 전력 및 유인행위 자체의 위법성 등을 종합하여 판단하여야 한다.

③ 경찰관들이 노래방 단속실적을 올리기 위하여 평소 손님들에게 도우미 알선영업을 해왔다는 자료나 첩보가 없음에도 노래방에 손님을 가장하고 들어가 도우미를 불러 줄 것을 재차 요구한 후 이를 단속하였다면 이는 위법한 함정수사에 해당한다.

④ 수사기관과 직접 관련이 없는 사인(私人)이 피고인에게 범죄의 실행을 부탁한 경우, 그로 인하여 피고인의 범의가 유발되었다 하더라도 이는 위법한 함정수사에 해당하지 아니한다.

13 기판력 또는 일사부재리의 효력에 대한 설명으로 옳지 않은 것은?(다툼이 있는 경우 판례에 의함)

① 과태료를 납부한 후에 다시 형사처벌을 하는 것은 일사부재리의 원칙에 반하는 것이 아니다.

② 피고인이 성명을 모용한 경우 기판력은 피모용자에게 미치지 않는다.

③ 면소판결이 확정된 경우에는 일사부재리의 효력이 인정된다.

④ 약식명령에 대한 기판력의 시간적 범위는 약식명령의 도달시를 기준으로 한다.

14 진술증거의 증거능력에 대한 설명으로 옳지 않은 것은?(다툼이 있는 경우 판례에 의함)

① 임의성이 인정되지 아니하여 증거능력이 없는 진술증거는 피고인이 증거로 함에 동의하더라도 증거로 삼을 수 없다.

② 참고인으로 조사를 받으면서 수사기관으로부터 진술거부권을 고지받지 않았다면 그 진술조서는 위법수집증거로서 증거능력이 없다.

③ 공판기일에 피고인의 진술을 기재한 조서는 전문법칙에도 불구하고 증거로 할 수 있다.

④ 공판기일에 피고인에게 유리한 증언을 한 증인을 이후 검사가 소환하여 일방적으로 번복시키는 방식으로 작성한 진술조서는 증거능력이 없다.

15 자백보강법칙에 대한 설명으로 옳은 것(○)과 옳지 않은 것(×)을 바르게 연결한 것은?(다툼이 있는 경우 판례에 의함)

> ㄱ. 피고인이 위조신분증을 제시 · 행사한 사실을 자백하고 있는 때에는 그 신분증의 현존은 자백을 보강하는 간접증거가 된다.
>
> ㄴ. 피고인이 범행을 자인하는 것을 들었다는 피고인 아닌 자의 진술은 피고인의 자백의 보강증거가 될 수 있다.
>
> ㄷ. 즉결심판이나 소년보호사건에서는 피고인의 자백만을 증거로 범죄사실을 인정할 수 있다.

	ㄱ	ㄴ	ㄷ
①	○	×	○
②	×	○	×
③	×	○	○
④	○	×	×

16 증거능력에 대한 설명으로 옳지 않은 것은?(다툼이 있는 경우 판례에 의함)

① 조서말미에 피고인의 서명만 있고 간인이 없는 검사작성의 피고인에 대한 피의자신문조서에 대해, 간인이 없는 것이 피고인이 간인을 거부하였기 때문이라는 취지가 조서말미에 기재되었다면, 그 조서의 증거능력을 인정할 수 있다.

② 문자메시지가 표시된 휴대전화기의 화면을 촬영한 사진을 증거로 사용하려면 그 휴대전화기를 법정에 제출할 수 없거나 제출이 곤란한 사정이 있고, 그 사진이 휴대전화기의 화면에 표시된 문자메시지와 정확하게 같다는 사실이 증명되어야 한다.

③ 「형사소송법」 제314조의 '특신상태'와 관련된 법리는 원진술자의 소재불명 등을 전제로 하고 있는 「형사소송법」 제316조 제2항의 '특신상태'에 관한 해석과 동일하다.

④ 피고인이 아닌 자가 수사과정에서 진술서를 작성하였으나 수사기관이 그에 대한 조사과정을 기록하지 아니한 경우, 특별한 사정이 없는 한 그 진술서의 증거능력을 인정할 수 없다.

17 보석에 대한 설명으로 옳지 않은 것은?

① 피고인이 사형, 무기 또는 장기 10년이 넘는 징역이나 금고에 해당하는 죄를 범한 경우에도 법원이 직권으로 보석을 허가할 수 있다.

② 구속된 피고인 외에도 그 변호인 · 법정대리인 · 배우자 · 직계친족 · 형제자매 · 가족 · 동거인 · 고용주가 보석을 청구할 수 있다.

③ 법원은 보석청구자 이외의 자에게 보증금의 납입을 허가할 수 있고, 유가증권으로써 보증금에 갈음함을 허가할 수 있다.

④ 보석으로 석방된 피고인이 재판 중 법원의 소환에 불응한 경우 법원은 직권 또는 검사의 청구에 따라 결정으로 보증금의 전부 또는 일부를 몰수하여야 한다.

18 피해자에 대한 설명으로 옳지 않은 것은?

① 고소의 주체가 되는 피해자에는 법인, 법인격 없는 사단이나 재단도 포함된다.

② 고소를 하지 않은 피해자라고 하더라도 검사의 불기소처분에 대하여 항고할 수 있다.

③ 「성폭력범죄의 처벌 등에 관한 특례법」 제30조 제1항에 따라 촬영한 영상물에 수록된 피해자의 진술에 대해서는 증거로 사용할 수 있는 특례가 마련되어 있다.

④ 법원은 범죄로 인한 피해자를 증인으로 신문하는 경우 당해 피해자·법정대리인 또는 검사의 신청에 따라 피해자의 신변보호를 위하여 필요하다고 인정하는 때에는 결정으로 심리를 공개하지 아니할 수 있다.

19 증인적격이 있는 자만을 모두 고른 것은?(다툼이 있는 경우 판례에 의함)

> ㄱ. 당해 사건에서 압수·수색을 집행한 검찰수사관
> ㄴ. 별개의 재판에서 이미 당해 사건에 대해 유죄판결이 확정된 공범
> ㄷ. 피고인의 배우자

① ㄱ
② ㄱ, ㄷ
③ ㄴ, ㄷ
④ ㄱ, ㄴ, ㄷ

20 체포·구속적부심사제도에 대한 설명으로 옳지 않은 것은?

① 체포적부심을 신청한 피의자에 대하여 법원은 직권으로 보증금납입조건부 석방결정을 할 수 있다.

② 심사청구 후 검사가 전격 기소한 경우에도 법원은 심사청구에 대한 판단을 해야 한다.

③ 구속영장을 발부한 법관도 구속적부심사의 심문, 조사, 결정에 관여할 수 있는 경우가 있다.

④ 법원은 공동피의자의 연속적인 심사청구가 수사방해의 목적임이 명백한 경우에는 심문 없이 기각할 수 있다.

9급 공무원

기출이 답이다

교정직

[전과목] 5개년 기출

SINCE 2015
8년간 32만부 독자의 선택

기출이 답이다 9급 공무원 시리즈 전체, 2022년 하반기 기준

도서를 구입하신 독자님들을 위해
기출 무료특강을 제공합니다!

▶ 기출 무료특강 이용방법

01 시대플러스(www.edusd.co.kr/plus) 접속
02 [9급 공무원] 클릭
03 과목별 기출특강 선택 후 수강

SD에듀
(주)시대고시기획

발행일 2023년 2월 6일(초판인쇄일 2020 · 11 · 26)
발행인 박영일
책임편집 이해욱
편저 SD 공무원시험연구소
발행처 (주)시대고시기획
등록번호 제10-1521호
주소 서울시 마포구 큰우물로 75 [도화동 538 성지B/D] 9F
대표전화 1600-3600
팩스 (02)701-8823
학습문의 www.sdedu.co.kr

본 도서는 항균잉크로 인쇄하였습니다.

9급 공무원

9급 교정직 공무원 채용 대비

2023
합격의 공식
SD에듀

편저 | SD 공무원시험연구소

PASSCODE

기출이 답이다
교정직
[전과목] 5개년 기출

해설편

2022 국가직 최신 기출문제 수록
최근 5개년 25회분 기출문제 수록
핵심을 파악하는 실속있는 해설 수록
최신 기출해설 특강 제공

SD에듀
(주)시대고시기획

SD에듀 한국사능력검정시험 대비 시리즈

한국사능력검정시험 기출문제집 시리즈

최신 기출문제 최다 수록!

>>>> 기출 분석 4단계 해설로 합격 완성, 기본서가 필요없는 상세한 해설!

- PASSCODE 한국사능력검정시험
  기출문제집 800제 16회분 심화(1·2·3급)
- PASSCODE 한국사능력검정시험
  기출문제집 400제 8회분 심화(1·2·3급)
- PASSCODE 한국사능력검정시험
  기출문제집 800제 16회분 기본(4·5·6급)
- PASSCODE 한국사능력검정시험
  기출문제집 400제 8회분 기본(4·5·6급)

한국사능력검정시험 합격 완성 시리즈

완벽하게 시험에 대비하는 마스터플랜!

>>>> 알짜 핵심 이론만 모은 한권으로 끝내기로 기본 개념 다지기!

>>>> 기출 빅데이터를 바탕으로 선별한 핵심 주제 50개를 담은 7일 완성과 다양한 문제 유형을 대비할 수 있는 시대별·유형별 307제로 단기 합격 공략!

- PASSCODE 한국사능력검정시험 한권으로 끝내기 심화(1·2·3급)
- PASSCODE 한국사능력검정시험 7일 완성 심화(1·2·3급)
- PASSCODE 한국사능력검정시험 심화(1·2·3급) 시대별·유형별 기출 307제

한국사능력검정시험 봉투 모의고사 시리즈

합격을 위한 최종 마무리!

>>>> 시험 직전, 모의고사를 통해 마지막 실력 점검!

- PASSCODE 한국사능력검정시험 봉투 모의고사 4회분 심화(1·2·3급)
- PASSCODE 한국사능력검정시험 봉투 모의고사 4회분 기본(4·5·6급)

※ 도서 구성 및 세부 이미지는 변경될 수 있습니다.

SD에듀 도서 및 동영상 강의 문의
1600-3600

책 출간 이후에도 끝까지 최선을 다하는 SD에듀!
도서 출간 이후에 발견되는 오류와 바뀌는 시험정보, 기출문제, 도서 업데이트 자료 등을 홈페이지 자료실 및 시대에듀 합격 스마트 앱을 통해 알려 드리고 있습니다. 또한, 도서가 파본인 경우에는 구입하신 곳에서 교환해 드립니다.

편집진행 신보용·전소정 | **표지디자인** 김도연 | **본문디자인** 김예슬·하한우

기출이 답이다
9급 공무원
교 정 직
해설편

PART 1
국어

■ 2022년 국가직 9급

■ 2021년 국가직 9급

■ 2020년 국가직 9급

■ 2019년 국가직 9급

■ 2018년 국가직 9급

한눈에 훑어보기

영역 분석

어휘   03   07   16
3문항, 15%

문법   01   02   19
3문항, 15%

고전 문학   05   06
2문항, 10%

현대 문학   14   18
2문항, 10%

비문학   04   08   09   10   11   12   13   15   17   20
10문항, 50%

빠른 정답

01	02	03	04	05	06	07	08	09	10
③	②	④	③	②	④	①	②	④	③
11	**12**	**13**	**14**	**15**	**16**	**17**	**18**	**19**	**20**
②	②	④	①	④	③	④	①	③	①

점수 체크

구분	1회독	2회독	3회독
맞힌 문항 수	/ 20	/ 20	/ 20
나의 점수	점	점	점

01 난도 ★★☆   정답 ③

문법 > 의미론

정답의 이유

③ 속을 썩혀(×) → 속을 썩여(○): '썩이다'는 '걱정이나 근심 따위로 마음이 몹시 괴로운 상태가 되게 만들다.'라는 뜻이다. 따라서 '나는 이제까지 부모님 속을 썩여 본 적이 없다.'라고 쓰는 것이 적절하다.

오답의 이유

① 능력을 썩히고(○): '물건이나 사람 또는 재능 따위가 쓰여야 할 곳에 제대로 쓰이지 못하고 내버려진 상태로 있게 하다.'라는 뜻의 '썩히다'가 쓰였으므로 적절하다.

② 쓰레기를 썩혀서(○): '유기물이 부패 세균에 의하여 분해됨으로써 원래의 성질을 잃어 나쁜 냄새가 나고 형체가 뭉개지는 상태가 되게 하다.'라는 뜻의 '썩히다'가 쓰였으므로 적절하다.

④ 기계를 썩히고(○): '물건이나 사람 또는 재능 따위가 쓰여야 할 곳에 제대로 쓰이지 못하고 내버려진 상태로 있게 하다.'라는 뜻의 '썩히다'가 쓰였으므로 적절하다.

02 난도 ★★☆   정답 ②

문법 > 통사론

정답의 이유

② 우리말에는 피동보다 능동 표현을 쓰는 것이 자연스러우므로 '맺어졌으면'을 '맺었으면'으로 고쳐 쓴 것은 적절하다. 하지만 '어떤 일이 이루어지기를 기다리는 간절한 마음'의 뜻으로는 '바람'이 적절한 표현이며, '바램'은 비표준어이다.

오답의 이유

① '틀리다'는 '셈이나 사실 따위가 그르게 되거나 어긋나다.'의 뜻으로 쓰인다. 따라서 '비교가 되는 두 대상이 서로 같지 아니하다.'의 뜻을 가진 '다르다'가 적절한 표현이다.

③ '내가 오직 바라는 것은 ~ 좋겠어.'에서는 주어와 서술어의 호응이 맞지 않으므로 서술어를 '좋겠다는 거야.'로 고쳐 쓴 것은 적절하다.

④ '주다'는 주어, 목적어, 부사어를 필수로 요구하는 세 자리 서술어이므로 '인간에게'라는 필수적 부사어를 추가하여 고쳐 쓴 것은 적절하다.

더알아보기

표준어 규정 제1부 제11항

다음 단어에서는 모음의 발음 변화를 인정하여, 발음이 바뀌어 굳어진 형태를 표준어로 삼는다. (ㄱ을 표준어로 삼고, ㄴ을 버림)

ㄱ	ㄴ
나무라다	나무래다
바라다	바래다

→ '나무래다, 바래다'는 방언으로 해석하여 '나무라다, 바라다'를 표준어로 삼았다. 그런데 근래 '바라다'에서 파생된 명사 '바람'을 '바램'으로 잘못 쓰는 경향이 있다. '바람[風]'과의 혼동을 피하려는 심리 때문인 듯하다. 그러나 동사가 '바라다'인 이상 그로부터 파생된 명사가 '바램'이 될 수는 없다. '바라다'의 활용형으로, '바랬다, 바래요'는 비표준형이고 '바랐다, 바라요'가 표준형이 된다. '나무랐다, 나무라요'도 '나무랬다, 나무래요'를 취하지 않는다.

03 난도 ★☆☆   정답 ④

어휘 > 한자성어

정답의 이유

④ 당랑거철(螳螂拒轍): '제 역량을 생각하지 않고, 강한 상대나 되지 않을 일에 덤벼드는 무모한 행동거지를 비유적으로 이르는 말'이다. 제시된 문장에서는 신중한 태도와 관련된 사자성어를 사용해야 하므로 무모한 행동을 비유하는 말인 '당랑거철'은 쓰임이 적절하지 않다.
- 螳螂拒轍: 사마귀 당, 사마귀 랑, 막을 거, 바큇자국 철

오답의 이유

① 구곡간장(九曲肝腸): 굽이굽이 서린 창자라는 뜻으로, 깊은 마음속 또는 시름이 쌓인 마음속을 비유적으로 이르는 말
- 九曲肝腸: 아홉 구, 굽을 곡, 간 간, 창자 장
② 곡학아세(曲學阿世): 바른길에서 벗어난 학문으로 세상 사람에게 아첨함
- 曲學阿世: 굽을 곡, 배울 학, 언덕 아, 세대 세
③ 구밀복검(口蜜腹劍): 입에는 꿀이 있고 배 속에는 칼이 있다는 뜻으로, 말로는 친한 듯하나 속으로는 해칠 생각이 있음을 이르는 말
- 口蜜腹劍: 입 구, 꿀 밀, 배 복, 칼 검

04 난도 ★☆☆   정답 ③

비문학 > 화법

정답의 이유

③ 지민이 '하긴 아이스크림 매출 증가에 관한 통계 자료를 인용해서 답변한 전략도 설득력이 있었어.'라고 말한 부분을 통해 상대방의 견해를 존중하고 있음을 확인할 수 있다. 또한 '하지만 초두 효과의 효용성도 크지 않을까 해.'라고 말한 부분을 통해 자신의 의견을 제시하고 있음을 확인할 수 있다. 이러한 지민의 발화에는 공손성의 원리 중 자신의 의견과 다른 사람의 의견 사이의 차이점을 최소화하고, 자신

의 의견과 다른 사람의 의견의 일치점을 극대화하는 '동의의 격률'이 사용되었다.

오답의 이유

① 지민이 면접 전략 강의에 대한 자신의 의견을 제시하고 있으나, 면접 경험을 예로 들어 정수를 설득하고 있는 것은 아니다.
② 지민이 정수의 약점을 공략하거나 정수의 이견을 반박하는 발화는 확인할 수 없다.
④ 지민이 '맞아. 그중에서도 두괄식으로 답변하라는 첫 번째 내용이 정말 인상적이더라.'라고 말한 부분을 통해 자신의 감정을 표현하고 있음을 확인할 수 있으나, 상대방과의 갈등 해소를 위한 감정 표현이라고 볼 수는 없다.

더알아보기

공손성의 원리

대화를 할 때 공손하지 않은 표현은 최소화하고, 공손하고 정중한 표현은 최대화한다.

요령의 격률	상대방에게 부담이 되는 표현은 최소화하고, 상대방에게 이익이 되는 표현은 최대화한다.
관용의 격률	자신에게 이익이 되는 표현은 최소화하고, 자신에게 부담이 되는 표현은 최대화한다.
찬동(칭찬)의 격률	상대방을 비난하는 표현은 최소화하고, 상대방을 칭찬하는 표현은 최대화한다.
겸양의 격률	자신을 칭찬하는 표현은 최소화하고, 자신을 낮추거나 자신을 비방하는 표현은 최대화한다.
동의의 격률	상대방의 의견과 불일치하는 표현은 최소화하고, 상대방의 의견과 일치하는 표현은 최대화한다.

05 난도 ★★☆   정답 ②

고전 문학 > 고전 산문

정답의 이유

② 3문단의 '이는 필시 사부가 ~ 허무한 일임을 알게 하신 것이로다.'에서 성진의 사부인 육관 대사가 성진에게 가르침을 주기 위해 꿈을 꾸게 하였음을 확인할 수 있다. 또한 1문단의 '승상이 말을 마치기도 전에 구름이 걷히더니 노승은 간 곳이 없고 좌우를 돌아보니 팔낭자도 간 곳이 없었다.'에서 육관 대사가 꿈속에서 노승으로 나타나 성진이 꿈에서 깰 수 있도록 하였음을 추론할 수 있다. 따라서 양소유가 인간 세상에 환멸을 느껴 스스로 성진의 모습으로 되돌아왔다는 설명은 적절하지 않다.

오답의 이유

① 3문단의 '그리고 장원급제를 하여 한림학사가 된 후 출장입상하고'에서 꿈속의 양소유가 장원급제를 하여 한림학사가 되었음을 확인할 수 있다.
③ 2문단의 '이에 제 몸이 인간 세상의 승상 양소유가 아니라 연화도량의 행자 성진임을 비로소 깨달았다.'에서 성진은 인간 세상이 아닌 연화도량에 있음을 확인할 수 있다.

④ 2문단의 '자신의 몸을 보니 ~ 완연한 소화상의 몸이요, 전혀 대승상의 위의가 아니었으니'에서 성진은 자신의 외양을 보고 꿈에서 돌아왔음을 인식했다는 것을 확인할 수 있다.

📋 **작품해설**

김만중, 「구운몽」
- 갈래: 고전 소설, 국문 소설, 몽자류 소설
- 성격: 불교적, 유교적, 도교적, 우연적, 전기적, 비현실적
- 주제
  - 인생무상의 깨달음을 통한 허무의 극복
  - 불교적 인생관에 대한 각성
- 특징
  - '현실 – 꿈 – 현실'의 이원적 환몽 구조를 취하는 몽자류 소설의 효시
  - 천상계가 현실적 공간, 인간계가 비현실적 공간으로 설정됨
  - 꿈속 양소유의 삶은 영웅 소설의 구조를 지님
  - 유교적, 불교적, 도교적 사상이 작품에 반영되어 있음

06 난도 ★★☆　　　　　　　　　　　　　　　정답 ④

고전 문학 > 고전 운문

정답의 이유

④ (라)는 임금의 승하를 애도하는 마음을 노래한 시조이다. '서산의 히 다다 ᄒ니 그를 셜워 ᄒ노라.'에서 해가 진다는 표현은 임금의 승하를 비유적으로 나타낸 것으로 '히'는 '임금'을 의미한다.

오답의 이유

① (가)는 수양 대군의 횡포를 비판하는 시조이다. '눈서리'는 '시련' 또는 '수양 대군의 횡포'를 의미하는데, 눈서리로 인해 낙락장송이 다 기울어 간다고 하였으므로 '낙락장송'은 수양 대군에 의해 억울하게 희생된 '충신'들을 의미한다.

② (나)는 임금에게 버림받고 괴로운 마음을 나타낸 시조이다. 화자는 구름에게 님이 계신 곳에 비를 뿌려 달라고 하며 자신의 억울함을 호소하고자 하므로 '님'은 '궁궐에 계신 임금'을 의미한다.

③ (다)는 이별한 임을 그리워하는 마음을 드러낸 시조이다. 화자는 지는 낙엽을 보며 이별한 임이 자신을 생각하는지 궁금해하고 있으므로 '저'는 '이별한 임'을 의미한다.

📋 **작품해설**

(가) 유응부, 「간밤의 부던 ᄇᆞ람에 ∼」
- 갈래: 평시조, 절의가
- 성격: 우국적, 풍자적
- 주제: 수양 대군의 횡포에 대한 비판과 인재 희생에 대한 걱정
- 특징
  - 시간의 흐름에 따라 시상을 전개함

- 자연물에 함축적 의미를 부여함(눈서리: 세조의 횡포, 낙락장송: 충신)
- 주제를 우회적으로 표현함

(나) 이항복, 「철령 노픈 봉에 ∼」
- 갈래: 평시조, 연군가
- 성격: 풍유적, 비탄적, 우의적
- 주제: 억울한 심정 호소와 귀양길에서의 정한
- 특징
  - '님'은 궁궐(구중심처)에 계신 임금, 즉 광해군을 가리킴
  - 임금을 떠나는 자신의 억울한 마음을 자연물에 빗대어 표현함

(다) 계랑, 「이화우(梨花雨) 훗쑤릴 제 ∼」
- 갈래: 평시조, 서정시
- 성격: 애상적, 감상적, 여성적
- 주제: 이별의 슬픔과 임에 대한 그리움
- 특징
  - 임과 헤어진 뒤의 시간적 거리감과 임과 떨어져 있는 공간적 거리감이 조화를 이룸
  - 시간의 흐름과 하강적 이미지를 통해 시적 화자의 정서를 심화함

(라) 조식, 「삼동(三冬)의 뵈옷 닙고 ∼」
- 갈래: 평시조, 연군가
- 성격: 애도적, 유교적
- 주제: 임금의 승하를 애도함
- 특징
  - 군신유의(君臣有義)의 유교 정신을 잘 보여줌
  - 중종 임금이 승하했다는 소식을 듣고 애도함

07 난도 ★☆☆　　　　　　　　　　　　　　　정답 ①

어휘 > 혼동 어휘

정답의 이유

㉠ '승부나 등수 따위를 정하는 일'이라는 뜻을 가진 '가름'을 쓰는 것이 적절하다.

㉡ '일정한 기준에 따라 분류하거나 나누어 놓은 낱낱의 범위나 부분'이라는 뜻을 가진 '부문(部門)'을 쓰는 것이 적절하다.

㉢ '성질이나 종류에 따라 갈라놓음'이라는 뜻을 가진 '구별(區別)'을 쓰는 것이 적절하다.

오답의 이유

- 갈음: 다른 것으로 바꾸어 대신함
- 부분(部分): 전체를 이루는 작은 범위 또는 전체를 몇 개로 나눈 것의 하나
- 구분(區分): 일정한 기준에 따라 전체를 몇 개로 갈라 나눔

더알아보기

'가름'과 '갈음'

가름	쪼개거나 나누어 따로따로 되게 하는 일 예 둘로 가름
	승부나 등수 따위를 정하는 일 예 이기고 지는 것은 대개 외발 싸움에서 가름이 났다.
갈음	다른 것으로 바꾸어 대신함 예 새 책상으로 갈음하였다.

08 난도 ★★★ 정답 ②

비문학 > 화법

[정답의 이유]

1단계: (가)에서 친구가 자전거를 타다가 사고를 당해 머리를 다쳤다는 이야기를 제시함으로써 주제에 대한 청자의 주의나 관심을 환기하고 있다.

2단계: (다)에서 청자인 '여러분'이 자전거를 타는 경우를 언급함으로써 자전거 사고 문제를 청자와 관련지어 설명하고 있다.

3단계: (나)에서 헬멧을 착용하면 머리를 보호할 수 있다고 언급함으로써 문제에 대한 해결 방안을 제시하고 있다.

4단계: (라)에서 헬멧을 착용한다면 신체 피해를 줄일 수 있고, 즐거움과 편리함을 안전하게 누릴 수 있다고 언급함으로써 해결 방안이 청자에게 어떤 도움이 되는지 구체화하고 있다.

5단계: (마)에서 자전거를 탈 때 반드시 헬멧을 착용해야 한다고 언급함으로써 특정 행동을 요구하고 있다.

따라서 동기화 단계 조직에 따라 순서대로 배열하면 ② (가) - (다) - (나) - (라) - (마)이다.

09 난도 ★★☆ 정답 ④

비문학 > 사실적 읽기

[정답의 이유]

④ 2문단에서 복지 공감 지도로 수급자 현황을 한눈에 확인함으로써 복지 기관의 맞춤형 대응이 가능하고, 최적의 복지 기관 설립 위치를 선정할 수 있음을 확인할 수 있다. 그러나 복지 공감 지도로 복지 혜택에 대한 수급자들의 개별 만족도를 파악할 수 있는 것은 아니다.

[오답의 이유]

① 1문단의 '국가정보자원관리원과 ○○시는 빅데이터 기반의 맞춤형 복지 서비스 분석 사업을 수행했다.'에서 빅데이터 기반의 맞춤형 복지 서비스 분석 사업을 활용하고 있음을 확인할 수 있다. 또한 1문단의 '국가정보자원관리원은 ~ 취약 지역 지원 방안을 제시했다.'에서 이 사업을 통해 복지 사각지대를 줄이는 방안이 제시되었음을 확인할 수 있다.

② 3문단의 '이 사업을 통해 ○○시는 그동안 복지 기관으로부터 도보로 약 15분 내 위치한 수급자에게 복지 혜택이 집중되고 있는

것도 확인했다.'에서 복지 기관과 수급자 거주지 사이의 거리가 복지 혜택의 정도에 영향을 주고 있음을 확인할 수 있다.

③ 3문단의 '이에 ~ 복지 셔틀버스 노선을 4개 증설할 계획을 수립했다.'에서 복지 기관 접근성 분석 결과를 통해 복지 셔틀버스 노선을 증설하기로 하였음을 확인할 수 있다.

10 난도 ★★★ 정답 ③

비문학 > 추론적 읽기

[정답의 이유]

③ '탯줄이 떨어지면서 배의 한가운데에 생긴 자리'를 뜻하는 '배꼽'이 바둑판에서 '바둑판의 한가운데'의 뜻으로 쓰이는 것은 일반적으로 쓰이는 말이 특수한 영역에서 사용되는 경우에 해당한다. 따라서 ©의 사례로 적절하지 않다.

[오답의 이유]

① '코'는 '포유류의 얼굴 중앙에 튀어나온 부분'을 의미하지만, '아이들의 코 묻은 돈'에서의 '코'는 '콧구멍에서 흘러나오는 액체', 즉 '콧물'이라는 의미를 포함하는 방향으로 변화한 것이다.

② '수세미'는 본래 식물의 이름으로, 과거에 설거지할 때 그릇을 씻는 데 쓰는 물건을 만드는 재료였다. 그러나 이후 '수세미'는 설거지할 때 그릇을 씻는 데 쓰는 물건이라는 의미로 변하였으므로 지시 대상 자체가 바뀐 사례로 볼 수 있다.

④ 과거의 사람들은 전염병인 '천연두'에 대해 심리적인 두려움이 있었기 때문에 이를 대신하여 '손님'이라고 불렀다. 이후 '손님'은 '천연두'를 일상적으로 이르는 말이 되었다.

더알아보기

단어 의미 변화의 원인

• 언어적 원인

  - 전염: 특정한 단어와 어울리면서 의미가 변하는 현상이다.

    예 결코 우연한 일이 아니었다.

    → '별로', '결코' 등은 긍정과 부정에 모두 쓰이던 표현이었는데, 부정적 표현과 자주 어울리면서 부정적 표현에만 쓰이게 되었다.

  - 생략: 단어의 일부분이 생략되면서 생략된 부분의 의미가 남은 부분에 감염되는 현상이다.

    예 아침을 먹었다.

    → '밥'이 생략되어도 '아침'이 '아침밥'의 의미를 갖는다. '머리(머리카락)', '코(콧물)'도 같은 예이다.

  - 민간 어원: 민간에 전해오는 이야기에 의해 의미가 변하는 현상이다.

    예 행주치마

    → 원래는 '행자승이 걸치는 치마'라는 뜻으로 행주산성과 전혀 관련이 없었으나, 행주산성 이야기의 영향을 받아 '행주산성의 치마'라는 의미로 쓰이게 되었다.

- 역사적 원인
  - 지시물의 변화
    - 예 바가지
      - → 원래는 '박을 두 쪽으로 쪼개 만든 그릇'을 의미했으나, '나무, 플라스틱 등으로 만든 그릇'을 지칭하는 말로 바뀌었다.
  - 지시물에 대한 정서적 태도의 변화
    - 예 나일론
      - → 원래는 질기고 강하고 좋은 의미로 쓰였지만, 새롭고 좋은 소재들이 나오면서 나일론은 좋지 않은 부정적인 의미로 바뀌었다. 이러한 변화로 '나일론 환자'는 '가짜 환자'라는 뜻으로 사용된다.
  - 지시물에 대한 지식의 변화
    - 예 해가 뜨고 진다.
      - → 원래는 '지구를 중심으로 해가 돈다.'는 생각에서 나온 표현이었지만, 과학 지식의 발달로 지금은 '지구가 돈다.'라는 의미로 사용된다.
- 심리적 원인(금기에 의한 변화)
  - 예 손님(홍역), 마마(천연두), 산신령(호랑이), 돌아가시다(죽다)

11 난도 ★☆☆　　　　정답 ②

비문학 > 사실적 읽기

정답의 이유

② 지나친 야간 조명이 식물의 성장에 부정적 영향을 끼쳐 작물 수확량을 감소시킬 수 있음이 여러 연구를 통해 입증된 바 있다는 내용을 근거로 들어 건의에 대한 신뢰성을 높이고 있다. 하지만 인용한 자료의 출처를 밝히고 있지는 않다.

오답의 이유

① '하지만 지나친 야간 조명이 식물의 성장에 부정적인 영향을 끼쳐 작물 수확량을 감소시킬 수 있음은 이미 여러 연구를 통해 입증된 바 있습니다.'와 '실제로 골프장이 야간 운영을 시작했을 때를 기점으로 우리 농장의 수확률이 현저히 낮아졌음을 제가 확인했습니다.'에서 글쓴이는 △△시 시장에게 빛 공해로 농장이 겪는 어려움에 대해 관심을 촉구하고 있음을 확인할 수 있다.

③ '또한 ○○군에서도 빛 공해 문제를 해결하기 위해 야간 조명의 조도를 조정하는 프로젝트를 진행한 바 있으니 참고해 보시기 바랍니다.'에서 다른 지역의 사례를 언급하고 있음을 확인할 수 있다.

④ '물론, 이윤을 추구하는 골프장의 야간 운영을 무조건 막는다면 골프장 측에서 반발할 것입니다.'에서 예상되는 문제점을 제시하고 있으며, '그래서 계절에 따라 야간 운영 시간을 조정하거나 운영 제한에 따른 손실금을 보전해 주는 등의 보완책도 필요합니다.'에서 그에 따른 해결 방안에 대해 제시하고 있음을 확인할 수 있다.

12 난도 ★★☆　　　　정답 ②

비문학 > 화법

정답의 이유

② ⓒ에서 '저'는 말하는 이와 듣는 이로부터 멀리 있는 대상을 가리키는 지시 관형사이다. 따라서 ⓒ이 화자보다 청자에게 멀리 있는 대상을 가리킨다는 설명은 적절하지 않다.

오답의 이유

① ㉠에서 '이'는 말하는 이에게 가까이 있는 대상을 가리키는 지시 관형사이고 ㉡에서 '그'는 듣는 이에게 가까이 있는 대상을 가리키는 지시 관형사이므로, ㉠이 청자보다 화자에게, ㉡이 화자보다 청자에게 가까이 있는 대상을 가리킨다는 설명은 적절하다.

③ 이진이가 ㉢을 추천한 후에 태민이가 ㉣을 읽어 보겠다고 하였으므로, ㉢과 ㉣은 모두 한국 대중문화를 다양한 시각에서 다룬 재미있는 책을 가리킨다.

④ 이진이가 두 책을 들고 계산대로 가는 상황에서 '이 책' 두 권을 사 주겠다고 하였으므로, ㉤은 앞에서 언급한 ㉡과 ㉢을 모두 가리킨다.

✓ 더 알아보기

'이', '그', '저'

- 의미
  - 이: 말하는 이에게 가까이 있거나 말하는 이가 생각하고 있는 대상을 가리킬 때 쓰는 말
  - 그: 듣는 이에게 가까이 있거나 듣는 이가 생각하고 있는 대상을 가리킬 때 쓰는 말
  - 저: 말하는 이와 듣는 이로부터 멀리 있는 대상을 가리킬 때 쓰는 말
- 품사

구분	특징	예문
관형사	후행하는 체언을 수식	• 이 사과가 맛있게 생겼다. • 그 책을 좀 줘 봐. • 저 거리에는 항상 사람이 많다.
대명사	조사와 결합할 수 있음	• 이보다 더 좋을 수는 없다. • 그는 참으로 좋은 사람이다. • 이도 저도 다 싫다.

13 난도 ★★★　　　　정답 ④

비문학 > 사실적 읽기

정답의 이유

④ 3문단의 '그러나 여기에서도 아동은 ~ 적극적인 권리의 주체로 인식되지는 않았다.'를 통해 「아동권리에 관한 제네바 선언」에서 아동을 적극적인 권리의 주체로 인식하지 않았음을 확인할 수 있다. 아동이 자신의 권리를 주장할 수 있는 능동적인 존재로 자리매김할 수 있게 된 것은 1989년 유엔총회에서 채택된 「아동권리협약」에서이다.

오답의 이유

① 1문단의 '산업혁명으로 봉건제도가 붕괴되고 자본주의가 탄생한 근대사회에 이르러 ~ 아동보호가 시작되었다.'에서 아동의 권리에 대한 인식이 근대사회 이후에 형성되었음을 확인할 수 있다.

② 3문단의 '1989년 유엔총회에서 채택된「아동권리협약」이 그것이다.'와 4문단의 '우리나라는 이를 토대로 2016년「아동권리헌장」9개 항을 만들었다.'에서 「아동권리헌장」은 「아동권리협약」을 토대로 만들어졌음을 확인할 수 있다.

③ 2문단에서는「아동권리에 관한 제네바 선언」에 '아동은 물질적으로나 정신적으로 정상적인 발달을 위해 필요한 조건이 충족되어야 한다.'라는 내용이 포함되었다고 제시하고 있다. 또한 4문단에서는 「아동권리협약」을 토대로 만든「아동권리헌장」에 '생존과 발달의 권리'라는 원칙을 포함하였다고 제시하고 있다. 따라서 「아동권리에 관한 제네바 선언」,「아동권리협약」,「아동권리 헌장」에는 모두 아동의 발달에 대한 내용이 들어가 있음을 확인할 수 있다.

14 난도 ★★☆
정답 ①

현대 문학 > 현대 시

정답의 이유

① 제시된 작품은 '봄'과 '겨울'의 대립적인 이미지를 통해 통일에 대한 염원을 나타낸 현실 참여적인 시이다. 따라서 현실을 초월한 순수 자연의 세계를 노래한 것이라는 설명은 적절하지 않다.

오답의 이유

② '오지 않는다', '움튼다', '움트리라' 등의 단정적 어조를 사용해 자주적인 통일에 대한 희망과 신념을 드러내고 있다.

③ '봄'은 통일을, '겨울'은 분단의 현실을, '남해', '북녘', '바다와 대륙 밖'은 한반도의 외부 세력을, '눈보라'는 분단의 아픔과 고통을, '쇠붙이'는 군사적 대립과 긴장을 상징한다. 이처럼 시어들의 상징적인 의미를 통해 '자주이고 평화적인 통일에 대한 염원'이라는 주제를 형성하고 있다.

④ '봄'은 통일을 의미하는 긍정적인 시어이고, '겨울'은 분단을 의미하는 부정적인 시어이다. 이러한 시어들의 이원적 대립을 통해 시상을 전개하고 있다.

> **작품해설**
>
> **신동엽, 「봄은」**
>
> • 갈래: 자유시, 참여시
> • 성격: 저항적, 의지적, 현실 참여적
> • 주제: 자주적이고 평화적인 통일에 대한 염원
> • 특징
>   – 단정적 어조로 통일에 대한 화자의 확고한 의지를 표현함
>   – 상징법, 대유법, 대조법 등 다양한 표현 방법을 사용함

15 난도 ★★☆
정답 ④

비문학 > 글의 순서 파악

정답의 이유

제시된 글은 한 사회가 조직되는 근본인 '말과 글'을 잘 다스려 사회를 유지해야 한다고 주장하는 글이다.

• (마)에서는 사회는 여러 사람의 뜻이 통해야 한다는 화제를 제시하고 있으므로 글의 처음에 오는 것이 적절하다.

• (다)에서는 뜻이 서로 통하여 번듯한 사회의 모습을 갖추려면 '말과 글'이 필요하다는 내용을 제시하고 있으므로 (마)의 다음에 오는 것이 적절하다.

• (나)에서는 '이러므로'라는 접속 표현을 사용하여 사회가 조직되는 근본이 '말과 글'임을 제시하고 있으므로 (다)의 다음에 오는 것이 적절하다.

• (가)에서는 '이 기관'을 잘 수리하여 다스려야 한다는 내용을 제시하고 있으므로 '말과 글'을 '기관'에 빗대어 표현한 (나)의 다음에 오는 것이 적절하다.

• (라)에서는 '기관'을 쓸 수 없는 지경에 이르면 사회가 유지될 수 없다는 내용을 제시하고 있으므로 '기관'을 수리하지 않으면 작동이 막혀 버릴 것이라고 제시한 (가)의 다음에 오는 것이 적절하다.

따라서 글의 전개 순서로 가장 자연스러운 것은 ④ (마) – (다) – (나) – (가) – (라)이다.

16 난도 ★★☆
정답 ③

어휘 > 한자어

정답의 이유

③ 해결(解結: 풀 해, 맺을 결)(×) → 해결(解決: 풀 해, 결정할 결)(○): '제기된 문제를 해명하거나 얽힌 일을 잘 처리함'이라는 뜻으로 쓰이는 '해결'은 '解決'을 쓴다. 제시된 문장에는 '맺을 결(結)'이 쓰였으므로 적절하지 않다.

오답의 이유

① 만족(滿足: 찰 만, 발 족)(○): 마음에 흡족함

② 재청(再請: 다시 재, 청할 청)(○): 회의할 때에 다른 사람의 동의에 찬성하여 자기도 그와 같이 청함을 이르는 말

④ 재론(再論: 다시 재, 논의할 론)(○): 이미 논의한 것을 다시 논의함

17 난도 ★★☆
정답 ④

비문학 > 추론적 읽기

정답의 이유

④ 제시된 문장의 앞에는 신분에 따라 문체를 고착화하는 것을 인정하지 않았다는 구체적인 사례나 진술이 언급되어야 한다. 따라서 '이 낭만주의 시기에 ~ 전통 시학을 거부했다.'라는 문장 뒤에 '신분에 따라 문체를 고착화하는 것을 인정하지 않았던 것이다.'의 문장이 이어지는 것이 자연스러우므로 ㉣에 들어가는 것이 적절하다.

정답의 이유

① '정거장에 나온 박은 수염도 깎은 지 오래어 터부룩한 데다 버릇처럼 자주 찡그려지는 비웃는 웃음은 전에 못 보던 표정이었다.'에서 '현'이 '박'의 외양을 보고 '박'이 예전과 달라졌음을 인식하고 있다는 것을 확인할 수 있다. 그러나 '현은 박의 그런 지싯지싯함에서 선뜻 자기를 느끼고 또 자기의 작품들을 느끼고 그만 더 울고 싶게 괴로워졌다.'에서 박의 모습을 통해 자신의 작품들을 떠올리고는 있으나, '박'의 달라진 태도가 자신의 작품 때문이라고 생각하는 내용은 확인할 수 없으므로 적절하지 않은 이해이다.

오답의 이유

② '현은 박의 그런 지싯지싯함에서 선뜻 자기를 느끼고 또 자기의 작품들을 느끼고 그만 더 울고 싶게 괴로워졌다.'에서 '현'이 시대 상황에 적응하지 못하는 자신과 비슷한 처지에 있는 '박'을 통해 자신을 연민하고 있음을 확인할 수 있다.

③ '오면서 자동차에서 시가도 가끔 내다보았다. 전에 본 기억이 없는 새 빌딩들이 꽤 많이 늘어섰다.'에서 '현'이 자동차에서 새 빌딩들을 보면서 도시가 많이 변화하고 있음을 인지하고 있다는 것을 확인할 수 있다.

④ '그중에 한 가지 인상이 깊은 것은 ~ 시뻘건 벽돌만으로, 무슨 큰 분묘와 같이 된 건축이 웅크리고 있는 것이다. 현은 운전사에게 물어보니, 경찰서라고 했다.'에서 시뻘건 벽돌로 만든 경찰서를 '분묘'로 표현한 것을 통해 '현'이 경찰서를 보고 암울한 분위기를 느끼고 있음을 확인할 수 있다.

📖 작품해설

이태준, 「패강랭」

- 갈래: 단편 소설
- 성격: 현실 비판적
- 주제
  - 일본의 식민지 지배 정책에 대한 비판
  - 식민지 지식인의 비감(悲感)
- 특징
  - 일제 강점기 말의 시대 상황을 사실적으로 반영함
  - 일제의 식민지 지배 정책에 대한 시대적 고뇌를 펼쳐 보임
  - '패강랭'은 대동강 물이 찬 것을 의미함(계절적으로 겨울을 의미하고, 시대적으로 일제 치하의 암흑과 같은 현실을 상징함)

정답의 이유

③ 전셋방(×) → 전세방(○): '전세방'은 한자어인 '전세(傳貰)'와 '방(房)'이 결합한 합성어로서, 제시된 규정에 해당하지 않는다. 따라서 '전세방'으로 적는 것이 적절하다.

오답의 이유

① 아랫집(○): '아랫집'은 순우리말인 '아래'와 '집'으로 이루어진 합성어로서, 앞말이 모음으로 끝나면서 뒷말의 첫소리가 된소리로 나는 것이다. 따라서 (가)에 따라 사이시옷을 받치어 적는 것이 적절하다.

② 쇳조각(○): '쇳조각'은 순우리말인 '쇠'와 '조각'으로 이루어진 합성어로서, 앞말이 모음으로 끝나면서 뒷말의 첫소리가 된소리로 나는 것이다. 따라서 (가)에 따라 사이시옷을 받치어 적는 것이 적절하다.

④ 자릿세(○): '자릿세'는 순우리말인 '자리'와 한자어인 '세(貰)'가 결합한 합성어로서, 앞말이 모음으로 끝나면서 뒷말의 첫소리가 된소리로 나는 것이다. 따라서 (나)에 따라 사이시옷을 받치어 적는 것이 적절하다.

✅ 더알아보기

사이시옷 표기

- 순우리말로 된 합성어

된소리로 나는 것	바닷가, 선짓국, 모깃불, 냇가, 찻집, 아랫집
'ㄴ, ㅁ' 앞에서 'ㄴ' 소리가 덧나는 것	잇몸, 아랫마을, 아랫니, 빗물, 냇물, 뒷머리
모음 앞에서 'ㄴㄴ' 소리가 덧나는 것	베갯잇, 나뭇잎, 뒷일, 뒷입맛, 댓잎, 깻잎

- 순우리말과 한자어로 된 합성어

된소리로 나는 것	찻잔(차+盞), 전셋집(傳貰+집), 머릿방(머리+房)
'ㄴ, ㅁ' 앞에서 'ㄴ' 소리가 덧나는 것	제삿날(祭祀+날), 훗날(後+날), 툇마루(退+마루)
모음 앞에서 'ㄴㄴ' 소리가 덧나는 것	예삿일(例事+일), 훗일(後+일), 가욋일(加外+일)

- 한자어: 곳간(庫間), 셋방(貰房), 숫자(數字), 찻간(車間), 툇간(退間), 횟수(回數)

비문학 > 사실적 읽기

[정답의 이유]

① 3문단의 '그러나 문화 전파의 기제를 설명하는 이론으로는 밈 이론보다 의사소통 이론이 더 적절해 보인다.'에서 문화의 전파 기제를 의사소통 이론으로 설명하는 것이 적절함을 확인할 수 있다.

[오답의 이유]

② 4문단의 '이에 따르면 사람들은 자신이 들은 이야기를 남에게 전달할 때 들은 이야기에다 자신의 생각을 더해서 그 이야기를 전달하기 때문이다.'를 통해 의사소통 이론에 따르면 문화의 수용 과정에서 수용 주체의 주관이 개입한다는 것을 확인할 수 있다.

③ 2문단의 '밈 역시 유전자와 마찬가지로 공동체 내에서 복제를 통해 확산된다.'에서 복제를 통해 문화가 전파될 수 있다는 이론은 의사소통 이론이 아닌 밈 이론임을 확인할 수 있다.

④ 4문단의 '복제의 관점에서 문화의 전파를 설명하는 이론으로는 이와 같은 현상을 설명하기 어렵다.'에서 복제의 관점에서 문화의 전파를 설명하는 이론인 밈 이론에 의해 요크셔 푸딩 요리법의 전파 현상을 설명하기 어렵다는 것을 확인할 수 있다.

한눈에 훑어보기

 영역 분석

어휘   07   17
2문항, 10%

문법   01   02   03   05   12
5문항, 25%

고전 문학   06   15
2문항, 10%

현대 문학   16   18
2문항, 10%

비문학   04   08   09   10   11   13   14   19   20
9문항, 45%

빠른 정답

01	02	03	04	05	06	07	08	09	10
②	③	①	②	④	④	②	②	③	④
11	12	13	14	15	16	17	18	19	20
③	③	③	①	④	①	②	④	④	①

점수 체크

구분	1회독	2회독	3회독
맞힌 문항 수	/ 20	/ 20	/ 20
나의 점수	점	점	점

01 난도 ★★☆   정답 ②

문법 > 한글 맞춤법

정답의 이유

② 흡입량(○), 구름양(○), 정답란(○), 칼럼난(○): '흡입량(吸入＋量)'과 '정답란(正答＋欄)'은 한자어와 한자어가 결합한 것으로 '량'과 '란'을 단어의 첫머리에 온 것으로 보지 않기 때문에 두음 법칙을 적용하지 않는다. 그러나 '구름양(구름＋量)'은 고유어와 한자어가 결합한 것이고, '칼럼난(column＋欄)'은 외래어와 한자어가 결합한 것이므로 두음 법칙을 적용하여 표기한다.

- 한글 맞춤법 제11항에 의하면, 한자음 '랴, 려, 례, 료, 류, 리'가 단어의 첫머리에 올 적에는 두음 법칙에 따라 '야, 여, 예, 요, 유, 이'로 적고, 단어의 첫머리 이외의 경우에는 본음대로 적는다. 다만, 고유어나 외래어 뒤에 결합한 한자어는 독립적인 한 단어로 인식이 되기 때문에 두음 법칙이 적용된다.
- 한글 맞춤법 제12항에 의하면, 한자음 '라, 래, 로, 뢰, 루, 르'가 단어의 첫머리에 올 적에는 두음 법칙에 따라 '나, 내, 노, 뇌, 누, 느'로 적고, 단어 첫머리 이외의 경우는 두음 법칙이 적용되지 않으므로 본음대로 적는다. 다만, 고유어나 외래어 뒤에 결합하는 경우에는 한자어 형태소가 하나의 단어로 인식되므로 두음 법칙이 적용된 형태로 적는다.

오답의 이유

① 꼭지점(×) → 꼭짓점(○): 한글 맞춤법 제30항에 따르면, 순우리말과 한자어로 된 합성어로서 앞말이 모음으로 끝나고 뒷말의 첫소리가 된소리로 나는 경우 사이시옷을 받치어 적는다. '꼭짓점'은 고유어 '꼭지'와 한자어 '점(點)'이 결합한 합성어이며, 뒷말의 첫소리가 된소리로 나기 때문에 사이시옷을 밝혀 적는다. 따라서 '꼭짓점'으로 표기하는 것이 적절하다.

③ 딱다구리(×) → 딱따구리(○): 한글 맞춤법 제23항에 따르면, '-하다'나 '-거리다'가 붙는 어근에 '-이'가 붙어서 명사가 된 것은 그 원형을 밝히어 적고, '-하다'나 '-거리다'가 붙을 수 없는 어근에 '-이'나 다른 모음으로 시작하는 접미사가 붙어서 명사가 된 것은 그 원형을 밝히어 적지 아니한다. 따라서 '딱따구리'로 표기하는 것이 적절하다.

④ 홧병(火病)(×) → 화병(火病)(○): 한글 맞춤법 제30항에 따르면, 두 음절로 된 한자어 중 '곳간(庫間)', '셋방(貰房)', '숫자(數字)', '찻간(車間)', '툇간(退間)', '횟수(回數)'에만 사이시옷이 들어간다. 따라서 '화병(火病)'에는 사이시옷을 표기하지 않는다.

02 난도 ★★☆   정답 ③

문법 > 의미론

정답의 이유

③ '포장지에 싼다'의 '싸다'는 '물건을 안에 넣고 보이지 않게 씌워 가리거나 둘러 말다.'라는 의미이다. 이와 같은 의미로 사용된 것은 '책을 싼 보퉁이'의 '싸다'이다.

오답의 이유

① '안채를 겹겹이 싸고'의 '싸다'는 '어떤 물체의 주위를 가리거나 막다.'라는 의미로 사용되었다.

② '봇짐을 싸고'의 '싸다'는 '어떤 물건을 다른 곳으로 옮기기 좋게 상자나 가방 따위에 넣거나 종이나 천, 끈 따위를 이용해서 꾸리다.'라는 의미로 사용되었다.

④ '책가방을 미리 싸'의 '싸다'는 '어떤 물건을 다른 곳으로 옮기기 좋게 상자나 가방 따위에 넣거나 종이나 천, 끈 따위를 이용해서 꾸리다.'라는 의미로 사용되었다.

03 난도 ★★☆   정답 ①

문법 > 통사론

정답의 이유

① 연결 어미 '-니'는 앞말이 뒷말의 원인이나 근거, 전제 따위가 됨을 나타내는 것으로, '날씨가 선선해지다.'와 '책이 잘 읽힌다.'가 자연스럽게 연결되었다. 또한 문장의 주어가 '책'이므로 피동 표현인 '읽히다'가 적절하게 사용되었다.

오답의 이유

② '속독(速讀)'은 '책 따위를 빠른 속도로 읽음'이라는 뜻으로 '읽다'라는 의미를 포함하고 있다. 따라서 '속독(速讀)'은 뒤에 오는 '읽는'과 의미가 중복되므로, '책을 속독으로 읽는 것은'을 '책을 속독하는 것은'이나 '책을 빠른 속도로 읽는 것은'으로 수정하는 것이 적절하다.

③ '직접 찾기로'에서 '찾다'의 목적어가 생략되어 있으므로, 목적어인 '책임자를'을 넣어 '책임자를 직접 찾기로'라고 수정하는 것이 적절하다.

④ '시화전을 홍보하는 일'과 '시화전의 진행'의 문법 구조가 다르므로 병렬 구조로 배치하기에 어색하다. 따라서 '그는 시화전을 홍보하는 일과 시화전을 진행하는 일에 아주 열성적이다.'로 수정하거나 '그는 시화전의 홍보와 진행에 아주 열성적이다.'로 수정하는 것이 적절하다.

04 난도 ★☆☆   정답 ②

비문학 > 글의 전개 방식

정답의 이유

② '빛 공해란 인공조명의 과도한 빛이나 조명 영역 밖으로 누출되는 빛이'에서 빛 공해의 주요 요인이 인공조명의 과도한 빛이라는 사실을 제시하고 있지만, 인공조명의 누출 원인을 제시하는 부분은 찾을 수 없다.

오답의 이유

① '빛 공해란 인공조명의 과도한 빛이나 조명 영역 밖으로 누출되는 빛이 인간의 건강하고 쾌적한 생활을 방해하거나 환경에 피해를 주는 상태를 말한다.'에서 빛 공해의 정의를 제시하고 있다.

③ '국제 과학 저널인 『사이언스 어드밴스』의 '전 세계 빛 공해 지도'에 따르면, 우리나라는 빛 공해가 심각한 국가이다.'에서 자료를 인용하여 우리나라가 빛 공해가 심각한 국가임을 제시하고 있다.

④ '빛 공해는 멜라토닌 부족을 초래해 인간에게 수면 부족과 면역력 저하 등의 문제를 유발하고, 농작물의 생산량 저하, 생태계 교란 등의 문제를 일으킨다.'에서 사례를 들어 빛 공해의 악영향을 제시하고 있다.

05 난도 ★★★   정답 ④

문법 > 형태론

정답의 이유

④ · '품'의 기본형 '푸다'는 '퍼, 푸니'로 활용되는 용언으로, '우' 불규칙 활용에 해당한다. 어간 '푸-'의 'ㅜ'가 모음으로 시작하는 어미 '-어' 앞에서 탈락하므로 어간만 불규칙하게 바뀌는 예로 적절하다.

· '이름'의 기본형 '이르다'는 '이르러, 이르니'로 활용되는 용언으로, '러' 불규칙 활용에 해당한다. 어간 '이르-'에 모음으로 시작하는 어미 '-어'가 결합할 때 어미 '-어'가 '-러'로 바뀌므로 어미만 불규칙하게 바뀌는 예로 적절하다.

오답의 이유

① · '빠름'의 기본형 '빠르다'는 '빨라, 빠르니'로 활용되는 용언으로, '르' 불규칙 활용에 해당한다. 어간 '빠르-'의 '르'가 모음 어미 앞에서 'ㄹㄹ'로 바뀌기 때문에 어간만 불규칙하게 바뀌는 예로 적절하다.

· '노람'의 기본형 '노랗다'는 '노래, 노라니'로 활용되는 용언으로, 'ㅎ' 불규칙 활용에 해당한다. 어간 '노랗-'의 'ㅎ'이 탈락하고 어미 '-아/어'가 '-애/에'로 바뀌기 때문에 어간과 어미 모두 불규칙하게 바뀌는 예에 해당한다.

② · '치름'의 기본형 '치르다'는 '치러, 치르니'로 활용되는 용언으로, 용언의 어간 '치르-'의 'ㅡ'가 어미 '-아/어' 앞에서 탈락하는 규칙 활용을 한다.

· '함'의 기본형 '하다'는 '하여, 하니'로 활용되는 용언으로, '여' 불규칙 활용에 해당한다. 이 경우 어미의 '-아'가 '-여'로 바뀌므로 어미만 불규칙하게 바뀌는 예로 적절하다.

③ · '불음'의 기본형 '붇다'는 '불어, 불으니'로 활용되는 용언으로, 'ㄷ' 불규칙 활용에 해당한다. 용언의 어간 '붇-'의 'ㄷ'이 모음 어미 앞에서 'ㄹ'로 바뀌므로 어간만 불규칙하게 바뀌는 예로 적절하다.

· '바람'의 기본형 '바라다'는 '바라, 바라니'로 활용되는 용언으로, 규칙 활용을 한다.

용언의 불규칙 활용

• 어간이 바뀌는 경우

'ㅅ' 불규칙	어간 끝 받침 'ㅅ'이 모음 어미 앞에서 탈락하는 경우 예 짓다: 짓고, 짓지, 지어, 지으니
'ㅂ' 불규칙	어간 끝 받침 'ㅂ'이 모음 어미 앞에서 '오/우'로 바뀌는 경우 예 덥다: 덥고, 덥지, 더워, 더우니
'ㄷ' 불규칙	어간 끝 받침 'ㄷ'이 모음 어미 앞에서 'ㄹ'로 바뀌는 경우 예 깨닫다: 깨닫고, 깨닫지, 깨달아, 깨달으니
'ㄹ' 불규칙	'르'로 끝나는 어간 뒤에 어미 '-아/어'가 결합하여 '르'가 'ㄹㄹ'로 바뀌는 경우 예 흐르다: 흐르고, 흐르지, 흘러, 흘러서
'우' 불규칙	어간이 모음 'ㅜ'로 끝날 때 '-아/어'와 결합하면 'ㅜ'가 탈락하는 경우 예 푸다: 푸고, 푸지, 퍼(푸+어), 퍼서(푸+어서)

• 어미가 바뀌는 경우

'여' 불규칙	어간 '하-' 뒤에 어미 '-아'가 결합하여 '하여'로 바뀌어 나타나는 경우 예 하다: 하고, 하지, 하러, 하여(해)
'러' 불규칙	'르'로 끝나는 어간 뒤에 어미 '-어'가 결합하여 '-러'로 바뀌어 나타나는 경우 예 푸르다: 푸르고, 푸르지, 푸르니, 푸르러, 푸르렀다

• 어간과 어미 둘 다 바뀌는 경우

'ㅎ' 불규칙	어간이 'ㅎ'으로 끝날 때, 'ㅎ'이 탈락하고 어미의 형태도 바뀌는 경우 예 하얗다: 하얗고, 하얗지, 하야니, 하얘(하얗+아)

06 난도 ★★☆   정답 ④

고전 문학 > 고전 운문

정답의 이유

④ ② '므슴다'는 '무심하구나'가 아니라, '무엇 때문에'라는 뜻으로 쓰였다.

오답의 이유

① ⑦ '현'의 기본형인 '혀다'는 '켜다'의 옛말이다.

② ⑥ '즈슬'은 '즛'에 목적격 조사 '을'이 결합한 것이며, '즛'은 '모습'의 옛말이다.

③ ⑥의 '니저'는 '닞다'의 어간 '닞-'에 어미 '-어'가 결합한 것이며, '닞다'는 '잊다'의 옛말이다.

작자 미상, 「동동(動動)」

• 갈래: 고려 가요

• 성격: 서정적, 민요적, 송축적, 비유적

• 주제: 임에 대한 송축(頌祝)과 임에 대한 연모

• 특징

– 전 13장의 분연체 구성

– 각 월별로 세시 풍속 또는 계절적 특성을 소재로 사상을 전개함

– 송축과 찬양, 떠나 버린 임에 대한 원망과 한스러움, 그리움 등을 표현함

– 임을 향한 여인의 정서를 노래한 월령체 고려 가요

• 현대어 풀이

> 2월 보름(연등일)에 아아 높이 켠 등불 같구나
> 만인을 비추실 모습이시도다
> 3월 지나며 핀 아아 늦봄의 진달래꽃이여
> 남이 부러워할 모습을 지니고 태어나셨구나
> 4월을 아니 잊고 아아 오셨구나 꾀꼬리 새여
> 무엇 때문에 녹사(綠事)님은 옛날을 잊고 계신가

07 난도 ★★☆   정답 ②

어휘 > 한자어

정답의 이유

② 야박(野薄: 들 야, 얇을 박)하다(○): 야멸차고 인정이 없다.

오답의 이유

① 현실(現室: 나타날 현, 집 실)(×) → 현실(現實: 나타날 현, 열매 실)(○): 현재 실제로 존재하는 사실이나 상태

③ 근성(謹性: 삼갈 근, 성품 성)(×) → 근성(根性: 뿌리 근, 성품 성)(○): 뿌리가 깊게 박힌 성질

④ 채용(債用: 빚 채, 쓸 용)(×) → 채용(採用: 캘 채, 쓸 용)(○): 사람을 골라서 씀

  • 채용(債用): 돈이나 물건 따위를 빌려서 씀

08 난도 ★☆☆   정답 ②

비문학 > 화법

정답의 이유

② 사회자가 최 교수와 정 박사 간의 이견을 조정하여 의사결정을 유도하는 부분은 나타나 있지 않다. 제시된 글에서 사회자는 토의 주제와 발표자, 발표 주제를 청중에게 소개하고, 질의응답을 진행하는 역할을 하고 있다.

오답의 이유

① '통일 시대의 남북한 언어가 나아갈 길'이라는 학술적인 주제로 최 교수는 '남북한 언어 차이와 의사소통', 정 박사는 '남북한 언어의 동질성 회복 방안'에 대해 발표하는 형식으로 진행되고 있다.

③ 최 교수는 남북한 언어 차이에 대한 연구가 지속되어야 한다는 견해를, 정 박사는 남북한 공통 사전을 만드는 등 서로의 차이를 줄여나가기 위한 노력이 필요하다는 견해를 밝혀 청중에게 정보를 제공하고 있다.

④ 청중 A는 '남북한 언어의 차이와 이를 극복하는 방안을 말씀하셨는데요.'라며 두 발표자의 발표 내용을 확인하고 있다. 또한, '통일 시대에 대비한 언어 정책에는 무엇이 있을까요?'라며 토의 주제인 '통일 시대의 남북한 언어가 나아갈 길'과 관련된 질문을 하고 있다.

✔️ **더알아보기**

토의 과정에서 사회자의 역할
- 토의 참여자들에게 토의 문제를 명확하게 규정해 준다.
- 토의 사항에 대해 적극적이고 진지하게 의견을 교환하도록 유도한다.
- 중간 중간 내용을 요약하고 종합하여, 결론을 얻을 수 있도록 토의 방향을 유도한다.
- 발언 기회를 균등하고 공정하게 배분한다.
- 토의자들 사이의 갈등과 의견 충돌 등을 조정하고 해결한다.

---

09 난도 ★☆☆ 　　　　　　　　　　　　　정답 ③

비문학 > 화법

[정답의 이유]

③ '네 목소리가 작아서 내용이 잘 안 들렸다.'라고 말하는 것은 화자가 문제를 자신의 탓으로 돌려 말하는 것이 아니라 상대방의 탓으로 돌려 말하는 것이다. 따라서 상대방이 관용을 베풀 수 있도록 문제를 자신의 탓으로 돌려 말하기가 적용되지 않았음을 알 수 있다.

[오답의 이유]

① 상대방의 칭찬에 '아직도 여러모로 부족한 부분이 많습니다.'라고 대답함으로써 자신을 낮추어 겸손하게 말하고 있다. 이처럼 자신을 칭찬하는 표현은 최소화하고, 자신을 낮추거나 자신을 비방하는 표현은 최대화하는 것은 '겸양의 격률'과 관계가 있다.

② 약속에 늦어 미안해하는 A에게 '쇼핑하면서 기다리니 시간 가는 줄 몰랐어요.'라고 함으로써 상대방이 부담을 갖지 않도록 배려하여 말하고 있다. 상대방에게 부담이 되는 표현은 최소화하고, 상대방에게 이익이 되는 표현은 최대화하는 것은 '요령의 격률'과 관계가 있다.

④ 친구의 생일 선물로 귀걸이를 사주자고 하는 A의 제안에 '그거 좋은 생각이네.'라고 상대방의 의견에 동의한 후, '하지만 경희의 취향을 우리가 잘 모르니까 귀걸이 대신 책을 선물하는 게 어떨까?'라고 자신의 의견을 말하고 있다. 상대방의 의견과 불일치하는 표현은 최소화하고, 상대방의 의견과 일치하는 표현은 최대화하는 것은 '동의의 격률'과 관계가 있다.

✔️ **더알아보기**

대화의 원리
- 협력의 원리
  - 대화의 목적을 성공적으로 이루기 위해서는 대화 참여자들이 서로 협력해야 한다.
  - 양의 격률, 질의 격률, 관련성의 격률, 태도의 격률
- 공손성의 원리
  - 대화를 할 때 공손하지 않은 표현은 최소화하고, 공손하고 정중한 표현은 최대화한다.
  - 요령의 격률, 관용의 격률, 찬동(칭찬)의 격률, 겸양의 격률, 동의의 격률
- 순서 교대의 원리
  - 대화 참여자가 적절하게 역할을 교대해 가면서 말을 주고받아, 정보가 원활하게 순환되도록 한다.
  - 혼자서 너무 길게 말을 하거나, 대화를 독점하지 않도록 한다.

---

10 난도 ★★☆ 　　　　　　　　　　　　　정답 ④

비문학 > 추론적 읽기

[정답의 이유]

④ 3문단의 '하버마스에 따르면, 현대 사회에서 민주적 토론은 문화 산업의 발달과 함께 퇴보했다.'와 4문단의 '상업화된 미디어는 광고 수입에 기대어 높은 시청률과 수익을 보장하는 콘텐츠 제작만을 선호하게 되었다. 그 결과 공적 주제에 대한 시민들의 논의와 소통의 장이 줄어들어 결과적으로 공공 영역이 축소되었다.'를 통해 수익성 위주의 미디어 플랫폼과 콘텐츠가 더 많아지면서 민주적 토론이 감소된다는 것은 하버마스의 주장에 부합하는 사례임을 알 수 있다.

[오답의 이유]

① 2문단의 '적어도 살롱 문화의 원칙에서 공개적 토론을 위한 공공 영역은 각각의 참석자들에게 동등한 자격을 부여했다.'를 통해 살롱 문화에서는 공개적이고 자유로운 토론이 이루어졌음을 알 수 있다. 따라서 살롱 문화에서 특정 사회 계층에 대한 비판적인 토론이 허용되지 않았다는 것은 하버마스의 주장에 부합하지 않는다.

② 3문단의 '공공 여론은 개방적이고 합리적 토론을 통해서가 아니라 광고에서처럼 조작과 통제를 통해 형성되고 있다.'와 4문단의 '상업화된 미디어는 광고 수입에 기대어 높은 시청률과 수익을 보장하는 콘텐츠 제작만을 선호하게 되었다.', '공적 주제에 대한 시민들의 논의와 소통의 장이 줄어들어 결과적으로 공공 영역이 축소되었다.'를 통해 인터넷의 발달과 보급이 상업적 광고를 증가시켰을 것이라는 점은 추론할 수 있지만 공익 광고를 증가시켰을 것이라는 점은 추론할 수 없다.

③ 3문단의 '대중매체와 대중오락의 보급은 공공 영역이 공허해지는 원인으로 작용했다.'를 통해 글로벌 미디어가 발달하더라도 국제 사회의 공공 영역은 공허해지지 않는다는 것은 하버마스의 주장에 부합하지 않음을 알 수 있다.

11 난도 ★★☆   정답 ③

비문학 > 글의 순서 파악

정답의 이유

- ⓔ에서는 '이때'라는 지시어를 통해 앞의 내용을 이어받아 대설 '주의
  보'의 기준에 대해 설명하고 있다. 제시된 글의 첫 번째 문장에서 '대
  설'의 정의를 제시하고 있으므로 대설의 기준에 대해 설명하는 ⓔ이
  첫 번째 문장의 뒤에 오는 것이 자연스럽다.
- ⓛ에서는 병렬의 접속어 '또한' 뒤에 '경보'의 상황을 제시하고 있으므
  로 ⓛ 앞에는 '경보'와 유사한 다른 개념, '주의보'가 오는 것이 자연스
  럽다. 따라서 ⓔ 뒤에는 ⓛ이 위치하는 것이 적절하다.
- ⓒ에서는 '다만' 뒤에 '산지'에서는 경보 발령 상황이 다름을 제시하고
  있으므로 ⓒ은 ⓛ 뒤에 오는 것이 자연스럽다.
- ⓐ에서는 전환의 접속어 '그런데'가 온 뒤, 눈이 얼마나 위험한지에 대
  해 제시하고 있으므로 ⓐ은 ⓒ 뒤에 오는 것이 자연스럽다.
- ⓜ에서는 '이뿐만 아니라' 뒤에 폭설이 미치는 영향에 대해 추가적으
  로 설명하고 있으므로 ⓜ은 폭설의 위력에 대해 설명한 ⓐ 뒤에 오는
  것이 자연스럽다.

따라서 전개 순서로 가장 자연스러운 것은 ③ ⓔ − ⓛ − ⓒ − ⓐ − ⓜ이다.

12 난도 ★★☆   정답 ③

문법 > 언어와 국어

정답의 이유

③ 제시된 글은 언어와 사고가 서로 깊은 관계를 맺고 상호 작용을 한다
  는 점을 설명하고 있다. 하지만 어떤 사물의 개념이 머릿속에서 맴도
  는데도 그 명칭을 떠올리지 못하는 것은 언어와 사고가 상호작용을
  하는 사례로 보기 어렵다.

오답의 이유

① 쌀을 주식으로 삼는 우리나라 문화권에서 '쌀'과 관련된 단어가
  구체화되어 '모', '벼', '쌀', '밥' 등으로 다양하게 표현되고 있다는
  것은 사회와 문화가 언어의 분화·발전에 영향을 준다는 것을
  의미한다. 따라서 언어와 사고가 상호작용을 하는 사례로 볼 수
  있다.
② '산', '물', '보행 신호의 녹색등'의 실제 색은 다르지만 모두 '파랗
  다'라고 표현하는 것은 색에 대해 범주화된 사고가 언어로 나타
  난다는 것을 의미한다. 따라서 언어와 사고가 상호작용을 하는
  사례로 볼 수 있다.
④ 우리나라는 수박을 '박'의 일종으로 인식하여 '수박'이라고 부르
  지만, 어떤 나라는 '멜론(melon)'과 유사한 것으로 인식하여
  'watermelon'이라고 부른다. 이는 인간의 사고가 언어에 반영된
  다는 것을 보여주는 사례이다.

13 난도 ★☆☆   정답 ③

비문학 > 글의 전개 방식

정답의 이유

③ 제시된 글은 '사람이 글을 쓰는 것은 나무에 꽃이 피는 것과 같다.'라
  고 하며 '글쓰기'를 '나무에 꽃이 피는 것'에 빗대어 설명하고 있다. 따
  라서 제시된 글의 주된 서술 방식은 '비유'이다.

오답의 이유

① '서사'는 어떤 대상이나 사건을 시간의 흐름에 따라 설명하는 서
  술 방식이다.
② '분류'는 유사한 특성을 지닌 대상들을 일정한 기준으로 묶어서
  설명하는 서술 방식이다.
④ '대조'는 둘 이상의 대상 간에 상대적인 성질이나 차이점을 중심
  으로 설명하는 서술 방식이다.

14 난도 ★★☆   정답 ①

비문학 > 사실적 읽기

정답의 이유

① 1문단의 '알파벳 언어는 표기 체계에 따라 철자 읽기의 명료성 수준
  이 달라진다.'를 통해 철자 읽기의 명료성을 판단하는 기준이 각 소리
  가 지닌 특성이라는 설명이 적절하지 않음을 확인할 수 있다.

오답의 이유

② 2문단의 '영어와 이탈리아어를 읽는 사람은 동일하게 좌반구의
  읽기 네트워크를 사용한다. 하지만 무의미한 단어를 읽을 때 영
  어를 읽는 사람은 암기된 단어의 인출과 연관된 뇌 부위에 더 의
  존하는 반면 이탈리아어를 읽는 사람은 음운 처리에 연관된 뇌
  부위에 더 의존한다.'를 통해 적절한 내용임을 확인할 수 있다.
③ 1문단의 '철자 읽기가 명료하다는 것은 한 글자에 대응되는 소리
  가 규칙적이어서 글자와 소리의 대응이 거의 일대일이라는 것을
  의미한다. 그 예로 이탈리아어와 스페인어가 있다.'와 '이에 비해
  영어는 철자 읽기의 명료성이 낮은 언어이다.'를 통해 적절한 내
  용임을 확인할 수 있다.

④ 1문단의 '영어는 철자 읽기의 명료성이 낮은 언어이다. 영어는 발음이 아예 나지 않는 묵음과 같은 예외도 많은 편이고 글자에 대응하는 소리도 매우 다양하다.'를 통해 적절한 내용임을 확인할 수 있다.

15 난도 ★★☆   정답 ④

고전 문학 > 고전 운문

정답의 이유

④ (라)는 불변하는 '자연'과 변하는 '인사(人事)'의 대조를 통해 변함없는 자연을 예찬하고 있다.

오답의 이유

① (가)는 돌아가신 부모님을 생각하고 서러워하는 마음을 노래한 박인로의 시조로, 중국 회귤 고사를 인용하여 주제를 효과적으로 드러내고 있다.

② (나)는 임을 기다리는 애틋한 마음이 잘 드러나는 황진이의 시조로, '서리서리', '구뷔구뷔' 등의 의태어를 사용하여 임에 대한 그리움과 애틋한 마음을 잘 표현하고 있다.

③ (다)는 자연을 벗 삼는 즐거움을 노래한 성혼의 시조로, '－이오, －로다'의 대구 표현을 사용하고 '업슨'을 반복함으로써 자연에 귀의하려는 의지를 드러내고 있다.

작품해설

(가) 박인로, 「반중(盤中) 조홍(早紅)감이 ～」
- 갈래: 평시조, 연시조(전 4수)
- 성격: 사친가(思親歌)
- 주제: 효심(孝心), 풍수지탄(風樹之嘆)
- 특징
  - '조홍시가(早紅柿歌)'라고도 알려짐
  - 육적의 '회귤 고사'와 관련있음

[회귤 고사]
중국 삼국 시대 오나라에 육적이라는 자가 있었다. 여섯 살 때, 원술이라는 사람을 찾아갔다가 그가 내놓은 귤 중에서 세 개를 몰래 품속에 넣었는데, 하직 인사를 할 때 그 귤이 굴러 나와 발각이 되었다. 그때 원술이 사연을 물으니, 육적은 집에 가지고 가서 어머니께 드리려 하였다고 하므로, 모두 그의 효심에 감격하였다고 한다. 이 일을 '회귤 고사' 또는 '육적 회귤'이라고 하며 '부모에 대한 효성의 뜻'으로 쓰인다.

(나) 황진이, 「동짓돌 기나긴 밤을 ～」
- 갈래: 평시조, 단시조
- 성격: 감상적, 낭만적, 연정적
- 주제: 임을 기다리는 애틋한 마음
- 특징
  - 추상적인 시간을 구체적인 사물로 형상화함
  - 참신한 비유와 의태어로 순우리말의 묘미를 잘 살림
  - 여성의 내면 심리를 섬세하게 보여줌

(다) 성혼, 「말 업슨 청산(靑山)이오 ～」
- 갈래: 평시조, 단시조
- 성격: 풍류적, 한정가
- 주제: 자연을 벗 삼는 즐거움
- 특징
  - 학문에 뜻을 두고 살아가는 옛 선비의 생활상을 그림
  - 대구법, 반복법, 의인법 등을 사용함
  - '업슨'이라는 말의 반복으로 운율감이 느껴짐

(라) 이현보, 「농암(籠巖)에 올라보니 ～」
- 갈래: 평시조, 단시조
- 성격: 자연 귀의적, 한정가
- 주제: 고향에서의 한정과 자연 귀의
- 특징
  - 작가가 만년에 고향에 돌아와 지은 「농암가(籠巖歌)」
  - 전원생활의 즐거움을 노래한 귀거래사(歸去來辭)

16 난도 ★★☆   정답 ①

현대 문학 > 현대 수필

정답의 이유

① 글쓴이는 반추하는 소의 행위에 대해 '식욕의 즐거움조차 냉대할 수 있는 지상 최대의 권태다.'라고 하였으며, 자신도 사색의 반추가 가능할지에 대해 생각하고 있다. 따라서 '소'라는 대상의 행위를 통해 글쓴이의 심리가 투사되고 있다고 이해할 수 있다.

오답의 이유

② 제시된 글에 과거의 삶을 회상하거나 처지를 후회하는 내용은 나타나지 않았다.

③ 제시된 글의 공간적 배경은 풀밭이며, 공간의 이동은 나타나지 않았다.

④ 제시된 글에서 현실에 대한 불만을 반성적 어조로 드러내는 부분을 찾아볼 수 없다.

작품해설

이상, 「권태」
- 갈래: 수필
- 성격: 사색적, 초현실주의적
- 주제: 환경의 단조로움과 일상적인 생활의 연속 속에서 느끼는 권태로움
- 특징
  - 대상을 주관적이고 개성적으로 인식함
  - 대상을 바라보는 글쓴이의 심리가 만연체의 문장으로 드러남
  - 일상적인 생활과 단조로운 주변 환경 속에서 느끼는 심리를 묘사함

17 난도 ★★☆   정답 ②

어휘 > 한자성어

정답의 이유

② 제시된 글에서 황거칠은 식수권을 지키기 위해 저항했지만, 결국 경찰에 연행되고 가족들의 걱정에 석방을 조건으로 타협안에 도장을 찍게 된다. 이러한 황거칠의 상황에 어울리는 한자성어는 '손을 묶은 것처럼 어찌할 도리가 없어 꼼짝 못 함'을 의미하는 束手無策(속수무책)이다.
- 束手無策: 묶을 속, 손 수, 없을 무, 꾀 책

오답의 이유

① 同病相憐(동병상련): 같은 병을 앓는 사람끼리 서로 가엾게 여긴다는 뜻으로, 어려운 처지에 있는 사람끼리 서로 가엾게 여김을 이르는 말
- 同病相憐: 같을 동, 병들 병, 서로 상, 불쌍히 여길 련

③ 自家撞着(자가당착): 같은 사람의 말이나 행동이 앞뒤가 서로 맞지 아니하고 모순됨
- 自家撞着: 스스로 자, 집 가, 칠 당, 붙을 착

④ 輾轉反側(전전반측): 누워서 몸을 이리저리 뒤척이며 잠을 이루지 못함
- 輾轉反側: 구를 전, 구를 전, 돌이킬 반, 곁 측

 작품해설

> 김정한, 「산거족」
> - 갈래: 단편 소설
> - 성격: 비판적
> - 주제
>   - 소외된 사람들의 생존 문제
>   - 서민들의 생존권을 위협하는 지배 세력에 대한 비판
> - 특징
>   - 전지적 작가 시점
>   - 1960년대 빈민촌인 '마삿등'을 배경으로 함

18 난도 ★★☆   정답 ④

현대 문학 > 현대 시

정답의 이유

④ 제시된 시는 '살아가노라면 / 가슴 아픈 일 한두 가지겠는가', '사노라면 / 가슴 상하는 일 한두 가지겠는가'와 같은 설의적 표현을 사용함으로써 아픔이 있더라도 인내하며 소임을 다해 살아가야 한다는 깨달음을 강조하고 있다.

오답의 이유

① '살아가노라면 / 가슴 아픈 일 한두 가지겠는가', '사노라면 / 가슴 상하는 일 한두 가지겠는가'와 같은 의문형 문장을 사용하고 있지만, 이는 쉽게 판단할 수 있는 사실을 의문의 형식으로 표현하여 상대편이 스스로 판단하게 하는 설의적 표현일 뿐이다. 따라서 질문과 답을 제시하는 문답법이 사용되었다는 표현은 적절하지 않다.

② 참뜻과는 반대되는 말을 하여 문장의 의미를 강화하는 반어적 표현은 사용되지 않았다.

③ 나무를 의인화하고는 있지만, 현실을 목가적으로 보여준다는 설명은 적절하지 않다. '목가적'이라는 표현은 농촌처럼 소박하고 평화로우며 서정적인 것을 의미한다.

 작품해설

> 조병화, 「나무의 철학」
> - 갈래: 자유시, 서정시
> - 성격: 사색적
> - 주제: 바람직한 삶의 자세에 대한 성찰
> - 특징
>   - 설의적 표현을 반복적으로 사용함
>   - 한결같은 모습으로 서 있는 나무를 의인화하여 표현함

19 난도 ★★☆   정답 ④

비문학 > 추론적 읽기

정답의 이유

④ 제시된 글에서는 국보 문화재를 '우리 민족의 성력(誠力)과 정혼(精魂)의 결정으로 그 우수한 질과 희귀한 양에서 무비(無比)의 보(寶)가 된 자'이자 '민족의 힘의 원천'이라고 설명하고 있으며, ㉠의 뒷부분인 '국보 문화재가 얼마나 힘 있는가를 밝힌 예증이 된다.'를 볼 때 ㉠에는 이런 존귀한 국보 문화재가 얼마나 힘이 있는지 드러내는 말이 들어가야 한다. 따라서 ㉠에는 영국에서 당대 최고의 작가였던 셰익스피어를 다른 무엇과도 바꾸지 않겠다는 것을 의미하는 '그 무엇을 내놓는다고 해도 셰익스피어와는 바꾸지 않는다.'라는 문장이 들어가는 것이 가장 적절하다.

오답의 이유

① 구르는 돌에는 이끼가 끼지 않는다: 부지런하고 꾸준히 노력하는 사람은 침체되지 않고 계속 발전한다는 말

② 지식은 나눌 수 있지만 지혜는 나눌 수 없다: 쉽게 전달되는 지식과는 다르게 스스로 터득해야 하는 지혜의 중요성을 강조하는 말

③ 사람은 겪어 보아야 알고 물은 건너 보아야 안다: 사람의 마음이란 겉으로 언뜻 보아서는 알 수 없으며 함께 오랫동안 지내보아야 알 수 있음을 이르는 말

20 난도 ★★☆   정답 ①

비문학 > 추론적 읽기

정답의 이유

① 1문단의 '하위 개념으로 분류할수록 그 대상에 대한 정보가 더 많이 전달된다.'를 통해 하위 개념인 호랑나비는 상위 개념인 나비에 비해 정보량이 더 많다는 사실을 추론할 수 있다. 따라서 호랑나비는 나비에 비해 정보량이 적다는 설명은 적절하지 않다.

② 1문단에서 유니콘은 현실 세계에 적용 대상이 없어도 분류 개념으로 인정된다고 하였기 때문에, 용(龍) 역시 현실 세계에 적용할 수 있는 지시물이 없더라도 분류 개념으로 인정될 수 있다는 것을 추론할 수 있다.

③ 2문단을 보면, 비교 개념은 '더 무거움'이나 '더 짧음'과 같이 논리적 관계이므로 꽃이나 고양이는 비교 개념에 포함되지 않는다.

④ 3문단의 '정량 개념은 ~ 자연의 사실로부터 파악할 수 있는 물리량을 측정함으로써 만들어진다.'와 '정량 개념은 ~ 우리가 자연현상에 수를 적용하는 과정에서 생겨나는 것이다.'를 통해 물리량을 측정하는 'cm'나 'kg'과 같은 측정 단위가 자연현상에 수를 적용할 수 있게 해 주었다는 것을 추론할 수 있다.

한눈에 훑어보기

영역 분석

어휘   02   06   10
3문항, 15%

문법   01   03   04   05
4문항, 20%

고전 문학   09   14
2문항, 10%

현대 문학   07   18
2문항, 10%

비문학   08   11   12   13   15   16   17   19   20
9문항, 45%

빠른 정답

01	02	03	04	05	06	07	08	09	10
③	①	④	④	②	①	②	③	④	④

11	12	13	14	15	16	17	18	19	20
②	①	②	③	③	②	①	③	④	③

점수 체크

구분	1회독	2회독	3회독
맞힌 문항 수	/ 20	/ 20	/ 20
나의 점수	점	점	점

01 난도 ★★☆   정답 ③

문법 > 통사론

정답의 이유

③ 제시된 문장은 '해진이는 울산에 산다.'라는 문장과 '초희는 광주에 산다.'라는 문장을 대등적 연결 어미 '-고'를 사용하여 연결한 것으로, 대등적으로 이어진 문장이다.

오답의 이유

① '동생이 시험에 합격하기'는 명사절로 안긴문장으로, 제시된 문장에서 목적어의 역할을 한다.

② '착한'이 뒤에 오는 체언 '영호'를 수식하고 있으므로, 관형절로 안긴문장이다. 제시된 문장은 '영호는 착하다.'라는 문장과 '영호는 언제나 친구들을 잘 도와준다.'라는 문장으로 구분할 수 있다.

④ '내일 가족 여행을 가자.'라는 문장을 인용 조사 '고'를 활용해 연결한 것으로, 인용절로 안긴문장이다.

더알아보기

문장의 종류			
홑문장			• 주어와 서술어가 하나씩 있어서 둘 사이의 관계가 한 번만 이루어지는 문장이다. • 간결하고 명쾌하게 의미를 전달할 수 있다. • 본용언과 보조 용언이 결합하여 서술어로 쓰인 문장은 홑문장이다. • 대칭 서술어(마주치다, 다르다, 같다, 비슷하다, 악수하다)가 사용된 문장은 홑문장이다.
겹문장			• 주어와 서술어의 관계가 두 번 이상 이루어지는 문장이다. • 복잡한 내용을 전달할 수 있지만, 너무 복잡해지면 오히려 의미 전달이 어려워질 수 있다. • 종류
	이어진 문장	개념	둘 이상의 절이 연결 어미에 의하여 결합된 문장
		종류	• 대등하게 이어진 문장 • 종속적으로 이어진 문장
	안은 문장	개념	한 개의 홑문장이 다른 문장 속에 한 성분으로 들어가 있는 문장
		종류	• 명사절을 안은문장 • 서술절을 안은문장 • 관형절을 안은문장 • 부사절을 안은문장 • 인용절을 안은문장

02 난도 ★★☆　　　　　　　　　　정답 ①

어휘 > 혼동 어휘

정답의 이유

① 골아떨어지다(×) → 곯아떨어지다(○): '몹시 곤하거나 술에 취하여 정신을 잃고 자다.'라는 의미의 단어는 '곯아떨어지다'이다. '골아떨어지다'는 잘못된 표기이다.

오답의 이유

② 깨나(○): '깨나'는 어느 정도 이상의 뜻을 나타내는 보조사로, 적절하게 사용되었다.

③ 곤욕(○): '곤욕(困辱)'은 심한 모욕 또는 참기 힘든 일을 의미하는 말로, 적절하게 사용되었다.

④ 그러고 나서(○): '그러고'는 '그리하고'가 줄어든 말이고, '나다'는 동사 뒤에서 '-고 나다' 구성으로 쓰여 앞말이 뜻하는 행동이 끝났음을 나타내는 보조 동사이다. 문맥상 어떤 행동을 마친 후에 서류를 보완해 달라는 의미이므로, '그러고 나서'는 적절하게 사용되었다.

03 난도 ★★☆　　　　　　　　　　정답 ④

문법 > 통사론

정답의 이유

④ 인용절 '내 생각이 옳지 않다.'를 안은문장으로, 간접 인용을 나타내는 격 조사 '고'의 쓰임이 적절하며 문맥상으로도 자연스럽다.

오답의 이유

① 주어 '내가 강조하고 싶은 점은'과 서술어 '가졌다'의 호응이 적절하지 않으므로, '내가 강조하고 싶은 점은 우리가 고유 언어를 가졌다는 것이다.'라고 고치는 것이 자연스럽다.

② 주어 '좋은 사람과 대화하며 함께한 일은'과 서술어 '시간이었다'의 호응이 적절하지 않으므로, '좋은 사람과 대화하며 함께한 일은 즐거운 경험(일)이었다.'라고 고치는 것이 자연스럽다.

③ 주어 '내 생각은'과 서술어 '결정했다'의 호응이 적절하지 않으므로, '내 생각은 집을 사서 이사하는 것이 좋겠다는 것이었다.' 또는 '나는 집을 사서 이사하는 것이 좋겠다고 생각했다.'라고 고치는 것이 자연스럽다.

04 난도 ★★★　　　　　　　　　　정답 ④

문법 > 통사론

정답의 이유

④ '구속하다'는 '법원이나 판사가 피의자나 피고인을 강제로 일정한 장소에 잡아 가두다.'라는 뜻으로, 이미 동작의 대상에게 행위의 효력이 미치는 의미를 가지고 있는 '구속하다'를 그대로 써도 의미가 통한다. 따라서 사동의 접미사 '-시키다'를 활용하여 '구속시키다'로 고쳐 쓰는 것은 적절하지 않다.

오답의 이유

① '기간'은 '어느 때부터 다른 어느 때까지의 동안'을, '동안'은 '어느 한때에서 다른 한때까지 시간의 길이'를 의미하므로 의미가 중복된다. 따라서 '공사하는 동안'으로 고쳐 쓰는 것은 적절하다.

② '회의를 갖다'는 영어를 직역한 번역 투 표현이므로, '여럿이 모여 의논하다.'라는 의미의 '회의하다'로 고쳐쓰는 것이 적절하다. 따라서 '회의를 갖겠습니다'를 '회의하겠습니다'로 고쳐 쓰는 것은 적절하다.

③ '열려져'는 동사 어간 '열-'에 피동 접사 '-리-'와 통사적 피동 표현인 '-어지다'가 붙은 이중 피동 표현이다. 따라서 피동 접사만을 이용한 '열려'로 고쳐 쓰는 것이 적절하다.

✓ **더알아보기**

잘못된 사동 표현

- 접사 '-시키다'의 과도한 사용: '-시키다'를 '-하다'로 바꿀 수 있는 경우에는 '-시키다' 대신 '-하다'를 사용한다.
  - 예 내가 사람을 소개시켜 줄게. (×)
    - → 내가 사람을 소개해 줄게. (○)
  - 예 방과 거실을 분리시킬 벽을 만들었다. (×)
    - → 방과 거실을 분리할 벽을 만들었다. (○)
- 사동 접사의 과도한 사용
  - 예 그를 만날 생각에 마음이 설레인다. (×)
    - → 그를 만날 생각에 마음이 설렌다. (○)
  - 예 사람들 사이를 비집고 끼여들었다. (×)
    - → 사람들 사이를 비집고 끼어들었다. (○)

05 난도 ★☆☆　　　　　　　　　　정답 ②

문법 > 한글 맞춤법

정답의 이유

② 한글 맞춤법 제4항의 규정에 따른 사전 등재 순서를 고려하면, ㉠ → ㉢ → ㉣ → ㉡이 적절하다.

✓ **더알아보기**

한글 자모의 사전 등재 순서(한글 맞춤법 제4항)

자음	ㄱ ㄲ ㄴ ㄷ ㄸ ㄹ ㅁ ㅂ ㅃ ㅅ ㅆ ㅇ ㅈ ㅉ ㅊ ㅋ ㅌ ㅍ ㅎ
모음	ㅏ ㅐ ㅑ ㅒ ㅓ ㅔ ㅕ ㅖ ㅗ ㅘ ㅙ ㅚ ㅛ ㅜ ㅝ ㅞ ㅟ ㅠ ㅡ ㅢ ㅣ
받침 글자	ㄱ ㄲ ㄳ ㄴ ㄵ ㄶ ㄷ ㄹ ㄺ ㄻ ㄼ ㄽ ㄾ ㄿ ㅀ ㅁ ㅂ ㅄ ㅅ ㅆ ㅇ ㅈ ㅊ ㅋ ㅌ ㅍ ㅎ

06 난도 ★★☆   정답 ①

어휘 > 한자어

[정답의 이유]

① '오지랖(이) 넓다'는 '쓸데없이 지나치게 아무 일에나 참견하는 면이 있다.'를 뜻하고, '謁見(아뢸 알, 나타날 현)'은 '지체가 높고 귀한 사람을 찾아가 뵘'을 뜻하는 말이므로, 서로 의미가 통하지 않는다.

[오답의 이유]

② 干涉(간섭할 간, 건널 섭): 직접 관계가 없는 남의 일에 부당하게 참견함

③ 參見(참여할 참, 볼 견): 자기와 별로 관계없는 일이나 말 따위에 끼어들어 쓸데없이 아는 체하거나 이래라저래라 함

④ 干與(간섭할 간, 더불 여): 어떤 일에 간섭하여 참여함

---

07 난도 ★☆☆   정답 ②

현대 문학 > 현대 소설

[정답의 이유]

② 2문단의 '이 일들만 해 온 아버지가 갑자기 다른 일을 하겠다고 했다. 서커스단의 일이었다.'와 '그러자 어머니가 아버지에게 대들었다. ~ 아버지의 꿈은 깨어졌다. 아버지는 무거운 부대를 메고 다시 일을 찾아 나갔다.'를 통해 아버지는 가족들의 바람을 수용하여 그동안 해 온 일과 전혀 다른 새로운 일인 서커스단의 일을 포기했음을 확인할 수 있다. 따라서 아버지가 평생 해 온 일을 그만두고 새로운 일을 시작하기로 결심했다는 설명은 적절하지 않다.

[오답의 이유]

① 1문단의 '우리의 생활은 전쟁과 같았다. 우리는 그 전쟁에서 날마다 지기만 했다.'와 3문단에서 등장 인물(어머니, 나, 영호, 영희)들이 열악한 환경에서 일하는 모습을 볼 때, '우리 다섯 식구'는 생존을 위해 노력하고 있지만 윤택한 삶을 영위하기 어려운 처지에 있다는 것을 확인할 수 있다.

③ 3문단의 '우리는 보이지 않는 보호를 받고 있었다. ~ 나는 우리가 이 구역 안에서 한 걸음도 밖으로 나갈 수 없다는 것을 깨달았다.'에서 '보호'라는 명칭을 확인할 수 있다. 하지만 4문단의 '공부를 하지 않고는 우리 구역에서 벗어날 수가 없다고 생각했다.'라는 표현을 통해 '보호'의 의미가 부정적 의미로 사용되고 있음을 알 수 있다. 또한 '구역'에서 벗어난다는 것은 문맥상 생존을 위해 전쟁과 같은 삶을 살아가는 하층민의 처지에서 벗어나는 것을 의미하므로, 여기서의 '보호'는 벗어날 수 없는 계층적 한계를 의미한다고 할 수 있다.

④ 4문단의 '공부를 하지 않고는 우리 구역에서 벗어날 수가 없다고 생각했다. 세상은 공부를 한 자와 못 한 자로 너무나 엄격하게 나누어져 있었다.'를 통해 '우리'는 '구역'에서 벗어날 방법을 '공부를 한 자'가 됨으로써 찾을 수 있다고 여김을 확인할 수 있다.

 작품해설

조세희, 「난장이가 쏘아 올린 작은 공」
- 갈래: 중편 소설, 연작 소설
- 성격: 현실 비판적, 사회 고발적
- 주제: 산업화 과정의 모순, 도시 빈민들의 궁핍한 삶과 고통
- 특징
  - 1970년대 산업화 시기, 무허가 판자촌을 배경으로 함
  - 각 부마다 서술자가 전환됨(주인공의 전환)
  - 현실의 모순을 동화적이고 상징적으로 표현함
  - 객관적이면서 짧은 문체를 활용하여 사태를 충격적으로 전달함
  - 소외된 삶을 살아가던 사회 소시민 계층을 '난장이'로 형상화함

---

08 난도 ★☆☆   정답 ③

비문학 > 사실적 읽기

[정답의 이유]

③ 2문단의 '혹자는 사람이 개입되는 것은 사물 인터넷이 아니라고 이야기하면서'와 '혹자는 사물 인터넷이 실현되려면 사람만큼 사물이 판단할 수 있어야 한다고 주장하면서 사물의 지능성을 중요시하는 경우도 있는데, 두 가지 모두 그릇된 것이다.'를 통해 사물 인터넷은 사람 수준의 지능을 가진 사물들이 네트워크상에서 인간의 개입 없이 서로 소통하는 것을 의미한다는 설명은 글쓴이의 견해에 부합하지 않음을 알 수 있다.

[오답의 이유]

① 2문단의 '사물 인터넷을 제대로 이해하려면 기존 인터넷과의 차이점에 주목하기보다는 오히려 공통점을 인식하는 것이 더 중요하다.'를 통해 사물 인터넷의 개념을 파악하기 위해서는 기존 인터넷과의 공통점을 이해하는 것이 필요함을 알 수 있다.

② 1문단의 '사물 인터넷은 이제 전 세계의 사물들을 컴퓨터로 만들어 서로 소통하도록 만든다는 생각을 실현하는 것이다.'와 '전원이 있었던 전자 기기나 기계 등은 그 자체로, 전원이 없었던 일반 사물들은 새롭게 센서와 배터리, 통신 모듈이 부착되면서 컴퓨터가 되고 이렇게 컴퓨터가 된 사물들이 그들 간에 또는 인간의 스마트 기기와 네트워크로 연결되는 것이다.'를 통해 센서와 배터리 등을 갖춘 사물들이 네트워크로 연결되어 사물 인터넷으로 기능한다는 사실을 알 수 있다.

④ 1문단의 '인터넷이 전 세계의 컴퓨터를 서로 소통하도록 만든다는 생각이 실현된 것이라면, 사물 인터넷은 이제 전 세계의 사물들을 컴퓨터로 만들어 서로 소통하도록 만든다는 생각을 실현하는 것이다.'와 '전원이 없었던 일반 사물들은 새롭게 센서와 배터리, 통신 모듈이 부착되면서 ~ 그들 간에 또는 인간의 스마트 기기와 네트워크로 연결되는 것이다.'를 통해 사물 인터넷은 컴퓨터가 아니었던 사물도 네트워크로 연결될 수 있다는 점에서 기존의 인터넷과 다르다는 사실을 알 수 있다.

---

09 난도 ★★☆   정답 ④

고전 문학 > 고전 운문

정답의 이유

④ 제시된 작품은 직접적으로 정서가 표출되지 않고 장면 묘사가 주를 이루고 있다. 따라서 후반부에 정서를 표출하는 선경후정의 형식을 취하고 있다는 설명은 적절하지 않다.

오답의 이유

① 3구의 '늙은이가 제사를 끝내고'와 4구의 '해 저물어 취해 돌아오는 길을 아이가 부축하네'를 통해 '늙은이'와 '아이' 두 사람이 제사를 지낸 뒤 집으로 돌아오는 상황임을 알 수 있다.
② 시인이 살았던 시기를 고려할 때 시인은 임진왜란을 겪었을 것으로 추정하고 있기 때문에, 2구의 '들밭머리 풀섶에는 무덤이 늘어서 있네'가 전란으로 인해 많은 이들이 갑작스럽게 죽었음을 의미한다는 설명은 적절하다.
③ 제사를 지내고 취해 돌아오는 시적 상황을 고려할 때, 할아버지는 먼저 죽은 이(자식)에 대한 안타까움과 속상함 때문에 술을 마셨으리라는 것을 짐작할 수 있다.

📋 **작품해설**

> **이달, 「제총요(祭塚謠)」**
> • 갈래: 한시(7언 절구)
> • 성격: 묘사적, 서정적
> • 주제: 전쟁의 참혹함과 남겨진 이들의 슬픔
> • 특징
>   − 기승전결의 구성
>   − 직접적인 정서가 나타나지 않고 장면 묘사가 주를 이룸
>   − 서정적인 장면 묘사(흰둥이, 누렁이, 들밭머리 풀섶. 밭. 해 저물어 취해 돌아오는 길)와 현실의 참혹함(임진왜란으로 인한 무덤, 제사)이 공존함

10 난도 ★★☆   정답 ④

어휘 > 한자어

정답의 이유

④ 盟誓(맹세할 맹, 맹세할 세)(○): 일정한 약속이나 목표를 꼭 실천하겠다고 다짐함

오답의 이유

① 逃戰(도망할 도, 싸울 전)(×) → 挑戰(돋울 도, 싸울 전)(○): 어려운 사업이나 기록 경신 따위에 맞섬을 비유적으로 이르는 말
② 持地(가질 지, 땅 지)(×) → 支持(지탱할 지, 가질 지)(○): 어떤 사람이나 단체 따위의 주의 · 정책 · 의견 따위에 찬동하여 이를 위하여 힘을 씀 또는 그 원조
③ 浸默(적실 침, 잠잠할 묵)(×) → 沈默(잠길 침, 잠잠할 묵)(○): 어떤 일에 대하여 그 내용을 밝히지 아니하거나 비밀을 지킴 또는 그런 상태

11 난도 ★★☆   정답 ②

비문학 > 화법

정답의 이유

② 상수의 이야기에 대한 정민의 반응인 '나도 그런 적이 있어.'를 보았을 때, 정민은 자신의 경험을 들어 상수가 스스로 해결점을 찾도록 도와주고 있다. 이는 공감적 듣기의 적극적인 들어주기에 해당한다.

오답의 이유

① 정민은 상수의 짝꿍과 연관이 없는 제삼자로, 이야기를 듣는 역할을 수행하고 있다. 따라서 정민이 상대의 입장을 고려해 용서함으로써 갈등을 해결한다는 설명은 적절하지 않다.
③ 정민은 이전에 겪은 자신의 경험을 이야기하여 상수에게 도움을 주려고 할 뿐, 상수를 비판하면서 스스로의 장점을 부각하고 있지는 않다.
④ 정민은 '왜? 무슨 일이 있었어?' 등의 말을 하며 상수의 말을 경청하고 있지만, 상수의 말에 대한 타당성을 평가하고 있지는 않다.

12 난도 ★★☆   정답 ①

비문학 > 글의 전개 방식

정답의 이유

① '해수면 상승'을 결과로 보면, '온실 효과로 지구의 기온이 상승하는 것'이 그 원인이다. 또, '해수면 상승'이 원인이 되어 '기후 변화와 섬나라나 저지대가 침수되는 것'이라는 결과가 나타난다. 따라서 '인과'의 전개 방식이 사용된 예로 적절하다.

오답의 이유

② '제로섬(zero-sum)'의 개념을 설명하는 '정의'의 방식과 운동 경기를 예로 들어 설명하는 '예시'의 방식이 사용되었다.
③ 찬호가 학교에 몰래 들어가는 장면을 시간의 흐름에 따라 서술하는 '서사'의 방식이 사용되었다.
④ 소읍의 전경을 눈앞에 보이듯이 생생하게 표현하는 '묘사'의 방식이 사용되었다.

13 난도 ★★☆   정답 ②

비문학 > 화법

정답의 이유

② 진행자 'A'는 '의료 취약 계층을 위한 의약품 공급 정보망 구축 사업'에 대한 정보를 관계자 'B'의 말을 통해 청자에게 제공하고 있다. 진행자 'A'는 질문하기와 요약하기 등의 방식을 활용하고 있으나, 상대방 대답의 모순점을 찾아 논리적으로 대응하고 있지는 않다.

오답의 이유

① 진행자 'A'는 관계자 'B'의 말을 듣고 '그렇군요.', '네, 간편해서 좋군요.' 등 상대방의 말을 들었다는 반응을 보인다.
③ 진행자 'A'는 대화의 화제인 '의료 취약 계층을 위한 의약품 공급 정보망 구축 사업'과 관련된 용어의 뜻, 사업 성과의 이유, 사업

의 걸림돌, 사업 참여 방법 등에 대해 질문함으로써, 관계자 'B'
가 홍보할 수 있는 대답을 유도한다.
④ 진행자 'A'는 관계자 'B'의 답변에 대해 '그러니까 앞으로 이런 문
제를 해결하기 위한 제도 정비나 의료 전문가의 지원이 좀 더 필
요하다는 말씀인 것 같군요.'라고 대화의 흐름에 맞게 해석하여
상대방의 말을 보충하고 있다.

14 난도 ★☆☆
정답 ③

고전 문학 > 고전 산문

정답의 이유

③ 제시된 글에서 '그 나무가 근래에 땅에 쓰러지자 어떤 이가 빗장 막대
기로 만들어 선법당(善法堂)과 식당에 두었다.'의 '근래에'라는 표현
을 통해 벼락 맞은 배나무로 만든 막대기가 글쓴이의 당대까지 전해
졌음을 짐작할 수 있다.

오답의 이유

① '천사가 배나무에 벼락을 내리고 하늘로 올라갔다. 그 바람에 배
나무가 꺾어졌는데 용이 쓰다듬자 곧 소생하였다(일설에는 보양
스님이 주문을 외워 살아났다고 한다).'를 통해 벼락을 맞은 배
나무가 저절로 소생했다는 설명이 적절하지 않음을 알 수 있다.

② '옥황상제가 보낸 천사(天使)가 뜰에 이르러 이목을 내놓으라고
하였다. 보양 스님이 뜰 앞의 배나무[梨木]를 가리키자 천사가
배나무에 벼락을 내리고 하늘로 올라갔다.'를 통해 천사는 보양
스님이 가리킨 배나무[梨木]를 이목으로 착각하여 벼락을 내린
것이지 이목을 죽이려다 실수로 배나무에 벼락을 내린 것이 아
님을 알 수 있다.

④ '보양 스님이 이목을 시켜 비를 내리게 하니'를 통해 보양 스님이
비를 내렸다는 설명이 적절하지 않음을 알 수 있다. 그리고 '하
늘의 옥황상제가 장차 하늘의 뜻을 모르고 비를 내렸다 하여 이
목을 죽이려 하였다.'를 통해 옥황상제가 천사를 보낸 것은 보양
스님이 아니라 이목을 죽이기 위해서였음을 짐작할 수 있다.

📋 작품해설

일연, 「보양이목설화(寶壤梨木說話)」
• 갈래: 설화
• 성격: 상징적, 신이적(神異的), 종교적
• 주제: 승려 보양(寶壤)의 행적
• 특징
  – 불교적 색채와 함께 도교적 색채가 나타남
  – 수신신앙(水神信仰)과 불교가 시간의 흐름에 따라 섞인 것으로
    추정됨
  – 일종의 언어유희가 나타남

이목(璃目)	이목(梨木)
이무기, 서해 용왕의 아들	배나무

– 『삼국유사』에 수록됨

일연, 『삼국유사』
고려 충렬왕 때 승려 일연이 쓴 역사책으로, 단군·기자·대
방·부여의 사적(史跡)과 신라·고구려·백제의 역사를 기록하
였고, 불교에 관한 기사·신화·전설·시가 등을 풍부하게 수
록하였다.

15 난도 ★☆☆
정답 ③

비문학 > 추론적 읽기

정답의 이유

③ 제시된 글은 '경상 지역 방언을 쓰는 사람들'과 '평안도 및 전라도와
경상도 일부'에서 구별하지 못하는 특정 발음에 대하여 말하고 있다.
경상 지역에서는 'ㅓ'와 'ㅡ'를 구별하지 못하고, 평안도 및 전라도와
경상도 일부에서는 'ㅗ'와 'ㅓ'를 분별하지 못하며, 평안도 사람들의
'ㅈ' 발음은 다른 지역의 'ㄷ' 발음과 매우 비슷하다는 등 지역에 따라
특정 모음과 자음 소리가 구별되지 않는다는 것이다. 따라서 ㉠에 들
어갈 주장으로는 '우리말에는 지역에 따라 구별되지 않는 소리가 있
다.'가 적절하다.

오답의 이유

① 지역마다 다양한 소리가 있다는 것이 올바른 주장이 되려면 각
지역의 다양한 소리(또는 특징적인 소리)가 제시되어야 하는데,
특정 발음을 발음하지 못한다는 것 외에 다른 예시는 찾아볼 수
없으므로 ㉠에 들어갈 주장으로는 적절하지 않다.

② 제시된 글에서 말하는 내용은 특정 단어, 특정 음운을 발음하지
못하는 지역이 있다는 것이다. 이는 지역마다 다른 표준 발음법
이 있다는 설명이 아니므로 ㉠에 들어갈 주장으로는 적절하지
않다.

④ 제시된 글에서 자음보다 모음을 변별하지 못하는 지역이 더 많
다는 내용을 찾아볼 수 없고, 일부 지역에서 소리를 구별하여 듣
지 못하는 사례를 제시했을 뿐이므로 ㉠에 들어갈 주장으로는
적절하지 않다.

16 난도 ★★☆
정답 ②

비문학 > 추론적 읽기

정답의 이유

② 1문단의 '스마트폰이 그 진화의 한계에 봉착한 듯하다.', '스마트폰 생
산량의 수위를 지켜 왔던 기업들의 호시절도 끝난 분위기다.'와 2문
단의 '하지만 이들이라고 영속 불멸하지는 않을 것이다.'로 미루어 ㉠
에는 영원한 성공은 없다는 내용이 들어가야 한다. 따라서 '권세는 십
년을 가지 못한다는 뜻으로, 아무리 높은 권세라도 오래가지 못함을
이르는 말'인 권불십년(權不十年)이 들어가는 것이 적절하다.
  • 權不十年: 권세 권, 아닐 불, 열 십, 해 년

오답의 이유

① 절치부심(切齒腐心): 몹시 분하여 이를 갈며 속을 썩임
　• 切齒腐心: 끊을 절, 이 치, 썩을 부, 마음 심
③ 아전인수(我田引水): 자기 논에 물 대기라는 뜻으로, 자기에게만 이롭게 되도록 생각하거나 행동함을 이르는 말
　• 我田引水: 나 아, 밭 전, 끌 인, 물 수
④ 내우외환(內憂外患): 나라 안팎의 여러 가지 어려움
　• 內憂外患: 안 내, 근심 우, 바깥 외, 근심 환

---

17 난도 ★★☆　　　　　　　　　　　　　　정답 ①

비문학 > 사실적 읽기

정답의 이유

① '집단으로 모인 사람들이 자신들의 감성을 침묵하게 하고 지성만을 행사하는 가운데 그들 중 한 개인에게 그들의 모든 주의가 집중되도록 할 때 희극이 발생한다고 보았다.'를 통해 희극이 관객의 감성이 집단적으로 표출된 결과라는 설명이 적절하지 않음을 알 수 있다. '관객은 이러한 결함을 지닌 인물을 통하여 스스로 자기 우월성을 인식하고 즐거워질 수 있게 된다.'에서 희극은 관객 개개인이 결함을 지닌 인물에 비하여 자기 우월성을 인식함으로써 발생한다는 사실을 확인할 수 있다.

오답의 이유

② '희극의 발생 조건에 대하여 베르그송은 집단, 지성, 한 개인의 존재 등을 꼽았다.'를 통해 적절한 내용임을 확인할 수 있다.
③ '웃음을 유발하는 단순한 형태의 직접적인 장치는 대상의 신체적인 결함이나 성격적인 결함을 들 수 있다.'를 통해 적절한 내용임을 확인할 수 있다.
④ '한 인물이 우리에게 희극적으로 보이는 것은 우리 자신과 비교해서 그 인물이 육체의 활동에는 많은 힘을 소비하면서 정신의 활동에는 힘을 쓰지 않는 경우이다.'라는 프로이트의 말을 통해 적절한 내용임을 확인할 수 있다.

---

18 난도 ★★☆　　　　　　　　　　　　　　정답 ③

현대 문학 > 현대 소설

정답의 이유

㉠에는 노력에 비해 대가가 크지 않은 상황에 대한 안타까움의 정서가 드러난다.
③ 제시된 작품은 김창협의 「산민(山民)」으로, 가혹한 정치와 관리들의 횡포로 인해 백성들이 고통스럽게 사는 모습을 사실적으로 표현한 한시이다. '남편'이 아침에 소를 끌고 산에 올라 산 밭을 일구며 고생을 하지만 저물도록 돌아오지 못하는 상황에 대한 안타까운 마음을 드러내고 있다.

오답의 이유

① 제시된 작품은 박남수의 「아침 이미지」로, 아침의 활기와 생동감을 드러낸 작품이다.
② 제시된 작품은 김소월의 「산유화」로, 존재의 고독감을 순수한 존재 '꽃'과 '새'를 통해 드러내고 있다.
④ 제시된 작품은 김상옥의 「사향(思鄕)」으로, 눈앞에 그려질 듯이 그리운 고향을 표현하고 있다.

📋 작품해설

양귀자, 「비 오는 날이면 가리봉동에 가야 한다」
• 갈래: 단편 소설, 연작 소설
• 성격: 비판적, 사실적, 현실적
• 주제
　– 일상적인 인물들의 갈등과 화해
　– 탐욕에 대한 반성과 이해와 존중의 중요성
• 특징
　– 1980년대 도시 변두리에 사는 서민의 삶을 사실적으로 그려냄
　– 계층의 차이가 '두터운 벽'으로 구분됨
　– 전개에 따라 타인에 대한 불신이 이해로 변화함

---

19 난도 ★☆☆　　　　　　　　　　　　　　정답 ④

비문학 > 사실적 읽기

정답의 이유

1문단의 논지는 기존의 의학적 연구는 '특정 연령대의 건장한 성인 남성의 몸'을 표준으로 삼아 이루어져 왔기 때문에 여성과 다양한 연령대 남성의 신체적 특성은 고려되지 않았다는 것이다. 이어지는 2문단에서 '사무실의 적정 온도'를 예시로 들어 연구와 현실 간의 차이를 나타내고 있으며, 마지막 3문단에서 이러한 차이가 발생한 이유를 설명하면서 기존의 의학적 연구의 문제점을 지적한 1문단의 내용을 뒷받침하고 있다.

④ 제시된 글은 근로자의 성별과 다양한 연령대를 고려하지 않은 일률적인 대상을 표준으로 연구가 이루어지는 것에 대해 문제를 제기하고 있다. 따라서 다양한 대상의 고려 없이 설정 온도를 '일률적으로 높이는 것'은 제시된 글의 시사점으로 적절하지 않다.

오답의 이유

① 기존의 의학적 연구에서 표준으로 삼았던 건장한 성인 남성의 신체는 모든 성별과 연령대를 반영할 수 없으므로 다양한 대상을 선정하여 의학적 연구를 해야 한다는 주장은 제시된 글의 시사점으로 적절하다.
② 특정 표준 대상만을 연구한 결과는 해당 대상을 살펴봐서 활용 유무를 결정해야 한다는 주장은 제시된 글의 시사점으로 적절하다.
③ 의학적 연구의 표준이었던 '건장한 성인 남성의 몸'과 달리 성별이나 연령대 등에 따라 신체 조건이 같지 않으므로, 근무 환경을 조성할 때 근무자들의 성별이나 연령대를 고려하는 것이 바람직하다는 주장은 제시된 글의 시사점으로 적절하다.

비문학 > 추론적 읽기

정답의 이유

③ 1문단에서 '자원자'는 아우슈비츠를 소재로 한 드라마 대본을 세련되지도 능숙하지도 않게 낭독했지만, 관객들의 열렬한 공감을 이끌어 냈다. 2문단에서 '전문 배우'는 셰익스피어의 희곡 「헨리 5세」에서 발췌한 대사를 품위 있고 고풍스럽게 큰 목소리로 낭독했지만, 공감을 얻지 못했다. 따라서 훌륭한 고전이라고 해서 항상 청중의 공감을 불러일으키는 것은 아니라는 설명은 적절하다.

오답의 이유

① 2문단에서 '전문 배우'가 품위 있고 고풍스럽게 큰 목소리로 유려한 어조로 낭독했지만 청중의 공감을 얻지 못했다는 사실을 통해 배우의 연기력이 관객의 공감을 좌우하지 않을 수 있다는 사실을 짐작할 수 있다.

② 1문단의 아우슈비츠를 소재로 한 드라마 대본과 2문단의 아젱쿠르 전투를 소재로 한 셰익스피어의 희곡 모두 비참한 죽음을 다룬 비극적인 소재의 이야기이다. 하지만 셰익스피어의 희곡은 관객의 공감을 얻지 못했으므로, 비참한 죽음을 다룬 비극적인 소재는 관객의 공감을 일으킨다는 설명은 적절하지 않다.

④ 1문단에서 역사적 사건인 아우슈비츠의 이야기를 소재로 한 드라마가 관객들의 열렬한 공감을 이끌어냈다는 사실을 통해 현재와 가까운 역사적 사실을 극화했다고 해서 관객의 공감 가능성이 커지지는 않는다는 설명은 적절하지 않음을 알 수 있다.

한눈에 훑어보기

🔍 영역 분석

어휘   10
1문항, 5%

문법   01   05   11
3문항, 15%

고전 문학   09   13
2문항, 10%

현대 문학   03   07   12   14
4문항, 20%

비문학   02   04   06   08   15   16   17   18   19   20
10문항, 50%

✏️ 빠른 정답

01	02	03	04	05	06	07	08	09	10
②	①	③	④	①	④	④	①	④	②
11	12	13	14	15	16	17	18	19	20
③	②	③	④	③	③	①	④	②	③

📌 점수 체크

구분	1회독	2회독	3회독
맞힌 문항 수	/ 20	/ 20	/ 20
나의 점수	점	점	점

01 난도 ★★☆   정답 ②

문법 > 형태론

(정답의 이유)

ⓒ '나무가 잘 크지'에서 '크다'는 '동식물이 몸의 길이가 자라다.'라는 의미의 동사이다.

ⓒ '홍수가 나서'에서 '나다'는 '홍수, 장마 따위의 자연재해가 일어나다.'라는 의미의 동사이다.

(오답의 이유)

㉠ '성격이 다른'에서 '다르다'는 '비교가 되는 두 대상이 서로 같지 아니하다.'라는 의미의 형용사이다.

㉣ '허튼 말'에서 '허튼'은 '쓸데없이 헤프거나 막된'이라는 의미의 관형사이다.

㉤ '진정한 사랑이 아닐까'에서 '아니다'는 '의문형으로 쓰여 물음이나 짐작의 뜻을 나타내는 말(사실을 긍정적으로 강조하는 효과)'로 형용사이다.

✅ 더알아보기

'크다'의 품사

형용사	• 사람이나 사물의 외형적 길이, 넓이, 높이, 부피 따위가 보통 정도를 넘다. 예 눈이 크다. • 신, 옷 따위가 맞아야 할 치수 이상으로 되어 있다. 예 허리 치수가 커서 바지가 내려갈 것 같다. • 일의 규모, 범위, 정도, 힘 따위가 대단하거나 강하다. 예 그녀는 씀씀이가 크다. • 사람의 됨됨이가 뛰어나고 훌륭하다. 예 재목이 크다. • 소리가 귀에 거슬릴 정도로 강하다. 예 큰 소리로 떠들지 마라. • 돈의 액수나 단위가 높다. 예 돈의 액수가 크다. • 몸이나 마음으로 느끼는 어떤 일의 영향, 충격 따위가 보통 정도를 넘다. 예 실망이 크다.
동사	• 동식물이 몸의 길이가 자라다. 예 날씨가 건조하면 나무가 크지 못한다. • 사람이 자라서 어른이 되다. 예 너 커서 무엇이 되고 싶니? • 수준이나 능력 따위가 높은 상태가 되다. 예 한창 크는 분야라서 지원자가 많다.

02 난도 ★☆☆　　　　　　　　　　　정답 ①

비문학 > 화법

(정답의 이유)

① 긍정 평서문인 '유지해야 한다.'로 제시하였고, '징병제도를 유지해야 한다.'라는 찬성 의견과 '징병제도를 폐지해야 한다.'라는 반대 의견의 대립이 분명하게 나타난다. 또한 '징병제도의 유지 여부'라는 하나의 쟁점만 나타나고, 찬성이나 반대 어느 한 편에 유리하게 작용하는 정서적 표현을 사용하지 않았다. 따라서 조건에 가장 잘 맞는 토론 논제는 '징병제도는 유지해야 한다.'이다.

(오답의 이유)

② '정보통신망법을 개선할 수는 없다.'는 부정문이므로, '긍정 평서문으로 제시되어야 한다.'라는 조건에 부합하지 않는다.

③ '야만적'이라는 단어는 '미개하여 문화 수준이 낮은 것'을 뜻하며, 두발 제한을 부정적으로 느끼도록 할 수 있다. 따라서 '찬성이나 반대 어느 한 편에 유리하게 작용하는 정서적 표현을 사용해서는 안 된다.'라는 조건에 부합하지 않는다.

④ '내신 제도의 개혁'과 '논술 시험의 개혁'이라는 두 가지 쟁점이 제시되었으므로, '쟁점이 하나여야 한다.'라는 조건에 부합하지 않는다.

03 난도 ★☆☆　　　　　　　　　　　정답 ③

현대 문학 > 현대 희곡

(정답의 이유)

③ 해설자는 파수꾼이 아주 오래 전부터 존재했음을 강조하기 위해 '나의 늙으신 아버지께서도 어린 시절에 저 유명한 파수꾼의 이야기를 들으셨다 합니다.'라고 언급하고 있다. 그러나 제시된 글에서 해설자가 아버지를 소개하는 부분은 찾아볼 수 없다.

(오답의 이유)

① '이곳은 황야입니다. 이리 떼의 내습을 알리는 망루가 세워져 있죠.'에서 '망루가 세워져 있는 황야'라는 공간적 배경을 파악할 수 있다.

② '하늘은 연극의 진행에 따라 황혼, 초승달이 뜬 밤, 그리고 아침으로 변할 겁니다.'에서 연극의 시간적 배경이 '저녁 – 밤 – 아침'으로 변할 것임을 알 수 있다.

④ '높은 곳에서 하늘을 등지고 있기 때문에 그는 언제나 시커먼 그림자로만 보입니다.'라는 파수꾼에 대한 묘사에서 파수꾼의 얼굴을 분명하게 알 수 없음을 짐작할 수 있다.

📖 **작품해설**

이강백, 「파수꾼」
• 갈래: 희곡, 단막극
• 성격: 현실 풍자적, 상징적, 우의적

• 주제
– 진실을 향한 열망
– 진실이 통하지 않는 비극적 사회
• 특징
– 우의적 방식으로 1970년대 정치 현실을 풍자한 작품
– 상징적 의미의 소재를 사용함

이리 떼	사람들에게 공포심을 주기 위해 만들어진 가공의 적. 권력 유지를 위해 불안감을 조성하는 수단
흰 구름	진실. 아름답고 평화로운 대상
망루	마을 사람들 사이의 소통을 차단하고, 그들을 감시하며 통제하는 제도
양철북	공포와 불안을 조성하는 도구
딸기	부정한 권력으로 얻은 대가. 권력에 영합할 때 누릴 수 있는 특권
팻말	거짓된 명분으로 숨겨진 실리를 독점하기 위한 수단

04 난도 ★☆☆　　　　　　　　　　　정답 ④

비문학 > 화법

(정답의 이유)

④ '공감적 듣기'란 상대방의 입장이 되어서 상대방의 말을 들어 주는 것을 뜻한다. 수빈은 자신의 프레젠테이션 진행에 만족하지 못하는 정아의 입장을 헤아리고, 위로해 주고 있다. 그러나 수빈이 정아의 말을 자신의 처지로 바꾸어 의미를 재구성한 부분은 찾을 수 없다.

(오답의 이유)

① 수빈은 '정말?'과 같은 적절한 반응과 '팀장님 질문에 대답을 못했구나.'와 같은 재진술을 통해 정아의 말에 공감을 표시하고 자신이 대화에 집중하고 있음을 표현하고 있다.

② 수빈은 '무슨 일이 있었는지 자세히 말해 봐.'라며 정아가 미처 표현하지 못한 말들을 할 수 있도록 격려하고 있다.

③ 수빈은 '팀장님 질문에 대답을 못했구나. 처음 하는 프레젠테이션이라 정아 씨가 긴장을 많이 했나 보다.'라고 정아의 말을 요약 · 정리하여 정아 스스로 감정을 정리할 수 있도록 도와주고 있다.

05 난도 ★★☆　　　　　　　　　　　정답 ①

문법 > 음운론

(정답의 이유)

① 부엌일 → [부억일]: 음절의 끝소리 규칙(교체) … ㉠
　　　 → [부억닐]: 'ㄴ' 첨가(첨가) … ㉡
　　　 → [부엉닐]: 비음화(교체) … ㉠

표준어 규정 제2부 제29항('ㄴ' 첨가)

합성어 및 파생어에서, 앞 단어나 접두사의 끝이 자음이고 뒤 단어나 접미사의 첫음절이 '이, 야, 여, 요, 유'인 경우에는, 'ㄴ' 음을 첨가하여 [니, 냐, 녀, 뇨, 뉴]로 발음한다.

솜이불[솜:니불]	홑이불[혼니불]	내복약[내:봉냑]
한여름[한녀름]	색연필[생년필]	막일[망닐]
영업용[영엄뇽]	식용유[시굥뉴]	백분율[백뿐뉼]
눈요기[눈뇨기]	맨입[맨닙]	늑막염[능망념]

다만, 다음과 같은 말들은 'ㄴ' 음을 첨가하여 발음하되, 표기대로 발음할 수 있다.

이죽이죽[이중니죽/이주기죽]	야금야금[야금냐금/야그먀금]
검열[검:녈/거:멸]	욜랑욜랑[욜랑뇰랑/욜랑욜랑]
금융[금늉/그뮹]	늑막염[능망념]

[붙임 1] 'ㄹ' 받침 뒤에 첨가되는 'ㄴ' 음은 [ㄹ]로 발음한다.

들일[들:릴]	솔잎[솔립]	설익다[설릭따]
물약[물략]	불여우[불려우]	서울역[서울력]
물엿[물렫]	휘발유[휘발류]	유들유들[유들류들]

[붙임 2] 두 단어를 이어서 한 마디로 발음하는 경우에도 이에 준한다.

한 일[한닐]	옷 입다[온닙따]
서른여섯[서른녀섣]	3 연대[삼년대]
먹은 엿[머근녇]	할 일[할릴]
잘 입다[잘립따]	스물여섯[스물려섣]
1 연대[일련대]	먹을 엿[머글렫]

다만, 다음과 같은 단어에서는 'ㄴ(ㄹ)' 음을 첨가하여 발음하지 않는다.

6·25[유기오]	3·1절[사밀쩔]
송별연[송벼련]	등용문[등용문]

06 난도 ★★☆ 　　　　　　　　　　정답 ④

비문학 > 화법

정답의 이유

④ 토론의 논제는 '학교 폭력을 방관한 학생에게도 책임을 물어야 한다.'이다. 반대 측은 '과연 누구까지를 학교 폭력의 방관자라고 규정지을 수 있을까요?'라고 논제에 의문을 제기하여 '폭력을 직접 행사해서 피해를 준 사실이 명백할 때에만 책임을 물어야 한다.'라는 주장을 강화하고 있다.

오답의 이유

① 찬성 측의 발언에서 친숙한 상황에 빗대어 표현하는 방식은 파악할 수 없다. 오히려 반대 측에서 '집에 가는 길에 우연히 폭력을 목격했을 경우, 자신의 친구로부터 폭력에 관련된 소문을 접했을 경우' 등 친숙한 상황에 빗대어 자신의 견해를 펼치고 있다.

② 찬성 측은 '친구가 학교 폭력에 의해 희생되고 있는데도 자신에게 피해가 올까 두려워 아무런 조치를 취하지 않는 학생들이 많다.'라는 사례를 제시했을 뿐 자신의 경험을 제시한 것은 아니다.

③ 반대 측은 '사건에 대한 개입과 방관은 개인의 자율적 의지에 달린 문제'라는 입장으로, 윤리적 방법으로 해결책을 제시하고 있지 않다. 오히려 윤리적으로 접근하려는 찬성 측의 입장에 반대하여 '어떠한 행위를 처벌하려면 확고한 기준이 필요한데, 방관자의 범위부터 규정하기가 불명확'하다며 현실적 기준을 요구하고 있다.

07 난도 ★★☆ 　　　　　　　　　　정답 ④

현대 문학 > 문학 일반

정답의 이유

㉠ 문맥상 '풍자'와 '해학'의 성격을 포괄하는 단어인 '골계(滑稽)'가 들어가는 것이 적절하다. '골계'는 익살을 부리는 가운데 어떤 교훈을 주는 일을 의미한다.

㉡ '있어야 할 것으로 행세해 온 관념을 부정'하고, '있어야 할 것을 깨뜨리는 것에 관심을 집중'한다는 의미를 포함하는 '풍자(諷刺)'가 들어가는 것이 적절하다. '풍자'는 문학 작품에서 현실의 부정적 현상이나 모순 등을 빗대어 비웃으면서 쓰는 것을 의미한다.

㉢ '현실적인 삶인 있는 것을 그대로 긍정'하고, '있는 것이 지닌 긍정에 관심을 집중'한다는 의미를 포함하는 '해학(諧謔)'이 들어가는 것이 적절하다. '해학'은 익살스럽고도 품위가 있는 말이나 행동을 의미한다.

문학의 미적 범주

- 숭고미
  - 도달할 수 없는 높은 경지, 초월적 가치를 추구할 때 느껴지는 아름다움
  - 숭고미를 담아내는 작품은 주로 경건하고 엄숙한 분위기를 나타냄
  - 종교적이거나 이상적인 삶, 현실의 극복 등의 주제 의식을 지니는 작품에서 나타남
- 우아미
  - 조화롭고 균형을 갖춘 대상에서 느껴지는 아름다움
  - 있는 것과 있어야 할 것의 융합, 즉 현실과 이상이 일치하는 상황에서 드러남
  - 물아일체의 경지나 고전적인 멋이 드러나는 작품에서 나타남
- 비장미
  - 비극적인 현실로 인해 슬픔이 극에 달한 상태 혹은 한(恨)의 정서가 표출될 때 나타나는 아름다움
  - 현실과 이상이 조화를 이루지 못하고 어긋나는 상황에서 드러남
  - 이별이나 슬픔 등의 정서를 다룬 작품에서 나타남
- 골계미
  - 풍자나 해학을 통해 우스꽝스러운 상황이나 인간상을 표현하는 미의식
  - 주로 현실의 부조리나 부정적인 대상을 비판하거나 희화화하는 과정에서 웃음을 자아냄
  - 조선 후기 평민 문학에서 많이 나타남

08 난도 ★☆☆　　　　　　　　　　　　정답 ①

비문학 > 글의 순서 파악

정답의 이유

① 〈보기〉의 핵심은 '기도(신앙)'가 '뉴스'로 바뀌었다는 것이다. '아침기도 → 아침 뉴스', '저녁기도 → 저녁 종합 뉴스'에서 뉴스 타전과 교회의 시간 규범의 관계성을 파악할 수 있다. 따라서 〈보기〉는 '뉴스 타전은 소름이 돋을 정도로 정확하게 교회의 시간 규범을 따른다.'라는 문장의 뒤인 ㉠에 들어가는 것이 가장 적절하다.

09 난도 ★★★　　　　　　　　　　　정답 ④

고전 문학 > 고전 운문

정답의 이유

④ 제시된 부분은 화자가 농사를 짓기 위해 이웃집의 소를 빌리러 갔다가 거절당하고 낙심하는 내용이다. '개'는 소를 빌리지 못해 위축된 화자(풍채 적은 형용)를 향해 짖으며, 화자의 초라한 처지를 드러내는 대상이다. 그리고 '대승(오디새)'은 농사 걱정으로 잠 못 이루는 화자의 '한을 돋우는', 걱정을 심화시키는 대상이다.

오답의 이유

① '개'와 '대승(戴勝)'은 모두 실재하는 존재물이다.
② '개'는 화자의 초라함을 드러내는 대상으로 '절망'을 나타낸다고 볼 수 있지만, '대승(戴勝)'은 화자의 한을 돋우는 대상이므로 '희망'과는 거리가 멀다.
③ '대승(戴勝)'은 화자의 내면적 정서를 고조시키는 소재이나, '개'와 '대승(戴勝)'이 화자의 내면과 외면을 상징하는 것은 아니므로 적절하지 않다.

 작품해설

> 박인로, 「누항사(陋巷詞)」
> • 갈래: 양반 가사, 은일 가사, 정격 가사
> • 성격: 사색적, 전원적
> • 주제
> 　– 자연을 벗 삼은 빈이무원(貧而無怨)의 삶을 추구함
> 　– 곤궁한 현실에도 안빈낙도(安貧樂道)와 충효·우애·신의를 지키는 삶을 추구함
> • 특징
> 　– 4음보 3(4)·4조의 운율
> 　– 과장법, 대구법, 열거법, 설의법 등 다양한 표현 방법을 사용함

10 난도 ★★☆　　　　　　　　　　　정답 ②

어휘 > 한자성어

정답의 이유

② '시름겨운 이는 외로운 밤에 잠 못 이루는데'를 볼 때, 화자의 상황을 적절하게 표현한 한자성어는 '누워서 몸을 이리저리 뒤척이며 잠을 이루지 못함'을 뜻하는 輾轉不寐(전전불매)이다.
　• 輾轉不寐: 구를 전, 구를 전, 아닐 불, 잠잘 매

오답의 이유

① 琴瑟之樂(금슬지락): 부부간의 사랑, '금실지락'의 원말
　• 琴瑟之樂: 거문고 금, 큰 거문고 슬, 갈 지, 즐길 락
③ 錦衣夜行(금의야행): 비단옷을 입고 밤길을 다닌다는 뜻으로, 아무 보람이 없는 일을 함을 이르는 말
　• 錦衣夜行: 비단 금, 옷 의, 밤 야, 다닐 행
④ 麥秀之嘆(맥수지탄): 고국의 멸망을 한탄함을 이르는 말
　• 麥秀之嘆: 보리 맥, 빼어날 수, 갈 지, 탄식할 탄

작품해설

> 허난설헌, 「사시사(四時詞)」
> • 갈래: 한시(7언 고시)
> • 성격: 애상적, 연정가
> • 주제: 임을 그리워하는 여인의 마음
> • 특징
> 　– 고독과 그리움의 정서를 사계절의 변화에 따라 전개함
> 　– 춘사(春詞), 하사(夏詞), 추사(秋詞), 동사(冬詞)로 구성됨

11 난도 ★★☆　　　　　　　　　　　정답 ③

문법 > 통사론

정답의 이유

③ • 상대 높임 표현: 하셨습니다(하십시오체)
　• 주체 높임 표현: 어머니께서(조사), '–시–'(높임 선어말 어미)
　• 객체 높임 표현: 아주머니께(조사), 드리다(객체를 높이는 특수 어휘)

오답의 이유

① • 주체 높임 표현: 아버지께서(조사), '–시–'(높임 선어말 어미)
　• 객체 높임 표현: 모시다(객체를 높이는 특수 어휘)
② • 상대 높임 표현: 될까요(해요체)
　• 객체 높임 표현: 어머니께(조사), 드리다(객체를 높이는 특수 어휘)
④ • 상대 높임 표현: 바랍니다(하십시오체)
　• 주체 높임 표현: 주민 여러분께서는(조사), '–시–'(높임 선어말 어미)

✅ 더알아보기

높임 표현

상대 높임법		• 개념: 주로 일정한 종결 어미를 사용하여, 청자를 높이거나 낮추는 표현 방법이다. • 종류
	격식체	• 의례적으로 쓰며, 직접적 · 단정적 · 객관적인 표현이다. • 하십시오체, 하오체, 하게체, 해라체 등이 있다.
	비격식체	• 표현이 부드럽고 주관적이며 친근한 느낌을 준다. • 해요체, 해체 등이 있다.

주체
높임법
		• 개념: 문장의 주체를 높여 표현하는 방법이다.
		• 실현 방법
		  – 선어말 어미 '–시–'를 사용한다.
		  – 주격 조사 '께서'를 사용한다.
		  – '높임'의 뜻을 더하는 접미사 '–님'을 사용한다.
		  – '계시다, 잡수시다, 편찮으시다, 주무시다, 진지, 돌아가시다' 등 특수 어휘를 사용한다.

객체
높임법
		• 개념: 주어의 행위가 미치는 대상을 높이는 표현 방법으로, 문장의 객체(목적어, 부사어)를 높인다.
		• 실현 방법
		  – 부사격 조사 '에게' 대신 '께'를 사용한다.
		  – '드리다, 뵈다(뵙다), 모시다, 여쭈다(여쭙다)' 등 특수 어휘를 사용한다.

---

12 난도 ★★☆   정답 ②

현대 문학 > 현대 시

정답의 이유

② 5연의 '전통은 궁궐안의 상전이 되고 / 조작된 권위는 주위를 침식한다.'를 통해 시적 화자는 고전적인 질서를 부정적으로 인식한다는 사실을 알 수 있다. 따라서 제시된 작품이 고전적인 질서를 통해 새로운 희망을 추구한다는 설명은 적절하지 않다.

오답의 이유

① '걷게 하라', '흐르게 하라'와 같이 명령형 어미를 반복적으로 사용하여, 단호하고 직설적인 어조로 메시지를 전달하고 있다.

③ 1연을 통해 국경, 탑, 울타리와 같은 인위적인 것을 바다로 몰아넣어야 하는 부정적인 존재로 인식하고 있음을 파악할 수 있다. 반면 2연을 통해 날새, 세상, 바람, 햇빛과 같은 자연적인 것을 긍정적으로 인식하고 있음을 알 수 있다. 따라서 인위적인 것과 자연적인 것을 대조적으로 제시하고 있다는 설명은 적절하다.

④ 6연의 '죽가래'는 곡식이나 눈 따위를 한곳으로 밀어 모으는 데 쓰는 기구이다. '국경이며 탑이며 일만년 울타리며 / 죽 가래 밀어 바다로 몰아 넣라.'에서 농기구의 상징을 통해 체제를 개혁하고자 하는 의지를 엿볼 수 있다.

📋 작품해설

신동엽, 「이야기하는 쟁기꾼의 대지」
• 갈래: 자유시, 서정시
• 성격: 현실 참여적, 단정적
• 주제: 고전적 질서의 타파와 체제 개혁에 대한 염원
• 특징
  – 인위적인 것과 자연적인 것을 대조적으로 제시함
  – 단정적이고 직설적인 어조로 메시지를 전달함
  – 큰 집단, 큰 체계를 부정적으로 인식함

---

13 난도 ★★☆   정답 ③

고전 문학 > 고전 산문

정답의 이유

서술자의 개입이란 작품 밖의 서술자가 자신의 생각을 직접 드러내는 것을 말한다. 서술자의 개입에는 서술자의 등장인물에 대한 직접적인 평가, 상황에 대한 가치 판단, 등장인물의 심리 묘사, 줄거리의 요약이나 앞으로의 사건 제시 등이 있다.

③ ⓒ은 춘향이 도련님을 그리워하며 서러운 심정을 노래하는 부분으로 서술자의 개입은 드러나지 않는다.

오답의 이유

① ㉠의 '소리가 화평할 수 있겠는가'에서 서술자의 개입을 확인할 수 있다.

② ㉡의 '심장인들 아니 상할 것인가'에서 서술자의 개입을 확인할 수 있다.

④ ㉣의 '어찌 감동을 받지 않겠는가'에서 서술자의 개입을 확인할 수 있다.

📋 작품해설

작자 미상, 「춘향전」
• 갈래: 고전 소설, 판소리계 소설
• 성격: 풍자적, 해학적
• 주제
  – 신분을 초월한 남녀 간의 사랑
  – 신분적 갈등의 극복을 통한 인간 해방
  – 불의한 지배 계층에 대한 서민의 항거
• 특징
  – 서술자의 개입이 자주 드러남
  – 판소리의 영향으로 운문체와 산문체가 혼합됨
  – 언어유희, 반어법, 과장법, 직유법 등의 표현 방법이 사용됨
  – 해학과 풍자로 골계미가 나타남
  – 근원 설화(열녀 설화, 신원 설화) → 판소리(춘향가) → 고전 소설(춘향전) → 신소설(옥중화)

14 난도 ★★☆　　　　　　　　　　　　정답 ④

현대 문학 > 현대 소설

정답의 이유

④ 제시된 부분은 신둥이개를 놓친 마을 사람들이 그 원인을 제공한 사람을 질책하며 색출하려는 상황이다. 동장네 절가는 틈을 줘서 신둥이개를 도망치게 한 대상으로 간난이 할아버지를 지목하고 있다. 따라서 동장네 절가가 간난이 할아버지의 행동에 동조하고 있다는 설명은 적절하지 않다.

오답의 이유

① '때레라!', '아즈반이웨다레'와 같은 사투리를 사용하고, 몽둥이를 들고 개를 때려잡으려는 모습에서 토속적이며 억센 삶의 현장을 엿볼 수 있다.

② '새파란 불'은 뱃속의 새끼를 보호하려는 어미 개로서의 모성 본능이자 생명의 위협을 느끼는 상황에서 살고자 하는 생의 욕구를 암시한다.

③ '짐승이라도 새끼 밴 것을 차마?'에서 간난이 할아버지는 신둥이개가 새끼를 배고 있음을 눈치채고 죽이는 것을 망설인다는 사실을 알 수 있다. 따라서 간난이 할아버지에게서 생명에 대한 외경을 느낄 수 있다는 설명은 적절하다.

 작품해설

> **황순원, 「목넘이 마을의 개」**
> • 갈래: 단편 소설
> • 성격: 설화적, 우화적, 암시적
> • 주제: 생명의 강인함과 생명에 대한 외경심
> • 특징
> 　－ 내부 이야기는 전지적 작가 시점으로, 외부 이야기는 1인칭 관찰자 시점으로 서술한 액자식 구성의 소설
> 　－ '신둥이'는 우리 민족의 강인한 생명력을 상징함

15 난도 ★★☆　　　　　　　　　　　　정답 ③

비문학 > 추론적 읽기

정답의 이유

③ (나)를 통해 책을 읽어주고 돈을 받는 '전기수'라는 직업이 있었다는 것과 구경하는 사람들이 빙 둘러설 정도로 대중들이 소설에 관심이 많았다는 것은 파악할 수 있지만, 소설을 창작하는 계층에 대한 정보는 파악할 수 없다.

오답의 이유

① (가)의 '어찌 상중(喪中)에 있으면서 예의에 어긋난 책을 소리 내어 읽어서 스스로 평민과 같으려 할 수 있는가?'라는 찬성공의 말을 통해 상층 남성들은 상중의 예법에 대해 매우 엄격했음을 알 수 있다.

② (가)의 '부윤공의 부인 이 씨가 우연히 언문 소설을 읽다가 그 소리가 밖으로 들렸다.'를 통해 혼자 소설을 보면서 소리 내어 읽기도 하였음을 추정할 수 있다.

④ (가)의 '예의에 어긋난 책을 소리 내어 읽어서 스스로 평민과 같아지려 할 수 있는가?'와 (나)의 '잘 읽었기 때문에 옆에서 구경하는 사람들이 빙 둘러섰다.'를 통해 상층이 아닌 하층에서도 소설을 즐겼음을 추정할 수 있다.

16 난도 ★★☆　　　　　　　　　　　　정답 ③

비문학 > 글의 전개 방식

정답의 이유

③ 1문단의 '고전파는 ~ 신을 위한 음악에서 탈피해 형식과 내용의 일체화를 꾀하고 균형 잡힌 절대 음악을 추구하였다.'에서 고전파 음악의 특징이 형식과 내용의 분리에 있다는 진술이 적절하지 않음을 알 수 있다.

오답의 이유

① 3문단의 '이렇듯 역사적으로 고전파 음악은 종교의 영역에서 음악 자체의 영역을 확보하였으며 최고 수준의 음악적 내용과 형식을 수립하였다.'에서 고전파 음악의 음악사적 의의를 파악할 수 있다.

② 2문단에서 고전파의 대표적인 음악가로 '하이든, 모차르트, 베토벤' 등을 예로 들어 이해를 돕고 있다.

④ 1문단의 첫 문장에서 '고전파 음악은 어떤 음악인가?'라는 질문을 통해 화제를 제시함으로써 호기심을 유발하고 있다.

17 난도 ★★★　　　　　　　　　　　　정답 ①

비문학 > 추론적 읽기

정답의 이유

① (나)를 통해 과학적 연구와는 달리 실용적인 기술 개발은 경험적 자료에 대한 경계심에서 어느 정도 자유롭다는 사실을 파악할 수 있으며, (가)를 통해 경험론자들이 모든 관념과 판단은 감각 경험에서 출발하고 어떤 지식도 확실할 수는 없다고 생각한다는 사실을 알 수 있다. 따라서 실용적 기술을 개발하는 것은 일차적으로 경험론적 사고에 토대를 둔다는 것을 추론할 수 있다.

오답의 이유

② (나)의 '일상생활에서 자신의 감각을 신뢰하고 이에 따라 행동하는 것은 잘못이 아니다.'를 통해 일상생활에서 감각에 대해 매우 비판적인 합리론적 사고를 우선해야 한다는 내용이 적절하지 않음을 알 수 있다.

③ (나)의 '과학적 연구는 상당한 정도의 정확성을 요구하므로 경험적 자료에 대해 어느 정도의 경계심을 유지하는 것도 당연하다.'를 통해 과학 연구는 철저히 경험론을 바탕으로 이루어져야 한다는 추론이 적절하지 않음을 알 수 있다.

④ (나)의 '실용적 기술 개발이나 평범한 일상적 행동과는 달리 과학적 연구는 상당한 정도의 정확성을 요구하므로 경험적 자료에 대해 어느 정도의 경계심을 유지하는 것도 당연하다.'를 통해 경험적 자료를 받아들이는 데 차이가 있음을 알 수 있다. 따라서 감각에 대한 신뢰가 어느 분야에나 차별 없이 요구된다는 설명이 적절하지 않음을 알 수 있다.

18 난도 ★★☆   정답 ④

비문학 > 사실적 읽기

정답의 이유

④ 3문단의 '피자보다 자장면을 좋아하는 아이들을 찾아보기가 힘들어
  졌다.'에서 자장면이 특별한 날에 여전히 가장 사랑받는 음식이라는
  설명이 적절하지 않음을 알 수 있다.

오답의 이유

① 1문단의 '젊은 청년들이 오토바이를 타고 배달한다'와 '피자는 참
  으로 편리한 음식이다.'에서 피자는 쉽게 배달시켜 먹을 수 있는
  편리한 음식임을 확인할 수 있다.
② 3문단의 '싸게 먹을 수 있는 이국 음식이란 점에서 자장면과 피
  자는 특별한 의미를 갖는다.'에서 자장면과 피자는 이국적인 음
  식임을 확인할 수 있다.
③ 3문단의 '외식을 하기엔 부담되고 한번쯤 식단을 바꾸어 보고 싶
  을 즈음이면 중국식 자장면이나 이탈리아식 피자는 한국이나 미
  국의 서민에겐 안성맞춤이다.'에서 자장면과 피자는 값이 싸면
  서도 기분 전환이 되는 음식임을 확인할 수 있다.

19 난도 ★★★   정답 ②

비문학 > 추론적 읽기

정답의 이유

② '말미'는 일정한 직업이나 일 따위에 매인 사람이 다른 일로 말미암아
  얻는 겨를을 의미하고, '휴가(休暇)'는 직장·학교·군대 따위의 단체
  에서, 일정한 기간 동안 쉬는 일 또는 그런 겨를을 의미한다. '말미'와
  '휴가'는 유의어로 두 단어 모두 공존하여 쓰이므로, '말미'는 쓰이지
  않고 '휴가'만 쓰인다는 설명은 적절하지 않다.

오답의 이유

① '가을걷이'는 가을에 익은 곡식을 거두어들임을 뜻하는 말로, '추
  수(秋收)'와 동의어이다. '가을걷이'와 '추수'는 동의어로 공존하
  면서 경쟁하는 어휘로, 제시된 글의 내용을 뒷받침하는 예로 적
  절하다.
③ '얼굴'은 몸 전체 혹은 형상을 뜻하다가 '안면'의 뜻으로 의미가
  축소된 말로, 제시된 글의 내용을 뒷받침하는 예로 적절하다.
④ '겨레'는 본래 성이 같은 친척들을 가리키는 말이었지만, 뜻이 확
  대되어 '민족'을 가리키는 말이 되었으므로, 제시된 글의 내용을
  뒷받침하는 예로 적절하다.

20 난도 ★★☆   정답 ③

비문학 > 글의 전개 방식

정답의 이유

③ (다)에서는 디디티(DDT)의 생물 농축과 잔존성을 사례로 들어 설명하
  고, 디디티의 생산 중단과 사용이 금지된 현황을 진술하고 있다. 그러
  나 디디티의 사용 금지를 주장하고 있다는 설명은 적절하지 않다.

오답의 이유

① (가)에서는 중심 화제인 '지속성 농약이 자연 생태계에 미치는
  악영향'에 대해 소개하고, 핵심어인 '디디티'를 제시하여 앞으로
  전개될 내용을 암시하고 있다.
② (나)에서는 디디티가 '물에 잘 녹지 않고 자연에서 햇빛에 의한
  광분해나 미생물에 의한 생물학적 분해가 거의 이루어지지 않는'
  물질이므로, 토양이나 물속의 퇴적물에 축적된다고 설명하고 있
  다. 또한 디디티가 지방에 잘 녹아서 지방 함량이 높은 동물 체
  내에서는 그 농도가 높아져 물질대사에 장애를 일으키고, 결국
  멸종이라는 결과를 초래한다고 설명하고 있다. 따라서 디디티가
  생태계에 미치는 영향을 인과 분석의 방법으로 설명한다고 볼
  수 있다.
④ (라)에서는 '최근 우리나라에서도 사소한 환경오염 행위가 장차
  어떠한 재앙을 몰고 올 수 있는지에 대한 연구가 활발히 이루어
  지고 있다.'라고 하여 환경오염에 대한 경각심을 간접적으로 드
  러내고 있다.

한눈에 훑어보기

 영역 분석

어휘   08   09
2문항, 10%

문법   01   03   13   14   16   17
6문항, 30%

고전 문학   05   19   20
3문항, 15%

현대 문학   06   07
2문항, 10%

비문학   02   04   10   11   12   15   18
7문항, 35%

빠른 정답

01	02	03	04	05	06	07	08	09	10
②	③	③	③	③	④	④	④	①	②
11	**12**	**13**	**14**	**15**	**16**	**17**	**18**	**19**	**20**
③	③	②	①	②	①	④	②	③	①

점수 체크

구분	1회독	2회독	3회독
맞힌 문항 수	/ 20	/ 20	/ 20
나의 점수	점	점	점

---

01 난도 ★★☆   정답 ②

문법 > 국어의 로마자 표기법

정답의 이유

② 국어의 로마자 표기법 제3장 제2항에 의하면 발음상 혼동의 우려가 있을 때에는 음절 사이에 붙임표(-)를 쓸 수 있다. '반구대'를 붙임표(-) 없이 'Bangudae'로 표기하면 [Bang-udae]와 같이 발음상 혼동의 우려가 있기 때문에 음절 사이에 붙임표(-)를 써서 'Ban-gudae'로 표기한다.

오답의 이유

① 국어의 로마자 표기법 제3장 제6항에 따라 자연 지물명인 섬[島]으로서의 '도'는 붙임표(-) 없이 표기해야 하므로 'Dokdo'가 바른 표기이다.

③ 국어의 로마자 표기법 제3장 제6항에 따르면 자연 지물명, 문화재명, 인공 축조물명은 붙임표(-) 없이 붙여 쓴다. 또한 국어의 로마자 표기법 제3장 제1항에 따라 자음 사이에서 동화 작용이 일어나는 경우 음운 변화 결과에 따라 적는다. 따라서 '독립문'은 붙임표(-) 없이 음운의 변동을 적용하여 소리 나는 대로 표기해야 한다. '독립문'의 발음은 [동님문]이므로 'Dongnimmun'으로 표기한다.

④ 국어의 로마자 표기법 제3장 제5항에 따르면 '도, 시, 군, 구, 읍, 면, 리, 동'의 행정 구역 단위와 '가'는 각각 'do, si, gun, gu, eup, myeon, ri, dong, ga'로 적고 그 앞에는 붙임표(-)를 넣고, 붙임표(-) 앞뒤의 음운 변화는 표기에 반영하지 않는다. 따라서 '인왕리'는 'Inwang-ri'로 표기한다.

✅ 더알아보기

국어의 로마자 표기법 제3장 표기상의 유의점

• 제1항: 음운 변화가 일어날 때에는 변화의 결과에 따라 적는다.
   – 자음 사이에서 동화 작용이 일어나는 경우: 백마[뱅마] Baengma
   – 'ㄴ, ㄹ'이 덧나는 경우: 알약[알략] allyak
   – 구개음화가 되는 경우: 해돋이[해도지] haedoji
   – 'ㄱ, ㄷ, ㅂ, ㅈ'이 'ㅎ'과 합하여 거센소리로 소리 나는 경우: 좋고 [조코] joko

• 제2항: 발음상 혼동의 우려가 있을 때에는 음절 사이에 붙임표(-)를 쓸 수 있다.
   예 중앙 Jung-ang, 반구대 Ban-gudae, 해운대 Hae-undae

• 제3항: 고유 명사는 첫 글자를 대문자로 적는다.
   예 부산 Busan

- 제4항: 인명은 성과 이름의 순서로 띄어 쓴다. 이름은 붙여 쓰는 것을 원칙으로 하되 음절 사이에 붙임표(-)를 쓰는 것을 허용한다.
  예 민용하 Min Yongha(Min Yong-ha)
- 제5항: '도, 시, 군, 구, 읍, 면, 리, 동'의 행정 구역 단위와 '가'는 각각 'do, si, gun, gu, eup, myeon, ri, dong, ga'로 적고, 그 앞에는 붙임표(-)를 넣는다. 붙임표(-) 앞뒤에서 일어나는 음운 변화는 표기에 반영하지 않는다.
  예 충청북도 Chungcheongbuk-do, 제주도 Jeju-do
- 제6항: 자연 지물명, 문화재명, 인공 축조물명은 붙임표(-) 없이 붙여 쓴다.
  예 남산 Namsan, 금강 Geumgang
- 제7항: 인명, 회사명, 단체명 등은 그동안 써 온 표기를 쓸 수 있다.
- 제8항: 학술 연구 논문 등 특수 분야에서 한글 복원을 전제로 표기할 경우에는 한글 표기를 대상으로 적는다.

02 난도 ★★☆   정답 ③

비문학 > 사실적 읽기

정답의 이유

③ 제시된 글은 언간의 발신자나 수신자의 한쪽에는 반드시 여성이 관여하지만 수신자는 거의 전 계층의 남성이 될 수 있어서, '언간은 특정 계층에 관계없이 남녀 모두의 공유물'이라는 것을 강조하고 있다. 따라서 중심 내용으로 '언간은 특정 계층과 성별에 관계없이 이용된 의사소통 수단이었다.'가 가장 적절하다.

오답의 이유

① 1문단의 '언문'은 실용 범위에 제약이 있었는데, 이런 현실은 '언간'에도 적용된다는 내용을 통해 '언간'이 실용 범위에 제약이 있었다는 것을 확인할 수 있으나, 이 내용을 통해 언간이 성별을 초월한 모든 사람의 공유물이었다는 중심 내용을 나타낼 수는 없다.

② 사용자가 여성이라는 점에서 '언간'이 '내간'이라 일컬어졌다는 것은 옳은 내용이나, 이 내용을 통해 언간이 성별을 초월한 모든 사람의 공유물이었다는 중심 내용을 나타낼 수는 없다.

④ 조선 시대의 언간의 소통 과정에서 반드시 여성이 관여하는 특징을 보인다는 것은 옳은 내용이나, 이는 언간이 성별을 초월한 모든 사람의 공유물이었다는 중심 내용을 나타낼 수 없다.

03 난도 ★☆☆   정답 ③

문법 > 형태론

정답의 이유

③ '-면서'는 두 가지 이상의 움직임이나 사태 따위가 동시에 겸하여 있음을 나타내는 연결 어미로, 동작의 동시성을 나타낸다. 하지만 '멈추다'와 '달려오다'는 동시에 나타날 수 없는 표현이므로 앞뒤 절의 두 사실 간에 계기적인 관계가 있음을 나타내는 연결 어미 '-고'로 수정한 것이다.

오답의 이유

① '은'은 어떤 대상이 다른 것과 대조됨을 나타내는 보조사로, '수학 성적은 참 좋은 데 반해 국어 성적은 좋지 않다.'와 같이 표현할 때 사용된다. 그러나 (가)에서는 국어 성적과 수학 성적이 모두 좋다는 의미를 나타내야 하므로 주격 조사 '은'을 '이'로 바꿔 써야 한다.

② 인용절은 직접 인용절과 간접 인용절을 구분해야 한다. 직접 인용절에는 앞말이 직접 인용되는 말임을 나타내는 격 조사인 '라고'를, 간접 인용절에는 앞말이 간접 인용되는 말임을 나타내는 격 조사인 '고'를 사용한다. (나)에서는 큰따옴표를 사용하여 직접 인용하고 있으므로 '라고'를 사용하는 것이 적절하다.

④ '로서'는 지위나 신분 또는 자격을 나타내는 격 조사이고, '로써'는 어떤 물건의 재료나 원료 또는 수단이나 도구를 나타내는 격 조사이다. (라)에서는 '연설'이라는 수단을 통해 국민을 설득하는 것이므로 수단을 나타내는 격 조사인 '로써'를 사용하는 것이 적절하다.

✅ 더알아보기

어미 '-면서'와 '-고'

-면서	두 가지 이상의 움직임이나 사태 따위가 동시에 겸하여 있음을 나타내는 연결 어미 예 신문을 보면서 밥을 먹는다.
	두 가지 이상의 움직임이나 사태가 서로 맞서는 관계에 있음을 나타내는 연결 어미 예 모르면서 아는 척한다.
-고	두 가지 이상의 사실을 대등하게 벌여 놓는 연결 어미 예 여름에는 비가 내리고 겨울에는 눈이 내린다.
	앞뒤 절의 두 사실 간에 계기적인 관계가 있음을 나타내는 연결 어미 예 할머니께서는 상한 음식을 드시고 탈이 나셨다.
	앞 절의 동작이 이루어진 그대로 지속되는 가운데 뒤 절의 동작이 일어남을 나타내는 연결 어미 예 어머니는 나를 업고 병원까지 달려가셨다.
	서로 뜻이 대립되는 말을 벌여 놓는 연결 어미 예 실성한 사람처럼 울고 웃고 하더라.

04 난도 ★☆☆   정답 ③

비문학 > 작문

정답의 이유

③ 제시된 글의 요지는 수학 수업을 재미있게 진행하는 수학 선생님 덕분에 수학이 재미있다는 것이다. 수학 선생님의 아들이 수학을 잘한다는 것은 주제와 아무런 연관 관계가 없기 때문에, ⓒ은 통일성에 위배되는 문장이다.

오답의 이유

① ⊙은 내가 수학 시간을 재미있어 하는 이유에 대해 설명하는 문장으로, 중심 내용을 뒷받침하는 문장이다.

② ⓒ은 수학 선생님이 수업 분위기를 흥미 있게 이끌어 가는 사례로, 중심 내용을 뒷받침하는 문장이다.

④ ⓔ은 재미있는 수업 덕분에 수학 성적이 좋아졌다는 내용으로, 중심 내용을 뒷받침하는 문장이다.

05 난도 ★★☆   정답 ③

고전 문학 > 고전 운문

정답의 이유

③ (가)의 화자는 자신의 마음을 달로 만들어 임에게 사랑을 전하고 싶다는 적극적인 태도를 드러내고 있고, (나)의 화자는 부끄러워서 이별의 말도 못하고 돌아오는 소극적 태도를 드러내고 있다.

오답의 이유

① (가)의 '달'은 임에게 사랑의 마음을 전달하는 매개체이다. 하지만 (나)의 '달'은 이별한 화자(아가씨)의 슬픈 마음을 드러내며 슬픈 분위기를 형성하는 역할을 할 뿐, 사랑하는 마음을 임에게 전달하는 매개체로 볼 수는 없다.

② (가)의 '고운 님'은 화자가 사랑하는 대상이다. 하지만 (나)의 '아가씨'는 시 속에 등장하는 사람으로 시적 화자의 관찰 대상일 뿐, 화자가 사랑하는 대상이라고 말할 수는 없다.

④ (가)의 '장천'은 '넓은 하늘'을 뜻하는 말로, 사랑하는 임이 머무르는 공간이 아니라 화자의 마음을 형상화한 '달'이 걸려 있는 공간이다. (가)에서 사랑하는 임이 머무르는 공간은 '고운 님 계신 곳'이다. (나)의 '문'은 사랑하는 임에 대한 마음을 숨기는 공간으로 볼 수 있다.

📋 **작품해설**

(가) 정철, 「내 마음 베어 내어 ～」

- 갈래: 평시조
- 성격: 애상적, 감상적
- 주제: 임금에 대한 변함없는 충정
- 특징
  - 추상적인 것(마음)을 구체적인 대상(달)으로 형상화함
  - 비유법과 상징법을 사용하여 임에 대한 사랑을 드러냄

(나) 임제, 「무어별」

- 갈래: 한시(5언 절구)
- 성격: 애상적, 서정적
- 주제
  - 이별의 슬픔
  - 임과 이별한 여인의 애틋한 마음
- 특징
  - 시적 상황을 관찰자적 입장에서 객관적으로 전달함
  - 간결하고 담백한 표현을 사용함
  - 절제된 언어의 아름다움을 구사함

06 난도 ★★☆   정답 ④

현대 문학 > 현대 시

정답의 이유

④ 시적 화자는 '그리웠던 순간들을 호명하며' 따뜻하고 행복했던 지난 때를 그리워하고 있으며, 톱밥 난로에 톱밥을 던지는 행위를 '한 줌의 눈물을 불빛 속에 던져 주었다'라고 표현하여 현재의 고단한 삶에 대한 정서를 화자의 행위에 투영하고 있다.

오답의 이유

① '유리창마다 / 톱밥난로가 지펴지고'는 대합실 유리창에 난로의 불빛이 비치는 것을 묘사한 것으로, 여러 개의 난로가 지펴진 대합실의 상황을 비유적으로 표현했다는 설명은 적절하지 않다.

② '청색'과 '불빛'의 대조적 색채 이미지가 나타나지만, 이를 통해 막차를 기다리는 사람들의 고단한 삶을 드러낼 뿐 겨울 풍경의 서정적 정취를 강조한 것은 아니다.

③ '오래 앓은 기침 소리'와 '쓴 약 같은 입술담배 연기'를 통해 힘겨운 삶의 모습을 드러내고는 있으나, 이것이 비관적 심리를 드러낸다고 할 수 없다. 또한 담배를 피우는 행위를 무례하다고 보는 것은 작자의 의도와 거리가 멀다.

📋 **작품해설**

곽재구, 「사평역에서」

- 갈래: 자유시, 서정시
- 성격: 회고적, 애상적, 묘사적
- 주제: 가난하고 소외된 사람들의 삶의 애환
- 특징
  - 간이역 대합실을 장면화하여 묘사적으로 제시함
  - 감각적 이미지로 서정적이고 쓸쓸한 분위기를 연출함
  - 반복적 변주로 시상을 전개함

07 난도 ★☆☆   정답 ④

현대 문학 > 현대 소설

정답의 이유

④ 서술자는 '닭 마리나 좀 보내지 않는다든가 애벌논 때 품을 좀 안 준다든가 하면 그해 가을에는 영락없이 땅이 뚝뚝 떨어진다. 그러면 미리부터 돈도 먹이고 술도 먹이고 안달재신으로 돌아치던 놈이 그 땅을 슬쩍 돌아친다.'라며 소작인들이 마름인 장인에게 뇌물을 주어 소작권을 유지하고자 하는 모습을 제시하고 있다. 하지만 장인과 소작인들 사이의 뒷거래 장면을 생생하게 묘사했다는 설명은 적절하지 않다.

오답의 이유

① '번이 마름이란 욕 잘 하고 사람 잘 치고 그리고 생김 생기길 호박개 같아야 쓰는 거지만'을 통해 마름의 특성을 동물의 외양에 빗대어 낮잡아 표현했음을 알 수 있다.

② '이놈의 장인님'은 비속어인 '이놈'과 존칭어인 '장인님'을 혼용한 해학적 표현이다.

③ 손버릇이 좋지 않은 점, '욕필이'라는 별명이 있을 정도로 욕을 잘 하는 점, 마름이라는 신분을 이용하여 개인적 이익을 취하려는 점 등을 통해 장인의 됨됨이가 마땅치 않음을 드러내고 있다.

📑 **작품해설**

김유정, 「봄봄」
- 갈래: 단편 소설
- 성격: 해학적, 토속적, 향토적
- 주제
  - 젊은 남녀 간의 순수한 사랑
  - 우직하고 순박한 데릴사위와 그를 이용하는 교활한 장인 간의 갈등
- 특징
  - 1인칭 주인공 시점을 통해 '나'의 인물됨과 성격을 독자에게 직접적으로 전달함
  - 토속어와 구어체를 사용함으로써 해학적 분위기를 조성함

08 난도 ★★☆   정답 ④

어휘 > 한자어

정답의 이유

④ 이익과 관련된 갈등을 인식한 주체들의 합의를 위한 공동 의사 결정 과정을 의미하는 한자어로는 '協商(도울 협, 장사 상)'이 가장 적절하다. 협상(協商)은 어떤 목적에 부합되는 결정을 하기 위하여 여럿이 서로 의논하는 것을 의미하는 말이다.

오답의 이유

① 協贊(도울 협, 도울 찬): 어떤 일 따위에 재정적으로 도움을 줌
② 協奏(도울 협, 아뢸 주): 독주 악기와 관현악이 합주하면서 독주 악기의 기교가 돋보이게 연주함 또는 그런 연주
③ 協助(도울 협, 도울 조): 힘을 보태어 도움

09 난도 ★★★   정답 ①

어휘 > 한자어

정답의 이유

① 校訂(학교 교, 평론할 정)(○): 남의 문장 또는 출판물의 잘못된 글자나 글귀 따위를 바르게 고침

오답의 이유

② 交差(사귈 교, 어그러질 차)(×) → 交叉(사귈 교, 깍지낄 차)(○)
  - 交差(교차): 벼슬아치를 번갈아 임명함
  - 交叉(교차): 서로 엇갈리거나 마주침
③ 決濟(결정할 결, 건널 제)(×) → 決裁(결정할 결, 마를 재)(○)
  - 決濟(결제): 증권 또는 대금을 주고받아 매매 당사자 사이의 거래 관계를 끝맺는 일
  - 決裁(결재): 결정할 권한이 있는 상관이 부하가 제출한 안건을 검토하여 허가하거나 승인함

④ 提高(끌 제, 높을 고)(×) → 再考(다시 재, 상고할 고)(○)
  - 提高(제고): 수준이나 정도 따위를 끌어올림
  - 再考(재고): 어떤 일이나 문제 따위에 대하여 다시 생각함

10 난도 ★★★   정답 ②

비문학 > 추론적 읽기

정답의 이유

② 둘 이상의 의미로 사용될 수 있는 단어의 의미를 분리하지 않고 사용하거나 혼동하는 데서 생기는 오류를 '애매어의 오류'라고 한다. '부패'라는 어휘는 '단백질이나 지방 따위의 유기물이 미생물의 작용에 의하여 분해되는 과정, 또는 그런 현상'이라는 의미와 '정치, 사상, 의식 따위가 타락함'의 의미를 지니는데, 첫 번째 문장에서는 전자의 의미로, 두 번째 문장에서는 후자의 의미로 사용되었다. 따라서 '애매어의 오류'의 예로 적절하다.

오답의 이유

① 삼단 논법에 따른 연역적 추론으로 '우연의 오류'와는 관계가 없다.
③ 각각의 원소에서 집단의 특성에 해당하는 것을 뽑아낸 것이 아니라 집단에서 개별 원소의 특성을 찾아낸 것이므로 '분해의 오류'에 해당한다.
④ 각각의 원소들이 개별적으로 어떤 성질을 지니고 있다는 내용의 전제로부터 그 원소들을 결합한 집합 전체도 역시 그 성질을 지니고 있다는 결론을 도출할 때 발생하는 오류에 해당하므로 '결합의 오류'에 해당한다.

11 난도 ★★☆   정답 ③

비문학 > 글의 전개 방식

정답의 이유

제시된 글에서는 '문학이 구축하는 세계는 실제 생활과는 다르다.'라는 것을 건축가가 집을 짓는 과정에 빗대어 표현하였다. 즉, '유추'의 설명 방식이 사용된 것으로, 유추는 생소한 개념이나 복잡한 주제를 친숙한 개념 또는 단순한 주제와 비교하여 설명하는 방식을 말한다.

③ '목적을 지닌 인생은 의미 있다.'라는 내용을 목적을 갖고 뛰어야 완주가 가능한 마라톤에 빗대어 설명한 것으로, '유추'의 방식을 사용하였다.

오답의 이유

① 르네상스 시대 화가들과 인상주의 화가들의 그림을 견주어 공통점을 중심으로 설명한 '비교'의 방식을 사용하였다.
② 소설의 구성 요소를 '인물', '배경', '사건'으로 나누어 설명한 '분석'의 방식을 사용하였다.
④ 신라의 육두품 출신 중 학문적으로 출중한 사람들을 예를 들어 설명한 '예시'의 방식을 사용하였다.

12 난도 ★☆☆　　　　　　　　　정답 ③

비문학 > 사실적 읽기

정답의 이유

③ '고갱은 그가 본 인생과 예술 전부에 대해 철저하게 불만을 느꼈다. 그는 더 단순하고 더 솔직한 어떤 것을 열망했고 그것을 원시인들 속에서 발견할 수 있으리라고 기대했다.'에서 고갱은 인상주의가 충분히 솔직하고 단순했다고 생각하지 않았음을 확인할 수 있으므로 글의 내용과 부합하지 않는다.

오답의 이유

① '세잔이, 사라졌다고 느낀 것은 균형과 질서의 감각이다. 인상주의자들은 순간순간의 감각에만 너무 사로잡힌 나머지 자연의 군건하고 지속적인 형태는 소홀히 했다고 느꼈던 것이다.'에서 확인할 수 있다.

② '반 고흐는 인상주의가 시각적 인상에만 집착하여 빛과 색의 광학적 성질만을 탐구한 나머지 미술의 강렬한 정열을 상실하게 될 위험에 처했다고 느꼈다.'에서 확인할 수 있다.

④ '이 세 사람의 화가가 모색했던 제각각의 해법은 세 가지 현대 미술 운동의 이념적 바탕이 되었다.'에서 확인할 수 있다.

13 난도 ★★★　　　　　　　　　정답 ②

문법 > 한글 맞춤법

정답의 이유

② 제∨3장의(×) → 제3∨장의/제3장의(○): '제-'는 '그 숫자에 해당되는 차례'의 뜻을 더하는 접두사이므로 뒤의 말에 붙여 써야 한다. 또한 한글 맞춤법 제43항에 의하면 단위 명사는 띄어 쓰는 것이 원칙이나 수 관형사 뒤에 단위 명사가 붙어서 차례를 나타내는 경우에는 앞말과 붙여 쓸 수 있기 때문에, '제3∨장의(원칙)'와 '제3장의(허용)' 둘 다 어법에 맞는 표현이다.

오답의 이유

① 좋은∨걸(○): '걸'은 의존 명사 '것'을 활용한 '것을'의 구어적 표현으로, 의존 명사는 앞말과 띄어 쓴다.

③ 진행한∨지(○): '지'는 어떤 일이 있었던 때로부터 지금까지의 동안을 나타내는 말인 의존 명사이므로, 앞말과 띄어 쓴다.

④ 10년∨차(○): '차'는 주기나 경과의 해당 시기를 나타내는 말인 의존 명사이므로, 앞말과 띄어 쓴다.

 더알아보기

의존 명사가 조사, 어미의 일부, 접미사 등과 형태가 같은 경우의 띄어쓰기

들	접미사	남자들, 학생들 → 복수를 나타내는 경우에는 접미사이므로 앞말에 붙여 쓴다.
	의존 명사	쌀, 보리, 콩, 조, 기장 들을 오곡(五穀)이라 한다. → 두 개 이상의 사물을 열거하는 구조에서 '그런 따위'라는 뜻을 나타내는 경우에는 의존 명사이므로 앞말과 띄어 쓴다.
차	접미사	사업차 외국에 나갔다. → 명사 뒤에 붙어 '목적'의 뜻을 더하는 경우에는 접미사이므로 붙여 쓴다.
	의존 명사	고향에 갔던 차에 선을 보았다. → 용언의 관형사형 뒤에 나타날 때는 의존 명사이므로 띄어 쓴다.
지	어미의 일부	어떻게 할지 모르겠다. → 어미 '-(으)ㄴ지, -ㄹ지'의 일부이므로 붙여 쓴다.
	의존 명사	그가 떠난 지 보름이 지났다. → 시간의 경과를 나타내는 경우에는 의존 명사이므로 띄어 쓴다.
뿐	조사	셋뿐이다. → 체언 뒤에 붙어서 한정의 뜻을 나타내는 경우는 조사이므로 붙여 쓴다.
	의존 명사	웃을 뿐이다. → 용언의 관형사형 뒤에 나타날 경우에는 의존 명사이므로 띄어 쓴다.
대로	조사	법대로, 약속대로 → 체언 뒤에 붙어 '그와 같이'라는 뜻을 나타내는 경우에는 조사이므로 붙여 쓴다.
	의존 명사	아는 대로 말한다. → 용언의 관형사형 뒤에 나타날 경우에는 의존 명사이므로 띄어 쓴다.
만큼	조사	학생이 고등학생만큼 잘 안다. → 체언 뒤에 붙어 '앞말과 비슷한 정도로'라는 뜻을 나타내는 경우에는 조사이므로 붙여 쓴다.
	의존 명사	애쓴 만큼 얻는다. → 용언의 관형사형 뒤에 나타날 경우에는 의존 명사이므로 띄어 쓴다.
만	조사	하나만 알고 둘은 모른다. → 체언에 붙어서 한정 또는 비교의 뜻을 나타내는 경우에는 조사이므로 붙여 쓴다.
	의존 명사	떠난 지 사흘 만에 돌아왔다. → 시간의 경과나 횟수를 나타내는 경우에는 의존 명사이므로 띄어 쓴다.

14 난도 ★★☆　　　　　　　　　　정답 ①

문법 > 음운론

정답의 이유

① 깎는 → [깍는]: 음절의 끝소리 규칙(교체) → [깡는]: 비음화(교체)

'깎는'은 음절의 끝소리 규칙(교체)에 의해 [깍는]으로 바뀌고, 다시 비음화(교체) 현상에 의해 [깡는]으로 바뀌므로, 교체 현상에 의해 발음되는 예이다.

오답의 이유

② 깎아 → [까까]: 연음

'깎아'는 연음되어 [까까]로 발음되며, 음운 변동의 탈락과 관계가 없다.

③ 깎고 → [깍고]: 음절의 끝소리 규칙(교체) → [깍꼬]: 된소리되기(교체)

'깎고'는 음절의 끝소리 규칙(교체)에 의해 [깍고]로 바뀌고, 된소리되기(교체)가 일어나 [깍꼬]로 바뀌므로, 도치가 아닌 교체 현상에 의해 발음되는 예이다.

④ 깎지 → [깍지]: 음절의 끝소리 규칙(교체) → [깍찌]: 된소리되기(교체)

'깎지'는 음절의 끝소리 규칙(교체)에 의해 [깍지]로 바뀌고, 된소리되기(교체)가 일어나 [깍찌]로 바뀌므로, 축약과 첨가가 아닌 교체 현상에 의해 발음되는 예이다.

15 난도 ★★★　　　　　　　　　　정답 ②

비문학 > 추론적 읽기

정답의 이유

② 제시된 글에 따르면 포스트휴먼은 완전히 인위적으로 만들어진 인공 지능일 수도 있고, 신체를 버리고 슈퍼컴퓨터 안의 정보 패턴으로 살기를 선택한 업로드의 형태일 수도 있다고 하였다. 따라서 포스트휴먼의 형태는 인간의 신체적 결함을 다양한 과학 기술을 이용해 보완한 것뿐만 아니라 다양한 형태로 나타날 수 있으므로, 이는 적절하지 않은 추론이다.

오답의 이유

① 3문단의 '만약 생물학적 인간이 포스트휴먼이 되고자 한다면 ~ 다양한 과학 기술을 이용해 우리의 두뇌나 신체에 근본적인 기술적 변형을 가해야만 할 것이다.'를 통해 미래의 존재가 현재의 인간보다 과학 기술의 발전에 따른 영향을 더 크게 받을 것을 추론할 수 있다.

③ 2문단의 '이러한 존재가 ~ 현재 인간의 상태로 접근할 수 없는 새로운 신체나 의식 상태에 놓여 있을 것임은 분명하다.'와 3문단의 '포스트휴먼은 완전히 인위적으로 만들어진 인공지능일 수도 있고, 신체를 버리고 슈퍼컴퓨터 안의 정보 패턴으로 살기를 선택한 업로드의 형태일 수도 있으며, 또는 생물학적 인간들에 대한 개선들이 축적된 결과일 수도 있다.'를 통하여 포스트휴먼이 인간의 현재 상태를 뛰어넘는 능력을 가진 존재일 것으로 예측되지만 형태는 다양할 것임을 추론할 수 있다.

④ 1문단의 '스웨덴 출신의 철학자 보스트롬은 건강 수명, 인지, 감정이라는 ~ 포스트휴먼으로 부르자고 제안하였다.'를 통해 포스트휴먼은 건강 수명, 인지 능력, 감정 등의 측면에서 현재의 인간보다 뛰어나 인간에 대한 새로운 개념이 구성될 수 있을 것임을 추론할 수 있다.

16 난도 ★★☆　　　　　　　　　　정답 ①

문법 > 의미론

정답의 이유

① 두 단어 사이를 상호 배타적인 두 구역으로 나누어 중간항이 없는 반의어를 '상보 반의어'라 하고, 두 단어 사이에 중간항이 존재하는 경우를 '정도 반의어'라 한다. '크다/작다'는 중간항이 존재하는 '정도 반의어'로, '크지도 작지도 않은'과 같이 나타낼 수 있다. 따라서 두 단어를 동시에 부정해도 모순이 발생하지 않으므로 이는 적절하지 않은 설명이다.

오답의 이유

② '출발/도착'은 마주 선 방향에 따라 상대적으로 관계를 형성하는 '방향 반의어'로, 한 단어의 부정인 '출발하지 않았다'는 다른 쪽 단어의 부정인 '도착하지 않았다'와 모순되지 않으므로 이는 적절한 설명이다.

③ '참/거짓'은 중간항이 없는 '상보 반의어'로, 한 단어의 부정인 '참이 아니다'는 다른 쪽 단어의 긍정인 '거짓이다'를 함의하고 있으므로 이는 적절한 설명이다.

④ '넓다/좁다'는 중간항이 존재하는 '정도 반의어'로, 한 단어의 의미인 '좁다'가 다른 쪽 단어의 부정인 '넓지 않다'를 함의하므로 이는 적절한 설명이다.

✓ 더알아보기

어휘의 반의 관계
- 서로 정반대되는 의미를 갖는 경우를 말한다.
- 한 쌍의 말 사이에 서로 공통되는 의미 요소가 있으면서, 한 개의 요소만 반대의 의미를 갖고 있어야 한다.
- 종류

상보 반의어	• 의미 영역이 배타적으로 양분되는 것으로, 중간 항이 없다. • 한쪽 단어를 부정하면 다른 쪽 단어를 긍정하게 되는 것이다. • 두 단어를 동시에 부정하거나 긍정하면 모순이 발생하게 된다. 예 남자:여자, 살다:죽다, 있다:없다, 알다:모르다
정도 반의어 (등급 반의어)	• 정도를 표현하는 것으로, 중간 항이 있다. • 두 단어를 동시에 부정하거나 긍정할 수 있다. 예 높다:낮다, 밝다:어둡다, 덥다:춥다, 뜨겁다:차갑다
방향 반의어	• 마주 선 방향에 따라 상대적으로 관계를 형성한다. • 관계 또는 이동의 측면에서 의미의 대립을 갖는다. 예 위:아래, 부모:자식, 형:동생, 가다:오다

17 난도 ★★★

정답 ④

문법 > 고전 문법

정답의 이유

④ ②의 '알외시니'는 '알리시니'로 해석할 수 있는데, '알리시니'는 어간 '알-'에 사동 접미사 '-리-'와 높임 선어말 어미 '-시-'와 어미 '-니'가 결합하여 만들어진 말이다. 그러므로 ②에서 '-외-'는 사동을 나타내는 접미사로 기능한다고 판단할 수 있다.

오답의 이유

① ㉠의 '숣 ᄫᆞ리'는 '아뢸 사람이'로 해석할 수 있으며, '숣ᄫᆞᆯ+이'로 분석된다. 여기에서 '이'는 사람을 나타내는 명사이며, 이때 주격 조사는 생략된 것이므로 주격 조사로 기능한다는 설명은 적절하지 않다. '숣다'는 '웃어른에게 말씀을 올리다.'라는 뜻을 가진 '사뢰다'의 옛말이다.

② ㉡의 '뵈아시니'는 '재촉하시니'로 해석할 수 있으며, '뵈아-+-시-+-니'로 분석된다. 여기에서 '-시-'는 높임을 나타내는 선어말 어미로 기능하므로, '-아시-'가 높임을 나타내는 선어말 어미로 기능한다는 설명은 적절하지 않다. '뵈아다'는 '재촉하다'의 옛말이다.

③ ㉢의 '하ᄃᆡ'는 '많지만'으로 해석할 수 있으며, '하-+-ᄃᆡ'로 분석된다. 이때 '-ᄃᆡ'는 대립적인 사실을 잇는 데 쓰는 연결 어미 '-되'의 옛말이다. 따라서 이유를 나타내는 연결 어미로 기능한다는 설명은 적절하지 않다.

 작품해설

정인지·안지·권제 등, 「용비어천가」

• 갈래: 악장
• 성격: 송축적, 예찬적
• 주제: 조선 창업의 정당성과 후대 왕에 대한 권계
• 특징
 – 조선 세종 29년(1447)에 간행한 악장의 하나로 훈민정음으로 쓴 최초의 작품
 – 조선의 여러 조종의 위업을 찬양하고, 후대의 왕에게 권계의 뜻을 일깨우기 위해 제작됨
 – 일종의 영웅 서사시로 전 10권 5책 125장으로 구성됨

18 난도 ★★☆

정답 ②

비문학 > 사실적 읽기

정답의 이유

② 1문단의 '이때부터 반달은 더 나은 미래를 기원하는 뜻으로 쓰이며, 그러한 뜻을 담아 송편도 반달 모양의 떡으로 빚었다고 한다.'에서, 신라인들이 더 나은 미래를 기원하는 마음을 담아 송편을 빚었다는 내용을 확인할 수 있다.

오답의 이유

① 2문단의 '옛날에 월병은 송편과 마찬가지로 제수 용품이었다. 점차 제례 음식으로서 위상을 잃었지만'에서 월병이 제례 음식으로서 위상을 잃었음을 확인할 수 있다. 따라서 월병이 제수 음식으로서의 명맥을 유지하고 있다는 내용은 적절하지 않다.

③ 2문단의 '한국에서 지역의 단합을 위해 수천 명 분의 비빔밥을 만들듯이 중국에서는 수천 명이 먹을 수 있는 월병을 만들 정도로'에서 비빔밥과 월병이 의미 있는 음식으로 대접받고 있다는 내용은 확인할 수 있지만, 중국의 월병이 한국의 비빔밥을 본떠 만든 음식이라는 내용은 적절하지 않다.

④ 1문단의 『삼국사기』에 따르면 ~ 결과적으로 점술가의 예언이 적중했다.'에서 신라가 발전할 것이라고 점술가가 예언한 내용은 확인할 수 있지만, 점술가의 예언 덕분에 신라가 크게 발전할 수 있었다는 내용은 적절하지 않다.

19 난도 ★★☆

정답 ③

고전 문학 > 고전 산문

정답의 이유

• ㉠의 '갑자기 석양에 막대기 던지는 소리가 나거늘'은 지상 세계에서의 일이다.
• ㉡의 '꿈속에서 잠깐 만나본 일'은 양소유가 지난 날 토번을 정벌할 때의 일을 회상하는 내용이다.
• ㉢의 '십 년을 같이 살던 일'은 지상 이전의 천상 세계에서의 일을 말한다.
• ②의 '열대여섯 살 전에는 부모 슬하를 떠나지 않았고'는 지상에서의 생활 중에서 토번을 정벌하기 전의 일을 말한다.

사건의 시간 순서에 따라 배열할 때 ㉢은 입몽하기 전에 성진이 겪은 일이므로 첫 번째이고 양소유가 어렸을 때를 말하는 ②이 두 번째이다. 토번을 정벌할 때에 해당하는 ㉡이 세 번째이고, 마지막으로 ㉠은 현재 시점에 해당하므로 네 번째이다. 따라서 사건의 시간 순서에 따라 가장 적절하게 배열한 것은 ③ ㉢ → ② → ㉡ → ㉠이다.

20 난도 ★☆☆

정답 ①

고전 문학 > 고전 산문

정답의 이유

① '소유가 전에 토번을 정벌할 때 꿈에 동정 용궁에 가서 잔치하고 돌아오는 길에 남악에 가서 놀았는데 한 화상이 법좌에 앉아서 불경을 강론하더니 노부께서 바로 그 노화상이냐?'라는 내용을 통해 승상이 꿈에 남악에서 중을 보았던 기억을 떠올리며 낯이 익은 듯하다고 여겼음을 확인할 수 있으므로 이는 적절한 이해이다.

오답의 이유

② 중이 돌 지팡이로 난간을 쳐 승상을 꿈에서 깨게 하지만, '사부는 어찌 소유를 정도로 인도하지 않고 환술(幻術)로 희롱하나뇨?'라고 승상이 반응하는 것을 볼 때, 승상은 꿈에서 깨기 전까지 자신이 본래 불도를 닦던 승려였음을 깨닫지 못하고 있음을 확인할 수 있으므로 승려였음을 인정한 뒤 꿈에서 깨게 된다는 진술은 적절하지 않다.

③ '대답을 듣기도 전에 구름이 날아가니 중은 간 곳이 없고 좌우를 돌아보니 여덟 낭자 또한 간 곳이 없는지라.'라는 내용을 통해 여덟 낭자가 사라진 후의 승상의 심리가 제시되지 않았음을 확인할 수 있으므로 승상이 중의 진의를 의심한다는 진술은 적절하지 않다.

④ '소유가 ~ 언제 사부와 십 년을 함께 살았으리오?'라는 내용을 통해 승상이 꿈속에서 중으로 나타난 사부와의 관계를 인정하지 못하고 있음을 확인할 수 있다. 그러나 이는 승상이 천상에서의 일을 기억하지 못했기 때문이지, 중이 능파 낭자와 어울렸던 죄를 징벌했기 때문은 아니다.

PART 2
영어

- 2022년 국가직 9급

- 2021년 국가직 9급

- 2020년 국가직 9급

- 2019년 국가직 9급

- 2018년 국가직 9급

한눈에 훑어보기

영역 분석

어휘   01   02   03   04   05
5문항, 25%

독해   07   09   10   15   16   17   18   19   20
9문항, 45%

어법   06   08   13   14
4문항, 20%

표현   11   12
2문항, 10%

빠른 정답

01	02	03	04	05	06	07	08	09	10
①	②	④	②	①	①	④	②	①	③
11	12	13	14	15	16	17	18	19	20
④	③	②	④	②	④	③	④	①	③

점수 체크

구분	1회독	2회독	3회독
맞힌 문항 수	/ 20	/ 20	/ 20
나의 점수	점	점	점

---

01 난도 ★☆☆   정답 ①

어휘 > 단어

정답의 이유

밑줄 친 unravel은 '(미스터리 등을) 풀다'의 뜻으로 이와 의미가 가장 가까운 것은 ① 'solve(풀다)'이다.

오답의 이유

② 창조하다

③ 모방하다

④ 알리다, 광고[홍보]하다

 본문해석

수년 동안, 형사들은 쌍둥이 형제의 갑작스러운 실종에 대한 미스터리를 풀기 위해 애썼다.

VOCA

- detective   형사, 수사관
- mystery   수수께끼, 미스터리
- sudden   갑작스러운, 급작스러운
- disappearance   실종, 잠적
- twin   쌍둥이

02 난도 ★☆☆   정답 ②

어휘 > 단어

정답의 이유

밑줄 친 opulent는 '호화로운'의 뜻으로 이와 의미가 가장 가까운 것은 ② 'luxurious(호화로운)'이다.

오답의 이유

① 숨겨진

③ 비어 있는

④ 단단한

 본문해석

부부가 부모가 되기 전에는 침실 4개짜리 집이 불필요하게 호화로운 것 같았다.

- couple 커플, 부부
- parenthood 부모임
- seem ~인 것 같다[듯하다]
- unnecessarily 불필요하게

03 난도 ★☆☆   정답 ④

어휘 > 어구

정답의 이유

밑줄 친 hit the roof는 '몹시 화가 나다'의 뜻으로 이와 의미가 가장 가까운 것은 ④ 'became extremely angry(매우 화가 났다)'이다.

오답의 이유

① 매우 만족했다
② 매우 놀랐다
③ 매우 침착해졌다

 본문해석

사장은 우리가 그렇게 짧은 기간에 전체 예산을 이미 다 써버린 것을 보고 몹시 화를 냈다.

VOCA
- boss 사장, 상사
- entire 전체의, 온
- budget 예산, (지출 예상) 비용
- period of time 기간

04 난도 ★★☆   정답 ②

어휘 > 단어

정답의 이유

카우치 포테이토는 텔레비전만 보며 많은 시간을 보내는 사람을 뜻하는 말이다. 마우스 포테이토는 텔레비전의 카우치 포테이토에 상응하는 표현이므로 빈칸에 들어갈 말로 가장 적절한 것은 ② 'equivalent(상응하는 것)'이다.

오답의 이유

① 기술자
③ 망
④ 모의실험

본문해석

마우스 포테이토는 컴퓨터에서 텔레비전의 카우치 포테이토에 상응하는 것이다. 즉, 카우치 포테이토가 텔레비전 앞에서 하는 것과 같은 방식으로 컴퓨터 앞에서 많은 여가 시간을 보내는 경향이 있는 사람이다.

VOCA
- mouse potato (일 · 오락을 위해) 컴퓨터 앞에서 시간을 많이 보내는 사람
- couch potato 오랫동안 가만히 앉아 텔레비전만 보는 사람
- tend to (~하는) 경향이 있다
- leisure 여가

05 난도 ★☆☆   정답 ①

어휘 > 어구

정답의 이유

빈칸 다음에서 Spanish(스페인어)를 목적어로 취하고, 'before going to South America(남아메리카로 가기 전에)'라고 했으므로 빈칸에는 Mary가 남아메리카에 가기 전에 해야 할 행동에 관한 표현이 들어가야 함을 유추할 수 있다. 따라서 빈칸에 들어갈 말로 가장 적절한 것은 ① 'brush up on(~을 복습하다)'이다.

오답의 이유

② 끝까지 듣다
③ ~을 변호하다, 옹호하다
④ 그만하다, 해고하다

본문해석

Mary는 남아메리카로 가기 전에 스페인어를 복습하기로 결심했다.

06 난도 ★★☆   정답 ①

어법 > 정문 찾기

정답의 이유

① 문장의 주어가 '말(A horse)'이고 feed는 '먹이를 주다'라는 뜻의 타동사이므로 수동태(should be fed)로 올바르게 쓰였으며, 주어(A horse)와 대명사(its)의 수일치도 적절하다.

오답의 이유

② 분사구문의 주어는 주절의 주어와 동일한 경우에만 생략할 수 있다. 여기서 주절의 주어는 '나의 모자(My hat)'이고, 부사절(while walking down a narrow street)의 주어는 '나(I)'이므로 부사절의 주어와 be동사를 생략할 수 없다. 따라서 while walking → while I was walking이 되어야 한다.
③ 주어(She)가 정치 만화가(political cartoonist)로 '알려진' 것이므로 수동태로 쓰는 것이 적절하다. 따라서 She has known → She has been known이 되어야 한다.
④ good은 형용사로 '좋은'이라는 의미이고, well은 부사로 '잘'이라는 의미이다. 여기서는 과거분사인 done을 수식하므로 good(형용사) → well(부사)이 되어야 한다.

① 말은 개별적인 필요와 일의 성질에 따라 먹이를 공급받아야 한다.

② 내가 좁은 길을 걷는 동안, 바람에 의해 모자가 날아갔다.

③ 그녀는 경력 내내 정치 만화가로 주로 알려져 왔다.

④ 어린아이들조차도 잘된 일에 대해서는 칭찬받기를 좋아한다.

[VOCA]

• feed 먹이를 주다

• individual 각각[개개]의

• nature 천성, 본성, 종류, 유형

• blow off (바람 입김에) 날리다; (바람 입김에) 날려 보내다

• primarily 주로

• cartoonist 만화가

• compliment 칭찬하다

07 난도 ★★☆ 　　　　　　정답 ④

독해 > 세부 내용 찾기 > 내용 (불)일치

[정답의 이유]

마지막 문장에서 'He died at his Milanese home of pancreatic cancer, from which he had been suffering for two years, ∼(그는 2년간 앓았던 췌장암으로 밀라노의 자택에서 사망했다)'라고 했으므로 글의 내용과 일치하지 않는 것은 ④ 'Eco died in a hospital of cancer(Eco는 암으로 병원에서 죽었다).'이다.

[오답의 이유]

① *The Name of the Rose*는 역사소설이다. → 두 번째 문장에서 *The Name of the Rose*는 역사 미스터리 소설이라고 했으므로 내용과 일치한다.

② Eco는 책을 이탈리아어로 번역했다. → 네 번째 문장에서 Eco는 Raymond Queneau의 책 *Exercices de style*을 이탈리아어로 번역했다고 했으므로 글의 내용과 일치한다.

③ Eco는 대학 학부를 설립했다. → 다섯 번째 문장에서 Eco는 San Marino 공화국 대학교의 미디어학과 설립자였다고 했으므로 글의 내용과 일치한다.

📑 본문해석

Umberto Eco는 이탈리아의 소설가, 문화 평론가, 철학자였다. 그는 1980년 소설 *The Name of the Rose*로 널리 알려졌는데, 그것은 역사 미스터리로, 소설 속에서 기호학과 성서 분석, 중세 연구, 문학 이론을 결합한 작품이다. 그는 후에 *Foucault's Pendulum*과 *The Island of the Day Before*를 포함한 다른 소설들을 썼다. 번역가이기도 했던 Eco는 Raymond Queneau의 책 *Exercices de style*을 이탈리아어로 번역했다. 그는 San Marino 공화국 대학교 미디어학과의 설립자였다. 그는 2016년 2월 19일 밤에 2년간 앓았던 췌장암으로 밀라노의 자택에서 사망했다.

[VOCA]

• novelist 소설가

• cultural critic 문화 평론가

• be widely known for ∼로 널리 알려져 있다

• combine with ∼와 결합되다

• semiotics 기호학

• biblical analysis 성서 분석

• translator 번역가, 통역사

• founder 창립자, 설립자

• pancreatic cancer 췌장암

• suffer from ∼로 고통받다

08 난도 ★★☆ 　　　　　　정답 ②

어법 > 비문 찾기

[정답의 이유]

② that절의 주어가 'a combination of silver, copper, and zinc'로 단수명사이므로 동사 were → was로 고쳐야 한다.

[오답의 이유]

① which의 선행사는 때를 나타내는 the year 1800이므로 during which가 올바르게 쓰였다. 전치사+관계대명사(during which는 관계부사 when으로 대체할 수 있다.

③ 주어인 The enhanced design이 수식 받는 대상이므로 과거분사(called)가 올바르게 쓰였다.

④ 원인과 결과를 나타내는 'so[such] ∼ that' 구문에서 형용사나 부사를 수식할 때는 so를, 명사를 수식할 때는 such를 쓴다. 지문에서 talk는 '세평, 소문'이라는 뜻의 불가산명사이므로 such가 올바르게 쓰였다.

📑 본문해석

좋은 출발점을 찾기 위해서는 최초의 현대식 전기 배터리가 개발된 1800년으로 돌아가야 한다. 이탈리아인 Alessandro Volta는 은과 구리, 아연의 조합이 전류 생성에 이상적이라는 것을 발견했다. 볼타의 전지라고 불리는 그 향상된 디자인은 바닷물에 적신 판지 디스크 사이에 이러한 금속 디스크들을 쌓아 올림으로써 만들어졌다. Volta의 연구에 대한 소문이 자자해 그는 Napoleon 황제 앞에서 직접 시연하라는 요청을 받았다.

[VOCA]

• starting point 출발점[기점]

• electric battery 전지

• combination 조합[결합](물)

• copper 구리, 동

• zinc 아연

• electrical current 전류

• enhanced 향상된

• stack 쌓다[포개다]; 쌓이다, 포개지다

- soaked 흠뻑 젖은
- talk 소문[이야기]
- conduct 수행하다
- demonstration 시연

더알아보기

전치사＋관계대명사＝관계부사
- 관계부사(where, when, how, why)는 선행사를 수식하는 형용사 절을 이끌면서, 그 절에서 선행사를 대신하는 부사 역할을 한다.
- 관계부사는 '부사＋접속사'의 역할을 하며, '전치사＋관계대명사 (which)'로 바꿀 수 있다.
- 관계부사의 종류

선행사	관계부사	전치사＋which
시간(the time)	when	at which, on which, in which 등
장소(the place)	where	at which, on which, in which, to which 등
방법(the way)	how	in which 등
이유 (the reason)	why	for which 등

예 I don't know *the exact time.*＋The TV show will finish at *the exact time.*
= I don't know the exact time which the TV show will finish at. → 관계대명사
= I don't know the exact time at which the TV show will finish. → 전치사＋관계대명사
= I don't know the exact time when the TV show will finish. → 관계부사 – 시간
(나는 그 TV 쇼가 끝나는 정확한 시간을 모른다.)

09 난도 ★★☆　　　　　　　　　　　정답 ①

독해 > 대의 파악 > 제목, 주제

정답의 이유

첫 번째 문장에서 'Lasers are possible because of the way light interacts with electrons(레이저는 빛이 전자와 상호작용하는 방식 때문에 발생 가능하다.)'라고 레이저의 발생 원리를 제시한 후에, 구체적으로 전자의 특징과 전자가 빛에 반응하여 특정 파장을 방출하는 방식을 설명하고 있으므로 글의 제목으로 가장 적절한 것은 ① 'How Is Laser Produced(레이저는 어떻게 생성되는가)?'이다.

오답의 이유

② 레이저는 언제 발명되었는가?
③ 레이저는 어떤 전자들을 방출하는가?
④ 전자들은 왜 빛을 반사하는가?

본문해석

레이저는 빛이 전자와 상호작용하는 방식 때문에 (발생이) 가능하다. 전자는 특정 원자 또는 분자의 특정한 에너지 준위 혹은 상태로 존재한다. 에너지 준위는 고리 또는 핵 주위의 궤도로 상상될 수 있다. 외부 고리의 전자는 내부 고리의 전자보다 에너지 준위가 더 높다. 전자는, 예를 들어, 섬광과 같은 에너지 주입에 의해 더 높은 에너지 준위로 상승할 수 있다. 전자가 외부에서 내부 에너지 준위로 떨어지면, '잉여' 에너지가 빛으로 발산된다. 발산된 빛의 파장 또는 색은 방출되는 에너지의 양과 정확하게 관련이 있다. 사용되는 특정 레이저 재료에 따라 (전자에 동력을 제공하거나 자극하기 위해) 특정 파장의 빛이 흡수되고, (전자가 초기 준위로 떨어질 때) 특정 파장이 방출된다.

VOCA

- interact with ～와 상호 작용을 하다
- electron 전자
- energy level [물리] 에너지 준위, 맹렬히 활동하는 힘
- state 상태
- characteristic of ～에 특유한
- atom 원자
- molecule 분자
- ring 고리, 고리 모양의 것
- orbit 궤도
- nucleus 핵
- bump up 올리다, 인상하다
- injection 주입, 투여
- a flash of light 섬광
- drop from ～에서 떨어지다[떨어뜨리다]
- give off 발산하다, 방출하다, 뿜다
- wavelength 파장
- emit 발산하다, 방출하다, 내뿜다
- absorb 흡수하다
- energize 동력을 제공하다, 작동시키다
- excite 자극하다
- fall back to ～까지 후퇴하다
- initial 초기의, 처음의

10 난도 ★★☆　　　　　　　　　　　정답 ③

독해 > 글의 일관성 > 무관한 어휘 · 문장

정답의 이유

제시문은 수리권(water rights) 시장의 현황과 수리권의 중요성에 관한 내용인데, ③은 증류수의 효과에 대한 설명이므로 글의 흐름상 어색한 문장은 ③ 'Drinking distilled water can be beneficial, ～ by another source(증류수를 마시는 것은 유익할 수 있지만, ～ 최선의 선택은 아닐 수 있다.)'이다.

인구 증가가 (물) 부족으로 이어지고 기후 변화가 가뭄과 기근을 초래함에 따라 수리권 시장은 변화할 것으로 보인다. 그러나 그것은 지역적이고 윤리적인 무역 관행을 기초로 할 것이며, 대부분의 상품 거래와는 다를 것이다. 반대자들은 물 거래가 비윤리적이고 심지어 인권 침해라고 주장하지만, 이미 수리권은 오만에서 호주까지 세계의 건조 지역에서 매매된다. 증류수를 마시는 것은 유익할 수 있지만, 특히 미네랄이 다른 공급원에 의해 보충되지 않는다면, 모두에게 최선의 선택이 아닐 수 있다. Ziad Abdelnour는 말하기를 "우리는 물이 향후 10년 동안과 그 이후에 사실상 새로운 금으로 바뀔 것이라고 굳게 믿어요."라고 했다. "스마트 머니가 공격적으로 이 방향으로 움직이는 게 놀라운 일이 아니다."

VOCA

• water rights 수리권(수자원을 독점적으로 사용할 수 있는 권리)
• evolve 변하다, 진화하다
• lead to ~로 이어지다
• drought 가뭄
• famine 기근
• ethical 윤리적인, 도덕적인
• trading practices 무역 관행
• the bulk of ~의 대부분
• commodity 상품
• detractor 비방가, 반대자
• breach 침해
• arid 건조한
• distilled water 증류수
• beneficial 이로운
• supplement 보충하다
• smart money 스마트 머니(전문적인 지식을 갖고 투자ㆍ투기한 돈)
• aggressively 공격적으로, 정력적으로

11 난도 ★☆☆ 정답 ④

표현 > 일반회화

정답의 이유

대화 초반에 대학교의 구내식당 메뉴 변경과 새로운 음식 공급업체를 구한 것에 대해 이야기가 제시되었다. 빈칸 다음에서 B가 디저트 메뉴 선택지가 많아졌고, 일부 샌드위치 메뉴가 없어졌다고 말하고 있으므로 빈칸에 들어갈 말로 가장 적절한 것은 ④ 'What's the difference from the last menu(예전 메뉴와 다른 점이 무엇인가요)'이다.

오답의 이유

① 가장 좋아하는 디저트는 무엇인가요
② 그들의 사무실이 어디 있는지 아시나요
③ 메뉴에 관해 내 도움이 필요한가요

A: 대학교 구내식당 메뉴가 바뀌었다고 들었어요.
B: 맞아요, 내가 방금 확인했어요.
A: 그리고 새로운 공급업체를 구했대요.
B: 맞아요, Sam's Catering이에요.
A: 예전 메뉴와 다른 점이 무엇인가요?
B: 디저트 메뉴 선택지가 많아졌어요. 그리고 일부 샌드위치 메뉴는 없어졌어요.

VOCA

• cafeteria 구내식당, 카페테리아
• caterer 음식 공급자

12 난도 ★☆☆ 정답 ③

표현 > 일반회화

정답의 이유

빈칸 앞에서 A가 스웨터 가격이 120달러라고 하고, 빈칸 다음에서 A가 다른 스웨터를 권하면서 50달러로 세일 중이라고 했으므로 문맥상 B가 처음 제안받은 스웨터의 가격이 비싸다고 말했음을 유추할 수 있다. 따라서 빈칸에 들어갈 말로 가장 적절한 것은 ③ 'It's a little out of my price range(제가 생각한 가격대에 좀 안 맞네요)'이다.

오답의 이유

① 그것과 어울리는 바지도 한 벌 필요해요
② 그 재킷은 저를 위한 완벽한 선물이에요
④ 토요일엔 오후 7시까지 영업합니다

A: 안녕하세요, 도와드릴까요?
B: 네, 스웨터를 찾고 있어요.
A: 음, 이게 가을 컬렉션으로 나온 최신 스타일입니다. 어떠세요?
B: 멋지네요. 얼마예요?
A: 가격 확인해드릴게요. 120달러예요.
B: 제가 생각한 가격대에 좀 안 맞네요.
A: 그럼 이 스웨터는 어떠세요? 지난 시즌에 나온 건데, 50달러로 세일 중이에요.
B: 완벽해요! 입어볼게요.

VOCA

• gorgeous (아주) 멋진
• try on 입어보다
• go with 어울리다
• price range 가격대, 가격폭

어법 > 영작하기

정답의 이유

② 비교급으로 최상급의 뜻을 나타내는 표현으로, as 앞에 비교급 more precious가 쓰였으므로 as → than으로 고쳐야 한다.

오답의 이유

① 난이형용사(easy, difficult 등)가 'It is easy[difficult 등] to 부정사' 구문으로 적절하게 쓰였으며, for us는 to 부정사(to learn)의 의미상의 주어이다. 부사구 'by no means(결코 ~이 아닌)'가 삽입되었다.

③ cannot ~ too는 '아무리 ~해도 지나치지 않다'라는 뜻의 조동사 관용표현으로 적절하게 사용되었다. 주절의 주어와 부사절의 주어가 children으로 일치하므로 부사절의 주어를 생략하고 'when+현재분사(when crossing)'로 적절하게 쓰였다.

④ 관계대명사 what은 선행사를 포함하며, 동사 believes의 목적어로 명사절을 이끌고 있다.

VOCA

• by no means 결코 ~이 아닌

• precious 소중한

• cross (가로질러) 건너다; 가로지르다, 횡단하다

✅ 더알아보기

원급과 비교급으로 최상급 표현하기

최상급	주어+동사+the 최상급
원급	부정 주어(No one/Nothing, No other one/thing)+동사+as 원급 as+주어로 썼던 명사
비교급	• 부정 주어(No one/Nothing, No other one/thing)+동사+비교급 than+주어로 썼던 명사 • 주어로 썼던 명사+동사+비교급 than+any other+단수명사

예 Time is the most precious in our life.

(시간은 우리 삶에서 가장 중요하다.)

= *Nothing* is more precious than time in our life.

= Time is more precious than *anything else* in our life.

= *Nothing* is as precious as time in our life.

예 This is the most expensive watch in the world.

(이것은 세상에서 가장 비싼 시계이다.)

= This is more expensive than *any other watch* in the world.

= *No other watch* in the world is as expensive as this.

어법 > 영작하기

정답의 이유

④ '~한 채로'의 동시 상황을 나타내는 'with+목적어+분사' 구문에서 목적어와 분사의 관계가 능동이면 현재분사, 수동이면 과거분사를 사용한다. 다리가 '꼬여지는' 것이므로 crossing → crossed가 되어야 한다.

오답의 이유

① 그녀가 커피 세 잔을 마신 시점이 잠을 이룰 수 없던 시점보다 이전이므로 완료형 분사구문(Having drunk)이 올바르게 사용되었다.

② As she is a kind person이라는 부사절의 분사구문(Being a kind person)으로 이때 Being은 생략할 수도 있다.

③ 주절의 주어(she)와 부사절의 주어(all things)가 다를 때 분사구문의 주어를 표시해 주는 독립분사구문으로, 부사절의 주어인 All things는 고려되는 대상이므로 수동형인 과거분사(considered)가 적절하게 쓰였다. 이때 All things (being) considered에서 being이 생략되었다.

VOCA

• fall asleep 잠들다

• best-qualified 가장 적임인

• position 직위, 지위

• raise 올리다[인상하다/높이다]

• blood pressure 혈압

독해 > 빈칸 완성 > 연결어

정답의 이유

다양한 애도 문화에 관한 글이다. 빈칸 (A) 앞 문장에서 '~ among the Hopi Indians of Arizona, the deceased are forgotten as quickly as possible and life goes on as usual.'이라고 한 다음에, 빈칸 (A) 다음에서 'Hopi의 장례 의식은 인간과 영혼 사이의 단절로 끝난다.'라고 했으므로 문맥상 빈칸 (A)에는 In fact 또는 Therefore가 적절하다. 빈칸 (B) 이전에서는 유족들이 슬픔에 깊이 몰입하기를 권장하는 이집트에 관해서 서술하고, 빈칸 (B) 다음에서 'in Bali, bereaved Muslims are encouraged to laugh and be joyful rather than be sad.'라고 하면서 죽음을 애도하는 이집트와 발리의 대조적인 방식을 서술하고 있으므로 문맥상 빈칸 (B)에는 By contrast가 적절하다. 따라서 (A), (B)에 들어갈 말로 가장 적절한 것은 ②이다.

망자와의 관계 유지에 대한 믿음은 문화마다 다르다. 예를 들면, 일본의 종교의식에서는 고인과의 유대를 유지하는 것이 받아들여지고 지속된다. 하지만 Arizona의 Hopi 인디언들 사이에서는 고인이 가능한 한 빨리 잊고 삶은 평소처럼 계속된다. (A) 실제로, Hopi의 장례 의식은 인간과 영혼 사이의 단절로 마무리된다. 애도의 다양성이 두 이슬람교 사회, 즉 이집트와 발리에서보다 더 극명한 곳은 없다. 이집트의 이슬람교도 사이에서 유족들은 비극적인 이야기에 유사하게 공감하고, 그들의 슬픔을 표현하는 다른 사람들에게 둘러싸여 슬픔에 오래 잠겨있도록 권장된다. (B) 반대로, 발리에서는 이슬람교 유족들이 슬퍼하기보다는 웃고 기뻐하도록 권장된다.

VOCA

- tie (강한) 유대(관계)
- vary 다르다
- the deceased 고인
- sustain 계속하다, 지속하다
- ritual 의식
- funeral 장례
- conclude with ~로 마무리짓다
- break-off 단절, 분리
- mortal (특히 아무 힘없는 일반 보통) 사람[인간]
- diversity 다양성
- grieve 비통해 하다, 애도하다
- the bereaved 유족
- dwell on ~을 곱씹다, 숙고하다
- at length 오래
- grief 슬픔
- relate to ~에 공감하다
- tragic 비극적인
- account (있었던 일에 대한) 설명[이야기/말]

16 난도 ★★☆   정답 ④

독해 > 빈칸 완성 > 단어·구·절

[정답의 이유]

세 번째 문장에서 'Warm ocean water moving underneath the vast glaciers is causing them to melt even more quickly(거대한 빙하 아래에서 움직이는 따뜻한 바닷물이 빙하를 훨씬 더 빨리 녹게 하고 있다)'라고 했으며, 제시문의 중후반에서 이와 관련된 구체적인 연구 결과에 관해 제시하고 있으므로 문맥상 빈칸에 가장 적절한 것은 빙하가 더 빨리 녹는 과정에 대한 표현인 ④ 'accelerating(가속화하는)'이다.

[오답의 이유]

① 분리시키는
② 지연시키는
③ 방지하는

과학자들은 더 높아진 대기 온도로 인해 그린란드 빙하의 표면이 녹고 있다는 것을 오래 전부터 알고 있었다. 하지만 새로운 연구는 아래로부터 빙하를 공격하기 시작한 또 다른 위협을 발견했는데, 거대한 빙하 아래에서 움직이는 따뜻한 바닷물이 빙하를 훨씬 더 빨리 녹게 하고 있다는 사실이다. 이 연구 결과는 그린란드 북동부에 위치한 빙하 79N(Nioghalvfjerdsfjorden Glacier)의 많은 'ice tongue' 중 하나를 연구한 연구자들에 의해 *Nature Geoscience*지에 실렸다. ice tongue은 육지에서 얼음이 떨어지지 않은 채로 물 위에 떠다니는 긴 얼음 조각이다. 이 과학자들이 연구한 그 거대한 ice tongue은 길이가 거의 50마일이다. 이 조사는 대서양에서 나온 따뜻한 물이 폭 1마일 이상의 수중 해류를 이루어 빙하로 직접 흘러갈 수 있으며, 많은 양의 열을 얼음과 접촉시켜 빙하가 녹는 것을 가속화하는 것을 밝혀냈다.

VOCA

- contribute to ~의 원인이 되다, ~에 기여하다
- ice sheet 대륙빙하
- glacier 빙하
- finding (조사·연구 등의) 결과, 결론
- strip 가느다랗고 긴 조각, 좁고 기다란 육지[바다]
- massive 거대한
- reveal 밝히다, 드러내다
- current 흐름, 해류, 기류

17 난도 ★★☆   정답 ③

독해 > 대의 파악 > 제목, 주제

[정답의 이유]

첫 문장에서 'Do people from different cultures view the world differently?'라고 질문하고, 이에 대한 답변으로 한 심리학자의 실험 결과를 제시하고 있다. 일본과 미국 학생들에게 동일한 수중 물체의 애니메이션 장면을 보여주었을 때 서로 다른 것에 초점을 두었다는 예시를 들어 서로 다른 문화권의 사람들이 세상을 어떻게 다르게 보는지 설명하고 있으므로 글의 제목으로 적절한 것은 ③ 'Cultural Differences in Perception(인지에 있어서의 문화적 차이)'이다.

[오답의 이유]

① 일본인과 미국인 사이의 언어 장벽
② 뇌 안에서의 사물과 배경의 관련성
④ 꼼꼼한 사람들의 우수성

본문해석

다른 문화권의 사람들은 세상을 다르게 볼까? 한 심리학자가 일본과 미국 학생들에게 물고기와 다른 수중 물체의 사실적인 애니메이션 장면을 보여주며 그들이 본 것을 보고하도록 요구했다. 미국인들과 일본인들은 주요 물고기 수에 대해서는 거의 동일한 수를 언급했지만, 일본인들은 물, 바위, 거품, 그리고 비활동적인 동식물을 포함한 배경 요소들에 대해 60% 이상 더 많이 언급했다. 게다가, 일본과 미국의 참가자들은 활동적인 동물을 포함한 움직임에 대해서는 거의 동일한 수를 언급했지만, 일본의 참가자들은 비활동적인 배경 물체와 관련된 관계에 대해 거의 두 배 가까이 더 많이 언급했다. 아마도 가장 강력하게, 일본인 참가자들의 첫 문장은 환경을 나타내는 문장일 가능성이 높았던 반면, 미국인 참가자들의 첫 문장은 주요 물고기를 가리키는 문장이었을 가능성이 3배 더 많았다는 것이다.

VOCA

- reference 언급
- focal 중심의, 초점의
- inert 비활성의, 비활동적인
- tellingly 강력하게
- language barrier 언어 장벽
- association 연상, 유대, 제휴

를 뇌로 순환시키기 더 쉽다. 우주 비행사와 전투기 조종사 같은 일부 사람들은 중력에 대한 신체 저항을 증가시키기 위해 특별한 훈련 연습을 받는다.

VOCA

- circulate 순환시키다, 보내다
- gravitational force 중력, 인력
- localize 국한시키다[국부적이 되게 하다]
- momentary 순간적인
- endure 견디다
- sustain 지속[계속]시키다
- withstand 견디다, 참다
- deadly 치명적인
- deprive 빼앗다, 부족하게 하다
- horizontal 가로의, 수평의
- tend to ~하는 경향이 있다
- tolerable 참을 수 있는, 견딜 수 있는
- pool 모이다, 고이다
- astronaut 우주비행사
- undergo 받다, 겪다
- resistance 저항

---

18 난도 ★★★ 정답 ④

독해 > 글의 일관성 > 문장 삽입

정답의 이유

주어진 문장이 Thus(따라서)로 시작하므로 주어진 문장 앞에서는 혈액이 뇌로 더 잘 순환될 수 있는 상황을 제시해 주어야 하는데, ③ 다음에서 '앉거나 서 있는 대신 신체를 수평으로 하거나 누울 때 가해지는 지속적인 중력은 혈액이 다리가 아닌 등에 고이기 때문에 사람들이 더 잘 견딜 수 있는 경향이 있다.'라고 했으므로 문맥상 주어진 문장이 들어갈 위치로 가장 적절한 곳은 ④이다.

본문해석

사람들은 다양한 방식으로 중력(g-force)에 노출될 수 있다. 그것은 등을 두드릴 때처럼 신체의 한 부위에만 영향을 미치는 국부적인 것일 수 있다. 그것은 또한 자동차 충돌사고 시 겪는 강한 힘처럼 순간적일 수도 있다. 중력의 세 번째 유형은 최소 몇 초 동안 이어지는 지속적인 것이다. 전신에 걸친 지속적인 중력이 사람들에게 가장 위험하다. 신체는 보통 지속적인 중력보다 국소적이거나 순간적인 중력을 더 잘 견디는데, 지속적인 중력은 혈액이 다리로 몰려 신체 나머지 부분에서 산소를 빼앗기 때문에 치명적일 수 있다. 앉거나 서 있는 대신 신체를 수평으로 하거나 누울 때 가해지는 지속적인 중력은 혈액이 다리가 아닌 등에 고이기 때문에 사람들이 더 잘 견딜 수 있는 경향이 있다. 따라서 심장이 혈액과 생명을 주는 산소

---

19 난도 ★★☆ 정답 ①

독해 > 대의 파악 > 요지, 주장

정답의 이유

첫 문장 후반부에서 '~ you're usually better off proposing all your changes at once.'라고 주장하며, 제안에 대한 협상을 한꺼번에 제시할 것을 조언하고 있다. 이어서 원하는 것을 한 가지씩 차례로 요구했을 경우 그로 인해 부정적인 결과가 야기될 수 있음을 암시하고 있다. 따라서 글의 요지로 가장 적절한 것은 ① 'Negotiate multiple issues simultaneously, not serially(여러 문제를 연속적이 아니라 동시에 협상해라).'이다.

오답의 이유

② 성공적인 협상을 위해 민감한 주제를 피하라.
③ 여러분의 협상을 위해 알맞은 시간을 선택하라.
④ 임금 협상을 할 때 너무 직설적으로 하지 마라.

만약 누군가 여러분에게 제안하고 여러분이 그 일부에 대해 정당하게 걱정된다면, 보통 여러분의 모든 변경 요청을 한꺼번에 제안하는 것이 더 낫다. "월급이 좀 적어요. 어떻게 좀 해주시겠어요?"라고 말하고 나서 그녀가 작업을 마치면 "고맙습니다. 이제 제가 원하는 다른 두 가지가 있는데…"라고 말하지 마라. 처음에 한 가지만 요구한다면, 그녀는 그 한 가지가 해결된다면 여러분이 그 제안을 받아들일 준비가 되어 있다고 (적어도 결정을 내릴 준비가 되어 있다고) 생각할지 모른다. 만약 여러분이 계속해서 "그리고 한 가지 더…"라고 말한다면, 그녀는 관대하거나 이해심 많은 기분으로 계속 있지 않을 가능성이 높다. 게다가, 만약 여러분의 요구사항이 한 가지 이상이라면, 그 모든 것들을 A, B, C, D라고 단순히 언급하지 말고, 그것들 각각이 여러분에게 갖는 상대적 중요성에 대한 신호를 보내라. 그러지 않으면, 그녀는 여러분에게 제공하기 상당히 쉽다는 이유로 여러분이 가장 덜 중요하게 여기는 두 가지를 고르고, 여러분과 타협했다고 느낄지도 모른다.

VOCA

- legitimately 정당하게, 합법적으로
- be concerned about ~에 관심을 가지다, 걱정하다
- better off ~하는 것이 더 나은
- at once 동시에, 한번에
- initially 초기에, 처음에
- assume 추정하다, 가정하다
- relative 상대적인
- otherwise 그렇지 않으면
- meet ~ halfway ~와 타협[절충]하다
- negotiate 협상하다
- simultaneously 동시에, 일제히
- serially 연속으로

20 난도 ★★★　　　　　　　　　　　　정답 ③

독해 > 글의 일관성 > 글의 순서

정답의 이유

주어진 글에서 두 번째 문장의 certain characteristics는 (B)의 첫 문장에서 these characteristics로 이어지고, (B)의 this idea에 관한 예시를 (C)에서 For example로 설명하고 있다. 마지막으로 획득형질 유전을 위해서는 DNA 변형이 필요하다는 (C)의 내용을 (A)에서 this로 받아 이것이 일어난다는 증거는 없지만 Lamarck의 가설이 Darwin의 장을 마련하는 데 도움이 되는 중요한 의미가 있다고 마무리 짓는 것이 자연스럽다. 따라서 글의 순서로 가장 적절한 것은 ③ '(B) - (C) - (A)'이다.

오늘날, Lamarck는 적응이 어떻게 진화하는지에 대한 잘못된 설명으로 대부분 부당하게 기억된다. 그는 유기체가 특정 신체 부위를 사용하거나 사용하지 않음으로써 특정 형질을 발달시킨다고 제안했다.

(B) Lamarck는 이러한 형질이 자손에게 전해질 것이라고 생각했다. Lamarck는 이 발상을 '획득형질 유전'이라고 불렀다.

(C) 예를 들어, Lamarck는 캥거루의 강력한 뒷다리는 그 조상들이 점프로 그들의 다리를 강화시키고, 그 획득된 다리 힘을 자손에게 전한 결과라고 설명할 수 있다. 그러나 획득된 형질이 유전되려면 특정 유전자의 DNA를 어떻게든 변형시켜야 할 것이다.

(A) 이것이 일어난다는 증거는 없다. 그럼에도 불구하고, 유기체가 자신의 환경에 적응할 때 진화가 일어난다는 Lamarck의 제안에 주목하는 것은 중요하다. 이 발상이 Darwin을 위한 장을 마련하는 데 도움이 되었다.

VOCA

- unfairly 부당하게, 불공평하게
- adaptation 적응, 순응
- organism 유기체, 생물
- adapt to ~에 적응하다
- set the stage for ~을 위한 장을 마련하다
- pass on 넘겨주다, 물려주다, 전달하다
- offspring 자식, 자손, 새끼
- inheritance 유전
- acquire 획득하다, 얻다
- ancestor 조상
- somehow 어떻게든
- modify 변형하다, 수정하다
- gene 유전자

영어 | 2021년 국가직 9급

한눈에 훑어보기

 영역 분석

어휘   01   02   03   04
4문항, 20%

독해   05   07   09   10   13   16   17   18   19   20
10문항, 50%

어법   06   08   14   15
4문항, 20%

표현   11   12
2문항, 10%

 빠른 정답

01	02	03	04	05	06	07	08	09	10
①	②	②	④	④	②	③	③	④	④
11	12	13	14	15	16	17	18	19	20
①	②	④	④	②	①	②	③	④	①

점수 체크

구분	1회독	2회독	3회독
맞힌 문항 수	/ 20	/ 20	/ 20
나의 점수	점	점	점

01 난도 ★★☆   정답 ①

어휘 > 어구

정답의 이유

밑줄 친 in conjunction with는 '~와 함께'의 뜻으로 이와 의미가 가장 가까운 것은 ① 'in combination with(~와 결합하여)'이다.

오답의 이유

② ~에 비해서
③ ~ 대신에
④ ~의 경우

 본문해석

사회적 관행으로서의 사생활은 다른 사회적 관행과 함께 개인의 행위를 형성하므로 사회생활의 중심이 된다.

VOCA

• shape   형성하다, 형태를 주다
• privacy   사생활
• practice   관행
• be central to   ~의 중심이 되다

02 난도 ★☆☆   정답 ②

어휘 > 단어

정답의 이유

밑줄 친 pervasive는 '만연하는, 널리 퍼지는'의 뜻으로 이와 의미가 가장 가까운 것은 ② 'ubiquitous(어디에나 있는, 아주 흔한)'이다.

오답의 이유

① 기만적인, 현혹하는
③ 설득력 있는
④ 처참한

본문해석

재즈의 영향은 너무 만연해서 대부분의 대중음악은 재즈에 그 양식의 뿌리를 두고 있다.

VOCA

• owe A to B   A는 B 덕분이다, A를 B에게 빚지다
• stylistic   양식의

03 난도 ★★☆   정답 ②

어휘 > 단어

정답의 이유

밑줄 친 vexed는 '짜증 난, 화난'의 뜻으로 이와 의미가 가장 가까운 것은 ② 'annoyed(짜증 난, 약이 오른)'이다.

오답의 이유

① 냉담한, 무정한
③ 평판이 좋은
④ 자신감 있는

 본문해석

> 이 소설은 사업을 시작하기 위해 학교를 그만 둔 다루기 힘든 10대 청소년의 짜증 난 부모에 관한 것이다.

VOCA

• vexed   화가 난, 짜증 난, 골치 아픈
• unruly   제멋대로 구는, 다루기 힘든
• quit   그만두다

04 난도 ★★☆   정답 ④

어휘 > 어구

정답의 이유

④ 밑줄 친 부분 다음의 the police station으로 미루어 문맥상 시위자들의 행위로 가장 적절한 표현은 'break into(침입하다, 난입하다)'이다.

오답의 이유

① ~줄을 서다
② ~을 나눠 주다
③ 계속가다

 본문해석

> 한 무리의 젊은 시위자들이 경찰서에 난입하려고 시도했다.

VOCA

• demonstrator   시위 참가자, 논쟁자
• attempt   시도하다

05 난도 ★★☆   정답 ④

독해 > 세부 내용 찾기 > 내용 (불)일치

정답의 이유

마지막 문장에서 '~ and slavery was also an institution in many African nations, ~'라고 했으므로 글의 내용과 일치하는 것은 ④ 'Slavery existed even in African countries(노예제도는 심지어 아프리카 국가들에도 존재했다).'이다.

오답의 이유

① 아프리카 노동자들이 자발적으로 아메리카 대륙으로 이주했다.
→ 첫 번째 문장에서 'The most notorious case of imported labor is of course the Atlantic slave trade, ~'라고 했으므로 글의 내용과 일치하지 않는다.

② 유럽인들은 노예 노동을 이용한 최초의 사람들이었다. → 두 번째 문장에서 '~ earlier, the ancient Egyptians used slave labor to build their pyramids, early Arab explorers were often also slave traders ~'라고 했으므로 글의 내용과 일치하지 않는다.

③ 아랍의 노예제도는 더 이상 어떠한 형태로도 존재하지 않는다. → 두 번째 문장의 마지막 부분에서 '~ and Arabic slavery continued into the twentieth century and indeed still continues in a few places.'라고 했으므로 글의 내용과 일치하지 않는다.

본문해석

> 수입 노동의 가장 악명 높은 사례는 당연히 대서양 노예매매인데, 이것은 대규모 농장을 운영하기 위해 천만 명에 달하는 아프리카인 노예들을 아메리카 대륙으로 이주시켰다. 그러나 유럽인들이 노예제도를 가장 대규모로 실행하기는 했지만, 그들이 노예를 자신들의 지역사회로 데려온 유일한 사람들이 결코 아니었다. 일찍이 고대 이집트인들은 그들의 피라미드 건설에 노예 노동을 이용했고, 초기 아랍의 탐험가들은 종종 노예 상인이었으며, 아랍의 노예제도는 20세기까지 계속되었고, 실제로 몇몇 지역에서는 여전히 지속되고 있다. 아메리카 대륙에서 일부 원주민 부족들은 다른 부족의 원주민들을 노예로 삼았으며, 또한 노예제도는 특히 식민지 시대 이전에 다수의 아프리카 국가들에서는 하나의 관행이었다.

VOCA

• notorious   악명 높은
• enslave   노예로 만들다
• plantation   대규모 농장
• slavery   노예제도
• by no means   결코 ~이 아닌
• tribe   부족
• institution   관습, 제도
• colonial   식민지의
• voluntarily   자발적으로

06 난도 ★★☆   정답 ②

어법 > 정문 찾기

정답의 이유

② since는 '~ 이래로'의 뜻으로 since가 포함된 전명구 또는 시간 부사절의 시제는 과거이며, 주절의 시제는 '기간'을 나타내는 현재완료 또는 현재완료진행이 사용된다. 따라서 have lived의 현재완료시제와 since I started의 과거시제가 모두 바르게 사용되었다.

① 간접의문문의 어순은 '의문사 + 주어 + 동사'가 되어야 하므로 where should you visit → where you should visit가 되어야 한다.

③ 감정유발동사(excite)는 주어가 감정의 원인일 경우 현재분사(-ing)를 쓰고, 주어가 감정을 느끼는 경우 과거분사(-ed)를 쓴다. 소설이 흥미진진한 감정을 일으키는 것이므로 excited → exciting이 되어야 한다.

④ 부가의문문에서 부정문일 때 긍정부가의문문을 사용하고, 긍정문일 때 부정부가의문문을 사용한다. 동사가 be동사의 부정(is not)이므로 doesn't it → is it이 되어야 한다.

본문해석

① 이 안내책자는 여러분이 홍콩에서 어디를 방문해야 하는지를 알려준다.

② 나는 대만에서 태어났지만, 일을 시작한 이래로 나는 한국에서 살고 있다.

③ 그 소설은 너무 재미있어서 나는 시간 가는 줄 몰랐고 버스를 놓쳤다.

④ 서점들이 더 이상 신문을 취급하지 않는 것은 놀랍지 않다. 그렇지요?

VOCA

• lose track of time 시간 가는 줄 모르다
• carry (가게에서 품목을) 취급하다

07 난도 ★★☆　　　　　　　　　　정답 ③

독해 > 대의 파악 > 제목, 주제

정답의 이유

제시문은 기후 변화와 물고기의 크기 감소에 관한 내용으로, 주제문은 따뜻한 수온과 바닷물 속의 산소 감소가 물고기의 크기를 줄어들게 할 것이라는 연구 결과를 언급하고 있는 첫 번째 문장이다. 그 이후에 구체적인 연구 내용에 대해 제시하고 있으므로 글의 제목으로 가장 적절한 것은 글의 중심 소재인 climate change, shrink, fish가 모두 포함된 ③ 'Climate Change May Shrink the World's Fish(기후 변화가 세계의 물고기 크기를 줄어들게 할 수 있다)'이다.

오답의 이유

① 현재 어류는 이전보다 더 빨리 성장한다
② 해양 온도에 미치는 산소의 영향
④ 해양생물이 낮은 신진대사로 생존하는 법

본문해석

따뜻해지는 기온과 바닷물 속 산소의 감소는 참치와 그루퍼부터 연어, 진환도상어, 해덕, 대구에 이르기까지 수백 종의 어종을 이전에 생각했던 것보다 더 많이 줄어들게 할 것이라고 새로운 연구는 결론지었다. 더 따뜻해진 바다는 신진대사를 활성화하기 때문에, 물고기와 오징어, 다른 수중 호흡 생물들은 바다에서 더 많은 산소를 흡수해야 할 것이다. 동시에, 온도가 상승하는 바다는 이미 해양의 많은 곳에서 산소 이용 가능성을 감소시키고 있다. University of British Columbia의 과학자 두 명은 주장하기를, 물고기의 몸통이 그들의 아가미보다 더 빠르게 자라기 때문에, 이 동물들은 결국 정상적으로 성장을 지속할 수 있을 만큼의 충분한 산소를 얻지 못하게 될 것이라고 한다. 저자 William Cheung은 말하기를, "우리가 발견한 것은 수온이 1도 상승할 때마다 물고기의 크기가 20~30퍼센트 줄어든다는 것이다."라고 한다.

VOCA

• shrink 줄어들게[오그라지게] 하다
• grouper 그루퍼(농엇과(科)의 식용어)
• thresher shark 진환도상어
• haddock 해덕(대구와 비슷하나 그보다 작은 바다고기)
• cod 대구
• conclude 결론 내리다
• metabolism 신진대사
• draw (연기나 공기를) 들이마시다[빨아들이다]
• argue 주장하다
• gill 아가미
• sustain 유지하다, 지탱하다, 지속하다

08 난도 ★★☆　　　　　　　　　　정답 ③

어법 > 비문 찾기

정답의 이유

③ which 앞에 선행사가 없고, which 다음 문장이 목적어가 없는 불완전한 문장이다. 또한 문맥상 '많은 사람들이 믿는 것'이 되어야 하므로 관계대명사 which는 명사절 접속사 what이 되어야 한다.

오답의 이유

① 타동사 realize의 뒤에 목적어가 없고, 주어 its potential은 '인식되는' 대상이므로 to부정사의 수동 형태(to be realized)가 올바르게 사용되었다.

② involve는 동명사를 목적어로 취하는 완전타동사로, creating은 타동사 involve의 목적어로 쓰였으므로 동명사 creating이 올바르게 사용되었다.

④ made 앞에 is가 생략된 수동태이다. 단수 주어(Valuable vacant land)에 맞춰 be동사가 is로 수일치되어 (is) made가 되었으며, 목적격 보어로 형용사 productive가 올바르게 사용되었다.

도시 농업(UA)은 오랫동안 도시에서는 마땅한 장소가 없는 비주류 활동이라고 무시되어 왔다. 그러나, 그것의 잠재력이 인식되기 시작하고 있다. 사실, 도시 농업(UA)은 식량 자립에 관한 것이다. 그것은 일자리 창출을 포함하며, 특히 가난한 사람들을 위한 식량 불안정에 대한 반응이다. 많은 사람들이 믿는 것과는 반대로, 도시 농업(UA)은 모든 도시에서 발견되는데, 그곳에서 이것은 때로 숨겨져 있거나, 때로는 확연히 보인다. 주의 깊게 살펴보면, 대도시에서는 사용되지 않는 공간이 거의 없다. 귀중한 공터는 방치된 곳이 거의 없고, 공식적으로든 비공식적으로든 종종 점유되어 있으며, 생산적이다.

VOCA

- urban 도시의
- agriculture 농업
- dismiss 묵살하다, 일축하다, 치부하다
- fringe 비주류의, 주변의, 둘레 가장자리
- self-reliance 자립, 자기 의존
- insecurity 불안정
- obvious 명백한, 분명한
- vacant 빈
- idle 비어 있는, 노는
- take over 탈취, 인계; 차지하다, 인수하다
- productive 생산적인

 더알아보기

명사절 접속사 what

- what은 의문대명사(무엇) 외에 '~하는 것(the thing which)'이라는 뜻으로 문장에서 주어, 목적어, 보어 역할을 하는 명사절을 이끈다.

  예 I don't want to remember what they did to me.
  → to remember의 목적어
  (난 그들이 내게 한 짓을 기억하고 싶지 않다.)

  예 What is a medium size in Japan is a small size in here.
  → 주어
  (일본에서 중 사이즈는 여기서 소 사이즈이다.)

  예 That is what I mean. → 보어
  (그것이 내가 의미하는 것이다.)

- what = 선행사+관계대명사

  예 She didn't understand what I said.
  = She didn't understand the fact that I said.
  (그녀는 내가 한 말을 이해하지 못했다.)

- what절은 형용사절이 아니라 명사절이므로 선행사가 없고, 이어지는 절이 불완전하다.
- 관계대명사절은 선행사를 수식하는 형용사절이다.

• 관계대명사 vs. what

선행사	접속사	관계절 형태
있다	관계대명사 (that/which/who/whom)	주어+동사 동사+목적어
없다	what	불완전한 절(주어 또는 목적어가 없음)

09 난도 ★★☆   정답 ④

독해 > 글의 일관성 > 문장 삽입

정답의 이유

For example(예를 들어)로 시작하는 주어진 문장에서 '다수의 자료를 보관하고 있는 New Jersey 주의 기록보관소'의 구체적으로 예시를 제시하고 있으므로 주어진 문장 이전에는 '기록보관소의 다양한 자료 보관'에 대한 일반적인 내용이 제시되어야 한다. ④ 앞의 문장에서 'many state and local archives ~ an amazing, diverse resource.'가 언급된 다음에, 'for example, the state archives of New Jersey ~'로 이어받는 것이 자연스러우므로 문맥상 주어진 문장이 들어갈 위치로 가장 적절한 곳은 ④이다.

본문해석

기록보관소는 오디오에서 비디오, 신문, 잡지, 인쇄물들까지 자료들의 귀중한 발굴물이다.: 이 자료들은 어떠한 역사 탐지 조사에서도 필수적으로 만든다. 도서관과 기록보관소가 동일하게 보일 수 있지만, 그 차이는 중요하다. 기록보관소의 수집품들은 거의 항상 1차 자료들로 구성되어 있지만, 도서관에는 2차 자료들이 있다. 한국 전쟁에 대해 좀 더 배우기 위해, 여러분은 역사책을 보러 도서관에 갈 것이다. 정부 문서나 한국 전쟁 당시 군인들이 쓴 편지를 읽고 싶다면, 여러분은 기록보관소로 갈 것이다. 만약 정보를 찾고 있다면, 여러분을 위한 기록보관소에 있을 가능성이 있다. 대다수 주 정부 기록보관소와 지역 기록보관소는 공적인 기록을 저장하는데, 그것들은 놀랍도록 다양한 기록들이다. 예를 들어, New Jersey의 주 기록보관소는 30,000 입방 피트 이상의 문서와 25,000 릴 이상의 마이크로 필름을 보유하고 있다. 주 정부 기록물을 온라인으로 검색하면, 입법부의 회의록보다 훨씬 더 많은 내용이 포함되어 있음을 즉시 보여줄 것이다. 정부 무상 불허지에 대한 자세한 정보가 발견될 수 있으며, 옛 마을지도, 범죄 기록 그리고 행상인 면허 신청서같이 특이한 것들도 발견된다.

VOCA

- archive 기록[공문서] 보관소
- trove 발견물, 수집물
- cubic feet 입방 피트
- reel (실·밧줄·녹음테이프·호스 등을 감는) 릴, 감는 틀
- treasure trove 보고, 매장물, 귀중한 발견
- indispensable 불가결의, 필수적인

- investigation 조사, 연구
- be made up of ~로 구성되다
- primary source (연구·조사 등의) 1차 자료
- secondary source 2차 자료(집필자가 원저작물이 아닌 다른 저작물을 통해 정보를 얻은 자료)
- chances are 아마 ~일 것이다, ~할 가능성이 충분하다
- diverse 다양한
- minutes 회의록
- legislature 입법부, 입법 기관
- land grant (대학·철도의 부지로서) 정부가 주는 땅, 무상 불허지
- oddity 괴짜, 괴상한 사람, 이상한 물건
- peddler 행상인

---

10 난도 ★★☆ 정답 ④

독해 > 글의 일관성 > 무관한 어휘·문장

정답의 이유

전체적으로 번아웃의 개념을 설명하는 글로, 번아웃이라는 용어의 개념을 감정적 소모, 개인적 성취감의 결여, 비인격화라는 세 가지 측면으로 나누어 설명하고 있다. ④는 번아웃과 반대되는 동기부여에 관한 내용이므로 글의 흐름상 가장 어색한 문장이다.

본문해석

번아웃(burnout)이라는 용어는 업무 압박으로부터 '지치게 되는' 것을 의미한다. 번아웃은 일상의 업무 스트레스 요인이 직원들에게 피해를 준 결과 생기는 만성적인 질환이다. 가장 널리 채택된 번아웃 개념은 사회복지 노동자들에 대한 연구에서 Maslach와 그녀의 동료들에 의해 개발되었다. Maslach는 번아웃이 세 가지 상호 관련된 측면으로 구성되어 있다고 보았다. 첫 번째 측면인 '감정적 소모'는 사실상 번아웃 현상의 핵심이다. 근로자들은 피곤하고, 좌절하고, 기진맥진하거나 직장에서 더 이상 일할 수 없다고 느낄 때 '감정적 소모'를 겪는다. 번아웃의 두 번째 측면은 개인적 성취감의 결여이다. 이러한 번아웃 현상의 측면은 자신을 실패자로 보면서 효과적으로 직무요건을 달성할 수 없다고 여기는 근로자들을 가리킨다. 감정 노동자들은 신체적으로 지쳤지만 매우 의욕적으로 그들의 일을 시작한다. 번아웃의 세 번째 측면은 비인격화이다. 이러한 측면은 일의 일부로 타인들(예를 들면, 고객, 환자, 학생들)과 대면하여 의사소통해야 하는 근로자들만 해당된다.

VOCA

- burnout 극도의 피로
- wear out 지치다
- chronic condition 만성질환
- take a[its] toll on ~에 큰 피해[타격]를 주다
- dimension 규모, 차원, 관점
- used up 몹시 지친
- depersonalization 몰개인화, 비인격화
- relevant 관련 있는, 적절한

---

11 난도 ★☆☆ 정답 ①

표현 > 일반회화

정답의 이유

부엌의 위생 상태를 지적한 A가 빈칸 앞에서 'You know how important a clean kitchen is(깨끗한 주방이 얼마나 중요한지 알잖아요).'라고 했고, B가 빈칸 앞에서 'I'm sorry.'라고 했으므로 빈칸에 들어갈 B의 답변으로 가장 적절한 것은 ① 'I won't let it happen again(다시는 이런 일이 일어나지 않게 할게요).'이다.

오답의 이유

② 계산서를 지금 드릴까요?
③ 그게 제가 어제 그것을 잊어버린 이유예요.
④ 주문한 음식이 제대로 나오도록 할게요.

 본문해석

A: 어젯밤에 여기 있었나요?
B: 네, 마감 교대조로 일했어요. 왜 그러세요?
A: 오늘 아침에 주방이 엉망인 상태였어요. 스토브에 음식이 튀어 있었고, 제빙그릇은 냉동고에 있지 않았어요.
B: 제가 청소 체크리스트 점검을 잊어버린 것 같아요.
A: 깨끗한 주방이 얼마나 중요한지 알잖아요.
B: 죄송합니다. 다시는 이런 일이 일어나지 않게 할게요.

VOCA

- shift 교대 조
- mess 엉망인 상태
- spatter 튀기다
- ice tray 제빙그릇
- freezer 냉동고
- go over ~을 점검하다
- cleaning 청소

---

12 난도 ★☆☆ 정답 ②

표현 > 일반회화

정답의 이유

A가 감기에 걸린 B에게 비강 스프레이를 추천하는 상황의 대화문이다. 비강 스프레이를 써봤냐는 A의 질문 이후, 대화의 마지막에 B가 'I don't like to put anything in my nose, so I've never used it.'이라고 했으므로 B는 비강 스프레이 종류를 좋아하지 않아서 사용하지 않았다는 것을 알 수 있다. 따라서 빈칸에 적절한 것은 ② 'No, I don't like nose spray(아니, 난 비강 스프레이를 싫어해).'이다.

오답의 이유

① 응, 근데 도움이 되지 않았어.
③ 아니, 약국이 닫았어.
④ 응, 얼마나 써야 해?

A : 감기를 낫게 하기 위해 무엇을 좀 먹었니?

B : 아니, 나는 그냥 코를 많이 풀어.

A : 비강 스프레이 써봤어?

B : 아니, 난 비강 스프레이를 싫어해.

A : 그거 효과가 좋아.

B : 아니, 괜찮아. 나는 코에 무엇이든 넣는 걸 싫어해서 사용해 본 적이 없어.

VOCA

• pharmacy 약국

• take (약을) 먹다

• blow one's nose 코를 풀다

• nose spray 비강 스프레이

13 난도 ★☆☆   정답 ④

독해 > 세부 내용 찾기 > 내용 (불)일치

정답의 이유

열 번째 문장에서 'The driest deserts, such as Chile's Atacama Desert, have parts ~'라고 했으므로 글의 내용과 일치하지 않는 것은 ④ 'The Atacama Desert is one of the rainiest deserts(Atacama 사막은 비가 가장 많이 내리는 사막 중 하나이다).'이다. Atacama 사막은 연간 강수량이 2mm 미만인 가장 건조한 사막 중 하나이다.

오답의 이유

① 각 대륙에 적어도 하나의 사막이 있다. → 첫 번째 문장에서 '~ they are found on every continent(~ 그것들은 모든 대륙에서 찾아볼 수 있다)'라고 했으므로 글의 내용과 일치한다.

② Sahara는 세계에서 가장 큰 뜨거운 사막이다. → 여섯 번째 문장에서 'The largest hot desert in the world, northern Africa's Sahara, reaches temperatures of up to 50 degree Celsius ~(세계에서 가장 큰 뜨거운 사막인 북아프리카의 Sahara는 최대 섭씨 50도의 온도에 도달한다)'라고 했으므로 글의 내용과 일치한다.

③ Gobi 사막은 추운 사막으로 분류된다. → 일곱 번째 문장에서 'But some deserts are always cold, like the Gobi Desert in Asia ~(그러나 아시아의 Gobi 사막 같은 일부 사막은 항상 춥고 ~)'라고 했으므로 글의 내용과 일치한다.

 본문해석

사막은 지구 육지의 1/5 이상을 덮고 있으며, 모든 대륙에서 발견된다. 일 년에 25센티미터(10인치) 미만의 비가 오는 장소는 사막으로 여겨진다. 사막은 메마른 땅이라고 불리는 광범위한 지역의 일부이다. 이러한 지역들은 '수분 부족'인 상태인데, 그것은 이 지역들이 연간 강수량보다 증발을 통해서 수분을 더 많이 잃을 수 있다는 것을 의미한다. 사막은 덥다는 일반적 개념에도 불구하고, 추운 사막

도 있다. 세계에서 가장 큰 더운 사막인 북아프리카의 Sahara 사막은 낮 동안 섭씨 50도(화씨 122도)의 온도에 도달한다. 하지만 아시아의 Gobi 사막과 세계에서 가장 큰 남극과 북극의 극지방 사막 같은 일부 어떤 사막은 항상 춥다. 다른 사막들에는 산이 많다. 오직 20퍼센트의 사막들만이 모래로 뒤덮여 있다. 칠레의 Atacama 사막 같은 가장 건조한 사막에는 1년에 강수량이 2mm(0.08인치) 미만인 지역들이 있다. 그러한 환경은 너무 황량하고 다른 세상 같아서 심지어 과학자들은 화성의 생명체에 대한 단서를 찾기 위해 그것들을 연구해 왔다. 반면에, 몇 년마다, 유난히 비가 많이 오는 시기는 'super blooms'를 초래할 수 있는데, 심지어 Atacama 사막조차도 야생화들로 뒤덮이게 된다.

VOCA

• continent 대륙

• moisture deficit 수분 부족

• evaporation 증발

• precipitation 강수, 강수량

• conception 이해, 개념

• antarctic 남극

• arctic 북극

• mountainous 산이 많은, 산지의

• harsh 혹독한

• otherworldly 비현실적인, 초자연적인

• super bloom 슈퍼 블룸(사막에 일시적으로 들꽃이 많이 피는 현상)

• blanketed in ~이 짙게 드리운, 두텁게 내려 앉은

14 난도 ★☆☆   정답 ④

어법 > 영작하기

정답의 이유

④ '역시 그렇다'는 표현은 긍정문의 경우는 so를 사용하며, so 다음에서 주어와 동사가 도치된다. 이때 동사가 일반 동사이면 do를 대신 써서 도치해야 하는데, 주어가 her son이고 동사가 일반 동사의 과거형인 loved이므로 did를 사용하여 'so did her son'이 올바르게 쓰였다.

오답의 이유

① 'look forward to -ing'는 '~하기를 고대하다'의 뜻으로 이때 to는 전치사이므로 목적어로 동명사가 와야 하므로 to receive → to receiving이 되어야 한다.

② rise는 자동사로 목적어를 가질 수 없는데, rise 다음에 목적어 (my salary)가 있으므로 rise → raise가 되어야 한다.

③ '~할 만한 가치가 있다'는 'be worth -ing'를 써야 하므로 worth considered → worth considering이 되어야 한다.

VOCA

• reply 답장, 답

✅ **더알아보기**

'역시 그렇다'와 '역시 그렇지 않다'

- so+조동사[be 동사]+주어: '주어도 역시 그렇다'

  예 Jane went to the movies, and *so did her sister*.
  (Jane은 영화를 보러 갔고, 그녀의 여동생도 그랬다.)

  예 The answers people have come up with have changed a lot. *So has science* itself.
  (사람들이 생각해낸 해답은 많이 달라졌다. 과학 그 자체도 그렇다.)

- neither[nor]+조동사[be 동사]+주어: '주어도 역시 그렇지 않다'

  예 They didn't believe his story, and *neither did I*.
  (그들은 그의 이야기를 믿지 않았고, 나도 믿지 않았다.)

  예 Not all companies seek to accomplish the same goals, *nor do they* operate with identical cultures.
  (모든 회사가 동일한 목표를 달성하고자 하는 것은 아니며, 동일한 문화로 운영되는 것도 아니다.)

15 난도 ★☆☆ 정답 ②

어법 > 영작하기

정답의 이유

② '너무 ~해서 …하다'라는 표현은 'so[such] ~ that'의 부사절 접속사 구문으로 쓴다. such ~ that 표현의 경우 such 다음에 관사가 바로 오는 어순에 주의해야 한다. 'such+a[an]+형용사+명사'의 어순으로 바르게 사용되었다.

오답의 이유

① 'as if'는 '마치 ~인 것처럼'이라는 뜻의 접속사이므로 우리말 해석과 일치하지 않는다. '~일지라도'라는 양보의 의미가 되려면 '형용사[명사]+as+주어+동사'의 어순이 되어야 하므로 as if → as가 되어야 한다.

③ 'keep A -ing'는 'A가 계속 ~하게 하다'라는 의미이므로 우리말과 일치하지 않는 문장이다. 'A가 B 하는 것을 방해하다'라는 표현은 'keep A from B(-ing)'로 해야 한다. kept her advancing → kept her from advancing으로 고쳐야 한다.

④ if는 바로 다음에 or not과 함께 쓸 수 없으므로 if가 whether로 바뀌거나 or not을 문장 끝으로 이동시켜야 한다.

VOCA

- sincere 진실한
- advance 전진하다, 나아가다, 진보[향상]하다
- meteor 유성
- abolish 폐지하다

16 난도 ★☆☆ 정답 ①

독해 > 빈칸 완성 > 단어 · 구 · 절

정답의 이유

제시문은 영국인들의 온라인 쇼핑을 통한 소비 행태를 설명하는 내용으로, 두 번째 문장에서 소비자들은 온라인 쇼핑으로 고민 없이 옷을 사고 주요 의류 브랜드들이 저가의 옷들을 공급하기 때문에 소비자들은 그것들을 사서 두세 번 입고 버리는 일회용품 취급한다는 온라인 쇼핑의 문제점을 설명하고 있다. 빈칸 앞부분에서 '~ not only are people spending money they don't have ~(사람들은 그들이 갖고 있지도 않은 돈을 소비할 뿐만 아니라 ~)'라고 했으므로 문맥상 빈칸에는 ① 'they don't need(그들이 필요하지 않은)' 물건을 구입하는 데 돈을 쓰고 있다는 내용이 들어가는 것이 적절하다.

오답의 이유

② 생활필수품인
③ 곧 재활용될
④ 그들이 다른 사람들에게 물려줄 수 있는

📋 **본문해석**

소셜 미디어, 잡지 그리고 상점 진열장은 사람들에게 사야 할 것을 매일 쏟아내고, 영국 소비자들은 과거 어느 때보다 더 많은 옷과 신발을 구매하고 있다. 온라인 쇼핑은 소비자들이 고민하지 않고 쉽게 구매할 수 있다는 것을 의미하고, 주요 브랜드들이 그러한 저가의 옷들을 공급하고 있기 때문에, 그 옷들은 두세 번 정도 입고 버려지는 일회용품처럼 취급될 수도 있다. 영국에서, 일반 사람들은 매년 1000파운드 이상을 새로운 의류 구입에 할애하며, 이는 그들의 수입 중 약 4%에 해당한다. 그것은 많은 것처럼 들리지 않을지도 모르지만, 그 수치에는 사회와 환경에 대한 두 가지 훨씬 더 우려되는 추세(경향)가 숨어 있다. 첫째, 소비자 지출의 많은 부분이 신용카드를 통해 이루어진다. 영국인들은 현재 신용카드 회사에 성인 1인당 거의 670파운드의 빚을 지고 있다. 이것은 평균 의류구입비 예산의 66%이다. 또한, 사람들은 가지고 있지 않은 돈을 소비할 뿐만 아니라, 필요하지 않은 물건을 사기 위해서도 돈을 쓰고 있다. 영국은 1년에 30만 톤의 의류를 버리는데, 그것의 대부분이 쓰레기 매립지로 간다.

VOCA

- bombard 퍼붓다[쏟아 붓다]
- disposable 일회용의, 처분할 수 있는, 마음대로 쓸 수 있는
- income 소득, 수입
- figure 수치
- via (특정한 사람 · 시스템 등을) 통하여
- approximately 거의, 대략, 대체로
- wardrobe 옷장, 옷
- budget 예산
- landfill 쓰레기 매립지
- necessity(necessities) 필요(성), 필수품, 불가피한 일
- recycle 재활용하다

• hand down to ~로 전하다, 물려주다

17 난도 ★☆☆ 정답 ②

독해 > 빈칸 완성 > 단어 · 구 · 절

정답의 이유

빈칸 앞부분의 'Thus, only moderate savings are possible through improved efficiency, ~'에서 향상된 효율성을 통해서는 단지 중간 정도의 비용 절감만 가능하다고 했고, 그것은 가격상승을 ~하게 만든다고 했으므로 서비스의 향상(세심한 개인적 서비스)을 위해서 가격 상승이 불가피한 것을 유추할 수 있다. 빈칸 다음에서 'Thus, the clientele of the fine—dining restaurant expects, ~'에서 탁월함을 위해 지불할 준비가 되어 있다고 언급하고 있으므로 밑줄 친 부분에 들어갈 말로 가장 적절한 것은 ② 'inevitable(불가피한)'이다.

오답의 이유

① 터무니없는
③ 엉뚱한
④ 상상도 할 수 없는

본문해석

탁월함은 고급 레스토랑에서는 절대적인 전제 조건인데, 그 이유는 청구되는 가격이 필연적으로 높기 때문이다. 운영자는 식당을 효율적으로 만들기 위해 가능한 할 수 있는 모든 것을 하겠지만, 손님들은 여전히 신중하고 개인적인 서비스, 즉 고도로 숙련된 주방장에 의해 (손님들의) 주문대로 음식이 준비되고 숙련된 서버가 서빙하는 것을 기대한다. 이 서비스는, 말 그대로, 육체노동이기 때문에, 미미한 생산성 향상만이 가능하다. 예를 들어, 요리사, 서버 또는 바텐더는 인간 수행의 한계에 도달하기까지 겨우 조금만 더 빨리 움직일 수 있다. 따라서 향상된 효율성을 통해 약간의 절약만이 가능하여 가격 상승이 불가피하다. (가격 상승에 따라 소비자들이 더 안목 있게 된다는 것은 경제학의 자명한 이치이다.) 따라서 고급 레스토랑의 고객은 탁월함을 기대하고, 요구하며, 기꺼이 탁월함에 대한 비용을 지불한다.

VOCA

• excellence 뛰어남, 탁월함
• absolute 절대적인
• prerequisite 전제 조건
• skilled 숙련된
• manual labor 수공일, 육체노동
• marginal 미미한
• only so much 제한된, 고작 이 정도까지인, 한계가 있는
• moderate 적절한, 적당한
• escalation 상승
• axiom 자명한 이치, 공리, 격언
• discriminating 안목 있는
• clientele (어떤 기관 · 상점 등의) 모든 의뢰인들[고객들]

18 난도 ★★☆ 정답 ③

독해 > 글의 일관성 > 글의 순서

정답의 이유

주어진 글은 인간의 언어가 다른 동물들의 의사소통 체계와 비교하여 정교하다고 설명하고 있으므로 (C)의 영장류들조차도 기초적인 의사소통 체계 이상을 갖지 못한다는 내용으로 연결될 수 있다. 이어서 (A)에서 That said와 nevertheless를 시용해서 인간 외의 다른 많은 종들도 자연 환경에서 복잡한 의사소통을 한다는 내용으로 이어지는 게 자연스럽다. 결론적으로 (A)의 many species를 (B)에서 they로 받고, (A)의 '자연적 환경(natural settings)'과 대치되는 표현으로 (B)의 '인위적인 상황(artificial contexts)'을 제시하고 있다. 따라서 주어진 글 다음에 이어지는 글의 순서로 적절한 것은 ③ '(C) − (A) − (B)'이다.

본문해석

분명히, 인간의 언어는 원숭이나 영장류들의 명백히 제한된 발성 중에 두드러진다. 게다가 그것은 다른 형태 동물의 의사소통을 훨씬 능가하는 정교함을 보여준다.

(C) 심지어 우리와 가장 가까운 영장류 사촌들조차 수년 동안 집중적인 훈련을 거친 이후에도 기초적인 의사소통 체계 이상의 것은 습득하지 못하는 것처럼 보인다. 언어라는 복잡성은 확실히 한 종에만 국한된 고유한 특성이다.

(A) 그렇긴 해도, 인간의 언어에는 훨씬 못 미치지만, 그럼에도 불구하고 많은 종들이 자연환경에서 인상적으로 복잡한 의사소통 체계를 보인다.

(B) 그리고 그것들은 인간과 함께 키워질 때처럼, 인위적인 환경에서 훨씬 더 복잡한 체계를 배울 수 있다.

VOCA

• decidedly 확실히, 분명히, 단호히
• vocalization 발성(된 단어 · 소리), 발성(하기)
• ape 유인원
• sophistication 교양, 세련
• exhibit 드러내다, 보여주다
• artificial 인위적인, 인공적인
• context 상황, 환경
• primate 영장류
• incapable of ~할 수 없는
• rudimentary 가장 기본[기초]적인
• communicative 의사 전달의
• complexity 복잡성, 복잡함
• species—specific 한 종에만 국한된
• trait 특성

독해 > 대의 파악 > 제목, 주제

[정답의 이유]

제시문은 세계 자본주의의 영향과 반응에 관한 내용의 글이다. 세계화가 좋은 결과를 가지고 오긴 했지만, 저임금 노동자들을 착취하고 독점적 형태의 자본주의가 되었다고 비판하고, 이로 인해 자발적으로 민간단체 등에 가입하거나, 국제적 연합 세력 등이 생겨나는 등 여러 사회적 반응들이 나타났다고 기술하고 있으므로 글의 주제로 가장 적절한 것은 ④ 'The exploitative characteristics of global capitalism and diverse social reactions against it(세계 자본주의의 착취적인 성격과 그에 대한 다양한 사회적 반응들)'이다.

[오답의 이유]

① 과거 개발도상국에서 세계화에 대한 긍정적인 현상들
② 20세기의 사회주의의 쇠퇴와 자본주의의 출현
③ 세계 자본 시장과 좌익 정치 조직 간의 갈등

📖 **본문해석**

20세기 후반에 사회주의는 서양과 개발도상국의 넓은 지역에서 후퇴하고 있었다. 시장 자본주의의 발전이라는 새로운 국면 동안, 세계의 무역 거래 형태는 점점 상호 연결되었고, 정보 기술의 발달은 규제가 해제된 금융 시장이 순식간에 국가 경계를 초월하여 거대한 자본의 흐름을 바꿀 수 있다는 것을 의미했다. '세계화'는 무역을 활성화하고, 생산성 향상을 고취하고, 가격을 낮췄지만, 비평가들은 그것이 저임금 노동자들을 착취했고 환경 문제에 무관심하며, 제3 세계 자본주의라는 독점적인 형태의 지배를 받게 했다고 주장했다. 이러한 과정에 대해 항의하고 싶었던 서양 사회의 많은 급진주의자들은 소외된 좌파 정당들이 아니라 자발적인 단체들, 자선 단체 그리고 다른 비정부 단체들에 가입했다. 환경 운동 자체는 세계가 서로 연결되어 있다는 인식에서 성장했으며, 분산되어 있지만 성난 분노한 국제 이익 연합세력들이 부상했다.

[VOCA]

- retreat 후퇴, 철수
- interlink 연결하다
- deregulate 규제를 철폐하다
- boundary 경계
- allege 주장하다
- indifferent 무관심한
- subject A to B A를 B에 복종[종속]시키다
- monopolistic 독점적인
- marginalize (특히 사회의 진보에서) 처지다, 사회에서 소외되다
- interconnect 연결하다
- diffuse 분산되다, 확산되다
- coalition 연합(체)
- exploitative 착취적인

독해 > 대의 파악 > 분위기, 어조, 심경

[정답의 이유]

제시문은 우연히 특이한 돌을 발견한 어린 광부 Johnbull이 그것을 다른 광부에게 보여준 다음에 그 광부가 보인 반응을 보고 마음속으로 그 돌이 정말 보석일 수도 있다고 기대한다는 내용이다. 마지막 문장 'Could it be?'로 미루어 그 돌이 진짜 다이아몬드일지도 모른다는 기대감을 지니고 있음을 유추할 수 있으므로 Johnbull의 심경으로 가장 적절한 것은 ① 'thrilled and excited(신나고 흥분한)'이다.

[오답의 이유]

② 고통스럽고 낙담한
③ 거만하고 확신에 찬
④ 무심하고 무관심한

📖 **본문해석**

이글거리는 한낮의 태양 아래, 최근에 캐낸 자갈 더미에서 노란 달걀 모양의 돌멩이가 눈에 띄었다. 16살의 광부 Komba Johnbull은 호기심에 그것을 집어 들고 피라미드 모양의 납작한 면을 만지작거렸다. Johnbull은 다이아몬드를 본 적이 없었지만, 아무리 큰 발견물이라고 해도 그의 엄지손톱보다 크지 않을 거라는 사실 정도는 충분히 알고 있었다. 그럼에도 불구하고, 그 돌멩이는 다른 사람의 의견을 들어볼 만큼 충분히 특이했다. 그는 조심스럽게 정글 깊숙한 곳에서 진흙투성이 틈새 작업을 하고 있는 더 경험이 많은 광부들 중 한 명에게 그것을 가지고 갔다. 현장 감독은 그 돌을 보고 눈이 휘둥그레졌다. "그것을 주머니에 넣어라," 그가 속삭였다. "계속해서 캐라." 그 나이 많은 광부는 누군가가 그들이 뭔가 대단한 것을 발견했다고 생각한다면 위험해질 수 있다고 그에게 경고했다. 그래서 Johnbull은 해질 때까지 계속해서 삽질하면서, 가끔 멈추어 그의 주먹에 있는 그 무거운 돌을 움켜잡았다. 과연 그럴까?

[VOCA]

- blazing 불타는 듯한
- stand out 눈에 띄다, 두드러지다
- unearth 파다
- gravel 자갈
- merit 받을 만하다[자격/가치가 있다]
- second opinion 다른 사람의 의견
- sheepishly 소심하게
- gash (바위 등의) 갈라진 금[틈]
- pit boss (광산의) 현장 감독
- dig 파다
- shovel 삽, 부삽, 삽으로 푸다

영어 | 2020년 국가직 9급

한눈에 훑어보기

영역 분석

어휘   01   02   03   04
4문항, 20%

독해   08   09   10   13   14   15   16   17   18   19   20
11문항, 55%

어법   05   06   07
3문항, 15%

표현   11   12
2문항, 10%

빠른 정답

01	02	03	04	05	06	07	08	09	10
①	④	③	①	④	②	③	②	①	④

11	12	13	14	15	16	17	18	19	20
④	③	②	③	③	④	④	③	①	②

점수 체크

구분	1회독	2회독	3회독
맞힌 문항 수	/ 20	/ 20	/ 20
나의 점수	점	점	점

01 난도 ★☆☆   정답 ①

어휘 > 단어

[정답의 이유]

밑줄 친 candid는 '솔직한, 정직한'의 뜻으로 이와 의미가 가장 가까운 것은 ① 'frank(솔직한)'이다.

[오답의 이유]

② 논리적인

③ 암시된

④ 열정적인

 본문해석

전자레인지 모델과 스타일에 대한 광범위한 목록은 솔직한 고객 리뷰 및 가격대와 함께 가전제품 비교 웹사이트에서 이용할 수 있다.

[VOCA]

• extensive (다루는 정보가) 광범위한, 폭넓은
• microwave oven 전자레인지
• price range 가격대
• appliance (가정용) 기기

02 난도 ★★☆   정답 ④

어휘 > 단어

[정답의 이유]

밑줄 친 conspicuous는 '눈에 잘 띄는, 뚜렷한'의 뜻으로 이와 의미가 가장 가까운 것은 ④ 'noticeable(뚜렷한, 현저한)'이다.

[오답의 이유]

① 수동적인

② 수증기가 가득한

③ 위험한

 본문해석

Yellowstone이 사실상 화산 작용에 의해 만들어졌다는 것은 오랫동안 알려져 있었으며, 화산의 한 가지 특징은 일반적으로 눈에 잘 띈다는 것이다.

VOCA
• for a long time 오랫동안, 장기간
• volcanic 화산 작용에 의해 만들어진, 화산의
• in nature 사실상, 현실적으로

03 난도 ★☆☆ 정답 ③

어휘 > 어구

밑줄 친 inside out은 '(안팎을) 뒤집어'라는 의미로 겉과 속을 모두 잘 알고 있다는 의미인 '속속들이, 아주 자세히'로까지 그 의미가 확장될 수 있다. 문맥상 그가 도시를 '아주 자세히' 알기 때문에 길을 안내할 적임 자라는 것이므로 정답은 ③ 'thoroughly(완전히, 철저히)'이다.

오답의 이유

① 결국, 종내
② 문화적으로
④ 시험적으로, 망설이며

본문해석

그는 그 도시에 대해 속속들이 알고 있기 때문에, 당신에게 그곳에 어떻게 가는지 알려줄 적임자이다.

04 난도 ★★☆ 정답 ①

어휘 > 어구

정답의 이유

밑줄 친 pay tribute to는 '~에게 경의를 표하다'의 뜻으로 이와 의미가 가장 가까운 것은 ① 'honor(존경하다, 경의를 표하다)'이다.

오답의 이유

② 구성하다
③ 공표하다
④ 참여하다

본문해석

판지에, 눈에, 공작용 판지에 새겨진 메시지를 포함하여 그 팀에게 경의를 표하려는 수천 개의 소박한 시도들이 길을 따라서 있었다.

VOCA

• homespun 소박한
• tribute 헌사[찬사], 공물
• etch 아로새기다
• cardboard 판지
• construction paper 공작용 판지

05 난도 ★★☆ 정답 ④

어법 > 정문 찾기

정답의 이유

④ be related to는 '~와 관계가 있다'의 뜻으로 전치사(to)의 목적어로 간접의문문이 왔다. 간접의문문의 어순은 '의문사+형용사+명사+ 주어+동사'이므로 'how much gray the color contains'로 올바르 게 사용되었다.

오답의 이유

① 대명사(those)가 받는 대상이 단수명사(the traffic)이므로 those → that이 되어야 한다.
② 시간 · 조건 부사절에서 현재시제가 미래시제를 대신하므로 when절의 I'll be lying → I am lying이 되어야 한다.
③ '~하는 사람들'은 'the+형용사'이므로 the wealth → the wealthy가 되어야 한다.

본문해석

① 대도시의 교통은 소도시의 그것보다 더 혼잡하다.
② 다음 주에 해변에 누워 있을 때, 나는 너를 생각할 거야.
③ 건포도는 한때 값비싼 음식이어서 부유한 사람만 그것을 먹 었다.
④ 색의 명도는 그 색이 얼마나 회색을 포함하고 있는지와 관련 되어 있다.

VOCA

• raisin 건포도
• intensity 강도, 명도
• contain ~이 들어 있다

더알아보기

간접의문문의 어순
• 의문사가 이끄는 명사절이 문장의 일부가 되는 것을 간접의문문 이라고 한다.
• 간접의문문의 어순은 '의문사+주어+동사'이다.
예 How much she pays for her clothes or where she buys them does not interest her husband.
(그녀가 옷값을 얼마나 내는지 혹은 어디서 구입하는지는 남편 의 관심을 끌지 못한다.)
예 This guide book tells you where you should visit in Hong Kong.
(이 가이드북은 여러분이 홍콩에서 어디를 방문해야 하는지 알 려준다.)
• 의문대명사와 의문부사

의문대명사	who, what, which+불완전한 절
의문부사	when, where, why, how+완전한 절

예 I don't know what the password is.
(비밀번호가 뭔지 모르겠어요.)

06 난도 ★★☆　　　　　　　　　　　　　　정답 ②

어법 > 영작하기

정답의 이유

② '주장, 요구, 명령, 제안'을 나타내는 동사 다음에 that절이 오는 경우 that절의 동사는 '(should)+동사원형'이 되어야 하므로 동사원형 (cease)이 적절하게 사용되었다. cease는 자동사·타동사 둘 다 가능한데, 제시된 문장에서는 자동사로 쓰였다.

오답의 이유

① raise는 '발생시키다'라는 의미의 타동사로 목적어가 필요하다. have raised 다음에 목적어가 없으므로 수동태인 have been raised 또는 '(사건 등이) 발생하다'는 의미의 자동사인 arise를 써서 have arisen으로 고쳐야 한다.
③ 주절의 시제는 과거(had to fight)인데 종속절의 시제가 미래 (will blow)이므로 비문이다. 주절의 시제가 과거일 경우 종속절의 시제는 과거 또는 과거완료가 되어야 하므로 will blow → blew로 고쳐야 한다.
④ survive는 자동사로 '살아남다', 타동사로 '~보다 더 오래 살다'라는 뜻으로, 주어진 우리말에서 '살아남는다'라고 제시되었으므로 자동사로 사용되어야 한다. 따라서 are survived by → survive로 고쳐야 한다.

VOCA

• command 명령하다, 지시하다
• cease 중지하다, 그만두다
• harsh 혹독한, 가혹한

07 난도 ★★☆　　　　　　　　　　　　　　정답 ③

어법 > 영작하기

정답의 이유

③ promote는 타동사로 '승진시키다'의 뜻인데 promote의 목적어가 없고, 의미상 목적어인 him이 승진되는 것이므로 promoting → being promoted가 되어야 한다. 한편 prohibit은 완전타동사로서 'prohibit+목적어+from -ing'는 '목적어가 ~하는 것을 금지하다'의 뜻으로 적절하게 사용되었다.

오답의 이유

① 주어(Human beings)와 동사(adapt)의 수일치가 적절하며, 재귀대명사인 themselves 역시 올바르게 사용되었다.
② 'have no choice but to부정사' 구문은 '~하지 않을 수 없다'의 뜻으로 but 다음에 to부정사가 올바르게 사용되었다. cannot help but 동사원형, cannot help -ing로도 쓸 수 있다.

④ 가주어-진주어 구문으로 가주어(It), 진주어(to assemble and take apart the toy car)가 올바르게 사용되었다. 일반적으로 가주어-진주어 구문에는 난이형용사(easy, difficult 등)가 사용된다.

VOCA

• adapt (상황에) 적응하다
• assemble 조립하다; 모으다
• take apart 분해하다

08 난도 ★★☆　　　　　　　　　　　　　　정답 ②

독해 > 대의 파악 > 요지, 주장

정답의 이유

제시문은 대화에서의 듣기와 말하기의 조화가 중요하다는 내용으로 대화에서의 듣기의 역할을 언급하고, 경청 없이 말하는 것은 존중받지 않게 할 것이라고 설명하고 있다. 따라서 글의 요지로 적절한 것은 원만한 의사소통을 위해 상대방의 말을 잘 듣고, 동시에 자신의 의견을 목소리를 내어 주장해야 한다는 두 가지를 다 포함하는 ② 'We need to listen and speak up in order to communicate well(우리는 의사소통을 잘하기 위해서 경청하고 의견을 거리낌 없이 말할 필요가 있다).'이다.

오답의 이유

① 우리는 다른 사람들을 설득하기 위해 더 단호해야 한다.
③ 우리는 우리가 보는 세상에 대한 믿음을 바꾸기를 주저한다.
④ 우리는 오직 우리가 선택한 것만 듣고 다른 의견들을 무시하려고 한다.

📖 본문해석

다른 누군가의 생각을 듣는다는 것은 여러분 자신과 세상 안에서의 여러분의 위치뿐만 아니라, 여러분이 세상에 대해 믿는 이야기가 온전한지 알 수 있는 한 가지 방법이다. 우리는 모두 우리의 신념을 살펴보고, 그것들을 밖으로 내보내고 그것들이 숨쉬게 할 필요가 있다. 다른 사람들이, 특히 우리가 기본이라고 여기는 개념에 대해 말해야 하는 것을 듣는 것은 우리 정신과 마음에서 창문을 여는 것과 같다. 의견을 내는 것은 중요하다. 하지만 듣지 않고 의견을 내는 것은 냄비와 팬을 동시에 세게 치는 것과 같다. 비록 그것이 관심을 끌지라도, 존경받지는 못할 것이다. 대화가 의미 있어 지는 데는 세 가지 전제 조건이 있다. 1. 여러분이 무엇에 대해 말을 하고 있는지 알아야 한다. 이는 여러분이 독창적인 요점을 가지고 있으며 진부하고 독창성이 없거나 미리 만들어낸 주장을 그대로 따라 하지 않는다는 것을 의미한다. 2. 여러분은 여러분과 이야기하고 있는 사람들을 존중하고, 비록 그들의 입장에 동의하지 않더라도 기꺼이 그들을 정중하게 대해야 한다. 3. 여러분은 계속해서 좋은 유머와 안목을 가지고 주제에 대한 자신의 관점을 다루면서 상대방이 말하는 것을 경청할 만큼 충분히 똑똑하고 정보를 잘 알아야 한다.

VOCA
- intact 온전한
- air something out ～을 밖으로 내보내다
- foundational 기본의, 기초적인
- prerequisite 전제 조건
- worn-out 진부한, 흔해 빠진; 낡은
- hand-me-down 독창성 없는
- pre-fab 조립식의
- argument 주장, 논쟁
- authentically 진정으로, 확실하게
- courteously 예의바르게, 공손하게
- informed (특정 주제ㆍ상황에 대해) 잘 아는
- opposition (사업ㆍ경기 등에서의) 상대측
- perspective 관점, 시각
- uninterrupted 중단되지 않는, 연속된
- discernment 안목

---

09 난도 ★★☆　　　　　　　　　　　정답 ①

독해 > 대의 파악 > 제목, 주제

정답의 이유

첫 번째 문장에서 '미래'와 '변화'라는 핵심 소재를 제시하였으며, 이후에 미래는 불확실한 것이고 변화하는 미래에 예술이 어떤 기능을 하고, 변화에 반응하는 예술의 모습은 어떤지 구체적인 예시를 들면서 설명하고 있다. 따라서 글의 제목으로 가장 적절한 것은 ① 'What will art look like in the future(미래에 예술은 어떤 모습일 것인가)?'이다.

오답의 이유

② 지구온난화는 우리의 삶에 어떻게 영향을 미칠 것인가?
③ 인공지능은 환경에 어떻게 영향을 미칠 것인가?
④ 정치 운동으로 인해 어떤 변화가 생길 것인가?

본문해석

미래는 불확실할지도 모르지만 기후 변화, 인구통계의 변화, 지정학 같은 어떤 것들은 부인할 수 없는 명백한 사실이다. 단 한 가지 확실한 것은 변화가 있으리라는 점인데, 그 변화는 좋을 수도 있고 끔찍할 수도 있다. 예술이 현재와 미래에 어떤 목적으로 기능할지 뿐만 아니라, 이러한 변화에 예술가들이 어떻게 대응할지 고려할 가치가 있다. 보고서는 시사하기를 2040년까지 인간이 초래한 기후 변화의 영향은 피할 수 없을 것이며, 이는 20년 후 예술과 삶의 중심에서 큰 쟁점이 될 것이라고 한다. 미래의 예술가들은 포스트 휴먼과 포스트 인류세의 가능성, 즉 인공지능, 외계의 인간 식민지, 잠재적 파멸과 씨름할 것이다. #미투(MeToo)와 Black Lives Matter 운동을 중심으로 예술에서 볼 수 있는 정체성 정치는 환경주의, 국경정치, 이주가 더욱 확실하게 뚜렷해지면서 성장할 것이다. 예술은 더욱 다양해질 것이고 우리가 기대하는 것만큼 '예술처럼 보이지' 않을 수도 있다. 미래에, 우리는 모두가 볼 수 있는 온라인에서 보여

지는 우리의 삶에 지치고 우리의 사생활이 거의 없어지면, 익명성이 명성보다 더 바람직할 수도 있다. 수천, 수백만의 '좋아요'와 팔로워들 대신, 우리는 진실성과 관계를 갈망하게 될 것이다. 결과적으로, 예술은 개인적이기보다는 더 집단적이고 경험적인 것이 될 수 있다.

VOCA
- demographics 인구 통계 (자료)
- geopolitics 지정학
- guarantee 굳은 약속, 확약
- inescapable 피할 수 없는
- wrestle with ～을 해결하려고 애쓰다
- post-human 포스트 휴먼
- Anthropocene 인류세
- identity politics 정체성 정치학
- Black Lives Matter BLM 운동(아프리카계 미국인에 대한 경찰의 잔인함에 대항하는 비폭력 시민불복종 옹호 운동)
- come into focus (상황 따위가) 뚜렷해지다
- anonymity 익명(성)
- desirable 바람직한
- authenticity 진짜임, 진실성, 진정성
- collective 집단의, 공동의

---

10 난도 ★★☆　　　　　　　　　　　정답 ④

독해 > 세부 내용 찾기 > 내용 (불)일치

정답의 이유

제시문의 마지막 문장에서 미국의 총기 관련 범죄들이 1990년 최고치 이후로 감소해 왔다고 총기 소유권 지지자들이 언급한다고 했으므로 글의 내용과 일치하지 않는 것은 ④ 'Gun crimes in the U.S. have steadily increased over the last three decades(미국에서 총기 관련 범죄는 지난 30년간 꾸준히 증가해 왔다).'이다.

오답의 이유

① 2008년에 미국 대법원은 권총을 금지하는 워싱턴 DC 법안을 번복했다. → 세 번째 문장에서 법원이 권총을 금지하는 워싱턴 DC 법안을 폐지했다고 언급하고 있으므로 글의 내용과 일치한다.
② 대다수 총기 지지자들은 총기 소지가 생득권이라고 주장한다. → 네 번째 문장에서 언급하고 있으므로 글의 내용과 일치한다.
③ 선진국 중에서 미국은 총기에 의한 살인율이 가장 높다. → 일곱 번째 문장에서 언급하고 있으므로 글의 내용과 일치한다.

미국 헌법 수정조항 제2조는, '잘 통제된 민병대는 자유주(남북 전쟁 전에 노예를 사용하지 않던 주)의 안보에 필수적이므로 무기를 소지하고 휴대할 국민의 권리는 침해될 수 없다.'라고 명시하고 있다. 대법원 판결들은 이 조항을 인용하면서 총기 규제에 대한 주의 권리를 유지해 왔다. 하지만 2008년 개인의 무기 소지와 휴대권에 대한 확인 판결에서, 법원은 개인의 총기소지 금지와 가정 내 권총을 잠가 두거나 분해할 것을 요구하는 워싱턴 DC 법안을 폐지했다. 많은 총기 지지자들은 총기 소유권을 생득권이자 국가 유산의 필수적인 부분으로 간주한다. 스위스에 본부를 두고 있는 Small Arms Survey의 2007년 보고서에 따르면, 전 세계 인구의 5%보다 적은 미국은 세계 민간 소유 총기의 약 35~50%를 차지하고 있다. 미국은 1인당 총기 소지에서 1위를 차지한다. 미국은 또한 선진국 중에서 총기에 의한 살인율이 가장 높다. 그러나 많은 총기 소유권 지지자들은 이 통계수치가 인과관계를 나타내지 못한다고 말하며, 미국의 총기 살인과 다른 총기 관련 범죄율은 1990년대 초 최고치 이후 떨어졌다고 언급한다.

(VOCA)

• Second Amendment 미국 헌법 수정조항 제2조
• constitution 헌법
• well-regulated 규칙이 잘 선
• militia 민병대, 의용군
• security 안보, 방위; 보장
• uphold (법 · 원칙 등을) 유지시키다[옹호하다]
• regulate 규제[통제/단속]하다
• firearm (소지가 가능한 권총 등의) 화기
• strike down (법정에서) 법률의 폐기를 결정하다
• birthright 생득권
• civilian-owned 민간 소유의
• per capita 1인당
• homicide 살인
• proponent (어떤 사상 · 행동 방침의) 지지자

11 난도 ★☆☆ 정답 ④

표현 > 일반회화

(오답의 이유)
④ 요리 대회에서 입상했다는 A의 말에 대한 응답으로 마치 자신이 상을 탄 것처럼 얘기하는 B의 대답은 대화의 흐름상 어색하다.

① A: 납부 기한이 언제입니까?
   B: 다음 주까지 내셔야 합니다.
② A: 이 짐을 부쳐야 할까요?
   B: 아니요, 비행기에 들고 탈 만큼 충분히 작네요.
③ A: 우리 언제 어디서 만날까?
   B: 8시 30분에 네 사무실로 태우러 갈게.
④ A: 요리 대회에서 상 탔어요.
   B: 당신이 없었다면 전 그것을 못했을 거예요.

(VOCA)

• payment 지급, 납입
• due (돈을) 지불해야 하는
• check something in (비행기 등을 탈 때) ~을 부치다
• pick somebody up ~을 (차에) 태우러 가다, 태우다

12 난도 ★☆☆ 정답 ③

표현 > 일반회화

(정답의 이유)
빈칸 앞에서 A가 디럭스룸과 스위트룸 두 가지 객실을 제시하고, 빈칸 다음에서 A가 스위트룸의 특징을 설명하고 있으므로 빈칸에는 두 방의 차이점을 묻는 내용인 ③ 'What's the difference between them(그것들의 차이점은 무엇이죠)'이 적절하다.

(오답의 이유)
① 또 필요한 게 있으신가요
② 방 번호를 알 수 있을까요
④ 객실에 반려동물이 허용되나요

A: Royal Point 호텔 예약 부서에 전화 주셔서 감사합니다. 제 이름은 Sam입니다. 무엇을 도와드릴까요?
B: 안녕하세요, 객실을 예약하고 싶어요.
A: 저희는 디럭스룸과 럭셔리 스위트룸 두 가지 타입을 제공하고 있습니다.
B: 그것들의 차이점은 무엇이죠?
A: 우선, 스위트룸은 매우 넓습니다. 침실 이외에도 주방, 거실, 식당이 있습니다.
B: 비쌀 것 같네요.
A: 네, 1박에 200달러 이상입니다.
B: 그러면, 저는 디럭스룸으로 할게요.
B: 비쌀 것 같네요.
A: 네, 1박에 200달러가 추가됩니다.
B: 그러면, 저는 디럭스룸으로 할게요.

13 난도 ★☆☆　　　　　　　　　　　　　　　정답 ②

독해 > 빈칸 완성 > 연결어

정답의 이유

② 제시문은 홈스쿨링에 대한 찬반 입장을 서술하는 글이다. (A) 앞에서 홈스쿨링의 장점을 언급하였고, (A) 다음에는 홈스쿨링 반대자들의 의견을 제시하고 있으므로 (A)에는 대조의 연결사 In contrast(그에 반해서)가 적절하다. (B) 바로 앞문장에서 홈스쿨링으로 학습한 아이들의 발달에 문제가 없다는 연구 결과를 제시하고, (B) 다음에서는 비평가들이 홈스쿨링을 하는 부모의 능력에 대한 우려를 제기한다고 하였으므로 (B)에는 양보의 연결사인 In spite of this(그럼에도 불구하고)가 적절하다.

오답의 이유

① 그러므로 – 그럼에도 불구하고
③ 그러므로 – 그와는 반대로
④ 그에 반해서 – 더욱이

본문해석

홈스쿨링을 지지하는 사람들은 아이들이 안정감 있고 애정 어린 환경에 있을 때 더 잘 배운다고 믿는다. 많은 심리학자들은 집을 가장 자연스러운 학습 환경으로 보고 있으며, 원래 집은 학교가 설립되기 훨씬 전에 교실이었다. 홈스쿨링을 하는 부모들은 자녀의 교육을 관찰할 수 있고 전통적인 학교 환경에서는 부족한 관심을 줄 수 있다고 주장한다. 학생들은 또한 무엇을 공부할지, 언제 공부할지 선택할 수 있어서 그들 자신의 속도로 학습할 수 있게 한다. (A) 그에 반해서, 홈스쿨링을 비판하는 사람들은 교실에 있지 않는 아이들은 또래와의 상호작용이 거의 없기 때문에 중요한 사회적 기능을 배우는 것을 놓친다고 말한다. 그렇지만 여러 연구들은 가정에서 교육받은 아이들이 그들의 행복에 신경을 쓰는 부모의 지도로 편안하고 안정적인 가정에서 더 많은 시간을 보내면서, 사회적이고 감정적인 발달에 있어 다른 학생들만큼 잘하는 것처럼 보인다는 것을 제시했다. (B) 그럼에도 불구하고, 많은 홈스쿨링 비판자들은 아이들을 효과적으로 가르칠 수 있는 부모의 능력에 대한 우려를 제기해 왔다.

연결사의 쓰임
• 접속사, 접속 부사, 전치사 등이 연결사로 쓰이며, 부연, 예시, 나열, 역접, 인과, 요약 등의 기능을 한다.
• 연결사의 종류

구분	연결사	의미
예시	for example, for instance	예를 들면
결과	thus, therefore, as a result	그러므로, 그 결과
결론	in conclusion, accordingly	결과적으로
열거	likewise, first of all, to begin with, finally, at last	마찬가지로, 우선, 마지막으로
부연	also, in addition, additionally, moreover, furthermore, besides	게다가
유사	similarly, likewise, in the same way	유사하게, 마찬가지로
요약	in brief[short], in summary, to sum up, to summarize	간단히 말하자면
반복	in other words, that is (to say), namely	다시 말하면, 즉
강조	in fact, indeed, above all, needless to say	사실은, 무엇보다도, 말할 필요도 없이
역접	but, however, still, though, despite, nonetheless, nevertheless, after all	그러나, 그럼에도 불구하고, ~에도 불구하고, 결국에는
비교 · 대조	on the other hand, in[by] contrast, on the contrary, while, contrary to, instead, rather	반면에, 대조적으로, 정반대로, ~와는 반대로, 대신에, 오히려

14 난도 ★★☆　　　　　　　　　　　　　　　정답 ③

독해 > 대의 파악 > 제목, 주제

정답의 이유

제시문은 과거에는 강박적으로 일에 몰두했지만 최근에는 여가와 업무의 유연성을 중요하게 생각한다는 내용으로, 세 번째 문장에서 '하지만 젊은 근로자들이 점점 이에 반발하고 있다.'라고 한 다음에 근무 유연성에 대한 예로 원격 근무, 출산 관련 유급 휴가, 긴 휴가 기간, 출퇴근 시간의 유연성, 여가 확보 등을 제시하고 있으므로 글의 주제로 적절한 것은 ③ 'increasing call for flexibility at work(직장에서의 유연성에 대한 요구의 증가)'이다.

오답의 이유

① 급여를 인상시키는 방법
② 불평등을 감소시키려는 강박
④ 긴 휴가가 있는 생활의 장점

많은 사람들에게 일은 강박이 되었다. 사람들이 급여를 위해 하는 일 외에 아이들, 열정, 반려동물, 혹은 어떤 종류의 생활을 위해서든 시간을 내려고 애쓰면서, 강박은 극도의 피로, 불행, 성 불평등을 초래했다. 하지만 점점 젊은 근로자들이 반발하고 있다. 그들 중 더 많은 이들이 유연성을 기대하고 요구하는데, 예를 들어 원격 근무, 늦은 출근이나 이른 퇴근 혹은 운동이나 명상을 위해 시간을 내는 것 같은 일상적인 것과 더불어 신생아를 위한 유급 휴가와 넉넉한 휴가 기간 등이다. 그들 생활의 나머지 부분이 특정한 장소나 시간에 얽매이지 않은 채 전화기 상에서 일어나는데, 일은 왜 달라야 하는가?

(VOCA)

- obsession 강박 관념
- burnout 극도의 피로
- inequity 불공평
- paycheck 급료
- push back 반발하다; 미루다
- remotely 원격으로, 멀리서
- tied to ~에 얽매이다

15 난도 ★☆☆   정답 ③

독해 > 글의 일관성 > 글의 순서

(정답의 이유)

주어진 글은 심리적 스트레스가 심혈관 질환의 주요 원인이 될 수 있다는 내용이므로 가장 흔한 스트레스 원인 중 하나인 운전을 언급하는 (C)와 연결되는 것이 자연스럽다. (A)에서 this로 받아서 운전과 심장 질환과의 관계와 스트레스를 줄일 방안에 대해 묻는다. (B)에서 그에 대한 대답으로 '있다(there is)'라고 이어지며, 운전 중 음악 청취라는 방법을 소개한다. 따라서 주어진 글 다음에 이어질 글의 순서로 가장 적절한 것은 ③ '(C) - (A) - (B)'이다.

📖 **본문해석**

과거의 연구는 빈번한 심리적 스트레스를 경험하는 것이 미국의 20세 이상 성인 중 거의 절반에게 영향을 주는 문제인 심혈관 질환의 주요 위험 요인이 될 수 있다는 것을 보여주었다.

(C) 빈번한 스트레스의 한 가지 원인은 운전인데, 그것은 교통체증과 연관된 스트레스 요인 때문이거나 초보 운전자들에게 흔히 동반되는 불안 때문이다.

(A) 그렇지만, 이것은 매일 운전하는 사람들은 심장 질환에 걸리도록 예정되어 있다는 의미일까? 그게 아니면 운전 스트레스를 덜어줄 간단한 방법이 있을까?

(B) 새로운 연구에 따르면, (그 방법이) 있다. 연구원들은 운전하면서 음악을 듣는 것이 심장 건강에 영향을 미치는 스트레스를 완화시키는 데 도움이 된다고 언급했다.

(VOCA)

- risk factor 위험 요인, 위험 요소
- cardiovascular 심혈관의
- on a daily basis 매일
- be set to ~하도록 예정되어 있다
- stressor 스트레스 요인
- accompany (일 · 현상 등이) 동반되다

16 난도 ★★☆   정답 ④

독해 > 글의 일관성 > 무관한 어휘 · 문장

(정답의 이유)

제시문은 뇌가 위험을 인지한 상황에서 여러 신체 기관과 호르몬들이 어떻게 작용하는지 설명하는 글이다. ①~③은 위험 상황에서 부신이 아드레날린을 분비하여 동공을 넓히고, 혈액과 여분의 호르몬이 계속 흘러가도록 심장을 더 빠르게 펌프질 하고, 골격근을 긴장시켜 위험에 반격하거나 달아날 준비를 시키는 등의 신체 반응이 일어난다고 했다. 하지만 '인간이 의식적으로 분비샘을 조절한다'는 ④는 다음 문장인 '호르몬은 설득되지 않는다'는 내용과도 논리적으로 이어지지 않으므로 흐름상 어색한 문장이다.

📖 **본문해석**

뇌가 인접한 환경에서 위험을 감지하면, 뇌는 신체에서 복잡한 일련의 일을 시작한다. 뇌는 화학 호르몬을 혈류로 내보내는 기관인 여러 분비샘에 전기 메시지를 보낸다. 혈액은 다양한 활동을 하도록 촉진되는 다른 기관들로 이러한 호르몬을 빠르게 운반한다. 예를 들어, 신장 위에 있는 부신은 신체의 스트레스 호르몬인 아드레날린을 만들어낸다. 아드레날린은 위험 신호를 살피기 위해 동공을 확장시키고, 혈액과 여분의 호르몬이 계속 흘러가도록 심장을 더 빠르게 펌프질하고, 골격근을 긴장시켜 위험에 반격하거나 위험으로부터 도망칠 준비를 하는 것 같은 일을 하면서 온몸을 돌아다닌다. 이 전체 과정은 투쟁-도피 반응이라고 불리는데, 그것은 신체가 목숨을 구하기 위해 싸우거나 도망치도록 준비시키기 때문이다. <u>인간은 다양한 호르몬의 분비를 조절하기 위해 분비샘을 의식적으로 조절한다.</u> 일단 이 반응이 시작되면 그것을 무시하는 것은 불가능한데, 호르몬들은 설득될 수 없기 때문이다.

(VOCA)

- perceive 인지하다, 감지하다
- initiate 착수시키다
- a string of 여러 개의, 일련의
- gland (분비)샘
- adrenal glands 부신
- pump out (많은 양의) ~을 쏟아 내다[만들어 내다]
- be on the lookout for 세심히 살피다
- tense (사람 · 근육 · 신경 등을) 긴장시키다, 팽팽하게 하다
- skeletal muscle 골격근

- lash out at (~을) 마구 몰아세우다; 공격하다
- fight-or-flight response 투쟁-도피 반응(긴박한 위협 앞에서 자동적으로 나타나는 생리적 각성 상태)
- consciously 의식하여, 의식적으로
- regulate 조절[조정]하다; 규제하다
- reason with ~을 설득하다

17 난도 ★★☆   정답 ④

독해 > 글의 일관성 > 문장 삽입

정답의 이유

제시문은 우연히 유리 플라스크를 깨뜨린 실수 때문에 안전유리를 발명하게 된 화학자에 대한 내용으로 시간 순서대로 전개되었다. 주어진 문장의 마지막 부분에서 '~ he imagined that a special coating might be applied to a glass windshield to keep it from shattering.'이라고 했으므로 주어진 문장은 '그 후 얼마 지나지 않아, 그는 세계 최초로 안전유리를 생산하는 데 성공했다.'는 마지막 문장 앞인 ④에 들어가는 것이 적절하다.

📖 본문해석

1903년 프랑스 화학자 Edouard Benedictus는 어느 날 단단한 바닥에 유리 플라스크를 떨어뜨려 깨트렸다. 그러나 놀랍게도 플라스크는 산산조각나지 않았으며, 여전히 원래 형태를 대부분 유지하고 있었다. 그가 플라스크를 살폈을 때 (플라스크) 안쪽에 필름 코팅이 있는 것을 발견했는데, 잔여물이 플라스크에 담아두었던 콜로디온 용액에 남아 있었다. 그는 이 특이한 현상을 기록해두었으나, 몇 주 뒤 자동차 사고로 날아온 앞유리 파편에 의해 중상을 입은 사람들에 관한 기사를 읽고 나서야 그것에 관해 생각하게 되었다. 바로 그 때 그는 유리 플라스크에 관한 자신의 경험을 떠올렸고, 그는 재빨리 유리창이 산산조각 나는 것을 막기 위해서 앞 유리창에 특수 코팅이 적용될 수 있을 것이라고 상상했다. 그 후 얼마 지나지 않아, 그는 세계 최초의 안전유리를 생산하는 데 성공했다.

VOCA

- flask (화학실험용) 플라스크
- apply to ~에 적용되다
- windshield (자동차의) 앞유리
- astonishment 깜짝 놀람
- shatter 산산이 부서지다, 산산조각 나다
- retain 계속 유지하다
- contain ~이 들어 있다
- collodion (화학) 콜로디온
- phenomenon 현상
- thereafter 그 후에
- succeed in ~에 성공하다

18 난도 ★★☆   정답 ③

독해 > 세부 내용 찾기 > 내용 (불)일치

정답의 이유

네 번째 문장에서 Dubrovnik 시는 크루즈 관광을 억제하는 데 주도적이었다고 했으므로 글의 내용과 일치하지 않는 것은 ③ 'Dubrovnik 시는 크루즈 여행을 확대하려고 노력해 왔다.'이다.

오답의 이유

① 두 번째 문장에서 도시의 주요 관광명소가 80피트 중세 시대 벽으로 둘러싸인 해안가의 Old Town이라고 했으므로 글의 내용과 일치한다.
② 세 번째 문장에서 크루즈 배가 정박하면 Old Town은 탱크톱을 입은 관광객들이 거리를 확보한다고 했으므로 글의 내용과 일치한다.
④ 다섯 번째 문장에서 여분의 돈을 벌 수 있다는 유혹은 Old Town의 많은 집주인들이 자신들의 집을 에어비앤비(숙박업소)로 바꾸도록 자극해서, 마을의 성벽 부분을 거대한 하나의 호텔이 되게 했다고 했으므로 글의 내용과 일치한다.

📖 본문해석

크로아티아의 Dubrovnik는 엉망인 상태이다. 이 곳의 주요 관광명소가 80피트의 중세 시대 벽으로 둘러싸인 해안가의 Old Town이기 때문에 이 달마티안식 해안 마을은 방문객들을 잘 받아들이지 못한다. 그리고 크루즈 배가 이곳에 정박하면, 탱크톱을 입은 관광객 무리가 석회암으로 덮인 거리를 확보하면서 Old Town의 분위기를 불쾌하게 만든다. 그렇다, Dubrovnik 시는 크루즈 관광을 억제하려고 적극적으로 대책을 강구했지만, 어떤 것도 끊임없이 몰려드는 관광객 무리로부터 Old Town을 구할 수는 없을 것이다. 설상가상으로, 여분의 돈을 벌 수 있다는 유혹은 Old Town의 많은 집주인들이 자신들의 집을 Airbnb(숙박업소)로 바꾸도록 자극해서, 마을의 성벽 부분을 거대한 하나의 호텔이 되게 했다. Old Town 시가지에서 지역 주민처럼 '진짜' Dubrovnik를 경험하기 원하는가? 여러분은 이 곳에서 그것을 발견하지 못할 것이다. 영원히.

VOCA

- medieval 중세의
- legion (특정한 유형의) 많은 사람들; 군단, 부대
- miasma (지저분한 · 불쾌한) 공기[기운]
- clad ~(옷)을 입은
- limestone 석회암
- blanketed ~로 덮인
- proactive 사전 대책을 강구하는
- curb 억제하다, 제한하다
- perpetual 끊임없이 계속되는, 영원한
- swarm (사람 · 동물의) 무리, 떼
- lure 유혹
- turn over (권리 · 책임 등을) 넘기다
- authentic 진정한, 진짜의

독해 > 빈칸 완성 > 단어·구·절

[정답의 이유]

(A)의 앞 문장에서 탄소-14가 질소로 붕괴된다고 하였으므로 (A)에는 시간이 지남에 따라 탄소-14의 양은 '감소한다(decreases)'는 내용이 와야 한다. (B)의 앞 문장에서 'Over time, less and less radiation from carbon-14 is produced.'라고 했으므로 생물이 '죽은(dead)' 지 오래될수록 탄소-14 방사선의 양이 점점 더 줄어든다는 것을 유추할 수 있다. 따라서 (A), (B)에 들어갈 말로 가장 적절한 것은 ① (A) 'decreases (감소하다)' – (B) 'dead(죽은)'이다.

[오답의 이유]

② 증가하다 – 살아있는
③ 감소하다 – 생산적인
④ 증가하다 – 활발하지 않은

📋 **본문해석**

유기체가 살아있을 때, 그것은 주변의 공기로부터 이산화 탄소를 흡수한다. 이산화 탄소의 대부분은 탄소-12로 이루어져 있지만, 아주 소량은 탄소-14로 구성된다. 그래서 살아있는 유기체는 언제나 매우 적은 양의 방사성 탄소인 탄소-14를 포함하고 있다. 살아있는 유기체 옆의 측정기는 유기체에서 탄소-14에 의해 방출된 방사선을 기록한다. 유기체가 죽으면 그 유기체는 더 이상 이산화 탄소를 흡수하지 않는다. 새로운 탄소-14가 더해지지 않으며, 오래된 탄소-14는 서서히 질소로 붕괴한다. 탄소-14의 양은 시간이 지남에 따라 서서히 (A) 감소한다. 시간이 흐르면서 탄소-14에서 나오는 방사선의 양이 점점 줄어든다. 따라서 유기체에서 감지된 탄소-14 방사선의 양은 유기체가 (B) 죽은 지 얼마나 되었는지를 측정하는 척도이다. 유기체의 나이를 결정짓는 이러한 방법을 방사성 탄소-14 연대측정법이라고 한다. 탄소-14의 붕괴는 고고학자들이 이전에 살아있던 물질의 연대를 알아낼 수 있게 해준다. 남아있는 방사선의 양을 측정하면 대략적인 연대를 알 수 있다.

[VOCA]

• organism 유기체, (극도로 작은) 생물체
• take in 흡수하다, 섭취하다
• radioactive 방사성[능]의
• detector 탐지기, 측정기
• give off (냄새·열·빛 등을) 내다[발하다]
• decay (방사성 물질이) 붕괴하다; 부패하다
• nitrogen 질소
• as time goes on 시간이 지남에 따라, 갈수록
• measure (판단·측정의) 척도[기준]
• archaeologist 고고학자
• indicate (사실임·존재함을) 나타내다, 보여주다
• approximate 거의 정확한, 근사한, 대략의

독해 > 빈칸 완성 > 단어·구·절

[정답의 이유]

제시문은 종들은 과거에 사라졌고, 앞으로 멸종할 것이지만 새로운 종들이 이를 대체하기 위해 계속해서 등장하고 있다는 내용이다. 빈칸 앞 문장에서 소수의 단순한 유기체로부터 대단히 많은 복잡한 다세포적 형태들이 오랜 기간에 걸쳐 진화했다고 하였고, 빈칸 다음 문장에서 '~ the actual number is possibly closer to 10 million'이라고 했으므로 빈칸에 가장 적절한 것은 ② 'diversity of living creatures(생명체의 다양성)' 이다.

[오답의 이유]

① 생물학자들의 기술
③ 멸종 유기체의 목록
④ 멸종 위기 종 모음

📋 **본문해석**

과거와 현재의 모든 생물들은 이미 사라졌거나 앞으로 멸종할 것이다. 그러나 과거 38억 년 지구 생명체 역사에 걸쳐 각 종들이 사라지면 새로운 종들이 이들을 대신하거나 새로 생겨난 자원을 소비하기 위해 필연적으로 등장했다. 아주 단순한 소수의 유기체로부터 대단히 많은 복잡한 다세포적 형태들이 이 어마어마한 기간 동안 진화했다. 19세기 영국의 동식물 연구가인 Charles Darwin이 한때 '불가사의 중의 불가사의'라고 언급했던 새로운 종의 기원은 인간이 지구를 공유하고 있는 이 놀라운 생명체의 다양성을 발생시키는 자연스러운 종 형성의 과정이다. 분류학자들이 현재 150만의 생물 종을 인지하고 있지만, 실제 숫자는 아마 1천만에 가까울 것이다. 이러한 다수의 생물학적 상태를 인식하는 것은 무엇이 하나의 종을 이루는지에 대한 명확한 이해가 필요한데, 이것은 진화생물학자들이 보편적으로 수용 가능한 하나의 정의에 대해 아직 합의하지 못했음을 감안하면 쉬운 일이 아니다.

[VOCA]

• extinct 멸종된
• vanish 사라지다, 없어지다
• inevitably 필연적으로, 불가피하게
• exploit 이용하다, 착취하다
• multicellular 다세포의
• evolve 진화하다, 발달하다
• refer to A as B A를 B라고 언급하다
• speciation 종 형성, 종 분화
• taxonomist 분류학자
• constitute ~을 구성하다[이루다]
• have yet to+동사원형 아직 ~하지 않았다

한눈에 훑어보기

영역 분석

어휘 01 02 14 15
4문항, 20%

독해 09 10 11 12 13 16 17 18 19 20
10문항, 50%

어법 05 06 07 08
4문항, 20%

표현 03 04
2문항, 10%

빠른 정답

01	02	03	04	05	06	07	08	09	10
①	②	④	②	②	①	②	④	④	③

11	12	13	14	15	16	17	18	19	20
④	②	③	③	①	①	④	③	②	④

점수 체크

구분	1회독	2회독	3회독
맞힌 문항 수	/ 20	/ 20	/ 20
나의 점수	점	점	점

01 난도 ★☆☆   정답 ①

어휘 > 단어

정답의 이유

밑줄 친 discern은 '구별하다'의 뜻으로 이와 의미가 가장 가까운 것은
① 'distinguish(구별하다)'이다.

오답의 이유

② 강화하다
③ 약화시키다
④ 버리다, 포기하다

 본문해석

Natural Gas World 구독자들은 그 산업에서 무엇이 일어나고 있는
지에 대하여 정확하고 신뢰할 만한 중요한 사실과 수치를 받게 되
므로 그들은 무엇이 그들의 사업과 관계되는지 충분히 <u>구별</u>할 수
있다.

VOCA

• subscriber 구독자
• reliable 신뢰할 만한
• concern ~에 관계하다, 관여하다

02 난도 ★☆☆   정답 ②

어휘 > 어구

정답의 이유

밑줄 친 stand out은 '눈에 띄다, 두드러지다'의 뜻으로 이와 의미가 가
장 가까운 것은 ② 'was impressive(돋보였다)'이다.

오답의 이유

① 압도되었다
③ 우울했다
④ 긍정적이었다

 본문해석

여자 1,500미터 경기 은메달리스트인 Ms. West는 경기 내내 <u>돋보</u>
였다.

03 난도 ★★☆   정답 ④

표현 > 일반회화

정답의 이유

④ 'Do you mind ~?'로 질문할 경우 긍정은 'No(네, 좋아요)', 부정은 'Yes(아니요, 싫어요)'이다. B가 처음에 'Never mind(괜찮아요).'라고 했으므로 이어지는 대답은 'Go ahead(계속하세요).'가 되어야 한다.

📋 **본문해석**

① A: 해외여행을 갈 예정이야. 하지만 난 다른 나라에서 머무는 게 익숙지 않아.
   B: 걱정하지 마. 곧 익숙해질 거야.
② A: 나는 사진 대회에서 상 받고 싶어.
   B: 받을 거라고 확신해. 행운을 빌게!
③ A: 가장 친한 친구가 세종시로 이사 갔어. 그녀가 너무 보고 싶어.
   B: 그래. 네 기분이 어떨지 알 것 같아.
④ A: 잠시 이야기해도 괜찮을까요?
   B: 신경 쓰지 마세요. 저는 지금 매우 바빠요.

VOCA

• get accustomed to ~에 익숙해지다
• in no time 곧, 당장에
• keep one's fingers crossed 행운을 빌다

04 난도 ★☆☆   정답 ②

표현 > 일반회화

정답의 이유

빈칸 다음에서 A가 'You pick one up with your chopsticks like this and dip it into the sauce(이렇게 젓가락으로 하나를 집어서 소스에 찍으면 돼요).'라고 먹는 방법을 설명하고 있으므로 빈칸에는 먹는 방법을 물어보는 ② 'how do I eat them(제가 그것들을 어떻게 먹어야 하죠)'이 적절하다.

오답의 이유

① 그것들은 얼마인가요
③ 그것들은 얼마나 매운가요
④ 그것들을 어떻게 요리하나요

📋 **본문해석**

A: 딤섬 좀 드시겠어요?
B: 네, 감사합니다. 맛있어 보이네요. 안에 뭐가 들었죠?
A: 이것들은 돼지고기와 다진 채소가 들어 있고, 저것들은 새우가 들어 있어요.
B: 그리고, 음, 제가 그것들을 어떻게 먹어야 하죠?
A: 이렇게 젓가락으로 하나를 집어서 소스에 찍으면 돼요. 쉬워요.
B: 알겠어요. 한번 해볼게요.

05 난도 ★★☆   정답 ②

어법 > 영작하기

정답의 이유

② shy of는 '모자라는, 부족한'의 뜻으로 전치사 before 또는 ago처럼 쓰인다. 우리말에서 '5분이 지난 후'라고 했으므로 five minutes shy of midnight → five minutes past midnight로 고쳐야 한다.

오답의 이유

① The new teacher가 선행사이며, 전치사 about의 목적어 역할을 하는 목적격 관계대명사(whom)가 생략되어 바르게 영작되었다.
③ 선행사를 포함한 관계대명사 what은 '~하는 것'의 뜻으로 명사절(What appeared to be a shark)이 문장의 주어이며, what절은 단수 동사로 수일치하므로 was가 올바르게 쓰였다.
④ reach는 자동사로 혼동하기 쉬운 타동사로 전치사구가 아닌 목적어 the mountain summit를 올바르게 사용했다. '숫자+단위'의 명사가 뒤의 명사를 수식하는 형용사의 기능을 할 때는 단수로 표현하므로 16-year-old가 올바르게 쓰였다.

06 난도 ★★☆   정답 ①

어법 > 영작하기

정답의 이유

① per person은 '개인당'의 뜻이므로 '개인용 컴퓨터'는 computers per person → personal computers로 고쳐야 한다.

오답의 이유

② 명사절 What happened to my lovely grandson last summer는 문장의 주어로 what은 선행사를 포함하고 있는 관계대명사이다. what절은 단수 동사로 수일치하므로 was가 올바르게 사용되었다.
③ 긍정문에 대한 동의를 나타낼 때 'So+do[does/did]+주어' 또는 'So+be동사+주어'의 어순이므로 올바르게 사용되었다.
④ since는 '~ 이후로'의 뜻으로 주절은 현재완료진행(have been doing), 부사절은 과거(retired) 시제로 올바르게 사용되었다.

07 난도 ★★☆   정답 ②

어법 > 비문 찾기

정답의 이유

② 분사구문의 의미상 주어가 주절의 주어(animals)와 같고, 이 주어(animals)가 다른 기술과 함께 이용된다는 '수동'의 의미이므로 Utilizing(현재분사) → Utilized(과거분사)가 되어야 한다.

오답의 이유

① 명사(machines)를 수식하는 형용사가 전치사와 함께 사용하는 형용사구일 때는 명사 뒤에서 수식한다.

③ '명사＋to부정사'의 형용사적 용법으로 '~할 명사'의 뜻이다. carry는 타동사로 목적어(burdens)를 취한다.

④ 'of＋추상명사'는 형용사로 쓰이므로 'of great benefit'이 beneficial의 뜻으로 올바르게 사용되었다.

📋 **본문해석**

가축화된 동물은 인간이 이용할 수 있는 최초의 가장 효과적인 '기계'이다. 그들은 인간의 등과 팔의 부담을 덜어준다. 다른 기술들과 함께 이용될 때, 가축들은 (고기와 우유의 단백질 같은) 보충 식량으로서, 짐을 옮기고, 물을 들어 올리고, 곡물을 빻는 기계로서 인간 삶의 기준을 매우 향상시킬 수 있다. 그것들은 분명히 큰 이득이 되기 때문에, 우리는 수 세기에 걸쳐 인간이 그들이 기르고 있는 동물들의 수와 질을 증가시킨다는 것을 발견하기를 예상할지도 모른다. 놀랍게도, 이것은 대체로 그렇지는 않았다.

VOCA

- domesticated 가축화된
- strain 부담, 압박; 혹사하다
- considerably 상당히, 많이
- supplementary 보충의, 추가의
- foodstuff 식품, 식량

✅ **더알아보기**

분사구문

- 분사 vs. 분사구문

분사	형용사적 성격: 명사를 수식하여 명사구를 만든다. 예 energy stored in muscle (근육에 저장된 에너지) 예 A drowning man will catch a straw. (물에 빠진 사람은 지푸라기라도 잡는다.) 예 Do you know the man mowing the lawn? (잔디를 깎고 있는 남자를 알고 있니?)
분사 구문	부사적 성격: 부사절이 변형된 표현으로, 분사(현재분사와 과거분사)를 포함한다. 예 It being cold outside, I boiled some water to have tea. (바깥 날씨가 추워서, 나는 차를 마시기 위해 물을 끓였다.) 예 Covered with confusion, he left the conference room. (그가 혼란에 빠진 채로 회의실을 떠났다.)

- 분사구문의 형태
  - 능동태: 주절의 주어가 분사구문의 동작을 행하는 경우
    - 예 Walking on the street, I witnessed a car accident.
      (거리를 걷다가 나는 교통사고를 목격했다.)
  - 수동태: 주절의 주어가 분사구문의 동작을 당하는 경우
    - 예 Seen from the universe, the earth is blue.
      (우주에서 보면 지구는 푸른색이다.)

08 난도 ★★☆　　　　　　　　　　　　정답 ④

어법 > 비문 찾기

(정답의 이유)

④ refer to A as B는 'A를 B로 언급하다'의 뜻으로, 의미상으로 볼 때 the Old and New Testaments가 '언급되는' 것이므로 refer to as → be referred to as가 되어야 한다.

(오답의 이유)

① help는 to부정사와 동사원형(원형부정사)을 모두 취할 수 있다.

② try는 to부정사와 동명사를 취하며, 'try＋to부정사'는 '~하려고 노력하다', 'try＋동명사'는 '~ 시도해 보다'의 뜻이다. 문맥상 '이해하려고 노력하는'의 뜻이므로 try to make가 올바르게 사용되었다.

③ that은 선행사(stories)를 수식하는 관계대명사로 관계대명사절의 주어 역할을 하는 주격 관계대명사에 해당한다.

📋 **본문해석**

신화는 한 문화의 종교적, 철학적, 도덕적, 정치적 가치를 구현하고, 어떤 경우에는 설명을 도와주는 서사이다. 신들과 초자연적인 존재의 이야기를 통해서, 신화는 자연 세계 내 현상들을 이해하려고 노력한다. 대중의 어법과는 반대로, 신화는 '거짓말'을 의미하지는 않는다. 가장 넓은 의미에서, 신화는 거짓일 뿐만 아니라 진실일 수도 있고, 부분적으로 진실일 수도 있는 이야기들. 보통은 이야기들의 전체적인 모음이다. 하지만 정확성의 정도와는 상관없이 신화는 주로 한 문화의 가장 깊은 믿음을 표현한다. 이 정의에 따르면, 일리아드와 오딧세이, 코란, 구약성서와 신약성서는 모두 신화로 언급될 수 있다.

VOCA

- supernatural 초자연적인
- make sense 의미가 통하다, 이해가 되다
- occurrence 발생하는 것, 발생, 나타남
- contrary to ~에 반해서
- falsehood 거짓임, 거짓말
- regardless of ~에 상관없이

09 난도 ★★★　　　　　　　　　　　　정답 ④

독해 > 대의 파악 > 제목, 주제

(정답의 이유)

지도 제작이 전통적인 개념을 벗어나 다양한 분야에서 활용되고 있음을 설명하는 글로 첫 번째 문장에서 'Mapping technologies are being used in many new applications.'라고 했으므로 글의 제목으로 가장 적절한 것은 ④ 'Mapping New Frontiers(새로운 분야의 지도 제작)'이다.

오답의 이유

① 컴퓨터화된 지도 *vs.* 전통적인 지도
② 지도 제작은 어디에서 시작되는가?
③ DNA 비밀에 대한 방식 찾기

 본문해석

지도 제작술은 많은 새로운 응용 분야에서 사용되고 있다. 생물학을 연구하는 사람들은 DNA의 분자 구조를 분석(게놈의 지도화)하고 있으며, 지구 물리학자들은 지구 중심핵의 구조를 지도화하고, 해양학자들은 해저를 지도화하고 있다. 컴퓨터 게임에는 다양한 가상의 '땅' 또는 단계가 있어 규칙, 위험, 보상이 변한다. 컴퓨터화는 이제 특별한 상황을 자극하는 인공의 환경인 '가상 현실'로 현실에 도전하는데, 그것은 훈련과 오락에 유용할지도 모른다. 지도 제작 기술들은 아이디어 영역에서도 사용되고 있다. 예를 들어, 아이디어 간의 관계는 개념도라 불리는 것을 사용하여 나타낼 수 있다. 일반적이거나 '중심적인' 생각에서 시작하여 관련된 아이디어들은 주요 개념을 중심으로 망을 구축하면서 연결될 수 있다. 이것은 어떠한 전통적인 정의에 의한 지도는 아니지만, 지도 제작술의 도구와 기법이 그것을 생산하기 위해 이용되었으며, 어떤 면에서 그것은 지도와 닮았다.

VOCA

• application 적용, 응용
• molecular 분자의
• geophysicist 지구 물리학자
• oceanographer 해양학자
• imaginary 가상의
• realm 영역, 범위; 왕국
• cartography 지도 제작(법)

10 난도 ★★☆　　　　　　　　　　　정답 ③

독해 > 대의 파악 > 요지, 주장

정답의 이유

제시문은 상대방에게 피드백을 줄 때는 상대방을 고려해야 한다는 내용으로 첫 번째 문장이 글의 요지이며, 고성과자, 적절한 성과가 있는 사람, 성과가 좋지 않은 사람마다 피드백이 달라야 한다는 구체적인 예시를 들어 설명하고 있다. 따라서 글의 요지로 적절한 것은 ③ 'Tailor feedback to the person(피드백을 사람들에게 맞춰라).'이다.

오답의 이유

① 피드백 시기를 잘 조절하라.
② 부정적인 피드백을 사람들에게 맞춰서 하라.
④ 목표 지향적인 피드백을 피하라.

 본문해석

성과에 대한 피드백을 줄 때, 여러분은 피드백을 받는 사람의 과거 성과와 빈도, 양, 내용 설계에 있어 그[그녀]의 장래 잠재력에 대한 여러분의 추정치를 고려해야 한다. 성장 가능성이 있는 고성과자에게는 그들이 수정 조치를 취하도록 자극할 만큼 피드백을 자주 주어야 하지만, 그것이 통제로 경험되거나 그들의 자주성을 약하게 할 정도로 너무 빈번하게 해서는 안 된다. 자신들의 업무에 정착하여 승진 가능성이 제한적인 적절한 성과자들에게는 피드백은 거의 필요하지 않은데, 왜냐하면 그들은 과거에 믿음직스럽고 안정된 행동을 보였으며 자신들의 업무를 알고 있고 무엇을 해야 하는지도 인식하고 있기 때문이다. 저성과자, 즉 성과가 향상되지 않으면 직장에서 퇴출되어야 할 사람들에게 있어 피드백은 자주, 매우 구체적이어야 하며 피드백에 따른 행동과 일시 해고 또는 해고 같은 부정적인 제재 간의 연관성을 명시해야 한다.

VOCA

• prod ~ into ~에게 …하도록 자극하다
• sap 약화시키다
• initiative 계획; 결단력, 자주성
• settle into 윤곽이 잡히다; 정리되다, 자리 잡다
• sanction 처벌, 벌칙
• explicit 분명한

11 난도 ★★☆　　　　　　　　　　　정답 ④

독해 > 세부 내용 찾기 > 내용 (불)일치

정답의 이유

마지막 문장에서 '~ Hughes attacked racial prejudice in a way that was natural and witty(Hughes는 자연스럽고 재치 있는 방식으로 인종 편견을 공격했다.).'라고 했으므로 글의 내용과 일치하지 않는 것은 ④ 'Hughes는 인종 편견을 엄숙한 문체로 공격하였다.'이다.

오답의 이유

① 첫 번째 문장에서 '~ in which many African-American students have pursued their academic disciplines.'라고 했으므로 글의 내용과 일치한다.
② 세 번째 문장에서 'Hughes incorporated authentic dialect in his work, ~'라고 했으므로 글의 내용과 일치한다.
③ 세 번째 문장에서 '~ and created characters and themes that reflected elements of lower-class black culture.'라고 했으므로 글의 내용과 일치한다.

Langston Hughes는 Missouri 주의 Joplin에서 태어났으며 Lincoln 대학교를 졸업했는데, 그곳에서 많은 아프리카계 미국 학생들이 자신들의 학문을 추구하였다. 18세에, Hughes는 그의 가장 널리 알려진 시 중 한 편인 "Negro Speaks of Rivers."를 출간했다. 창의적이고 실험적인 Hughes는 그의 작품에 실제 방언을 포함했고, 블루스와 재즈의 리듬과 분위기를 아우르기 위해 전통적인 시의 형태들을 각색했으며 하층 계급 흑인의 문화 요소들을 반영하는 인물과 주제를 창조했다. 심각한 내용과 유머러스한 스타일을 결합시키는 그의 능력으로 Hughes는 자연스럽고 재치 있는 방식으로 인종 편견을 공격했다.

VOCA

• pursue 추구하다, 계속하다, 뒤쫓다
• discipline 학문
• incorporate (일부로) 포함하다
• authentic 진짜의, 정확한
• dialect 방언, 사투리
• cadence 억양, (시의) 운율, 리듬
• embrace 수용하다
• adapt 각색하다, 번안하다
• fuse A with B A와 B를 융합하다
• prejudice 편견

12 난도 ★★☆   정답 ②

독해 > 글의 일관성 > 무관한 어휘 · 문장

정답의 이유

제시문은 2007년 월스트리트 은행들의 위험한 투자로 인해 경제 위기가 초래되었으나, 그 이후 거대 기관의 정기적인 스트레스 테스트가 이루어지고 있다는 것이 중심 내용이므로 글의 흐름상 어색한 문장은 가상화폐에 대해 설명하는 ②이다.

본문해석

2007년 우리의 가장 큰 걱정거리는 '파산하기에는 너무 크다'는 것이었다. 월스트리트의 은행들은 너무도 믿기 어려운 크기로 성장했고, 금융 시스템의 건전성이 매우 중요해졌기 때문에 어떤 분별력 있는 정부라도 결코 그들을 무너지게 내버려 둘 수 없었다. 은행은 보호받는 그들의 지위를 인식하여, 주택 시장에 지나치게 위험한 배팅을 했고 심지어 훨씬 더 복잡한 금융 파생상품을 고안해 냈다. <u>비트코인과 이더리움 같은 새로운 가상화폐는 돈이 어떻게 작용할 수 있고 작용해야 하는지에 대한 우리의 이해를 급격하게 변화시켰다.</u> 그 결과는 1929년 경제 붕괴 이후의 가장 최악의 금융 위기였다. 2007년 이후로 몇 년 동안, 우리는 '파산하기에는 너무나 큰' 딜레마를 다루는 데 대단한 진전을 이루었다. 우리의 은행들은 그 전보다 더 자본화되었다. 우리의 규제 담당자들은 거대 기관의 정기적인 스트레스 테스트를 실시한다.

VOCA

• staggering (너무 엄청나서) 충격적인, 믿기 어려운
• rational 합리적인, 이성적인
• status 지위, 신분
• excessively 지나치게, 심히
• derivative 파생물
• virtual currency 가상통화, 가상화폐
• radically 철저히, 근본적으로
• breakdown 실패, 붕괴

13 난도 ★★☆   정답 ③

독해 > 대의 파악 > 제목, 주제

정답의 이유

제시문은 단순한 이름을 가진 사람과 복잡한 이름을 가진 사람을 예로 들면서 단순한 이름을 가진 사람들이 사회생활에서 얻는 이점을 설명하고 있다. 마지막 문장에서 'So simplicity is one key feature in names that determines various outcomes.'라고 했으므로 글의 주제로 가장 적절한 것은 ③ 'the benefit of simple names(단순한 이름의 장점)'이다.

오답의 이유

① 법적 이름의 발전
② 매력적인 이름의 개념
④ 외국 이름의 기원

본문해석

두 사람이 같은 날 로펌에서 근무를 시작했다고 상상해 보라. 한 사람은 아주 단순한 이름을 가지고 있다. 다른 한 사람은 아주 복잡한 이름을 가지고 있다. 우리는 그들이 이후 16년 이상의 경력 과정 동안 더 단순한 이름을 가진 사람이 더 빠르게 법조계의 고위층에 오를 것이라는 꽤 타당한 근거를 가지고 있다. 그들은 경력 중간에 더 빠르게 파트너십을 이룰 것이다. 그리고 로스쿨을 졸업한 지 8년 내지 9년차쯤까지 더 단순한 이름을 가진 사람들이 파트너가 될 가능성이 약 7~10% 더 높은데, 이는 놀라운 결과이다. 우리는 다른 대안이 되는 모든 종류의 설명을 없애려고 시도한다. 예를 들어, 우리는 그것이 외래성에 관한 것은 아니라는 것을 보여주려고 하는데, 왜냐하면 외국 이름이 발음하기에 더 어려운 경향이 있기 때문이다. 그러나 정말로 진정한 내집단에 속하는 영미식 이름을 가진 백인 남성들을 보더라도, 영국계 이름을 가진 그 백인 남성들 사이에서 만약 그들의 이름이 더 단순하다면, 그들이 더 올라갈 가능성이 높다는 것을 알게 된다. 그러므로 단순성은 다양한 결과들을 결정하는 이름에서 하나의 핵심적 특징이다.

VOCA

• over the course of ~ 동안
• hierarchy (사회나 조직 내의) 계급[계층], 지배층[고위층]
• partnership 공동 경영, 동반자 관계, 동업
• attain 이루다

- be likely to ～할 것 같다
- striking 눈에 띄는, 현저한
- eliminate 없애다, 제거하다
- alternative 대안이 되는, 대체 가능한
- in-group 내집단(조직·사회 내부의 배타적인 소규모 집단)

14 난도 ★★☆　　　　　　　　　　　　정답 ③

어휘 > 단어

[정답의 이유]

밑줄 친 compulsory는 '의무적인, 필수의'의 뜻으로 이와 의미가 가장 가까운 것은 ③ 'mandatory(의무적인)'이다.

[오답의 이유]

① 상호 보완적인
② 체계적인
④ 혁신적인

 본문해석

학교 교육은 미국의 모든 어린이들에게 의무적이지만, 학교 출석이 요구되는 연령대는 주(州)마다 다르다.

VOCA

- schooling 학교 교육
- age range 나이 폭
- school attendance 학교 출석
- vary from A to B A에서 B까지 다양하다

15 난도 ★★☆　　　　　　　　　　　　정답 ①

어휘 > 단어

[정답의 이유]

밑줄 친 disclose는 '밝히다, 폭로하다'의 뜻으로 이와 의미가 가장 가까운 것은 ① 'let on(누설하다)'이다.

[오답의 이유]

② 발사하다, 면하게 해주다
③ 누그러지다
④ 실망시키다

 본문해석

비록 그 여배우가 그녀의 경력에서 많은 혼란을 겪었지만, 그녀는 결코 누구에게도 그녀가 행복하지 않다는 것을 밝히지 않았다.

VOCA

- turmoil 혼란, 소란

16 난도 ★★★　　　　　　　　　　　　정답 ①

독해 > 빈칸 완성 > 연결어

[정답의 이유]

① 빈칸 (A) 앞에서 선지자들은 무언가를 처음으로 발견하는 사람들이며, 그 장점은 아무도 그것을 발견하지 못했을 때 존재한다고 했다. (A) 다음에서 그들은 충분히 테스트된[이미 발견된] 상품을 구매하지 않는다고 했으므로 (A)에는 인과를 나타내는 'therefore(그러므로)'가 적절하다. 빈칸 (B) 다음에서 선지자들이 발견한 내용을 바탕으로 물건을 사는 실용주의자들에 대해 설명하고 있으므로 (B)에는 대조를 나타내는 'on the other hand(반면에)'가 적절하다.

[오답의 이유]

② 그러나 – 게다가
③ 그렇기는 하지만 – 동시에
④ 더욱이 – 끝으로

 본문해석

선지자들은 그들의 업종 부문에서 새로운 기술의 잠재력을 알아보는 최초의 사람들이다. 기본적으로, 그들은 경쟁사에 있는 그들과 대등한 지위의 사람들보다 자신들이 더 똑똑하다고 생각하는데, 꽤 자주, 정말 그렇다. 실제로 경쟁우위로 이용하기 원하는 것을 가장 먼저 보는 것이 그들의 능력이다. 이 장점은 오직 아무도 그것을 발견하지 못했을 때만 일어난다. (A) 그러므로 그들은 광범위한 업계의 참고목록을 통해서 충분히 테스트된 제품을 구매하는 것을 기대하지 않는다. 정말로 만약 이와 같은 참고자료의 근거가 존재한다면, 그것은 사실상 그들을 흥미 잃게 만들지도 모르는데, 이는 어쨌든 그들이 그 기술에 대해 이미 너무 늦었다는 것을 나타내기 때문이다. (B) 반면에, 실용주의자들은 다른 회사에 있는 동료의 경험을 높이 평가한다. 그들은 구매할 때, 광범위한 참고자료를 기대하고 그들 자신의 업종 부문 내 기업들로부터 더 많은 참고자료가 나오기를 원한다.

VOCA

- visionary 선지자, 선견지명 있는, 환영의
- segment 분야, 부문
- leverage ～에 영향력을 미치다
- come about 생기다, 일어나다
- turn off 신경을 끊다, 생각하지 않다
- indicate 나타내다, 보여주다
- pragmatist 실용주의자

17 난도 ★★☆   정답 ④

독해 > 글의 일관성 > 문장 삽입

주어진 문장의 'Some of these ailments ~(이러한 질병들 중 일부는 단기적이지만, 다른 경우에는 오래 지속될 수 있다)'는 ④ 앞 문장의 'physiological and psychological problems(생리적, 심리적 문제)'와 연결된다. 또한 ④ 다음에서 우주비행사들의 2/3 이상이 무중력 환경을 여행하는 도중 멀미와 메스꺼움으로 고통 받는다고 했으므로 주어진 문장이 들어갈 위치로 가장 적절한 것은 ④이다.

본문해석

수 세기 동안, 인간은 하늘을 올려다보고 지구의 영역 너머에 무엇이 존재하는지 궁금해 했다. 고대의 천문학자들은 우주에 관하여 더 많은 것을 알기를 원하며 밤하늘을 조사했다. 최근 들어서, 어떤 영화들은 우주 공간에서 인간의 삶을 유지할 수 있는 가능성을 탐구했고, 반면 다른 영화들은 외계 생명체가 우리 행성을 방문했을 수도 있는지에 대한 의문을 제기했다. 우주비행사 Yuri Gagarin이 1961년에 우주를 여행한 최초의 인간이 된 이후, 과학자들은 지구 대기권 너머의 환경이 어떤지와 우주여행이 인체에 어떤 영향을 주는지를 연구했다. 비록 대부분 우주비행사들이 우주에서 몇 개월 이상을 보내지는 않지만, 많은 이들이 지구로 돌아왔을 때 생리적, 심리적 문제를 경험한다. <u>이러한 질병들 중 일부는 단기적이며, 다른 것들은 오래 지속될 수 있다.</u> 모든 우주비행사들 중 3분의 2 이상이 우주를 여행하는 동안 멀미로 고통 받는다. 무중력 환경에서, 신체는 위아래를 구별할 수 없다. 체내 균형체계는 뇌에 혼란스러운 신호들을 보내는데, 이것은 며칠 동안 메스꺼움을 유발할 수 있다.

VOCA

- extraterrestrial 지구 밖 생명체의, 외계의
- physiological 생리적인, 생리학의
- ailment 질병
- suffer from ~으로 고통 받다
- motion sickness 멀미
- differentiate 구별하다
- nausea 메스꺼움

18 난도 ★★★   정답 ③

독해 > 빈칸 완성 > 단어 · 구 · 절

빈칸 다음에서 문학 수업에서 유전자에 대해 배우지 않고, 물리학 수업에서 진화를 배우지 않는다고 했고, 'So you get a partial view of the world.'라고 했으므로 빈칸에 들어갈 가장 적절한 것은 ③ 'Today, we teach and learn about our world in fragments(오늘날 우리는 우리의 세계에 대해 단편적으로 가르치고 배운다)'이다.

① 과거에, 역사 연구는 과학으로부터 각성을 요구했다
② 최근에, 과학은 우리에게 많은 기발한 비결들과 의의를 주었다
④ 최근, 역사는 몇 가지 분야로 나누어졌다

본문해석

왜 모든 것의 역사를 신경 쓰는가? 오늘날, 우리는 우리의 세계에 대해 단편적으로 가르치고 배운다. 문학 수업에서 여러분은 유전자에 대해 배우지 않고, 물리학 수업에서 인류의 진화에 대해 배우지 않는다. 따라서 여러분은 세계에 대한 부분적인 시각을 갖게 된다. 이것이 교육의 '의미'를 찾기 어렵게 만든다. 프랑스의 사회학자 Emile Durkheim은 이러한 방향 감각 상실과 무의미함을 *anomie*(사회적 무질서)라고 부르고, 이것이 절망과 심지어 자살로 이어질 수 있다고 주장했다. 독일의 사회학자 Max Weber는 세상의 "환멸"에 관해 이야기했다. 과거에, 사람들은 자신들의 세상에 대한 통합된 시각, 즉 그 시각은 대체로 그들의 종교적 전통의 기원 설화에 의해 제공되는 시각이 있었다. 그 통합된 시각은 목적과 의미, 심지어 세상과 삶에 대한 황홀감을 주었다. 하지만 오늘날, 많은 작가들은 무의미함이 과학과 합리성의 세계에서 불가피하다고 주장했다. 현대성이란 무의미함을 의미하는 것처럼 보인다.

VOCA

- disorientation 방향 감각 상실, 혼미
- meaninglessness 무의미함, 목표가 없음
- anomie 사회적[도덕적] 무질서, 아노미
- disenchantment 환멸
- enchantment 황홀감, 환희
- inevitable 불가피한, 필연적인
- rationality 합리성

19 난도 ★★☆   정답 ②

독해 > 세부 내용 찾기 > 내용 (불)일치

두 번째 문장에서 대공황 때 잉여 농산물 활용의 필요성과 빈곤층 아동들에게 음식을 제공하려는 관심이 합쳐졌다고 했으므로 글의 내용과 일치하지 않는 것은 ② 'The US government began to feed poor children during the Great Depression despite the food shortage (미국 정부는 식량 부족에도 불구하고 대공황 동안 가난한 아이들에게 급식을 하는 것을 시작했다).'이다.

① 일하는 여성의 증가가 급식 프로그램의 확장을 신장시켰다. → 세 번째 문장에서 '~ the explosion in the number of working women fueled the need for a broader program.'이라고 했으므로 글의 내용과 일치한다.

③ 미국 학교 급식 시스템은 현재 빈곤 가정 어린이들에게 음식을 제공하는 것을 돕는다. → 아홉 번째 문장에서 '~ the second is to provide nutritious food at both breakfast and lunch to underprivileged children.'이라고 했으므로 글의 내용과 일치한다.

④ 점심 제공 기능은 가정에서 학교로 옮겨지고 있다. → 네 번째 문장에서 '~ once a function of the family—providing lunch—was shifted to the school food service system.'이라고 했으므로 글의 내용과 일치한다.

본문해석

최초의 정부 급식 서비스 프로그램은 1900년대경 유럽에서 시작했다. 미국의 프로그램은 대공황으로부터 시작되었는데, 당시 잉여 농산물의 활용 필요성과 빈곤 가정 어린이들에 대한 급식 제공 관심이 맞물린 상황이었다. 제2차 세계대전과 그 이후, 일하는 여성의 수가 폭발적으로 증가하면서 더 광범위한 프로그램의 필요성을 부채질했다. 한때 가정의 기능이었던 점심 제공이 학교 급식으로 이동했다. National School Lunch Program은 이러한 노력의 결과이다. 이 프로그램은 연방정부의 지원을 받는 식사를 학령 아동들에게 제공하도록 고안되었다. 제2차 세계대전 말부터 1980년대 초까지 학교 급식을 위한 재정 지원이 꾸준하게 확대되었다. 오늘날 이것은 미국 전역 거의 10만 개의 학교에서 아이들에게 급식을 제공하는 것을 돕는다. 이것의 첫 번째 기능은 모든 학생들에게 영양가 높은 점심을 제공하는 것이다. 두 번째는 소외계층 아동들에게 아침과 점심 둘 다 영양가 높은 음식을 제공하는 것이다. 이전에는 가정의 기능이었던 것의 대체물로서 오히려 학교 급식의 역할이 확대되었다.

VOCA
- date from ~로부터 시작되다
- surplus 과잉
- commodity 상품, 물품
- fuel 부채질하다, 자극하다
- federally 연방정부의
- nutritious 영양가 높은
- underprivileged 불우한
- if anything 오히려

20 난도 ★★☆   정답 ④

독해 > 글의 일관성 > 글의 순서

정답의 이유

주어진 문장에서 대한민국의 높은 인터넷 보급률을 제시하고, In fact로 시작하는 (B)에서 어떤 나라도 인터넷을 그렇게 전적으로 받아들인 나라는 없을 것이라고 재진술하는 것이 자연스럽다. (A)의 This addiction은 (C)의 'ready access to the Web has come at a price as legions of obsessed users'를 받고 있으므로 주어진 문장 다음에 이어질 글의 순서로 적절한 것은 ④ '(B) – (C) – (A)'이다.

본문해석

대한민국은 지구상에서 인터넷 연결이 가장 잘 되어 있는 국가임을 자랑한다.

(B) 사실상, 아마 어떤 나라도 인터넷을 그렇게 전적으로 받아들인 나라는 없을 것이다.

(C) 하지만 이러한 빠른 인터넷 접속은 다수의 중독된 사용자들이 자신들을 컴퓨터 화면에서 떼어낼 수 없다는 것을 알게 되면서 상당한 대가를 치르고 있다.

(A) 이러한 중독은 사용자들이 며칠간 계속 온라인 게임을 하고 난 뒤 탈진으로 급사하기 시작하면서, 최근 한국에서 국가적 문제가 되었다. 점점 더 많은 학생들이 온라인 상태를 유지하기 위해서 학교를 결석했는데, 이는 극도로 경쟁적인 이러한 사회에서 충격적일 정도의 자멸적인 행동이다.

VOCA
- addiction 중독
- drop dead 급사하다
- skip 거르다[빼먹다]
- self-destructive 자멸적인
- embrace 받아들이다
- legion 많은 사람들, 군단
- tear away (~에서) 억지로 떼어내다

영어 | 2018년 국가직 9급

한눈에 훑어보기

 영역 분석

어휘   05 06 14 15
4문항, 20%

독해   02 03 07 09 11 12 13 16 17 18 19
11문항, 55%

어법   04 10 20
3문항, 15%

표현   01 08
2문항, 10%

빠른 정답

01	02	03	04	05	06	07	08	09	10
①	①	②	③	①	②	④	②	②	③

11	12	13	14	15	16	17	18	19	20
④	④	②	①	④	④	②	②	③	④

점수 체크

구분	1회독	2회독	3회독
맞힌 문항 수	/ 20	/ 20	/ 20
나의 점수	점	점	점

---

01 난도 ★☆☆   정답 ①

표현 > 관용표현 · 속담

정답의 이유

밑줄 친 부분 앞에서 현재 시각을 말하고, 다음에서 바로 떠나야 한다고 말하고 있으므로 밑줄 친 부분에는 ① 'That's cutting it close(시간이 촉박하다)'가 적절하다.

오답의 이유

② 나 한눈 팔았어(주의를 기울이지 않았어)
③ 반짝이는 것이 모두 금은 아니야
④ 이미 지나간 일이야

본문해석

A: 부탁 하나 해도 될까요?
B: 네, 무엇인가요?
A: 출장 때문에 공항에 가야 하는데, 제 차가 시동이 안 걸리네요. 저 좀 태워줄 수 있으세요?
B: 물론이에요. 언제까지 거기에 도착해야 하죠?
A: 6시까지는 가야 해요.
B: 지금 4시 30분이네요. 시간이 촉박해요. 우리 지금 바로 떠나야 겠어요.

VOCA

• start (기계가) 시동이 걸리다, 작동되기 시작하다
• give (somebody) a lift ~을 태워주다

---

02 난도 ★★☆   정답 ①

독해 > 빈칸 완성 > 단어 · 구 · 절

정답의 이유

빈칸 앞 문장에서 포트폴리오 접근법에서는 당장의 손실보다 전체적인 포트폴리오를 더 중요하게 여긴다고 했고, 빈칸 다음에서 그것들이 훨씬 더 큰 그림의 작은 일부에 지나지 않는다고 했으므로 빈칸에 들어갈 말로 가장 적절한 것은 ① 'less inclined to dwell on individual losses (개별적인 손실을 깊이 생각하려는 경향이 적다)'이다.

오답의 이유

② 당신의 투자에 흥미를 덜 갖는다
③ 손실을 더 싫어한다
④ 주식 시장의 변화에 더 민감하다

손실에 대한 두려움은 인간의 기본적인 부분이다. 뇌에 있어서, 손실은 위협이고 우리는 자연스럽게 그것을 피하기 위한 조치를 취한다. 하지만 우리는 그것을 영원히 피할 수 없다. 손실에 직면하는 하나의 방법은 주식 중개인의 관점을 가지는 것이다. 중개인들은 손실 가능성을 게임의 결과가 아닌 게임의 일부로 받아들인다. 이러한 사고를 이끄는 것은 포트폴리오 접근법이다. 이익과 손실은 모두 발생할 것이지만, 결과들의 전체적인 포트폴리오가 가장 중요하다는 것이다. 여러분이 포트폴리오 접근법을 받아들일 때, 개별적인 손실을 깊이 생각하려는 경향이 적어질 것인데 그것들이 훨씬 더 큰 그림의 작은 일부에 지나지 않는다는 것을 알기 때문이다.

VOCA

- fear 두려움
- naturally 자연스럽게, 당연히, 선천적으로
- take measure 조치를 취하다
- indefinitely 무기한으로, 모호하게
- face 직면하다
- perspective 관점
- stock trader 주식 중개인
- end 결과, 끝
- approach 접근법
- matter 중요하다, 문제되다
- embrace 껴안다, 수락하다
- dwell on ~을 깊이 생각하다, 심사숙고하다

03 난도 ★★☆　　　　　　　　　　　정답 ②

독해 > 대의 파악 > 제목, 주제

정답의 이유

끝에서 두 번째 문장에서 '~ but what we do have control of should be a reflection of the time in which we exist and communicate the present.'라고 하고, 마지막 문장에서 '우리가 가진 것은 현재가 전부이며, 현재에 집중할수록 우리 자신의 존재를 더 많이 인지하게 된다.'라고 했으므로 글의 제목으로 적절한 것은 ② 'Reflect on the Time That Surrounds You Now(현재 여러분을 둘러싸고 있는 시간을 되돌아보라)'이다.

오답의 이유

① 여행: 과거의 유산 추적하기
③ 숨겨진 삶의 징후
④ 미래 생활의 건축

지난 몇 년 동안 여행하면서, 나는 우리 인간들이 얼마나 많이 과거에 살고 있는지 관찰해 왔다. 어떤 것이 나타나는 순간, 그것이 곧 과거가 되어버린다는 것을 고려하면, 과거는 끊임없이 우리 주변에 있다. 우리의 주변과 가정, 환경, 건축물, 제품들은 모두 과거의 산물들이다. 우리는 우리 시대의 일부분과 집단의식의 부분들, 우리의 삶에서 만들어진 것들과 함께 살아야 한다. 물론, 우리 시대 동안에, 관련되거나 마음속으로 생각한 주변의 모든 것에 대한 선택권과 통제권을 갖고 있지는 않지만, 우리가 통제권을 소유하고 있는 것은 우리가 지금 존재하고 소통하는 현재라는 시대의 반영이어야 한다. 현재는 우리가 가진 모든 것이며, 우리가 그것에 더 많이 둘러싸여 있을수록, 우리는 우리 자신의 존재와 참여에 대해 더 많이 인지하게 된다.

VOCA

- observe 관찰하다, 보다, 지키다, 준수하다
- the minute ~하자마자
- manifest 나타나다, 드러나다, 명백한
- construct 건설하다, 구성하다
- collective 집단의, 단체의
- consciousness 자각, 의식
- conceive (마음에) 품다, 상상하다, 임신하다
- reflection 상, 반영, 사상, 생각, 성찰
- be aware of ~을 인지하다

04 난도 ★☆☆　　　　　　　　　　　정답 ③

어법 > 비문 찾기

정답의 이유

③ result는 자동사로 'result in + 결과 / result from + 원인' 등으로 result 다음에 '전치사 + 명사' 형태로 쓰인다. 자동사는 수동태로 사용할 수 없으므로 has been resulted → has resulted가 되어야 한다.

오답의 이유

① 가주어-진주어 구문으로, 가주어(it)가 진주어(to imagine)를 대신하고 있으므로 to imagine은 올바른 표현이다.
② take ~ for granted는 '~을 당연하게 여기다'라는 관용표현이다.
④ 분사구문(affecting wilderness regions ~)으로, affecting 다음에 목적어(wilderness regions)가 있고 주절의 주어(deforestation)와 분사구문이 '삼림벌채가 야생 지역에 영향을 미친다'로 능동 관계이다. 따라서 현재분사(affecting)가 올바르게 사용되었다.

숲의 아름다움과 풍요로움이 없는 삶을 상상한다는 것은 어려울 것이다. 하지만 과학자들은 우리가 우리의 숲을 당연하게 여겨서는 안 된다고 경고한다. 어떤 추정치에 따르면, 삼림 벌채는 전 세계 자연 숲의 80%에 달하는 손실을 초래해 왔다. 현재 삼림 벌채는 전 세계적인 문제이며, 태평양의 온대강우림 같은 야생 지역들에 영향을 끼치고 있다.

VOCA

- take A for granted A를 당연하게 여기다
- estimate 추정치, 견적, 평가
- deforestation 산림 벌채, 산림 개간, 삼림 파괴
- wilderness 황야, 야생
- temperate rainforest 온대강우림

05 난도 ★★☆　　　　　　　　　정답 ①

어휘 > 단어

정답의 이유

밑줄 친 indigenous는 '토착의'의 뜻으로 이와 의미가 가장 가까운 것은 ① 'native(토착의, 원시의)'이다.

오답의 이유

② 몹시 시장한
③ 빈곤한, 결핍된
④ 떠돌아다니는, 유랑의

본문해석

전설적인 다큐멘터리 영화감독인 Robert J. Flaherty는 원주민들이 어떻게 식량을 모았는지를 보여주려고 노력했다.

VOCA

- legendary 전설적인

06 난도 ★★☆　　　　　　　　　정답 ②

어휘 > 어구

정답의 이유

빈칸 다음 문장에서 누구나 음악을 감상할 수 있지만, 음악가가 되려면 재능이 필요하다는 상반된 서술이 나오므로 밑줄 친 부분에는 ② 'a far cry from(~와는 거리가 먼, 전혀 다른)'이 적절하다.

오답의 이유

① ~와 동등하게
③ ~여하에 달린
④ ~의 서막

본문해석

음악 감상과 록스타가 되는 것은 전혀 다른 것이다. 누구나 음악을 감상할 수 있지만, 음악가가 되는 것은 재능이 필요하다.

07 난도 ★☆☆　　　　　　　　　정답 ④

독해 > 글의 일관성 > 무관한 어휘·문장

정답의 이유

제시문은 벼의 수중 생존 능력을 높여서 홍수 위험 지역의 농민들이 이로 인한 재정적 손해를 줄일 수 있다는 내용이다. 이는 희소식이므로 글의 흐름상 가장 어색한 문장은 ④ 'This is dreadful news for people in these vulnerable regions, who are victims of urbanization and have a shortage of crops(이것은 이러한 취약한 지역에 사는 사람들에게는 끔찍한 소식인데, 그들은 도시화의 피해자들이며 작물이 부족하다).'이다.

본문해석

생물학자들은 벼가 지금보다 일주일 이상 더 긴 2주 동안까지 물에 잠긴 상태로 생존할 수 있게 하는 유전자를 알아냈다. 일주일 이상 물에 잠긴 식물은 산소를 빼앗기고 시들어 죽는다. 과학자들은 자신들의 발견이 홍수에 영향받기 쉬운 지역들의 작물 수확 시기를 연장시키기를 희망한다. 홍수에 취약한 이러한 아시아 지역에서 벼 재배자들은 심하게 침수된 논에서 매년 10억 달러로 추정되는 돈을 잃는다. 그들은, 이 새로운 유전자가 태풍과 장마철에 발생하는 재정적 피해를 줄이고 풍작으로 이어질 수 있는 더 강한 벼 품종으로 이어지기를 바라고 있다. 이것은 이러한 취약한 지역에 사는 사람들에게는 끔찍한 소식인데, 그들은 도시화의 피해자들이며 작물이 부족하다. 쌀 생산량은 10억 명의 사람들이 주식으로 먹을 수 있도록 보장하기 위해 다음 20년에 걸쳐 30퍼센트 증가해야 한다.

VOCA

- submerge 잠수하다, 물속에 잠기다
- up to ~까지
- deprive 빼앗다, 박탈하다
- wither 시들다
- perish 죽다, 죽이다
- prolong 연장하다
- be susceptible to ~에 영향을 받기 쉽다
- flood-prone 홍수에 취약한
- annually 매년
- waterlogged 물에 잠긴
- paddy 논
- strain 종류, 품종
- incur 초래하다, 발생하다
- monsoon season 우기, 장마철
- bumper harvest 풍작
- dreadful 끔찍한, 무시무시한

- vulnerable 취약한
- urbanization 도시화
- yield 산출량
- staple diet 주식

08 난도 ★☆☆   정답 ②

표현 > 일반회화

[정답의 이유]

A는 B에게 운전하는 방법을 알려달라고 요청하고 있다. 빈칸 앞에서 운전 경험이 없지만 '~을 더는 기다릴 수 없다'고 말하고 있으므로 빈칸에 가장 적절한 것은 ② 'get one's feet wet(시작하다)'이다.

[오답의 이유]

① 다음을 기약하다

③ 엔진오일을 교체하다

④ 펑크 난 타이어를 교체하다

📋 본문해석

A: 너 운전할 줄 알아?

B: 물론이지. 나 운전 잘 해.

A: 나에게 운전하는 법 좀 가르쳐 줄 수 있어?

B: 너 임시 운전면허증 가지고 있니?

A: 응, 바로 지난주에 받았어.

B: 자동차를 운전해 본 적은 있어?

A: 아니, 하지만 난 <u>시작하는</u> 것을 기다릴 수가 없어.

VOCA

- learner's permit 임시 운전면허증
- be behind the steering wheel 운전하다(운전대 앞에 앉다)

09 난도 ★☆☆   정답 ②

독해 > 세부 내용 찾기 > 내용 (불)일치

[정답의 이유]

제시문의 아홉 번째 문장에서 'They can turn up or flatten to adjust to the flow of water around the shark and to reduce drag(그것들(비늘)은 일어서거나 납작해져서 상어 주변의 해류에 적응해서 항력을 줄인다).'라고 했으므로 글의 내용과 일치하는 것은 ② 'Lang revealed that the scales of a mako shark are utilized to lessen drag in water(Lang은 청상아리의 비늘이 물의 항력을 줄이기 위해 이용된다는 것을 밝혀냈다).'이다.

[오답의 이유]

① 상어는 헤엄칠 때 자신을 보호하기 위해서 언제나 움직이지 않는 비늘을 지니고 있다. → 두 번째 문장에서 'These flexible scales protect the shark and help it swim quickly in water.'라고 했으므로 글의 내용과 일치하지 않는다.

③ 청상아리는 몸 전체에 똑같은 크기의 비늘을 가지고 있다. → 여섯 번째 문장에서 '~ the mako shark's scales differ in size and in flexibility in different parts of its body.'라고 했으므로 글의 내용과 일치하지 않는다.

④ 비행기의 과학적인 디자인은 상어 비늘에서 영감을 받았다. → 마지막 문장에서 그와 같은 내용이 나오지만, 그것은 Lang이 그렇게 생각한다(Lang feels that ~)는 것이지 실제 그렇다는 것이 아니다.

📋 본문해석

상어는 치아와 동일한 물질로 구성된 비늘로 덮여 있다. 이 신축성 있는 비늘은 상어를 보호하고 물에서 빠르게 수영할 수 있게 돕는다. 상어는 수영하면서 비늘을 움직일 수 있다. 이러한 움직임은 물의 항력을 줄이는 것을 돕는다. Alabama 대학의 항공 우주 공학자 Amy Lang은 대백상어의 동족인 청상아리의 비늘을 연구한다. Lang과 그녀의 팀은 청상아리의 비늘이 그것의 몸의 다른 부분들에서 크기와 유연성에 차이가 있다는 것을 알아냈다. 예를 들어, 몸의 측면에 있는 비늘은 점점 가늘어져, 한쪽 끝은 넓고 다른 쪽 끝은 좁다. 비늘들이 점점 가늘어지기 때문에, 이러한 비늘들은 아주 쉽게 움직인다. 그것들은 상어 주변의 해류에 적응하고 항력을 줄이기 위해 위로 젖히거나 납작해진다. Lang은 상어의 비늘이 비행기처럼 항력을 경험하는 기계들을 디자인하는 데에 영감을 줄 수 있다고 생각한다.

VOCA

- scale 비늘, 저울, 눈금, 규모
- drag 끌어당기는 힘, 방해, 항력, 장애물
- aerospace 항공 우주
- relative 친척, 동족
- great white shark 대백상어
- shortfin mako 청상아리
- taper 가늘어지다, 점점 줄다
- turn up 나타나다, (위로) 일어서다
- flatten 납작해지다

10 난도 ★★☆   정답 ③

어법 > 비문 찾기

[정답의 이유]

③ paying은 attention을 수식하는 분사로 관심이 '주어지는' 것이므로 paying to this question → paid to this question이 되어야 한다.

[오답의 이유]

① 준사역동사 get의 목적어인 stuff와 목적격 보어의 관계가 수동이므로 과거분사 done이 올바르게 사용되었다.

② 선행사 the issues를 수식하는 주격 관계대명사 that이 올바르게 사용되었으며, 주어가 복수이므로 동사 interest, concern의 수일치도 적절하다.

④ 사역동사 let의 목적어 life와 목적격 보어인 pass가 능동 관계이
므로 원형부정사가 올바르게 사용되었다.

 본문해석

> 집중은 일을 끝내는 것을 의미한다. 많은 사람들이 훌륭한 생각을
> 갖고 있지만 그것들에 따라 행동하지는 않는다. 예를 들어, 나에게
> 기업가의 정의는 새로운 아이디어를 실행하는 능력을 가지고 혁신
> 과 창의성을 결합할 수 있는 사람이다. 어떤 사람들은 삶의 주요 이
> 분법이 여러분의 흥미를 끌거나 영향을 미치는 이슈들에 대해 낙관
> 적인지 아니면 비관적인지에 관한 것이라고 생각한다. 긍정적인 관
> 점을 갖는 것이 더 나은지, 아니면 부정적 관점을 갖는 것이 더 나
> 은지에 대한 이 질문에 관심이 집중되어 있다. 내 생각에 더 적절한
> 질문은 여러분이 그것에 대해 뭔가를 할 것인지, 아니면 인생이 그
> 저 지나쳐 가도록 내버려 둘 것인지 묻는 것이다.

(VOCA)

• stuff 물건, 어떤 것, 일
• entrepreneur 사업가
• combine A with B A와 B를 결합하다
• ingenuity 독창성
• execute 실행하다
• dichotomy 이분법
• optimistic 낙관적인
• pessimistic 비관적인
• pass ~ by (아무런 영향을 주지 않고) ~을 스쳐 지나가다

✅ **더알아보기**

5형식 동사+목적어+목적격 보어

• 5형식(불완전타동사+목적어+목적격 보어) 구문에서 목적어와
  목적격 보어가 수동 관계이면 목적격 보어로 과거분사가 온다.
  – 사역동사(have, make, get, help 등)+과거분사: '~ 되도록 시
    키다/~ 당했다'로 해석한다.
    예 I had the roof repaired before the rainy season.
       (나는 장마가 오기 전에 지붕이 수리되도록 시켰다.)
  – 지각동사(see, hear, watch, feel 등)+과거분사: '~되는 것을
    보다/듣다/느끼다'로 해석한다.
    예 I heard my name called on the school broadcast.
       (나는 학교 방송에서 내 이름이 불리는 것을 들었다.)
• get+목적어+목적격 보어

get+목적어+ to부정사	I'll get him to carry my luggage to the hotel. (목적어가 ~ 하도록 하다)
get+목적어+ 과거분사(p.p)	I'll never get all this work finished. (목적어가 ~ 되도록 하다/시키다)
get+목적어+ 현재분사(~ing)	Get her talking, figure out if she's lying. (목적어가 ~ 하도록 시작하게 만들다)

11 난도 ★☆☆　　　　　　　　　　정답 ④

독해 > 글의 일관성 > 무관한 어휘·문장

(정답의 이유)

④ 제시문의 마지막 문장에서 nevertheless는 '그럼에도 불구하고'의 의
  미로, 이를 기준으로 앞뒤 내용이 역접 관계인데 부정어(didn't)가 있
  으므로 문맥상 unpopular가 아니라 popular가 되어야 한다.

 본문해석

> 대부분의 사람은 말하기를 좋아하지만, 듣는 것을 좋아하는 사람은
> 거의 없다. 하지만 경청은 모두가 소중히 여겨야 하는 희귀한 재능
> 이다. 좋은 청자는 더 많이 듣기 때문에 대부분의 사람들보다 그들
> 주변에서 일어나는 일들을 더 많이 알고 더 세심한 경향이 있다. 게
> 다가, 좋은 청자는 판단하고 비판하기보다는 받아들이고 관대하게
> 대하는 경향이 있다. 그러므로 그들은 대부분 사람들보다 적이 더
> 적다. 사실, 그들은 아마도 가장 사랑받는 사람들일 것이다. 그러나
> 그 일반화에는 예외가 있다. 예를 들어서, John Steinbeck은 훌륭
> 한 청자였지만, 그는 그의 글에 썼던 몇몇 사람들에게는 미움을 받
> 았다고 한다. 의심할 여지 없이, 그의 경청 능력은 그의 글쓰기 능력
> 에 기여했다. 그럼에도 불구하고, 그의 경청 결과가 그를 인기 없게
> (→ 인기 있게) 만들지는 못했다.

(VOCA)

• treasure 간직하다, 소중히 여기다, 보물
• sensitive 민감한, 세심한
• be inclined to do ~하는 경향이 있다
• tolerate 참다, 허용하다, 너그럽게 봐주다, 견디다
• beloved 사랑받는
• generality 일반화
• contribute to ~에 공헌하다, ~에 기여하다
• capacity (수용) 능력

12 난도 ★★☆　　　　　　　　　　정답 ④

독해 > 대의 파악 > 제목, 주제

(정답의 이유)

제시문은 걱정이 우리 삶에 끼치는 부정적 영향을 서술한 후, 그에 대한
해결책을 제시하고 있다. 특히 제시문의 마지막 부분에서 '일어나길 원
하는 일에 집중하고 이미 가지고 있는 멋진 것들에 대해 생각하라.'라고
걱정에 대처하는 방법을 제시하고 있으므로 글의 주제로 적절한 것은 ④
'How do we cope with worrying(우리는 어떻게 걱정에 대처하는가)?'
이다.

(오답의 이유)

① 걱정은 인생에 어떠한 영향을 끼치는가?
② 걱정은 어디서부터 시작되는가?
③ 우리는 언제 걱정해야 하는가?

걱정은 흔들목마와 같다. 아무리 빨리 간다고 해도 여러분은 절대로 어느 곳으로도 갈 수 없다. 걱정은 완벽한 시간 낭비이며, 여러분의 머릿속에 너무 많은 잡동사니를 만들어 그 어떤 것도 명확하게 생각할 수 없다. 걱정을 멈추는 것을 배우는 법은 무엇이든 먼저 여러분이 집중하고 있는 것에 에너지를 소모하고 있다는 것을 이해하는 것이다. 그러므로 여러분들이 자신을 걱정하도록 내버려 둘수록, 일은 점점 더 잘못된다! 걱정은 너무나 몸에 밴 습관이 되기 때문에 그것을 피하기 위해서는 그렇게 하지 않도록 의식적으로 자신을 훈련시켜야 한다. 여러분이 걱정거리에 사로잡힐 때마다, 멈추고 생각을 바꾸어라. 여러분에게 일어나길 바라는 무언가에 좀 더 건설적으로 집중하고 이미 여러분의 삶에서 일어난 멋진 일들을 깊이 생각하라. 그러면 더 멋진 일들이 여러분 앞에 펼쳐질 것이다.

VOCA

• rocking horse 흔들목마
• clutter 잡동사니, 난장판
• ingrained 뿌리 깊은, 깊이 몸에 밴
• fit (감정 · 행동의) 격발
• productively 생산적으로, 건설적으로
• dwell on ~을 깊이 생각하다, 심사숙고하다

13 난도 ★★★ 정답 ②

독해 > 세부 내용 찾기 > 내용 (불)일치

정답의 이유

네 번째 문장에서 학생들이 컴퓨터와 7,500달러를 받는다고 했으므로 글의 내용과 일치하지 않는 것은 ② 'MHC에서는 학생들에게 컴퓨터 구입 비용과 교외활동 비용을 합하여 $7,500를 지급한다.'이다.

오답의 이유

① 두 번째, 세 번째 문장에서 모든 학생이 4년 동안 전액 장학금을 받는다고 했으므로 글의 내용과 일치한다.
③ 여섯 번째 문장에서 언급한 Kirschner 학장의 의견이 올바르게 서술되어 있다.
④ 마지막 문장에서 우수 학생들에게만 장학금을 주는 학교가 서술되어 있으므로 글의 내용과 일치한다.

본문해석

Macaulay Honors 대학(MHC) 학생들은 높은 등록금에 대한 스트레스를 받지 않는다. 등록금이 무료이기 때문이다. Macaulay와 소수의 몇몇 군 사관학교, 직업 대학, 단과 대학, 음악 대학에서는 학생 전원이 전액 장학금을 4년 내내 받는다. Macaulay 학생들은 또한 노트북 한 대와 7,500달러의 '기회 자금'을 받는데 그것은 연구, 업무 경험, 유학 프로그램과 인턴십 등을 수행하기 위한 것이다. "가장 중요한 것은 무료 등록금이 아니라, 빚을 짊어지지 않고 공부할 자유입니다."라고 Macaulay Honors 대학의 학장 Ann Kirschner는 말한다. 그녀는 또 말하기를, 빚 부담은 "학생들이 대학에서 하는 선택들과 타협하게 하며, 우리는 그들에게 그것으로부터 자유로울 기회를 주고 있습니다."라고 했다. 모든 학생에게 무료 등록금을 제공하는 학교들은 드물다. 하지만 더 많은 교육기관들이 높은 성적을 받은 등록자들에게 장학금을 제공한다. Indiana 대학교 Bloomington 캠퍼스 같은 기관들은 평점과 수업에서의 석차가 특출한 높은 성취도를 나타내는 학생들에게 자동적으로 장학금을 제공한다.

VOCA

• tuition 등록금
• a handful of 소수의, 한 줌의, 몇몇의
• service academy 군 사관학교
• conservatory 음악 학교
• pursue 추구하다, 밀고 나가다, 수행하다
• on one's back ~의 등에 지고 있는
• dean 학장, 원장
• burden 부담, 짐
• compromise 절충하다, 타협하다
• enrollee 등록자, 가입자
• stellar 특출한

14 난도 ★★☆ 정답 ①

어휘 > 단어

정답의 이유

밑줄 친 malefactor는 '범죄자, 악인'의 뜻으로 이와 의미가 가장 가까운 것은 ① 'culprit(범인)'이다.

오답의 이유

② 호사가
③ 버림받은 사람, 천민
④ 선동 정치가

본문해석

경찰은 7개월을 그 범죄 사건에 소비했지만 범인의 신원을 결코 밝혀낼 수 없었다.

VOCA

• crime case 범죄 사건
• identity 신원

15 난도 ★☆☆   정답 ④

어휘 > 어구

정답의 이유

밑줄 친 through thick and thin는 '좋을 때나 안 좋을 때나'의 뜻으로 이와 의미가 가장 가까운 것은 ④ 'in good times and bad times(좋을 때나 나쁠 때나)'이다.

오답의 이유

① 당장에
② 가끔
③ 기쁠 때에

 본문해석

> 언뜻 보기에는 그의 친구들이 단지 거머리에 지나지 않는 것처럼 보이지만, 그들은 좋을 때나 나쁠 때나 그가 의지할 수 있는 사람들이라는 것이 증명되었다.

VOCA

• leech 거머리, 기생충

16 난도 ★★★   정답 ④

독해 > 글의 일관성 > 문장 삽입

정답의 이유

주어진 문장은 새로운 환경에 따라서 말투가 빠르게 바뀌는 사람과 그렇지 않은 사람을 대조적으로 제시하는 내용이므로 'Not all people do this to the same degree.' 다음인 ④에 오는 것이 자연스럽다.

본문해석

> 우리의 언어 인식과 말의 생산은 시간에 따라 변한다. 우리가 고향을 오랫동안 떠나 있다면, 우리 주변의 새로운 억양이 이상하다고 인지하는 것은 일시적일 뿐이다. 점차, 우리는 사람들의 억양이 다르다는 것을 인식하지 못할 것이고, 우리의 발화 패턴을 맞추기 시작할 것인데, 즉 새로운 규범에 적응하기 시작할 것이다. 사람들이 모두 이것을 같은 정도로 하는 것은 아니다. 어떤 이들은 자신들의 출생지의 억양과 사투리, 관용구, 제스처를 매우 자랑스러워하는 반면, 다른 이들은 자신들의 언어 습관들을 고침으로써 빠르게 새로운 환경에 적응해서 그들은 더 이상 '군중 속에서 눈에 띄지' 않는다. 그들이 이것을 의식적으로 하는지 아닌지는 논쟁의 여지가 있으며 아마도 개인마다 다를 테지만, 언어와 관련된 대부분 과정과 마찬가지로, 변화는 아마도 우리가 그것을 인지하기 전에 발생하며, 만일 우리가 알았다면 일어날 수 없을 것이다.

VOCA

• intensely 강하게, 열심히
• dialect 사투리, 방언
• accommodate to ~에 적응하다, 수용하다

• stand out 눈에 띄다
• perception 인식, 지각
• extended 확장된, 연장한, 늘어난, 긴
• gradually 점차
• fit in 맞추다, 적응하다
• norm 표준, 기준
• open to debate 논쟁의 여지가 있는
• have to do with ~와 관련이 있다

17 난도 ★★☆   정답 ②

독해 > 세부 내용 찾기 > 내용 (불)일치

정답의 이유

세 번째 문장에서 일시적 불면증은 부적절한 수면 환경 외에도 수면 시간, 심각한 우울증 혹은 스트레스에 의해 생길 수 있다고 했으므로 글의 내용과 일치하지 않는 것은 ② 'Transient insomnia occurs solely due to an inadequate sleep environment(일시적 불면증은 오직 부적절한 수면 환경에 의해서만 발생한다).'이다.

오답의 이유

① 불면증은 그 기간에 의해서 분류될 수 있다. → 한 달을 기준으로 한 달 이내로 지속되는 급성 불면증과 한 달 이상 지속되는 만성 불면증으로 분류할 수 있다.
③ 급성 불면증은 일반적으로 스트레스와 관련되어 있다고 알려져 있다. → 여덟 번째 문장에서 급성 불면증은 스트레스와 관련된 질병으로 알려져 있다고 언급하고 있다.
④ 만성 불면증 환자들은 환각으로 고통받을지도 모른다. → 끝에서 두 번째 문장에서 만성 불면증의 영향으로 근육 약화, 환각, 정신적 피로를 제시했다.

본문해석

> 불면증은 일시적인, 급성인, 혹은 만성적인 것으로 분류될 수 있다. 일시적인 불면증은 일주일 이내로 지속된다. 그것은 다른 질병, 수면 환경의 변화, 수면 시간, 심각한 우울증 혹은 스트레스에 의해서 생길 수 있다. 졸음, 정신 운동 기능 장애 같은 결과들은 수면 결핍의 결과와 비슷하다. 급성 불면증은 한 달 이내의 기간 동안 지속적으로 숙면을 취할 수 없는 것이다. 급성 불면증은 잠드는 데 또는 지속적인 수면에 문제가 있을 때, 혹은 잠자고 나도 상쾌하지 않을 때 발생한다. 이러한 문제들은 수면을 위한 충분한 기회와 환경에도 불구하고 발생하며 주간 활동에 손상을 줄 수도 있다. 급성 불면증은 또한 단기 불면증이나 스트레스 관련 불면증으로도 알려져 있다. 만성 불면증은 한 달 이상 지속된다. 그것은 다른 질병에 의해서 생기거나, 그 자체가 일차 질병이 되기도 한다. 스트레스 호르몬 수치가 높거나 사이토카인* 수치에 변화가 있는 사람들은 다른 사람들보다 만성 불면증에 걸리기 쉽다. 그 영향은 원인에 따라서 다양할 수 있다. 만성 불면증의 영향은 근육 약화, 환각 그리고/혹은 정신적 피로를 포함할 수 있다. 만성 불면증은 또한 복시를 일으킬 수도 있다.
> *사이토카인: 면역 체계의 특정 세포에 의해 방출되는 분자 그룹

오요

기출이 답이다

교정직

VOCA

- insomnia 불면증
- classify 분류하다
- transient 일시적인
- acute 급성의
- chronic 만성의
- disorder 장애, 무질서, 질환
- depression 우울증, 불경기
- impaired 손상된, 제 기능을 못하는
- psychomotor 정신 운동의
- deprivation 결핍, 결여
- circumstance 상황
- weariness 피로, 권태
- hallucination 환각
- fatigue 피로감

18 난도 ★★☆   정답 ②

독해 > 빈칸 완성 > 단어 · 구 · 절

정답의 이유

빈칸 앞 문장에서 인도 교육의 문제를 외딴 지역의 학생들이 좋은 교사와 콘텐츠에 대한 접근성이 떨어지는 데에 있다고 지적하고 있으며, 빈칸 앞부분의 'The company uses a satellite network, with two-way video and audio'로 미루어 빈칸에 가장 적절한 것은 ② 'to bridge the gap through virtual classrooms(가상 수업을 통해 그 격차를 메우기 위해)'이다.

오답의 이유

① 교사 훈련 기관의 질을 향상하기 위해
③ 학생들이 디지털 기술에 익숙하게 하기 위해
④ 자격 있는 교육자들을 전국 각지에 배치하기 위해

본문해석

Mumbai에 있는 Everonn Education의 창립자인 Kisha Padbhan은 자신의 사업을 국가 건설로 본다. 인도의 2억 3천만에 달하는 (유치원부터 대학까지) 학령 인구는 세계에서 가장 큰 규모 중의 하나이다. 정부는 830억 달러를 교육에 지출하지만, 심각한 격차가 있다. "교사와 교사 훈련 기관이 충분하지 않아요."라고 Kisha는 말한다. "인도의 외딴 지역에 사는 어린이들에게 부족한 것은 좋은 교사에 대한 접근 기회와 양질의 콘텐츠에 대한 노출이에요." Everonn의 해결책은? 그 회사는 가상 수업을 통해 그 격차를 메우기 위해 양방향 영상과 음향을 갖춘 위성 네트워크를 사용한다. 네트워크는 인도에 있는 28개 주 중에서 24개 주를 걸쳐 1,800개 대학교와 7,800개 학교에 도달한다. 디지털화된 수업부터 미래의 엔지니어들을 위한 입학시험 준비까지 모든 것을 제공하며, 구직자들을 위한 훈련 과정도 있다.

VOCA

- nation-building 국가 건설
- institute 기관, 연구소
- exposure to ~에 대한 노출
- satellite network 위성 네트워크
- two-way 양방향의
- digitized 디지털화된
- prep 예습, 사전준비
- aspiring 장차 ~가 되려는
- job-seeker 구직자

19 난도 ★★☆   정답 ③

독해 > 글의 일관성 > 글의 순서

정답의 이유

주어진 글에서 생체자기제어 기술을 제시하고, (B)에서 전자 센서들을 신체의 다양한 부분에 부착하여 심박수, 혈압, 피부 온도 같은 변수들을 측정하는 구체적인 방법을 설명하고 있으므로 주어진 글 다음에 (B)가 와야 한다. (A)의 such a variable은 (B)에서 언급된 변수(variables)를 다시 언급하는 표현이므로 variables가 나열된 (B) 다음에 (A)가 와야 한다. (C)에서 the displays를 받아서 설명하고 했으므로 visual or audible displays가 처음 언급된 (A) 다음에 (C)가 와야 한다. 따라서 주어진 글 다음에 이어질 글의 순서는 ③ '(B) - (A) - (C)'가 적절하다.

본문해석

개인이 자율적이거나 무의식적인 신체 기능에 대한 전자적 수치를 관찰함으로써 어떤 자발적인 제어력을 얻을 수 있게 하는 기술은 생체 자기 제어로 알려져 있다.
(B) 심박수, 혈압, 피부 온도 같은 변수들을 측정하기 위해 전자 센서들을 신체의 다양한 부분에 부착한다.
(A) 그러한 변수(예를 들어, 혈압 저하)가 원하는 방향으로 이동하면, 그것은 시각적 혹은 청각적인 신호, 즉 TV 수신기, 측정기 혹은 전등과 같은 장치에서 나타나는 반응을 촉발시킨다.
(C) 생체 자기 제어 훈련은 이러한 신호를 촉발시킨 사고 패턴 또는 행동을 재생산함으로써 원하는 반응을 일으키도록 지도한다.

VOCA

- involuntary 자기도 모르게 하는, 무의식적인
- biofeedback 생체자기제어(심장 박동처럼 보통 의식적인 제어가 안 되는 체내 활동을 전자 장치로 측정하고 그 결과를 이용하여 의식적인 제어를 훈련하는 방법)
- variable 변수
- trigger 촉발하다, 일으키다
- equipment 기계, 장비, 부품
- gauge 계측 장치
- attach 부착하다, 첨부하다, 애착을 느끼게 하다
- reproduce 번식하다, 복제하다, 재현하다

어법 > 영작하기

[정답의 이유]

④ 원급 비교의 부정인 'not so[as] 형용사[부사] as'(~만큼 ~하지 않다) 구문이 사용되었는데, 'not so[as] ~ as' 사이에는 원급이 와야 하므로 stingier → stingy가 되어야 한다.

[오답의 이유]

① be good at은 '~에 능숙하다'라는 표현으로, 전치사(at) 다음에 동명사 getting이 올바르게 사용되었다. get across도 '~을 (~에게) 전달하다, 이해시키다'의 의미로 적절하게 쓰였다.

② 복수 주어(traffic jams)이므로 동사(are)의 수일치가 올바르다. 'more ~ than any other+단수 명사' 구문은 올바른 최상급 표현이며, 비교 대상인 traffic jams와 those의 수일치도 올바르다.

③ 동명사 주어(making eye contact ~ speaking to)와 동사(is)의 수일치가 올바르다. the person 다음에 목적격 관계대명사 whom이 생략되었다.

[VOCA]

• turn out ~이 드러나다

• stingy 인색한

✅ **더알아보기**

원급 비교와 비교급 비교

• 원급 비교는 비교 대상의 동등함을 나타내며, 'as+형용사[부사]+as+비교 대상'으로 나타낸다.

동등 비교	as 형용사[부사]의 원급 +as+비교 대상	~만큼 형용사[부사]하다
열등 비교	not so[as] 형용사[부사] 의 원급+as+비교 대상	~만큼 형용사[부사]하지 않다

예 She felt that she was as *good a swimmer* as he was, if not better. → 동등 비교

(그녀는 비록 그보다 더 낮지는 않지만, 자신이 그만큼 훌륭한 수영선수라고 느꼈다.)

예 He is not so *young* as he looks. → 열등 비교

(그는 보이는 것처럼 그렇게 어리지는 않다.)

• 비교급 비교는 둘 이상의 대상의 우열을 비교할 때 사용하며, '비교급 형용사[부사]+than+비교 대상'으로 나타낸다.

우등 비교	원급+-er[more 원급] +than+비교 대상	A가 B보다 더 ~하다
열등 비교	less 원급+than +비교 대상	A가 B보다 덜 ~하다

예 Gold is *heavier* than copper. → 우등 비교

(금은 구리보다 무겁다.)

예 Few living things are linked together more *intimately* than bees and flowers. → 우등 비교

(벌과 꽃들만큼 친밀하게 함께 연관 되어 있는 생물은 거의 없다.)

예 People are less *tolerant* of smokers in public places. → 열등 비교

(사람들은 공공장소에서의 흡연자들을 덜 용인하고 있다.)

PART 3
한국사

- 2022년 국가직 9급

- 2021년 국가직 9급

- 2020년 국가직 9급

- 2019년 국가직 9급

- 2018년 국가직 9급

한눈에 훑어보기

영역 분석

선사 시대와 국가의 형성 01
1문항, 5%

고대 05 06 15
3문항, 15%

중세 18 19
2문항, 10%

근세 03 08
2문항, 10%

근대 태동기 10
1문항, 5%

근대 14 17 20
3문항, 15%

일제 강점기 04 11
2문항, 10%

현대 12 13
2문항, 10%

시대 통합 02 07 09 16
4문항, 20%

빠른 정답

01	02	03	04	05	06	07	08	09	10
①	③	④	①	②	③	④	②	③	③

11	12	13	14	15	16	17	18	19	20
①	④	①	②	①	②	②	③	②	④

점수 체크

구분	1회독	2회독	3회독
맞힌 문항 수	/ 20	/ 20	/ 20
나의 점수	점	점	점

01 난도 ★☆☆ 　　　　　　　　　정답 ①

선사 시대와 국가의 형성 > 국가의 형성

[자료해설]

제시문에서 '가매장', '가족 공동묘 풍습'을 통해 옥저에 대한 내용이라는 것을 파악할 수 있다.

[정답의 이유]

① 옥저에는 여자가 어렸을 때 혼인할 남자의 집에서 생활하다가 성인이 된 후에 혼인을 하는 민며느리제의 풍습이 있었다.

[오답의 이유]

② 부여는 왕 아래 마가, 우가, 저가, 구가의 제가들이 각자의 행정 구역인 사출도를 다스렸으며, 왕이 통치하는 중앙과 합쳐 5부를 구성하는 연맹 왕국이었다.

③ 삼한은 소도라는 신성 구역을 따로 두어 제사장인 천군이 이를 관리하는 제정 분리 사회였다.

④ 동예는 매년 10월에는 무천이라는 제천 행사를 열었으며, 단궁, 과하마, 반어피 등의 특산물이 유명하여 이를 낙랑과 왜에 수출하기도 하였다.

[더알아보기]

옥저와 동예

옥저와 동예의 발전	• 위치: 함경도 및 강원도 북부의 동해안에 위치 → 선진 문화의 수용이 늦음 • 발전: 고구려 압박과 수탈로 정치적으로 발전하지 못함 • 군장 국가: 옥저와 동예의 읍락은 읍군이나 삼로 등 군장이 지배
동예의 사회상	• 경제: 해산물 풍부, 토지 비옥(농경 발달), 방직 기술 발달, 특산물로는 단궁, 과하마, 반어피 등 • 풍습: 10월 무천(제천 행사), 책화(다른 부족 영역 침범 시 소와 말로 변상, 부족의 영역 중시), 족외혼
옥저의 사회상	• 경제: 토지 비옥(농경 발달), 해산물 풍부, 고구려에 공납 • 풍습: 가족 공동묘(가족이 죽으면 가매장 후 목곽에 안치), 민며느리제(혼인 풍습)

02 난도 ★★☆ 　　　　　　　　　　　 정답 ③

시대 통합 > 문화사

정답의 이유

③ 유네스코 세계 유산인 백제 역사 유적 지구에 속해 있는 부여 능산리 고분은 규모가 작은 굴식 돌방 무덤으로 되어 있으며, 계단식 돌무지 무덤은 서울 석촌동에 위치하고 있는 백제 초기 한성 시대의 고분이다.

오답의 이유

① 유네스코 세계 유산인 백제 역사 유적 지구에 속해 있는 익산 미륵사지 석탑은 백제 무왕 때 건립된 것으로 추정되며, 국보 제11호로 지정되어 있다. 목탑의 형태로 만들어진 석탑으로, 현존하는 삼국 시대의 석탑 중 가장 크며 당시 백제의 건축 기술을 확인할 수 있다.

② 유네스코 세계 유산인 백제 역사 유적 지구에 속해 있는 부여 정림사지 5층 석탑은 목탑의 구조와 비슷하지만 돌의 특성을 잘 살린 백제의 대표적인 석탑으로, 국보 제9호로 지정되어 있다.

④ 유네스코 세계 유산인 백제 역사 유적 지구에 속해 있는 무령왕(제25대 왕)릉은 널길과 널방을 벽돌로 쌓은 벽돌 무덤으로 중국 남조의 영향을 받았다. 현재 송산리 고분군 내 무령왕릉은 제7호분으로 분류되어 있으나, 무덤의 주인이 무령왕임을 알 수 있는 묘지석이 출토되었으므로 무령왕릉이라고 부른다.

✅ 더알아보기

백제 역사 유적 지구(2015년 유네스코 세계 유산 등재)

• 대한민국 중서부 산지에 위치한 백제의 옛 수도였던 3개 도시에 남아 있는 유적은 이웃한 지역과의 빈번한 교류를 통하여 문화적 전성기를 구가하였던 고대 백제 왕국의 후기 시대를 대표한다.

• 백제 역사 유적 지구는 공주시, 부여군, 익산시 3개 지역에 분포된 8개 고고학 유적지로 이루어져 있다.

• 공주 웅진성과 관련된 공산성과 송산리 고분군, 부여 사비성과 관련된 관북리 유적(관북리 왕궁지) 및 부소산성, 정림사지, 능산리 고분군, 부여 나성, 사비 시대 백제의 두 번째 수도였던 익산시 지역의 왕궁리 유적, 미륵사지 등이 있다.

• 이들 유적은 475~660년 사이의 백제 왕국의 역사를 보여주고 있다.

• 백제 역사 유적은 세련된 백제의 문화를 일본 및 동아시아로 전파한 사실을 증언하고 있다.

03 난도 ★★☆ 　　　　　　　　　　　 정답 ④

근세 > 정치사

정답의 이유

④ 조선 정종 때 창설된 승정원은 왕명 출납을 담당하고 모든 기밀을 취급하던 국왕의 비서 기관으로 정원(政院), 후원(喉院), 은대(銀臺), 대언사(代言司) 등으로 불리기도 하였다.

오답의 이유

① 사간원은 홍문관, 사헌부와 함께 3사를 구성하였고, 정책에 대한 간쟁과 논박을 담당하는 관청이었다. 교지를 작성·관리하는 곳은 예문관이었다.

② 춘추관의 사관들은 각 관청의 업무 기록을 종합한 시정기를 편찬하였으며, 한성부는 조선의 수도 한성의 치안과 행정을 담당하였다.

③ 춘추관은 조선 시대에 역사서를 보관하고 관리하는 관청이었으며, 이곳에 설치된 실록청에서 실록 편찬을 담당하였다. 조선 시대의 외교 문서를 작성한 곳은 승문원으로 이곳의 관원은 모두 문관으로만 임용하였는데, 주로 연소하고 총민한 자를 배치하였다.

✅ 더알아보기

조선의 중앙 통치 조직

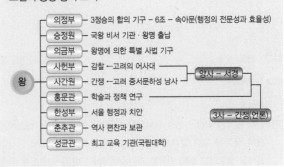

04 난도 ★★☆ 　　　　　　　　　　　 정답 ①

일제 강점기 > 정치사

자료해설

제시문에서 '3·1 운동 직후 만들어진', '연통제라는 비밀 행정 조직', '교통국 설치' 등으로 보아 (가)는 대한민국 임시 정부임을 알 수 있다. 대한민국 임시 정부는 '교통국'과 '연통제'라는 비밀 연락 조직을 설치하고 독립운동 자금을 모았으나 일제의 탄압으로 성과는 미흡하였으며, 독립운동 방법을 둘러싼 갈등이 발생하기도 하였다.

정답의 이유

① 대한민국 임시 정부는 비밀 행정 조직으로 연통제와 교통국을 이용하여 국내와의 연락망을 확보하고 대미 외교 업무를 수행하기 위해 미국에 구미 위원부를 두었다(1919).

오답의 이유

② 독립 의군부는 고종의 밀지를 받아 임병찬을 중심으로 전라도 지방에서 조직된 비밀 독립운동 단체이다(1912).

③ 정미의병의 유생 의병장들은 13도 창의군을 결성하고 이인영을 총대장, 허위를 군사장으로 추대하여 서울 진공 작전을 전개하였다(1908).

④ 대한매일신보는 1904년 영국인 베델과 양기탁을 중심으로 창간되었으며, 국채 보상 운동 등 항일 민족 운동을 적극적으로 지원하였다.

대한민국 임시 정부의 활동

비밀 조직 운영	연통제(비밀 행정 조직), 교통국(통신 기관) 조직 → 독립운동 자금 확보, 정보 수집
자금 모금	독립 공채 발행, 국민 의연금 모금
외교 활동	• 김규식을 전권대사로 임명, 파리 강화 회의에 대표로 파견 → 독립 청원서 제출 • 미국에 구미 위원부 설치(1919): 한국의 독립 문제 국제 여론화 노력
무장 투쟁	군무부를 설치하고 직할 부대로 광복군 사령부, 광복군 총영, 육군 주만 참의부 편성
문화 활동	기관지로 독립신문 간행, 외교 선전 책자 발행, 임시 사료 편찬 위원회에서 「한·일 관계 사료집」 간행

05 난도 ★★☆ 　　　　　　　　정답 ②

고대 > 문화사

자료해설

(가) 신라 승려인 의상은 영주 부석사를 창건하여 많은 제자를 양성하였으며, 문무왕 재위 말기에 경주 도성 주위에 대대적인 토목 공사인 성벽을 쌓으려고 하자 만류를 간언하여 왕이 그만둔 일화로도 유명하다.

(나) 신라 선덕 여왕 때 승려 자장이 주변 9개 민족의 침략을 부처의 힘으로 막기 위한 목탑 건립을 건의하여 황룡사 9층 목탑을 건립하였다(645).

정답의 이유

② 의상은 당에 가서 지엄으로부터 화엄에 대한 가르침을 받고 돌아와 신라에서 화엄 사상을 펼쳤으며 「화엄일승법계도」를 만들어 화엄 교단을 세웠다.

오답의 이유

① 원효는 일심 사상을 바탕으로 종파 간의 사상적 대립·분파의 의식을 극복하려는 노력에서 「십문화쟁론」을 저술하고 화쟁 사상을 주장하였다.

③ 신라의 승려 혜초는 인도와 중앙 아시아 지역을 답사한 뒤 「왕오천축국전」을 지었다.

④ 의천은 교종과 선종의 통합 운동을 뒷받침하기 위한 사상적 바탕으로 이론의 연마와 실천을 강조하는 교관겸수를 제시하였다.

06 난도 ★★☆ 　　　　　　　　정답 ③

고대 > 정치사

자료해설

(가)는 대조영의 뒤를 이은 제2대 발해 무왕으로 '인안'이라는 연호를 통해 유추할 수 있다.

정답의 이유

③ 발해 무왕은 영토 확장을 통해 동북방의 여러 세력을 복속하고 북만주 지역을 장악하였다. 동생인 대문예를 보내 흑수 말갈을 정벌하게 하였고, 장문휴의 수군으로 당의 등주를 공격하였다(732).

오답의 이유

① 발해 문왕은 확대된 영토를 효과적으로 다스리고자 중경 현덕부에서 상경 용천부로 천도하였다.

② 발해 선왕은 영토를 크게 확장하여 지방 행정 체제를 5경 15부 62주로 정비하였고, 이후 전성기를 누리면서 해동성국이라 불렸다.

④ 고구려 출신 대조영이 유민들을 이끌고 지린성 동모산에서 발해를 건국하였다(698).

발해의 건국과 발전

대조영 (698~719)	지린성 동모산에서 발해 건국(698)
무왕 (719~737)	연호 사용(인안), 영토 확장, 당의 산둥반도 공격(장문휴의 수군), 신라 견제, 일본과 친교
문왕 (737~793)	당·신라와 친선 관계, 3성 6부 정비, 주자감 설치, 연호 사용(대흥), 신라도를 통해 신라와 교류, 상경 용천부 천도
선왕 (818~830)	지방 행정 5경 15부 62주로 정비, 연호 사용(건흥), 대부분 말갈족 복속과 요동 진출, 최대 영토 확보 → '해동성국'이라 불림

07 난도 ★★☆ 　　　　　　　　정답 ④

시대 통합 > 문화사

자료해설

제시문에서 (가)의 「경국대전」 완성은 성종, (나)의 「속대전」 편찬은 영조, (다)의 「대전통편」 편찬은 정조, (라)의 「대전회통」 편찬은 고종(흥선 대원군) 때의 일이다.

정답의 이유

④ 철종 때 발생한 임술 농민 봉기에 안핵사로 파견된 박규수는 삼정이정청을 설치하여 삼정의 문란을 해결하고자 하였다(1862).

오답의 이유

① 성종 때 설치된 홍문관은 집현전을 계승한 기구로 왕의 자문 역할과 경연, 경서, 사적 관리 등의 업무를 담당하였다.

② 영조는 탕평책을 통한 왕권 강화를 위해 붕당의 지지 기반이던 서원을 대폭 정리하였으며, 각 붕당의 사상적 지주였던 산림의 존재를 부정하였다.

③ 정조는 수원에 화성을 축조하여 사도 세자의 묘를 옮기고 국왕 친위 부대인 장용영의 외영을 설치하는 등 화성에 정치적·군사적 기능을 부여하였다. 또한, 수원성의 동서남북에 네 개의 호수와 축만제 등의 저수지를 축조하고 농업용수를 공급할 수 있도록 하였다.

08 난도 ★☆☆   정답 ②

근세 > 정치사

[자료해설]

위훈 삭제로 인한 훈구 공신 세력의 반발로 조광조 등 사림이 큰 피해를 입었다는 제시문을 통해 중종 때 일어난 기묘사화(1519)임을 알 수 있다.

[정답의 이유]

② 기묘사화(1519): 중종은 반정으로 왕위에 오른 뒤 훈구파를 견제하기 위해 사림파를 중용하여 유교 정치를 발전시키고자 하였다. 이에 따라 등용된 조광조는 천거제의 일종인 현량과 실시를 건의하여 사림이 대거 등용될 수 있는 발판을 마련하였다. 또한, 반정 공신들의 위훈 삭제, 소격서 폐지, 향약 시행, 소학 보급 등을 주장하였으나 이에 반발한 훈구 세력들이 주초위왕 사건을 일으켜 기묘사화가 발생하면서 조광조를 비롯한 사림들이 큰 피해를 입었다.

[오답의 이유]

① 갑자사화(1504): 연산군이 생모인 폐비 윤씨 사건의 전말을 알게 되면서 갑자사화가 발생하였다. 이로 인해 김굉필 등 당시 폐비 윤씨 사건에 관련된 인물들과 무오사화 때 피해를 면했던 사림들까지 큰 화를 입었다.

③ 무오사화(1498): 연산군 때 사관 김일손이 영남 사림파의 영수인 김종직의 조의제문을 실록에 기록하였는데, 사림 세력과 대립 관계였던 유자광, 이극돈 등의 훈구 세력이 이를 문제 삼아 연산군에게 알리면서 무오사화가 발생하였다.

④ 을사사화(1545): 인종의 뒤를 이어 명종이 어린 나이로 즉위하자 명종의 어머니 문정 왕후가 수렴청정을 하였다. 인종의 외척인 윤임을 중심으로 한 대윤 세력과 명종의 외척인 윤원형을 중심으로 한 소윤 세력의 대립으로 을사사화가 발생하여 윤임을 비롯한 대윤 세력과 사림들이 큰 피해를 입었다.

09 난도 ★★☆   정답 ③

시대 통합 > 문화사

[자료해설]

제시문의 (가)는 고려 인종 때 김부식이 집필한 『삼국사기』이고, (나)는 조선 후기 유득공이 집필한 『발해고』이다.

[정답의 이유]

③ 정조 때 서얼 출신 유득공이 『발해고』를 통해 발해를 우리나라의 역사로 인식하면서 신라와 발해가 있던 시기를 남북국 시대라고 부를 것을 처음으로 제안하였다. 유득공은 발해사 연구의 시야를 만주 지방까지 확대하여 한반도 중심의 협소한 사관을 극복하려 하였다.

[오답의 이유]

① 고려 무신 정권기의 문인 이규보는 『동국이상국집』을 저술하였다. 여기에 수록된 「동명왕편」은 한국 문학 최초의 서사시로, 고구려를 건국한 동명왕의 업적을 칭송하고 고려가 고구려를 계승하였다는 고려인의 자부심을 표현하였다.

② 충렬왕 때 승려 일연이 저술한 『삼국유사』에는 불교사를 중심으로 왕력과 함께 「기이(紀異)편」을 통해 전래 기록이 수록되어 있으며, 특히 단군을 우리 민족의 시조로 여겨 고조선 건국 설화를 수록하였다.

④ 조선 성종의 명을 받아 서거정이 집필한 『동국통감』과 조선 후기 안정복의 『동사강목』 등은 고조선부터 고려 말까지의 역사를 정리하여 편찬한 역사서이다.

10 난도 ★★★   정답 ③

근대 태동기 > 경제사

[자료해설]

제시문은 박지원의 『한민명전의』에 실린 한전론에 대한 내용이다. 박지원은 『과농소초』에서 중국 농법 도입과 재래 농사 기술의 개량을 주장하였고, 『한민명전의』에서는 토지 소유의 상한선을 설정하는 한전론을 제안하여 심각한 토지 소유 불균형을 해소하려고 하였다.

[정답의 이유]

③ 박지원은 청에 다녀온 뒤 『열하일기』를 저술하여 상공업 진흥과 화폐 유통, 수레 사용의 필요성을 주장하였다. 또한, 「양반전」, 「허생전」, 「호질」 등을 통해 양반의 무능과 허례를 풍자하고 비판하였다.

[오답의 이유]

① 유형원은 『반계수록』에서 토지는 국가가 공유하며 신분에 따라 토지를 차등 분배하고, 자영농을 육성하여 민생의 안정과 국가 경제를 바로잡아야 한다는 내용의 균전론을 주장하였다. 그 외에도 부병제를 주장하며 병농일치를 강조하였다.

② 이익은 『성호사설』을 통해 한 가정의 생활을 유지하는 데 필요한 규모의 토지를 영업전으로 정하고, 영업전의 매매를 금지하는 한전론을 주장하였다. 또한, 나라를 좀먹는 6가지의 폐단(노비제, 과거제, 양반 문벌제, 사치와 미신, 승려, 게으름)에 대해 비판하였다.

④ 정약용은 유배 생활 중에 『목민심서』를 저술하여 지방 행정 개혁 방향을 제시하였다.

『목민심서』 사료
근래 아전의 풍속이 나날이 변하여 하찮은 아전이 길에서 양반을 만나도 절을 하지 않으려 한다. 아전의 아들·손자로서 아전의 역을 맡지 않은 자가 고을 안의 양반을 대할 때 맞먹듯이 너 나하며 자(字)를 부르고 예의를 차리지 않는다.

조선 후기 대표적 실학자와 저서

중농 학파	유형원	『반계수록』
	이익	『성호사설』, 『곽우록』
	정약용	『목민심서』, 『경세유표』, 『흠흠신서』
중상 학파	유수원	『우서』
	홍대용	『의산문답』, 『임하경륜』
	박지원	『열하일기』, 『과농소초』, 『한민명전의』
	박제가	『북학의』

일제 강점기 시기별 식민 통치 방식

시기 \ 구분	통치 내용	경제 침탈
무단 통치 (1910~1919)	• 조선 총독부 설치 • 헌병 경찰제 • 조선 태형령	• 토지 조사 사업 • 회사령 실시
기만적 문화 통치 (1919~1931)	• 3·1 운동(1919)을 계기로 통치 체제 변화 • 보통 경찰제 • 경성 제국 대학 설립	• 산미 증식 계획 시행: 일본 본토로 식량 반출 • 회사령 폐지: 일본 자본 유입
민족 말살 통치 (1931~1945)	• 황국 신민화 정책 • 신사 참배, 황국 신민 서사 암송, 창씨 개명 강요 • 조선어, 조선 역사 과목 폐지	• 국가 총동원령 시행 • 병참 기지화 정책 • 남면북양 정책

11 난도 ★★☆   정답 ①

일제 강점기 > 정치사

자료해설
제시문의 (가)는 1910년대의 무단 통치 시기에 대한 내용이다. 이 시기에는 조선 총독부의 설치, 헌병 경찰제, 조선 태형령 등이 자행되었으며, 토지 조사 사업, 회사령 실시 등의 경제적인 침탈이 있었다.

정답의 이유
① 조선 총독부는 토지 조사국을 설치하고 토지 조사령을 발표하여 일정 기간 내 토지를 신고하도록 하는 토지 조사 사업을 실시하였다(1912).

오답의 이유
② 1939년 일제는 우리의 성과 이름을 일본식 성명으로 바꾸는 창씨 개명령을 공포하고, 1940년 창씨 개명을 실시하였다.
③ 일제는 제3차 조선 교육령을 공포하여 일왕의 칙령에 따라 소학교를 '황국 신민의 학교'라는 의미인 국민학교로 개칭하였다(1941).
④ 1930년대 중·일 전쟁과 태평양 전쟁이 일어나자 일제는 우리 민족을 전쟁에 동원하기 위해 국가 총동원법을 제정(1938)하여 인력과 물자 등을 수탈하였다.

12 난도 ★★☆   정답 ④

현대 > 정치사

자료해설
한국 국민당을 이끌고 한국 독립당을 결성하였으며 남북 협상을 위한 평양 방문을 한 사실을 통해 제시문의 밑줄 친 '그'가 백범 김구임을 알 수 있다. 김구는 광복 이후 모스크바 3국 외상 회의의 결정에 따른 신탁 통치를 이승만과 함께 반대하였으며, 남한만의 단독 정부를 추진한 이승만과 달리 통일 정부 수립을 위해 평양으로 가서 남북 협상까지 시도하였으나 결국 실패하였다(1948.4.).

정답의 이유
④ 모스크바 3국 외상 회의에서 신탁 통치 결정이 알려지자 김구는 '신탁 통치 반대 국민 총동원 위원회'를 결성(1945.12.)하여 신탁 통치 반대 운동을 전개하였다.

오답의 이유
① 광복 이후 좌·우 대립이 격화되면서 분단의 위기감을 느낀 중도파 세력들은 여운형, 김규식이 중심이 되어 1946년 7월에 좌·우 합작 위원회를 수립하였다. 이 위원회는 모든 조직이 하나로 통합되어, 중도적 사상의 통일 정부를 수립하는 것을 목표로 삼고 1946년 10월 좌·우 합작 7원칙을 합의하여 제정하였다.
② 조선 건국 동맹의 여운형은 안재홍과 함께 일본인의 안전한 귀국을 보장하는 조건으로 조선 총독부로부터 행정권의 일부를 이양 받아 조선 건국 준비 위원회를 결성하였다(1945).
③ 박용만은 하와이에 대조선 국민 군단을 조직하여 독립군 사관 양성을 바탕으로 한 무장 투쟁을 준비하였다(1914).

13 난도 ★★☆ 정답 ①

현대 > 정치사

정답의 이유

① 제헌 국회는 일제의 잔재를 청산하고 민족정기를 바로잡기 위해 반민족 행위 처벌법을 제정(1948)하여 반민족 행위 특별 조사 위원회를 조직하였다.

오답의 이유

② 1965년 6월 한·일 협정이 정식으로 조인되자 전국 각 대학 및 고교 학생들의 한·일 협정 조인 무효화 시위와 시민 각계에서 회담 반대 성명이 전개되었다.

③ 박정희 정부 시기 서울과 평양에서 7·4 남북 공동 성명을 발표하고, 남북 조절 위원회를 설치하였다(1972).

④ 박정희 정부는 유신 헌법을 발표하여 대통령 임기 6년과 중임 제한 조항 삭제 및 통일 주체 국민 회의를 통한 대통령 간접 선거의 내용을 담은 제7차 헌법 개정을 단행하였다(1972).

✔️ 더알아보기

반민족 행위 처벌법 및 위원회

반민족 행위 처벌법	배경	친일파 청산으로 민족 정기 확립 요구, 미군정의 친일 관료 유지 정책
	과정	일제 강점기 반민족 행위자 처벌 및 재산 몰수 → 반민족 행위 특별 조사 위원회(반민 특위) 설치
반민족 행위 특별 조사 위원회 (반민 특위)	개념	친일파 청산을 목적으로 반민족 행위 처벌법을 기준으로 국회에서 구성된 특별 위원회
	활동	1949년 1월부터 시작, 이광수·박흥식·노덕술·최린·최남선 등 친일 혐의자 체포·조사
	위기	이승만 정부의 비협조와 방해, 일부 경찰의 반민 특위 습격, 국회 프락치 사건 등으로 활동 제약

14 난도 ★☆☆ 정답 ②

근대 > 정치사

자료해설

제시문에서 '고종이 즉위한 직후 실권을 장악', '병인박해', '고종의 친정이 시작됨에 따라 하야', '1882년 임오군란으로 일시 재집권', '청군의 개입으로 물러난 사실'을 통해 밑줄 친 '그'는 흥선 대원군임을 알 수 있다.

정답의 이유

② 병인양요와 신미양요를 극복한 흥선 대원군은 외세의 침입을 경계하고 서양과의 통상 수교 반대 의지를 알리기 위해 전국 각지에 척화비를 세웠다(1871).

오답의 이유

① 조·미 수호 통상 조약이 체결된 후 조선 주재 미국 공사가 파견되자 조선 정부는 답례로 미국에 보빙사를 파견하였다(1883). 민영익, 홍영식, 서광범을 중심으로 한 보빙사는 서양 국가에 파견된 최초의 사절단으로 40여 일간 미국 대통령을 만나고 다양한 기관들을 시찰하였다.

③ 숙종 때 간도 지역을 두고 청과 국경 분쟁이 발생하자 두 나라 대표가 백두산 일대를 답사하고 국경을 확정하여 백두산정계비를 세웠다(1712).

④ 고종은 국내외의 군국 기무와 개화 정책을 총괄하는 업무를 맡은 관청인 통리기무아문을 설치하고 그 아래 12사(司)를 두어 행정 업무를 맡게 하였다(1880). 통리기무아문은 기존 5군영을 무위영과 장어영의 2군영으로 개편하고 신식 군대인 별기군을 설치하였다(1881).

✔️ 더알아보기

흥선 대원군의 정책

대내적	국왕 중심 통치 체제	• 세도 정치 타파 • 비변사 철폐: 의정부와 삼군부 부활 • 경복궁 중건 • 『대전회통』, 『육전조례』 편찬
	민생 안정과 국가 재정 강화	• 호포제 실시 • 사창제 실시 • 서원 정리(47개 제외)
대외적	통상 수교 거부 정책	• 프랑스군과 미국군의 침입 격퇴 • 척화비 건립 • 군비 강화

15 난도 ★★☆ 정답 ①

고대 > 정치사

자료해설

제시된 자료는 '백제 개로왕이 고구려 장수왕의 밀사인 도림의 건의에 따라 성을 쌓고 궁을 화려하게 하는 등 대규모 토목 공사를 단행했지만 이로 인해 백성이 곤궁하고 나라가 위태롭게 되었다. 이때 도림이 고구려 장수왕에게 이 내용을 전달하니, 장수왕이 기뻐하며 백제를 치려고 장수에게 군사를 나누어 주었다'는 내용이다. 따라서 밑줄 친 '이 왕'은 백제 한성을 점령한 고구려 장수왕이다.

정답의 이유

① 고구려 장수왕은 수도를 국내성에서 평양성으로 옮기면서 적극적인 남진 정책을 추진하였다(427).

오답의 이유

② 고구려 고국천왕은 국상 을파소의 건의에 따라 봄에 곡식을 빌려주고 겨울에 갚게 하는 진대법을 시행(194)하여 빈민을 구제하였다.

③ 고구려 미천왕은 낙랑군을 축출(313)하고 한의 군현을 모두 몰아내어 영토를 확장하였다.

④ 고구려 광개토 대왕은 신라의 원군 요청을 받고 군대를 보내 신라에 침입한 왜를 낙동강 유역에서 격퇴(400)함으로써 한반도 남부의 세력 균형에도 영향을 미쳤다.

16 난도 ★★☆ 　　　　　　　　　　　　정답 ②

시대 통합 > 문화사

자료해설

제시된 문화 유산은 고려 시대의 건축물인 안동 봉정사 극락전이다.

정답의 이유

② 안동 봉정사 극락전은 고려 시대의 건물로 국보 제15호로 지정되어 있다. 통일 신라 시대 건축 양식을 띠고 있으며, 우리나라의 목조 건물 중 가장 오래된 건물이다.

오답의 이유

① 서울 흥인지문(興仁之門)은 동대문이라고도 하며, 한성부를 보호하기 위한 서울 도성의 사대문 가운데 동쪽에 위치한 대문이다.

③ 영주 부석사 무량수전은 부석사의 중심 건물로 신라 문무왕 때 지어졌으나 고려 공민왕 때 불에 타 우왕 때 다시 지었고, 조선 광해군 때 단청을 새로 하였다. 기둥 중간이 굵은 배흘림기둥이 사용되었으며, 지붕 처마를 받치기 위한 구조인 공포를 기둥 위에서만 짜 올린 주심포 양식으로 축조되었다.

④ 합천 해인사 장경판전은 고려 팔만대장경을 보존하기 위해 15세기에 건축된 조선 전기 건축물로 한국에 현존하는 가장 오래된 도서관이기도 하다.

✓ 더알아보기

고려 시대 건축과 조각

건축	주심포(안동 봉정사 극락전, 영주 부석사 무량수전, 예산 수덕사 대웅전), 다포(성불사 응진전)
탑	월정사 팔각 9층 석탑, 경천사지 10층 석탑(원의 양식)
불상	부석사 소조여래 좌상, 관촉사 석조 미륵보살 입상

17 난도 ★★☆ 　　　　　　　　　　　　정답 ②

근대 > 정치사

자료해설

'서재필', '만민 공동회 개최' 등으로 보아 제시문의 (가)는 1896년에 창립된 독립 협회임을 알 수 있다. 독립 협회는 갑신정변 이후 서재필이 창립하고, 만민 공동회와 관민 공동회를 개최하여 민중에게 근대적 지식과 국권·민권 사상을 고취시켰으며, 헌의 6조를 결의하여 고종에게 건의하였다.

정답의 이유

② 독립 협회는 청의 사신을 맞던 영은문을 헐고 그 자리 부근에 독립문을 건립하였다(1897).

오답의 이유

① 갑오개혁 이후 고종은 교육 입국 조서를 발표하고 교육의 중요성을 강조하면서 교사 양성을 위해 한성 사범 학교를 세웠다(1895).

③ 고종은 제1차 갑오개혁 추진 이후 종묘에서 홍범 14조를 발표(1895)하였다. 이는 청의 종주권 배제, 탁지아문으로 재정 일원화, 왕실과 국정 사무 분리 등의 내용을 담아 제1차 갑오개혁의 내용을 재확인하고 제2차 갑오개혁의 방향성을 설정하여 강령으로 선언한 것이다.

④ 국채 보상 운동은 김광제, 서상돈 등의 제안으로 대구에서 시작되었다. 이후 서울에서 조직된 국채 보상 기성회를 중심으로 전국적으로 확산되어 일본에서 도입한 차관 1,300만 원을 갚아 주권을 회복하고자 하였다(1907).

✓ 더알아보기

독립 협회 창립과 활동

창립	배경	아관파천 이후 열강의 이권 침탈 심화, 자유 민주주의적 개혁 사상 보급, 자주 독립 국가 건설 목표
	구성	서재필, 윤치호, 이상재, 남궁억 등의 지도부와 광범위한 사회 계층(학생, 노동자, 여성, 천민 등) 참여
	과정	서재필 등이 자유민주주의 개혁 사상을 보급, 독립신문 창간 이후 독립 협회 창립
활동	민중 계몽 운동	『대조선 독립 협회 회보』 간행, 독립관에서 토론회 개최
	자주 국권 운동	• 독립문 건립 • 만민 공동회 개최 → 러시아의 절영도 조차 요구 저지
	자유 민권 운동	국민의 신체와 재산권의 자유, 언론·출판·집회·결사의 자유 등 요구
	의회 설립 운동	관민 공동회를 개최하여 헌의 6조 채택 → 고종의 수락, 중추원 관제 반포

헌의 6조

1. 외국인에게 의지하지 말고 관민이 한마음으로 힘을 합하여 전제 황권을 공고히 할 것
2. 외국과의 이권에 관한 계약과 조약은 각 대신과 중추원 의장이 합동 날인하여 시행할 것
3. 국가 재정은 탁지부에서 전관하고, 예산과 결산을 국민에게 공포할 것
4. 중대 범죄를 공판하되, 피고의 인권을 존중할 것
5. 칙임관을 임명할 때에는 황제가 정부에 그 뜻을 물어서 중의에 따를 것
6. 정해진 규정을 실천할 것

18 난도 ★★☆　　　　　　　　정답 ③

중세 > 정치사

[자료해설]

제시된 자료의 '무신 정권 몰락(1270)'과 '공민왕 즉위(1351)'로 보아 (가)는 원 간섭기의 사실임을 알 수 있다.

[정답의 이유]

③ 공민왕은 개혁 정치를 실시하면서 반원 자주 정책의 일환으로 쌍성총관부를 공격하여 철령 이북 지역의 영토를 수복하였다(1356).

[오답의 이유]

① 충선왕은 왕위를 물려준 뒤 원의 연경에 만권당을 세우고(1314) 고려에서 이제현 등의 성리학자들을 데려와 원의 학자들과 교류하게 하였다.

② 충렬왕 때 일본 원정을 위해 원에서 설치한 정동행성(1280)은 내정 간섭 기구로 이용되었으며, 당시 지배층을 중심으로 몽골의 풍습인 변발과 호복이 유행하였다.

④ 원 간섭기인 충렬왕 때 이승휴가 저술한 『제왕운기』(1287)는 단군의 고조선 건국 이야기를 수록하여 고조선을 한국사에 포함시켰으며 이러한 역사의식은 고려 말 신진 사대부에게 전승되었다.

✅ **더알아보기**

공민왕의 정책

반원 자주 정책	• 기철 등 친원파 제거, 정동행성 이문소 폐지 • 왕실 칭호와 관제 복구, 몽골풍 금지 • 쌍성총관부 공격 → 철령 이북 지역 수복
왕권 강화 정책	• 정방 폐지: 인사권 장악 • 신진 사대부 등용 • 신돈 등용(전민변정도감 설치)

19 난도 ★★☆　　　　　　　　정답 ②

중세 > 경제사

[자료해설]

제시문에서 '전시과 제도', '2년 3작의 윤작법 보급', '남부 지방에 이앙법 보급' 등의 내용을 통해 밑줄 친 '이 나라'는 고려임을 알 수 있다.

[정답의 이유]

② 공물의 부과 기준이 가호에서 토지로 바뀐 것은 조선 시대의 대동법에 대한 내용이다. 조선 광해군 때 공납의 폐단을 해결하기 위해 공납을 전세화하여 공물 대신 쌀을 납부하도록 하는 대동법을 경기도부터 실시하였다.

[오답의 이유]

① 고려 시대의 삼사는 곡식의 출납과 회계 관련 사무 등 재정 관련 사무를 담당하였다.

③ 고려 시대에는 논과 밭을 비옥도에 따라 3등급으로 나누어 생산량의 1/10을 납부하게 하였다.

④ 고려 시대 소(所) 지역의 주민들은 수공업이나 광업에 종사하였고, 지방 특산물을 생산하여 공물로 바쳤다.

20 난도 ★★☆　　　　　　　　정답 ④

근대 > 정치사

[자료해설]

제시문의 (가) 시기는 신미양요와 갑오개혁 사이에 있었던 일이다. 미국이 강화도를 침략한 신미양요는 1871년의 일이고, 군국기무처를 통해 실시된 갑오개혁은 1894년의 일이다.

[정답의 이유]

④ 조·미 수호 통상 조약은 조선이 서양 국가와 맺은 최초의 조약으로, 청이 러시아와 일본을 견제하고 조선에 대한 청의 종주권을 확인할 목적으로 체결을 알선하였다. 이는 최혜국 대우, 거중 조정, 치외 법권, 관세 규정 등의 조항이 포함된 불평등 조약이었다(1882).

[오답의 이유]

① 일본의 강압으로 을사늑약이 체결(1905)되어 대한제국의 외교권이 박탈되고 통감부가 설치되었다. 이후 이토 히로부미가 초대 통감으로 부임하면서 일제의 내정 간섭이 공식화되었다.

② 정미의병은 일제가 한·일 신협약으로 대한제국의 군대를 강제 해산시키자 해산된 군인들이 의병 활동에 가담하면서 의병 부대가 조직화되었다(1907).

③ 오페르트를 비롯한 서양인들이 덕산에 위치한 흥선 대원군의 아버지 남연군의 묘를 도굴하려다가 실패하였다(1868).

✅ **더알아보기**

조·미 수호 통상 조약

배경	황준헌의 『조선책략』 유포 → 미국과의 수교 주장 → 청의 알선(러시아와 일본 견제 의도)
내용	• 거중 조정, 관세 조항 규정 • 치외 법권, 최혜국 대우 인정
성격	서양과 맺은 최초의 근대적 조약, 불평등 조약

한눈에 훑어보기

영역 분석

선사 시대와 국가의 형성 05
1문항, 5%

고대 01 06 09
3문항, 15%

중세 02 10 14
3문항, 15%

근세 03 04
2문항, 10%

근대 태동기 15
1문항, 5%

근대 13 19 20
3문항, 15%

일제 강점기 12 17 18
3문항, 15%

현대 11 16
2문항, 10%

시대 통합 07 08
2문항, 10%

빠른 정답

01	02	03	04	05	06	07	08	09	10
③	②	③	①	①	④	④	③	③	①
11	**12**	**13**	**14**	**15**	**16**	**17**	**18**	**19**	**20**
④	③	②	④	②	①	④	②	②	③

점수 체크

구분	1회독	2회독	3회독
맞힌 문항 수	/ 20	/ 20	/ 20
나의 점수	점	점	점

01 난도 ★★☆　　　　　　　　　　정답 ③

고대 > 정치사

[자료해설]

제시문은 고구려 제2대 유리왕이 지은 「황조가」이다. 이 노래는 정답게 노는 꾀꼬리의 모습과 작가의 처지를 대비하여 외로움의 정서를 우의적으로 표현하였다.

[정답의 이유]

③ 고구려 주몽은 압록강 중류의 졸본 지역을 첫 도읍으로 정하고 나라를 세웠다. 이후 유리왕 때 중국 지린성 지안 지역의 국내성으로 수도를 옮겼다.

[오답의 이유]

① 고구려 고국천왕은 국상 을파소의 건의에 따라 빈민을 구제하기 위해 먹을거리가 부족한 봄에 곡식을 빌려주고 겨울에 갚게 하는 진대법을 실시하였다.

② 고구려 미천왕은 낙랑군을 축출(313)하고 한의 군현을 모두 몰아내어 영토를 확장하였다.

④ 고구려 소수림왕은 중국 전진으로부터 불교를 수용하고 이를 통해 왕실의 권위를 높이고자 하였으며, 율령을 반포(373)하여 국가 조직을 정비하였다.

✅ 더알아보기

고구려 주요 왕의 업적

1~2세기	태조왕	정복 활동 활발 → 옥저 정복, 요동 진출
	유리왕	국내성 수도 천도
	고국천왕	왕위 부자 세습, 진대법 실시(을파소 건의)
4세기	미천왕	낙랑군 축출 → 대동강 유역 확보
	소수림왕	불교 수용, 태학 설립, 율령 반포
5세기	광개토 대왕	만주 일대 장악, 신라에 침입한 왜 격퇴, 금관가야 공격, 한강 이북 차지
	장수왕	평양 천도(427), 남진 정책, 한강 유역 장악
6세기	영류왕	천리장성 축조
	보장왕	연개소문 집권, 고구려 멸망(668)

중세 > 문화사

자료해설

제시문의 밑줄 친 '유학자'는 안향이다. 조선 중종 때 풍기 군수 주세붕은 고려 말 성리학을 전래시킨 안향을 기리고 사림 및 자제들을 교육하기 위해 최초의 서원인 백운동 서원을 건립하였다. 이후 백운동 서원은 이황의 건의로 최초의 사액 서원인 소수 서원으로 공인되었다.

정답의 이유

② 안향은 원 간섭기인 고려 충렬왕 때 성리학을 국내에 처음으로 소개하였다.

오답의 이유

① 이이는 정계 은퇴 후 우리나라의 지방 행정 조직 실정에 맞는 향약인 해주향약을 만들기도 하였다.

③ 『성학십도』를 저술한 인물은 퇴계 이황이다. 이황은 『성학십도』에서 10개의 도식을 통해 군주 스스로 성학을 따를 것을 강조하였다.

④ 『해동제국기』는 통신사로 일본에 다녀온 신숙주가 일본의 지리, 사회, 정치 등에 대한 관찰을 종합적으로 기록한 책으로 성종 때 편찬되었다.

근세 > 정치사

자료해설

제시문의 밑줄 친 '왕'은 원각사지 10층 석탑을 세운 인물로 조선 세조이다. 원각사지 10층 석탑은 고려의 개성 경천사지 10층 석탑을 본떠 만든 것으로 대리석을 재료로 하였으며 국보 제2호로 지정되어 있다.

정답의 이유

③ 세조는 왕권 강화를 위해 의정부 서사제를 폐지하고 6조에서 의정부를 거치지 않고 국왕이 바로 재가를 내리는 6조 직계제를 실시하였다.

오답의 이유

① 『동국병감』은 조선 문종 대에 이민족과의 전란 · 전쟁사를 정리하여 편찬한 책이다.

② 『동문선』은 조선 성종 대에 서거정이 삼국 시대부터 조선 초까지의 뛰어난 시문들을 모아 편찬한 시문집이다.

④ 경복궁의 이궁인 창덕궁이 건립된 것은 조선 태종 5년 시기의 일이다.

✅ **더알아보기**

6조 직계제 사료

상왕(단종)이 어려서 무릇 조치하는 바는 모두 대신에게 맡겨 논의, 시행하였다. 지금 내(세조)가 명을 받아 왕통을 계승하여 군국 서무를 아울러 모두 처리하며 조종의 옛 제도를 모두 복구한다. 지금부터 형조의 사형수를 제외한 모든 서무는 6조가 각각 그 직무를 담당하여 직계한다.

— 『세조실록』 —

근세 > 정치사

자료해설

제시문의 현량과 실시를 건의한 내용을 통해 (가) 인물이 조광조라는 것을 알 수 있다.

정답의 이유

① 중종 때 등용된 조광조는 현량과 실시, 소격서 폐지, 위훈 삭제 등의 급진적인 개혁을 실시하였다. 이에 반발한 훈구 세력들이 주초위왕 사건을 일으켜 기묘사화가 발생하면서 조광조를 비롯한 사림들이 피해를 입었다(1519).

오답의 이유

② 연산군 때 사관 김일손이 영남 사림파 스승인 김종직의 조의제문을 사초에 기록하였다. 그러자 사림 세력과 대립 관계였던 유자광, 이극돈 등의 훈구 세력이 이를 문제 삼아 연산군에게 알리면서 무오사화가 발생하였다(1498).

③ 인종의 뒤를 이어 명종이 어린 나이로 즉위하자, 명종의 어머니인 문정 왕후가 수렴청정을 하였다. 이후 인종의 외척 세력인 대윤(윤임)과 명종의 외척 세력인 소윤(윤원형)의 대립이 심화되어 을사사화가 발생하였다(1545).

④ 연산군이 생모인 폐비 윤씨 사건의 전말을 알게 되면서 갑자사화가 발생하였다(1504). 이로 인해 연산군의 생모 윤씨를 폐비하는 데 동조한 김굉필 등의 사림파와 이미 죽은 훈구파 한명회 등을 부관참시하였다.

✅ **더알아보기**

조선 시대 사화

무오사화 (1498)	• 배경: 김일손이 스승 김종직의 조의제문을 사초에 기록한 사건 • 훈구파(유자광, 이극돈)와 사림파(김일손)의 대립
갑자사화 (1504)	• 배경: 폐비 윤씨 사사 사건 • 무오사화 때 피해를 면한 사림과 일부 훈구 세력까지 피해
기묘사화 (1519)	• 배경: 조광조의 개혁 정치 • 위훈 삭제로 인한 훈구 공신 세력의 반발 → 주초위왕 사건으로 조광조 축출
을사사화 (1545)	• 배경: 인종의 외척 윤임(대윤)과 명종의 외척 윤원형(소윤) 간 대립 심화 • 명종 즉위, 문정 왕후 수렴청정 → 집권한 소윤이 대윤 공격

05 난도 ★★☆   정답 ①

선사 시대와 국가의 형성 > 선사 시대

정답의 이유

㉠ 강원 양양 오산리 유적은 신석기 시대의 유적지로 덧무늬 토기, 흙으로 빚어 구운 사람의 얼굴, 흑요석기 등이 발견되었다.

㉡ 서울 암사동 유적은 신석기 시대의 대표 유적지로, 빗살무늬 토기, 돌도끼, 움집터 등이 발견되었다.

오답의 이유

㉢ 공주 석장리 유적은 구석기 시대의 대표 유적지이고, 미송리식 토기는 청동기 시대의 대표적인 유물이다.

㉣ 부산 동삼동 유적은 신석기 시대 유적지이고, 아슐리안형 주먹도끼는 연천 전곡리에서 발견된 구석기 시대의 대표적인 유물이다.

 더알아보기

구석기와 신석기 유적지

구석기	• 연천 전곡리: 아슐리안형 주먹도끼 • 상원 검은모루 동굴: 동물화석, 주먹도끼 • 청원 두루봉 동굴: 어린아이 유골(흥수아이) • 충북 단양 금굴: 한반도에서 가장 오래된 유물(70만 년 전) 발굴 • 공주 석장리: 남한에서 최초 발굴 조사 • 함경북도 종성군 동관진: 한반도 최초 구석기 유물 석기와 골각기 발견 • 웅기 굴포리: 북한에서 최초 발굴
신석기	• 황해 봉산 지탑리: 탄화된 좁쌀 발견 • 강원 양양 오산리: 한반도에서 가장 오래된 신석기 집터 발견 • 부산 동삼동: 조개껍데기 가면, 빗살무늬 토기 출토 • 서울 암사동: 집터와 취락 유적, 빗살무늬 토기 출토 • 제주 한경 고산리 유적: 이른 민무늬 토기, 덧무늬 토기 출토

06 난도 ★★☆   정답 ④

고대 > 정치사

자료해설

고구려 장수왕의 공격으로 한성이 함락되자(475), 백제 문주왕은 웅진으로 천도하였다(475). 백제 성왕은 웅진에서 사비로 천도(538)하고 국호를 남부여로 고쳐 새롭게 중흥을 도모하였다.

정답의 이유

④ 신라 법흥왕은 이차돈의 순교를 계기로 불교를 국교로 공인하였다(527).

오답의 이유

① 신라 진흥왕은 고구려가 차지하고 있던 한강 유역을 빼앗고 대가야를 병합하여 영토를 확장하였다(562).

② 황초령 순수비는 신라 진흥왕 시기인 568년에 세워졌다.

③ 신라 진흥왕은 거칠부에게 역사서인 『국사』를 편찬하게 하였다(545).

07 난도 ★★☆   정답 ④

시대 통합 > 경제사

정답의 이유

④ 조선 후기 청과의 무역이 활발하였던 국경 지역을 중심으로 공적으로 허용된 개시 무역과 사적 무역인 후시 무역이 이루어졌는데 대표적인 예로 중강 개시, 책문 후시가 있다.

오답의 이유

① 노리사치계는 백제 성왕 시기에 일본으로 건너가 불경과 불상을 전달하였다.

② 통일 신라 장보고는 완도에 청해진을 설치하여 해적들을 소탕하고 해상 무역권을 장악하면서 당, 신라, 일본을 잇는 국제 무역을 주도하였다.

③ 고려의 국제 무역항인 벽란도는 예성강 하구에 위치하였고 이곳을 통해 송, 아라비아 상인들과도 교역을 전개하였다.

08 난도 ★★☆   정답 ③

시대 통합 > 문화사

정답의 이유

㉠ 공주 송산리 고분군에 있는 송산리 6호분과 무령왕릉은 중국 남조의 영향을 받은 벽돌 무덤(전축분)이다. 2015년 유네스코 세계 문화 유산으로 선정되었다.

㉡ 양산 통도사는 자장이 창건한 절로, 우리나라의 삼보 사찰 중 하나이다. 자장이 중국 유학을 마치고 귀국할 때 가져온 불경과 불사리를 봉안하기 위해 통도사에 금강 계단을 조성하였다. 2018년 영주 부석사, 보은 법주사 등과 함께 유네스코 세계 문화 유산으로 선정되었다.

㉢ 남한산성은 2014년 유네스코 세계 문화 유산으로 선정된 곳이다. 병자호란 때 인조가 남한산성으로 피신하여 항전하였으나 강화도로 보낸 왕족과 신하들이 인질로 잡히자 삼전도에서 굴욕적인 항복(1637)을 하였다.

오답의 이유

㉣ 왕의 업적을 『실록』에서 뽑아 만든 것은 『국조보감』이다. 『승정원 일기』는 조선 시대의 왕명 출납 기관인 승정원에서 취급 문서 및 사건을 매일 기록한 일기로 2001년에 유네스코 세계 기록 유산으로 등재되었다.

유네스코 지정 세계 유산(2022년 7월 기준)

세계 문화 · 자연 유산	해인사 장경판전(1995), 종묘(1995), 석굴암과 불국사(1995), 창덕궁(1997), 수원 화성(1997), 경주 역사 유적 지구(2000), 고창 · 화순 · 강화의 고인돌 유적(2000), 제주 화산섬과 용암 동굴(2007), 조선 왕릉(2009), 한국의 역사 마을(2010, 하회와 양동), 남한산성(2014), 백제 역사 유적 지구(2015), 산사, 한국의 산지 승원(2018, 통도사, 부석사, 봉정사, 법주사, 마곡사, 선암사, 대흥사), 한국의 서원(2019, 소수 서원, 남계 서원, 옥산 서원, 도산 서원, 필암 서원, 도동 서원, 병산 서원, 무성 서원, 돈암 서원), 한국의 갯벌(2021)
세계 기록 유산	『조선왕조실록』(1997), 『훈민정음』(해례본)(1997), 『불조직지심체요절』 하권(2001), 『승정원 일기』(2001), 해인사 고려 대장경판 및 제경판(2007), 조선 왕조 의궤(2007), 『동의보감』(2009), 『일성록』(2011), 1980년 5 · 18 광주 민주화 운동 기록물(2011), 새마을 운동 기록물(2013), 『난중일기』(2013), 한국의 유교책판(2015), KBS 특별생방송 '이산가족을 찾습니다' 기록물(2015), 국채 보상 운동 기록물(2017), 조선 통신사에 관한 기록(2017), 조선 왕실 어보와 어책(2017)

발해의 문화 유산

발해 석등	영광탑 (발해 오층 전탑)	발해 이불병좌상
발해 치미	정효공주 고분 벽화	발해 귀면와

09 난도 ★★★   정답 ③

고대 > 문화사

자료해설

제시된 지도에 표기된 장소는 ㉠ 돈화시 동모산, ㉡ 화룡 용두산 고분군(중경), ㉢ 영안 동경성(상경 용천부), ㉣ 훈춘 동경 용원부를 나타낸다.

정답의 이유

㉡ 중경 인근 용두산 고분군에 위치한 정효공주 묘는 벽돌무덤 양식이다.
㉢ 오봉루는 상경성의 정문이다. 발해의 수도인 상경성은 당의 수도인 장안성을 본떠 만들었다.

오답의 이유

㉠ 정효공주 묘는 중경 인근 용두산 고분군에서 발견되었으며, 인물 벽화가 포함되어 있다.
㉣ 정혜공주 묘는 돈화시 동모산 인근 육정산 고분군에서 발견되었다.

10 난도 ★☆☆   정답 ①

중세 > 정치사

자료해설

제시문은 고려 성종에게 최승로가 건의한 「시무 28조」의 일부이다. 고려 성종은 최승로의 시무 28조를 받아들여 다양한 제도를 시행하고 통치 체제를 정비하였다.

정답의 이유

① 상평창은 물가 조절 기관으로, 고려 성종 때 개경 · 서경 · 12목에 설치되었다.

오답의 이유

② 고려 광종은 왕권을 강화하기 위해 개경에 화엄종 계열의 귀법사를 창건하고 균여를 주지로 삼은 뒤 제위보를 설치하여 민심을 수습하는 등 불교 정책을 펼쳤다.
③ 고려 중기에 최충의 문헌공도를 대표로 하는 사학 12도의 발전으로 관학이 위축되자 예종은 국자감을 재정비하여 전문 강좌인 7재를 설치하였다.
④ 문종은 현직 관리에게만 전지와 시지를 지급하는 경정 전시과를 실시하였다.

고려의 국가 기틀 확립

태조	• 호족 통합 정책: 유력 호족과 혼인, 성씨 하사, 사심관 제도와 기인 제도 실시 • 민생 안정: 조세 부담 축소 • 북진 정책: 고구려 계승 의식, 서경(평양) 중시
광종	노비안검법 실시(호족, 공신의 경제력 약화), 과거제 실시, 관리 공복 제정, 황제 칭호와 독자적 연호 '준풍' 사용
성종	• 유교 정치: 최승로의 시무 28조 수용, 불교 행사 억제, 국자감 설치 • 통치 체제: 중앙 관제 2성 6부제 구성, 12목에 지방관 파견, 향리제 정비

황국 신민화 정책(민족 말살 통치)

내선 일체 강요	황국 신민 서사 암송, 궁성 요배, 신사 참배, 창씨 개명 강요
교육·언론 통제	소학교 명칭을 국민학교로 변경, 우리말 사용 및 교육 금지, 한글 신문·잡지 폐간
사상 탄압	조선 사상범 예방 구금령(1941): 독립운동가들을 재판 없이 구금

11 난도 ★★☆   정답 ④

현대 > 경제사

[정답의 이유]

④ 제1차 경제 개발 5개년 계획은 박정희 정부 시기인 1962년부터 추진되었다.

[오답의 이유]

① 한·미 원조 협정은 미국 정부의 한국 정부에 대한 원조를 규정한 협정으로, 이승만 정부 시기인 1948년에 체결되었다.

② 이승만 정부는 3정보를 상한으로 하고 이를 초과하여 지주가 소유한 농지는 국가가 유상 매입하고 지주에게 지가 증권을 발행해주는 '농지 개혁'을 실시하였다.

③ 이승만 정부 시기인 1950년대에는 미국의 원조로 제분, 제당, 면방직 등 삼백 산업이 성장하였다.

12 난도 ★★☆   정답 ③

일제 강점기 > 정치사

[정답의 이유]

③ 남면북양 정책은 만주 사변(1931) 이후 일제가 한반도를 공업 원료의 공급지로 이용하기 위해 시행한 경제 침탈 정책이다. 남부 지방 농민들에게 면화의 재배를, 북부 지방 농민들에게 면양의 사육을 강요하였다.

[오답의 이유]

①·② 일제는 1937년 중·일 전쟁 이후 궁성요배, 황국 신민 서사 암송, 창씨 개명 등의 민족 말살 정책을 자행하였다.

④ 1941년 국민학교령의 제정에 따라 소학교가 국민학교로 개칭되었다.

13 난도 ★★☆   정답 ②

근대 > 정치사

[자료해설]

제시문의 밑줄 친 '조약'은 '1882년에 맺었다'와 '거중조정 조항'을 통해 '조·미 수호 통상 조약'이라는 것을 알 수 있다. 미국과 맺은 조·미 수호 통상 조약은 조선이 서양 국가와 맺은 최초의 조약으로, 청이 러시아와 일본을 견제하고 조선에 대한 청의 종주권을 확인할 목적으로 체결을 알선하였다.

[정답의 이유]

② 조·미 수호 통상 조약은 1882년 6월 임오군란이 발생하기 전인 1882년 4월에 체결되었다. 임오군란을 계기로 체결된 조약은 '제물포 조약', '조·청 상민 수륙 무역 장정'이 있다.

[오답의 이유]

① 조·미 수호 통상 조약 제4관에는 미국 국민이 조선에서 죄를 저지른 경우 미국 영사나 그 권한을 가진 관리가 미국 법률에 따라 처벌하는 영사재판권(치외법권)이 포함되어 있다.

③ 조·미 수호 통상 조약은 최혜국 대우 조항을 처음 규정하였다.

④ 제2차 수신사 김홍집이 황준헌의 『조선책략』을 가져오면서 청의 알선으로 조·미 수호 통상 조약이 체결되었다.

열강과 체결한 조약 및 주요 내용

국가	조약	주요 내용
일본	강화도 조약 (조·일 수호 조규, 1876)	• 청의 종주권 부인 • 치외 법권, 해안 측량권 • 부산, 원산, 인천 개항
미국	조·미 수호 통상 조약 (1882)	• 서양과 맺은 최초의 조약 • 치외 법권, 최혜국 대우 • 거중 조정
청	조·청 상민 수륙 무역 장정(1882)	• 치외 법권, 최혜국 대우 • 청 상인에 대한 통상 특권
러시아	조·러 수호 통상 조약 (1884)	최혜국 대우
프랑스	조·불 수호 통상 조약 (1886)	• 천주교 신앙의 자유 • 포교 허용

14 난도 ★★☆   정답 ④

중세 > 사회사

정답의 이유

㉠ 사심관 제도는 중앙의 고관을 자기 출신지의 사심관으로 임명하는 제도이다. 이를 통해 사심관은 부호장 이하의 향리를 임명하고 감독할 수 있었으며, 풍속 교정뿐만 아니라 지방 치안에 대한 연대 책임 등의 임무도 맡았다.

㉡ 고려 시대의 상층 향리는 지방의 실제 지배층으로, 과거로 중앙 관직에 진출할 수 있었다.

㉢ 고려 시대의 기인 제도는 지방 향리의 자제를 수도인 개경에 인질로 잡아 두어 지방 세력을 견제하기 위한 제도이다.

㉣ 고려 시대의 향리는 속현과 특수 행정 구역의 실질적인 운영을 담당하였다.

15 난도 ★★☆   정답 ②

근대 태동기 > 경제

자료해설

제시문에서 '옛 흙을 떠나 새 흙으로 간다는 것', '논에 물을 댈 수 있는 하천이나 저수지가 꼭 필요' 등으로 볼 때 밑줄 친 '이 농법'은 서유구의 『임원경제지』에 실린 이앙법(모내기법)이다.

정답의 이유

㉠ 세종 때 편찬된 『농사직설』(1429)에는 모내기법, 우리나라 풍토에 맞는 씨앗의 저장법 등이 실려 있다.

㉣ 모내기법의 큰 이점 중 하나는 직파법보다 제초 노동력을 절약할 수 있었으므로, 농민들은 경작지의 규모를 확대할 수 있었다.

오답의 이유

㉡ 밭고랑에 씨를 뿌려 작물을 심도록 한 농법은 견종법이다.

㉢ 수령칠사는 수령이 힘써야 할 일곱 가지 임무에 관한 것으로, 그 내용에는 이앙법이 들어가 있지 않다.

✅ 더 알아보기

수령칠사

1. 농상성(農桑盛): 농업과 양잠 장려
2. 호구증(戶口增): 호구의 증가
3. 학교흥(學校興): 학교 교육의 진흥
4. 군정수(軍政修): 군정의 바른 처리
5. 부역균(賦役均): 부역의 균등 부과
6. 사송간(詞訟簡): 소송의 간명한 처리
7. 간활식(奸猾息): 간교한 풍속을 없앰

16 난도 ★★☆   정답 ①

현대 > 정치사

자료해설

제시문의 밑줄 친 '헌법'은 유신 헌법이다. 박정희 정부는 유신 헌법을 발표하여 대통령 임기 6년과 중임 제한 조항 삭제 및 통일 주체 국민 회의를 통한 대통령 간선제의 내용을 담은 제7차 헌법 개정을 단행하였다. 유신 헌법은 1972년 12월에 시행되어 8차 개헌(1980.10.) 전까지 유지되었다.

정답의 이유

① 부·마 민주 항쟁은 유신 헌법이 시행되던 중인 1979년 10월에 일어났다. 부·마 민주 항쟁 진압 문제를 두고 집권층이 대립하던 도중 10·26 사태로 박정희 대통령이 피살되면서 유신 체제가 붕괴되었다.

오답의 이유

② 국민 교육 헌장의 선포는 제3공화국 시기의 일이다(1968). 박정희 정부는 국민 교육 헌장을 제정하여 우리나라 교육이 지향해야 할 이념과 근본 목표를 세우고자 하였다.

③ 7·4 남북 공동 성명은 제3공화국 시기로 박정희 정부가 유신 헌법을 공포하기 직전 서울과 평양에서 공동으로 발표되었고, 이때 남북 조절 위원회 설치에 합의하였다(1972.7.).

④ 6·3 시위는 제3공화국 시기로 박정희 정부가 한·일 회담 진행 과정에서 추진한 한·일 국교 정상화에 대한 협정 내용이 공개되자 학생과 야당을 주축으로 굴욕적 대일 외교에 반대하여 일어난 시위이다(1964).

17 난도 ★★★   정답 ④

일제 강점기 > 정치사

자료해설

제시문은 '국민 대표 회의 선언서' 일부 내용으로 밑줄 친 '회의'는 1923년 개최된 국민 대표 회의이다.

정답의 이유

④ 국민 대표 회의는 대한민국 임시 정부의 활동과 독립운동의 방법을 놓고 격론을 벌인 회의로 임시 정부를 유지·개편하자는 개조파와 임시 정부를 해체하고 새로운 정부를 만들자는 창조파가 분열되면서 눈에 띄는 성과를 거두지는 못하였다.

오답의 이유

① 대한민국 건국 강령의 반포는 충칭 임시 정부 시기인 1941년의 일이다.

② 박은식이 임시 대통령으로 선출된 것은 이승만의 탄핵 이후인 1925년의 일이다.

③ 1935년에 의열단(김원봉)을 중심으로 한국 독립당(조소앙), 조선 혁명당(지청천) 등 여러 단체들이 민족 유일당 운동을 목표로 민족 혁명당을 창건하였다.

✔ 더알아보기

국민 대표 회의(1923)

배경	일제의 탄압으로 임시 정부의 연통제 · 교통국 마비, 외교 활동 성과 미약, 이승만의 위임 통치 청원서 제출 → 독립 운동의 노선을 둘러싼 논쟁 발생(외교 독립론, 무장 투쟁론, 실력 양성론 등)
전개	독립운동의 새로운 활로를 모색할 목적으로 개최 → 창조파(임시 정부 해산 후 새 정부 수립 주장)와 개조파(임시 정부 유지)로 대립 → 결렬
결과	많은 독립운동가들이 임시 정부에서 이탈 → 임시 정부의 세력 약화

18 난도 ★★☆   정답 ②

일제 강점기 > 정치사

[자료해설]

제시문은 1912년 공포된 토지 조사령으로, 이 법령에 따라 토지 조사 사업이 시행되었다.

[정답의 이유]

② 토지 조사 사업을 통해 조선 총독부는 역둔토, 궁장토와 공공 기관이 소유한 토지 등을 무상으로 점유하였다.

[오답의 이유]

① 토지 조사 사업은 조선 총독부 안의 임시 토지 조사국에서 실시되었다. 농상공부는 제2차 갑오개혁 때 농상아문과 공무아문이 통합된 관청이다.

③ 동양 척식 회사의 설립은 토지 조사 사업 시행 이전인 1908년의 일이다.

④ 춘궁 퇴치, 농가 부채 근절을 목표로 내세운 것은 1932년부터 실시된 농촌 진흥 운동이다.

19 난도 ★★★   정답 ②

근대 > 경제사

[정답의 이유]

② 조 · 청 상민 수륙 무역 장정의 체결로 청과 일본 상인들의 경쟁이 치열해졌다. 하지만 일본이 개항 후 6년간 대조선 무역을 독점하다시피 하여 조선은 완전히 일본의 독점적 경제 침투 체제에 놓여 있었으므로 청이 일본의 수입액을 앞서지는 못하였다.

[오답의 이유]

① 개항 초기 일본 상인의 활동 범위가 개항장으로부터 10리 이내로 제한되었기 때문에 조선 상인(객주 · 여각 · 보부상 등)을 매개로 무역활동을 하였다.

③ 일본 상인들은 중계 무역을 통하여 주로 영국산 면제품을 가지고 와서 팔고, 쇠가죽 · 쌀 · 콩 등을 수입해갔다.

20 난도 ★☆☆   정답 ③

근대 > 정치사

[자료해설]

제시문의 밑줄 친 '그'는 호포제를 실시했던 흥선 대원군이다.

[정답의 이유]

③ 흥선 대원군은 임오군란 때 일시적으로 재집권하여 통리기무아문을 폐지하고 5군영을 부활시켰다.

[오답의 이유]

① 만동묘는 숙종 때 송시열의 건의에 따라 명나라 신종의 제사를 지내기 위해 건립한 사당이다. 흥선 대원군은 만동묘를 철폐하였다.

② 군국기무처 총재를 역임한 인물은 김홍집이다. 군국기무처는 1894년 6월에 설치되어 김홍집과 박정양 등을 중심으로 갑오개혁을 추진하였다.

④ 『만기요람』은 1808년(순조 8) 서영보, 심상규 등이 왕명에 따라 편찬한 국가 재정 및 군정에 관한 책이다.

✔ 더알아보기

임오군란(1882)

배경	개화 정책으로 인한 세금 증가에 대한 불만, 개항 이후 쌀 유출로 쌀값 폭등 → 백성 불만 고조
발단	신식 군대 별기군과 구식 군인에 대한 차별 대우, 밀린 급료로 받은 쌀에 겨와 모래가 섞임
전개	구식 군인이 봉기(민씨 정권 고관의 집과 일본 공사관 습격, 궁궐 습격) → 왕비 피신 → 흥선 대원군 재집권(통리기무아문과 별기군 폐지, 5군영 복구) → 민씨 정권의 요청으로 청군 개입 → 흥선 대원군 청으로 압송, 군란 진압 → 민씨 재집권
결과	• 청의 내정 간섭 심화: 마건상과 묄렌도르 파견, 조 · 청 상민 수륙 무역 장정 체결(청 상인의 내륙 진출, 영사 재판권 인정) • 제물포 조약 체결: 일본 공사관에 경비병 주둔 허용, 배상금 지불 • 개화 정책 후퇴

한눈에 훑어보기

영역 분석

선사 시대와 국가의 형성 01
1문항, 5%

고대 08 11 14
3문항, 15%

중세 02 05 09
3문항, 15%

근세 03
1문항, 5%

근대 태동기 15 16 19
3문항, 15%

근대 04 07
2문항, 10%

일제 강점기 13 18 20
3문항, 15%

현대 10 17
2문항, 10%

시대 통합 06 12
2문항, 10%

빠른 정답

01	02	03	04	05	06	07	08	09	10
③	④	③	②	④	②	①	④	③	④

11	12	13	14	15	16	17	18	19	20
③	①	②	①	③	②	②	④	③	④

점수 체크

구분	1회독	2회독	3회독
맞힌 문항 수	/ 20	/ 20	/ 20
나의 점수	점	점	점

01 난도 ★☆☆　　　　　　　　　　　　　정답 ③

선사 시대와 국가의 형성 > 선사 시대

> 자료해설

제시문의 (가) 시기는 구석기 시대이다. 함경북도 종성 동관진에서 한반도 최초로 석기와 골각기(뼈와 뿔로 만든 도구) 등의 구석기 시대 유물이 발견되었다.

> 정답의 이유

③ 구석기 시대 사람들은 동굴이나 강가에 막집을 짓고 살았으며 사냥과 채집을 하며 계절에 따라 이동 생활을 하였다.

> 오답의 이유

① 청동기 시대에는 조, 보리, 콩 등의 밭농사와 함께 벼농사도 짓기 시작하였으며 반달 돌칼 등을 이용하여 곡식을 수확하였다.

② 농경 생활이 시작된 신석기 시대에는 조·피 등을 재배하였고 갈돌과 갈판으로 곡식을 갈아서 음식을 만들어 먹었으며, 가락바퀴로 실을 뽑아 뼈바늘로 옷을 지어 입었다.

④ 영혼 숭배와 조상 숭배가 나타난 것은 신석기 시대로, 애니미즘(자연의 정령 숭배), 토테미즘(동·식물 숭배), 샤머니즘(무당의 주술적 힘)의 신앙이 나타났다.

02 난도 ★★☆　　　　　　　　　　　　　정답 ④

중세 > 정치사

> 자료해설

제시된 자료는 노비 해방 운동인 만적의 난으로 (가)는 만적의 주인인 최충헌임을 알 수 있다. 최씨 무신 정권 시기에 최충헌의 사노비인 만적이 개경(개성)에서 노비들을 규합하여 신분 차별에 항거하는 반란을 도모하였으나 사전에 발각되어 실패하였다(1198).

> 정답의 이유

④ 최충헌은 고려 무신 정권 시기 권력을 장악하고 있던 이의민을 몰아내고 최고 권력자가 되었다. 이후 명종에게 봉사 10조라는 사회 개혁안을 제시하였으나, 이는 민생 안정보다는 본인의 권력 유지에 목적을 둔 것이었다(1196).

> 오답의 이유

① 무신 정권 시기 최충헌의 뒤를 이어 집권한 최우는 자신의 집에 정방을 설치하고 이를 인사 행정을 담당하는 기관으로 삼아 인사권을 완전히 장악하였다(1225).

② 고려 무신 정권 시기 최우가 치안 유지를 위해 설치한 야별초 (1232)가 확대되어 좌별초와 우별초로 나뉘고, 몽골의 포로가 되었다가 탈출한 신의군과 함께 삼별초가 구성되었다.

③ 정중부는 무신 정변 이후 권력을 잡은 이의방 등을 제거하고 정권을 잡았으나 1179년 경대승에 의해 제거되었다.

✅ **더알아보기**

고려 무신 정권의 권력 기구

정치 기구	교정도감	최충헌 설치, 국정 총괄 최고 기구
	정방	최우 설치, 인사 행정 기구
	서방	최우 설치, 능력 있는 문신 등용, 자문 기구
군사 기구	도방	경대승 설치, 무신 정권의 사병 기관, 해체되었다가 최충헌 때 재설치
	삼별초	최우 설치, 치안·전투 담당

03 난도 ★★☆ 　　　　　　　　　정답 ③

근세 > 문화사

[정답의 이유]

③ 『동문선』은 15세기 조선 전기 성종 때 서거정 등이 왕명을 받들어 편찬한 역대 시문선집이다. 이 책은 중국과 다른 조선의 독자성을 강조하였다.

[오답의 이유]

① 유몽인이 지은 『어우야담』은 조선 후기에 성행한 야담류의 효시이며, 설화 기술이 과감하고 획기적인 작품으로 평가되고 있다.

② 유서로 불리는 백과사전은 조선 후기에 널리 편찬되었다. 조선 후기 백과사전에는 이수광의 『지봉유설』, 이익의 『성호사설』, 이덕무의 『청장관전서』, 서유구의 『임원경제지』, 이규경의 『오주연문장전산고』, 홍봉한의 『동국문헌비고』 등이 있다.

④ 조선 후기에는 중인층의 시인들이 서울 주변 지역에서 시사를 조직하여 문학 활동을 전개하면서 자신들의 사회적 지위를 높였고, 역대 시인의 시를 모아 시집을 간행하기도 하였다.

04 난도 ★★☆ 　　　　　　　　　정답 ②

근대 > 정치사

[자료해설]

제시문에 나타난 사상은 김홍집, 김윤식, 어윤중 등 온건 개화파의 개화 사상인 동도서기론이다. 동도서기론은 1880년대 우리나라가 내세웠던 서구 문명 수용 논리로 우리의 정신세계는 유지하고 서양의 과학 기술만 받아들이자는 주장이다.

[정답의 이유]

② 동도서기론은 동양의 유교 사상은 그대로 유지한 채 서양의 과학 기술만을 받아들여 부국강병을 이룩하자는 것으로, 근대 문물 수용의 사상적 기반이 되었다.

[오답의 이유]

① 최익현은 일본이 강화도 조약 체결을 요구하자 왜양일체론에 입각하여 '지부 복궐척화의소'라는 상소를 올려 이에 반대하였다 (1876).

③ 김옥균, 홍영식, 서광범 등이 중심이 된 급진 개화파(개화당)는 문명 개화론에 입각하여 갑신정변을 주도하였다(1884).

④ 사회진화론은 약육강식과 적자생존의 국제 사회에서 제국주의 열강의 약소국 지배를 정당화하는 논리로 이용되었다.

05 난도 ★★☆ 　　　　　　　　　정답 ④

중세 > 사회사

[자료해설]

제시문에서 '역질에 걸렸으니 마땅히 치료하고', '시신과 유골은 묻고', '굶주린 백성을 진휼하라'를 통해 의료 기관인 구제도감임을 알 수 있다.

[정답의 이유]

④ 구제도감은 고려 예종 때 병자의 치료를 목적으로 설치한 임시 기관이다.

[오답의 이유]

① 의창은 고려 성종 때 흑창을 개칭한 것으로서 봄에 곡식을 빌려주고 가을에 갚게 하였다(춘대추납).

② 제위보는 고려 광종 때 설치한 것으로서 일정한 기금을 마련하여 백성에게 빌려주고 그 이자로 빈민을 구제하는 기능을 담당하였다.

③ 혜민국은 고려 예종 때 서민의 질병 치료를 위한 약을 제공하기 위해 설치한 의료기관이다.

✅ **더알아보기**

고려의 민생 안정 기관 및 정책

사회 시설	의창, 상평창
의료 기관	동서 대비원, 혜민국, 구제도감, 구급도감
빈민 구제 기금	제위보

06 난도 ★★☆ 　　　　　　　　　정답 ②

시대 통합 > 정치사

[자료해설]

제시된 자료의 밑줄 친 '이 지역'은 한성이다. 5세기 고구려 장수왕은 백제의 수도 한성을 함락시켜 개로왕을 살해하고 한강 전 지역을 포함하여 죽령 일대로부터 남양만을 연결하는 선까지 영토를 확장하였다.

[정답의 이유]

② 고려 문종 때 한양을 남경으로 승격시켜 개경, 서경과 함께 3경이라 하였다.

오답의 이유

① 고려 무신 집권기 공주 명학소의 망이, 망소이가 과도한 부역과 차별 대우에 항의하여 농민 반란을 일으켰다.

③ 고려 승려 지눌은 불교의 타락을 비판하였고 순천 송광사를 중심으로 승려의 기본인 독경, 수행, 노동에 힘쓸 것을 주장하는 정혜결사 운동(수선사 결사 운동)을 전개하였다.

④ 고려 태조는 서경(평양)을 북진 정책의 전진 기지로 삼으며 강력한 북진 정책을 추진하였다.

07 난도 ★☆☆   정답 ①

근대 > 정치사

자료해설

제시된 자료는 신미양요에 대한 내용이다. 1866년 미국의 상선 제너럴셔먼호 사건을 계기로 1871년 미국 함대가 강화도에 침입하였다. 이 시기는 고종의 재위 기간(1863~1907)으로, 흥선 대원군이 섭정을 하고 있었다.

정답의 이유

① 흥선 대원군은 호포제를 실시하여 양반에게 군포를 징수하며 양반들의 면세 특권을 없애는 개혁을 실시하였다.

오답의 이유

② 정조는 상공업 진흥을 위해 육의전을 제외한 시전 상인들의 금난전권을 폐지하여 상공업 활동의 자유를 보장하는 통공 정책을 실시하였다(1791, 신해통공).

③ 영조는 균역의 부담을 줄여주기 위해 군포의 부담을 2필에서 1필로 경감시키는 균역법을 실시하였다(1750).

④ 인조는 풍흉에 관계없이 전세를 토지 1결당 미곡 4~6두로 고정하여 거두는 영정법을 실시하였다(1635).

✅ 더알아보기

흥선 대원군 집권 시기의 역사적 사건

병인박해(1866) ▶ 제너럴셔먼호 사건(1866) ▶ 병인양요(1866)

▶ 오페르트 도굴 사건(1868) ▶ 신미양요(1871) ▶ 척화비 건립(1871)

08 난도 ★★☆   정답 ④

고대 > 정치사

자료해설

낙랑군 축출(4세기 미천왕, 313) → 광개토 대왕릉비 건립(5세기 장수왕, 414) → 살수 대첩 승리(7세기 영양왕, 612) → 안시성 전투 승리(7세기 보장왕, 645) → 고구려 멸망(7세기 보장왕, 668)

정답의 이유

④ 신라군이 당나라 군대 20만 명을 매소성에서 크게 격파하여 나·당 전쟁에서 승기를 잡은 것은 675년이다.

오답의 이유

① 4세기 말 침류왕 때 동진의 승려 마라난타에 의해 불교가 전파되었으며, 침류왕은 불교를 공인하여 중앙 집권 체제를 사상적으로 뒷받침하였다(384).

② 7세기 영양왕은 말갈 군대 1만여 명을 거느리고 수나라의 요서 지방을 선제 공격하였고(598), 이로 인해 수나라 문제가 고구려를 침입하였다.

③ 7세기 백제 의자왕은 신라의 요충지인 대야성을 함락하였다(642). 대야성 전투에서 패배한 신라는 수세에 몰리게 되면서 김춘추를 고구려로 파견하여 도움을 요청하였지만 연개소문이 이를 거절하였고, 신라는 당에 도움을 요청하게 되면서 훗날 나·당 연합군이 결성되었다.

09 난도 ★★☆   정답 ③

중세 > 문화사

자료해설

제시문에서 중국은 반고부터 금국에 이르기까지, 동국은 단군으로부터 본조에 이르기까지 다 찾아서 같고 다른 것을 비교하여 요점을 취하고 읊조렸다는 내용으로 보아 밑줄 친 '이 책'은 이승휴의 『제왕운기』임을 알 수 있다.

정답의 이유

③ 고려 충렬왕 때 이승휴가 쓴 『제왕운기』는 단군부터 충렬왕까지의 역사를 7언시, 5언시의 운문체로 서술(1287)하였다. 중국과 우리나라의 역사를 병렬적으로 서술하여 우리 역사만의 독자성을 강조하였고, 단군의 고조선 건국 이야기를 수록하여 고조선을 한국사에 포함시켰다.

오답의 이유

① 이제현은 『사략』에서 성리학적 유교 사관에 입각하여 고려 태조 ~숙종까지 임금들의 치적을 정리하였다.

② 조선 성종 때 서거정 등이 편찬한 『동국통감』은 고조선부터 고려 말까지의 역사를 국왕, 훈신, 사림이 서로 합의하여 편년체로 정리한 최초의 관찬 통사이다.

④ 조선 세종 때 권제 등이 편찬한 『동국세년가』는 단군 조선에서 고려 말까지의 역사를 노래 형식으로 엮은 악장 형태의 사서이다.

고려 역사서 편찬	
고려 전기	『왕조실록』·『7대 실록』(태조~목종): 황주량, 편년체 사서 편찬. 모두 현존하지 않음
고려 중기	김부식의 『삼국사기』: 기전체, 유교적 합리주의 사관. 현존하는 가장 오래된 역사서

고려 후기	• 무신 집권기
	  - 이규보의 『동명왕편』: 고구려 계승 의식 반영
	  - 각훈의 『해동고승전』: 화엄종 중심의 불교사 정리
	• 원 간섭기
	  - 이승휴의 『제왕운기』
	  - 일연의 『삼국유사』: 단군을 민족의 시조로 서술
	• 이제현의 『사략』: 성리학적 유교 사관

10 난도 ★★★

정답 ④

현대 > 경제사

[자료해설]

제시된 자료는 1945년 8월부터 1946년 1월까지의 물가 지수를 보여주고 있다.

[정답의 이유]

④ 1946년 9월 철도 노동자들의 총파업을 시작으로 10월 대구에서 시작된 파업이 전국적으로 확대되었다. 대구 10·1 사건에서는 미곡 수집제 폐지, 토지 개혁 실시 등을 요구하였다.

[오답의 이유]

① 광복 직후 해외로부터의 귀환 동포와 북한으로부터의 월남 동포의 인구가 급증하여 식량이 부족했다.

② 남한 지역은 38도선 분할 점령 이후 원료와 기술자의 부족, 심각한 전력난 등으로 공업 생산력이 더욱 감소하여 식료품 부문의 생산이 크게 위축되었다.

③ 미군정은 재정 적자를 메우기 위해 화폐를 과도하게 발행하였고, 그 결과 통화량이 급증하여 물가 상승의 원인이 되었다.

11 난도 ★☆☆

정답 ③

고대 > 정치사

[자료해설]

제시된 자료는 진성 여왕 때 일어난 원종·애노의 난이다. 신라 하대에는 귀족의 녹읍이 확대되며 자영농이 몰락하는 등 백성들의 생활은 더욱 어려워졌다. 9세기 말 진성 여왕 때는 사회 모순이 극심해져 원종·애노의 난(889), 적고적의 봉기 등 전국 각지에서 농민 봉기가 발생하였다.

[정답의 이유]

③ 최치원은 통일 신라 말 6두품 출신 유학자로 당에서 빈공과에 급제하여 관리 생활을 하다 귀국하여 진성 여왕에게 시무 10조를 건의하였으나 받아들여지지 않았다.

[오답의 이유]

① 발해는 제14대 경애왕(대인선) 때에 이르러 거란 야율아보기의 침략으로 멸망하였다(926).

② 신문왕은 유교 정치 이념을 수용하기 위한 국학을 설립하였다(682). 이를 통해 중앙 집권적 관료 정치가 발달하면서 왕권은 더욱 강화되었다.

④ 흥덕왕 때 장보고는 서남해안 일대의 해적을 소탕하려는 목적으로 완도에 청해진을 설치(828)하였고, 이후 당·일본·한반도를 연결하는 동아시아 무역의 중심지가 되었다.

12 난도 ★★☆

정답 ①

시대 통합 > 정치사

[정답의 이유]

㉠ 일본의 『은주시청합기』는 사이토 호센이 지은 역사서로 일본 서북쪽 경계를 오키섬을 한계로 정하여 울릉도와 독도가 고려의 영토라고 저술하고 있다(1667).

㉡ 일본의 「삼국접양지도」는 일본인 하야시 시헤이가 그린 지도로, 일본을 중심으로 주변 3국의 색채를 달리했는데 울릉도와 독도를 조선의 영토 색인 노란색으로 칠하였다(1785).

㉢ 일본의 최고 권력 기관인 태정관에서 지령문을 통해 울릉도와 독도가 자국의 영토가 아니라고 확인하였다(1877).

[오답의 이유]

㉣ 일본은 시마네현 고시에서 독도의 이름을 '다케시마로 정하고 일본 땅으로 하기로 했다'라고 발표함으로써 일방적으로 일본 영토라고 선언하였다(1905).

13 난도 ★★☆

정답 ②

일제 강점기 > 사회사

[자료해설]

제시문은 일제 강점기의 동아일보에 대한 설명이다. 1930년대 초 언론사를 중심으로 농촌 계몽 운동이 전개되었으며, 동아일보는 문맹 퇴치 운동의 일환으로 브나로드 운동을 전개하였다.

[정답의 이유]

② 동아일보는 문맹 퇴치 및 미신 타파, 근검절약 등의 생활 개선을 목표로 브나로드 운동을 전개하였다.

[오답의 이유]

① 국민 계몽과 문맹 퇴치 운동은 주로 언론사가 주도하여 이루어졌으며 조선일보의 문자 보급 운동이 대표적이다. 조선일보는 『한글 원본』 등을 교재로 하여 문자 보급 운동을 전개했다.

③ 천도교는 『개벽』, 『신여성』, 『어린이』 등의 잡지를 발행하여 민중의 자각과 근대 문물의 보급에 기여하였다.

④ 조선일보는 1927년 민족 유일당인 신간회가 창설되자 신간회의 본부와 같은 역할을 맡았다.

14 난도 ★★☆　　　　　　　　　　　정답 ①

고대 > 정치사

자료해설

제시문은 당나라에서 돌아온 김춘추와 김유신이 재회한 내용으로 (가) 인물은 김유신이다.

정답의 이유

① 신라 김유신은 황산벌 전투에서 백제 계백이 이끄는 군대를 격파하고 사비성을 함락시켰다(660).

오답의 이유

② 삼국 시대 신라의 승려인 원광은 진평왕에게 수나라에 군사적 지원을 요청하는 걸사표를 지어 바쳤고, 화랑의 기본 계율인 세속오계를 저술하여 청년들에게 가르치는 등 사회 윤리와 국가 정신 확립을 위해 노력하였다.

③ 진덕 여왕의 뒤를 이어 신라왕에 즉위한 인물은 김춘추(태종 무열왕)로 최초의 진골 출신의 왕이다.

④ 김춘추의 둘째 아들인 김인문은 진덕 여왕의 명으로 당에서 숙위(宿衛)한 이래 22년간이나 당나라에 체류하면서 대당 외교에 주력하다가 백제 정벌의 당나라측 부사령관인 부대총관이 되어 신라로 돌아왔다.

15 난도 ★☆☆　　　　　　　　　　　정답 ③

근대 태동기 > 사회

자료해설

제시된 자료는 중인의 통청 운동과 관련된 내용이다. (가)는 서얼, (나)는 중인이다.

정답의 이유

③ 정조는 규장각을 강력한 정치 기구로 육성시켜 서얼 출신인 유득공, 박제가, 이덕무 등을 검서관으로 등용하여 정치에 참여할 수 있도록 하였다.

오답의 이유

① 중인들은 서얼의 통청 운동에 자극받아 19세기 중엽에 대규모의 연합 상소 운동(소청 운동)을 벌였다.

② 서얼은 여러 차례의 집단 상소 운동을 벌여 홍문관 같은 청요직으로의 진출을 허용해 줄 것을 요구하였다.

④ 중인은 주로 기술직에 종사하며 역량이 뛰어날 경우에는 요직에 오를 수 있도록 법제적으로 보장이 되어 있었다. 이들은 축적한 재산과 탄탄한 실무 경력을 바탕으로 신분 상승을 추구하였다.

 더알아보기

조선 중인층의 신분 상승

서얼	• 영 · 정조의 개혁 분위기에 편승하여 적극적인 신분 상승 시도(상소 운동) → 서얼들의 청요직 통청 요구 수용 • 정조 때 유득공, 이덕무, 박제가 등 서얼 출신들이 규장각 검서관에 기용
기술직 중인	• 축적된 재산과 실무 경력을 바탕으로 신분 상승 운동 추구 • 철종 때 관직 진출 제한을 없애 달라는 대규모 소청 운동 전개 → 실패(전문직의 역할 부각)

16 난도 ★★☆　　　　　　　　　　　정답 ②

근대 태동기 > 사회

자료해설

제시된 자료에서 나타난 사상은 동학에서 주장한 '인내천 사상'에 대한 내용을 담고 있다. 최제우가 창시한 동학은 유 · 불 · 선 3교의 교리를 절충하고 민간 신앙의 요소도 결합하였으며, 마음속에 한울님을 모시는 시천주와 사람이 곧 하늘이라는 인내천 사상을 강조하였다.

정답의 이유

② 동학의 2대 교주 최시형은 동학의 경전인 『동경대전』과 동학 포교 가사집인 『용담유사』를 정리 · 편찬하여 동학 교리를 이론화하였다.

오답의 이유

① 순조가 즉위하여 노론 벽파가 득세하자, 남인 및 시파 계열을 탄압하고자 정순 왕후 김씨가 천주교 신자를 박해한 사건은 신유박해를 말하는 것으로 이는 천주교에 대한 설명이다.

③ 홍경래의 난(1811)은 순조 때에 발생한 사건으로 동학은 철종 때 창시되었으므로 홍경래의 난은 동학이 창시되기 이전의 일이다.

④ 임술 농민 봉기(1862)는 철종 때 단성에서 시작하여 진주로 이어졌다. 이 봉기는 동학과는 관련이 없다.

더알아보기

동학

동학의 창시 (1860, 최제우)	인내천(인간 존중, 평등사상), 사회 개혁 사상(후천개벽), 삼남 지방을 중심으로 확산, 정부의 최제우 처형(1864, 혹세무민을 이유)
최시형의 활동 (제2대 교주)	『동경대전』과 『용담유사』를 편찬, 포접제를 활용한 동학 조직
교조 신원 운동	최제우의 명예 회복, 정부의 탄압 중지 요청

17 난도 ★☆☆ 정답 ②

현대 > 경제사

자료해설

수출액 100억 달러 돌파는 1977년, 제2차 석유 파동은 1978~1980년, 경제 협력 개발 기구 가입은 1996년이다. 따라서 (가) 시기는 1980년부터 1996년까지다.

정답의 이유

② 한국 경제는 1980년대 중반부터 저달러·저유가·저금리의 이른바 3저 호황을 맞이하였다. 이에 따라 중화학 공업의 과잉 설비와 수출 부진을 없애고 외채 위기를 극복할 수 있었으며, 수출의 급신장에 따라 1986년에는 처음으로 무역 흑자를 실현하였다.

오답의 이유

① 제3차 경제 개발 5개년 계획이 실시된 것은 1972년부터 1976년까지다.

③ 박정희 정부는 미국의 요청으로 베트남에 국군을 파병한 것에 대한 보상으로 한국군의 현대화, 장비 제공 및 차관 제공을 약속한 브라운 각서를 체결하였다(1966).

④ 박정희 정부는 경제 개발 계획에 필요한 자본 확보를 위해 일본과의 국교 정상화를 추진하여 한·일 기본 조약(한·일 협정)을 체결하였다(1965).

18 난도 ★☆☆ 정답 ④

일제 강점기 > 정치사

자료해설

제시된 자료는 1925년에 제정된 치안 유지법의 내용이다. 이 법은 1925년부터 1945년까지 적용되었다.

정답의 이유

④ 일제는 중·일 전쟁과 태평양 전쟁을 치르면서 병력이 부족해지자, 1943년 재학 중인 조선인 학생들을 전쟁에 동원하는 학도 지원병 제도를 실시하였다.

오답의 이유

① 조선 태형령은 일제가 한국인을 억압하고 통제하기 위하여 1912년에 제정되었다.

② 민립 대학 설립 운동의 회유책으로 1924년 경성 제국 대학이 설립되었다.

③ 물산 장려 운동은 1920년대 초에 평양에서 조만식 주도하에 시작되었다.

 더알아보기

조선 태형령(1912)

- 태형은 감옥 또는 즉결 관서에서 비밀리에 행한다.
- 조선인에 한하여 5대 이상의 태형에 처할 수 있다.
- 태는 길이 1척 8촌, 두께 2푼 5리, 넓이는 위가 7푼, 아래가 4푼 5리로 한다.
- 수형자를 형판 위에 엎드리게 하고 손과 발을 묶은 후 볼기를 노출시켜 태로 친다.

19 난도 ★★☆ 정답 ③

근대 태동기 > 사회

자료해설

제시된 자료는 조선 후기 향촌 사회에서 새롭게 등장한 신향과 기존 사족 세력인 구향이 대립하는 향전과 관련된 사료이다. 조선 후기 일부 부농층이 양반으로 신분 상승을 하게 되어 향촌 사회에서 기존 양반인 구향과 새롭게 형성된 부농층인 신향이 대립하는 향전이 발생하였다.

정답의 이유

③ 경재소가 운영된 것은 조선 전기의 일로, 경재소는 중앙과 지방의 연락 업무를 맡았다. 선조 때 경재소가 폐지되면서 유향소의 명칭이 향청(향소)으로 변경되었다.

오답의 이유

① 조선 후기 향전의 발생으로 수령과 향리의 권한이 강해지는 결과를 가져왔다.

② 조선 후기 경제력을 갖춘 부농(신향)층은 수령, 향리층과 결탁하여 향촌 사회를 장악하고, 향안(鄕案)에 이름을 올렸다.

④ 조선 후기 재지사족은 군현 단위로 농민을 지배하기 어렵게 되자, 촌락 단위의 동계와 동약을 실시하고 문중 서원과 사우를 건립하는 등 향촌 사회에 대한 영향력을 유지하였다.

더알아보기

조선 후기 양반의 분화

원인	• 납속책, 공명첩(양반 수 증가) • 지주전호제 강화(신분 관계 → 경제 관계)	
분화	구향	• 권반: 중앙의 특권층 → 특권 유지(향안, 청금록) • 향반: 지방 양반, 향촌에서 겨우 위세 유지 세력 • 잔반: 몰락 양반
	신향	부농: 양반 신분 획득(신분 매매·족보 위조), 관권과 결탁

일제 강점기 > 정치사

자료해설

제시문에서 '한 개의 전투 단위로서 추축국에 선전한다.'를 통해 대한민국 임시 정부가 1941년 12월에 발표한 대일 선전 포고의 내용임을 알 수 있다.

정답의 이유

④ 대한민국 임시 정부는 1940년 10월 4차 개헌으로 김구 주석의 단일 지도 체제로 전환하고, 1941년 11월에 조소앙의 삼균주의를 받아들인 대한민국 건국 강령을 반포하였다.

오답의 이유

① 한국 광복군에는 김원봉이 이끄는 조선 의용대가 1942년 편입되면서 군사 면에서 좌 · 우통일이 이루어졌다.

② 한국 광복군은 대일 선전 포고문을 발표하고 연합군의 일원으로 참전하여 인도, 미얀마 전선에서 활약(1943)하였다. 또한 일본군의 문서 번역, 포로 심문, 일본군을 상대로 한 회유 방송 등의 심리전에도 참여하였다.

③ 김두봉은 화북 조선 청년 연합회를 확대 · 개편하여 조선 독립 동맹을 결성하였고, 그 산하에 조선 의용대 화북 지대를 개편한 조선 의용군(1942)을 두었다.

한눈에 훑어보기

영역 분석

선사 시대와 국가의 형성 01 02
2문항, 10%

고대 08 14
2문항, 10%

중세 03 06 12
3문항, 15%

근세 05 16 18
3문항, 15%

근대 태동기 10
1문항, 5%

근대 07 13 17
3문항, 15%

일제 강점기 04 09 19
3문항, 15%

현대 20
1문항, 5%

시대 통합 11 15
2문항, 10%

빠른 정답

01	02	03	04	05	06	07	08	09	10
③	④	③	④	④	①	①	④	③	①
11	12	13	14	15	16	17	18	19	20
③	②	④	①	③	④	①	②	②	②

점수 체크

구분	1회독	2회독	3회독
맞힌 문항 수	/ 20	/ 20	/ 20
나의 점수	점	점	점

---

01 난도 ★☆☆ 정답 ③

선사 시대와 국가의 형성 > 선사 시대

정답의 이유

③ 고인돌은 청동기 시대의 대표적인 무덤 양식으로, 청동기 시대가 계급사회였음을 입증하는 유물이기도 하다. 강화도 부근리에는 판석을 세워 장방형의 돌방을 만들고, 그 안에 매장한 다음 위에 거대하고 평평한 돌을 올려놓은 형태인 탁자식 고인돌이 분포하고 있다.

오답의 이유

① 연천 전곡리 유적은 대표적인 구석기 시대의 유적지이다. 구석기 시대에는 주먹도끼, 슴베찌르개, 찍개 등의 뗀석기를 사용하였으며, 연천 전곡리에서 동아시아 최초로 구석기 시대의 전형인 아슐리안형 주먹도끼가 출토되었다.

② 철기 시대 유적지인 경남 창원 다호리에서 발견된 붓은 한반도 남부까지 한자가 사용되었으며, 중국과의 교류가 활발하게 이루어졌음을 보여주는 유물이다.

④ 서울 암사동 유적지는 신석기 시대를 대표하는 유적지로 빗살무늬 토기가 출토되었다.

더알아보기

청동기 시대의 유물
- 석기: 반달 돌칼, 바퀴날 도끼, 홈자귀 등
- 청동기: 비파형 동검, 거친무늬 거울 등
- 토기: 미송리식 토기, 민무늬 토기, 붉은 간토기 등
- 무덤: 고인돌 → 지배층의 무덤, 계급 사회였음을 보여줌

02 난도 ★☆☆ 정답 ④

선사 시대와 국가의 형성 > 국가의 형성

자료해설

(가)의 '12월 제천, 행사', '영고' 등의 내용을 통해 부여임을 알 수 있고, (나)의 '10월 제사', '무천' 등의 내용을 통해 동예임을 알 수 있다.

정답의 이유

④ 동예의 책화 제도에 대한 설명이므로 옳은 내용이다.

오답의 이유

① 고구려에 대한 설명이다. 고구려에는 소노부, 계루부, 절노부, 순노부, 관노부의 5부가 있었으며, 태조왕 대 이래로 계루부 고씨가 왕위를 독점 세습하게 되었다.

②·③ 삼한에 대한 설명이다.

✓ **더알아보기**

여러 연맹 왕국의 특징

부여	• 사출도(마가, 우가, 저가, 구가), 반농반목 • 풍습: 순장, 1책 12법, 우제점법, 형사취수제 • 제천 행사: 영고(매년 12월)
고구려	• 5부족 연맹체, 제가 회의, 약탈 경제(부경) • 풍습: 서옥제, 형사취수제 • 제천 행사: 동맹(매년 10월)
옥저	• 읍군, 삼로(군장) • 소금과 해산물 풍부 → 고구려에 공물 바침 • 풍습: 민며느리제, 가족 공동묘
동예	• 읍군, 삼로(군장) • 명주, 삼베, 단궁, 과하마, 반어피 등 • 풍습: 족외혼, 책화 • 제천 행사: 무천(10월)
삼한	• 제정 분리 사회: 정치적 지배자 신지와 읍차, 제사장 천군(소도 주관) • 벼농사(저수지 축조), 철 생산량이 많음(낙랑 · 왜에 수출, 화폐로 이용) • 제천 행사: 수릿날(5월), 계절제(10월)

03 난도 ★☆☆　　　　　　　　　　정답 ③

중세 > 정치사

[자료해설]

제시된 사료는 고려 인종 4년(1126) 때 금나라가 고려에 군신관계를 요구하자, 이자겸과 척준경이 금의 사대 요구를 수용하는 내용이다. 따라서 (가)는 고려 인종이다.

[정답의 이유]

③ 인종 때 묘청과 정지상 중심의 개혁 세력은 서경으로 천도하여 서경에 대화궁을 짓고, 칭제건원을 사용하는 등 자주적인 개혁과 금을 정벌할 것을 주장하였다(묘청의 서경 천도 운동, 1135). 그러나 김부식 등의 관군에 의해 진압되었다.

[오답의 이유]

① 원 간섭기 때인 충렬왕 이후의 사실이다. 도평의사사는 도병마사의 후신으로 본래 도병마사는 국방 · 군사 문제만을 논의하던 임시회의 기구였으나, 고려 중기에 이르러 기능이 확대되었고, 충렬왕 5년(1279)에 도평의사사로 개편되면서 구성과 기능이 더욱 강화되어 정치를 주도하였다.

② 성리학은 고려 충렬왕 때 안향에 의해 처음 소개되었다. 이후 고려 후기 신진 사대부는 일상생활에서 유교적인 생활 관습을 실천하기 위해 『소학』, 『주자가례』 등을 중시하였다.

④ 고려가 몽골의 침입에 장기적으로 대응하기 위해 강화도로 천도한 때에는 1232년 최우 집권 시기였던 고종 때의 일이다.

✓ **더알아보기**

묘청의 서경 천도 운동

• 배경: 인종의 개혁
• 전개: 서경 세력(묘청 · 정지상)이 황제 칭호, 서경 천도, 금 정벌 등 주장 → 개경 세력(김부식) 반발 → 서경 세력의 반란 → 김부식의 관군에게 진압
• 평가: 신채호는 조선사연구초에서 묘청의 서경 천도 운동을 '조선 역사상 일천년래 제일 대사건'으로 평가

04 난도 ★★☆　　　　　　　　　　정답 ③

일제 강점기 > 정치사

[자료해설]

제시문의 ㉠은 1919년에 일어난 3 · 1 운동으로 각계 각층의 사람들이 참여한 대규모 독립 만세 운동이다. 3 · 1 운동은 국내외 민족의 주체성을 확인하고 대한민국 임시 정부를 수립하는 계기가 되었다.

[정답의 이유]

③ 독립 의군부는 임병찬이 고종의 밀지를 받아 조직한 단체로, 기존에 의병 투쟁을 전개했던 유림들이 주축이 되어 전국적으로 조직이 추진된 의병 계열의 비밀 단체이다(1912).

[오답의 이유]

① '암태도 소작 쟁의'는 전라남도 신안군 암태도의 소작 농민들이 지주 문재철과 그를 비호하는 일제에 대항하여 벌인 농민 항쟁이다(1923).

② 서울에서 조직된 사회주의 단체인 정우회는 일제의 탄압을 받는 상황에서 비타협적 민족주의 세력과의 제휴를 모색하면서 정우회의 투쟁 방향을 밝힌 '정우회 선언'을 발표하였다(1926).

④ 1920년대 이상재, 이승훈, 윤치호 등의 주도로 한국인을 위한 고등 교육 기관인 민립 대학 설립 운동이 시작되어 '조선 민립 대학 기성회'가 조직되었다(1923).

✓ **더알아보기**

독립 의군부(1912, 서울)

• 호남의 위정척사 유생인 최익현의 제자 임병찬이 고종의 밀칙(밀지)에 의해 국내 잔여 의병 세력과 유생을 규합하여 독립 의군부를 조직하였다.
• 대한제국의 회복을 추구하는 대표적 단체로서 조직적인 항일 투쟁을 전개했다.
• 일본 총리대신과 조선총독에게 국권 반환 요구서를 제출하고, 국권 회복을 위해 끝까지 저항할 것임을 알렸다.
• 이전 왕조를 부활시켜 의리를 지킨다는 복벽주의를 추구하였다.

교정직

05 난도 ★★☆   정답 ④

근세 > 문화사

자료해설

제시문에서 '성법(成法)'과 '세조의 뜻을 받들어 여섯 권의 법전을 완성' 등의 내용을 통해 서적이 성종 때 완성된 『경국대전』에 대한 설명이라는 것을 알 수 있다. 『경국대전』은 세조 때 최항 등이 편찬을 착수하여 성종 때 완성하여 반포한 조선의 기본 법전으로, 이는 조선 초기 유교적 통치 질서와 문물 제도가 완성되었음을 의미한다. 이 · 호 · 예 · 병 · 형 · 공전의 6전 조직으로 구성되어 있고, 조선 후기까지 법률 체계의 골격을 이루었다. 따라서 밑줄 친 '성상(聖上)'은 성종이다.

정답의 이유

④ 『국조오례의』는 성종 5년(1474)에 신숙주 등에 의해 완성된 책으로 제사 의식인 길례, 관례와 혼례 등의 가례, 사신 접대 의례인 빈례, 군사 의식에 해당하는 군례, 상례 의식인 흉례 등의 오례를 정리하였다.

오답의 이유

① 『동국병감』은 병서로서 조선 문종 때 편찬되었다.

② 중종 때 박세무가 저술한 『동몽선습』은 삼강오륜과 역사 등을 담은 아동 교육서이다.

③ 『삼강행실도』는 세종 때 군신 · 부자 · 부부 삼강에 모범이 될 만한 충신, 효자, 열녀의 행실을 모아 글과 그림으로 설명한 윤리서이다.

✓ 더알아보기

조선의 윤리 · 의례서와 법전

윤리 · 의례서	• 『삼강행실도』(세종): 충신, 효자, 열녀 등의 행적을 그림과 글로 기록 • 『국조오례의』(성종): 오례(五禮)의 예법과 절차를 그림과 글로 기록
법전	• 『조선경국전』(태조): 정도전 • 『경제육전』(태조): 정도전 · 조준 주도, 최초의 성문 법전 • 『경국대전』(세조~성종): 이 · 호 · 예 · 병 · 형 · 공전의 6전으로 구성 • 『속대전』(영조): 『경국대전』의 내용을 보완 · 개정한 법전 • 『대전통편』(정조): 『경국대전』과 『속대전』 및 그 뒤의 법령을 통합한 법전 • 『대전회통』(흥선 대원군): 『대전통편』 이후 수교 및 각종 조례 등을 보완 · 정리한 마지막 법전

06 난도 ★★☆   정답 ①

중세 > 경제사

자료해설

제시문에서 (가) 토지 제도는 고려 경종 때 제정된 시정 전시과이다. 『고려사』 사료에서는 인품만 고려하였다고 서술되어 있지만, 실제 시정 전시과는 관품과 인품을 기준으로, 전직, 현직의 모든 관리에게 차등 있게 토지를 지급하였다. 관품의 경우 광종 때 마련된 공복제를 기준으로 하였다.

정답의 이유

① 시정 전시과는 관료 개인의 정치적 위세와 명망, 조정에 대한 충성도를 고려한 인품과 광종 때 제정된 자삼 · 단삼 · 비삼 · 녹삼의 4색 공복을 기준으로 문반, 무반, 잡업으로 나누어 지급 결수를 정하였다.

오답의 이유

② 문종 때 시행된 경정 전시과에 대한 설명이다. 경정 전시과에서는 산관이 지급 대상에서 제외되고 현직 관료만을 지급 대상으로 하였으며, 무신에게 지급된 과등이 크게 향상되어 무신차별이 완화되었다.

③ 공양왕 때 시행된 과전법에 대한 설명이다. 과전법은 경기 지방의 토지에 한하여 전 · 현직 관리들에게 수조권을 지급하였으며, 이는 신진 사대부의 경제적 기반이 되었다.

④ 태조 때 시행된 역분전에 대한 설명이다. 역분전은 고려 건국 과정에서 충성도와 인품을 고려하여 차등 지급하였다.

✓ 더알아보기

고려의 토지 제도

구분		내용
역분전(태조)		고려 건국 과정에서 충성도와 공로에 따라 차등 지급
전시과	시정 전시과 (경종)	• 지급 대상: 전 · 현직 • 특징: 관품(4색 공복)과 인품을 고려
	개정 전시과 (목종)	• 지급 대상: 전 · 현직 • 특징: 관품만 고려
	경정 전시과 (문종)	• 지급 대상: 현직 관료 • 특징: 관품만 고려

07 난도 ★★☆   정답 ①

근대 > 정치사

자료해설

을미사변은 1895년, 을사조약 강제 체결은 1905년, 13도 창의군 서울 진공 작전 전개는 1908년에 일어난 사건이다.

정답의 이유

① 조 · 청 상민 수륙 무역 장정이 체결되어 외국 상인들로 인해 어려움에 처한 서울 도성의 시전 상인들은 황국 중앙 총상회를 조직하여 상권 수호 운동을 전개한 것은 (가) 시기이다(1898).

오답의 이유

② 신민회는 조선 총독부가 데라우치 총독 암살 미수 사건을 조작하여 많은 민족 운동가들을 체포한 105인 사건으로 인해 와해되었다(1911).

③ 함경도 관찰사 조병식은 흉년으로 곡물이 부족해지자 일본으로 곡물이 유출되는 것을 막기 위해 방곡령을 선포하였다(1889).

④ 보안회가 일제의 황무지 개간권 요구에 대한 반대 운동을 전개하여 이를 철회시킨 것은 (가) 시기이다(1904).

08 난도 ★☆☆　　　　　　　　　　정답 ④

고대 > 정치사

자료해설

제시된 자료에서 '흑수말갈의 공격', '일본에 사신 고제덕 등을 보내 "~ 고구려의 옛 땅을 회복하고 부여의 옛 습속을 지니고 있다."' 등의 내용으로 보아 (가)는 발해 무왕이다.

정답의 이유

④ 발해 무왕은 당나라가 흑수말갈과 연합하여 발해를 압박하자 당의 산둥지방인 덩저우(등주)를 장문휴로 하여금 공격하게 하였다.

오답의 이유

① 대조영은 처음에는 국호를 '진(振)'이라고 하였으나 713년 당나라로부터 발해군왕(渤海郡王)으로 책봉 받은 뒤에는 국호를 '발해'로 바꾸었다.

② 신라 헌덕왕 시기인 812년에 급찬 숭정을 발해에 사신으로 보냈는데, 당시 발해왕은 정왕이다.

③ '대흥', '보력'이라는 독자적인 연호를 사용한 왕은 문왕이다. 무왕은 '인안'이라는 독자적인 연호를 사용하였다.

✅ 더알아보기

발해 주요 국왕의 업적

고왕 (대조영)	• 동모산 기슭에 발해 건국 • 고구려 계승 의식
무왕 (대무예)	• 독자적 연호 인안 사용 • 당의 산둥반도 공격(장문휴) • 돌궐, 일본과 연결하는 외교 관계 수립
문왕 (대흠무)	• 독자적 연호 대흥 사용 • 당과 친선, 신라와 교류(신라도) • 천도(중경 → 상경)
선왕 (대인수)	• 말갈족 복속, 요동 진출(고구려의 옛 땅 대부분 회복) • 발해의 전성기 → 해동성국

09 난도 ★★☆　　　　　　　　　　정답 ③

일제 강점기 > 정치사

자료해설

제시문의 '사도하자'라는 지명을 통하여 지청천이 만주에서 이끌었던 한국 독립군에 대한 내용임을 알 수 있다.

정답의 이유

③ 지청천을 중심으로 북만주에서 결성된 한국 독립군은 중국 호로군과 연합하여 쌍성보 전투(1932), 사도하자 전투(1933), 동경성 전투(1933), 대전자령 전투(1933)에서 일본군을 크게 물리쳤다.

오답의 이유

① 양세봉은 남만주 지역에서 조선 혁명당 산하의 군사 조직인 조선혁명군을 조직하여 총사령관을 지낸 인물이다. 남만주 지역에서 양세봉이 이끈 조선 혁명군은 중국 의용군과 연합하여 영릉가 전투(1932), 흥경성 전투(1933)에서 승리하였다.

② 독립군 탄압을 위해 일제(미쓰야)와 만주 군벌(장쭤린) 사이에 맺어진 미쓰야 협정(1925)으로 인해 3부(참의부·정의부·신민부)가 국민부와 혁신 의회로 통합되었는데, 국민부 산하의 군대가 조선 혁명군, 혁신 의회 산하의 군대가 한국 독립군이었다. 따라서 한국 독립군은 미쓰야 협정 이후인 1930년대 활동하였다.

④ 조선 의용대는 김원봉이 주도하여 중국 국민당의 지원을 받아 중국 관내에서 결성된 최초의 한인 무장 부대로, 조선 민족 전선 연맹 산하에 있었다(1938).

✅ 더알아보기

한국 독립군과 중국 호로군의 합의 내용(1931)

1. 한·중 양군은 최악의 상황이 오는 경우에도 장기간 항전할 것을 맹세한다.
2. 중동 철도를 경계선으로 서부 전선은 중국이 맡고, 동부 전선은 한국이 맡는다.
3. 전시의 후방 전투 훈련은 한국 장교가 맡고, 한국군에 필요한 군수품 등은 중국군이 공급한다.

10 난도 ★★☆　　　　　　　　　　정답 ①

근대 태동기 > 경제사

정답의 이유

① ㉠ – 서울 상인인 육의전과 시전 상인은 특정 품목 독점 판매권인 금난전권을 가지고 있었는데, 정조 때에 시전 상인의 금난전권 횡포로 육의전을 제외한 시전 상인의 금난전권을 철폐하는 신해통공을 발표하여 상공업 활동의 자유를 보장하였다.

오답의 이유

② ㉡ – '담배'는 17세기에 일본으로부터 전래된 상품 작물로, 인삼과 더불어 조선 후기 대표적인 상업 작물로 재배되었다.

③ ㉢ – '감저(甘藷)'는 고구마의 한문 이름으로, 고구마는 18세기 영조 때 통신사로 일본을 다녀온 조엄에 의해 수입되어 재배되었다. 『감저보』는 영조 때, 『감저신보』는 순조 때 저술되었다.

④ ㉣ – 밭의 이랑과 이랑 사이를 견(고랑)이라고 하는데, 견에 파종하는 것을 견종법이라고 한다. 17세기 이후에 기장, 보리 등의 겨울 작물을 고랑에 파종하기 시작하였고, 비가 적은 시기에 보습 효과도 기대할 수 있어 농업의 생산량 증가로 이어졌다.

조선 후기 농촌 경제의 변화

농업 기술의 발달	• 논농사: 모내기법(이앙법) 확대 → 노동력 절감, 생산력 증대, 벼와 보리의 이모작 널리 성행 • 밭농사: 견종법(밭고랑에 씨를 뿌리는 것) 보급
농업 경영의 변화	• 광작의 성행: 1인 경작지를 확대하여 농가 소득 증가, 부농 성장 • 쌀의 상품화, 인삼 · 면화 · 담배 등의 상품 작물 재배 확대
지대 납부의 변화	일정액을 납부하는 도조법으로 지대 납부 방식 변화
농민층 분화	• 일부 농민이 상품 작물 재배를 통해 부농으로 성장 • 대다수 농민은 소작농, 고용 노동자, 임노동자로 전락

11 난도 ★★☆   정답 ③

시대 통합 > 문화사

정답의 이유

③ 『동명왕편』은 고려 무신 정권기의 문인 이규보가 저술한 한국 문학 최초의 서사시이다. 고구려를 건국한 동명왕의 업적을 칭송하고 고려가 고구려를 계승하였다는 고려인의 자부심을 표현하였다. 단군 이야기를 다룬 고려 시대 역사서로는 일연의 『삼국유사』, 이승휴의 『제왕운기』가 있다.

오답의 이유

① 고려 충렬왕 때 이승휴가 쓴 『제왕운기』는 7언시, 5언시의 운문체 역사시이다. 중국과 우리나라 역대 왕의 계보를 수록하였으며 중국과 우리 역사를 병렬적으로 대비하여 서술하였다. 또한, 우리나라의 역사를 단군에서부터 서술한 것이 특징이다.

② 홍만종의 『동국역대총목』은 단군 정통론의 입장으로, 숙종 때인 1705년에 저술되었다. 단군 조선으로부터 기자 · 위만조선 · 삼한 · 한사군 · 이부(二府) · 삼국 · 고려 · 조선의 사적을 사건만 간추려 편년체로 서술하였다.

④ 기미독립선언서 말미에는 민족 대표 33인의 이름으로 '조선 건국 단기(檀紀) 4252년 3월 1일'이라고 밝혀 조선이 단군 조선의 맥을 이은 나라라 선언하였다.

12 난도 ★☆☆   정답 ②

중세 > 문화사

자료해설

제시된 자료에서 '책 첫머리에 「기이(紀異)」편이 실린 까닭이며 ~'라는 부분을 통해 충렬왕 때 일연이 저술한 『삼국유사』라는 것을 알 수 있다. 이 책은 고려 원 간섭기 때 불교사를 바탕으로 기록되어 왕력과 함께 「기이(紀異)」편을 두어 전래 기록을 수록하였으며, 특히 단군을 우리 민족의 시초로 여겨 고조선 건국 설화를 수록하였다.

정답의 이유

② 고조선부터 후삼국 시대까지의 역사를 정리한 『삼국유사』는 여러 설화와 사회 민속 · 관습 등 전통 문화에 대한 내용이 다수 수록되어 있어 민속학적 측면에서 중요한 자료이다.

오답의 이유

① 각훈의 『해동고승전』(1215)에 대한 설명이다. 『해동고승전』은 승려들의 전기를 수록하고 교종의 입장에서 편찬한 사서로, 우리나라의 불교사를 중국과 대등한 입장에서 서술하였다.

③ 고조선부터 고려 말까지의 역사를 정리한 사서로는 『동국통감』(1485), 『동사강목』(1778) 등이 있다. 조선 성종 때 서거정이 편찬한 『동국통감』은 고조선부터 고려 말까지의 역사를 편년체로 정리한 최초의 관찬(官撰) 통사이다. 조선 정조 때 안정복이 편찬한 『동사강목』은 '단군-기자-마한-삼국-통일 신라-고려'로 이어지는 독자적 정통론을 확립하였다.

④ 유교적 합리주의에 기초하여 기전체로 서술된 사서는 『삼국사기』이다. 『삼국유사』는 민족적 자주 의식을 기반으로 기사본말체로 서술된 사서이다.

13 난도 ★★☆   정답 ④

근대 > 정치사

자료해설

제시된 사료에서 '농민군'과 '폐정 개혁' 등을 통해 동학 농민 운동에 대한 내용임을 알 수 있고, 정부와 (가)를 맺었다는 것으로 보아 (가)는 전주 화약(1894.5.)임을 알 수 있다.

정답의 이유

④ 청과 일본의 군대 개입을 우려한 동학 농민군은 정부와 전주 화약을 맺고 집강소를 설치하여 개혁을 실시하였다. 그러나 청 · 일 전쟁이 발발하고 일본의 내정 간섭이 심해지자 동학 농민군은 1894년 9월 삼례에서 2차 봉기를 시작하게 되고 논산에서 전봉준의 남접과 손병희의 북접이 합류하여 연합군을 형성하였다.

오답의 이유

① 황토현 전투는 전주 화약 이전인 1894년 4월에 전개된 전투이다. 농민군이 황토현과 황룡촌 전투 등에서 정부군을 격파하고 전주성을 점령하였다.

② · ③ 농민을 동원하여 만석보를 쌓아 수세를 강제로 징수하는 등 조병갑의 횡포에 견디다 못한 농민들이 동학 교도 전봉준을 중심으로 고부에서 봉기를 일으켜 고부 관아를 점령하였다(1894.1.). 이를 해결하기 위해 파견된 안핵사 이용태 역시 이들을 탄압하자, 농민군은 보국안민, 제폭구민을 기치로 내걸고 백산에서 봉기하여 4대 강령을 발표하였다(1차 봉기, 1894.3.).

문무왕	661~681	나·당 연합군의 공격으로 고구려 멸망(668), 나·당 전쟁, 삼국 통일 완성(676)
신문왕	681~692	김흠돌의 난 진압 → 진골 귀족 숙청, 왕권 강화, 9주 5소경 정비, 군사 조직인 9서당 10정 편성, 국학 설치(682), 녹읍 폐지(689)
경덕왕	742~765	녹읍 부활(757)
혜공왕	765~780	대공의 난 발발(768)
원성왕	785~798	독서삼품과 실시(788)

더알아보기

동학 농민 운동의 전개 과정

공주·삼례 집회(교조 신원 운동, 1892) → 보은 집회(교조 신원+척왜양 창의, 1893) → 고부 농민 봉기(전봉준 중심, 1894.1.) → 1차 봉기(백산 봉기, 1894.3.) → 관군과의 황토현·황룡촌 전투 승리(1894.4.) → 전주성 점령 → 청군, 일본군 조선 상륙(1894.5.) → 전주 화약 체결 → 집강소 설치(폐정 개혁 실천, 1894.6.) → 일본군의 경복궁 점령 → 청·일 전쟁 발생(군국기무처 설치) → 2차 봉기(남접·북접 연합, 1894.9.) → 공주 우금치 전투 패배(1894.11.) → 전봉준 체포(1894.12.)

14 난도 ★★☆　　　　　　　　　　정답 ①

고대 > 경제사

[자료해설]

국호 '신라' 확정은 6세기 초 신라 지증왕(500~514), 9주 5소경 설치는 7세기 후반 신라 신문왕(681~692), 대공의 난 발발은 8세기 중엽 신라 혜공왕(765~780), 독서삼품과 실시는 8세기 후반 신라 원성왕(785~798)대의 사실이다.

[정답의 이유]

① 일반 백성에게 정전을 지급하여 국가의 토지 지배력을 강화한 것은 8세기 초인 성덕왕 때의 일이다(722).

[오답의 이유]

② 지증왕은 수도 경주에 시장을 설치하고 이를 감독, 관리하기 위한 관청인 동시전을 설치하였다(509).

③ 고구려 고국천왕은 국상인 을파소의 건의에 따라 먹을거리가 부족한 봄에 곡식을 빌려주고 추수 이후에 곡식을 갚도록 하는 진대법을 실시하였다(194).

④ 청주 거로현을 국학생의 녹읍으로 삼은 것은 소성왕 대의 사실이다(799).

더알아보기

신라 시대 주요 왕의 업적

왕	재위 연도	업적
내물왕	4세기	김씨 왕위 계승 확립, '마립간' 칭호
지증왕	500~514	국호 '신라', '왕' 칭호, 우산국 정복(512)
법흥왕	514~540	불교 공인(527), 율령 반포, 17관등제 마련, 병부 및 상대등 설치, '건원' 연호 사용, 금관가야 정복(532)
진흥왕	540~576	화랑도를 국가 조직으로 개편, 영토 확장(한강 유역 장악, 대가야 정복, 함경도 진출) → 단양 신라 적성비, 진흥왕 순수비 건립
무열왕	654~661	최초의 진골 출신 왕, 나·당 연합군의 공격으로 백제 멸망(660)

15 난도 ★★★　　　　　　　　　　정답 ③

시대 통합 > 문화사

[정답의 이유]

③ 백제 무왕의 왕후가 넣은 사리기가 발견된 것은 익산 미륵사지 석탑이다. 부여 정림사지 5층 석탑은 목탑의 구조와 비슷하지만 돌의 특성을 잘 살린 백제의 대표적인 석탑으로, 국보 제9호로 지정되어 있다.

[오답의 이유]

① 개성 경천사지 10층 석탑은 원의 라마불교 영향을 받아 원의 석탑을 본떠 만들어진 고려 시대의 석탑이다. 대리석으로 축조되었고, 훗날 조선 세조 때 지어진 원각사지 10층 석탑에도 영향을 주었다.

② 경북 영주 부석사 무량수전, 경북 안동 봉정사 극락전(현존하는 최고의 목조 건축물), 충남 예산 수덕사 대웅전은 대표적인 주심포 양식 건물이다.

④ 김제 금산사 미륵전은 다층 건물이지만 내부는 층 구별이 없이 하나로 통하는 형식으로 만들어졌다는 특징을 갖는다.

16 난도 ★☆☆　　　　　　　　　　정답 ④

근세 > 사회사

[자료해설]

제시문에서 '주세붕이 ~ 창건할 적에'라는 표현을 통해 (가) 교육 기관은 서원이라는 것을 알 수 있다.

[정답의 이유]

④ 서원은 각 향촌에서 유생이 모여 학문을 연구하고 후배를 양성하며 선현의 제사를 지내는 곳으로, 문중에서 설립한 사립 교육 기관이다.

[오답의 이유]

① 지방의 군현에 있던 유일한 관학은 지방 국립 중등 교육 기관인 향교이다.

② 조선 시대 초등 교육을 담당하던 사립 교육 기관인 서당에서 선비와 평민의 자제에게 『천자문』 등을 가르쳤다.

③ 조선 시대 최고 교육 기관인 성균관에서는 성적이 우수한 유생에게는 대과의 초시를 면제해 주었으며, 50세까지 성균관에서

성실히 학업을 한 경우에는 과거를 거치지 않고 벼슬을 주기도 하였다.

✅ 더알아보기

서원의 설립

건립	1543년(중종) 풍기 군수 주세붕이 세운 백운동 서원이 최초이며, 이황의 건의로 최초의 사액 서원(소수 서원)으로 공인(국가로부터 토지와 노비, 서적을 받고 면세와 면역의 특권을 부여 받음)
역할	향촌 교화, 향음주례, 후진 양성 및 선현 추모
영향	유교 윤리 보급, 향촌 사림 결집 및 강화

---

17 난도 ★★☆　　　　　　　　　정답 ①

근대 > 정치사

【자료해설】

제시문 (가)는 1876년 2월에 체결된 강화도 조약(조·일 수호 조규)의 부속 조약인 조·일 무역 규칙에 대한 내용이다. (나)는 조·미 수호 통상 조약에 대한 내용이다.

【정답의 이유】

① (가) 조·일 무역 규칙: 전문 11개 조항으로 일본국 소속 선박에 대한 무항세 적용, 일본 수출입 상품에 대한 무관세 적용, 양곡의 무제한 유출 허용 등의 내용이 담겨 있다.

(나) 조·미 수호 통상 조약: 일본에 수신사로 파견된 김홍집이 조선이 미국과 친해야 한다는 연미론을 주장한 황준헌의 「조선책략」을 가져오면서 그 영향으로 체결되었으며, 청의 적극적인 중재가 있었다. 조·미 수호 통상 조약에는 거중 조정 내용이 담겨 있고, 최초로 최혜국 대우를 규정하였다.

✅ 더알아보기

황준헌, 「조선책략」

조선의 땅은 실로 아시아의 요충을 차지하고 있어 …… 러시아가 영토를 넓히려고 한다면 반드시 조선으로부터 시작할 것이다. …… 러시아를 막는 책략은 무엇인가? 중국과 친하고[親中國], 일본과 맺고[結日本], 미국과 이어짐[聯美邦]으로써 자강을 도모해야 한다. …… 미국을 끌어들여 우방으로 하면 도움을 얻고 화를 풀 수 있을 것이다. 이것이 바로 미국과 이어져야 하는 까닭이다.

---

18 난도 ★★☆　　　　　　　　　정답 ②

근세 > 정치사

【자료해설】

제시된 사료는 「동호문답」, 「만언봉사」, 「성학집요」 등을 통해 이이에 대한 연보임을 알 수 있다.

㉠ 사간원: 국왕에게 간언 및 직언을 하는 간쟁 기관을 말한다.

㉡ 이조 좌랑: 이조의 정랑과 함께 전랑이라 불리는 관직으로 문관 인사뿐만 아니라 삼사의 인사 관리에 대한 동의권을 가지고 있었다.

㉢ 승정원: 왕명 출납을 담당하고 모든 기밀을 취급하던 국왕의 비서 기관으로, 고려 중추원의 승선과 같은 일을 하였다.

㉣ 홍문관: 왕의 자문 기관으로 전신(前身)은 집현전이며 옥당으로도 불린다. 이들은 국왕의 정책 자문, 경연관 및 서연관으로 참석할 수 있었으며, 왕명을 대필하기도 하였다. 홍문관은 사헌부, 사간원과 함께 3사라고 하였다.

【정답의 이유】

② 이조 좌랑은 이조의 정6품에 해당하는 관직으로 정5품 정랑과 함께 이조 전랑이라고 하였다. 이들은 삼사의 직책에 대한 임명 동의권인 통청권, 자신의 후임자를 추천할 수 있는 자대권, 과거에 급제하지 않은 사람에게 벼슬을 주는 낭천권을 지니고 있었다.

【오답의 이유】

① 사간원은 국왕에게 간언 및 직언을 하는 간쟁 기관으로 사헌부와 함께 '양사'라고 하였다. 왕명을 출납하면서 왕의 비서 업무를 담당한 기관은 승정원이다.

③ 왕의 정책을 간쟁하는 기관은 사간원, 관원의 비행을 감찰한 기관은 사헌부이다. 사간원과 사헌부는 양사 또는 대간이라 하여 5품 이하 관리의 임명과 관련된 서경권을 행사하였다.

④ 홍문관은 왕의 자문 기관으로 사헌부, 사간원과 함께 3사라고 불렸다. 서적 출판 및 간행의 업무를 전담한 곳은 교서관이다.

---

19 난도 ★☆☆　　　　　　　　　정답 ②

일제 강점기 > 문화사

【자료해설】

제시문의 '유교', '구신' 등을 통해 박은식의 「유교구신론」임을 알 수 있다.

【정답의 이유】

② 박은식은 「한국통사」에서 '나라는 형이고, 역사는 신'이라고 밝히면서 '정신과 국혼이 멸하지 않으면 반드시 국권을 회복할 수 있다.'라고 하였다.

【오답의 이유】

① 정인보는 「5천 년간 조선의 얼」이라는 글을 동아일보에 연재하여 민족의 '얼'을 강조하며 민족정신을 고취하였고, 문일평, 안재홍과 함께 조선학 운동을 주도하였다.

③ 제5차 개헌으로 주석·부주석 중심 체제로 전환된 임시 정부에서 김구는 주석을, 김규식은 부주석을 역임하였다.

④ 신채호는 대한매일신보에 「독사신론」을 연재하여 민족주의 사관의 기초를 마련하였다.

박은식의 활동

구한말	독립 협회 가입, 황성신문·대한매일신보 주필, 서북학회 창설, 유교구신론 주장, 대동교 창립 등
일제 강점기	『한국통사』, 『한국독립운동지혈사』 집필 및 간행, 조선 광문회 조직, 무오 독립 선언서 발표, 임시 정부 제2대 대통령 선출 등

20 난도 ★☆☆   정답 ②

현대 > 정치사

[자료해설]

제시문을 시기순으로 나열하면 (나) 조선 건국 준비 위원회 결성 (1945.8.15.) – (다) 모스크바 3국 외상 회의 개최(1945.12.) – (가) 좌·우 합작 7원칙 발표(1946.10.) – (라) 남북 협상 제의(1948.2.)이다.

[정답의 이유]

(나) 일제의 패망이 닥치자, 조선 건국 동맹의 여운형과 안재홍 등은 광복 당일인 1945년 8월 15일에 조선 건국 준비 위원회를 조직하였다.

(다) 1945년 12월에 미국, 영국, 소련의 3국 외상이 모스크바에 모여 한반도의 문제를 협의하였다. 이때 임시 민주 정부의 수립과 이를 지원하기 위한 미·소 공동 위원회가 설치되었으며, 미국·영국·소련·중국에 의한 잠정적인 신탁 통치 실시 등이 합의되었다. 이후 신탁 통치 결정을 둘러싸고 좌·우익이 대립하게 되었다.

(가) 제1차 미·소 공동 위원회(1946.3.)가 결렬되고 이승만의 단독 정부 수립 운동으로 분단의 위기가 고조되자 김규식과 여운형을 중심으로 좌·우 합작 위원회가 구성(1946.7.)되었다. 좌·우 합작 위원회에서는 좌익과 우익의 의견을 절충하여 1946년 10월에 좌·우 합작 7원칙을 발표하였다. 이후 제2차 미·소 공동 위원회(1947.5.)가 결렬되고 여운형이 암살되면서 좌·우 합작 위원회는 해산하게 되었다.

(라) 1948년 UN 소총회에서 남한만의 총선거를 결정하자 김구와 김규식은 북한 당국에 남북 협상을 제의(1948.2.)한 후 남북 협상에 참석하였다.

대한민국 정부 수립 과정

모스크바 삼국 외상 회의 (1945.12.) ▶ 제1차 미·소 공동 위원회 결렬 (1946.3.) ▶ 이승만의 정읍 발언 (1946.6.)

▶ 좌·우 합작 위원회 결성 (1946.7.) ▶ 제2차 미·소 공동 위원회 결렬 (1947.5.) ▶ 미국, 한반도 문제를 유엔에 상정 (1947.9.)

▶ 유엔, 실시 가능한 지역만 총선 실시 지시 (1947.11.) ▶ 제주 4·3 사건 (1948.4.) ▶ 남북 협상 개최 (1948.4.)

▶ 5·10 총선거 실시 (1948.5.) ▶ 대한민국 정부 수립 (1948.8.)

한눈에 훑어보기

🔍 영역 분석

고대   03   12   13   14
4문항, 20%

중세   02   05   19
3문항, 15%

근세   07   11   16
3문항, 15%

근대 태동기   06
1문항, 5%

근대   09   15
2문항, 10%

일제 강점기   08   10   17
3문항, 15%

현대   04   18
2문항, 10%

시대 통합   01   20
2문항, 10%

✏️ 빠른 정답

01	02	03	04	05	06	07	08	09	10
①	③	①	③	②	①	①	②	④	②

11	12	13	14	15	16	17	18	19	20
④	③	②	④	③	③	④	③	②	③

📌 점수 체크

구분	1회독	2회독	3회독
맞힌 문항 수	/ 20	/ 20	/ 20
나의 점수	점	점	점

---

01 난도 ★★☆   정답 ①

시대 통합 > 정치사

정답의 이유

① 통일 신라의 지방 행정 조직에서 주 아래에는 군이나 현을 두어 지방관을 파견하였으나, 그 아래의 촌에는 지방관을 파견하지 않고 토착 세력인 촌주가 지방관의 통제를 받으며 행정을 담당하였다.

오답의 이유

② 전국에 330여 개의 군현을 둔 것은 조선 시대이다. 발해는 지방 행정 체제를 5경 15부 62주로 정비하였다.

③ 촌락 지배 방식으로 면리제가 확립된 것은 조선 시대의 일이다. 조선은 촌락 주민에 대한 지배를 원활히 하고자 초기에 면리제, 17세기 중엽 이후 오가작통제(『경국대전』에 법제화)를 실시하였다.

④ 고려 시대에 지방 호족을 견제하고 지방 통치를 원활하게 하기 위해 지방 호족 출신자를 그 지역의 사심관으로 임명하였다. 사심관은 향리층을 감독하여 지방의 민심을 안정시키는 역할을 하였다.

✅ 더알아보기

시기별 행정 구역의 변화

시기	행정 구역
고구려	5부 5부
백제	5부 5방
신라	6부 5주
통일 신라	9주 5소경
발해	5경 15부 62주
고려 현종	5도 양계
조선 태종	8도
조선 고종	23부 337군
대한제국	13도

---

02 난도 ★☆☆   정답 ③

중세 > 정치사

자료해설

제시문은 993년 거란의 1차 침입이 있었을 때 서희가 벌인 협상의 내용으로 『고려사』 「서희 열전」에 기록된 것이다. 거란 장수 소손녕이 옛 고구려의 영토가 거란의 소유라고 하자, 서희는 국호에서 알 수 있듯이 고려는 고구려를 계승하였고, 고구려의 수도 평양을 도읍으로 정하고 있음을 내세워 고구려의 옛 땅이 거란의 영토라는 주장을 반박하였다. 오히려 서희는 거란이 동경으로 삼고 있는 요양(遼陽)이 고구려의 땅이었으므로 고려에 복속되어야 한다고 주장하였다.

정답의 이유

③ 고려 서희는 거란 장수 소손녕과의 외교 담판으로 고구려의 후예임을 인정받음과 동시에 압록강 동쪽의 강동 6주를 확보하였다.

오답의 이유

① 고려 예종 때 윤관의 별무반이 여진족을 물리치고, 함주, 길주 등에 동북 9성을 설치하였다(1107).
② 귀주 대첩은 거란의 3차 침입 때 강감찬이 귀주에서 거란군을 물리치고 승리한 싸움이다(1019).
④ 천리장성은 거란 및 여진의 침략에 대비하여 1033년에 덕종이 유소에게 명해 압록강에서 도련포까지 축조한 것이다.

✓ 더알아보기

고려의 대외 관계(이민족의 침입)

거란(요)	북진 정책: 거란 침입 → 서희의 강동 6주 획득, 강감찬의 귀주 대첩
여진(금)	윤관의 여진 정벌, 동북 9성 설치
몽골(원)	• 대몽 항쟁: 김윤후의 처인성 전투, 삼별초 항쟁 • 고려 개경 환도 → 원 간섭기
홍건적, 왜구	• 공민왕, 우왕 • 홍산 대첩(최영), 진포 대첩(최무선), 황산 대첩(이성계), 쓰시마 섬 정벌(박위)

---

03 난도 ★☆☆   정답 ①

고대 > 정치사

자료해설

제시된 자료는 광개토 대왕이 왜 · 백제의 연합군이 신라를 침략하여 내물왕이 원병을 요청하자 기병과 보병을 신라에 보내 토벌한 내용을 보여주고 있다.

정답의 이유

① 광개토 대왕이 신라 내물왕의 요청으로 군대를 보내 신라에 출몰한 왜구를 격퇴한 후 고구려는 신라 영토 내에 주둔하여 내정 간섭을 강화하였다.

오답의 이유

② 백제 근초고왕이 고구려의 평양성을 공격하여 고국원왕이 전사하였다(371).
③ 백제 성왕은 신라의 진흥왕이 나 · 제 동맹을 깨고 백제가 차지한 지역을 점령하자 신라를 공격하였으나 관산성 전투에서 전사하였다(554).

---

④ 신라에 침입한 왜구를 물리치기 위해 출병한 고구려군과의 충돌로 금관가야 중심으로 하는 전기 가야 세력은 쇠퇴하게 되었고, 이후 대가야가 가야 연맹을 주도하게 되었다.

04 난도 ★★☆   정답 ③

현대 > 정치사

자료해설

(가) 제시문은 정읍 발언이다. 이승만은 제1차 미 · 소 공동 위원회가 결렬되고 북한에 사실상의 정부가 수립되자 1946년 6월 정읍에서 남한 단독 정부 수립을 주장하였다.
(나) 제시문은 김구가 연설한 '삼천만 동포에게 읍고함'의 내용이다. 김구는 광복 이후 모스크바 3국 외상 회의 결정에 따른 신탁 통치를 반대하였으며, 남한만의 단독 정부를 추진한 이승만과 달리 통일 정부 수립을 위해 평양으로 가서 남북 협상까지 시도하였으나 결국 실패하였다.

정답의 이유

③ 김구를 비롯한 임시 정부 진영은 신탁 통치를 적극 반대하기 위해 '신탁 통치(탁치) 반대 국민 총동원 위원회'를 조직하였다.

오답의 이유

① 남한만의 단독 정부 수립에 반대하여 5 · 10 총선거에 불참한 대표적 인물은 김구, 김규식 등이다. 이승만은 남한만의 단독 선거 실시를 찬성하였다.
② 제1차 미 · 소 공동 위원회가 결렬된 후 여운형, 김규식 등 중도 세력이 미군정의 지원을 받으면서 좌 · 우 합작 위원회를 결성하였다(1946.7.). 이들은 좌 · 우 합작 7원칙을 발표하고 좌 · 우 합작 운동을 전개하였다. 이승만은 좌 · 우 합작 7원칙에 대해 민족 진영을 분열시킨다고 주장하여 반대하였다.
④ 남조선 과도 입법 의원은 미군정이 한국 정부에 정권을 인도하기 위해 설립한 과도적 성격을 띤 입법 기관으로, 남조선 과도 입법 의원의 의장을 역임한 인물은 김규식이다.

05 난도 ★★★   정답 ②

중세 > 문화사

자료해설

제시문의 (가)는 팔관회에 해당한다. 팔관회는 고려 성종 때 폐지되었다가 현종 때 부활하였다.

정답의 이유

② 정월 대보름에 개최된 행사는 연등회이며, 팔관회는 주로 10, 11월에 개최되었다.

오답의 이유

① 고려 시대에는 매년 개경과 서경에서 국가적 행사인 팔관회가 열렸다. 고려 전역은 물론 송, 여진, 탐라 등 주변국뿐만 아니라

서역의 대식국(아라비아) 상인들도 찾아와 참여하였으며 이는 교역의 중요한 계기가 되었다.

③ 팔관회는 천령(天靈)·5악(五岳)·명산(名山)·대천(大川)·용신(龍神) 등 토속신에게 제사 지내는 의식으로 소회일(小會日)과 대회일(大會日)이 있어 많은 의식과 하례(賀禮)가 있었다.

④ 태조는 훈요 10조에서 불교 숭상과 연등회, 팔관회 개최를 중시할 것을 언급하였다.

✓ 더알아보기

연등회와 팔관회

연등회	팔관회
불교 행사	토착 신앙, 불교, 도교
전국적인 행사	서경·개경에서 개최, 왕 참관(교역 장소)
매년 초(정월 대보름, 1월 15일)	매년 말(10, 11월)

06 난도 ★★☆   정답 ①

근대 태동기 > 정치사

자료해설

제시문은 정조의 「만천명월주인옹자서」로 그는 스스로를 초월적인 군주라고 생각하며, 그 입장에서 신하들을 교육하고 양성하고자 초계문신제도를 시행하였다.

정답의 이유

① 서호수의 「해동농서」는 우리나라의 농학을 기본으로 삼고 중국 농학을 참고하여 저술한 농업서로 조선 정조의 명령으로 편찬되었다.

오답의 이유

② 1674년에 효종비(인선 왕후) 상 때 인조의 계비인 자의 대비의 복상 기간을 둘러싸고 일어난 갑인예송 당시 서인은 9개월, 남인은 1년(기년복)을 주장하였다. 이때 현종은 남인의 손을 들어주었다.

③ 이순신 사당에 현충이라는 호를 내리고 강감찬 사당을 건립하여 애국심을 고취한 것은 조선 숙종 때의 일이다.

④ 효종 때 설점수세제를 실시하여 민간인이 채굴을 허용·경영하게 하고 호조에서 세금을 거둬들였다.

07 난도 ★★☆   정답 ①

근세 > 정치사

자료해설

제시문의 밑줄 친 국왕은 중종을 말하는 것으로, 중종의 명을 받고 조신이 편찬한 「이륜행실도」는 연장자, 연소자, 친구 사이의 도덕적 윤리를 강조한 윤리서이다.

정답의 이유

① 조선 중종 때 풍기 군수 주세붕이 성리학을 전래한 고려 말의 학자 안향을 기리기 위해 최초로 백운동 서원을 건립하였다. 백운동 서원은 이황의 건의로 최초의 사액 서원인 소수 서원으로 사액되었다.

오답의 이유

② 「금오신화」는 세조 때 김시습이 지은 우리나라 최초의 한문 단편 소설집이다.

③ 성종 때 오례(五禮)의 예법과 절차 등을 그림과 함께 정리한 「국조오례의」와 각 도의 지리, 풍속, 인물 등을 기록한 관찬 지리지인 「동국여지승람」을 편찬하였다.

④ 세종은 집현전을 설치하고 학문 연구와 경연, 서연을 담당하게 하여 유교 정치의 활성화를 꾀하였다(1420).

08 난도 ★★★   정답 ②

일제 강점기 > 정치사

자료해설

제시문은 일제가 인적·물적 자원의 총동원을 위해 1938년 4월 제정·공포한 국가 총동원법에 대한 내용으로 물자통제, 금속류 회수, 징용제 등의 내용을 담고 있다.

정답의 이유

② 육군 특별 지원병령은 국가 총동원법 제정 이전인 1938년 2월에 제정하고 4월부터 지원병을 선발하였다.

오답의 이유

① 일제는 1941년 물자 통제령을 공포하여 전쟁 물자부터 생필품까지 배급제를 확대하였다.

③ 1941년 일본은 전쟁의 확대로 무기 생산에 필요한 금속 자원이 부족해지자 금속류 회수령을 제정하여 주요 군수 물자를 공출하였다.

④ 1939년 일제는 전쟁 수행을 위하여 일본인 및 식민지민을 강제로 동원시키기 위해 국민 징용령을 제정하였다.

✓ 더알아보기

일제의 국가 총동원법(1938)

인력 수탈	• 병력 동원: 지원병제(1938), 학도 지원병제(1943), 징병제(1944) • 노동력 동원: 국민 징용령(1939), 근로 보국대 조직 → 광산·철도 건설, 군수 공장 등에 학생과 청년들 강제 동원 • 여성 동원: 여자 정신 근로령(1944), 여성들에게 일본군 '위안부' 강요
물적 수탈	전쟁 물자 공출, 금속 및 미곡 공출제·양곡 배급제 실시, 위문 금품 모금, 국방 헌금 강요, 산미 증식 계획 재개

09 난도 ★★☆　　　　　　　　　　　정답 ④

근대 > 정치사

[자료해설]

첫 번째 제시된 사료에서 '안핵사 이용태의 보고에 따르면'을 통해 고부 농민 봉기(1894.1.)임을 알 수 있고, (가) 이후 두 번째 제시된 사료에서 '전봉준 (전라) 우도에 호령, 김개남 남원성에 앉아 좌도를 통솔'을 통해 '전주 화약 이후 집강소를 설치한 때(1894.6.)'임을 알 수 있다.

[정답의 이유]

④ 안핵사 이용태가 고부 농민 봉기의 참가자와 주도자를 탄압하자 전봉준, 김개남 등은 보국안민, 제폭구민의 기치를 내걸고 농민군을 재조직하였고, 백산에서 4대 강령을 발표하여 봉기하였다(1894.3.).

[오답의 이유]

① 톈진 조약을 근거로 조선에 온 일본군이 경복궁을 점령하는 등 일본의 내정 간섭이 심해지자 외세를 몰아내기 위해 전봉준이 이끄는 남접과 손병희가 이끄는 북접이 논산에서 다시 집결하였다(2차 봉기, 1894.9.).

② 일본의 내정 간섭으로 인해 반외세를 내걸고 재봉기한 동학군은 우금치 전투에서 일본군과 격돌했으나 패하였다(1894.11.).

③ 1893년 2월 교조 신원 운동(복합 상소)에 대한 설명이다. 동학교도들은 삼례 집회에서 혹세무민의 죄로 처형당한 최제우의 교조 신원 운동을 전개하였다.

✔ 더알아보기

제1차 동학 농민 운동(1894.3.)

배경	안핵사 이용태의 봉기 주도자 체포
전개	전봉준·손화중 등을 중심으로 봉기 → 백산에서 격문 발표(제폭구민, 보국안민 주장) → 황토현·황룡촌 전투 → 전주성 점령 → 정부가 청에 원군 요청, 청일 양국 파병(톈진 조약 구실)
결과	정부와 농민군이 전주 화약 체결 → 폐정 개혁 12개조 제시, 자진 해산 → 집강소 설치(폐정 개혁안 실천)

10 난도 ★★★　　　　　　　　　　　정답 ②

일제 강점기 > 정치사

[자료해설]

제시문의 (가)는 임시 토지 조사국으로 일제는 1910년 임시 토지 조사국을 설치하여 1918년까지 전국 토지 조사를 실시하였다.

[정답의 이유]

② 이광수의 소설 「무정」은 우리나라 최초의 현대 장편 소설로, 1917년부터 매일신보에 연재되었다.

[오답의 이유]

① 1920년 설립된 조선 청년 연합회는 서울에서 조직된 청년 운동 단체의 연합기관이다.

③ 연초 전매제는 1921년에 시행되었다. 일본의 연초 전매제 통제로 조선의 연초 경작 농민과 제조업자, 판매업자 등이 몰락하였다.

④ 의열단은 1919년 김원봉 등이 중심이 되어 만주 길림에서 조직되었다. 의열단은 신채호가 작성한 조선 혁명 선언을 기본 행동 강령으로 하여 직접적인 투쟁 방법인 암살, 파괴, 테러 등을 통해 독립운동을 전개하였다.

11 난도 ★★☆　　　　　　　　　　　정답 ④

근세 > 문화사

[자료해설]

제시문에서 '1402년 제작'과 「혼일강리도」를 통해 밑줄 친 '이 지도'는 조선 태종 때 김사형, 이무, 이회 등이 제작한 「혼일강리역대국도지도」인 것을 알 수 있다. 「혼일강리역대국도지도」는 현존하는 동양 최고(最古)의 지도로 현재 필사본이 일본에 남아 있다.

[정답의 이유]

④ 조선 영조 때 정상기는 최초로 100리 척을 사용한 「동국지도」를 제작하였다.

[오답의 이유]

① 「혼일강리역대국도지도」는 아메리카 대륙을 제외하고 유럽, 아프리카, 중국, 일본, 우리나라의 지도까지 그려져 있는 것을 확인할 수 있다.

② 「혼일강리역대국도지도」는 중국을 사실보다 크게 그려 중화사상을 드러내고 있다.

③ 「혼일강리역대국도지도」는 중국에서 입수하여 참고한 「성교광피도」와 「혼일강리도」를 기초로 그려졌는데, 이 중 「성교광피도」는 원나라가 이슬람 지도학의 영향을 받아 제작한 것이다.

12 난도 ★☆☆　　　　　　　　　　　정답 ③

고대 > 정치사

[자료해설]

제시된 자료에서 왕 원년에 김흠돌이 반역을 도모하다 사형을 당하였고, 왕 9년에 '왕이 수도를 달구벌(대구)로 옮기려고 하였다'는 것을 통하여 '신문왕'과 관련된 사건임을 알 수 있다.

[정답의 이유]

③ 신문왕은 유학 교육 기관인 국학을 설립하였고, 유교 정치 이념을 확립하여 왕권을 강화하려 하였다.

[오답의 이유]

① 소지 마립간에 대한 설명이다. 소지 마립간은 국가의 공문을 전달하고 말을 공급하는 우역을 설치하였다.

② 효소왕에 대한 설명이다. 효소왕은 지증왕 때 설치한 동시전으로는 유통 수요를 감당하기 어려워 효소왕 때 경주에 서시와 남시를 설치하였다.

④ 신라 하대에는 왕권이 약화되고 귀족 세력이 강화되면서 경덕왕 때 녹읍을 부활시켰다.

✅ **더알아보기**

신문왕의 전제 왕권 강화 정책

정치	• 중앙: 예작부 등 14부 운영 • 지방: 9주 5소경
사회	김흠돌의 난 집압
군사	9서당 10정
토지	관료전 지급, 녹읍의 폐지
교육	국학 설립으로 유교 교육 강화

13 난도 ★☆☆　　　　　　　　　　　　　정답 ②

고대 > 정치사

자료해설

제시문은 발해를 '당 왕조에 예속된 지방 민족 정권 차원'이라고 보는 중국과 '중앙 아시아나 남부 시베리아의 영향을 강조하여 본인의 역사에 편입해야 한다'는 러시아의 입장이다. 이런 중국과 러시아 입장에 맞서려면 발해가 고구려를 계승했다는 근거를 제시하여야 한다.

정답의 이유

② 고구려 문화를 대표하는 굴식 돌방 무덤과 모줄임 천장, 이불병좌상, 온돌 장치 등을 통해 발해가 고구려의 문화를 이어받았다고 볼 수 있다. 또한 고구려 건국 주도 세력이 고구려계 유민이었으며 일본에 보낸 국서에도 고구려의 계승 의식을 표명하고 있는 것도 고구려가 우리의 역사임을 증명할 수 있는 자료들이다.

오답의 이유

① 신라도는 발해 문왕 때 발해에서 신라로 가는 교통로로 상경에서 출발하여 동경과 동해안을 거쳐 경주로 통하였다.
③ 발해 문왕이 인재 양성을 위해 설치한 국립 대학인 주자감(당의 영향)은 발해 최고 교육 기관으로 주로 귀족 자제들에게 유교 경전을 교육하였다.
④ 발해의 중앙 행정 조직인 3성 6부는 당나라 제도의 영향을 받았으나, 명칭과 운영에 있어서는 발해만의 독자성을 보였다.

14 난도 ★★★　　　　　　　　　　　　　정답 ④

고대 > 정치사

자료해설

제시된 자료는 『삼국사기』에 들어 있는 신라 문무왕의 유언이다. 신라 문무왕은 매소성 전투(675)와 기벌포 전투(676)에서 승리하여 당의 세력을 한반도에서 몰아내고 삼국을 통일하였다.

정답의 이유

④ 흑치상지는 백제 멸망 이후 복신, 도침 등과 함께 왕자 부여풍을 왕으로 추대하고 임존성, 주류성을 거점으로 백제 부흥 운동을 전개하였으나, 백강 전투(663)에서 나·당 연합군에게 크게 패배하였다. 백제 부흥군의 잔여 세력이었던 지수신은 나·당 연합군에 투항하지 않고 항전하다 고구려로 망명하였다.

오답의 이유

① 문무왕은 태자 시절 전쟁에 참전하여 660년 사비성을 함락시켜 백제를 멸망시켰다.
② 문무왕은 668년 고구려를 멸망시키고, 나·당 전쟁에서 승리하여 당을 축출하고 676년 삼국 통일을 완성하였다.
③ 문무왕은 백제 멸망 후 복신과 도침이 주도한 백제 부흥군을 공격하였다.

15 난도 ★★☆　　　　　　　　　　　　　정답 ③

근대 > 경제사

자료해설

제시문에서 '진황지(버려두어서 거칠어진 땅) 개간'이라는 말을 통해 1904년에 설립한 농광 회사임을 알 수 있다.

정답의 이유

③ 농광 회사는 일제의 황무지 개척권 요구를 저지하기 위해 정부의 허락을 받고 개간 사업을 목적으로 설립된 근대적 농업 회사이다. 이 회사 규칙에는 50원의 주 20만주로 총 1천만 원을 자본금으로 삼는다는 내용이 있다. 농광 회사는 전국에 지사 설립, 이익금 배분, 시험장 설립, 농학·광학(鑛學) 장려 계획 등을 세웠으나, 일본이 황무지 개간권 철회 조건으로 정부에 허가 취소를 요구하여 본격적 활동을 하지 못한 채 해체되었다.

오답의 이유

① 종로 직조사는 서울 종로에 세워진 면포 생산 회사로 청·일 전쟁 이후 일본산 면포가 대량 유입되자 백목전 상인들이 직접 면포를 생산할 계획으로 직조 기계를 도입하여 설립된 것이다(1900).
② 일제는 동양 척식 주식회사를 설립하여(1908), 역둔토(국유지의 총칭), 국유 미간지, 미신고 농토, 마을·문중의 토지 상당 부분을 약탈하여 일본인에게 헐값에 불하하였다.
④ 시전 상인들은 개항 이후 조·청 상민 수륙 무역 장정의 체결로 외국 상인들이 침투해 오자 이에 맞서 1887년과 1890년 철시 투쟁을 벌였으며, 이후 황국 중앙 총상회를 조직하여 상권 수호 운동을 전개하였다(1898).

농광 회사(1904)

설립 목적	일제가 조선의 토지를 개간한다는 구실로 조선 땅을 침탈하려 하자 이에 맞서 개간 사업을 목적으로 설립
주장	황무지를 우리 손으로 개간
결과	일본 황무지 개간권 요구 철회와 회사의 해체 요구로 본격적 활동은 못함

16 난도 ★★★ 정답 ③

근세 > 문화사

자료해설

제시문을 시기순으로 나열하면 ㉣ 조광조의 향약 보급 운동 – ㉡ 서경덕의 태허설 – ㉢ 이황과 기대승의 사단 칠정 논쟁 – ㉠ 이이의 경장론이다.

정답의 이유

㉣ 중종 때인 16세기 초 조광조는 성리학적 질서의 보급과 확립을 위하여 일상에서의 실천 윤리가 담긴 『소학』 교육을 중시하였으며, 향촌 자치를 실현하고자 『여씨향약』을 번역하여 보급하고자 하였다.

㉡ 서경덕(1489~1546)의 주기철학에 관한 내용이다. 태허설은 서경덕이 중종 말기인 1544년에 쓴 논문으로 우주공간은 비어있으면서도 비어있지 않고 영원불멸한 무한의 존재라고 하였다.

㉢ 사단 칠정 논쟁은 이황과 기대승 사이에서 편지를 통해 명종 때인 1559년부터 시작하여 총 8년에 걸쳐 벌어졌다. 이 논쟁은 사단과 칠정, 이와 기에 대한 논쟁으로 양자가 서로 강조하는 바가 달랐다.

㉠ 16세기 중반 이후 혼란한 상황에서 이이가 주장한 경장론과 기에 대한 내용이다. 이이는 선조 초반부터 자신의 경장론을 담은 『동호문답』이나 『만언봉사』 등의 시무 관련 상소를 올렸다.

17 난도 ★★★ 정답 ④

일제 강점기 > 사회사

정답의 이유

④ 영단 주택은 서민들의 주택문제를 해결하기 위해 지은 주택으로, 1940년대 초 전쟁 상황에서 노동자들의 주택으로 활용되었다.

오답의 이유

① 일제가 실시한 토지 조사 사업의 영향으로 많은 농민들이 몰락했고, 그들 대부분은 도심 외곽 지대에 땅을 파거나 거적을 두른 움막 형태의 토막촌을 형성하여 어렵게 살아갔다.

② 1920년대 이후 도심에는 서양식 스타일의 모던 걸과 모던 보이가 등장하고 대중문화가 형성되기 시작했으며 소비문화 또한 확산되는 추세였다.

③ 1940년대에 전시 상황이 확대되면서 노동력이 부족해지자 여성들도 전쟁에 동원되었다. 이때 근로보국대 등이 조직되어 강제 노동을 수행하였고, 작업복으로 몸뻬를 입었다.

18 난도 ★★★ 정답 ③

현대 > 경제사

자료해설

(가)는 김종필-오히라 각서(1962)이고, (나)는 브라운 각서(1966)이다.

정답의 이유

③ 울산 정유 공장은 1964년에 가동되었다. 박정희 정부는 제1차 경제 개발 5개년 계획 기간 중인 1964년에 국내 최초로 울산에 정유 공장을 설립하여 석유 화학 공업의 원료원을 확보할 수 있게 되었다.

오답의 이유

① 박정희 정부 시기인 1968년에 착공된 경부 고속 국도는 단군 이래 최대의 토목 공사로 불리면서 1970년에 개통되었다.

② 경남 마산시와 전북 이리시(지금의 익산)는 1970년 수출 자유 지역으로 지정 · 개발되었고, 1973년에 완공되었다.

④ 충주 비료 공장은 유엔의 지원으로 1959년 비료 자급 능력 향상과 고용 증대 및 외화 절약을 목적으로 설립되어 1961년 완공되었다. 이후 비료 수요량의 감소, 국제비료가격 하락 등으로 1983년 폐쇄되었다.

 더알아보기

김종필-오히라 각서와 브라운 각서

김종필-오히라 각서	박정희 정부 시기 경제 개발 계획에 필요한 자본을 확보하기 위한 일본과의 회담 중 김종필 중앙 정보부장과 일본 오히라 외상 간에 이루어진 협상 내용을 적은 것이다. 주요 내용은 무상 3억 달러, 유상 2억 달러 이외에 수출입 은행 차관 1억 달러를 포함하여 총 6억 달러를 공여한다는 것이었다.
브라운 각서	박정희 정부는 미국의 요청으로 베트남에 국군을 파병하였는데, 베트남 파병 증파에 대한 보상으로 한국군의 현대화, 장비 제공 및 차관 제공을 약속한 브라운 각서를 체결하였다.

19 난도 ★★☆ 정답 ②

중세 > 문화사

자료해설

제시문의 '진화'는 고려 후기의 문장가로 고려 최고 문인 이규보와 함께 민족의 자부심을 강조하였다. 제시문은 '진화'가 금나라 사신으로 가면서 송 · 금에 비해 고려의 밝은 미래에 대한 자부심을 쓴 것으로, 이규보의 『동명왕편』에서와 같은 패기를 느낄 수 있다.

② 이규보의 「동명왕편」은 동명왕의 업적을 칭송한 영웅 서사시로 고구려 계승 의식을 반영하는 등 민족의 자부심을 고취시키고자 하였다.

오답의 이유

① 「삼국사기」는 1145년 인종 때 김부식이 쓴 유교 사관의 역사책으로 우리나라에 현존하는 가장 오래된 역사서이다.

③ 「제왕운기」는 충렬왕 때 이승휴가 쓴 것으로 우리의 역사를 중국과 대등한 관점으로 파악하려 했다는 점에서 의의가 있다.

④ 「삼국유사」는 충렬왕 때 일연이 쓴 것으로 우리 민족을 세운 것이 단군이라고 하면서 자주적 의식을 드러냈다는 점에서 가치가 있다.

20 난도 ★★☆   정답 ③

시대 통합 > 문화사

자료해설

제시문의 해외 견문 기록을 시기순으로 나열하면 ② 「해동제국기」 (1471) − ① 「표해록」(1488) − ① 「열하일기」(1780) − © 「서유견문」 (1895)이다.

정답의 이유

② 「해동제국기」는 성종 때인 1471년 신숙주가 일본에서 견문한 내용을 기록한 것이다.

① 「표해록」은 성종 때인 1488년 최부가 제주에서 표류하여 중국에 체류하던 내용을 기록한 것이다.

① 「열하일기」는 정조 때인 1780년 박지원이 청나라를 다녀와서 쓴 것으로 상공업의 진흥과 수레와 선박의 이용 및 화폐 유통의 필요성을 담고 있다.

© 「서유견문」은 고종 때인 유길준이 서양 각국을 순방한 내용을 기록한 것으로 1889년에 완성하였으나 1895년에 출판되었다.

PART 4
교정학개론

- 2022년 국가직 9급

- 2021년 국가직 9급

- 2020년 국가직 9급

- 2019년 국가직 9급

- 2018년 국가직 9급

교정학개론 | 2022년 국가직 9급

한눈에 훑어보기

 영역 분석

형사정책 01 03 11 12 13 18
6문항, 30%

교정학 02 04 05 06 07 08 09 10 14 15 16 17
14문항, 70% 19 20

빠른 정답

01	02	03	04	05	06	07	08	09	10
④	②	②	③	①	①	②	①	③	②
11	12	13	14	15	16	17	18	19	20
②	④	②	①	④	③	④	③	④	①

점수 체크

구분	1회독	2회독	3회독
맞힌 문항 수	/ 20	/ 20	/ 20
나의 점수	점	점	점

---

01 난도 ★☆☆ 정답 ④

형사정책 > 범죄원인론

[정답의 이유]

④ 아노미이론은 부의 성취를 달성하기 위한 합법적인 수단이 제한된 하류계층 재산 범죄행위의 원인을 설명하는 데 유용하지만, 합법적인 기회가 충분히 부여되는 상류계층의 범죄를 설명하는 데에는 한계가 있다.

02 난도 ★☆☆ 정답 ②

교정학 > 교정학의 이해

[정답의 이유]

② 제시문은 의료모형, 치료모형, 갱생모형에 대한 설명이다. 범죄자는 스스로를 통제할 수 없는 이유로 범죄를 저지른다고 보고, 환자로 여기고 치료의 대상으로 파악하여 처벌하기보다는 치료를 위한 프로그램 개발과 적용을 추구한다.

[오답의 이유]

① 적응모형(adjustment model): 개선모형이라고도 하며, 범죄자 스스로 책임 있는 선택과 합법적 결정을 할 수 있는 존재로 본다. 현실요법, 환경요법, 직업훈련 등의 방법이 처우에 널리 이용되고 있다.

③ 재통합모형(reintegration model): 범죄자의 사회재통합을 위해서 지역사회와의 의미 있는 접촉과 유대관계를 중시하므로 지역사회 교정을 강조한다.

④ 무력화모형(incapacitation model): 교정은 사회보호의 목적으로 존재하며, 범죄자를 가둬놓는 동안에는 범죄가 불가능하므로 범죄자를 무력화하기 위해서 존재한다고 보는 이념이다. 무력화에는 집단적 무력화와 선택적 무력화가 있다.

03 난도 ★☆☆ 정답 ②

형사정책 > 소년범죄론

[정답의 이유]

② 비시설수용이란 구금시설에 수용하지 않는 것으로, 성인교도소를 비롯한 소년 전담시설도 시설수용에 해당하기 때문에 해당 설명은 옳지 않다. 비시설수용은 구금으로 인한 폐해를 막기 위해 소년범에 대해서 가급적 시설수용이 아닌 사회내 처우를 확대·활용하는 것을 의미한다.

04 난도 ★★☆ 정답 ③

교정학 > 시설내 처우

정답의 이유

③ 징벌의 집행유예는 행위의 동기 및 정황, 교정성적, 뉘우치는 정도 등 그 사정을 고려할 만한 사유가 있는 수용자에 대하여, 징벌위원회가 징벌을 의결하는 때에 2개월 이상 6개월 이하의 기간 내에서 징벌의 집행을 유예할 것을 의결할 수 있다(형의 집행 및 수용자의 처우에 관한 법률 제114조 제1항).

오답의 이유

① 형의 집행 및 수용자의 처우에 관한 법률 제109조 제3항
② 형의 집행 및 수용자의 처우에 관한 법률 제109조 제4항
④ 형의 집행 및 수용자의 처우에 관한 법률 제113조 제1항 · 제2항

제109조(징벌의 부과)

① 제108조 제4호부터 제13호까지의 처분은 함께 부과할 수 있다.
② 수용자가 다음 각 호의 어느 하나에 해당하면 제108조 제2호부터 제14호까지의 규정에서 정한 징벌의 장기의 2분의 1까지 가중할 수 있다.
　　1. 2 이상의 징벌사유가 경합하는 때
　　2. 징벌이 집행 중에 있거나 징벌의 집행이 끝난 후 또는 집행이 면제된 후 6개월 내에 다시 징벌사유에 해당하는 행위를 한 때
③ 징벌은 동일한 행위에 관하여 거듭하여 부과할 수 없으며, 행위의 동기 및 경중, 행위 후의 정황, 그 밖의 사정을 고려하여 수용목적을 달성하는 데에 필요한 최소한도에 그쳐야 한다.
④ 징벌사유가 발생한 날부터 2년이 지나면 이를 이유로 징벌을 부과하지 못한다.

제113조(징벌집행의 정지·면제)

① 소장은 질병이나 그 밖의 사유로 징벌집행이 곤란하면 그 사유가 해소될 때까지 그 집행을 일시 정지할 수 있다.
② 소장은 징벌집행 중인 사람이 뉘우치는 빛이 뚜렷한 경우에는 그 징벌을 감경하거나 남은 기간의 징벌집행을 면제할 수 있다.

05 난도 ★☆☆ 정답 ①

교정학 > 수용자의 법적 지위와 처우

정답의 이유

① 고사제는 기간제로, 일정한 기간이 지난 후 교도관의 심사를 통해 진급을 결정하는 방식이다.

오답의 이유

② · ③ · ④ 잉글랜드제, 아일랜드제, 엘마이라제는 점수제로, 책임점수를 소득점수로 소각하여 진급을 결정하는 방식이다.

06 난도 ★☆☆ 정답 ①

교정학 > 교정학의 이해

정답의 이유

① 다이버전은 보호관찰, 사회봉사명령, 수강명령 등의 사회내 처우를 대표적인 예로 들 수 있는데, 형벌 이외의 사회통제망 확대를 가져온다는 부작용이 있다.

07 난도 ★★☆ 정답 ②

교정학 > 시설내 처우

정답의 이유

② 블럼스타인의 과밀수용 해소방안 중에서 구금인구 감소전략은 형벌의 제지효과가 형벌의 엄중성보다 확실성에 더 크게 좌우된다는 논리에 근거하고 있으므로 교정시설 입소를 억제하거나 출소를 촉진하는 전략이다. 즉, 구금형이 아닌 벌금이나 사회내 처우로 대응하는 것이 범죄예방에 더 효과적이라는 것이다.

08 난도 ★★☆ 정답 ①

교정학 > 시설내 처우

정답의 이유

① 노무작업은 일정 시기에 수용자의 노무만 제공하면 되는 파종이나 추수 등의 작업이 주를 이루어, 경기변동에 큰 영향을 받지 않고 제품판로에 대한 부담도 없다.

오답의 이유

② 노무작업은 설비투자 없이 시행이 가능하지만 단기 작업이 많고 소수의 수용자가 작업을 진행하여 행형상 통일성을 기하기 어렵다.
③ 도급작업은 대규모 공사 시 불취업자 해소에 유리하지만 작업수준에 맞는 기술자 확보에 어려움이 있다.
④ 도급작업은 구외작업으로 인한 계호부담이 크고 가격 경쟁으로 인한 민간기업의 압박 가능성이 높다.

더알아보기

노무작업과 도급작업의 비교

구분	장점	단점
노무작업	• 경기변동에 영향을 받지 않으므로 손실에 대한 부담이 없음 • 노무만 제공하면 되므로 물적 자본이 없이도 가능 • 제품의 판로에 대한 부담이 없음	• 작업의 통일 곤란 • 단순노동인 경우 기술 습득 및 직업훈련에 부적합 • 작업운영에 외부민간단체의 관여가 가장 심하여 교도작업 본래의 취지가 퇴색될 수 있으며, 외부 부정의 개입 가능성 존재

도급 작업	• 작업규모가 대형인 경우가 많으므로 높은 수익이 보장 • 대규모 작업으로 불취업자 해소에 유리 • 수형자의 전문기술 습득에 용이 • 수형자와 교도관 간의 인간적인 신뢰로 인한 반사회성 교정 및 갱생의욕 고취	• 대부분 구외작업인 경우가 많아 계호상 부담 • 사업이 대규모인 관계로 실패할 경우 손실이 막대

09 난도 ★☆☆　　　　　정답 ③

교정학 > 수용자의 법적 지위와 처우

정답의 이유

③ 부정기형의 정기재심사 시기는 단기형을 기준으로 한다.

형의 집행 및 수용자의 처우에 관한 법률 시행규칙 제66조(정기재심사)
② 부정기형의 재심사 시기는 단기형을 기준으로 한다.

오답의 이유

① 형의 집행 및 수용자의 처우에 관한 법률 시행규칙 제62조 제1항 제2호
② 형의 집행 및 수용자의 처우에 관한 법률 시행규칙 제66조 제3항
④ 형의 집행 및 수용자의 처우에 관한 법률 시행규칙 제62조 제3항

10 난도 ★☆☆　　　　　정답 ②

교정학 > 수용자의 법적 지위와 처우

정답의 이유

② 소장은 사형확정자의 교육·교화프로그램, 작업 등의 적절한 처우를 위하여 사형확정자와 수형자를 혼거수용할 수 있고, 사형확정자의 자살·도주 등을 방지하기 위하여 필요한 경우에는 미결수용자와 혼거수용할 수 있다(형의 집행 및 수용자의 처우에 관한 법률 제8조, 형의 집행 및 수용자의 처우에 관한 법률 시행규칙 제150조).

오답의 이유

① 형의 집행 및 수용자의 처우에 관한 법률 제81조
③ 형의 집행 및 수용자의 처우에 관한 법률 제84조 제2항
④ 형의 집행 및 수용자의 처우에 관한 법률 시행령 제58조 제3항·제59조 제3항 제3조

11 난도 ★★☆　　　　　정답 ②

형사정책 > 범죄원인론

정답의 이유

② 나이는 사회통제이론을, 라이스는 개인통제력 중심의 통제이론을 주장하였다.

오답의 이유

ㄱ. 서덜랜드는 미국 범죄학의 아버지로, 제자인 크레시와 『범죄학의 원리』를 저술하였고, 차별적 접촉이론을 통해 화이트칼라 범죄의 개념을 제시하였다.

ㄷ. 애그뉴는 스트레스와 긴장을 느끼는 개인이 범죄를 저지르기 쉬운 이유를 설명(긴장의 개인적 영향을 밝히는 데 도움을 줌)한 일반긴장이론을 주장하였다.

ㅁ. 베커는 일탈은 사람이 저지르는 행위의 특성이 아니라 오히려 다른 사람이 범인에게 법과 제재를 적용한 결과 일탈행동으로 규정하거나 낙인찍는 것이 사회적 지위와 같은 효과를 준다는 낙인이론을 주장하였다.

12 난도 ★★☆　　　　　정답 ④

형사정책 > 소년범죄론

정답의 이유

④ 검사가 소년부에 송치한 사건을 소년부가 다시 해당 검찰청 검사에게 송치할 수 있는 경우는, 조사 또는 심리한 결과 그 동기와 죄질이 금고 이상의 형사처분을 할 필요가 있다고 인정할 때이다. 이때 검사는 소년부에 사건을 다시 송치할 수 없다(소년법 제49조 제2항·제3항).

오답의 이유

① 소년법 제55조 제1항
② 소년법 제65조 제3호
③ 소년법 제60조 제1항

13 난도 ★★☆　　　　　정답 ②

형사정책 > 범죄원인론

정답의 이유

② 허쉬는 사회통제이론을 통해 개인이 범죄를 범하지 않고 정상적인 생활을 하는 것은 개인이 가지고 있는 사회와의 유대관계 때문이라고 설명하였다. 법집행기관의 통제가 범죄를 야기하는 과정을 설명하는 것은 낙인이론이다.

14 난도 ★☆☆　　　　　정답 ①

교정학 > 수용자의 법적 지위와 처우

정답의 이유

① 소장은 금고형 또는 구류형의 집행 중에 있는 사람에 대하여 신청이 있을 때 작업을 부과할 수 있다(형의 집행 및 수용자의 처우에 관한 법률 제67조).

오답의 이유

② 형의 집행 및 수용자의 처우에 관한 법률 시행규칙 제126조 제1호
③ 형의 집행 및 수용자의 처우에 관한 법률 시행규칙 제128조 제1항 제2호
④ 형의 집행 및 수용자의 처우에 관한 법률 시행규칙 제127조 제1항

교정학 > 시설내 처우

정답의 이유

④ 도주하는 수용자에게 교도관이 정지할 것을 명령하였음에도 계속하여 도주하는 때 무기를 사용할 수 있다(형의 집행 및 수용자의 처우에 관한 법률 제101조 제1항 제4호).

제101조(무기의 사용)

① 교도관은 다음 각 호의 어느 하나에 해당하는 사유가 있으면 수용자에 대하여 무기를 사용할 수 있다. 〈개정 2016.5.29., 2020.2.4.〉

1. 수용자가 다른 사람에게 중대한 위해를 끼치거나 끼치려고 하여 그 사태가 위급한 때
2. 수용자가 폭행 또는 협박에 사용할 위험물을 지니고 있어 교도관이 버릴 것을 명령하였음에도 이에 따르지 아니하는 때
3. 수용자가 폭동을 일으키거나 일으키려고 하여 신속하게 제지하지 아니하면 그 확산을 방지하기 어렵다고 인정되는 때
4. 도주하는 수용자에게 교도관이 정지할 것을 명령하였음에도 계속하여 도주하는 때
5. 수용자가 교도관의 무기를 탈취하거나 탈취하려고 하는 때
6. 그 밖에 사람의 생명·신체 및 설비에 대한 중대하고도 뚜렷한 위험을 방지하기 위하여 무기의 사용을 피할 수 없는 때

오답의 이유

① 수용자가 위력으로 교도관의 정당한 직무집행을 방해하는 때 보호장비와 보안장비를 사용할 수 있다(형의 집행 및 수용자의 처우에 관한 법률 제100조 제1항 제5호).

② 수용자가 자살하려고 하는 때 보안장비를 사용할 수 있다(형의 집행 및 수용자의 처우에 관한 법률 제100조 제1항 제2호).

③ 수용자가 교정시설의 설비·기구 등을 손괴하거나 손괴하려고 하는 때 보안장비를 사용할 수 있다(형의 집행 및 수용자의 처우에 관한 법률 제100조 제1항 제6호).

제100조(강제력의 행사)

① 교도관은 수용자가 다음 각 호의 어느 하나에 해당하면 강제력을 행사할 수 있다. 〈개정 2016.5.29.〉

1. 도주하거나 도주하려고 하는 때
2. 자살하려고 하는 때
3. 자해하거나 자해하려고 하는 때
4. 다른 사람에게 위해를 끼치거나 끼치려고 하는 때
5. 위력으로 교도관의 정당한 직무집행을 방해하는 때
6. 교정시설의 설비·기구 등을 손괴하거나 손괴하려고 하는 때
7. 그 밖에 시설의 안전 또는 질서를 크게 해치는 행위를 하거나 하려고 하는 때

③ 제1항 및 제2항에 따라 강제력을 행사하는 경우에는 보안장비를 사용할 수 있다.

교정학 > 시설내 처우

정답의 이유

③ 소장은 관심대상수용자로 지정할 필요가 있다고 인정되는 미결수용자에 대하여는 교도관회의의 심의를 거쳐 관심대상수용자로 지정할 수 있는데, 이는 미결수용자는 분류심사위원회의 의결대상이 되지 않기 때문이다(형의 집행 및 수용자의 처우에 관한 법률 시행규칙 제211조 제1항).

제211조(지정 및 해제)

① 소장은 제210조 각 호의 어느 하나에 해당하는 수용자에 대하여는 분류처우위원회의 의결을 거쳐 관심대상수용자로 지정한다. 다만, 미결수용자 등 분류처우위원회의 의결 대상자가 아닌 경우에도 관심대상수용자로 지정할 필요가 있다고 인정되는 수용자에 대하여는 교도관회의의 심의를 거쳐 관심대상수용자로 지정할 수 있다.

오답의 이유

① 소장은 교정시설에 마약류를 반입하는 것을 방지하기 위하여 필요하면 강제에 의하지 아니하는 범위에서 수용자의 소변을 채취하여 마약반응검사를 할 수 있다(형의 집행 및 수용자의 처우에 관한 법률 시행규칙 제206조 제2항).

② 소장은 엄중관리대상자 중 지속적인 상담이 필요하다고 인정되는 사람에 대하여는 상담책임자를 지정하는데, 상담대상자는 상담책임자 1명당 10명 이내로 하여야 한다(형의 집행 및 수용자의 처우에 관한 법률 시행규칙 제196조 제1항·제2항).

④ 소장은 조직폭력수용자에게 거실 및 작업장 등의 봉사원, 반장, 조장, 분임장, 그 밖에 수용자를 대표하는 직책을 부여해서는 아니 된다(형의 집행 및 수용자의 처우에 관한 법률 시행규칙 제200조).

교정학 > 수용자의 법적 지위와 처우

정답의 이유

④ 소장은 교정시설 안에 설치된 외부기업체 작업장에 통근하며 작업하는 대상자를 선정할 때, 개방처우급·완화경비처우급을 비롯해 일반경비처우급에 해당하는 수형자도 포함할 수 있다.

형의 집행 및 수용자의 처우에 관한 법률 시행규칙 제120조(선정기준)

① 외부기업체에 통근하며 작업하는 수형자는 다음 각 호의 요건을 갖춘 수형자 중에서 선정한다. 〈개정 2010.5.31., 2013.4.16., 2014.11.17., 2020.8.5.〉

1. 18세 이상 65세 미만일 것
2. 해당 작업 수행에 건강상 장애가 없을 것
3. 개방처우급·완화경비처우급에 해당할 것
4. 가족·친지 또는 법 제130조의 교정위원(이하 "교정위원"이라 한다) 등과 접견·편지수수·전화통화 등으로 연락하고 있을 것
5. 집행할 형기가 7년 미만이고 가석방이 제한되지 아니할 것

② 교정시설 안에 설치된 외부기업체의 작업장에 통근하며 작업하는 수형자는 제1항 제1호부터 제4호까지의 요건(같은 항 제3호의 요건의 경우에는 일반경비처우급에 해당하는 수형자도 포함한다)을 갖춘 수형자로서 집행할 형기가 10년 미만이거나 형기기산일부터 10년 이상이 지난 수형자 중에서 선정한다. 〈신설 2013.4.16., 2014.11.17.〉

[오답의 이유]

① 형의 집행 및 수용자의 처우에 관한 법률 시행규칙 제123조
② 형의 집행 및 수용자의 처우에 관한 법률 제68조
③ 형의 집행 및 수용자의 처우에 관한 법률 시행규칙 제121조

18 난도 ★★★   정답 ③

형사정책 > 소년범죄론

[정답의 이유]

③ 보호장비는 징벌의 수단으로 사용되어서는 아니 된다(보호소년 등의 처우에 관한 법률 제14조의2 제7항).

제14조의2(보호장비의 사용)
⑦ 보호장비는 징벌의 수단으로 사용되어서는 아니 된다. 〈신설 2013.7.30., 2016.3.29.〉

[오답의 이유]

① 보호소년 등은 남성과 여성, 보호소년과 위탁소년 및 유치소년의 기준에 따라 분리 수용한다. 16세 미만인 자와 16세 이상인 자는 분리 수용 기준이 아니다(보호소년 등의 처우에 관한 법률 제8조 제2항).

제8조(분류처우)
① 원장은 보호소년등의 정신적·신체적 상황 등 개별적 특성을 고려하여 생활실을 구분하는 등 적합한 처우를 하여야 한다. 〈개정 2016.3.29.〉
② 보호소년등은 다음 각 호의 기준에 따라 분리 수용한다. 〈개정 2016.3.29., 2018.9.18.〉
　1. 남성과 여성
　2. 보호소년, 위탁소년 및 유치소년

② 보호소년등이 규율 위반행위를 하여 20일 이내의 기간 동안 지정된 실 안에서 근신하는 징계를 받은 경우에는 20일 이내의 텔레비전 시청 제한, 20일 이내의 단체 체육활동 정지, 20일 이내의 공동행사 참가 정지가 함께 부과된다. 따라서 원내 봉사활동은 해당되지 않는다.

보호소년 등의 처우에 관한 법률 제15조(징계)
① 원장은 보호소년등이 제14조의4 각 호의 어느 하나에 해당하는 행위를 하면 제15조의2 제1항에 따른 보호소년등처우·징계위원회의 의결에 따라 다음 각 호의 어느 하나에 해당하는 징계를 할 수 있다. 〈개정 2016.3.29., 2020.10.20.〉

　1. 훈계
　2. 원내 봉사활동
　3. 서면 사과
　4. 20일 이내의 텔레비전 시청 제한
　5. 20일 이내의 단체 체육활동 정지
　6. 20일 이내의 공동행사 참가 정지
　7. 20일 이내의 기간 동안 지정된 실(室) 안에서 근신하게 하는 것
② 제1항 제3호부터 제6호까지의 처분은 함께 부과할 수 있다. 〈신설 2016.3.29.〉
③ 제1항 제7호의 처분은 14세 미만의 보호소년등에게는 부과하지 못한다. 〈신설 2016.3.29.〉
④ 원장은 제1항 제7호의 처분을 받은 보호소년등에게 개별적인 체육활동 시간을 보장하여야 한다. 이 경우 매주 1회 이상 실외운동을 할 수 있도록 하여야 한다. 〈신설 2020.10.20.〉
⑤ 제1항 제7호의 처분을 받은 보호소년등에게는 그 기간 중 같은 항 제4호부터 제6호까지의 처우 제한이 함께 부과된다. 다만, 원장은 보호소년등의 교화 또는 건전한 사회복귀를 위하여 특히 필요하다고 인정하면 텔레비전 시청, 단체 체육활동 또는 공동행사 참가를 허가할 수 있다. 〈신설 2016.3.29., 2020.10.20.〉

④ 소년원 및 소년분류심사원에서 보호소년등이 사용하는 목욕탕, 세면실 및 화장실에 전자영상장비를 설치하여 운영하는 것은 자해등의 생명·신체를 해치거나 시설의 안전 또는 질서를 해칠 우려가 큰 때에만 할 수 있다(보호소년 등의 처우에 관한 법률 제14조의3 제2항).

19 난도 ★★☆   정답 ④

교정학 > 시설내 처우

[정답의 이유]

④ 수형자를 징벌하기로 의결한 때, 분류심사에 오류가 있음을 발견한 때, 수형자가 학사 학위를 취득한 때는 부정기재심사 사유에 해당하는 내용들이다.

형의 집행 및 수용자의 처우에 관한 법률 시행규칙 제67조(부정기재심사)
부정기재심사는 다음 각 호의 어느 하나에 해당하는 경우에 할 수 있다. 〈개정 2010.5.31., 2014.11.17.〉
　1. 분류심사에 오류가 있음이 발견된 때
　2. 수형자가 교정사고(교정시설에서 발생하는 화재, 수용자의 자살·도주·폭행·소란, 그 밖에 사람의 생명·신체를 해하거나 교정시설의 안전과 질서를 위태롭게 하는 사고를 말한다. 이하 같다)의 예방에 뚜렷한 공로가 있는 때
　3. 수형자를 징벌하기로 의결한 때
　4. 수형자가 집행유예의 실효 또는 추가사건(현재 수용의 근거가 된 사건 외의 형사사건을 말한다. 이하 같다)으로 금고이상의 형이 확정된 때
　5. 수형자가 숙련기술장려법 제20조 제2항에 따른 전국기능경기대회 입상, 기사 이상의 자격취득, 학사 이상의 학위를 취득한 때
　6. 삭제 〈2014.11.17.〉
　7. 그 밖에 수형자의 수용 또는 처우의 조정이 필요한 때

ㄱ. 지방기능경기대회가 아니라 전국기능경기대회에서 입상한 때이다.

ㄴ. 벌금형이 아니라 수형자가 현재 수용의 근거가 된 사건 외의 추가적 형사사건으로 인하여 금고 이상의 형이 확정된 때이다.

20 난도 ★★☆   정답 ①

교정학 > 수용자의 법적 지위와 처우

정답의 이유

① 개방처우급 또는 완화경비처우급의 수형자에 대하여 직업능력의 향상을 위하여 특히 필요하다고 인정되는 경우에는 교정시설 외부의 공공기관 또는 기업체 등에서 운영하는 직업훈련을 받게 할 수 있다(형의 집행 및 수용자의 처우에 관한 법률 시행규칙 제96조 제1항).

오답의 이유

② 소장은 수형자의 가족 또는 배우자의 직계존속이 사망하면 2일간, 부모 또는 배우자의 제삿날에는 1일간 해당 수형자의 작업을 면제한다(형의 집행 및 수용자의 처우에 관한 법률 제72조 제1항).

③ 형의 집행 및 수용자의 처우에 관한 법률 제73조

제73조(작업수입 등)

① 작업수입은 국고수입으로 한다.

② 소장은 수형자의 근로의욕을 고취하고 건전한 사회복귀를 지원하기 위하여 법무부장관이 정하는 바에 따라 작업의 종류, 작업성적, 교정성적, 그 밖의 사정을 고려하여 수형자에게 작업장려금을 지급할 수 있다.

③ 제2항의 작업장려금은 석방할 때에 본인에게 지급한다. 다만, 본인의 가족생활 부조, 교화 또는 건전한 사회복귀를 위하여 특히 필요하면 석방 전이라도 그 전부 또는 일부를 지급할 수 있다.

④ 소장은 직업훈련 직종 선정 및 훈련과정별 인원을 법무부장관의 승인을 받아 정한다(형의 집행 및 수용자의 처우에 관한 법률 시행규칙 제124조 제1항).

한눈에 훑어보기

 영역 분석

형사정책 01 02 03 07 11 12 13 16 17 19 20
11문항, 55%

교정학 04 05 06 08 09 10 14 15 18
9문항, 45%

빠른 정답

01	02	03	04	05	06	07	08	09	10
①	②	③	①	④	②	①	③	①	④
11	12	13	14	15	16	17	18	19	20
①	③	④	②	②	②	③	④	③	②

점수 체크

구분	1회독	2회독	3회독
맞힌 문항 수	/ 20	/ 20	/ 20
나의 점수	점	점	점

01 난도 ★☆☆   정답 ①

형사정책 > 소년범죄론

정답의 이유

① 사회봉사명령의 처분은 14세 이상의 소년에게만 할 수 있다(소년법 제32조 제3항).

오답의 이유

② 수강명령과 장기 소년원 송치는 '12세 이상'의 소년에게만 할 수 있다(소년법 제32조 제4항).

③ '1년 이내'의 기간을 정하여 야간 등 특정 시간대의 외출을 제한하는 명령을 보호관찰대상자의 준수 사항으로 부과할 수 있다(소년법 제32조의2 제2항).

④ 수강명령은 '100시간'을, 사회봉사명령은 '200시간'을 초과할 수 없다(소년법 제33조 제4항).

02 난도 ★☆☆   정답 ②

형사정책 > 형벌과 보안처분론

정답의 이유

② 치료명령을 받은 사람은 형의 집행이 종료되거나 면제·가석방 또는 치료감호의 집행이 종료·가종료 또는 치료위탁되는 날부터 10일 이내에 주거지를 관할하는 보호관찰소에 출석하여 서면으로 신고하여야 한다(성폭력범죄자의 성충동 약물치료에 관한 법률 제15조 제2항).

오답의 이유

① 성폭력범죄자의 성충동 약물치료에 관한 법률 제13조 제1항

제13조(집행지휘)
① 치료명령은 검사의 지휘를 받아 보호관찰관이 집행한다.
② 제1항에 따른 지휘는 판결문 등본을 첨부한 서면으로 한다.

③ 성폭력범죄자의 성충동 약물치료에 관한 법률 제14조 제4항 제1호

제14조(치료명령의 집행)
④ 다음 각 호의 어느 하나에 해당하는 때에는 치료명령의 집행이 정지된다.
　　1. 치료명령의 집행 중 구속영장의 집행을 받아 구금된 때
　　2. 치료명령의 집행 중 금고 이상의 형의 집행을 받게 된 때
　　3. 가석방 또는 가종료·가출소된 자에 대하여 치료기간 동안 가석방 또는 가종료·가출소가 취소되거나 실효된 때

④ 성폭력범죄자의 성충동 약물치료에 관한 법률 제16조 제1항

제16조(치료기간의 연장 등)
① 치료 경과 등에 비추어 치료명령을 받은 사람에 대한 약물치료를 계속하여야 할 상당한 이유가 있거나 다음 각 호의 어느 하나에 해당하는 사유가 있으면 법원은 보호관찰소의 장의 신청에 따른 검사의 청구로 치료기간을 결정으로 연장할 수 있다. 다만, 종전의 치료기간을 합산하여 15년을 초과할 수 없다. 〈개정 2017.12.19.〉

03 난도 ★★☆   정답 ③

형사정책 > 범죄원인론

[정답의 이유]

③ 달가드(Dalgard)와 크링그렌(Kringlen)은 일란성쌍생아의 높은 범죄일치율은 조사대상자들이 비슷한 양육과정에 있었기 때문이고 실제 양육과정을 달리했을 때에는 큰 차이가 없다고 주장하였으며 결국 범죄발생에서 유전적 요소의 중요성이란 존재하지 않는다고 주장하였다.

[오답의 이유]

① 덕데일(Dugdale)은 주크(Jukes)가(家) 연구를 통해 '범죄는 유전의 결과'라는 견해를 밝힌 가장 대표적인 학자이다.

② 랑게(Lange)는 저서 『운명으로서의 범죄(Crime as Destiny)』(1929)에서 일란성쌍생아의 범죄성 일치비율이 높은 이유가 유전의 영향이라는 주장을 발표하였다.

④ 허칭스(Hutchings)와 메드닉(Mednick)은 양부모의 범죄성은 생부모의 범죄성보다 영향력이 약하다고 보았다.

04 난도 ★★☆   정답 ①

교정학 > 시설내 처우

[정답의 이유]

① 피호송자가 도주한 때에는 서류와 금품은 발송관서에 반환하여야 한다(수형자 등 호송 규정 제10조 제1항·제2항).

[오답의 이유]

② 수형자 등 호송 규정 제2조

제2조(호송공무원)
교도소·구치소 및 그 지소(이하 "교정시설"이라 한다) 간의 호송은 교도관이 행하며, 그 밖의 호송은 경찰관 또는 검찰청법 제47조에 따라 사법경찰관리로서의 직무를 수행하는 검찰청 직원이 행한다.

③ 수형자 등 호송 규정 제6조 제4호

제6조(영치금품의 처리)
피호송자의 영치금품은 다음과 같이 처리한다.
1. 영치금은 발송관서에서 수송관서에 전자금융을 이용하여 송금한다. 다만, 소액의 금전 또는 당일 호송을 마칠 수 있는 때에는 호송관에게 탁송(託送)할 수 있다.

2. 피호송자가 법령에 의하여 호송 중에 물품 등을 자신의 비용으로 구매할 수 있는 때에 그 청구가 있으면 필요한 금액을 호송관에게 탁송하여야 한다.
3. 영치품은 호송관에게 탁송한다. 다만, 위험하거나 호송관이 휴대하기 적당하지 아니한 영치품은 발송관서에서 수송관서에 직송(直送)할 수 있다.
4. 송치중의 영치금품을 호송관에게 탁송한 때에는 호송관서에 보관책임이 있고, 그러하지 아니한 때에는 발송관서에 보관책임이 있다.

④ 수형자 등 호송 규정 제13조 제1항

제13조(예비·호송비용의 부담)
① 호송관의 여비나 피호송자의 호송비용은 호송관서가 부담한다. 다만, 피호송자를 교정시설이나 경찰관서에 숙식하게 한 때에는 그 비용은 교정시설이나 경찰관서가 부담한다.

05 난도 ★★☆   정답 ④

교정학 > 시설내 처우

[정답의 이유]

④ 형의 집행 및 수용자의 처우에 관한 법률 시행규칙 제265조 제2항

제265조(구성)
① 위원회에 부위원장을 두며, 위원 중에서 호선한다.
② 위원 중 4명 이상은 여성으로 한다.
③ 지방교정청장이 위원을 추천하는 경우에는 별지 제29호서식의 교정자문위원회 위원 추천서를 법무부장관에게 제출하여야 한다. 다만, 재위촉의 경우에는 지방교정청장의 의견서로 추천서를 갈음한다.

[오답의 이유]

① 수용자의 관리·교정교화 등 사무에 관한 지방교정청장의 자문에 응하기 위하여 지방교정청에 교정자문위원회를 둔다(형의 집행 및 수용자의 처우에 관한 법률 제129조 제1항).

② 교정자문위원회는 10명 이상 15명 이하의 위원으로 성별을 고려하여 구성하고, 위원장은 위원 중에서 호선하며, 위원은 교정에 관한 학식과 경험이 풍부한 외부인사 중에서 지방교정청장의 추천을 받아 법무부장관이 위촉한다(형의 집행 및 수용자의 처우에 관한 법률 제129조 제2항).

③ 위원장이 부득이한 사유로 직무를 수행할 수 없을 때에는 부위원장이 그 직무를 대행하고, 부위원장도 부득이한 사유로 직무를 수행할 수 없을 때에는 위원장이 미리 지명한 위원이 그 직무를 대행한다(형의 집행 및 수용자의 처우에 관한 법률 시행규칙 제267조 제2항).

06 난도 ★★☆　　　　　　　　　　　정답 ②

교정학 > 시설내 처우

정답의 이유

② 증거를 인멸할 우려가 있는 때뿐만 아니라 다른 사람에게 위해를 끼칠 우려가 있거나 다른 수용자의 위해로부터 보호할 필요가 있을 때 조사기간 중 분리하여 수용할 수 있다(형의 집행 및 수용자의 처우에 관한 법률 제110조 제1항).

오답의 이유

① 형의 집행 및 수용자의 처우에 관한 법률 제109조 제2항

제109조(징벌의 부과)
② 수용자가 다음 각 호의 어느 하나에 해당하면 제108조 제2호부터 제14호까지의 규정에서 정한 징벌의 장기의 2분의 1까지 가중할 수 있다.
　　1. 2 이상의 징벌사유가 경합하는 때
　　2. 징벌이 집행 중에 있거나 징벌의 집행이 끝난 후 또는 집행이 면제된 후 6개월 내에 다시 징벌사유에 해당하는 행위를 한 때

③ 형의 집행 및 수용자의 처우에 관한 법률 제114조 제1항

제114조(징벌집행의 유예)
① 징벌위원회는 징벌을 의결하는 때에 행위의 동기 및 정황, 교정성적, 뉘우치는 정도 등 그 사정을 고려할 만한 사유가 있는 수용자에 대하여 2개월 이상 6개월 이하의 기간 내에서 징벌의 집행을 유예할 것을 의결할 수 있다.

④ 형의 집행 및 수용자의 처우에 관한 법률 제111조 제2항

제111조(징벌위원회)
② 위원회는 위원장을 포함한 5명 이상 7명 이하의 위원으로 구성하고, 위원장은 소장의 바로 다음 순위자가 되며, 위원은 소장이 소속 기관의 과장(지소의 경우에는 7급 이상의 교도관) 및 교정에 관한 학식과 경험이 풍부한 외부인사 중에서 임명 또는 위촉한다. 이 경우 외부위원은 3명 이상으로 한다.

07 난도 ★★★　　　　　　　　　　　정답 ①

형사정책 > 형벌과 보안처분론

정답의 이유

① 형법 제7조는 '죄를 지어 외국에서 형의 전부 또는 일부가 집행된 사람에 대해서는 그 집행된 형의 전부 또는 일부를 선고하는 형에 산입한다.'라고 규정하고 있다. 이 규정의 취지는, 형사판결은 국가주권의 일부분인 형벌권 행사에 기초한 것이어서 피고인이 외국에서 형사처벌을 과하는 확정판결을 받았더라도 그 외국 판결은 우리나라 법원을 기속할 수 없고 우리나라에서는 기판력도 없어 일사부재리의 원칙이 적용되지 않으므로, 피고인이 동일한 행위에 관하여 우리나라 형벌법규에 따라 다시 처벌받는 경우에 생길 수 있는 실질적인 불이익을 완화하려는 것이다. 그런데 여기서 '외국에서 형의 전부 또는 일부가 집행된 사람'이란 문언과 취지에 비추어 '외국법원의 유죄판결에 의하여 자유형이나 벌금형 등 형의 전부 또는 일부가 실제로 집행된 사람'을 말한다고 해석하여야 한다. 따라서 형사사건으로 외국법원에 기소되었다가 무죄판결을 받은 사람은, 설령 그가 무죄판결을 받기까지 상당 기간 미결구금되었더라도 이를 유죄판결에 의하여 형이 실제로 집행된 것으로 볼 수는 없으므로, '외국에서 형의 전부 또는 일부가 집행된 사람'에 해당한다고 볼 수 없고, 그 미결구금 기간은 형법 제7조에 의한 산입의 대상이 될 수 없다(대판 2017.8.24. 2017도5977).

오답의 이유

② 대판 2019.4.18. 2017도14609
③ 대결 2017.11.28. 2017모1990
④ 형사소송법 제471조의2 제1항·제2항

08 난도 ★★☆　　　　　　　　　　　정답 ③

교정학 > 시설내 처우

정답의 이유

③ 소장은 수용자의 정신질환 치료를 위하여 필요하다고 인정하면 법무부장관의 승인을 받아 치료감호시설로 이송할 수 있다(형의 집행 및 수용자의 처우에 관한 법률 제37조 제2항).

오답의 이유

① 법무부장관은 이송승인에 관한 권한을 대통령령으로 정하는 바에 따라 지방교정청장에게 위임할 수 있다(형의 집행 및 수용자의 처우에 관한 법률 제20조 제2항).
② 소장은 수용자를 다른 교정시설에 이송하는 경우에 의무관으로부터 수용자가 건강상 감당하기 어렵다는 보고를 받으면 이송을 중지하고 그 사실을 이송받을 소장에게 알려야 한다(형의 집행 및 수용자의 처우에 관한 법률 시행령 제23조).
④ 수용자가 이송 중에 징벌대상 행위를 하거나 다른 교정시설에서 징벌대상 행위를 한 사실이 이송된 후에 발각된 경우에는 그 수용자를 인수한 소장이 징벌을 부과한다(형의 집행 및 수용자의 처우에 관한 법률 시행령 제136조).

09 난도 ★★☆　　　　　　　　　　　정답 ①

교정학 > 시설내 처우

정답의 이유

① 형의 집행 및 수용자의 처우에 관한 법률 시행규칙 제120조 제1항

제120조(선정기준)
① 외부기업체에 통근하며 작업하는 수형자는 다음 각 호의 요건을 갖춘 수형자 중에서 선정한다.
　　1. 18세 이상 65세 미만일 것
　　2. 해당 작업 수행에 건강상 장애가 없을 것
　　3. 개방처우급·완화경비처우급에 해당할 것
　　4. 가족·친지 또는 법 제130조의 교정위원(이하 "교정위원"이라 한다) 등과 접견·편지수수·전화통화 등으로 연락하고 있을 것

5. 집행할 형기가 7년 미만이고 가석방이 제한되지 아니할 것
6. 삭제

오답의 이유

ㄱ. 19세 이상 65세 미만이 아니라 <u>18세 이상 65세 미만</u>이다.
ㄷ. 일반경비처우급이 아니라 <u>개방처우급 · 완화경비처우급</u>이다.
ㅁ. 직업 훈련이 아니라 <u>가석방에 제한이 없을 것</u>이다.

10 난도 ★★☆   정답 ④

교정학 > 시설내 처우

정답의 이유

④ 소장은 노인수용자가 거동이 불편하여 혼자서 목욕하기 어려운 경우에는 교도관, 자원봉사자 또는 다른 수용자로 하여금 목욕을 보조하게 할 수 있다(형의 집행 및 수용자의 처우에 관한 법률 시행규칙 제46조 제2항).

오답의 이유

① 임산부인 수용자에 대하여 교정시설에 근무하는 의사(공중보건의사를 포함한다. 이하 "의무관"이라 한다)의 의견을 들어 필요한 양의 죽 등의 주식과 별도로 마련된 부식을 지급할 수 있으며, 양육유아에 대하여는 분유 등의 대체식품을 지급할 수 있다(형의 집행 및 수용자의 처우에 관한 법률 시행규칙 제42조).
② 소장은 소년수형자등의 나이 · 적성 등을 고려하여 필요하다고 인정하면 제87조 및 제90조에 따른 <u>접견 및 전화통화 횟수를 늘릴 수 있다</u>(형의 집행 및 수용자의 처우에 관한 법률 시행규칙 제59조의4).
③ 소장은 외국인수용자가 질병 등으로 위독하거나 사망한 경우에는 그의 국적이나 시민권이 속하는 나라의 외교공관 또는 영사관의 장이나 그 관원 또는 가족에게 이를 <u>즉시 알려야 한다</u>(형의 집행 및 수용자의 처우에 관한 법률 시행규칙 제59조).

11 난도 ★★☆   정답 ①

형사정책 > 소년범죄론

정답의 이유

① 촉법소년(형벌법령에 저촉되는 행위를 한 10세 이상 14세 미만의 소년)이 있을 때에는 경찰서장은 직접 관할 소년부에 송치(送致)하여야 한다(소년법 제4조 제2항).

오답의 이유

② 소년법 제6조 제1항
③ 소년법 제13조 제1항
④ 소년법 제29조 제1항

12 난도 ★★☆   정답 ③

형사정책 > 범죄원인론

정답의 이유

③ 인간이 동물과는 달리 지능과 합리적 판단능력을 가지고 본인의 이익을 증진시키는 방향으로 행위를 할 수 있는 능력을 가졌으며, 사회질서나 법도 결국은 사람들이 자기의 이익을 충족하기 위하여 만들어졌고, 인간은 자기운명의 지배자이며 자기의 자유로운 의사에 따라 자기 생활을 영위한다는 입장은 고전주의에 해당한다.

오답의 이유

① 페리(Ferri)는 인간행위는 환경에 의해 영향을 받을 수밖에 없다는 결정론을 취하여 도덕적 책임을 부정하고 사회적 책임론을 제창하였다.
② 실증주의 학파는 범죄연구에 있어 경험적이고 과학적인 접근을 강조했으며 과학적 분석을 통한 범죄원인규명을 시도하였다.
④ 실증주의 학파는 범죄는 인간이 어찌할 수 없는 환경과 요인에 의해 결정된 결과로 보았다.

13 난도 ★★★   정답 ④

형사정책 > 소년범죄론

정답의 이유

④ 우리나라의 경우 소년법원은 소년분류심사원에 위탁하여 소년에 대한 분류심사를 할 수 있도록 하고 있다. 소년분류심사원은 미래의 주인공이 될 청소년 가운데 한순간의 잘못으로 국가의 특별한 보호조치가 필요한 청소년들을 법원소년부로부터 위탁받아 이들을 보호 · 교육(인성)하여 건전한 청소년으로의 변화를 유도함과 아울러, 이들의 비행원인과 문제행동을 진단하여 법원소년부에 심리자료로 제공하고 소년원, 보호관찰소, 가정, 학교 등에는 지도방향을 제시해 주는 국가기관이다.

오답의 이유

① 이 법은 반사회성(反社會性)이 있는 소년의 환경 조정과 품행 교정(矯正)을 위한 보호처분 등의 필요한 조치를 하고, 형사처분에 관한 특별조치를 함으로써 소년이 건전하게 성장하도록 돕는 것을 목적으로 한다(소년법 제1조).
② 형법 제4조는 보호의 대상을 '죄를 범한 소년', '형벌 법령에 저촉되는 행위를 한 10세 이상 14세 미만인 소년', '다음 각 목에 해당하는 사유가 있고 그의 성격이나 환경에 비추어 앞으로 형벌 법령에 저촉되는 행위를 할 우려가 있는 10세 이상인 소년'으로 규정하고 있어 범죄소년뿐 아니라 다양한 유형의 문제에 대처하고자 한다.
③ 소년법원은 비공개로 재판하므로, 일반법원에 비해 비공식적이고 융통성이 있다고 할 수 있다.

14 난도 ★☆☆   정답 ②

교정학 > 시설내 처우

정답의 이유

② 형의 집행 및 수용자의 처우에 관한 법률 제95조 제2항

오답의 이유

① 소장은 수용자가 교도관의 제지에도 불구하고 소란행위를 계속하여 다른 수용자의 평온한 수용생활을 방해하는 때에 강제력을 행사하거나 보호장비를 사용하여도 그 목적을 달성할 수 없는 경우에만 진정실에 수용할 수 있다(형의 집행 및 수용자의 처우에 관한 법률 제96조 제1항 제2호).

제96조(진정실 수용)

① 소장은 수용자가 다음 각 호의 어느 하나에 해당하는 경우로서 강제력을 행사하거나 제98조의 보호장비를 사용하여도 그 목적을 달성할 수 없는 경우에만 진정실(일반 수용거실로부터 격리되어 있고 방음설비 등을 갖춘 거실을 말한다. 이하 같다)에 수용할 수 있다. 〈개정 2016.5.29.〉
   1. 교정시설의 설비 또는 기구 등을 손괴하거나 손괴하려고 하는 때
   2. 교도관의 제지에도 불구하고 소란행위를 계속하여 다른 수용자의 평온한 수용생활을 방해하는 때

③ 소장은 수용자를 보호실에 수용하거나 수용기간을 연장하는 경우에는 그 사유를 가족이 아니라 본인에게 알려 주어야 한다(형의 집행 및 수용자의 처우에 관한 법률 제95조 제4항).

④ 수용자를 보호실에 수용할 수 있는 기간은 계속하여 3개월을 초과할 수 없다(형의 집행 및 수용자의 처우에 관한 법률 제95조 제3항).

15 난도 ★★☆   정답 ②

교정학 > 시설내 처우

정답의 이유

② 상소권회복 또는 재심 청구사건의 대리인이 되려는 변호사와의 접견 가능 횟수는 사건당 2회이다(형의 집행 및 수용자의 처우에 관한 법률 시행령 제59조의2 제2항 제2호).

제59조의2(변호사와의 접견)

② 수용자가 제1항 각 호의 변호사와 접견하는 횟수는 다음 각 호의 구분에 따르되, 이를 제58조 제3항, 제101조 및 제109조의 접견 횟수에 포함시키지 아니한다.
   1. 소송사건의 대리인인 변호사: 월 4회
   2. 형사소송법에 따른 상소권회복 또는 재심 청구사건의 대리인이 되려는 변호사: 사건당 2회

오답의 이유

① 형의 집행 및 수용자의 처우에 관한 법률 제41조 제2항 제2호
③ 형의 집행 및 수용자의 처우에 관한 법률 제41조 제4항 제1호
④ 형의 집행 및 수용자의 처우에 관한 법률 제41조 제3항 제1호

16 난도 ★☆☆   정답 ②

형사정책 > 범죄피해자론

정답의 이유

② 기소유예처분의 사유에 해당하는 경우는 형사조정에 회부할 수 있다(범죄피해자 보호법 제41조).

제41조(형사조정 회부)

① 검사는 피의자와 범죄피해자(이하 "당사자"라 한다) 사이에 형사분쟁을 공정하고 원만하게 해결하여 범죄피해자가 입은 피해를 실질적으로 회복하는 데 필요하다고 인정하면 당사자의 신청 또는 직권으로 수사 중인 형사사건을 형사조정에 회부할 수 있다.
② 형사조정에 회부할 수 있는 형사사건의 구체적인 범위는 대통령령으로 정한다. 다만, 다음 각 호의 어느 하나에 해당하는 경우에는 형사조정에 회부하여서는 아니 된다.
   1. 피의자가 도주하거나 증거를 인멸할 염려가 있는 경우
   2. 공소시효의 완성이 임박한 경우
   3. 불기소처분의 사유에 해당함이 명백한 경우(다만, 기소유예처분의 사유에 해당하는 경우는 제외한다)

오답의 이유

① · ③ · ④ 형사조정에 회부하여서는 아니 되는 사유에 해당한다.

17 난도 ★☆☆   정답 ③

형사정책 > 형벌과 보안처분론

정답의 이유

③ 보호관찰 등에 관한 법률상 갱생보호는 직권에 의한 갱생보호는 없고 신청에 의한 갱생보호만 규정되어 있다(보호관찰 등에 관한 법률 제66조 제1항).

오답의 이유

① 보호관찰 등에 관한 법률 제70조의2
② 보호관찰 등에 관한 법률 제70조 제4호
④ 보호관찰 등에 관한 법률 제71조

18 난도 ★★☆   정답 ④

교정학 > 사회적 처우와 사회내 처우

정답의 이유

④ 지역사회 교정에는 전환, 재판 전 석방, 벌금, 배상명령, 지역사회봉사, 보호관찰, 집중감시프로그램, 가택구금, 전자감시, 주간출근소(day reporting center), 병영식 캠프(boot camp), 거주센터(residential centers), 일시석방(temporary release), 가석방 등이 있다. 범죄자의 선별적 무력화(selective incapacitation)는 소수의 중 · 누범죄자를 장기구금하여 범죄의 감소를 추구하는 방안으로 지역사회 교정의 형태는 아니다.

형사정책 > 형벌과 보안처분론

정답의 이유

③ 제1항에도 불구하고 법원은 19세 미만의 사람에 대해서 성폭력범죄를 저지른 사람에 대해서 제9조 제1항에 따라 부착명령을 선고하는 경우에는 제1항 제1호(야간, 아동·청소년의 통학시간 등 특정 시간대의 외출제한) 및 제3호(피해자 등 특정인에의 접근금지)를 포함하여 준수사항을 부과하여야 한다(전자장치 부착 등에 관한 법률 제9조의2 제1항).

___

제9조의2(준수사항)

① 법원은 제9조 제1항에 따라 부착명령을 선고하는 경우 부착기간의 범위에서 준수기간을 정하여 다음 각 호의 준수사항 중 하나 이상을 부과할 수 있다. 다만, 제4호의 준수사항은 500시간의 범위에서 그 기간을 정하여야 한다.

  1. 야간, 아동·청소년의 통학시간 등 특정 시간대의 외출제한
  2. 어린이 보호구역 등 특정지역·장소에의 출입금지 및 접근금지
  2의2. 주거지역의 제한
  3. 피해자 등 특정인에의 접근금지
  4. 특정범죄 치료 프로그램의 이수
  5. 마약 등 중독성 있는 물질의 사용금지
  6. 그 밖에 부착명령을 선고받는 사람의 재범방지와 성행교정을 위하여 필요한 사항

___

형사정책 > 형벌과 보안처분론

정답의 이유

② 소아성기호증(小兒性嗜好症), 성적가학증(性的加虐症) 등 성적 성벽(性癖)이 있는 정신성적 장애인으로서 금고 이상의 형에 해당하는 성폭력범죄를 지은 자는 15년을 초과하여 치료감호시설에 수용할 수 없다(치료감호 등에 관한 법률 제16조 제2항).

오답의 이유

① 심신장애인으로서 '금고 이상의 형'에 해당하는 죄를 지은 자가 치료감호 대상자이다(치료감호 등에 관한 법률 제2조 제1항 제1호).

③ 치료감호가 가종료되었을 때 시작되는 보호관찰의 기간은 '3년'으로 한다(치료감호 등에 관한 법률 제32조 제1항 제1호 · 제2항).

④ 가종료 또는 치료위탁의 경우에 보호관찰 기간이 끝나면 치료감호가 끝난다(치료감호 등에 관한 법률 제35조 제1항).

한눈에 훑어보기

영역 분석

형사정책 01 09 10 17 18 19 20
7문항, 35%

교정학 02 03 04 05 06 07 08 11 12 13 14 15 16
13문항, 65%

빠른 정답

01	02	03	04	05	06	07	08	09	10
①	④	①	③	①	①	③	②	④	③
11	**12**	**13**	**14**	**15**	**16**	**17**	**18**	**19**	**20**
②	④	①	④	④	④	①	③	④	③

점수 체크

구분	1회독	2회독	3회독
맞힌 문항 수	/ 20	/ 20	/ 20
나의 점수	점	점	점

01 난도 ★☆☆
정답 ①

형사정책 > 범죄원인론

정답의 이유

① 19세기 프랑스의 대표적 사회학자인 뒤르켐은 범죄문제를 사회학적 시각에서 고찰하여 아노미(Anomie)의 개념을 제시하였다. 그는 『범죄정상설』에서 범죄란 모든 사회에서 나타나는 현상으로 병리적인 것이 아닌 정상적인 것이며 어느 사회이든 일정량의 범죄는 있을 수밖에 없다고 했다. 아노미(Anomie)란 인간의 생래적인 끝없는 욕망을 사회의 규범이나 도덕으로서 제대로 통제하지 못하는 상태로, 무규범의 상태를 말한다. 머튼은 뒤르켐의 아노미 개념을 바탕으로 아노미를 사회의 문화적 목표와 이를 달성할 수 있는 수단 간의 불일치로 파악함으로써 뒤르켐의 이론을 보다 발전시켰다.

오답의 이유

② 케틀레는 모든 사회현상을 '대수(大數)의 법칙'으로 파악하였으며, 나이 · 성별 · 인종 · 빈곤 · 교육 · 계절 · 경제사정 등의 제 조건과 범죄와의 관계를 분석하였다. 범죄는 일정 사회에서 항상적인 법칙을 가지고 반복되므로 감옥이나 사형장의 비용은 정확하게 예산화할 수 있다는 범죄항상설을 주장하였다.

③ 베까리아는 인간행동은 자유의지와 판단능력을 배경으로 하므로 개인은 법에 의해 정해진 형벌과범죄행위로부터 얻어지는 이득을 비교하여 행동을 결정하는 합리적 존재라고 주장하였다. 또, 범죄에 대한 형벌은 법률만으로 정할 수 있도록 해야 하고, 사회계약에 의해 결합된 사회 전체를 대표할 수 있는 입법기관만이 형법제정권을 가지며, 법률은 문서로 확정하되 모든 사람들이 읽고 이해할 수 있도록 간결하고 명확해야 한는 죄형법정주의를 제창하였다.

④ 서덜랜드는 화이트칼라 범죄를 "사회적 지위가 높은 사람들이 그 직업상 저지르는 범죄"라고 정의하였다. 주로 상류계층에 속하는 사람의 직무와 관련된 범죄이어야 하므로 상류층의 범죄라도 일반형사범죄는 제외되며, 고도의 지능적 범죄라도 범죄의 주체가 상류층이 아니라면 제외하였다.

02 난도 ★☆☆
정답 ④

교정학 > 시설내 처우

정답의 이유

④ 보안장비에 해당하는 것은 ㄴ. 교도봉, ㄹ. 전자충격기이다.

형의 집행 및 수용자의 처우에 관한 법률 시행규칙 제186조(보안장비의 종류)

교도관이 법 제100조에 따라 강제력을 행사하는 경우 사용할 수 있는 보안장비는 다음 각 호와 같다.

1. 교도봉(접이식을 포함한다. 이하 같다)
2. 전기교도봉
3. 가스분사기
4. 가스총(고무탄 발사겸용을 포함한다. 이하 같다)
5. 최루탄: 투척용, 발사용(그 발사장치를 포함한다. 이하 같다)
6. 전자충격기
7. 그 밖에 법무부장관이 정하는 보안장비

---

03 난도 ★☆☆　　　　　　　　　　　　정답 ①

교정학 > 시설내 처우

정답의 이유

① 소장은 교도관에게 매일 수형자의 작업실적을 확인하게 하여야 한다(형의 집행 및 수용자의 처우에 관한 법률 시행령 제92조).

오답의 이유

② 소장은 수형자에게 작업을 부과하는 경우 작업의 종류 및 작업과정을 정하여 수형자에게 고지하여야 한다(형의 집행 및 수용자의 처우에 관한 법률 시행령 제91조 제1항).
③ 취사·청소·간호, 그 밖에 특히 필요한 작업은 예외로 한다(형의 집행 및 수용자의 처우에 관한 법률 제71조).
④ 작업과정을 정하기 어려운 경우에는 작업시간을 작업과정으로 본다(형의 집행 및 수용자의 처우에 관한 법률 시행령 제91조 제2항).

---

04 난도 ★☆☆　　　　　　　　　　　　정답 ③

교정학 > 시설내 처우

정답의 이유

③ 소장은 조직폭력수용자로 지정된 사람에 대하여는 석방할 때까지 지정을 해제할 수 없다. 다만, 공소장변경 또는 재판 확정에 따라 지정사유가 해소되었다고 인정되는 경우에는 교도관회의의 심의 또는 분류처우위원회의 의결을 거쳐 지정을 해제한다(형의 집행 및 처우에 관한 법률 시행규칙 제199조 제2항).

오답의 이유

① 형의 집행 및 처우에 관한 법률 시행규칙 제198조 제3호, 제199조 제1항
② 형의 집행 및 처우에 관한 법률 시행규칙 제200조
④ 형의 집행 및 처우에 관한 법률 시행규칙 제201조

---

05 난도 ★☆☆　　　　　　　　　　　　정답 ①

교정학 > 시설내 처우

정답의 이유

① '수용자의 처우 또는 교정시설의 운영에 관하여 거짓사실을 유포하는 때'는 접견을 중지할 수 있는 사유이다(형의 집행 및 수용자의 처우에 관한 법률 제42조 제4호).

제42조(접견의 중지 등)

교도관은 접견 중인 수용자 또는 그 상대방이 다음 각 호의 어느 하나에 해당하면 접견을 중지할 수 있다.

1. 범죄의 증거를 인멸하거나 인멸하려고 하는 때
2. 제92조의 금지물품을 주고받거나 주고받으려고 하는 때
3. 형사 법령에 저촉되는 행위를 하거나 하려고 하는 때
4. 수용자의 처우 또는 교정시설의 운영에 관하여 거짓사실을 유포하는 때
5. 수형자의 교화 또는 건전한 사회복귀를 해칠 우려가 있는 행위를 하거나 하려고 하는 때
6. 시설의 안전 또는 질서를 해하는 행위를 하거나 하려고 하는 때

오답의 이유

②·③·④ 형의 집행 및 수용자의 처우에 관한 법률 제41조 제4항

제41조(접견)

④ 소장은 다음 각 호의 어느 하나에 해당하는 사유가 있으면 교도관으로 하여금 수용자의 접견내용을 청취·기록·녹음 또는 녹화하게 할 수 있다. 〈개정 2019.4.23.〉
　　1. 범죄의 증거를 인멸하거나 형사 법령에 저촉되는 행위를 할 우려가 있는 때
　　2. 수형자의 교화 또는 건전한 사회복귀를 위하여 필요한 때
　　3. 시설의 안전과 질서유지를 위하여 필요한 때

---

06 난도 ★☆☆　　　　　　　　　　　　정답 ①

교정학 > 시설내 처우

정답의 이유

① 소장은 수용자가 임신 중이거나 출산(유산·사산을 포함한다)한 경우에는 모성보호 및 건강유지를 위하여 정기적인 검진 등 적절한 조치를 하여야 한다(형의 집행 및 수용자의 처우에 관한 법률 제52조 제1항).

오답의 이유

② 형의 집행 및 처우에 관한 법률 시행규칙 제51조 제2항
③ 형의 집행 및 처우에 관한 법률 시행규칙 제57조 제1항
④ 형의 집행 및 처우에 관한 법률 시행규칙 제43조 제2항

07 난도 ★★★

정답 ③

교정학 > 시설내 처우

정답의 이유

ㄴ. 특별회계는 세입총액이 세출총액에 미달된 경우 또는 <u>시설 개량이나 확장에 필요한 경우</u>에는 예산의 범위에서 일반회계로부터 전입을 받을 수 있다(교도작업의 운영 및 특별회계에 관한 법률 제10조).

ㄷ. 특별회계의 결산상 잉여금은 다음 연도의 세입에 이입한다(교도작업의 운영 및 특별회계에 관한 법률 제11조의2).

오답의 이유

ㄱ. 교도작업의 운영 및 특별회계에 관한 법률 제11조 제1항

ㄹ. 교도작업의 운영 및 특별회계에 관한 법률 제7조 · 제8조 제1항

08 난도 ★★☆

정답 ②

교정학 > 교정의 민영화

정답의 이유

② 교정법인은 기본재산에 대하여 용도변경 또는 담보제공의 행위를 하려면 법무부장관의 허가를 받아야 한다(민영교도소 등의 설치 · 운영에 관한 법률 제14조 제2항).

제14조(재산)

② 교정법인은 기본재산에 대하여 다음 각 호의 행위를 하려면 법무부장관의 허가를 받아야 한다. 다만, 대통령령으로 정하는 경미한 사항은 법무부장관에게 신고하여야 한다.

　1. 매도·증여 또는 교환

　2. 용도 변경

　3. 담보 제공

　4. 의무의 부담이나 권리의 포기

오답의 이유

① 민영교도소 등의 설치 · 운영에 관한 법률 제15조 제2항 · 제26조

③ 민영교도소 등의 설치 · 운영에 관한 법률 제31조 제1항

④ 민영교도소 등의 설치 · 운영에 관한 법률 제36조 제1항

09 난도 ★★☆

정답 ④

형사정책 > 형벌과 보안처분론

정답의 이유

④ 치료감호 등에 관한 법률 제27조

오답의 이유

① 마약 · 향정신성의약품 · 대마, 그 밖에 남용되거나 해독(害毒)을 끼칠 우려가 있는 물질이나 알코올을 식음(食飮) · 섭취 · 흡입 · 흡연 또는 주입받는 습벽이 있거나 그에 중독된 자가 금고 이상의 형에 해당하는 죄를 범하여 치료감호의 선고를 받은 경우 치료감호시설 수용 기간은 <u>2년</u>을 초과할 수 없다(치료감호 등에 관한 법률 제16조 제2항 제2호).

② 구속영장에 의하여 구속된 피의자에 대하여 검사가 공소를 제기하지 아니하는 결정을 하고 치료감호 청구만을 하는 때에는 <u>구속영장은 치료감호영장으로 보며 그 효력을 잃지 아니한다</u>(치료감호 등에 관한 법률 제8조).

③ 치료감호와 형이 병과된 경우에는 치료감호를 먼저 집행한다. 이 경우 <u>치료감호의 집행기간은 형 집행기간에 포함한다</u>(치료감호 등에 관한 법률 제18조).

10 난도 ★★☆

정답 ③

형사정책 > 소년범죄론

정답의 이유

ㄱ. 소년법 제33조 제2항

ㄴ. 소년법 제33조 제3항

ㅁ. 소년법 제33조 제6항

오답의 이유

ㄷ. 제32조 제1항 제1호(보호자 또는 보호자를 대신하여 소년을 보호할 수 있는 자에게 감호 위탁) · 제6호(아동복지법에 따른 아동복지시설이나 그 밖의 소년보호시설에 감호 위탁) · 제7호(병원, 요양소 또는 보호소년 등의 처우에 관한 법률에 따른 의료재활소년원에 위탁)의 위탁기간은 <u>6개월</u>로 하되, 소년부 판사는 결정으로써 6개월의 범위에서 한 번에 한하여 그 기간을 연장할 수 있다. 다만, 소년부 판사는 필요한 경우에는 언제든지 결정으로써 그 위탁을 종료시킬 수 있다(소년법 제33조 제1항).

ㄹ. 단기로 소년원에 송치된 소년의 보호기간은 <u>6개월</u>을 초과하지 못한다(소년법 제33조 제5항).

11 난도 ★☆☆

정답 ②

교정학 > 수용자의 법적 지위와 처우

정답의 이유

② 수용자는 그 처우에 관하여 불복하는 경우 법무부장관 · 순회점검공무원 또는 <u>관할 지방교정청장</u>에게 청원할 수 있다(형의 집행 및 수용자의 처우에 관한 법률 제117조 제1항).

오답의 이유

① 형의 집행 및 수용자의 처우에 관한 법률 제116조 제2항 제1호

③ 형의 집행 및 수용자의 처우에 관한 법률 제117조 제2항 단서

④ 형의 집행 및 수용자의 처우에 관한 법률 제118조

12 난도 ★★☆

정답 ④

교정학 > 교정학의 이해

정답의 이유

④ 선도조건부 기소유예는 검찰단계의 전환의 주요한 예에 해당한다. 선도조건부 기소유예 제도는 검사가 소년 범법자를 수사한 결과 범죄 내용이 다소 중하더라도 개선가능성이 있다고 보이면 교도소나 소년

원 등 수용처분보다는 민간인인 선도위원의 선도보호에 맡기는 것이 효과적이라는 판단 아래 1981년 전국 검찰청에서 실시되었다. 2007년 12월 21일 소년법 제49조의3(조건부 기소유예 조항)을 신설하여 법적 근거를 만들었다.

 더알아보기

전환(Diversion)의 종류

경찰단계	훈방, 경고, 통고처분, 보호기관위탁 등
검찰단계	형량을 감경하는 조건으로 범죄자가 피해자에게 보상하도록 조정
법원단계	범죄자를 지역사회의 처우, 교육, 상담프로그램에 전환시키는 조건으로 약식명령(벌금 등), 선고유예결정, 집행유예선고(공식적 전환제도) 등
보호단계	보호관찰, 사회봉사명령, 전자감시제도 등

13 난도 ★★☆   정답 ①

교정학 > 교정학의 이해

정답의 이유

① 회복적 사법은 피해자 및 피해의 회복에 중점을 둔 것으로, 화합적이고 공동체적인 가치를 권장한다.

더알아보기

회복적 사법(restorative justice)

지역사회, 피해자와 가해자의 입장을 모두 고려하여 범죄 행동에 의한 피해를 바로잡는 것에 중점을 둔 사법적 이론이다. 회복적 사법의 목표는 다음과 같다(United Nations Office on Drugs and Crime, UNODC 2009).

• 피해자의 의견을 듣고 표현하게 하며 해결 과정에 참여하도록 하는 등 필요한 도움을 제공하는 것이다.
• 범죄에 가장 잘 대처하는 방법이 무엇인지 합의하여 범죄로 인해 손상된 관계를 회복하는 것이다.
• 범죄행동을 받아들일 수 없는 행동으로 비난하고 지역사회의 가치를 재확인하는 것이다.
• 관련자 모두가 책임을 지는데, 특히 가해자가 책임을 통감하도록 만들고 회복적이고 미래지향적인 결과를 이끌어 내는 것이다.
• 가해자를 변화시키고 이들을 지역사회에 재통합시켜 재범을 줄이는 것이다.
• 범죄를 야기한 요인들을 밝혀 국가로 하여금 범죄 감소 전략을 마련하도록 하는 것이다.

응징적 패러다임과 회복주의(원상회복주의) 패러다임

구분	응징적 패러다임	회복주의 패러다임
관심	적법절차 준수	참여자의 만족 극대화
내용	응징적	복구적
방식	강제적	협조적

주체	정부와 범죄자	정부, 지역사회, 가해자와 피해자, 그들의 가족
장소	격리적 시설 내	지역사회 내
시기	사후대응적	사전예방적

14 난도 ★☆☆   정답 ②

교정학 > 사회적 처우와 사회내 처우

정답의 이유

② 보스탈은 '보호' 또는 '피난시설'이란 뜻으로 영국 켄트지방의 보스탈(Borstal)이란 곳에 이런 시설이 있던 것에서 일반화되었다. 주로 16세부터 21세까지의 범죄소년을 1년 이상 3년 이하의 부정기간 동안 수용하고 직업훈련·학과 교육 등을 실시하여 교정·교화하는 것이며 1897년 브라이어스(E. R. Brise)에 의해 창안되었다.

오답의 이유

① 오번 제도(Auburn system)는 주간에는 침묵을 지키게 하면서 공장에서 작업을 시키는 주간 혼거제(混居制)와 야간에는 독방에 수용하는 야간 독거제의 교도소 구금제로, 1823년 미국 오번 교도소에서 처음으로 실시하였다.
③ 카티지 제도(Cottage system)는 수형자를 개인적 적성에 따라 여러 개의 소규모 카티지로 분류하여 수용한 후 카티지별로 가족적인 분위기에서 단위별 특성에 적합한 처우를 행하는 제도로, 대규모시설에서 획일적 처우를 행하는 것에 따르는 부작용을 보완하기 위한 차원에서 시도된 소규모 처우제도이다. 기존의 대형화·집단화 행형에 대한 반성에서 비롯되었으며 1854년 미국 오하이오주 랭커스터의 오하이오 학교에서 최초 시행하던 것을 행형제도에 도입한 것으로, 1904년 뉴욕주의 청소년보호 수용소에서 이를 채택한 이래 여자교도소와 소년교도소 및 성인 교도소까지 확대 시행되었다.
④ 펜실베니아 제도(Pennsylvania system)는 절대 침묵과 정숙을 유지하며 주야간 구분 없이 엄정한 독거수용을 통해 반성을 목적으로 한 구금방식으로 모든 수용자가 모든 활동을 각자 자신의 거실에서 함으로써 수용자 상호 간에 철저한 격리를 요구하며 엄정독거제, 분방제, 필라델피아제로 불리기도 한다.

15 난도 ★☆☆   정답 ④

교정학 > 시설내 처우

정답의 이유

④ 소장은 이송이나 출정, 그 밖의 사유로 미결수용자를 교정시설 밖으로 호송하는 경우에는 해당 사건에 관련된 사람과 호송 차량의 좌석을 분리하는 등의 방법으로 서로 접촉하지 못하게 하여야 한다(형의 집행 및 수용자의 처우에 관한 법률 시행령 제100조).

오답의 이유

① 형의 집행 및 수용자의 처우에 관한 법률 제79조·제80조

② 형의 집행 및 수용자의 처우에 관한 법률 제86조 제1항, 동법 시행령 제103조 제2항

③ 형의 집행 및 수용자의 처우에 관한 법률 시행령 제104조·제105조

16 난도 ★★☆　　　　　　　　　　　　　　　정답 ④

교정학 > 시설내 처우

[정답의 이유]

④ 소요되는 비용은 특별한 사정이 없으면 교육대상자의 부담으로 한다(형의 집행 및 수용자의 처우에 관한 법률 시행규칙 제102조 제2항).

[오답의 이유]

① 형의 집행 및 수용자의 처우에 관한 법률 제63조 제3항

② 형의 집행 및 수용자의 처우에 관한 법률 제64조 제1항, 동법 시행령 제88조

③ 형의 집행 및 수용자의 처우에 관한 법률 시행규칙 제106조 제1항

17 난도 ★☆☆　　　　　　　　　　　　　　　정답 ①

형사정책 > 형벌과 보안처분론

[정답의 이유]

① 검사는 미성년자 대상 유괴범죄를 저지른 사람으로서 미성년자 대상 유괴범죄를 다시 범할 위험성이 있다고 인정되는 사람에 대하여 부착명령을 법원에 청구할 수 있다. 다만, 유괴범죄로 징역형의 실형 이상의 형을 선고받아 그 집행이 종료 또는 면제된 후 다시 유괴범죄를 저지른 경우에는 부착명령을 청구하여야 한다(전자장치 부착 등에 관한 법률 제5조 제2항).

[오답의 이유]

②·③·④는 검사가 부착명령을 법원에 청구할 수 있는 임의적 청구 대상이다.

② 전자장치 부착 등에 관한 법률 제5조 제4항 제3호

③ 전자장치 부착 등에 관한 법률 제5조 제1항 제3호

④ 전자장치 부착 등에 관한 법률 제5조 제1항 제5호

18 난도 ★☆☆　　　　　　　　　　　　　　　정답 ③

형사정책 > 형벌과 보안처분론

[정답의 이유]

③ 사회봉사·수강명령 대상자는 주거를 이전하거나 1개월 이상 국내외 여행을 할 때에는 미리 보호관찰관에게 신고하여야 한다(보호관찰 등에 관한 법률 제62조 제2항 제2호).

[오답의 이유]

① 보호관찰 등에 관한 법률 제59조 제1항

② 보호관찰 등에 관한 법률 제60조 제1항

④ 보호관찰 등에 관한 법률 제63조 제2항

19 난도 ★★☆　　　　　　　　　　　　　　　정답 ④

형사정책 > 형벌과 보안처분론

[정답의 이유]

④ '보호관찰을 조건으로 한 형의 선고유예의 실효'는 검사가 보호관찰소의 장의 신청을 받아 법원에 청구하며 법원이 결정한다(보호관찰 등에 관한 법률 제47조 제1항).

제6조(보호관찰 심사위원회의 관장 사무)

심사위원회는 이 법에 따른 다음 각 호의 사항을 심사·결정한다.

1. 가석방과 그 취소에 관한 사항
2. 임시퇴원, 임시퇴원의 취소 및 보호소년 등의 처우에 관한 법률 제43조 제3항에 따른 보호소년의 퇴원에 관한 사항
3. 보호관찰의 임시해제와 그 취소에 관한 사항
4. 보호관찰의 정지와 그 취소에 관한 사항
5. 가석방 중인 사람의 부정기형의 종료에 관한 사항
6. 이 법 또는 다른 법령에서 심사위원회의 관장 사무로 규정된 사항
7. 제1호부터 제6호까지의 사항과 관련된 사항으로서 위원장이 회의에 부치는 사항

[오답의 이유]

②·③·④의 경우에는 보호관찰 등에 관한 법률 제6조(관장 사무)의 각 호에 따라 보호관찰 심사위원회가 심사·결정하는 사항에 해당된다.

20 난도 ★★★　　　　　　　　　　　　　　　정답 ③

형사정책 > 범죄원인론

[정답의 이유]

ㄱ. 낙인이론은 특정한 범죄행위를 취급하는 것이 아니라 일탈행위 전반에 준거하고 있는 토대라고 할 수 있는 일탈행위와 사회적 낙인화를 사회적 상호작용의 관점에서 파악한다.

ㄴ. 낙인이론은 일탈 혹은 범죄행동이 특정 행동에 대한 사회문화적 평가와 소외의 결과로 규정된다고 보는 이론으로 비공식적 통제기관의 낙인이나 공식적 통제기관의 처벌이 2차 일탈·범죄의 중요한 동기로 작용한다고 보았다.

ㄹ. 낙인이 2차적 일탈의 원인이 되므로 형사정책적으로 비범죄화, 탈시설화, 다이버전(Diversion)의 실시를 통해 공적 통제를 통한 낙인의 제거를 강조하였다.

[오답의 이유]

ㄷ. 버제스와 에이커스(Burgess & Akers)의 '차별적 강화이론'에 대한 내용이다.

한눈에 훑어보기

영역 분석

형사정책   04   05   06   07   16   18   19   20
8문항, 40%

교정학   01   02   03   08   09   10   11   12   13   14   15   17
12문항, 60%

✏️ 빠른 정답

01	02	03	04	05	06	07	08	09	10
④	④	③	②	④	②	②	②	②	③

11	12	13	14	15	16	17	18	19	20
④	①	③	③	③	①	①	②	④	②

📌 점수 체크

구분	1회독	2회독	3회독
맞힌 문항 수	/ 20	/ 20	/ 20
나의 점수	점	점	점

01 난도 ★★☆   정답 ④

교정학 > 교정시설과 수용제도론

정답의 이유

④ 교도관은 계호상 독거수용자를 수시로 시찰하여 건강상 또는 교화상 이상이 없는지 살펴야 한다(형의 집행 및 수용자의 처우에 관한 법률 시행령 제6조 제1항).

오답의 이유

① 형의 집행 및 수용자의 처우에 관한 법률 제14조 제3호
② 형의 집행 및 수용자의 처우에 관한 법률 시행령 제5조 제1호
③ 형의 집행 및 수용자의 처우에 관한 법률 시행령 제5조 제2호

02 난도 ★★★   정답 ④

교정학 > 사회적 처우와 사회내 처우

정답의 이유

④ 과거에는 범죄통제의 대상이 되지 않았던 대상자를 범죄의 통제대상이 되게 함으로써 형사사법망(사법통제망)의 확대를 초래한다는 비판을 받고 있다.

✅ 더알아보기

형사사법망의 확대

지역사회교정의 지나친 확대를 범죄통제의 대상이 되지 않았던 경미한 범죄인까지도 통제대상에 포함하게 되어 형사사법망의 확대를 초래할 수 있는데, 형사사법망의 확대에 관해서는 다음과 같은 세 가지 입장이 주장되고 있다.

• 망의 확대: 국가에 의해서 통제되고 규제되는 시민의 비율이 증가되는 현상, 즉 더 많은 사람을 잡을 수 있도록 그물망을 키워왔다는 것
• 망의 강화: 범죄인에 대한 개입의 강도를 높임으로써 범죄인에 대한 통제를 강화시켰다는 것
• 상이한 망의 설치: 범죄인을 사법기관이 아닌 다른 기관으로 위탁하여 실제로는 더 많은 사람을 통제의 대상으로 만들었다는 것

03 난도 ★★☆ 정답 ③

교정학 > 사회적 처우와 사회내 처우

정답의 이유

③ 소장은 가족 또는 배우자의 직계존속이 사망한 때 또는 직계비속의 혼례가 있는 때의 사유가 있는 수형자에 대하여는 5일 이내의 특별귀휴를 허가할 수 있다(형의 집행 및 수용자의 처우에 관한 법률 제77조 제2항 제1호·제2호). 수형자의 가족 또는 배우자의 직계존속이 위독한 때는 일반귀휴 사유에 해당한다(동조 제1항 제1호).

오답의 이유

① 형의 집행 및 수용자의 처우에 관한 법률 제77조 제1항 제2호

② 형의 집행 및 수용자의 처우에 관한 법률 시행규칙 제129조 제2항 단서

④ 형의 집행 및 수용자의 처우에 관한 법률 제77조 제4항·동법 시행규칙 제142조 제1항

04 난도 ★★☆ 정답 ②

형사정책 > 범죄원인론

정답의 이유

ㄱ·ㄴ·ㄹ. 고전주의 학파의 주장에 해당한다.

오답의 이유

ㄷ·ㅁ. 실증주의 학파의 주장에 해당한다.

✔ 더 알아보기

고전주의 학파와 실증주의 학파의 비교

학파	고전주의 학파	실증주의 학파
전체	비결정론	결정론
범죄원인	자유의사	사회적·심리적·신체적 요인
관점	범죄행위	범죄자
수단	사법제도	과학적인 방법
목적	일반예방	특별예방

05 난도 ★★☆ 정답 ④

형사정책 > 형벌과 보안처분론

정답의 이유

④ '만 19세 미만의 자에 대하여 부착명령을 선고한 때에는 19세에 이르기까지 이 법에 따른 전자장치를 부착할 수 없다(전자장치 부착 등에 관한 법률 제4조).'라고 규정하고 있으므로 전자장치 부착명령을 선고할 수는 있으나, 만 19세에 이르기까지 부착할 수 없다.

오답의 이유

① 검사는 강도범죄로 징역형의 실형을 선고받은 사람이 그 집행을 종료한 후 또는 집행이 면제된 후 10년 이내에 다시 강도범죄를 저지른 자로서 강도범죄를 다시 범할 위험성이 있다고 인정되는 사람에 대하여 부착명령을 법원에 청구할 수 있다(전자장치 부착 등에 관한 법률 제5조 제4항 제1호).

② 피부착자는 주거를 이전하거나 7일 이상의 국내여행을 하거나 출국할 때에는 미리 보호관찰관의 허가를 받아야 한다(전자장치 부착 등에 관한 법률 제14조 제3항).

③ 보호관찰소의 장 또는 피부착자 및 그 법정대리인은 해당 보호관찰소를 관할하는 심사위원회에 부착명령의 임시해제를 신청할 수 있으며, 이 신청은 부착명령의 집행이 개시된 날부터 3개월이 경과한 후에 하여야 한다(전자장치 부착 등에 관한 법률 제17조 제1항·제2항).

06 난도 ★★☆ 정답 ②

형사정책 > 소년범죄론

정답의 이유

② 소년법 제13조 제1항·제2항

오답의 이유

① 소년법 제49조 제1항(검사의 송치)이나 제50조(법원의 송치)에 따르면 소년부 송치결정이 있는 경우에는 소년을 구금하고 있는 시설의 장은 검사의 이송 지휘를 받은 때로부터 법원 소년부가 있는 시·군에서는 24시간 이내에, 그 밖의 시·군에서는 48시간 이내에 소년을 소년부에 인도하여야 한다(소년법 제52조 제1항).

③ 보호처분이 계속 중일 때에 사건 본인에 대하여 유죄판결이 확정된 경우에 보호처분을 한 소년부 판사는 그 처분을 존속할 필요가 없다고 인정하면 결정으로써 보호처분을 취소할 수 있다(소년법 제39조).

④ 죄를 범할 당시 18세 미만인 소년에 대하여 사형 또는 무기형으로 처할 경우에는 15년의 유기징역으로 한다(소년법 제59조).

07 난도 ★★☆ 정답 ②

형사정책 > 범죄원인론

정답의 이유

② 베커(H. Becker)의 사회적 지위(social status)로서의 일탈에 관한 내용이다. 『이방인들(Outsiders)』으로 잘 알려진 베커는 일탈은 사람이 저지르는 행위의 특성이 아니라 오히려 다른 사람이 범인에게 법과 제재를 적용한 결과 일탈행동으로 규정하거나 낙인찍는 것이 사회적 지위와 같은 효과를 주며, 일탈자로 공식적으로 규정된다는 것은 그것이 사회적 상호작용에 악영향을 미친다는 점에서 다른 보조적 지위(auxiliary status)를 능가하기 때문에 주지위(master status)로서의 기능을 갖게 된다고 하였다. 한편 슈어(E. Schur)는 자기관념으로부

터의 일탈을 통해 사회적 낙인보다 스스로 일탈자라고 규정함으로써 2차적 일탈에 이르는 경우도 있다는 점을 강조하며 대책으로 불간섭주의를 제시하였다.

08 난도 ★★★   정답 ②

교정학 > 수용자의 법적 지위와 처우

[정답의 이유]

② 형의 집행 및 수용자의 처우에 관한 법률 시행규칙 제64조

[오답의 이유]

① 법무부장관은 분류심사를 전담하는 교정시설을 지정·운영하는 경우에는 지방교정청별로 1개소 이상이 되도록 하여야 한다(형의 집행 및 수용자의 처우에 관한 법률 시행령 제86조).

③ 소장은 분류심사를 위하여 수형자를 대상으로 상담 등을 통한 신상에 관한 개별사안의 조사, 심리·지능·적성 검사, 그 밖에 필요한 검사를 할 수 있다(형의 집행 및 수용자의 처우에 관한 법률 제59조 제3항). 소장은 분류심사와 그 밖에 수용목적의 달성을 위하여 필요하면 수용자의 가족 등을 면담하거나 법원·경찰관서, 그 밖의 관계 기관 또는 단체에 대하여 필요한 사실을 조회할 수 있다(동법 제60조 제1항).

④ 징역형·금고형이 확정된 사람으로서 집행할 형기가 형집행지휘서 접수일부터 3개월 미만인 사람 또는 구류형이 확정된 사람에 대해서는 분류심사를 하지 아니한다(형의 집행 및 수용자의 처우에 관한 법률 시행규칙 제62조 제1항).

09 난도 ★★☆   정답 ②

교정학 > 교정학의 이해

[정답의 이유]

② 워렌(Warren)이 개발한 대인적 성숙도 검사(I-Level; Interpersonal Maturity Level Classification System)는 청소년의 대인적 성숙도를 1~7단계로 구분하여 청소년 범죄자를 그들의 성숙 수준에 맞는 처우 프로그램을 적용하는 데 활용되었다. 고도의 전문성을 갖춘 전문가를 필요로 하고, 비교적 많은 비용이 소요된다.

10 난도 ★★☆   정답 ③

교정학 > 교정시설과 수용제도론

[정답의 이유]

③ 수형지향적 부문화는 교도소 사회에서의 모든 생활방식을 수용하고 적응하려고 하고, 자신의 수용생활을 보다 쉽고 편하게 보내기 위해 교도소 내에서의 지위획득에만 몰두하며 출소 후의 생활에 대해서는 관심을 두지 않는다.

11 난도 ★★☆   정답 ④

교정학 > 수용자의 법적 지위와 처우

[정답의 이유]

④ 소장은 수용자가 순회점검공무원에게 청원하는 경우에는 그 인적사항을 청원부에 기록하여야 한다(형의 집행 및 수용자의 처우에 관한 법률 시행령 제139조 제1항).

[오답의 이유]

① 형의 집행 및 수용자의 처우에 관한 법률 제117조 제1항
② 형의 집행 및 수용자의 처우에 관한 법률 제117조 제2항
③ 형의 집행 및 수용자의 처우에 관한 법률 제117조 제3항

형의 집행 및 수용자의 처우에 관한 법률 제117조(청원)

① 수용자는 그 처우에 관하여 불복하는 경우 법무부장관·순회점검공무원 또는 관할 지방교정청장에게 청원할 수 있다.
② 제1항에 따라 청원하려는 수용자는 청원서를 작성하여 봉한 후 소장에게 제출하여야 한다. 다만, 순회점검공무원에 대한 청원은 말로도 할 수 있다.
③ 소장은 청원서를 개봉하여서는 아니 되며, 이를 지체 없이 법무부장관·순회점검공무원 또는 관할 지방교정청장에게 보내거나 순회점검공무원에게 전달하여야 한다.
④ 제2항 단서에 따라 순회점검공무원이 청원을 청취하는 경우에는 해당 교정시설의 교도관이 참여하여서는 아니 된다.
⑤ 청원에 관한 결정은 문서로 하여야 한다.
⑥ 소장은 청원에 관한 결정서를 접수하면 청원인에게 지체 없이 전달하여야 한다.

12 난도 ★★☆   정답 ①

교정학 > 시설내 처우

[정답의 이유]

① 형의 집행 및 수용자의 처우에 관한 법률 시행령 제65조 제1항 제1호 나목

[오답의 이유]

② 소장은 발신 또는 수신이 금지된 편지는 그 구체적인 사유를 서면으로 작성해 관리하고, 수용자에게 그 사유를 알린 후 교정시설에 보관한다. 다만, 수용자가 동의하면 폐기할 수 있다(형의 집행 및 수용자의 처우에 관한 법률 제43조 제7항).

③ 수용자는 소장의 허가를 받아 교정시설의 외부에 있는 사람과 전화통화를 할 수 있다(형의 집행 및 수용자의 처우에 관한 법률 제44조 제1항). 허가에는 통화내용의 청취 또는 녹음을 조건으로 붙일 수 있다(동조 제2항).

④ 수용자의 전화통화 요금은 수용자가 부담한다. 소장은 교정성적이 양호한 수형자 또는 보관금이 없는 수용자 등에 대하여는 예산의 범위에서 요금을 부담할 수 있다(형의 집행 및 수용자의 처우에 관한 법률 시행규칙 제29조 제1항·제2항).

13 난도 ★★★ 정답 ③

교정학 > 교정시설과 수용제도론

정답의 이유

③ 교정 이전단계에서 범죄자를 보호관찰, 가택구금, 벌금형, 배상처분, 사회봉사명령 등 비구금적 제재로 전환시킴으로써 교정시설에 수용되는 인구 자체를 줄이자는 방안은 정문정책(front-door policy)에 해당한다. 그러나 이러한 방식은 중요한 강력범죄자에게는 적용할 수 없고 오히려 형사사법망을 확대시키는 결과를 초래하여 더 많은 사람을 교정의 대상으로 삼게 되는 문제점을 야기할 가능성도 배제할 수 없다.

✓ 더알아보기

브룸스타인(A. Blumstein)의 교도소 과밀화 해소방안 전략

1. 무익한 전략(null strategy): 수용인원이 증가하더라도 별도의 대책 없이 자체적으로 수용인원을 소화
2. 선별적 무능력화(selective incapacitation): 중 · 누범자만을 선별적으로 구금하여 교정시설을 효율적으로 운영
3. 수용인구 감소전략
   (1) 정문정책(front-door policy): 범죄인의 구금보다 비구금적 제재로 전환하여 처음부터 수용인원을 감소함
   (2) 후문정책(back-door policy): 기존 수형자를 형기 만료 이전에 출소시켜 수용인원을 감소함
4. 형사사법절차 개선전략: 범죄인을 수용할 경우 형사절차과정에서 교정시설의 수용능력 고려
5. 교정시설 확충전략: 교정시설 증설

14 난도 ★★★ 정답 ③

교정학 > 교정의 민영화

정답의 이유

③ 교정법인의 대표자는 그 교정법인이 운영하는 민영교도소 등의 장을 겸할 수 없고, 이사는 감사나 해당 교정법인이 운영하는 민영교도소 등의 직원(민영교도소 등의 장은 제외한다)을 겸할 수 없다(민영교도소 등의 설치 · 운영에 관한 법률 제13조 제1항 · 제2항).

오답의 이유

① 민영교도소의 설치 · 운영에 관한 법률 제3조 제1항
② 민영교도소의 설치 · 운영에 관한 법률 제4조 제4항
④ 민영교도소의 설치 · 운영에 관한 법률 제33조 제1항

15 난도 ★★☆ 정답 ③

교정학 > 시설내 처우

정답의 이유

ㄴ. 형의 집행과 수용자의 처우에 관한 법률 제94조 제1항
ㄷ. 형의 집행과 수용자의 처우에 관한 법률 제98조 제2항 제1호 · 제97조 제1항 제3호

오답의 이유

ㄱ. 소장은 수용자가 자살 또는 자해의 우려가 있는 때에는 의무관의 의견을 고려하여 보호실(자살 및 자해 방지 등의 설비를 갖춘 거실)에 수용할 수 있다(형의 집행과 수용자의 처우에 관한 법률 제95조 제1항 제1호).
ㄹ. 교도관은 수용자가 다른 사람에게 위해를 끼치거나 끼치려고 하는 때에는 강제력을 행사할 수 있고(형의 집행과 수용자의 처우에 관한 법률 제100조 제1항 제4호), 수용자가 다른 사람에게 중대한 위해를 끼치거나 끼치려고 하여 그 사태가 위급한 때에는 무기를 사용할 수 있다(동법 제101조 제1항 제1호).

16 난도 ★☆☆ 정답 ①

형사정책 > 형벌과 보안처분론

정답의 이유

① 치료감호 등에 관한 법률 제12조 제1항

오답의 이유

② 근로에 종사하는 피치료감호자에게는 근로의욕을 북돋우고 석방 후 사회정착에 도움이 될 수 있도록 법무부장관이 정하는 바에 따라 근로보상금을 지급하여야 한다(치료감호 등에 관한 법률 제29조).
③ 치료감호심의위원회는 치료감호만을 선고받은 피치료감호자에 대한 집행이 시작된 후 1년이 지났을 때에는 상당한 기간을 정하여 그의 법정대리인, 배우자, 직계친족, 형제자매(법정대리인 등)에게 치료감호시설 외에서의 치료를 위탁할 수 있다(치료감호 등에 관한 법률 제23조 제1항).
④ 살인범죄를 저질러 치료감호를 선고받은 피치료감호자가 살인범죄를 다시 범할 위험성이 있고 계속 치료가 필요하다고 인정되는 경우에는 법원은 치료감호시설의 장의 신청에 따른 검사의 청구로 3회까지 매회 2년의 범위에서 피치료감호자를 치료감호시설에 수용하는 기간을 연장하는 결정을 할 수 있고(치료감호 등에 관한 법률 제16조 제3항), 검사의 청구는 피치료감호자를 치료감호시설에 수용하는 기간 또는 치료감호가 연장된 기간이 종료하기 6개월 전까지 하여야 한다(동조 제5항).

17 난도 ★★★ 정답 ①

교정학 > 시설내 처우

정답의 이유

① 교정시설의 장은 민간기업이 참여할 교도작업의 내용을 해당 기업체와의 계약으로 정하고 이에 대하여 법무부장관의 승인을 받아야 한다. 다만, 법무부장관이 정하는 단기의 계약(계약기간이 2개월 이하인 계약)에 대하여는 그러하지 아니하다(교도작업의 운영 및 특별회계에 관한 법률 제6조 제2항 · 동법 시행규칙 제5조 제1항).

18 난도 ★★☆   정답 ②

형사정책 > 형벌과 보안처분론

정답의 이유

② 벌금과 과료는 판결확정일로부터 30일 내에 납입하여야 한다. 단, 벌금을 선고할 때에는 동시에 그 금액을 완납할 때까지 노역장에 유치할 것을 명할 수 있다(형법 제69조 제1항).

오답의 이유

① 형법 제45조 · 제47조
③ 형법 제70조 제2항
④ 형법 제69조 제2항

19 난도 ★★★   정답 ④

형사정책 > 소년범죄론

정답의 이유

④ 소년원장은 미성년자인 보호소년등이 친권자나 후견인이 없거나 있어도 그 권리를 행사할 수 없을 때에는 법원의 허가를 받아 그 보호소년등을 위하여 친권자나 후견인의 직무를 행사할 수 있다(보호소년 등의 처우에 관한 법률 제23조 참조).

오답의 이유

① 보호소년 등의 처우에 관한 법률 제12조 제1항
② 보호소년 등의 처우에 관한 법률 제14조의3 제2항
③ 보호소년 등의 처우에 관한 법률 제18조 제4항

20 난도 ★★☆   정답 ②

형사정책 > 소년범죄론

정답의 이유

A. 의료모형: 교정을 치료로 보았으며, 소년원에 있어 교정교육기법의 기저가 되었다. - ㄱ
B. 적응(조정)모형: 범죄자는 치료의 대상이지만 스스로 책임 있는 선택과 합리적 결정을 할 수 있는 자로 본다. - ㄴ
C. 범죄통제모형: 청소년도 자신의 행동에 대해서 책임을 져야 하므로, 청소년 범죄자에 대한 처벌을 강화하는 것만이 청소년 범죄를 줄일 수 있다. - ㄹ
D. 최소제한(제약)모형: 낙인이론에 근거하여 시설수용의 폐단을 지적하고, 처벌 및 처우개념을 모두 부정하며 불간섭주의를 주장한다. - ㄷ

한눈에 훑어보기

 영역 분석

형사정책 03 04 05 07 08 11 15 19
8문항, 40%

교정학 01 02 06 09 10 12 13 14 16 17 18 20
12문항, 60%

빠른 정답

01	02	03	04	05	06	07	08	09	10
②	③	①	③	②	③	③	③	②	②
11	12	13	14	15	16	17	18	19	20
③	②	④	②	④	④	①	④	④	①

점수 체크

구분	1회독	2회독	3회독
맞힌 문항 수	/ 20	/ 20	/ 20
나의 점수	점	점	점

01 난도 ★★★   정답 ②

교정학 > 시설내 처우

정답의 이유

② '수형자'란 징역형·금고형 또는 구류형의 선고를 받아 그 형이 확정되어 교정시설에 수용된 사람과 벌금 또는 과료를 완납하지 아니하여 노역장 유치명령을 받아 교정시설에 수용된 사람을 말한다(형의 집행 및 수용자의 처우에 관한 법률 제2조 제2호).

오답의 이유

① 형의 집행 및 수용자의 처우에 관한 법률 제2조 제1호
② 형의 집행 및 수용자의 처우에 관한 법률 제2조 제3호
③ 형의 집행 및 수용자의 처우에 관한 법률 제2조 제4호

02 난도 ★★★   정답 ③

교정학 > 교정학의 이해

정답의 이유

③ 사법(정의·공정)모델은 개선모델과 의료모델의 인권침해적 요소(재량권 남용, 차별적 처우 등)에 대한 반성과 더불어 행형의 특별예방효과와 개방적 교정처우제도의 효과에 대한 의심에서 비롯되었다.

03 난도 ★★★   정답 ①

형사정책 > 범죄원인론

정답의 이유

(가) 가해(손상)의 부정: 훔친 것을 빌린 것이라고 하는 등 자신의 행위가 위법한 것일지는 몰라도 실제로 자신의 행위로 인하여 손상을 입은 사람은 아무도 없다고 주장하며 합리화하는 경우가 이에 해당한다(자신의 범죄사실을 부정하는 것).

(나) 책임의 부정: 의도적인 것이 아니었거나 자기의 잘못이 아니라 주거환경, 친구 등에 책임을 전가하거나 또는 자신도 자기를 통제할 수 없는 외부세력의 피해자라고 여기는 경우가 이에 해당한다(사람·환경에 책임 전가하는 것).

형사정책 > 범죄원인론

정답의 이유

ⓓ 혁명 · 전복 · 반역형: 정치범, 환경보호론자, 낙태금지론자, 동물보호론자 등
ⓔ 도피 · 회피 · 퇴행형: 정신병자, 빈민층, 방랑자, 폭력배, 만성적 알코올 중독자 및 마약상습자 등

오답의 이유

㉠ 동조형: 정상인
㉡ 개혁 · 혁신형: 대부분의 범죄(성매매, 마약거래, 강도, 사기, 횡령 등)
㉢ 의례 · 의식형: 사회적으로 중하층인, 자기가 하는 일의 목표는 안중에 없고 무사안일하게 절차적 규범이나 규칙만을 준수하는 관료 등

형사정책 > 소년범죄론

정답의 이유

② 형의 집행유예나 선고유예를 선고할 때에는 부정기형을 선고하지 못한다(소년법 제60조 제1항 · 제3항).

오답의 이유

① 소년법 제55조 제1항
③ 소년에 대한 형사사건의 심리는 다른 피의사건과 관련된 경우에도 심리에 지장이 없으면 그 절차를 분리하여야 한다(소년법 제57조).
④ 소년법 제62조

교정학 > 교정시설과 수용제도론

정답의 이유

③ 펜실베니아시스템은 절대침묵과 정숙을 유지하며 주야 구분 없이 엄정한 독거수용을 통해 회오반성을 목적으로 한 구금방식으로 엄정독거제, 분방제, 필라델피아제로 불리며, 오번시스템은 엄정독거제의 결점을 보완하고 혼거제의 폐해인 수형자 상호 간의 악풍감염을 제거하기 위한 구금형태로 절충제(엄정독거제와 혼거제를 절충), 완화독거제(반독거제, 엄정독거제보다 완화된 형태), 교담금지제(침묵제, 주간작업 시 엄중침묵 강요)라고도 한다.

형사정책 > 소년범죄론

정답의 이유

③ 보호관찰관의 단기 보호관찰 또는 장기 보호관찰의 처분을 할 때에 1년 이내의 기간을 정하여 야간 등 특정 시간대의 외출을 제한하는 명령을 보호관찰대상자의 준수 사항으로 부과할 수 있다(소년법 제32조의2 제2항).

오답의 이유

① 소년법 제33조 제4항
② 소년법 제38조 제1항
④ 소년법 제32조 제3항 · 제4항

형사정책 > 소년범죄론

정답의 이유

③ 보호자, 소년을 보호할 수 있는 적당한 자 또는 시설에 위탁 및 병원이나 그 밖의 요양소에의 위탁기간은 3개월을, 소년분류심사원에의 위탁기간은 1개월을 초과하지 못한다. 다만, 특별히 계속 조치할 필요가 있을 때에는 한 번에 한하여 결정으로써 연장할 수 있다(소년법 제18조 제3항).

✓ 더알아보기

소년부 판사의 임시조치 및 감호위탁기간(소년법 제18조)
1. 보호자, 소년을 보호할 수 있는 적당한 자 또는 시설에 위탁: 3개월
2. 병원이나 그 밖의 요양소에 위탁: 3개월
3. 소년분류심사원에 위탁: 1개월

교정학 > 수용자의 법적 지위와 처우

정답의 이유

ㄱ. 형의 집행 및 수용자의 처우에 관한 법률 제59조 제3항
ㄷ. 경비처우급을 상향 또는 하향 조정하기 위하여 고려할 수 있는 평정소득점수의 기준은 상향 조정은 8점 이상(형기의 6분의 5에 도달한 때에 하는 재심사의 경우에는 7점 이상), 하향 조정은 5점 이하이다. 다만, 수용 및 처우를 위하여 특히 필요한 경우 법무부장관이 달리 정할 수 있다(형의 집행 및 수용자의 처우에 관한 법률 시행규칙 제81조).
ㄹ. 형의 집행 및 수용자의 처우에 관한 법률 시행규칙 제79조 제3항

오답의 이유

ㄴ. 개별처우계획을 조정할 것인지를 결정하기 위한 분류심사(재심사)는 정기재심사(일정한 형기가 도달한 때 하는 재심사), 부정기재심사(상벌 또는 그 밖의 사유가 발생한 경우에 하는 재심

교정학개론

기출이 답이다

교정직

사)로 구분한다(형의 집행 및 수용자의 처우에 관한 법률 시행규칙 제65조).

ㅁ. 조정된 처우등급에 따른 처우는 그 조정이 확정된 다음 날부터 한다. 이 경우 조정된 처우등급은 그 달 초일부터 적용된 것으로 본다(형의 집행 및 수용자의 처우에 관한 법률 시행규칙 제82조 제1항).

10 난도 ★★★　　　　　　　　정답 ②

교정학 > 시설내 처우

정답의 이유

ㄱ. 형의 집행 및 수용자의 처우에 관한 법률 제72조 제2항
ㄴ. 형의 집행 및 수용자의 처우에 관한 법률 시행규칙 제95조 제1항
ㄹ. 형의 집행 및 수용자의 처우에 관한 법률 제73조 제3항

오답의 이유

ㄷ. 소장은 법무부장관의 승인을 받아 수형자에게 부과하는 작업의 종류를 정한다(형의 집행 및 수용자의 처우에 관한 법률 시행령 제89조).

ㅁ. 소장은 수형자의 가족 또는 배우자의 직계존속이 사망하면 2일간, 부모 또는 배우자의 제삿날에는 1일간 해당 수형자의 작업을 면제한다. 다만, 수형자가 작업을 계속하기 원하는 경우는 예외로 한다(형의 집행 및 수용자의 처우에 관한 법률 제72조 제1항).

11 난도 ★★★　　　　　　　　정답 ③

형사정책 > 범죄원인론

정답의 이유

ㄱ. 존 하워드(B)
ㄴ. 베까리아(A)
ㄷ. 벤담(C)
ㄹ. 페리(D)

12 난도 ★★★　　　　　　　　정답 ②

교정학 > 시설내 처우

정답의 이유

② 법무부장관은 교정시설의 운영, 교도관의 복무, 수용자의 처우 및 인권실태 등을 파악하기 위하여 매년 1회 이상 교정시설을 순회점검하거나 소속 공무원으로 하여금 순회점검하게 하여야 한다(형의 집행 및 수용자의 처우에 관한 법률 제8조).

오답의 이유

① 형의 집행 및 수용자의 처우에 관한 법률 제7조 제1항
③ 형의 집행 및 수용자의 처우에 관한 법률 제12조 제3항

④ 소장은 가족 또는 배우자의 직계존속이 사망한 때, 직계비속의 혼례가 있는 때의 사유가 있는 수형자에 대하여는 5일 이내의 특별귀휴를 허가할 수 있다(형의 집행 및 수용자의 처우에 관한 법률 제77조 제2항).

13 난도 ★★★　　　　　　　　정답 ④

교정학 > 수용자의 법적 지위와 처우

정답의 이유

④ 일반경비처우급은 구내작업 및 필요시 개방지역작업이 가능하다(형의 집행 및 수용자의 처우에 관한 법률 시행규칙 제74조 제2항).

✅ 더알아보기

경비처우급에 따른 작업기준(형의 집행 및 수용자의 처우에 관한 법률 시행규칙 제74조 제2항)

개방처우급	외부통근작업 및 개방지역작업 가능
완화경비처우급	개방지역작업 및 필요시 외부통근작업 가능
일반경비처우급	구내작업 및 필요시 개방지역작업 가능
중(重)경비처우급	필요시 구내작업 가능

14 난도 ★★★　　　　　　　　정답 ②

교정학 > 수용자의 법적 지위와 처우

정답의 이유

② 판사와 검사 외의 사람은 교정시설을 참관하려면 학술연구 등 정당한 이유를 명시하여 교정시설의 장(소장)의 허가를 받아야 한다(형의 집행 및 수용자의 처우에 관한 법률 제9조 제2항).

오답의 이유

① 형의 집행 및 수용자의 처우에 관한 법률 시행령 제3조 제1항
③ 형의 집행 및 수용자의 처우에 관한 법률 시행령 제2조 제1항
④ 형의 집행 및 수용자의 처우에 관한 법률 시행령 제2조 제2항

15 난도 ★★☆　　　　　　　　정답 ④

형사정책 > 형벌과 보안처분론

정답의 이유

④ 형의 선고유예를 받은 날로부터 2년을 경과한 때에는 면소된 것으로 간주한다(형법 제60조).

오답의 이유

① 죄를 범할 당시 18세 미만인 소년에 대하여 사형 또는 무기형으로 처할 경우에는 15년의 유기징역으로 한다(소년법 제59조).
② 형법 제42조
③ 형법 제62조 제2항

16 난도 ★★★　　　　　　　　　정답 ④

교정학 > 시설내 처우

정답의 이유

④ 소장은 수용자가 임신 중이거나 출산(유산·사산을 포함)한 경우에는 모성보호 및 건강유지를 위하여 정기적인 검진 등 적절한 조치를 하여야 한다(형의 집행 및 수용자의 처우에 관한 법률 제52조 제1항).

오답의 이유

① 형의 집행 및 수용자의 처우에 관한 법률 제50조 제2항
② 형의 집행 및 수용자의 처우에 관한 법률 제41조 제3항
③ 형의 집행 및 수용자의 처우에 관한 법률 제51조 제1항

17 난도 ★★★　　　　　　　　　정답 ①

교정학 > 시설내 처우

정답의 이유

① 직업훈련직종 선정 및 훈련과정별 인원은 법무부장관의 승인을 받아 소장이 정한다(형의 집행 및 수용자의 처우에 관한 법률 시행규칙 제124조 제1항).

오답의 이유

② 형의 집행 및 수용자의 처우에 관한 법률 시행규칙 제125조 제2항
③ 형의 집행 및 수용자의 처우에 관한 법률 시행규칙 제126조 제1호
④ 형의 집행 및 수용자의 처우에 관한 법률 시행규칙 제128조 제1항 제1호

18 난도 ★☆☆　　　　　　　　　정답 ④

교정학 > 사회적 처우와 사회내 처우

정답의 이유

④ 가석방취소자 및 가석방실효자의 남은 형기 기간은 가석방을 실시한 다음 날부터 원래 형기의 종료일까지로 하고, 남은 형기 집행 기산일은 가석방의 취소 또는 실효로 인하여 교정시설에 수용된 날부터 한다(형의 집행 및 수용자의 처우에 관한 법률 시행규칙 제263조 제5항).

오답의 이유

① 징역이나 금고의 집행 중에 있는 사람이 그 행상이 양호하여 뉘우침이 뚜렷한 때에는 무기형은 20년, 유기형은 형기의 3분의 1을 경과한 후 행정처분으로 가석방을 할 수 있다(형법 제72조 제1항).
②·③ 형의 집행 및 수용자의 처우에 관한 법률 제120조 제1항

19 난도 ★★☆　　　　　　　　　정답 ④

형사정책 > 형벌과 보안처분론

정답의 이유

④ 보호관찰기간이 끝나기 전이라도 치료감호심의위원회의 치료감호의 종료결정이 있을 때에는 보호관찰이 종료된다(치료감호 등에 관한 법률 제32조 제3항 제2호).

오답의 이유

① 치료감호 등에 관한 법률 제32조 제2항
②·③ 치료감호 등에 관한 법률 제32조 제1항

✔️ **더알아보기**

보호관찰의 시작과 종료 사유(치료감호 등에 관한 법률 제32조 제1항·제3항)

1. 보호관찰의 시작 사유
   (1) 피치료감호자에 대한 치료감호가 가종료되었을 때
   (2) 피치료감호자가 치료감호시설 외에서 치료받도록 법정대리인 등에게 위탁되었을 때
   (3) 치료감호기간이 만료되는 피치료감호자에 대하여 치료감호심의위원회가 심사하여 보호관찰이 필요하다고 결정한 경우에는 치료감호기간이 만료되었을 때
2. 보호관찰의 종료 사유
   (1) 보호관찰기간이 끝났을 때
   (2) 보호관찰기간이 끝나기 전이라도 치료감호심의위원회의 치료감호의 종료결정이 있을 때
   (3) 보호관찰기간이 끝나기 전이라도 피보호관찰자가 다시 치료감호 집행을 받게 되어 재수용되었을 때

20 난도 ★★☆　　　　　　　　　정답 ①

교정학 > 시설내 처우

정답의 이유

㉠ 미결수용자의 접견 횟수는 매일 1회로 하되, 변호인과의 접견은 그 횟수에 포함시키지 않는다(형의 집행 및 수용자의 처우에 관한 법률 시행령 제101조).
㉡ 소장은 수용자에 대하여 1년에 1회 이상 건강검진을 하여야 한다. 다만, 19세 미만의 수용자와 계호상 독거수용자에 대하여는 6개월에 1회 이상 하여야 한다(형의 집행 및 수용자의 처우에 관한 법률 시행령 제51조 제1항).
㉢ 소장은 작업의 특성, 계절, 그 밖의 사정을 고려하여 수용자의 목욕횟수를 정하되 부득이한 사정이 없으면 매주 1회 이상이 되도록 한다(형의 집행 및 수용자의 처우에 관한 법률 시행령 제50조).

PART 5
형사소송법개론

- 2022년 국가직 9급

- 2021년 국가직 9급

- 2020년 국가직 9급

- 2019년 국가직 9급

- 2018년 국가직 9급

한눈에 훑어보기

🔍 영역 분석

공판
10문항, 50%
04 05 06 08 11 12 13 15 18 19

수사와 공소
5문항, 25%
03 07 10 17 20

상소와 비상구제절차
2문항, 10%
09 16

서론
1문항, 5%
02

종합
2문항, 10%
01 14

✏️ 빠른 정답

01	02	03	04	05	06	07	08	09	10
②	③	①	④	④	③	④	②	③	③

11	12	13	14	15	16	17	18	19	20
②	②	①	①	③	①	④	④	②	②

📌 점수 체크

구분	1회독	2회독	3회독
맞힌 문항 수	/ 20	/ 20	/ 20
나의 점수	점	점	점

---

01 난도 ★★☆　　　　　　　　　　　　　　　정답 ②

종합

정답의 이유

② 검사와 피고인 쌍방이 항소한 경우에 제1심 선고형기 경과 후 제2심 공판이 개정되었다면 이는 위법이라고 할 수 없고, 신속한 재판을 받을 권리를 박탈한 것이라고 할 수 없다(대판 1972.5.23. 72도840).

오답의 이유

① 형사소송법 제308조의2에서는 '적법한 절차에 따르지 아니하고 수집한 증거는 증거로 할 수 없다.'라고 규정하고 있으며, 수집한 증거는 물론 2차적 증거 역시 원칙적으로 유죄 인정의 증거로 삼을 수 없다. 다만, 수사기관의 절차 위반 행위가 적법절차의 실질적인 내용을 침해하는 경우에 해당하지 아니하고, 오히려 그 증거의 증거능력을 배제하는 것이 헌법과 형사소송법이 형사소송에 관한 절차 조항을 마련하여 적법절차의 원칙과 실체적 진실 규명의 조화를 도모하고 이를 통하여 형사 사법 정의를 실현하려 한 취지에 반하는 결과를 초래하는 것으로 평가되는 예외적인 경우라면, 법원은 그 증거를 유죄 인정의 증거로 사용할 수 있다(대판 2009.3.12. 2008도11437).

형사소송법 제308조의2(위법수집증거의 배제)
적법한 절차에 따르지 아니하고 수집한 증거는 증거로 할 수 없다.

---

③ 신속한 재판을 받을 권리는 주로 피고인의 이익을 보호하기 위하여 인정된 기본권이지만 동시에 실체적 진실 발견, 소송경제, 재판에 대한 국민의 신뢰와 형벌목적의 달성과 같은 공공의 이익에도 근거가 있기 때문에 어느 면에서는 이중적인 성격을 갖고 있다고 할 수 있어, 형사사법체제 자체를 위하여서도 아주 중요한 의미를 갖는 기본권이다(헌재 1995.11.30. 92헌마44).

④ 실체진실주의는 수사절차 공판절차에 모두 적용되는 최고의 이념이며 이를 구현하기 위하여, 형사소송법 제295조에서는 '법원은 제294조 및 제294조의2의 증거신청에 대하여 결정을 하여야 하며 직권으로 증거조사를 할 수 있다.'라고 규정하고 있다.

02 난도 ★★☆　　　　　　　　　　　　　　　정답 ③

서론 > 소송주체와 소송관계인

정답의 이유

ㄴ. 헌법과 달리 형사소송법에서는 불리한 진술 외에도 '일체의 진술을 하지 아니하거나 개개의 질문에 대하여 진술을 하지 아니할 수 있

다.'고 하여 내용의 유·불리와 상관없이 거부할 수 있다(형사소송법 제283조의2·제244조의3).

제283조의2(피고인의 진술거부권)
① 피고인은 진술하지 아니하거나 개개의 질문에 대하여 진술을 거부할 수 있다.
② 재판장은 피고인에게 제1항과 같이 진술을 거부할 수 있음을 고지하여야 한다.

제244조의3(진술거부권 등의 고지)
① 검사 또는 사법경찰관은 피의자를 신문하기 전에 다음 각 호의 사항을 알려주어야 한다.
  1. 일체의 진술을 하지 아니하거나 개개의 질문에 대하여 진술을 하지 아니할 수 있다는 것
  2. 진술을 하지 아니하더라도 불이익을 받지 아니한다는 것
  3. 진술을 거부할 권리를 포기하고 행한 진술은 법정에서 유죄의 증거로 사용될 수 있다는 것
  4. 신문을 받을 때에는 변호인을 참여하게 하는 등 변호인의 조력을 받을 수 있다는 것

ㄹ. 형사소송규칙 제127조·제144조

제127조(피고인에 대한 진술거부권 등의 고지)
재판장은 법 제284조에 따른 인정신문을 하기 전에 피고인에게 진술을 하지 아니하거나 개개의 질문에 대하여 진술을 거부할 수 있고, 이익 되는 사실을 진술할 수 있음을 알려 주어야 한다.

제144조(공판절차의 갱신절차)
① 법 제301조, 법 제301조의2 또는 제143조에 따른 공판절차의 갱신은 다음 각 호의 규정에 의한다.
  1. 재판장은 제127조의 규정에 따라 피고인에게 진술거부권 등을 고지한 후 법 제284조에 따른 인정신문을 하여 피고인임에 틀림없음을 확인하여야 한다.

오답의 이유

ㄱ. 진술거부권은 형사절차뿐만 아니라 행정절차나 국회에서의 조사절차 등에서도 보장되고, 현재 피의자나 피고인으로서 수사 또는 공판절차에 계속 중인 사람뿐만 아니라 장차 피의자나 피고인이 될 사람에게도 보장된다. 또한 진술거부권은 고문 등 폭행에 의한 강요는 물론 법률로써도 진술을 강요당하지 아니함을 의미한다(헌재 2005.12.22. 2004헌바25).

ㄷ. 불리한 진술을 거부할 권리에 대한 진술거부권 고지의무는 피의자에 대해서 규정하고 있지만, 진술거부권 그 자체는 헌법상으로는 '모든 국민'으로 규정하고 있으므로, 피내사자나 참고인에게도 해당된다(헌법 제12조 제2항 참조).

ㅁ. 헌법 제12조 제2항에서 진술거부권을 국민의 기본적 권리로 보장하고 있다. 그러나 진술거부권이 보장되는 절차에서 진술거부권을 고지받을 권리가 헌법 제12조 제2항에 의하여 바로 도출된다고 할 수는 없고, 이를 인정하기 위해서는 입법적 뒷받침이 필요하다(대판 2014.1.16. 2013도5441).

헌법 제12조
② 모든 국민은 고문을 받지 아니하며, 형사상 자기에게 불리한 진술을 강요당하지 아니한다.

---

03 난도 ★★☆   정답 ①

수사와 공소 > 수사

정답의 이유

① 친고죄에 있어서의 고소는 고소권 있는 자가 수사기관에 대하여 범죄사실을 신고하고 범인의 처벌을 구하는 의사표시로서 서면뿐만 아니라 구술로도 할 수 있는 것이고, 다만 구술에 의한 고소를 받은 검사 또는 사법경찰관은 조서를 작성하여야 하지만 그 조서가 독립된 조서일 필요는 없으며 수사기관이 고소권자를 증인 또는 피해자로서 신문한 경우에 그 진술에 범인의 처벌을 요구하는 의사표시가 포함되어 있고 그 의사표시가 조서에 기재되면 고소는 적법하게 이루어진 것이다(대판 2015.11.17. 2013도7987)(대판 2011.6.24. 2011도4451, 2011전도76).

오답의 이유

② 고소인과 피고인 사이에 작성된, "상호간에 원만히 해결되었으므로 이후에 민·형사간 어떠한 이의도 제기하지 아니할 것을 합의한다"는 취지의 합의서가 제1심 법원에 제출되었으나 고소인이 제1심에서 고소취소의 의사가 없다고 증언하였다면 위 합의서의 제출로 고소취소의 효력이 발생하지 아니한다(대판 1981.10.6. 81도1968).

③ 친고죄에서 적법한 고소가 있었는지는 자유로운 증명의 대상이 되고, 일죄의 관계에 있는 범죄사실 일부에 대한 고소의 효력은 일죄 전부에 대하여 미친다(대판 2011.6.24. 2011도4451, 2011전도76).

④ 상소심에서 형사소송법 제366조 또는 제393조 등에 의하여 법률 위반을 이유로 제1심 공소기각판결을 파기하고 사건을 제1심 법원에 환송함에 따라 다시 제1심 절차가 진행된 경우, 종전의 제1심판결은 이미 파기되어 효력을 상실하였으므로 환송 후의 제1심판결 선고전에는 고소취소의 제한사유가 되는 제1심판결 선고가 없는 경우에 해당한다. 따라서 환송 후의 제1심판결 선고 전에 친고죄의 고소가 취소되면 형사소송법 제327조 제5호에 의하여 판결로써 공소를 기각하여야 한다(대판 2011.8.25. 2009도9112).

---

04 난도 ★★☆   정답 ④

공판 > 공판절차

정답의 이유

④ 배심원은 만 20세 이상의 대한민국 국민 중에서 선정한다(국민의 형사재판 참여에 관한 법률 제16조).

제16조(배심원의 자격)
배심원은 만 20세 이상의 대한민국 국민 중에서 이 법으로 정하는 바에 따라 선정된다.

오답의 이유

① 국민의 형사재판 참여에 관한 법률 제46조 제5항

제46조(재판장의 설명·평의·평결·토의 등)
⑤ 제2항부터 제4항까지의 평결과 의견은 법원을 기속하지 아니한다.

② 국민의 형사재판 참여에 관한 법률 제7조

제7조(필요적 국선변호)
이 법에 따른 국민참여재판에 관하여 변호인이 없는 때에는 법원은 직권으로 변호인을 선정하여야 한다.

③ 국민의 형사재판 참여에 관한 법률에 비추어 보면, 피고인이 법원에 국민참여재판을 신청하였는데도 법원이 이에 대한 배제결정도 하지 않은 채 통상의 공판절차로 재판을 진행하는 것은 피고인의 국민참여재판을 받을 권리 및 법원의 배제결정에 대한 항고권 등의 중대한 절차적 권리를 침해한 것으로서 위법하고, 이러한 제1심법원의 소송절차상의 하자는 직권조사사유에 해당하므로 비록 피고인이 이러한 점을 항소사유로 삼고 있지 않다 하더라도 항소심 법원은 직권으로 제1심판결을 파기하여야 한다(대판 2011.9.8. 2011도7106).

05 난도 ★★★　　　　　　　　　　　　　　정답 ④

공판 > 증거

정답의 이유

④ 형사소송법 제266조의4의 법원이 검사에게 '서류등의 열람·등사 또는 서면의 교부를 허용'할 것을 명한 규정은 피고사건 소송절차에서의 증거개시와 관련된 것으로서 제403조에서 말하는 '판결 전의 소송절차에 관한 결정'에 해당한다고 할 수 있다. 위 결정에 대하여는 형사소송법에서 별도로 즉시항고에 관한 규정을 두고 있지 않으므로 동법 제402조에 의한 항고의 방법으로 불복할 수 없다.

제266조의4(법원의 열람·등사에 관한 결정)
① 피고인 또는 변호인은 검사가 서류등의 열람·등사 또는 서면의 교부를 거부하거나 그 범위를 제한한 때에는 법원에 그 서류등의 열람·등사 또는 서면의 교부를 허용하도록 할 것을 신청할 수 있다.
② 법원은 제1항의 신청이 있는 때에는 열람·등사 또는 서면의 교부를 허용하는 경우에 생길 폐해의 유형·정도, 피고인의 방어 또는 재판의 신속한 진행을 위한 필요성 및 해당 서류등의 중요성 등을 고려하여 검사에게 열람·등사 또는 서면의 교부를 허용할 것을 명할 수 있다. 이 경우 열람 또는 등사의 시기·방법을 지정하거나 조건·의무를 부과할 수 있다.

제402조(항고할 수 있는 재판)
법원의 결정에 대하여 불복이 있으면 항고를 할 수 있다. 단, 이 법률에 특별한 규정이 있는 경우에는 예외로 한다.

제403조(판결 전의 결정에 대한 항고)
① 법원의 관할 또는 판결 전의 소송절차에 관한 결정에 대하여는 특히 즉시항고를 할 수 있는 경우 외에는 항고하지 못한다.
② 전항의 규정은 구금, 보석, 압수나 압수물의 환부에 관한 결정 또는 감정하기 위한 피고인의 유치에 관한 결정에 적용하지 아니한다.

오답의 이유

① 형사소송법 제266조의3 제1항·제266조의11 제1항

제266조의3(공소제기 후 검사가 보관하고 있는 서류 등의 열람·등사)
① 피고인 또는 변호인은 검사에게 공소제기된 사건에 관한 서류 또는 물건(이하 "서류등"이라 한다)의 목록과 공소사실의 인정 또는 양형에 영향을 미칠 수 있는 다음 서류등의 열람·등사 또는 서면의 교부를 신청할 수 있다. 다만, 피고인에게 변호인이 있는 경우에는 피고인은 열람만을 신청할 수 있다.
  1. 검사가 증거로 신청할 서류등
  2. 검사가 증인으로 신청할 사람의 성명·사건과의 관계 등을 기재한 서면 또는 그 사람이 공판기일 전에 행한 진술을 기재한 서류등
  3. 제1호 또는 제2호의 서면 또는 서류등의 증명력과 관련된 서류등
  4. 피고인 또는 변호인이 행한 법률상·사실상 주장과 관련된 서류등(관련 형사재판확정기록, 불기소처분기록 등을 포함한다)

제266조의11(피고인 또는 변호인이 보관하고 있는 서류 등의 열람·등사)
① 검사는 피고인 또는 변호인이 공판기일 또는 공판준비절차에서 현장부재·심신상실 또는 심신미약 등 법률상·사실상의 주장을 한 때에는 피고인 또는 변호인에게 다음 서류등의 열람·등사 또는 서면의 교부를 요구할 수 있다.
  1. 피고인 또는 변호인이 증거로 신청할 서류등
  2. 피고인 또는 변호인이 증인으로 신청할 사람의 성명, 사건과의 관계 등을 기재한 서면
  3. 제1호의 서류등 또는 제2호의 서면의 증명력과 관련된 서류등
  4. 피고인 또는 변호인이 행한 법률상·사실상의 주장과 관련된 서류등

② 형사소송법 제266조의3
③ 형사소송법 제266조의3 제3항·제4항

제266조의3(공소제기 후 검사가 보관하고 있는 서류 등의 열람·등사)
③ 검사는 열람·등사 또는 서면의 교부를 거부하거나 그 범위를 제한하는 때에는 지체 없이 그 이유를 서면으로 통지하여야 한다.
④ 피고인 또는 변호인은 검사가 제1항의 신청을 받은 때부터 48시간 이내에 제3항의 통지를 하지 아니하는 때에는 제266조의4 제1항의 신청을 할 수 있다.

공판 > 증거

정답의 이유

③ 현행 형사소송법 제314조의 문언과 개정 취지, 증언거부권 관련 규정의 내용 등에 비추어 보면, 법정에 출석한 증인이 형사소송법 제148조, 제149조 등에서 정한 바에 따라 정당하게 증언거부권을 행사하여 증언을 거부한 경우는 형사소송법 제314조의 '그 밖에 이에 준하는 사유로 인하여 진술할 수 없는 때'에 해당하지 아니한다고 할 것이다(대판 2012.5.17. 2009도6788).

형사소송법 제314조(증거능력에 대한 예외)
제312조 또는 제313조의 경우에 공판준비 또는 공판기일에 진술을 요하는 자가 사망·질병·외국거주·소재불명 그 밖에 이에 준하는 사유로 인하여 진술할 수 없는 때에는 그 조서 및 그 밖의 서류(피고인 또는 피고인 아닌 자가 작성하였거나 진술한 내용이 포함된 문자·사진·영상 등의 정보로서 컴퓨터용디스크, 그 밖에 이와 비슷한 정보저장매체에 저장된 것을 포함한다)를 증거로 할 수 있다. 다만, 그 진술 또는 작성이 특히 신빙할 수 있는 상태하에서 행하여졌음이 증명된 때에 한한다.

오답의 이유

① 형사소송법 제312조 제1항

제312조(검사 또는 사법경찰관의 조서 등)
① 검사가 작성한 피의자신문조서는 적법한 절차와 방식에 따라 작성된 것으로서 공판준비, 공판기일에 그 피의자였던 피고인 또는 변호인이 그 내용을 인정할 때에 한정하여 증거로 할 수 있다. 〈개정 2020.2.4.〉

② 형사소송법 제315조

제315조(당연히 증거능력이 있는 서류)
다음에 게기한 서류는 증거로 할 수 있다. 〈개정 2007.5.17.〉
　　1. 가족관계기록사항에 관한 증명서, 공정증서등본 기타 공무원 또는 외국공무원의 직무상 증명할 수 있는 사항에 관하여 작성한 문서
　　2. 상업장부, 항해일지 기타 업무상 필요로 작성한 통상문서
　　3. 기타 특히 신용할 만한 정황에 의하여 작성된 문서

④ 전문진술이나 전문진술을 기재한 조서는 형사소송법 제310조의2의 규정에 의하여 원칙적으로 증거능력이 없으나, 다만 피고인 아닌 자의 공판준비 또는 공판기일에서의 진술이 피고인의 진술을 그 내용으로 하는 것인 때에는 형사소송법 제316조 제1항의 규정에 따라 그 진술이 특히 신빙할 수 있는 상태하에서 행하여진 때에 한하여 이를 증거로 할 수 있고, 그 전문진술이 기재된 조서는 형사소송법 제312조 내지 314조의 규정에 의하여 그 증거능력이 인정될 수 있는 경우에 해당하여야 함은 물론, 나아가 형사소송법 제316조 제1항의 규정에 따른 위와 같은 조건을 갖춘 때에 예외적으로 증거능력을 인정하여야 할 것이다(대판 2007.7.27. 2007도3798).

수사와 공소 > 수사

정답의 이유

④ 경찰관이 간호사로부터 진료 목적으로 이미 채혈되어 있던 피고인의 혈액 중 일부를 주취운전 여부에 대한 감정을 목적으로 임의로 제출받아 한 경우, 당시 간호사에게 병원 등을 대리하여 혈액을 제출할 권한이 없었다는 특별한 사정이 없는 한 압수절차가 피의자 또는 피의자 가족의 동의 및 영장 없이 이루어졌다는 사실 때문에 적법절차에 위배된다고 볼 수는 없다(대판 1999.9.3. 98도968).

오답의 이유

① 수사기관이 범죄 증거를 수집할 목적으로 피의자의 동의 없이 피의자의 혈액을 취득·보관하는 행위는 법원으로부터 감정처분허가장을 받아 형사소송법 제221조의4 제1항, 제173조 제1항에 의한 '감정에 필요한 처분'으로도 할 수 있지만, 형사소송법 제219조, 제106조 제1항에 정한 압수의 방법으로도 할 수 있고, 압수의 방법에 의하는 경우 혈액의 취득을 위하여 피의자의 신체로부터 혈액을 채취하는 행위는 혈액의 압수를 위한 것으로서 형사소송법 제219조, 제120조 제1항에 정한 '압수영장의 집행에 있어 필요한 처분'에 해당한다(대판 2012.11.15. 2011도15258).

② 음주운전과 관련한 도로교통법 위반죄의 범죄수사를 위하여 미성년자인 피의자의 혈액채취가 필요한 경우에도 피의자에게 의사능력이 있다면 피의자 본인만이 혈액채취에 관한 유효한 동의를 할 수 있고, 피의자에게 의사능력이 없는 경우에도 명문의 규정이 없는 이상 법정대리인이 피의자를 대리하여 동의할 수는 없다(대판 2014.11.13. 2013도1228).

③ 피의자의 생명·신체를 구조하기 위하여 사고현장으로부터 곧바로 후송된 병원 응급실 등의 장소는 형사소송법 제216조 제3항의 범죄장소에 준한다. 따라서 수사기관(검사 또는 사법경찰관)은 피의자의 혈중알코올농도 등 증거의 수집을 위하여 의료법상 의료인의 자격이 있는 자로 하여금 의료용 기구로 의학적인 방법에 따라 필요최소한의 한도 내에서 피의자의 혈액을 채취하게 한 후 그 혈액을 영장 없이 압수할 수 있다(대판 2012.11.15. 2011도15258).

공판 > 증거

정답의 이유

② 범죄사실의 증명은 반드시 직접증거만으로 이루어져야 하는 것은 아니고 논리와 경험칙에 합치되는 한 간접증거로도 할 수 있으며, 간접증거가 개별적으로는 범죄사실에 대한 완전한 증명력을 가지지 못하더라도 전체 증거를 상호관련하에 종합적으로 고찰할 경우 그 단독으로는 가지지 못하는 종합적 증명력이 있는 것으로 판단되면 그에 의하여도 범죄사실을 인정할 수가 있다(대판 1998.11.13. 96도1783).

① 형사소송규칙 제135조의2

제135조의2(증거조사에 관한 이의신청의 사유)
법 제296조 제1항의 규정에 의한 이의신청은 법령의 위반이 있거나 상당하지 아니함을 이유로 하여 이를 할 수 있다. 다만, 법 제295조의 규정에 의한 결정에 대한 이의신청은 법령의 위반이 있음을 이유로 하여서만 이를 할 수 있다.

③ 형사소송법 제266조의13 제1항

제266조의13(공판준비기일 종결의 효과)
① 공판준비기일에서 신청하지 못한 증거는 다음 각 호의 어느 하나에 해당하는 경우에 한하여 공판기일에 신청할 수 있다.
　1. 그 신청으로 인하여 소송을 현저히 지연시키지 아니하는 때
　2. 중대한 과실 없이 공판준비기일에 제출하지 못하는 등 부득이한 사유를 소명한 때
② 제1항에도 불구하고 법원은 직권으로 증거를 조사할 수 있다.

④ 형사소송법 제292조 제1항 · 제2항

제292조(증거서류에 대한 조사방식)
① 검사, 피고인 또는 변호인의 신청에 따라 증거서류를 조사하는 때에는 신청인이 이를 낭독하여야 한다.
② 법원이 직권으로 증거서류를 조사하는 때에는 소지인 또는 재판장이 이를 낭독하여야 한다.

09 난도 ★★☆　　　　　　　　　　　정답 ③

상소와 비상구제절차 > 비상구제절차

정답의 이유

③ 유죄의 확정판결에 대하여 재심개시결정이 확정되어 법원이 그 사건에 대하여 다시 심판을 한 후 재심의 판결을 선고하고 그 재심판결이 확정된 때에는 종전의 확정판결은 당연히 효력을 상실한다(대판 2017.9.21. 2017도4019).

오답의 이유

① 재심이 개시된 사건에서 범죄사실에 대하여 적용하여야 할 법령은 재심판결 당시의 법령이므로, 법원은 재심대상판결 당시의 법령이 변경된 경우에는 그 범죄사실에 대하여 재심판결 당시의 법령을 적용하여야 한다(대판 2010.12.16. 2010도5986 전원합의체).

② 형사소송법의 이익재심 원칙과 재심심판절차에 관한 특칙 등에 비추어 보면, 재심심판절차에서는 특별한 사정이 없는 한 검사가 재심대상사건과 별개의 공소사실을 추가하는 내용으로 공소장을 변경하는 것은 허용되지 않고, 재심대상사건에 일반 절차로 진행 중인 별개의 형사사건을 병합하여 심리하는 것도 허용되지 않는다(대판 2019.6.20. 2018도20698).

④ 형사소송법상 재심절차는 재심개시절차와 재심심판절차로 구별되는 것이므로, 재심개시절차에서는 형사소송법에서 규정하고

있는 재심사유가 있는지 여부만을 판단하여야 하고, 나아가 재심사유가 재심대상판결에 영향을 미칠 가능성이 있는가의 실체적 사유는 고려하여서는 아니 된다(대결 2008.4.24. 2008모77).

10 난도 ★★☆　　　　　　　　　　　정답 ③

수사와 공소 > 수사의 종결과 공소의 제기

정답의 이유

③ 과실로 교통사고를 발생시켰다는 각 '교통사고처리 특례법 위반죄'와 고의로 교통사고를 낸 뒤 보험금을 청구하여 수령하거나 미수에 그쳤다는 '사기 및 사기미수죄'는 서로 행위 태양이 전혀 다르고, 각 교통사고처리 특례법 위반죄의 피해자는 교통사고로 사망한 사람들이나, 사기 및 사기미수죄의 피해자는 피고인과 운전자보험계약을 체결한 보험회사들로서 역시 서로 다르며, 따라서 위 각 교통사고처리 특례법 위반죄와 사기 및 사기미수죄는 그 기본적 사실관계가 동일하다고 볼 수 없다(대판 2010.2.25. 2009도14263).

오답의 이유

① 두 죄의 기본적 사실관계가 동일한가의 여부는 그 규범적 요소를 전적으로 배제한 채 순수하게 사회적, 전법률적인 관점에 서만 파악할 수는 없고, 그 자연적, 사회적 사실관계나 피고인의 행위가 동일한 것인가 외에 그 규범적 요소도 기본적 사실관계 동일성의 실질적 내용의 일부를 이루는 것이라고 보는 것이 상당하다(대판 1994.3.22. 93도2080 전원합의체).

② 강도가 한 개의 강도범행을 하는 기회에 수명의 피해자에게 각 폭행을 가하여 각 상해를 입힌 경우에는 각 피해자별로 수개의 강도상해죄가 성립하며, 이들은 실체적 경합범의 관계에 있다고 보아야 할 것이므로, 같은 견해에서 피고인을 강도상해죄의 경합범으로 처단한 원심판결은 정당하다(대판 1987.5.26. 87도527).

④ 검사가 당초 '피고인이 갑에게 필로폰 약 0.3g을 교부하였다'고 하여 마약류관리에 관한 법률 위반(향정)으로 공소를 제기하였다가 '피고인이 갑에게 필로폰을 구해 주겠다고 속여 갑 등에게서 필로폰 대금 등을 편취하였다'는 사기 범죄사실을 예비적으로 추가하는 공소장변경을 신청한 사안에서, 위 두 범죄사실은 기본적인 사실관계가 동일하다고 볼 수 없다(대판 2012.4.13. 2010도16659).

11 난도 ★★☆　　　　　　　　　　　정답 ②

공판 > 공판절차

정답의 이유

② 사법경찰관 및 검사 작성의 갑에 대한 각 피의자신문조서는 제1심 공판기일에서 피고인이 증거로 함에 동의하였다면 제2심 공판기일에서 피고인이 이를 번복하여 증거로 함에 부동의하였더라도 이미 적법하게 부여된 위 조서들의 증거능력이 상실되지는 않는다(대판 1991.1.11. 90도2525).

① 변호인이 피고인의 명시한 의사에 반하지 않는 한 피고인을 대리할 수 있다(대판 99도2029).

③ 동의의 효력은 원칙적으로 동의의 대상으로 특정된 서류 또는 물건의 전체에 미치며, 일부에 대한 동의는 허용되지 않는다. 다만 동의한 서류 또는 물건의 내용이 가분인 때에는 그 일부에 대하여도 동의할 수 있다.

④ 필요적 변호사건이라 하여도 피고인이 재판거부의 의사를 표시하고 재판장의 허가 없이 퇴정하고 변호인마저 이에 동조하여 퇴정해 버린 것은 모두 피고인측의 방어권의 남용 내지 변호권의 포기로 볼 수밖에 없는 것이므로 수소법원으로서는 형사소송법 제330조에 의하여 피고인이나 변호인의 재정 없이도 심리판결 할 수 있고, 피고인과 변호인들이 출석하지 않은 상태에서 증거조사를 할 수밖에 없는 경우에는 형사소송법 제318조 제2항의 규정상 피고인의 진의와는 관계없이 형사소송법 제318조 제1항의 동의가 있는 것으로 간주하게 되어 있다(대판 1991.6.28. 91도865).

12 난도 ★★☆

정답 ②

공판 > 재판

② 피고인의 지위에 있는 공동피고인은 다른 공동피고인에 대한 공소사실에 관하여 증인이 될 수 없으나, 소송절차가 분리되어 피고인의 지위에서 벗어나게 되면 다른 공동피고인에 대한 공소사실에 관하여 증인이 될 수 있고, 이는 대향범인 공동피고인의 경우에도 다르지 않다(대판 2012.3.29. 2009도11249).

① 공범인 공동피고인은 당해 소송절차에서는 피고인의 지위에 있으므로 다른 공동피고인에 대한 공소사실에 관하여 증인이 될 수 없으나, 소송절차가 분리되어 피고인의 지위에서 벗어나게 되면 다른 공동피고인에 대한 공소사실에 관하여 증인이 될 수 있다(대판 2008.6.26. 2008도3300).

③ 피고인과 별개의 범죄사실로 기소되어 병합심리 중인 공동피고인은 피고인의 범죄사실에 관하여는 증인의 지위에 있다 할 것이므로 선서없이 한 공동피고인의 법정진술이나 피고인이 증거로 함에 동의한 바 없는 공동피고인에 대한 피의자신문조서는 피고인의 공소 범죄사실을 인정하는 증거로 할 수 없다(대판 1982.9.14. 82도1000).

④ 형사소송법 제310조 소정의 "피고인의 자백"에 공범인 공동피고인의 진술은 포함되지 아니하므로 공범인 공동피고인의 진술은 다른 공동피고인에 대한 범죄사실을 인정하는 증거로 할 수 있는 것일 뿐만 아니라 공범인 공동피고인들의 각 진술은 상호간에 서로 보강증거가 될 수 있다(대판 1990.10.30. 90도1939).

13 난도 ★★☆

정답 ①

공판 > 재판

① 공판준비 또는 공판기일에서 이미 증언을 마친 증인을 검사가 소환한 후 피고인에게 유리한 그 증언 내용을 추궁하여 이를 일방적으로 번복시키는 방식으로 작성한 진술조서를 유죄의 증거로 삼는 것은 당사자주의 공판중심주의 직접주의를 지향하는 현행 형사소송법의 소송구조에 어긋나는 것일 뿐만 아니라, 헌법 제27조가 보장하는 기본권, 즉 법관의 면전에서 모든 증거자료가 조사 진술되고 이에 대하여 피고인이 공격 방어할 수 있는 기회가 실질적으로 부여되는 재판을 받을 권리를 침해하는 것이므로, 이러한 진술조서는 피고인이 증거로 할 수 있음에 동의하지 아니하는 한 그 증거능력이 없다(대판 2000.6.15. 99도1108 전원합의체).

② 일사부재리의 효력은 확정재판이 있을 때에 발생하는 것이고 검사의 불기소처분에는 확정재판에 있어서의 확정력과 같은 효력이 없으므로 검사가 일차 무혐의 결정을 하였다가 다시 공소를 제기한 것이 일사부재리의 원칙에 위배되는 것은 아니다(대판 1998.3.22. 87도2678).

③ 공소제기의 결정이 있는 때에는 공소시효에 관하여 그 결정이 있는 날에 공소가 제기된 것으로 본다(형사소송법 제262조의4 제2항).

제262조의4(공소시효의 정지 등)

① 제260조에 따른 재정신청이 있으면 제262조에 따른 재정결정이 확정될 때까지 공소시효의 진행이 정지된다.

② 제262조 제2항 제2호의 결정이 있는 때에는 공소시효에 관하여 그 결정이 있는 날에 공소가 제기된 것으로 본다.

④ 공소장에 적용법조를 기재하는 이유는 공소사실의 법률적 평가를 명확히 하여 피고인의 방어권을 보장하고자 함에 있는 것이므로, 적용법조의 기재에 오기나 누락이 있는 경우라 할지라도 이로 인하여 피고인의 방어에 실질적인 불이익을 주지 않는 한 공소제기의 효력에는 영향이 없고, 법원으로서도 공소장 변경의 절차를 거침이 없이 곧바로 공소장에 기재되어 있지 않은 법조를 적용할 수 있다(대판 2012.11.15. 2010도11382).

14 난도 ★★☆

정답 ①

종합

① 사법경찰관이 작성한 피의자신문조서라면 당해 피고인이 된 피의자에 관한 것이든 당해 피고인과 공범관계에 있는 다른 피의자에 대한 것이든 불문하고 제312조 제3항의 취지상 제314조는 적용되지 않는다(대판 2004.7.15. 2003도7185).

② 형사소송법 제312조 제3항의 '내용을 인정할 때'라 함은 위 피의자신문조서의 기재 내용이 진술내용대로 기재되어 있다는 의미가 아니고, 그와 같이 진술한 내용이 실제사실과 부합한다는 것을 의미한다(대판 2007.5.10. 2007도1807).

② 형사소송법 제312조 제3항에서 '그 내용을 인정할 때'라 함은 피의자신문조서의 기재 내용이 진술 내용대로 기재되어 있다는 의미가 아니고 그와 같이 진술한 내용이 실제 사실과 부합한다는 것을 의미한다(대판 2010.6.24. 2010도5040).

④ 양벌규정에 따라 처벌되는 행위자와 행위자가 아닌 법인 또는 개인 간의 관계는, 행위자가 저지른 법규위반행위가 사업주의 법규위반행위와 사실관계가 동일하거나 적어도 중요 부분을 공유한다는 점에서 내용상 불가분적 관련성을 지닌다고 보아야 하고, 따라서 앞서 본 형법 총칙의 공범관계 등과 마찬가지로 인권보장적인 요청에 따라 형사소송법 제312조 제3항이 이들 사이에서도 적용된다고 보는 것이 타당하다(대판 2020.6.11. 2016도9367).

15 난도 ★★☆ 정답 ③

공판 > 증거

③ 전기통신의 감청은 제3자가 전기통신의 당사자인 송신인과 수신인의 동의를 받지 아니하고 전기통신 내용을 녹음하는 등의 행위를 하는 것만을 말한다고 해석함이 타당하므로, 전기통신에 해당하는 전화통화 당사자의 일방이 상대방 모르게 통화 내용을 녹음하는 것은 여기의 감청에 해당하지 않는다(대판 2019.3.14. 2015도1900).

① 통신비밀보호법 제1조, 제3조 제1항 본문, 제4조, 제14조 제1항, 제2항의 문언, 내용, 체계와 입법 취지 등에 비추어 보면, 통신비밀보호법에서 보호하는 타인 간의 '대화'는 원칙적으로 현장에 있는 당사자들이 육성으로 말을 주고받는 의사소통행위를 가리킨다. 따라서 사람의 육성이 아닌 사물에서 발생하는 음향은 타인 간의 '대화'에 해당하지 않는다. 또한 사람의 목소리라고 하더라도 상대방에게 의사를 전달하는 말이 아닌 단순한 비명소리나 탄식 등은 타인과 의사소통을 하기 위한 것이 아니라면 특별한 사정이 없는 한 타인 간의 '대화'에 해당한다고 볼 수 없다(대판 2017.3.15. 2016도19843).

② 통신비밀보호법 제2조 제3호 및 제7호에 의하면 같은 법상 '감청'은 전자적 방식에 의하여 모든 종류의 음향 문언 부호 또는 영상을 송신하거나 수신하는 전기통신에 대하여 당사자의 동의 없이 전자장치 기계장치 등을 사용하여 통신의 음향 문언 부호 영상을 청취 공독하여 그 내용을 지득 또는 채록하거나 전기통신의 송 수신을 방해하는 것을 말한다. 즉 통신비밀보호법상 '감청'이란 대상이 되는 전기통신의 송 수신과 동시에 이루어지는 경우만을 의미하고, 이미 수신이 완료된 전기통신의 내용을 지득하는 등의 행위는 포함되지 않는다(대판 2012.10.25. 2012도4644).

④ 통신비밀보호법 제12조의2 제2항

제12조의2(범죄수사를 위하여 인터넷 회선에 대한 통신제한조치로 취득한 자료의 관리)
② 사법경찰관은 인터넷 회선을 통하여 송신·수신하는 전기통신을 대상으로 제6조 또는 제8조(제5조 제1항의 요건에 해당하는 사람에 대한 긴급통신제한조치에 한정한다)에 따른 통신제한조치를 집행한 경우 그 전기통신의 보관등을 하고자 하는 때에는 집행종료일부터 14일 이내에 보관등이 필요한 전기통신을 선별하여 검사에게 보관등의 승인을 신청하고, 검사는 신청일부터 7일 이내에 통신제한조치를 허가한법원에 그 승인을 청구할 수 있다.

16 난도 ★★☆ 정답 ①

상소와 비상구제절차 > 비상구제절차

① 임의제출물의 압수는 압수물에 대한 수사기관의 점유 취득이 제출자의 의사에 따라 이루어진다는 점에서 차이가 있을 뿐 범죄혐의를 전제로 한 수사 목적이나 압수의 효력은 영장에 의한 경우와 동일하기 때문이다. 따라서 수사기관은 특정 범죄혐의와 관련하여 전자정보가 수록된 정보저장매체를 임의제출받아 그 안에 저장된 전자정보를 압수하는 경우 그 동기가 된 범죄혐의사실과 관련된 전자정보의 출력물 등을 임의제출받아 압수하는 것이 원칙이다. 따라서 수사기관이 제출자의 의사를 쉽게 확인할 수 있음에도 이를 확인하지 않은 채 특정 범죄혐의사실과 관련된 전자정보와 그렇지 않은 전자정보가 혼재된 정보저장매체를 임의제출받은 경우, 그 정보저장매체에 저장된 전자정보 전부가 임의제출되어 압수된 것으로 취급할 수는 없다(대판 2021.11.18. 2016도348 전원합의체).

② 임의제출된 정보저장매체에서 압수의 대상이 되는 전자정보의 범위를 초과하여 수사기관이 임의로 전자정보를 탐색·복제·출력하는 것은 원칙적으로 위법한 압수·수색에 해당하므로 허용될 수 없다. 만약 전자정보에 대한 압수·수색이 종료되기 전에 범죄혐의사실과 관련된 전자정보를 적법하게 탐색하는 과정에서 별도의 범죄혐의와 관련된 전자정보를 우연히 발견한 경우라면, 수사기관은 더 이상의 추가 탐색을 중단하고 법원으로부터 별도의 범죄혐의에 대한 압수·수색영장을 발부받은 경우에 한하여 그러한 정보에 대하여도 적법하게 압수·수색을 할 수 있다. 따라서 임의제출된 정보저장매체에서 압수의 대상이 되는 전자정보의 범위를 넘어서는 전자정보에 대해 수사기관이 영장 없이 압수·수색하여 취득한 증거는 위법수집증거에 해당하고, 사후에 법원으로부터 영장이 발부되었다거나 피고인이나 변호인이 이를 증거로 함에 동의하였다고 하여 그 위법성이 치유되는 것도 아니다(대판 2021.11.18. 2016도348).

③ 정보저장매체를 임의제출한 피압수자에 더하여 임의제출자 아닌 피의자에게도 참여권이 보장되어야 하는 '피의자의 소유·관리에 속하는 정보저장매체'란, 피의자가 압수·수색 당시 또는 이와 시간적으로 근접한 시기까지 해당 정보저장매체를 현실적

으로 지배 · 관리하면서 그 정보저장매체 내 전자정보 전반에 관한 전속적인 관리처분권을 보유 · 행사하고, 달리 이를 자신의 의사에 따라 제3자에게 양도하거나 포기하지 아니한 경우로써, 피의자를 그 정보저장매체에 저장된 전자정보에 대하여 실질적인 피압수자로 평가할 수 있는 경우를 말한다(대판 2022.1.27. 2021도11170).

④ 임의제출된 정보저장매체에서 압수의 대상이 되는 전자정보의 범위를 초과하여 수사기관이 임의로 전자정보를 탐색 · 복제 · 출력하는 것은 원칙적으로 위법한 압수 · 수색에 해당하므로 허용될 수 없다. 만약 전자정보에 대한 압수 · 수색이 종료되기 전에 범죄혐의사실과 관련된 전자정보를 적법하게 탐색하는 과정에서 별도의 범죄혐의와 관련된 전자정보를 우연히 발견한 경우라면, 수사기관은 더 이상의 추가 탐색을 중단하고 법원으로부터 별도의 범죄혐의에 대한 압수 · 수색영장을 발부받은 경우에 한하여 그러한 정보에 대하여도 적법하게 압수 · 수색을 할 수 있다(대판 2021.11.18. 2016도348 전합).

17 난도 ★★☆　　　　　　　　　　　　　　　정답 ④

수사와 공소 > 강제처분과 강제수사

정답의 이유

④ 여자의 신체에 대하여 수색할 때 의사와 성년 여자가 모두 참여하지는 않아도 된다(형사소송법 제124조 · 제141조).

제124조(여자의 수색과 참여)
여자의 신체에 대하여 수색할 때에는 성년의 여자를 참여하게 하여야 한다.

제141조(신체검사에 관한 주의)
② 피고인 아닌 사람의 신체검사는 증거가 될 만한 흔적을 확인할 수 있는 현저한 사유가 있는 경우에만 할 수 있다.
③ 여자의 신체를 검사하는 경우에는 의사나 성년 여자를 참여하게 하여야 한다.

오답의 이유

① 압수 · 수색영장은 처분을 받는 자에게 반드시 제시하여야 하는 바, 현장에서 압수 수색 을 당하는 사람이 여러 명일 경우에는 그 사람들 모두에게 개별적으로 영장을 제시해야 하는 것이 원칙이다. 수사기관이 압수 · 수색에 착수하면서 그 장소의 관리책임자에게 영장을 제시하였다고 하더라도, 물건을 소지하고 있는 다른 사람으로부터 이를 압수하고자 하는 때에는 그 사람에게 따로 영장을 제시하여야 한다(대판 2009.3.12. 2008도763).

② 우편물 통관검사절차에서 이루어지는 우편물의 개봉, 시료채취, 성분분석 등의 검사는 수출입물품에 대한 적정한 통관 등을 목적으로 한 행정조사의 성격을 가지는 것으로서 수사기관의 강제처분이라고 할 수 없으므로, 압수 · 수색영장 없이 우편물의 개봉, 시료채취, 성분분석 등 검사가 진행되었다 하더라도 특별한 사정이 없는 한 위법하다고 볼 수 없다(대판 2013.9.26. 2013도7718).

③ 영장의 사전제시는 영장제시가 현실적으로 가능한 상황을 전제로 한다. 따라서 피처분자가 현장에 없거나 현장에서 그를 발견할 수 없는 경우 등 영장제시가 현실적으로 불가능한 경우에는 영장을 제시하지 아니한 채 압수 수색을 하더라도 위법하다고 볼 수 없다(대판 2015.1.22. 2014도10978).

18 난도 ★★☆　　　　　　　　　　　　　　　정답 ④

공판 > 증거

정답의 이유

④ 자동차등록증에 차량의 소유자가 피고인으로 등록 · 기재된 것이 피고인이 그 차량을 운전하였다는 사실의 자백 부분에 대한 보강증거가 될 수 있고 결과적으로 피고인의 무면허운전이라는 전체 범죄사실의 보강증거로 충분하다(대판 2000.9.26. 2000도2365).

오답의 이유

① 체포 당시 임의제출 방식으로 압수된 피고인 소유 휴대전화기에 대한 압수조서 중 '압수경위'란에 기재된 내용은 피고인이 범행을 저지르는 현장을 직접 목격한 사람의 진술이 담긴 것으로서 형사소송법 제312조 제5항에서 정한 '피고인이 아닌 자가 수사과정에서 작성한 진술서'에 준하는 것으로 볼 수 있고, 이에 따라 휴대전화기에 대한 임의제출절차가 적법하였는지에 영향을 받지 않는 별개의 독립적인 증거에 해당한다(대판 2019.11.14. 2019도13290).

② 검사가 보강증거로서 제출한 증거의 내용이 피고인과 공소외 甲이 현대자동차 춘천영업소를 점거했다가 甲이 처벌받았다는 것이고, 피고인의 자백내용은 현대자동차 점거로 甲이 처벌받은 것은 학교 측의 제보 때문이라 하여 피고인이 그 보복목적으로 학교 총장실을 침입 · 점거했다는 것이라면, 위 증거는 공소사실의 객관적 부분인 주거침입, 점거 사실과는 관련이 없는 범행의 침입동기에 관한 정황증거에 지나지 않으므로 위 증거와 피고인의 자백을 합쳐보아도 자백사실이 가공적인 것이 아니고 진실한 것이라 인정하기에 족하다고 볼 수 없으므로 검사 제출의 위 증거는 자백에 대한 보강증거가 될 수 없다(대판 1990.12.7. 90도2010).

③ 피고인이 갑과 합동하여 을의 재물을 절취하려다가 미수에 그쳤다는 내용의 공소사실을 자백한 경우, 피고인을 현행범으로 체포한 을의 수사기관에서의 진술과 현장사진이 첨부된 수사보고서는 피고인 자백의 진실성을 담보하기에 충분한 보강증거가 될 수 있다(대판 2011.9.29. 2011도8015).

19 난도 ★★☆   정답 ②

공판 > 공판절차

정답의 이유

② 검사는 송치사건의 공소제기 여부 결정 또는 공소의 유지에 관하여 필요한 경우 사법경찰관에게 보완수사를 요구할 수 있다(형사소송법 제197조의2 제1항).

오답의 이유

① 재정신청이 법률상의 방식 위배나 이유불비로 기각된 결정에 대하여는 제415조에 따른 즉시항고를 할 수 있다(형사소송법 제262조 제2항 제1호 · 제4항).

제262조(심리와 결정)
② 법원은 재정신청서를 송부받은 날부터 3개월 이내에 항고의 절차에 준하여 다음 각 호의 구분에 따라 결정한다. 이 경우 필요한 때에는 증거를 조사할 수 있다.
1. 신청이 법률상의 방식에 위배되거나 이유 없는 때에는 신청을 기각한다.
2. 신청이 이유 있는 때에는 사건에 대한 공소제기를 결정한다.
④ 제2항 제1호의 결정에 대하여는 제415조에 따른 즉시항고를 할 수 있고, 제2항 제2호의 결정에 대하여는 불복할 수 없다. 제2항 제1호의 결정이 확정된 사건에 대하여는 다른 중요한 증거를 발견한 경우를 제외하고는 소추할 수 없다.

③ 즉시항고는 즉시항고를 할 수 있다는 명문규정이 있는 때에만 허용되고, 제기기간이 7일로 제한되어 있는 항고를 말한다(형사소송법 제405조).

④ 재심에서 무죄의 선고를 한 때에는 유죄판결을 받았던 자의 명예회복을 위하여 그 판결을 관보와 그 법원 소재지의 신문지에 기재하여 공고하여야 한다. 다만 재심에서 무죄선고를 받은 사람이나 재심을 청구한 사람이 원하지 아니하는 의사를 표시한 경우에는 그러하지 아니하다(형사소송법 제440조).

20 난도 ★★☆   정답 ②

수사와 공소 > 수사

정답의 이유

② 벌금 또는 과료를 선고하는 경우에는 직권으로 피고인이 출석하지 아니하더라도 심판할 수 있다(즉결심판에 관한 절차법 제8조의2 제1항).

제8조의2(불출석심판)
① 벌금 또는 과료를 선고하는 경우에는 피고인이 출석하지 아니하더라도 심판할 수 있다.

오답의 이유

① 20만 원 이하의 벌금 또는 구류나 과료에 처할 범죄사건이다(법원조직법 제34조, 즉결심판에 관한 절차법 제2조).

제2조(즉결심판의 대상)
지방법원, 지원 또는 시·군법원의 판사(이하 "判事"라 한다)는 즉결심판절차에 의하여 피고인에게 20만 원 이하의 벌금, 구류 또는 과료에 처할 수 있다.〈개정 1994.7.27.〉

③ 정식재판을 청구하고자 하는 피고인은 즉결심판의 선고 고지를 받은 날부터 7일 이내에 정식재판청구서를 경찰서장에게 제출하여야 한다. 정식재판청구서를 받은 경찰서장은 지체없이 판사에게 이를 송부하여야 한다(즉결심판에 관한 절차법 제14조 제1항).

제14조(정식재판의 청구)
① 정식재판을 청구하고자 하는 피고인은 즉결심판의 선고·고지를 받은 날부터 7일 이내에 정식재판청구서를 경찰서장에게 제출하여야 한다. 정식재판청구서를 받은 경찰서장은 지체없이 판사에게 이를 송부하여야 한다.〈개정 1991.11.22.〉

④ 결심판은 정식재판청구기간의 경과, 정식재판청구권의 포기 또는 그 청구의 취하에 의하여 확정판결과 동일한 효력(기판력과 집행력)이 생긴다(즉결심판에 관한 절차법 제16조 제1문). 정식재판 청구를 기각하는 재판이 확정된 때에도 같다(동조 제2문).

제16조(즉결심판의 효력)
즉결심판은 정식재판의 청구기간의 경과, 정식재판청구권의 포기 또는 그 청구의 취하에 의하여 확정판결과 동일한 효력이 생긴다. 정식재판청구를 기각하는 재판이 확정된 때에도 같다.

한눈에 훑어보기

영역 분석

공판
7문항, 35%
01 06 08 09 15 18 19

수사와 공소
8문항, 40%
03 05 07' 11 12 13 16 17

상소와 비상구제절차
3문항, 15%
10 14 20

서론
1문항, 5%
04

형사절차관련 개별조문
1문항, 5%
02

빠른 정답

01	02	03	04	05	06	07	08	09	10
①	②	④	④	③	②	③	③	④	①
11	12	13	14	15	16	17	18	19	20
②	①	④	④	③	④	③	④	②	③

점수 체크

구분	1회독	2회독	3회독
맞힌 문항 수	/ 20	/ 20	/ 20
나의 점수	점	점	점

01 난도 ★☆☆   정답 ①

공판 > 공판절차

정답의 이유

① 형사소송법 제276조 · 제277조의2

제276조(피고인의 출석권)
피고인이 공판기일에 출석하지 아니한 때에는 특별한 규정이 없으면 개정하지 못한다. 단, 피고인이 법인인 경우에는 대리인을 출석하게 할 수 있다.

제277조의2(피고인의 출석거부와 공판절차)
① 피고인이 출석하지 아니하면 개정하지 못하는 경우에 구속된 피고인이 정당한 사유 없이 출석을 거부하고, 교도관에 의한 인치가 불가능하거나 현저히 곤란하다고 인정되는 때에는 피고인의 출석 없이 공판절차를 진행할 수 있다.
② 제1항의 규정에 의하여 공판절차를 진행할 경우에는 출석한 검사 및 변호인의 의견을 들어야 한다.

오답의 이유

② 재판장은 변호인이 피고인을 신문하겠다는 의사를 표시한 때에는 피고인을 신문할 수 있도록 조치하여야 하고, 변호인이 피고인을 신문하겠다는 의사를 표시하였음에도 변호인에게 일체의 피고인신문을 허용하지 않은 것은 변호인의 피고인신문권에 관한 본질적 권리를 해하는 것으로서 소송절차의 법령위반에 해당한다(대판 2020.12.24. 2020도10778).

③ 형사소송법 제278조

제278조(검사의 불출석)
검사가 공판기일의 통지를 2회 이상 받고 출석하지 아니하거나 판결만을 선고하는 때에는 검사의 출석 없이 개정할 수 있다.

④ 형사소송법 제266조

제266조(공소장부본의 송달)
법원은 공소의 제기가 있는 때에는 지체 없이 공소장의 부본을 피고인 또는 변호인에게 송달하여야 한다. 단, 제1회 공판기일 전 5일까지 송달하여야 한다.

02 난도 ★★☆
정답 ②

형사소송법, 헌법 형사절차관련 개별조문

정답의 이유

ㄱ. 헌법 제12조 제6항

ㄷ. 헌법 제28조

ㄹ. 헌법 제12조 제7항

오답의 이유

ㄴ. 형사소송법 제308조의2

제308조의2(위법수집증거의 배제)

적법한 절차에 따르지 아니하고 수집한 증거는 증거로 할 수 없다.

ㅁ. 형사소송법 제201조의2 제1항

제201조의2(구속영장 청구와 피의자 심문)

① 제200조의2·제200조의3 또는 제212조에 따라 체포된 피의자에 대하여 구속영장을 청구받은 판사는 지체 없이 피의자를 심문하여야 한다. 이 경우 특별한 사정이 없는 한 구속영장이 청구된 날의 다음날까지 심문하여야 한다.

---

03 난도 ★★☆
정답 ④

수사와 공소 > 수사의 종결과 공소의 제기

정답의 이유

④ 공소장 변경이 있는 경우 공소시효의 완성 여부는 당초의 공소제기가 있었던 시점을 기준으로 판단할 것이고 공소장변경시를 기준으로 삼을 것이 아니다(대판 2004.7.22. 2003도8153).

오답의 이유

① 형사소송법 제250조

② 형사소송법 제253조 제3항이 정한 '범인이 형사처분을 면할 목적으로 국외에 있는 경우'는 범인이 국내에서 범죄를 저지르고 형사처분을 면할 목적으로 국외로 도피한 경우에 한정되지 아니하고, 범인이 국외에서 범죄를 저지르고 형사처분을 면할 목적으로 국외에서 체류를 계속하는 경우도 포함된다(대판 2015.6.24. 2015도5916).

③ 공범 중 1인에 대해 약식명령이 확정되고 그 후 정식재판청구권이 회복되었다고 하는 것만으로는, 그 사이에 검사가 다른 공범자에 대한 공소를 제기하지 못할 법률상 장애사유가 있다고 볼 수 없을 뿐만 아니라, 그 기간 동안 다른 공범자에 대한 공소시효가 정지된다고 볼 아무런 근거도 찾을 수 없다. 더욱이 정식재판청구권이 회복되었다는 사정이 약식명령의 확정으로 인해 다시 진행된 공소시효기간을 소급하여 무효로 만드는 사유가 된다고 볼 수도 없다. 또한 형사소송법이 공범 중 1인에 대한 공소의 제기로 다른 공범자에 대하여도 공소시효가 정지되도록 한 것은 공소제기 효력의 인적 범위를 확장하는 예외를 마련하여 놓은 것이므로, 이는 엄격하게 해석하여야 하고 피고인에게 불리한 방향으로 확장하거나 축소하여 해석해서는 아니 된다. 그렇다면

공범 중 1인에 대해 약식명령이 확정된 후 그에 대한 정식재판청구권회복결정이 있었다고 하더라도 그 사이의 기간 동안에는, 특별한 사정이 없는 한, 다른 공범자에 대한 공소시효는 정지함이 없이 계속 진행한다고 보아야 할 것이다(대판 2012.3.29. 2011도15137).

---

04 난도 ★★☆
정답 ④

서론 > 소송주체와 소송관계인

정답의 이유

④ 반의사불벌죄의 피해자는 피의자나 피고인 및 그들의 변호인에게 자신을 대리하여 수사기관이나 법원에 자신의 처벌불원의사를 표시할 수 있는 권한을 수여할 수 있다(대판 2001.12.14. 2001도4283).

오답의 이유

① 형사소송법 제8조 제2항

② 형사소송법 제32조

③ 검찰청법 제4조 제1항 제1호 단서

제4조(검사의 직무)

① 검사는 공익의 대표자로서 다음 각 호의 직무와 권한이 있다. 〈개정 2020.2.4., 2022.5.9.〉

1. 범죄수사, 공소의 제기 및 그 유지에 필요한 사항. 다만, 검사가 수사를 개시할 수 있는 범죄의 범위는 다음 각 목과 같다.
   가. 부패범죄, 경제범죄 등 대통령령으로 정하는 중요 범죄
   나. 경찰공무원(다른 법률에 따라 사법경찰관리의 직무를 행하는 자를 포함한다) 및 고위공직자범죄수사처 소속 공무원(고위공직자범죄수사처 설치 및 운영에 관한 법률에 따른 파견공무원을 포함한다)이 범한 범죄
   다. 가목·나목의 범죄 및 사법경찰관이 송치한 범죄와 관련하여 인지한 각 해당 범죄와 직접 관련성이 있는 범죄
2. 범죄수사에 관한 특별사법경찰관리 지휘·감독
3. 법원에 대한 법령의 정당한 적용 청구
4. 재판 집행 지휘·감독
5. 국가를 당사자 또는 참가인으로 하는 소송과 행정소송 수행 또는 그 수행에 관한 지휘·감독
6. 다른 법령에 따라 그 권한에 속하는 사항

---

05 난도 ★★☆
정답 ③

수사와 공소 > 강제처분과 강제수사

정답의 이유

ㄴ. 압수·수색영장에는 피의자의 성명, 죄명, 압수할 물건, 수색할 장소, 신체, 물건, 발부 연월일, 유효기간과 그 기간을 경과하면 집행에 착수하지 못하며 영장을 반환하여야 한다는 취지 그 밖에 대판규칙으로 정한 사항을 기재하고 영장을 발부하는 법관이 서명날인하여야 한다(형사소송법 제219조, 제114조 제1항 본문). 이 사건 영장은 법관의 서명날인란에 서명만 있고 날인이 없으므로, 형사소송법이 정한 요건을 갖추지 못하여 적법하게 발부되었다고 볼 수 없다(대판 2019.7.11. 2018도20504).

ㄷ. 형사소송법 제219조가 준용하는 제118조는 "압수·수색영장은 처분을 받는 자에게 반드시 제시하여야 한다."라고 규정하고 있으나, 이는 영장제시가 현실적으로 가능한 상황을 전제로 한 규정으로 보아야 하고, 피처분자가 현장에 없거나 현장에서 그를 발견할 수 없는 경우 등 영장제시가 현실적으로 불가능한 경우에는 영장을 제시하지 아니한 채 압수·수색을 하더라도 위법하다고 볼 수 없다(대판 2015.1.22. 2014도10978 전합).

오답의 이유

ㄱ. 형사소송법 제219조, 제121조에 의하면, 수사기관이 압수·수색영장을 집행할 때 피의자 또는 변호인은 그 집행에 참여할 수 있다. 압수의 목적물이 컴퓨터용디스크 그 밖에 이와 비슷한 정보저장매체인 경우에는 영장 발부의 사유로 된 범죄 혐의 사실과 관련 있는 정보의 범위를 정하여 출력하거나 복제하여 이를 제출받아야 하고, 피의자나 변호인에게 참여의 기회를 보장하여야 한다. 만약 그러한 조치를 취하지 않았다면 이는 형사소송법에 정한 영장주의 원칙과 적법절차를 준수하지 않은 것이다. 수사기관이 정보저장매체에 기억된 정보 중에서 키워드 또는 확장자 검색 등을 통해 범죄 혐의사실과 관련 있는 정보를 선별한 다음 정보저장매체와 동일하게 비트열 방식으로 복제하여 생성한 파일(이하 '이미지 파일'이라 한다)을 제출받아 압수하였다면 이로써 압수의 목적물에 대한 압수·수색절차는 종료된 것이므로, 수사기관이 수사기관 사무실에서 위와 같이 압수된 이미지 파일을 탐색·복제·출력하는 과정에서도 피의자 등에게 참여의 기회를 보장하여야 하는 것은 아니다(대판 2018.2.8. 2017도13263).

ㄹ. 수사기관이 금융기관 및 이메일 업체에 대하여 압수·수색영장을 집행할 때에는 헌법 제12조, 형사소송법 제219조, 제118조 등에 따라 영장의 원본이 제시되어야 하므로 이에 따르지 아니하고 수집한 증거는 원칙적으로 적법한 증거로 삼을 수 없다. 따라서 수사기관이 금융기관 및 이메일 업체에 대한 압수·수색영장을 집행하면서 모사전송 방식에 의하여 영장 사본을 전송한 사실은 있으나 영장 원본을 제시하지 않았고 압수조서와 압수물 목록을 작성하여 이를 피압수·수색 당사자에게 교부하였다고 볼 수도 없는 등의 방법으로 압수된 금융거래 자료와 이메일 자료는 헌법과 형사소송법 제219조, 제118조, 제129조가 정한 절차를 위반하여 수집한 위법수집증거로 원칙적으로 유죄의 증거로 삼을 수 없으며, 위법수집증거의 증거능력을 인정할 수 있는 예외적인 경우에 해당한다고 볼 수도 없다(대판 2019.3.14. 2018도2841).

06 난도 ★★☆　　　　　　　　　　　　정답 ②

공판 > 증거

정답의 이유

② 제1항 본문에도 불구하고 진술서의 작성자가 공판준비나 공판기일에서 그 성립의 진정을 부인하는 경우에는 과학적 분석결과에 기초한 디지털포렌식자료, 감정 등 객관적 방법으로 성립의 진정함이 증명되

는 때에는 증거로 할 수 있다. 다만, 피고인 아닌 자가 작성한 진술서는 피고인 또는 변호인이 공판준비 또는 공판기일에 그 기재 내용에 관하여 작성자를 신문할 수 있었을 것을 요한다(형사소송법 제313조 제2항).

오답의 이유

① 형사소송법 제312조 제4항은 검사 또는 사법경찰관이 피고인이 아닌 자의 진술을 기재한 조서의 증거능력이 인정되려면 '적법한 절차와 방식에 따라 작성된 것'이어야 한다고 규정하고 있다. 여기서 적법한 절차와 방식이라 함은 피의자 또는 제3자에 대한 조서 작성 과정에서 지켜야 할 진술거부권의 고지 등 형사소송법이 정한 제반 절차를 준수하고 조서의 작성방식에도 어긋남이 없어야 한다는 것을 의미한다(대판 2012.5.24. 2011도7757).

③ 형사소송법 제314조에 의하여 같은 법 제312조의 조서나 같은 법 제313조의 진술서, 서류 등을 증거로 하기 위하여는 진술을 요할 자가 사망, 질병, 외국거주 기타 사유로 인하여 공판정에 출석하여 진술을 할 수 없는 경우이어야 하고, 그 진술 또는 서류의 작성이 특히 신빙할 수 있는 상태하에서 행하여진 것이라야 한다는 두 가지 요건이 갖추어져야 할 것인 바, 첫째 요건과 관련하여 '외국거주'라고 함은 진술을 요할 자가 외국에 있다는 것만으로는 부족하고, 가능하고 상당한 수단을 다하더라도 그 진술을 요할 자를 법정에 출석하게 할 수 없는 사정이 있어야 예외적으로 그 적용이 있다고 할 것인데, 통상적으로 그 요건의 충족 여부는 소재의 확인, 소환장의 발송과 같은 절차를 거쳐 확정되는 것이기는 하지만 항상 그와 같은 절차를 거쳐야만 위 요건이 충족될 수 있는 것은 아니고 경우에 따라서는 비록, 그와 같은 절차를 거치지 않더라도 법원이 그 진술을 요할 자를 법정에서 신문할 것을 기대하기 어려운 사정이 있다고 인정할 수 있다면, 이로써 그 요건은 충족된다고 보아야 한다(대판 2002.3.26. 2001도5666).

④ 대판 2000.3.10. 2000도159

07 난도 ★★☆　　　　　　　　　　　　정답 ③

수사와 공소 > 강제처분과 강제수사

정답의 이유

③ 전자정보에 대한 압수·수색이 종료되기 전에 혐의사실과 관련된 전자정보를 적법하게 탐색하는 과정에서 별도의 범죄혐의와 관련된 전자정보를 우연히 발견한 경우라면, 수사기관은 더 이상의 추가 탐색을 중단하고 법원에서 별도의 범죄혐의에 대한 압수·수색영장을 발부받은 경우에 한하여 그러한 정보에 대하여도 적법하게 압수·수색을 할 수 있다. 나아가 이러한 경우에도 별도의 압수·수색 절차는 최초의 압수·수색 절차와 구별되는 별개의 절차이고, 별도 범죄혐의와 관련된 전자정보는 최초의 압수·수색영장에 의한 압수·수색의 대상이 아니어서 저장매체의 원래 소재지에서 별도의 압수·수색영장에 기해 압수·수색을 진행하는 경우와 마찬가지로 피압수·수색 당사자(이하 '피압수자'라 한다)는 최초의 압수·수색 이전부터 해당 전자정보를 관리하고 있던 자라 할 것이므로, 특별한 사정이 없는 한

피압수자에게 형사소송법 제219조, 제121조, 제129조에 따라 참여권을 보장하고 압수한 전자정보목록을 교부하는 등 피압수자의 이익을 보호하기 위한 적절한 조치가 이루어져야 한다(대결 2015.7.16. 2011모1839 전합).

오답의 이유

① 대판 2017.3.15. 2016도19843
② 구 특정경제범죄 가중처벌 등에 관한 법률(2012.2.10. 법률 제11304호로 개정되기 전의 것) 위반(공갈) 피고사건에서, 피해자 토지구획정리사업조합의 대표자 갑이 디지털 녹음기로 피고인과의 대화를 녹음한 후 저장된 녹음파일 원본을 컴퓨터에 복사하고 디지털 녹음기의 파일 원본을 삭제한 뒤 다음 대화를 다시 녹음하는 과정을 반복하여 작성한 녹음파일 사본과 해당 녹취록의 증거능력이 문제된 사안에서, 제반 사정에 비추어 녹음파일 사본은 타인 간의 대화를 녹음한 것이 아니므로 타인의 대화비밀 침해금지를 규정한 통신비밀보호법 제14조의 적용 대상이 아니고, 복사 과정에서 편집되는 등의 인위적 개작 없이 원본 내용 그대로 복사된 것으로 대화자들이 진술한 대로 녹음된 것이 인정되며, 녹음 경위, 대화 장소, 내용 및 대화자 사이의 관계 등에 비추어 그 진술이 특히 신빙할 수 있는 상태하에서 행하여진 것으로 인정된다는 이유로, 녹음파일 사본과 녹취록의 증거능력을 인정한 사례(대판 2012.9.13. 2012도7461)
④ 수사기관의 절차 위반행위에도 불구하고 이를 유죄인정의 증거로 사용할 수 있는 예외적인 경우에 해당한다고 볼 수 있으려면, 그러한 예외적인 경우에 해당한다고 볼 만한 구체적이고 특별한 사정이 존재한다는 것을 검사가 증명하여야 한다(대판 2011.4.28. 2009도10412).

08 난도 ★★☆　　　　　　　　　　　　　　　정답 ③

공판 > 증거

정답의 이유

③ [1] 과학적 증거방법이 사실인정에 있어서 상당한 정도로 구속력을 갖기 위해서는 감정인이 전문적인 지식·기술·경험을 가지고 공인된 표준 검사기법으로 분석한 후 법원에 제출하였다는 것만으로는 부족하고, 시료의 채취·보관·분석 등 모든 과정에서 시료의 동일성이 인정되고 인위적인 조작·훼손·첨가가 없었음이 담보되어야 하며 각 단계에서 시료에 대한 정확한 인수·인계 절차를 확인할 수 있는 기록이 유지되어야 한다. [2] 피고인이 메트암페타민을 투약하였다고 하여 마약류 관리에 관한 법률 위반(향정)으로 기소되었는데, 공소사실을 부인하고 있고, 투약의 일시, 장소, 방법 등이 명확하지 못하며, 투약 사실에 대한 직접적인 증거로는 피고인의 소변과 머리카락에서 메트암페타민 성분이 검출되었다는 국립과학수사연구원의 감정 결과만 있는 사안에서, 감정물이 피고인으로부터 채취한 것과 동일하다고 단정하기 어려워 그 감정 결과의 증명력은 피고인의 투약 사실을 인정하기에 충분하지 않다고 한 사례(대판 2018.2.8. 2017도14222)

오답의 이유

① 대판 2008.8.21. 2008도5531
② [1] 유전자검사나 혈액형검사 등 과학적 증거방법은 그 전제로 하는 사실이 모두 진실임이 입증되고 그 추론의 방법이 과학적으로 정당하여 오류의 가능성이 전무하거나 무시할 정도로 극소한 것으로 인정되는 경우에는 법관이 사실인정을 함에 있어 상당한 정도로 구속력을 가지므로, 비록 사실의 인정이 사실심의 전권이라 하더라도 아무런 합리적 근거 없이 함부로 이를 배척하는 것은 자유심증주의의 한계를 벗어나는 것으로서 허용될 수 없다. 과학적 증거방법이 당해 범죄에 관한 적극적 사실과 이에 반하는 소극적 사실 모두에 존재하는 경우에는 각 증거방법에 의한 분석결과에 발생할 수 있는 오류 가능성 및 그 정도, 그 증거방법에 의하여 증명되는 사실의 내용 등을 종합적으로 고려하여 범죄의 유무 등을 판단하여야 하고, 여러 가지 변수로 인하여 반증의 여지가 있는 소극적 사실에 관한 증거로써 과학적 증거방법에 의하여 증명되는 적극적 사실을 쉽사리 뒤집어서는 안 된다. [2] 유전자검사 결과 주사기에서 마약성분과 함께 피고인의 혈흔이 확인됨으로써 피고인이 필로폰을 투약한 사정이 적극적으로 증명되는 경우, 반증의 여지가 있는 소변 및 모발검사에서 마약성분이 검출되지 않았다는 소극적 사정에 관한 증거만으로 이를 쉽사리 뒤집을 수 없다고 한 사례(대판 2009.3.12. 2008도8486)
④ 컴퓨터 디스켓에 담긴 문건이 증거로 사용되는 경우 그 기재 내용의 진실성에 관하여는 전문법칙이 적용된다 할 것이고, 따라서 피고인 또는 피고인 아닌 자가 작성하거나 또는 그 진술을 기재한 문건의 경우 원칙적으로 형사소송법 제313조 제1항 본문에 의하여 그 작성자 또는 진술자의 진술에 의하여 그 성립의 진정함이 인정된 때에 이를 증거로 사용할 수 있다(대판 2001.3.23. 2000도486).

09 난도 ★☆☆　　　　　　　　　　　　　　　정답 ④

공판 > 공판절차

정답의 이유

④ 증인은 신청한 검사, 변호인 또는 피고인이 먼저 이를 신문하고 다음에 다른 검사, 변호인 또는 피고인이 신문한다. 재판장은 앞의 신문이 끝난 뒤에 신문할 수 있다(형사소송법 제161조의2).

오답의 이유

① 형사소송법 제150조
② 형사소송규칙 제73조
③ 형사소송법 제162조 제3항

10 난도 ★☆☆

상소와 비상구제절차 > 상소

정답의 이유

① 형사소송법 제186조 제1항은 "형의 선고를 하는 때에는 피고인에게 소송비용의 전부 또는 일부를 부담하게 하여야 한다."라고 규정하고 있고, 같은 법 제191조 제1항은 "재판으로 소송절차가 종료되는 경우에 피고인에게 소송비용을 부담하게 하는 때에는 직권으로 재판하여야 한다."라고 규정하고 있는 바, 소송비용의 부담은 형이 아니고 실질적인 의미에서 형에 준하여 평가되어야 할 것도 아니므로 불이익변경금지원칙의 적용이 없다(대판 2001.4.24. 2001도872).

오답의 이유

② 경합범 관계에 있는 수개의 범죄사실을 유죄로 인정하여 한 개의 형을 선고한 불가분의 확정판결에서 그중 일부의 범죄사실에 대하여만 재심청구의 이유가 있는 것으로 인정된 경우에는 형식적으로는 1개의 형이 선고된 판결에 대한 것이어서 그 판결 전부에 대하여 재심개시의 결정을 할 수밖에 없지만, 비상구제수단인 재심제도의 본질상 재심사유가 없는 범죄사실에 대하여는 재심개시결정의 효력이 그 부분을 형식적으로 심판의 대상에 포함시키는 데 그치므로 재심법원은 그 부분에 대하여는 이를 다시 심리하여 유죄인정을 파기할 수 없고 다만 그 부분에 관하여 새로이 양형을 하여야 하므로 양형을 위하여 필요한 범위에 한하여만 심리를 할 수 있을 뿐이다(대판 1996.6.14. 96도477).

③ 피고인이 항소심 선고 이전에 19세에 도달하여 제1심에서 선고한 부정기형을 파기하고 정기형을 선고함에 있어 불이익변경금지 원칙 위반 여부를 판단하는 기준은 부정기형의 장기와 단기의 중간형이 되어야 한다(대판 2020.10.22. 2020도4140).

④ 징역형의 형기가 징역 1년에서 징역 10월로 단축되었다면 벌금형의 액수가 같고 벌금형에 대한 환형유치기간이 길어졌다 하더라도 형량이 불이익하게 변경되었다고 할 수 없다(대판 1994.1.11. 93도2894).

11 난도 ★☆☆

수사와 공소 > 수사의 종결과 공소의 제기

정답의 이유

② 대판 1984.9.25. 84도1646

오답의 이유

① 헌법상 영장제도의 취지에 비추어 볼 때, 헌법 제12조 제3항은 헌법 제12조 제1항과 함께 이른바 적법절차의 원칙을 규정한 것으로서 범죄수사를 위하여 구속 등의 강제처분을 함에 있어서는 법관이 발부한 영장이 필요하다는 것과 수사기관 중 검사만 법관에게 영장을 신청할 수 있다는 데에 그 의의가 있고, 형사재판을 주재하는 법원이 피고인에 대하여 구속영장을 발부하는 경우에도 검사의 신청이 있어야 한다는 것이 그 규정의 취지라고 볼 수는 없다(대결 1996.8.12. 96모46).

③ 일단 공소가 제기된 후에는 그 피고사건에 관하여 검사로서는 법 제215조에 의하여 압수·수색을 할 수 없다고 보아야 하며, 그럼에도 검사가 공소제기 후 법 제215조에 따라 수소법원 이외의 지방법원 판사에게 청구하여 발부받은 영장에 의하여 압수·수색을 하였다면, 그와 같이 수집된 증거는 기본적 인권 보장을 위해 마련된 적법한 절차에 따르지 않은 것으로서 원칙적으로 유죄의 증거로 삼을 수 없다(대판 2011.4.28. 2009도10412).

④ 형사소송법 제216조 제2항

12 난도 ★☆☆

수사와 공소 > 수사의 종결과 공소의 제기

정답의 이유

① 약식명령에 대하여 피고인만이 정식재판을 청구하였는데, 검사가 당초 사문서위조 및 위조사문서행사의 공소사실로 공소제기하였다가 제1심에서 사서명위조 및 위조사서명행사의 공소사실을 예비적으로 추가하는 내용의 공소장변경을 신청한 사안에서, 두 공소사실은 기초가 되는 사회적 사실관계가 범행의 일시와 상대방, 행위 태양, 수단과 방법 등 기본적인 점에서 동일할 뿐만 아니라, 주위적 공소사실이 유죄로 되면 예비적 공소사실은 주위적 공소사실에 흡수되고 주위적 공소사실이 무죄로 될 경우에만 예비적 공소사실의 범죄가 성립할 수 있는 관계에 있어 규범적으로 보아 공소사실의 동일성이 있다고 보이고, 나아가 피고인에 대하여 사서명위조와 위조사서명행사의 범죄사실이 인정되는 경우에는 비록 사서명위조죄와 위조사서명행사죄의 법정형에 유기징역형만 있다 하더라도 형사소송법 제457조의2에서 규정한 불이익변경금지 원칙이 적용되어 벌금형을 선고할 수 있으므로, 위와 같은 불이익변경금지 원칙 등을 이유로 공소장변경을 불허할 것은 아닌데도, 이를 불허한 채 원래의 공소사실에 대하여 무죄를 선고한 제1심판결을 그대로 유지한 원심의 조치에 공소사실의 동일성이나 공소장변경에 관한 법리오해의 위법이 있다고 한 사례(대판 2018.2.28. 2011도14986)

오답의 이유

② 히로뽕 제조의 공동정범의 공소사실에 대하여 피고인이 이를 부인하는 한편 유죄로 인정된다 하더라도 공동정범이 아닌 방조범에 해당한다고 주장하여 온 사정하에서는 위 공소사실의 범위 내인 제조의 방조를 인정하여도 피고인의 방어에 실질적인 불이익을 주지 아니하므로 공소장변경 없이 방조사실을 인정할 수 있다(대판 1982.6.8. 82도884).

③ 대판 2001.3.27. 2001도116

④ 대판 2010.4.29. 2007도6553

13 난도 ★★☆

수사와 공소 > 수사

정답의 이유

④ 수사기관이 관할 지방법원 판사가 발부한 구속영장에 의하여 피의자를 구속하는 경우, 그 구속영장은 기본적으로 장차 공판정에의 출석

이나 형의 집행을 담보하기 위한 것이지만, 이와 함께 법 제202조, 제203조에서 정하는 구속기간의 범위 내에서 수사기관이 법 제200조, 제241조 내지 제244조의5에 규정된 피의자신문의 방식으로 구속된 피의자를 조사하는 등 적정한 방법으로 범죄를 수사하는 것도 예정하고 있다고 할 것이다. 따라서 구속영장 발부에 의하여 적법하게 구금된 피의자가 피의자신문을 위한 출석요구에 응하지 아니하면서 수사기관 조사실에 출석을 거부한다면 수사기관은 그 구속영장의 효력에 의하여 피의자를 조사실로 구인할 수 있다고 보아야 한다. 다만 이러한 경우에도 그 피의자신문절차는 어디까지나 법 제199조 제1항 본문, 제200조의 규정에 따른 임의수사의 한 방법으로 진행되어야 하므로, 피의자는 헌법 제12조 제2항과 법 제244조의3에 따라 일체의 진술을 하지 아니하거나 개개의 질문에 대하여 진술을 거부할 수 있고, 수사기관은 피의자를 신문하기 전에 그와 같은 권리를 알려주어야 한다(대결 2013.7.1. 2013모160).

[오답의 이유]
① 형사소송법 제70조 제2항
② 검사의 체포영장 또는 구속영장 청구에 대한 지방법원판사의 재판은 형사소송법 제402조의 규정에 의하여 항고의 대상이 되는 '법원의 결정'에 해당하지 아니하고, 제416조 제1항의 규정에 의하여 준항고의 대상이 되는 '재판장 또는 수명법관의 구금 등에 관한 재판'에도 해당하지 아니한다(대결 2006.12.18. 2006모646).
③ 형사소송법 제203조의2 · 제214조의2

14 난도 ★☆☆   정답 ④

상소와 비상구제절차 > 항고

[정답의 이유]
④ 항고는 즉시항고 외에는 재판의 집행을 정지하는 효력이 없다. 단, 원심법원 또는 항고법원은 결정으로 항고에 대한 결정이 있을 때까지 집행을 정지할 수 있다(형사소송법 제409조).

[오답의 이유]
① 형사소송법 제405조
② 형사소송법 제359조
③ 형사소송법 제343조 제2항에서는 "상소의 제기기간은 재판을 선고 또는 고지한 날로부터 진행한다."라고 규정하고 있으므로, 형사소송에 있어서는 판결등본이 당사자에게 송달되는 여부에 관계없이 공판정에서 판결이 선고된 날로부터 상소기간이 기산되며, 이는 피고인이 불출석한 상태에서 재판을 하는 경우에도 마찬가지이다(대결 2002.9.27. 2002모6).

15 난도 ★☆☆   정답 ③

공판 > 공판절차

[정답의 이유]
③ 제286조의2의 결정이 있는 사건의 증거에 관하여는 제310조의2, 제312조 내지 제314조 및 제316조의 규정에 의한 증거에 대하여 형사

소송법 제318조 제1항의 동의가 있는 것으로 간주한다. 단, 검사, 피고인 또는 변호인이 증거로 함에 이의가 있는 때에는 그러하지 아니하다(형사소송법 제318조의3).

[오답의 이유]
① 형사소송법 제286조의2

제286조의2(간이공판절차의 결정)
피고인이 공판정에서 공소사실에 대하여 자백한 때에는 법원은 그 공소사실에 한하여 간이공판절차에 의하여 심판할 것을 결정할 수 있다.

② 형사소송법 제286조의2 · 제286조의3

제286조의3(결정의 취소)
법원은 전조의 결정을 한 사건에 대하여 피고인의 자백이 신빙할 수 없다고 인정되거나 간이공판절차로 심판하는 것이 현저히 부당하다고 인정할 때에는 검사의 의견을 들어 그 결정을 취소하여야 한다.

④ 형사소송법 제301조의2

제301조의2(간이공판절차결정의 취소와 공판절차의 갱신)
제286조의2의 결정이 취소된 때에는 공판절차를 갱신하여야 한다. 단, 검사, 피고인 또는 변호인이 이의가 없는 때에는 그러하지 아니하다.

16 난도 ★★☆   정답 ④

수사와 공소 > 수사

[정답의 이유]
④ 형사소송법 제232조 제1항은 고소를 제1심판결 선고 전까지 취소할 수 있도록 규정하여 친고죄에서 고소취소의 시한을 한정하고 있다. 그런데 상소심에서 형사소송법 제366조 또는 제393조 등에 의하여 법률 위반을 이유로 제1심 공소기각판결을 파기하고 사건을 제1심법원에 환송함에 따라 다시 제1심 절차가 진행된 경우, 종전의 제1심판결은 이미 파기되어 효력을 상실하였으므로 환송 후의 제1심판결 선고 전에는 고소취소의 제한사유가 되는 제1심판결 선고가 없는 경우에 해당한다. 뿐만 아니라 특히 간통죄 고소는 제1심판결 선고 후 이혼소송이 취하된 경우 또는 피고인과 고소인이 다시 혼인한 경우에도 소급적으로 효력을 상실하게 되는 점까지 감안하면, 환송 후의 제1심판결 선고 전에 간통죄의 고소가 취소되면 형사소송법 제327조 제5호에 의하여 판결로써 공소를 기각하여야 한다(대판 2011.8.25. 2009도9112).

[오답의 이유]
① 대판 2012.2.23. 2011도17264
② 대판 1999.4.23. 99도576
③ 대판 1985.11.12. 85도1940

수사와 공소 > 강제처분과 강제수사

정답의 이유

③ 수사기관의 강제처분에 관하여 상세한 절차조항을 규정하고 있는 형사소송법의 취지에 비추어 볼 때, 수사기관이 법원으로부터 영장 또는 감정처분허가장을 발부받지 아니한 채 피의자의 동의 없이 피의자의 신체로부터 혈액을 채취하고 사후에도 지체 없이 영장을 발부받지 아니한 채 그 혈액 중 알코올농도에 관한 감정을 의뢰하였다면, 이러한 과정을 거쳐 얻은 감정의뢰회보 등은 형사소송법상 영장주의 원칙을 위반하여 수집하거나 그에 기초하여 획득한 증거로서, 그 절차 위반행위가 적법절차의 실질적인 내용을 침해하여 피고인이나 변호인의 동의가 있더라도 유죄의 증거로 사용할 수 없다(대판 2014.11.13. 2013도1228).

오답의 이유

① 대결 1997.8.27. 97모21

② 형사소송법 제102조·제403조

④ 압수·수색의 방법으로 소변을 채취하는 경우 압수대상물인 피의자의 소변을 확보하기 위한 수사기관의 노력에도 불구하고, 피의자가 인근 병원 응급실 등 소변 채취에 적합한 장소로 이동하는 것에 동의하지 않거나 저항하는 등 임의동행을 기대할 수 없는 사정이 있는 때에는 수사기관으로서는 소변 채취에 적합한 장소로 피의자를 데려가기 위해서 필요 최소한의 유형력을 행사하는 것이 허용된다. 이는 형사소송법 제219조, 제120조 제1항에서 정한 '압수·수색영장의 집행에 필요한 처분'에 해당한다고 보아야 한다. 그렇지 않으면 피의자의 신체와 건강을 해칠 위험이 적고 피의자의 굴욕감을 최소화하기 위하여 마련된 절차에 따른 강제 채뇨가 불가능하여 압수영장의 목적을 달성할 방법이 없기 때문이다(대판 2018.7.12. 2018도6219).

공판 > 재판

정답의 이유

④ 상습범으로서 포괄적 일죄의 관계에 있는 여러 개의 범죄사실 중 일부에 대하여 유죄판결이 확정된 경우에, 그 확정판결의 사실심판결 선고 전에 저질러진 나머지 범죄에 대하여 새로이 공소가 제기되었다면 그 새로운 공소는 확정판결이 있었던 사건과 동일한 사건에 대하여 다시 제기된 데 해당하므로 이에 대하여는 판결로써 면소의 선고를 하여야 한다(대판 2004.9.16. 2001도3206).

오답의 이유

① 형사소송법 제328조 제1항 제1호

② 형사소송법 제407조 제1항

③ 대판 2009.12.10. 2009도11448

공판 > 재판

정답의 이유

ㄴ. 형사소송법 제285조

> **제285조(검사의 모두진술)**
> 검사는 공소장에 의하여 공소사실·죄명 및 적용법조를 낭독하여야 한다. 다만, 재판장은 필요하다고 인정하는 때에는 검사에게 공소의 요지를 진술하게 할 수 있다.

ㄹ. 형사소송법 제266조의7 제2항

> **제266조의7(공판준비기일)**
> ① 법원은 검사, 피고인 또는 변호인의 의견을 들어 공판준비기일을 지정할 수 있다.
> ② 검사, 피고인 또는 변호인은 법원에 대하여 공판준비기일의 지정을 신청할 수 있다. 이 경우 당해 신청에 관한 법원의 결정에 대하여는 불복할 수 없다.
> ③ 법원은 합의부원으로 하여금 공판준비기일을 진행하게 할 수 있다. 이 경우 수명법관은 공판준비기일에 관하여 법원 또는 재판장과 동일한 권한이 있다.
> ④ 공판준비기일은 공개한다. 다만, 공개하면 절차의 진행이 방해될 우려가 있는 때에는 공개하지 아니할 수 있다.

오답의 이유

ㄱ. 형사소송법 제312조 제3항

ㄷ. 형사소송법 제324조

ㅁ. 형사소송법 제279조의2 제1항·제3항

상소와 비상구제절차 > 재판의 집행과 형사보상

정답의 이유

③ 이 법은 보상을 받을 자가 다른 법률에 따라 손해배상을 청구하는 것을 금지하지 아니한다(형사보상 및 명예회복에 관한 법률 제6조 제1항).

오답의 이유

① 형사보상 및 명예회복에 관한 법률 제3조 제1항

② 형사보상 및 명예회복에 관한 법률 제4조 제3호

④ 형사보상 및 명예회복에 관한 법률 제20조 제1항

한눈에 훑어보기

영역 분석

공판
10문항, 50%
02 03 04 12 13 14 15 16 18 20

수사와 공소
3문항, 15%
05 17 19

상소와 비상구제절차
4문항, 20%
06 07 09 10

서론
2문항, 10%
08 11

종합
1문항, 5%
01

빠른 정답

01	02	03	04	05	06	07	08	09	10
②	④	③	①	②	③	①	③	③	②
11	12	13	14	15	16	17	18	19	20
④	③	①	④	①	④	③	②	④	④

점수 체크

구분	1회독	2회독	3회독
맞힌 문항 수	/ 20	/ 20	/ 20
나의 점수	점	점	점

01 난도 ★☆☆　　　　　　　　　　　　정답 ②

종합

정답의 이유

② 경찰관직무집행법 제3조 제4항은 경찰관이 불심검문을 하고자 할 때에는 자신의 신분을 표시하는 증표를 제시하여야 한다고 규정하고, 경찰관직무집행법 시행령 제5조는 위법에서 규정한 신분을 표시하는 증표는 경찰관의 공무원증이라고 규정하고 있는데, 불심검문을 하게 된 경위, 불심검문 당시의 현장상황과 검문을 하는 경찰관들의 복장, 피고인이 공무원증 제시나 신분확인을 요구하였는지 여부 등을 종합적으로 고려하여, 검문하는 사람이 경찰관이고 검문하는 이유가 범죄행위에 관한 것임을 피고인이 충분히 알고 있었다고 보이는 경우에는 신분증을 제시하지 않았다고 하여 그 불심검문이 위법한 공무집행이라고 할 수 없다(대판 2014.12.11. 2014도7976).

오답의 이유

① 형사사건으로 외국 법원에 기소되었다가 무죄판결을 받은 사람은, 설령 그가 무죄판결을 받기까지 상당 기간 미결구금되었더라도 이를 유죄판결에 의하여 형이 실제로 집행된 것으로 볼 수는 없으므로, '외국에서 형의 전부 또는 일부가 집행된 사람'에 해당한다고 볼 수 없고, 그 미결구금 기간은 형법 제7조에 의한 산입의 대상이 될 수 없다(대판 2017.8.24. 2017도5977 전합).

③ 형사소송법 제318조의4 제1항 · 제3항

④ 형사소송법 제320조 제1항 · 제2항

02 난도 ★★☆　　　　　　　　　　　　정답 ④

공판 > 공판절차

정답의 이유

ㄱ. 형사소송법 제266조의8 제1항 · 제4항

ㄴ. 형사소송법 제282조

ㄷ. 형사소송법 제266조의3 제1항

ㄹ. 형사소송법은 제8조 제2항에서 단독판사의 관할사건이 공소장변경에 의하여 합의부 관할사건으로 변경된 경우 합의부로 이송하도록 규정하고 있을 뿐 그 반대의 경우에 관하여는 규정하고 있지 아니하며, '법관 등의 사무분담 및 사건배당에 관한 예규'에서도 이러한 경우를 재배당사유로 규정하고 있지 아니하므로, 사건을 배당받은 합의부는 공소장변경허가결정을 하였는지에 관계없이 사건의 실체에 들어가 심판하였어야 하고 사건을 단독판사에게 재배당할 수 없다(대판 2013.4.25. 2013도1658).

03 난도 ★★☆ 정답 ③

공판 > 재판

정답의 이유

③ 공동피고인인 절도범과 그 장물범은 서로 다른 공동피고인의 범죄사실에 관하여는 증인의 지위에 있다 할 것이므로, 피고인이 증거로 함에 동의한 바 없는 공동피고인에 대한 피의자신문조서는 공동피고인의 증언에 의하여 그 성립의 진정이 인정되지 아니하는 한 피고인의 공소범죄사실을 인정하는 증거로 할 수 없다(대판 2006.1.12. 2005도7601).

오답의 이유

① 검사의 구형은 양형에 관한 의견진술에 불과하고 법원이 그 의견에 구속되는 것은 아니므로 피고인에 대한 형을 정함에 있어 검사의 구형에 포함되지 아니한 벌금형을 병과하였다 하여 위법이 될 수 없다(대판 1984.4.24. 83도1789).

② 구성요건에 해당하는 사실은 엄격한 증명에 의하여 이를 인정하여야 하고, 증거능력이 없는 증거는 구성요건 사실을 추인하게 하는 간접사실이나 구성요건 사실을 입증하는 직접증거의 증명력을 보강하는 보조사실의 인정자료로서도 허용되지 아니한다(대판 2006.12.8. 2006도6356).

④ 증거신청의 채택 여부는 법원의 재량으로서 법원이 필요하지 아니하다고 인정할 때에는 이를 조사하지 아니할 수 있는 것이고, 법원이 적법하게 공판의 심리를 종결한 뒤에 피고인이 증인신청을 하였다 하여 반드시 공판의 심리를 재개하여 증인신문을 하여야 하는 것은 아니다(대판 2014.2.27. 2013도12155).

04 난도 ★★☆ 정답 ①

공판 > 공판절차

정답의 이유

① 약속어음거래의 상대방을 배서 등의 방법으로 특정되는 경우도 있고 백지식 배서나 교부에 의한 양도를 하는 경우도 있으므로 후자의 경우에는 전전유통되는 사이에 어음의 배서란에 기재되지 아니한 거래의 상대방을 알 수 없는 경우도 있어 판시 범죄사실에 어음거래의 상대방이나 이로 인한 피해자가 성명불상자로만 표시되어 있다 하여도 이로서 범죄사실이 특정되지 아니하였다거나 위조유가증권행사의 판시 이유에 모순이 있다고 볼 수 없다(대판 1981.6.9. 81도1359).

오답의 이유

② 사문서변조 범죄행위의 일시, 장소, 방법 및 실행행위자에 관한 기재 자체가 누락된 경우 공소사실이 특정되지 않았다(대판 2009.1.15. 2008도9327).

③ 저작재산권 침해행위에 관한 공소사실의 특정은 침해 대상인 저작물 및 침해 방법의 종류, 형태 등 침해행위의 내용이 명확하게 기재되어 있어 피고인의 방어권 행사에 지장이 없는 정도이면 되고, 각 저작물의 저작재산권자가 누구인지 특정되어 있지 않다고 하여 공소사실이 특정되지 않았다고 볼 것은 아니다(대판 2016.12.15. 2014도1196).

④ 교사범, 방조범의 범죄사실 적시에 있어서는 그 전제요건이 되는 정범의 범죄구성요건이 되는 사실 전부를 적시하여야 하고, 이 기재가 없는 교사범, 방조범의 사실 적시는 죄가 되는 사실의 적시라고 할 수 없다(대판 1981.11.24. 81도2422).

05 난도 ★★☆ 정답 ②

수사와 공소 > 강제처분과 강제수사

정답의 이유

② 헌재결 2012.6.27. 2011헌가36

오답의 이유

① 항소법원은 항소피고사건의 심리 중 또는 판결선고 후 상고제기 또는 판결확정에 이르기까지 수소법원으로서 형사소송법 제70조 제1항 각호의 사유 있는 불구속 피고인을 구속할 수 있고 또 수소법원의 구속에 관하여는 검사 또는 사법경찰관이 피의자를 구속함을 규율하는 형사소송법 제208조의 규정은 적용되지 아니하므로 구속기간의 만료로 피고인에 대한 구속의 효력이 상실된 후 항소법원이 피고인에 대한 판결을 선고하면서 피고인을 구속하였다 하여 위 법 제208조의 규정에 위배되는 재구속 또는 이중구속이라 할 수 없다(대결 1985.7.23. 85모12).

③ 구속 중인 피고인에 대하여 자유형(실형)의 판결이 확정된 때에는 구속영장은 실효되므로, 위 경우 자유형이 선고된 유죄 부분이 확정되면 그 때에 구속영장은 실효되고(따라서 피고인을 계속 구금하기 위하여는 확정된 유죄 부분에 대한 형집행의 절차를 취하여야 한다), 구속영장이 이미 실효된 이상 법원이 형사소송법 제93조에 의한 구속의 취소 결정을 할 수는 없다(대결 1999.9.7. 99초355, 99도3454).

④ '구속되었다가 석방된 자'라 함은 구속영장에 의하여 구속되었다가 석방된 경우를 말하는 것이지, 긴급체포나 현행범으로 체포되었다가 사후영장발부 전에 석방된 경우는 포함되지 않는다 할 것이므로, 피고인이 수사 당시 긴급체포되었다가 수사기관의 조치로 석방된 후 법원이 발부한 구속영장에 의하여 구속이 이루어진 경우 위법한 구속이라고 볼 수 없다(대판 2001.9.28. 2001도4291).

06 난도 ★★☆ 정답 ③

상소와 비상구제절차 > 비상구제절차

정답의 이유

③ 형사소송법 제420조 제2호의 재심사유에 해당하기 위해서는 원판결의 증거된 증언이 확정판결에 의하여 허위인 것이 증명되어야 하는데, 여기에서 말하는 '원판결의 증거된 증언'이란 원판결의 이유 중에서 증거로 채택되어 죄로 되는 사실(범죄사실)을 인정하는 데 인용된 증언을 뜻하므로, 원판결의 이유에서 증거로 인용된 증언이 '죄로 되는 사실'과 직접 혹은 간접적으로 관련된 내용이라면 위 법조에서 정한 '원판결의 증거된 증언'에 해당하고, 그 증언이 나중에 확정판결에

의하여 허위인 것이 증명된 이상 허위증언 부분을 제외하고도 다른 증거에 의하여 '죄로 되는 사실'이 유죄로 인정될 것인지에 관계없이 형사소송법 제420조 제2호의 <u>재심사유가 있다고 보아야 한다</u>(대판 2012.4.13. 2011도8529).

오답의 이유

① 재심개시결정이 확정되어 법원이 그 사건에 대해 다시 심리를 한 후 재심의 판결을 선고하고 그 재심판결이 확정된 때에 종전의 확정판결이 효력을 상실한다(대판 2019.6.20. 2018도20698 전합).

② 재심의 취지와 특성, 형사소송법의 이익재심 원칙과 재심심판절차에 관한 특칙 등에 비추어 보면, 재심심판절차에서는 특별한 사정이 없는 한 검사가 재심대상사건과 별개의 공소사실을 추가하는 내용으로 공소장을 변경하는 것은 허용되지 않고, 재심대상사건에 일반 절차로 진행 중인 별개의 형사사건을 병합하여 심리하는 것도 허용되지 않는다(대판 2019.6.20. 2018도20698 전합).

④ 재심이 개시된 사건에서 범죄사실에 대하여 적용하여야 할 법령은 재심판결 당시의 법령이므로, 법원은 재심대상판결 당시의 법령이 변경된 경우에는 그 범죄사실에 대하여 재심판결 당시의 법령을 적용하여야 하고, 폐지된 경우에는 형사소송법 제326조 제4호를 적용하여 그 범죄사실에 대하여 면소를 선고하는 것이 원칙이다. 그러나 법원은, 형벌에 관한 법령이 헌법재판소의 위헌결정으로 인하여 소급하여 그 효력을 상실하였거나 법원에서 위헌·무효로 선언된 경우, 당해 법령을 적용하여 공소가 제기된 피고사건에 대하여 같은 법 제325조에 따라 무죄를 선고하여야 한다(대판 2010.12.16. 2010도5986 전합).

07 난도 ★★☆　　　　　　　　　　　　　정답 ①

상소와 비상구제절차 > 상소

정답의 이유

① 상소포기 후 상소제기기간 내에 있는 자는 상소권회복을 청구할 수 없다.

오답의 이유

② 형사소송법 제349조

> **제349조(상소의 포기, 취하)**
> 검사나 피고인 또는 제339조에 규정한 자는 상소의 포기 또는 취하를 할 수 있다. 단, 피고인 또는 제341조에 규정한 자는 <u>사형 또는 무기징역이나 무기금고가 선고된 판결에 대하여는 상소의 포기를 할 수 없다.</u>

③ 변호인은 피고인의 동의를 얻어 상소를 취하할 수 있으므로(형사소송법 제351조·제341조), 변호인의 상소취하에 피고인의 동의가 없다면 상소취하의 효력은 발생하지 아니한다(대판 2015.9.10. 2015도7821).

④ 보호감호를 선고받은 피고인이 보호감호가 선고된 것으로 알고 일단 상고를 제기하였다가 보호감호청구가 기각되었다는 취지

의 교도관의 말과 공판출정 교도관이 작성한 판결선고결과보고서의 기재를 믿은 나머지 착오에 빠져 판결등본송달(형사소송규칙 제148조)을 기다리지 않고 상고취하를 함으로써 위 보호감호처분이 확정된 경우 위 상고취하에 피고인의 과실이 없었다고 단정할 수 없다(대결 1992.3.13. 92모1).

08 난도 ★★☆　　　　　　　　　　　　　정답 ③

서론 > 소송주체와 소송관계인

정답의 이유

ㄷ. 피고인을 위하여 선정된 국선변호인이 법정기간 내에 항소이유서를 제출하지 아니하면 이는 피고인을 위하여 요구되는 충분한 조력을 제공하지 아니한 것으로 보아야 하고, 이런 경우에 피고인에게 책임을 돌릴 만한 아무런 사유가 없는데도 항소법원이 형사소송법 제361조의4 제1항 본문에 따라 피고인의 항소를 기각한다면, 이는 피고인에게 국선변호인으로부터 충분한 조력을 받을 권리를 보장하고 이를 위한 국가의 의무를 규정하고 있는 헌법의 취지에 반하는 조치이다. 따라서 피고인과 국선변호인이 모두 법정기간 내에 항소이유서를 제출하지 아니하였더라도, 국선변호인이 항소이유서를 제출하지 아니한 데 대하여 피고인에게 귀책사유가 있음이 특별히 밝혀지지 않는 한, 항소법원은 종전 국선변호인의 선정을 취소하고 새로운 국선변호인을 선정하여 다시 소송기록접수통지를 함으로써 새로운 국선변호인으로 하여금 그 통지를 받은 때로부터 형사소송법 제361조의3 제1항의 기간 내에 피고인을 위하여 항소이유서를 제출하도록 하여야 한다(대결 2012.2.16. 2009모1044 전합).

ㄹ. 필요적 변호사건이라 하여도 피고인이 재판거부의 의사를 표시하고 재판장의 허가 없이 퇴정하고 변호인마저 이에 동조하여 퇴정해 버린 것은 모두 피고인측의 방어권의 남용 내지 변호권의 포기로 볼 수밖에 없는 것이므로 수소법원으로서는 형사소송법 제330조에 의하여 피고인이나 변호인의 재정 없이도 심리판결 할 수 있다. 위와 같이 피고인과 변호인들이 출석하지 않은 상태에서 증거조사를 할 수 밖에 없는 경우에는 형사소송법 제318조 제2항의 규정상 피고인의 진의와는 관계없이 형사소송법 제318조 제1항의 동의가 있는 것으로 간주하게 되어 있다(대판 1991.6.28. 91도865)

오답의 이유

ㄱ. 필요적 변호사건에 있어 변호인의 관여 없는 공판절차에서 이루어진 소송행위는 무효이고, 원심이 위 두 사건을 병합하여 심리를 진행하여 하나의 판결을 선고한 이상, <u>원심의 위와 같은 위법은 병합심리된 사기죄 부분에 대하여도 미친다고 할 것이며,</u> 이는 필요적 변호사건이 아닌 사기죄 부분에 대하여 별개의 벌금형을 선택하여 선고하였다고 하더라도 마찬가지라고 하겠다. 결국 원심판결에는 그 소송절차가 법률에 위배되어 그대로 유지될 수 없는 위법이 있어 파기를 면할 수 없다(대판 2011.4.28. 2011도2279).

ㄴ. 결국, 형사소송법이나 그 규칙을 개정하여 명시적인 근거규정을 두지 않는 이상 현행 법규의 해석론으로는 필요적 변호사건에서 항소법원이 국선변호인을 선정하고 피고인과 국선변호인

에게 소송기록접수통지를 한 다음 피고인이 사선변호인을 선임함에 따라 국선변호인의 선정을 취소한 경우 항소법원은 사선변호인에게 다시 소송기록접수통지를 할 의무가 없다고 보아야 한다(대판 2018.11.22. 2015도10651 전합).

09 난도 ★☆☆ 정답 ③

상소와 비상구제절차 > 상소

정답의 이유

③ 항소제기기간은 7일이므로(형사소송법 제358조), 2020년 6월 3일부터 기산하여 2020년 6월 9일 24시까지 항소를 제기할 수 있다.

제66조(기간의 계산)

① 기간의 계산에 관하여는 시로 계산하는 것은 즉시부터 기산하고 일, 월 또는 연으로 계산하는 것은 초일을 산입하지 아니한다. 다만, 시효와 구속기간의 초일은 시간을 계산하지 아니하고 1일로 산정한다.
② 연 또는 월로 정한 기간은 연 또는 월 단위로 계산한다.
③ 기간의 말일이 공휴일이거나 토요일이면 그날은 기간에 산입하지 아니한다. 다만, 시효와 구속기간에 관하여는 예외로 한다.

---

10 난도 ★★☆ 정답 ②

상소와 비상구제절차 > 상소

정답의 이유

ㄴ. 형사소송법 제417조의 규정은 검사 또는 사법경찰관이 수사단계에서 압수물의 환부에 관하여 처분을 할 권한을 가지고 있을 경우에 그 처분에 불복이 있으면 준항고를 허용하는 취지라고 보는 것이 상당하므로 형사소송법 제332조의 규정에 의하여 압수가 해제된 것으로 되었음에도 불구하고 검사가 그 해제된 압수물의 인도를 거부하는 조치에 대해서는 형사소송법 제417조가 규정하는 준항고로 불복할 대상이 될 수 없다(대결 1984.2.6. 84모3).
ㄷ. 형사소송법 제455조 제2항

오답의 이유

ㄱ. 3일 이내에 항고할 수 있다(형사소송법 제184조 제4항).
ㄹ. 국민의 형사재판 참여에 관한 법률에 의하면 제1심 법원이 국민참여재판 대상사건을 피고인의 의사에 따라 국민참여재판으로 진행함에 있어 별도의 국민참여재판 개시결정을 할 필요는 없고, 그에 관한 이의가 있어 제1심 법원이 국민참여재판으로 진행하기로 하는 결정에 이른 경우 이는 판결 전의 소송절차에 관한 결정에 해당하며, 그에 대하여 특별히 즉시항고를 허용하는 규정이 없으므로 위 결정에 대하여는 항고할 수 없다. 따라서 국민참여재판으로 진행하기로 하는 제1심 법원의 결정에 대한 항고는 항고의 제기가 법률상의 방식을 위반한 때에 해당하여 위 결정을 한 법원이 항고를 기각하여야 하고, 위 결정을 한 법원이 항고기각의 결정을 하지 아니한 때에는 항고법원은 결정으로 항고를 기각하여야 한다(대결 2009.10.23. 2009모1032).

11 난도 ★★☆ 정답 ④

서론 > 소송주체와 소송관계인

정답의 이유

④ 일반 국민이 범한 수개의 죄 가운데 특정 군사범죄와 그 밖의 일반 범죄가 형법 제37조 전단의 경합범 관계에 있다고 보아 하나의 사건으로 기소된 경우, 특정 군사범죄에 대하여는 군사법원이 전속적인 재판권을 가지므로 일반법원은 이에 대하여 재판권을 행사할 수 없다. 반대로 그 밖의 일반 범죄에 대하여 군사법원이 재판권을 행사하는 것도 허용될 수 없다. 이 경우 어느 한 법원에서 기소된 모든 범죄에 대해 재판권을 행사한다면 재판권이 없는 법원이 아무런 법적 근거 없이 임의로 재판권을 창설하여 재판권이 없는 범죄에 대한 재판을 하는 것이 되므로, 결국 기소된 사건 전부에 대하여 재판권을 가지지 아니한 일반법원이나 군사법원은 사건 전부를 심판할 수 없다(대결 2016.6.16. 2016초기318 전합).

오답의 이유

① 형사소송법 제12조 · 제328조 제1항 제3호 · 제326조 제1호
② 형사소송법 제4조 제1항은 "토지관할은 범죄지, 피고인의 주소, 거소 또는 현재지로 한다."라고 정하고, 여기서 '현재지'라고 함은 공소제기 당시 피고인이 현재한 장소로서 임의에 의한 현재지뿐만 아니라 적법한 강제에 의한 현재지도 이에 해당한다(대판 2011.12.22. 2011도12927).
③ 제1심 형사사건에 관하여 지방법원 본원과 지방법원 지원은 소송법상 별개의 법원이자 각각 일정한 토지관할 구역을 나누어 가지는 대등한 관계에 있으므로, 지방법원 본원과 지방법원 지원 사이의 관할의 분배도 지방법원 내부의 사법행정사무로서 행해진 지방법원 본원과 지원 사이의 단순한 사무분배에 그치는 것이 아니라 소송법상 토지관할의 분배에 해당한다. 그러므로 형사소송법 제4조에 의하여 지방법원 본원에 제1심 토지관할이 인정된다고 볼 특별한 사정이 없는 한, 지방법원 지원에 제1심 토지관할이 인정된다는 사정만으로 당연히 지방법원 본원에도 제1심 토지관할이 인정된다고 볼 수는 없다(대판 2015.10.15. 2015도1803).

12 난도 ★☆☆ 정답 ③

공판 > 증거

정답의 이유

③ 범죄구성요건사실의 존부를 알아내기 위해 과학공식 등의 경험칙을 이용하는 경우에 그 법칙 적용의 전제가 되는 개별적이고 구체적인 사실에 대하여는 엄격한 증명을 요하는 바, 위드마크 공식의 경우 그 적용을 위한 자료로 섭취한 알코올의 양, 음주 시각, 체중 등이 필요하므로 그런 전제사실에 대한 엄격한 증명이 요구된다(대판 2008.8.21. 2008도5531).

오답의 이유

① 공모공동정범에 있어서 공모 또는 모의는 '범죄될 사실'의 주요 부분에 해당하는 이상, 가능한 한 이를 구체적이고 상세하게 특

정하여야 할 뿐 아니라 엄격한 증명의 대상에 해당한다(대판 2007.4.27. 2007도236).

② 국헌문란의 목적은 범죄 성립을 위하여 고의 외에 요구되는 초과주관적 위법요소로서 엄격한 증명사항에 속하나, 확정적 인식임을 요하지 아니하며, 다만, 미필적 인식이 있으면 족하다(대판 2015.1.22. 2014도10978 전합).

④ 공연히 사실을 적시하여 사람의 명예를 훼손한 행위가 형법 제310조의 규정에 따라서 위법성이 조각되어 처벌대상이 되지 않기 위해서는 그것이 진실한 사실로서 오로지 공공의 이익에 관한 때에 해당된다는 점을 행위자가 증명하여야 하는 것이나, 그 증명은 유죄의 인정에 있어 요구되는 것과 같이 법관으로 하여금 의심할 여지가 없을 정도의 확신을 가지게 하는 증명력을 가진 엄격한 증거에 의하여야 하는 것은 아니므로, 이때에는 전문증거에 대한 증거능력의 제한을 규정한 형사소송법 제310조의2는 적용될 여지가 없다(대판 1996.10.25. 95도1473).

13 난도 ★☆☆   정답 ①

공판 > 증거

정답의 이유

① 탄핵증거는 범죄사실을 인정하는 증거가 아니므로 엄격한 증거조사를 거쳐야 할 필요가 없음은 형사소송법 제318조의2의 규정에 따라 명백하나 법정에서 이에 대한 탄핵증거로서의 증거조사는 필요한 것이고, 한편 증거신청의 방식에 관하여 규정한 형사소송규칙 제132조 제1항의 취지에 비추어 보면 탄핵증거의 제출에 있어서도 상대방에게 이에 대한 공격방어의 수단을 강구할 기회를 사전에 부여하여야 한다는 점에서 그 증거와 증명하고자 하는 사실과의 관계 및 입증취지 등을 미리 구체적으로 명시하여야 할 것이므로, 증명력을 다투고자 하는 증거의 어느 부분에 의하여 진술의 어느 부분을 다투려고 한다는 것을 사전에 상대방에게 알려야 한다(대판 2005.8.19. 2005도2617).

오답의 이유

② 탄핵증거는 진술의 증명력을 감쇄하기 위하여 인정되는 것이고 범죄사실 또는 그 간접사실의 인정의 증거로서는 허용되지 않는다(대판 2012.10.25. 2011도5459).

③ 피의자의 진술을 기재한 서류가 수사기관의 조사과정에서 작성된 것이라면, 그것이 '진술조서'라는 형식을 취하였다고 하더라도 피의자신문조서와 달리 볼 수 없고, 검사가 유죄의 자료로 제출한 사법경찰리 작성의 피고인에 대한 피의자신문조서는 피고인이 그 내용을 부인하는 이상 증거능력이 없으나, 그것이 임의로 작성된 것이 아니라고 의심할 만한 사정이 없는 한 피고인의 법정에서의 진술을 탄핵하기 위한 반대증거로 사용할 수 있다(대판 2014.3.13. 2013도12507).

④ 형사소송법 제318조의 2에 규정된 소위 탄핵증거는 범죄사실을 인정하는 증거가 아니므로 그것이 증거서류이던 진술이던 간에 유죄증거에 관한 소송법상의 엄격한 증거능력을 요하지 아니한다(대판 1985.5.14. 85도441).

14 난도 ★★☆   정답 ④

공판 > 재판

정답의 이유

④ 구 형법 제304조는 '혼인을 빙자하거나 기타 위계로써 음행의 상습 없는 부녀를 기망하여 간음한 자는 2년 이하의 징역 또는 500만 원 이하의 벌금에 처한다'라고 규정하고 있었으나, 2012.12.18. 법률 제11574호로 형법이 개정되면서 삭제되었다. 위 개정에 앞서 구 형법 제304조 중 혼인빙자간음죄 부분은 헌법재판소 2009. 11. 26. 선고 2008헌바58 등 결정에 의하여 위헌으로 판단되었고, 또한 위 개정 형법 부칙 등에서 그 시행 전의 행위에 대한 벌칙의 적용에 관하여 아무런 경과규정을 두지 아니하였다. 이러한 사정 등에 비추어 보면, 구 형법 제304조의 삭제는 법률이념의 변천에 따라 과거에 범죄로 본 음행의 상습없는 부녀에 대한 위계간음 행위에 관하여 현재의 평가가 달라짐에 따라 이를 처벌대상으로 삼는 것이 부당하다는 반성적 고려에서 비롯된 것으로 봄이 타당하므로, 이는 범죄 후의 법령개폐로 범죄를 구성하지 않게 되어 형이 폐지되었을 때에 해당한다. 그렇다면 구 형법 제304조에 해당하는 위계간음 행위는 형사소송법 제326조 제4호에 의하여 면소판결의 대상이 된다(대판 2014.4.24. 2012도14253).

오답의 이유

① 피고인이 야간옥외집회를 주최하였다는 취지의 공소사실에 대하여 원심이 집회 및 시위에 관한 법률 제23조 제1호, 제10조 본문을 적용하여 유죄를 인정하였는데, 원심판결 선고 후 헌법재판소가 위 법률조항에 대해 헌법불합치결정을 선고하면서 개정시한을 정하여 입법개선을 촉구하였는데도 위 시한까지 법률 개정이 이루어지지 않은 사안에서, 위 법률조항은 소급하여 효력을 상실하므로 이를 적용하여 공소가 제기된 위 피고사건에 대하여 무죄를 선고하여야 한다(대판 2011.6.23. 2008도7562 전합).

판례[2018헌바48 2018헌바48, 2019헌가1(병합)]에 따라 개정될 때까지 무죄가 적용된다.

[헌법불합치, 2008헌가25, 2009.9.24. 집회 및 시위에 관한 법률(2007.5.11. 법률 제8424호로 전부개정된 것) 제10조 중 '옥외집회' 부분 및 제23조 제1호 중 '제10조 본문의 옥외집회' 부분은 헌법에 합치되지 아니한다. 위 조항들은 2010.6.30.을 시한으로 입법자가 개정할 때까지 계속 적용된다.]

[한정위헌, 2010헌가2, 2014.3.27. 집회 및 시위에 관한 법률(2007.5.11. 법률 제8424호로 개정된 것) 제10조 본문 중 '시위'에 관한 부분 및 제23조 제3호 중 '제10조 본문' 가운데 '시위'에 관한 부분은 각 '해가 진 후부터 같은 날 24시까지의 시위'에 적용하는 한 헌법에 위반된다.]

[2020.6.9. 법률 제17393호에 의하여 헌법재판소에서 헌법불합치 결정된 관련 조문 제11조를 개정함]

[헌법불합치, 2018헌바48 2018헌바48, 2019헌가1(병합), 2022.12.22. 집회 및 시위에 관한 법률(2020.6.9. 법률 제17393호로 개정된 것) 제11조 제3호 중 '대통령 관저(官邸)' 부분 및 제23조 제1호 중 제11조 제3호 가운데 '대통령 관저(官邸)'에 관한 부분은 헌

법에 합치되지 아니한다. 위 법률조항은 2024.5.31.을 시한으로 개정될 때까지 계속 적용된다.]

② 특별사면으로 형 선고의 효력이 상실된 유죄의 확정판결에 대하여 재심개시결정이 이루어져 재심심판법원이 심급에 따라 다시 심판한 결과 무죄로 인정되는 경우라면 무죄를 선고하여야 하겠지만, 그와 달리 유죄로 인정되는 경우에는, 피고인에 대하여 다시 형을 선고하거나 피고인의 항소를 기각하여 제1심판결을 유지시키는 것은 이미 형 선고의 효력을 상실하게 하는 특별사면을 받은 피고인의 법적 지위를 해치는 결과가 되어 이익재심과 불이익변경금지의 원칙에 반하게 되므로, 재심심판법원으로서는 '피고인에 대하여 형을 선고하지 아니한다'는 주문을 선고할 수밖에 없다(대판 2015.10.29. 2012도2938).

③ 피고인이 동일한 행위에 관하여 외국에서 형사처벌을 과하는 확정판결을 받았다 하더라도 이런 외국판결은 우리나라에서는 기판력이 없으므로 여기에 일사부재리의 원칙이 적용될 수 없다(대판 1983.10.25. 83도2366).

15 난도 ★★☆　　　　　　정답 ④

공판 > 증거

정답의 이유

ㄱ. (×) 사무처리 내역을 계속적, 기계적으로 기재한 문서가 아니라 범죄사실의 인정 여부와 관련 있는 어떠한 의견을 제시하는 내용을 담고 있는 문서는 형사소송법 제315조 제3호에서 규정하는 당연히 증거능력이 있는 서류에 해당한다고 볼 수 없으므로, 이른바 보험사기 사건에서 건강보험심사평가원이 수사기관의 의뢰에 따라 그 보내온 자료를 토대로 입원진료의 적정성에 대한 의견을 제시하는 내용의 '건강보험심사평가원의 입원진료 적정성 여부 등 검토의뢰에 대한 회신'은 형사소송법 제315조 제3호의 '기타 특히 신용할 만한 정황에 의하여 작성된 문서'에 해당하지 않는다(대판 2017.12.5. 2017도12671).

ㄴ. (×) 대한민국 주중국 대사관 영사가 작성한 사실확인서 중 공인 부분을 제외한 나머지 부분이 비록 영사의 공무수행 과정 중 작성되었지만 공적인 증명보다는 상급자 등에 대한 보고를 목적으로 하는 것인 경우, 형사소송법 제315조 제1호의 '공무원의 직무상 증명할 수 있는 사항에 관하여 작성한 문서' 또는 제3호의 '기타 특히 신뢰할 만한 정황에 의하여 작성된 문서'라고 볼 수 없으므로 증거능력이 없다(대판 2007.12.13. 2007도7257).

ㄷ. (○) 사법경찰관 작성의 새세대 16호에 대한 수사보고서는 피고인이 검찰에서 소지 탐독사실을 인정하고 있는 새세대 16호라는 유인물의 내용을 분석하고, 이를 기계적으로 복사하여 그 말미에 그대로 첨부한 문서로서 그 신용성이 담보되어 있어 형사소송법 제315조 제3호 소정의 "기타 특히 신용할 만한정황에 의하여 작성된 문서"에 해당되는 문서로서 당연히 증거능력이 인정된다(대판 1992.8.14. 92도1211).

ㄹ. (○) 성매매업소에 고용된 여성들이 성매매를 업으로 하면서 영업에 참고하기 위하여 성매매 상대방의 아이디와 전화번호 및 성매매방법

등을 메모지에 적어두었다가 직접 메모리카드에 입력하거나 업주가 고용한 다른 여직원이 그 내용을 입력한 사안에서, 위 메모리카드의 내용은 형사소송법 제315조 제2호의 '영업상 필요로 작성한 통상문서'로서 당연히 증거능력 있는 문서에 해당한다(대판 2007.7.26. 2007도3219).

16 난도 ★★☆　　　　　　정답 ①

공판 > 공판절차

정답의 이유

① 피고인이 공판정에서 공소사실을 자백한 때에 법원이 취하는 심판의 간이공판절차에서의 증거조사는 증거방법을 표시하고 증거조사내용을 "증거조사함"이라고 표시하는 방법으로 하였다면 간이절차에서의 증거조사에서 법원이 인정채택한 상당한 증거방법이라고 인정할 수 있다(대판 1980.4.22. 80도333).

오답의 이유

② 제1심 공판기일에서의 피고인의 진술이 공소사실 중 일부를 부인하거나 또는 최소한 피고인에게 폭력의 습벽이 있음을 부인하는 취지라고 보임에도, 간이공판절차에 의하여 상습상해 내지 폭행의 공소사실을 유죄로 인정한 제1심판결을 유지한 원심판결에 간이공판절차에 관한 법리를 오해하거나 증거 없이 유죄로 인정한 위법이 있다(대판 2006.5.11. 2004도6176).

③ 피고인이 공판정에서 공소사실에 대하여 자백한 때에는 법원은 그 공소사실에 한하여 간이공판절차에 의하여 심판할 것을 결정할 수 있다(형사소송법 제286조의2).

④ 형사소송법 제286조의2가 규정하는 간이공판절차의 결정의 요건인 공소사실의 자백이라 함은 공소장 기재사실을 인정하고 나아가 위법성이나 책임조각사유가 되는 사실을 진술하지 아니하는 것으로 충분하고 명시적으로 유죄를 자인하는 진술이 있어야 하는 것은 아니다(대판 1987.8.18. 87도1269).

17 난도 ★★☆　　　　　　정답 ③

수사와 공소 > 수사

정답의 이유

ㄷ. 법률에 의하여 고소나 고발이 있어야 논할 수 있는 죄에 있어서 고소 또는 고발은 이른바 소추조건에 불과하고 당해 범죄의 성립요건이나 수사의 조건은 아니므로, 위와 같은 범죄에 관하여 고소나 고발이 있기 전에 수사를 하였더라도, 그 수사가 장차 고소나 고발의 가능성이 없는 상태하에서 행해졌다는 등의 특단의 사정이 없는 한, 고소나 고발이 있기 전에 수사를 하였다는 이유만으로 그 수사가 위법하게 되는 것은 아니다(대판 2011.3.10. 2008도7724).

ㄹ. 친고죄에 있어서의 피해자의 고소권은 공법상의 권리라고 할 것이므로 법이 특히 명문으로 인정하는 경우를 제외하고는 자유처분을 할 수 없고 따라서 일단한 고소는 취소할 수 있으나 고소 전에 고소권을 포기할 수 없다고 함이 상당할 것이다(대판 1967.5.23. 67도471).

ㄱ. 항소심에서 공소장의 변경에 의하여 또는 공소장변경절차를 거치지 아니하고 법원 직권에 의하여 친고죄가 아닌 범죄를 친고죄로 인정하였더라도 항소심을 제1심이라 할 수는 없는 것이므로, 항소심에 이르러 비로소 고소인이 고소를 취소하였다면 이는 친고죄에 대한 고소취소로서의 효력은 없다(대판 1999.4.15. 96도1922 전합).

ㄴ. 친고죄에서 고소는, 고소권 있는 자가 수사기관에 대하여 범죄사실을 신고하고 범인의 처벌을 구하는 의사표시로서 서면뿐만 아니라 구술로도 할 수 있고, 다만 구술에 의한 고소를 받은 검사 또는 사법경찰관은 조서를 작성하여야 하지만 그 조서가 독립된 조서일 필요는 없으며, 수사기관이 고소권자를 증인 또는 피해자로서 신문한 경우에 그 진술에 범인의 처벌을 요구하는 의사표시가 포함되어 있고 그 의사표시가 조서에 기재되면 고소는 적법하다(대판 2011.6.24. 2011도4451, 2011전도76).

18 난도 ★★★　　　　　　　　　　　정답 ②

공판 > 재판

② 공소사실의 동일성이 인정되지 아니하고 실체적 경합관계에 있는 수 개의 공소사실의 전부 또는 일부를 철회하는 공소취소의 경우 그에 따라 공소기각의 결정이 확정된 때에는 그 범죄사실에 대하여는 다른 중요한 증거가 발견되지 않는 한 재기소가 허용되지 아니하지만, 이와 달리 포괄일죄로 기소된 공소사실 중 일부에 대하여 형사소송법 제298조 소정의 공소장변경의 방식으로 이루어지는 공소사실의 일부 철회의 경우에는 그러한 제한이 적용되지 아니한다(대판 2004.9.23. 2004도3203).

① 피고인을 위한 상소는 피고인에게 불이익한 재판을 시정하여 이익된 재판을 청구함을 그 본질로 하는 것이므로 피고인은 재판이 자기에게 불이익하지 아니하면 이에 대한 상소권이 없다. 공소기각의 재판이 있으면 피고인은 유죄판결의 위험으로부터 벗어나는 것이므로 그 재판은 피고인에게 불이익한 재판이라고 할 수 없어서 이에 대하여 피고인은 상소권이 없다(대판 2008.5.15. 2007도6793).

③ 무죄의 제1심판결에 대하여 검사가 채증법칙 위배 등을 들어 항소하였으나 공소기각 사유가 있다고 인정될 경우, 항소심법원은 직권으로 판단하여 제1심판결을 파기하고 피고인에 대한 공소사실에 관하여 무죄라는 판단을 하기에 앞서 공소기각의 판결을 선고하여야 하고, 공소기각 사유가 있으나 피고인의 이익을 위한다는 이유로 검사의 항소를 기각하여 무죄의 제1심판결을 유지할 수 없다(대판 1994.10.14. 94도1818).

④ 범의를 가진 자에 대하여 단순히 범행의 기회를 제공하거나 범행을 용이하게 하는 것에 불과한 수사방법이 경우에 따라 허용될 수 있음은 별론으로 하고, 본래 범의를 가지지 아니한 자에 대하여 수사기관이 사술이나 계략 등을 써서 범의를 유발케 하

여 범죄인을 검거하는 함정수사는 위법함을 면할 수 없고, 이러한 함정수사에 기한 공소제기는 그 절차가 법률의 규정에 위반하여 무효인 때에 해당한다고 볼 것이다(대판 2007.7.13. 2007도3672).

19 난도 ★★☆　　　　　　　　　　　정답 ④

수사와 공소 > 강제처분과 강제수사

④ 검사 또는 사법경찰관은 형사소송법 제212조의 규정에 의하여 피의자를 현행범 체포하는 경우에 필요한 때에는 체포 현장에서 영장 없이 압수·수색·검증을 할 수 있으나, 이와 같이 압수한 물건을 계속 압수할 필요가 있는 경우에는 체포한 때부터 48시간 이내에 지체 없이 압수영장을 청구하여야 한다(제216조 제1항 제2호·제217조 제2항). 그리고 검사 또는 사법경찰관이 범행 중 또는 범행 직후의 범죄 장소에서 긴급을 요하여 판사의 영장을 받을 수 없는 때에는 영장 없이 압수·수색 또는 검증을 할 수 있으나, 이 경우에는 사후에 지체 없이 영장을 받아야 한다(제216조 제3항). 다만 형사소송법 제218조에 의하면 검사 또는 사법경찰관은 피의자 등이 유류한 물건이나 소유자·소지자 또는 보관자가 임의로 제출한 물건은 영장 없이 압수할 수 있으므로, 현행범 체포 현장이나 범죄 장소에서도 소지자 등이 임의로 제출하는 물건은 위 조항에 의하여 영장 없이 압수할 수 있고, 이 경우에는 검사나 사법경찰관이 사후에 영장을 받을 필요가 없다(대판 2016.2.18. 2015도13726).

① 압수의 대상을 압수수색영장의 범죄사실 자체와 직접적으로 연관된 물건에 한정할 것은 아니고, 압수수색영장의 범죄사실과 기본적 사실관계가 동일한 범행 또는 동종·유사의 범행과 관련된다고 의심할 만한 상당한 이유가 있는 범위 내에서는 압수를 실시할 수 있다. 그리고 피의자와 사이의 인적 관련성은 압수수색영장에 기재된 대상자의 공동정범이나 교사범 등 공범이나 간접정범은 물론 필요적 공범 등에 대한 피고사건에 대해서도 인정될 수 있다(대판 2018.10.12. 2018도6252).

② 형사소송법 제126조 제2호

제126조(야간집행제한의 예외)
다음 장소에서 압수·수색영장을 집행함에는 전조의 제한을 받지 아니한다.
1. 도박 기타 풍속을 해하는 행위에 상용된다고 인정하는 장소
2. 여관, 음식점 기타 야간에 공중이 출입할 수 있는 장소. 단, 공개한 시간 내에 한한다.

---

③ 전자정보에 대한 압수·수색에 있어 저장매체 자체를 외부로 반출하거나 하드카피·이미징 등의 형태로 복제본을 만들어 외부에서 저장매체나 복제본에 대하여 압수·수색이 허용되는 예외적인 경우에도 혐의사실과 관련된 전자정보 이외에 이와 무관한 전자정보를 탐색·복제·출력하는 것은 원칙적으로 위법한 압수·수색에 해당하므로 허용될 수 없다. 그러나 전자정보에 대

한 압수·수색이 종료되기 전에 혐의사실과 관련된 전자정보를 적법하게 탐색하는 과정에서 별도의 범죄혐의와 관련된 전자정보를 우연히 발견한 경우라면, 수사기관은 더 이상의 추가 탐색을 중단하고 법원에서 별도의 범죄혐의에 대한 압수·수색영장을 발부받은 경우에 한하여 그러한 정보에 대하여도 적법하게 압수·수색을 할 수 있다(대결 2015.7.19. 2011모1839 전합).

20 난도 ★★☆ 정답 ④

공판 > 증거

정답의 이유

ㄱ. 형사소송법 제194조의3 제1항·제2항

제194조의3(비용보상의 절차 등)
① 제194조의2 제1항에 따른 비용의 보상은 피고인이었던 자의 청구에 따라 무죄판결을 선고한 법원의 합의부에서 결정으로 한다.
② 제1항에 따른 청구는 무죄판결이 확정된 사실을 안 날부터 3년, 무죄판결이 확정된 때부터 5년 이내에 하여야 한다. 〈개정 2014.12.30.〉

ㄴ. 피의자에 대한 진술거부권 고지는 피의자의 진술거부권을 실효적으로 보장하여 진술이 강요되는 것을 막기 위해 인정되는 것인데, 이러한 진술거부권 고지에 관한 형사소송법 규정내용 및 진술거부권 고지가 갖는 실질적인 의미를 고려하면 수사기관에 의한 진술거부권 고지 대상이 되는 피의자 지위는 수사기관이 조사대상자에 대한 범죄혐의를 인정하여 수사를 개시하는 행위를 한 때 인정되는 것으로 보아야 한다. 따라서 이러한 피의자 지위에 있지 아니한 자에 대하여는 진술거부권이 고지되지 아니하였더라도 진술의 증거능력을 부정할 것은 아니다(대판 2011.11.10. 2011도8125).

ㄷ. 비록 사법경찰관이 피의자에게 진술거부권을 행사할 수 있음을 알려주고 그 행사 여부를 질문하였다 하더라도, 형사소송법 제244조의3 제2항에 규정한 방식에 위반하여 진술거부권 행사 여부에 대한 피의자의 답변이 자필로 기재되어 있지 아니하거나 그 답변 부분에 피의자의 기명날인 또는 서명이 되어 있지 아니한 사법경찰관 작성의 피의자신문조서는 특별한 사정이 없는 한 형사소송법 제312조 제3항에서 정한 '적법한 절차와 방식에 따라 작성'된 조서라 할 수 없으므로 그 증거능력을 인정할 수 없다(대판 2013.3.28. 2010도3359).

ㄹ. 운전자가 경찰공무원에 대하여 호흡측정기에 의한 측정결과에 불복하고 혈액채취의 방법에 의한 측정을 요구할 수 있는 것은 경찰공무원이 운전자에게 호흡측정의 결과를 제시하여 확인을 구하는 때로부터 상당한 정도로 근접한 시점에 한정된다 할 것이고, 운전자가 정당한 이유 없이 그 확인을 거부하면서 시간을 보내다가 위 시점으로부터 상당한 시간이 경과한 후에야 호흡측정 결과에 이의를 제기하면서 혈액채취의 방법에 의한 측정을 요구하는 경우에는 이를 정당한 요구라고 할 수 없으므로, 이와 같은 경우에는 경찰공무원이 혈액채취의 방법에 의한 측정을 실시하지 않았다고 하더라도 호흡측정기에 의한 측정의 결과만으로 음주운전 사실을 증명할 수 있다(대판 2002.3.15. 2001도7121).

한눈에 훑어보기

 영역 분석

공판
8문항, 40%
02 04 12 13 15 16 17 18

수사와 공소
6문항, 30%
03 07 08 09 11 14

상소와 비상구제절차
1문항, 5%
19

서론
3문항, 15%
01 05 06

종합
2문항, 10%
10 20

빠른 정답

01	02	03	04	05	06	07	08	09	10
②	③	③	①	④	①	②	①	③	③

11	12	13	14	15	16	17	18	19	20
①	④	④	①	③	④	③	③	②	①

점수 체크

구분	1회독	2회독	3회독
맞힌 문항 수	/ 20	/ 20	/ 20
나의 점수	점	점	점

01 난도 ★☆☆ 정답 ②

서론 > 소송주체와 소송관계인

정답의 이유

② 헌법 제12조는 제1항에서 적법절차의 원칙을 선언하고, 제2항에서 "모든 국민은 고문을 받지 아니하며, 형사상 자기에게 불리한 진술을 강요당하지 아니한다."라고 규정하여 진술거부권을 국민의 기본적 권리로 보장하고 있다. 이는 형사책임과 관련하여 비인간적인 자백의 강요와 고문을 근절하고 인간의 존엄성과 가치를 보장하려는 데에 그 취지가 있다. 그러나 진술거부권이 보장되는 절차에서 진술거부권을 고지받을 권리가 헌법 제12조 제2항에 의하여 바로 도출된다고 할 수는 없고, 이를 인정하기 위해서는 입법적 뒷받침이 필요하다(대판 2013도5441).

오답의 이유

① 대판 2013.6.13. 2012도16001
③ 대판 2014.2.27. 2013도15499
④ 대판 2015.10.29. 2014도5939

02 난도 ★☆☆ 정답 ③

공판 > 공판절차

정답의 이유

③ 진술거부권 고지(형사소송법 제283조의2) - 인정신문(제284조) - 모두진술(제285조 · 제286조) - 재판장의 쟁점정리 및 검사 · 변호인의 증거관계 등에 대한 진술(제287조) - 증거조사(제290조) - 피고인신문(제296조의2) - 증거조사 후의 검사의 의견진술(제302조) - 피고인의 최후진술(제303조) 순으로 진행된다.

03 난도 ★★☆ 정답 ③

수사와 공소 > 수사

정답의 이유

③ 공판준비 또는 공판기일에서 이미 증언을 마친 증인을 검사가 소환한 후 피고인에게 유리한 증언 내용을 추궁하여 이를 일방적으로 번복시키는 방식으로 작성한 진술조서를 유죄의 증거로 삼는 것은 당사자주의 · 공판중심주의 · 직접주의를 지향하는 현행 형사소송법의 소송구조에 어긋나는 것일 뿐만 아니라, 헌법 제27조가 보장하는 기본권, 즉 법관의 면전에서 모든 증거자료가 조사 · 진술되고 이에 대하여 피고인이 공격 · 방어할 수 있는 기회가 실질적으로 부여되는 재

판을 받을 권리를 침해하는 것이므로, 이러한 진술조서는 피고인이 증거로 할 수 있음에 동의하지 아니하는 한 증거능력이 없고, 그 후 원진술자인 종전 증인이 다시 법정에 출석하여 증언을 하면서 그 진술조서의 성립의 진정함을 인정하고 피고인 측에 반대신문의 기회가 부여되었다고 하더라도 그 증언 자체를 유죄의 증거로 할 수 있음은 별론으로 하고 위와 같은 진술조서의 증거능력이 없다는 결론은 달리할 것이 아니다. 이는 검사가 공판준비 또는 공판기일에서 이미 증언을 마친 증인에게 수사기관에 출석할 것을 요구하여 그 증인을 상대로 위증의 혐의를 조사한 내용을 담은 피의자신문조서의 경우도 마찬가지이다(대판 2013.8.14. 2012도13665).

오답의 이유

① 대결 2013.7.1. 2013모160
② 특정범죄신고자 등 보호법 등에서처럼 명시적으로 진술자의 인적 사항의 전부 또는 일부의 기재를 생략할 수 있도록 한 경우가 아니라 하더라도, 진술자와 피고인의 관계, 범죄의 종류, 진술자 보호의 필요성 등 여러 사정으로 볼 때 상당한 이유가 있는 경우에는 수사기관이 진술자의 성명을 가명으로 기재하여 조서를 작성하였다고 해서 그 이유만으로 그 조서가 '적법한 절차와 방식'에 따라 작성되지 않았다고 할 것은 아니다(대판 2012.5.24. 2011도7757).
④ 형사소송법 제244조의2 제1항

제244조의2(피의자진술의 영상녹화)
① 피의자의 진술은 영상녹화할 수 있다. 이 경우 미리 영상녹화사실을 알려주어야 하며, 조사의 개시부터 종료까지의 전 과정 및 객관적 정황을 영상녹화하여야 한다.
② 제1항에 따른 영상녹화가 완료된 때에는 피의자 또는 변호인 앞에서 지체 없이 그 원본을 봉인하고 피의자로 하여금 기명날인 또는 서명하게 하여야 한다.
③ 제2항의 경우에 피의자 또는 변호인의 요구가 있는 때에는 영상녹화물을 재생하여 시청하게 하여야 한다. 이 경우 그 내용에 대하여 이의를 진술하는 때에는 그 취지를 기재한 서면을 첨부하여야 한다.

04 난도 ★☆☆ 정답 ①

공판 > 공판절차

정답의 이유

① 형사소송법 제266조의13

제266조의13(공판준비기일 종결의 효과)
① 공판준비기일에서 신청하지 못한 증거는 다음 각 호의 어느 하나에 해당하는 경우에 한하여 공판기일에 신청할 수 있다.
   1. 그 신청으로 인하여 소송을 현저히 지연시키지 아니하는 때
   2. 중대한 과실 없이 공판준비기일에 제출하지 못하는 등 부득이한 사유를 소명한 때
② 제1항에도 불구하고 법원은 직권으로 증거를 조사할 수 있다.

오답의 이유

② 공판준비기일에는 검사 및 변호인이 출석하여야 한다. 법원은 필요하다고 인정하는 때에는 피고인을 소환할 수 있으며, 피고인은 법원의 소환이 없는 때에도 공판준비기일에 출석할 수 있다. 재판장은 출석한 피고인에게 진술을 거부할 수 있음을 알려주어야 한다.(형사소송법 제266조의8 제1항ㆍ제5항ㆍ제6항).
③ 공판준비기일은 공개한다. 다만, 공개하면 절차의 진행이 방해될 우려가 있는 때에는 공개하지 아니할 수 있다(형사소송법 제266조의7 제4항).
④ 당해 신청에 관한 법원의 결정에 대하여는 불복할 수 없다(형사소송법 제266조의7 제2항).

05 난도 ★★☆ 정답 ④

서론 > 소송주체와 소송관계인

정답의 이유

④ 대판 2002.11.13. 2002도4893

오답의 이유

① 기피신청을 받은 법관이 형사소송법 제22조에 위반하여 본안의 소송절차를 정지하지 않은 채 그대로 소송을 진행하여서 한 소송행위는 그 효력이 없고, 이는 그 후 그 기피신청에 대한 기각결정이 확정되었다고 하더라도 마찬가지이다(대판 2012.10.11. 2012도8544).
② 원심 합의부원인 법관이 원심 재판장에 대한 기피신청 사건의 심리와 기각결정에 관여한 사실이 있다고 하더라도, 이를 형사소송법 제17조 제7호 소정의 '법관이 사건에 관하여 그 기초되는 조사, 심리에 관여한 때'에 해당한다고 볼 수는 없다(대판 2005.12.22. 2005도6557)
③ 재판부가 당사자의 증거신청을 채택하지 아니하거나 이미 한 증거결정을 취소하였다 하더라도 그러한 사유만으로는 재판의 공평을 기대하기 어려운 객관적인 사정이 있다고 할 수 없다(대결 1995.4.3. 95모10).

06 난도 ★★☆ 정답 ①

서론 > 소송행위와 소송조건

정답의 이유

① 피고인의 아들이 이 사건 송달 당시 10세 정도라면 송달로 인하여 생기는 형사소송절차에 있어서의 효력까지 이해하였다고 볼 수는 없으나 그 송달 자체의 취지를 이해하고 영수한 서류를 송달 받을 아버지(피고인)에게 교부하는 것을 기대할 수 있는 능력 정도는 있다고 볼 것이므로, 피고인에 대한 소송기록접수통지서의 송달은 적법하다(대결 1996.6.3. 96모32).

오답의 이유

② 법원은 제1항의 규정에도 불구하고 피고인이 재정하는 공판정에서는 피고인에게 이익이 되거나 피고인이 동의하는 경우 구술

에 의한 공소장변경을 허가할 수 있다(형사소송규칙 제142조 제5항).

③ 즉결심판에 관한 절차법 제14조 제1항, 제3항, 제4항 및 형사소송법 제455조 제3항에 의하면, 경찰서장의 청구에 의해 즉결심판을 받은 피고인으로부터 적법한 정식재판의 청구가 있는 경우 경찰서장의 즉결심판청구는 공소제기와 동일한 소송행위이므로 공판절차에 의하여 심판하여야 한다(대판 2017.10.12. 2017도10368).

④ 검사가 공소사실의 일부가 되는 범죄일람표를 컴퓨터 프로그램을 통하여 열어보거나 출력할 수 있는 전자적 형태의 문서로 작성한 후, 종이문서로 출력하여 제출하지 아니하고 전자적 형태의 문서가 저장된 저장매체 자체를 서면인 공소장에 첨부하여 제출한 경우에는, 서면인 공소장에 기재된 부분에 한하여 공소가 제기된 것으로 볼 수 있을 뿐이고, 저장매체에 저장된 전자적 형태의 문서 부분까지 공소가 제기된 것이라고 할 수는 없다(대판 2016.12.15. 2015도3682).

07 난도 ★★☆　　　　　　　　　　　정답 ②

수사와 공소 > 수사의 종결과 공소의 제기

[정답의 이유]

② 포괄일죄에 있어서는 공소장변경을 통한 종전 공소사실의 철회 및 새로운 공소사실의 추가가 가능한 점에 비추어 그 공소장변경허가 여부를 결정함에 있어서는 포괄일죄를 구성하는 개개 공소사실별로 종전 것과의 동일성 여부를 따지기보다는 변경된 공소사실이 전체적으로 포괄일죄의 범주 내에 있는지 여부, 즉 단일하고 계속된 범의하에 동종의 범행을 반복하여 행하고 그 피해법익도 동일한 경우에 해당한다고 볼 수 있는지 여부에 초점을 맞추어야 한다(대판 2006.4.27. 2006도514).

[오답의 이유]

① 대판 2007.7.26. 2007도3906
③ 대판 2007.5.11. 2007도748
④ 대판 2009.3.12. 2008도11187

08 난도 ★★☆　　　　　　　　　　　정답 ①

수사와 공소 > 강제처분과 강제수사

[정답의 이유]

ㄱ. 대판 2008.3.27. 2007도11400
ㄴ. 대판 2009.4.23. 2009도526

[오답의 이유]

ㄷ. 피고인에 대한 현행범인체포서를 보면, 그 '범죄사실 및 체포의 사유'란에 피고인의 위와 같은 행패의 과정이 모두 기재되어 있어, 피고인을 단순히 폭력죄의 현행범으로서만 체포한 것이 아니라 피고인의 행패 행위 전체를 범죄행위로 평가하여 체포 사유로 삼았음을 쉽게 알 수 있다(다만, 위 체포서에는 죄명으

로 '공무집행방해 및 폭력행위 등 처벌에 관한 법률 위반'만이 기재되어 있을 뿐이지만, 범죄행위의 동일성이 유지되는 범위 안에서 죄명은 체포 후에 얼마든지 변경할 수 있는 것이므로 죄명에 의해 체포 사유가 한정된다고 볼 수는 없다)(대판 2006.9.28. 2005도6461).

ㄹ. 형사소송법 제33조 제1항 제1호의 '피고인이 구속된 때'라고 함은, 원래 구속제도가 형사소송의 진행과 형벌의 집행을 확보하기 위하여 법이 정한 요건과 절차 아래 피고인의 신병을 확보하는 제도라는 점 등에 비추어 볼 때 피고인이 당해 형사사건에서 구속되어 재판을 받고 있는 경우를 의미하고, 피고인이 별건으로 구속되어 있거나 다른 형사사건에서 유죄로 확정되어 수형 중인 경우는 이에 해당하지 아니한다(대판 2009.5.28. 2009도579).

09 난도 ★★☆　　　　　　　　　　　정답 ③

수사와 공소 > 수사의 종결과 공소의 제기

[정답의 이유]

③ 기소된 공소사실의 재산상 피해자와 공소장에 기재된 피해자가 다른 것이 판명된 경우에는 공소사실의 동일성을 해하지 않고 피고인의 방어권 행사에 실질적 불이익을 주지 않는 한 공소장변경절차 없이 직권으로 공소장 기재의 피해자와 다른 실제의 피해자를 적시하여 이를 유죄로 인정하여야 한다(대판 2017.6.19. 2013도564).

[오답의 이유]

① 일반법과 특별법이 동일한 구성요건을 가지고 있고 어느 범죄사실이 그 구성요건에 해당하는데 검사가 그 중 형이 보다 가벼운 일반법의 법조를 적용하여 그 죄명으로 기소하였으며, 그 일반법을 적용한 때의 형의 범위가 '징역 5년 이하'이고, 특별법을 적용한 때의 형의 범위가 '무기 또는 10년 이상의 징역'으로서 차이가 나는 경우에는, 비록 그 공소사실에 변경이 없고 또한, 그 적용 법조의 구성요건이 완전히 동일하다 하더라도, 그러한 적용 법조의 변경이 피고인의 방어권 행사에 실질적인 불이익을 초래한다고 보아야 하며, 따라서 법원은 공소장 변경 없이는 형이 더 무거운 특별법의 법조를 적용하여 특별법 위반의 죄로 처단할 수는 없다(대판 2008.3.14. 2007도10601).

② 피고인의 방어권 행사에 실질적인 불이익을 초래할 염려가 없는 경우에는 공소사실과 기본적 사실이 동일한 범위 내에서 법원이 공소장변경절차를 거치지 않고 공소사실과 다르게 사실을 인정하더라도 불고불리의 원칙에 위배되지 않는다. 단독범으로 기소된 것을 다른 사람과 공모하여 동일한 내용의 범행을 한 것으로 인정하는 경우에 이로 말미암아 피고인에게 예기치 않은 타격을 주어 방어권 행사에 실질적 불이익을 줄 우려가 없다면 공소장변경이 필요한 것은 아니다(대판 2018.7.12. 2018도5909).

④ 법원이 동일한 범죄사실을 가지고 포괄일죄로 보지 아니하고 실체적 경합관계에 있는 수죄로 인정하였다고 하여도 이는 다만 죄수에 관한 법률적 평가를 달리한 것에 불과할 뿐이지 소추대상인 공소사실과 다른 사실을 인정한 것도 아니고 또 피고인의

방어권행사에 실질적으로 불이익을 초래할 우려도 없어서 불고불리의 원칙에 위반되는 것이 아니다(대판 2005.10.28. 2005도5996).

10 난도 ★★☆　　　　　　　　　정답 ③

종합

정답의 이유

③ 제1심이 위법한 공시송달 결정에 터 잡아 공소장 부본과 공판기일 소환장을 송달하고 피고인의 출석 없이 심리·판단한 이상, 이는 피고인에게 출석의 기회를 주지 아니한 것이 되어 그 소송절차는 위법한 것이다. 한편 항소법원은 판결에 영향을 미친 사유에 관하여는 항소이유서에 포함되지 아니한 경우에도 직권으로 심판할 수 있으므로, 원심으로서는 검사만이 양형부당으로 항소하였더라도 마땅히 직권으로 제1심의 위법을 시정하는 조치를 취했어야 할 것이다. 즉 원심으로서는 다시 적법한 절차에 의하여 소송행위를 새로이 한 후 위법한 제1심판결을 파기하고, 원심에서의 진술 및 증거조사 등 심리결과에 기하여 다시 판결하여야 할 것이다(대판 2011.5.13. 2011도1094).

오답의 이유

① 재판장은 여러 공판기일을 일괄하여 지정할 수 있다(형사소송법 제267조의2 제3항).

② 피고인이 제1심법원에서 공소사실에 대하여 자백하여 제1심법원이 이에 대하여 간이공판절차에 의하여 심판할 것을 결정하고, 이에 따라 제1심법원이 제1심판결 명시의 증거들을 증거로 함에 피고인 또는 변호인의 이의가 없어 형사소송법 제318조의3의 규정에 따라 증거능력이 있다고 보고 상당하다고 인정하는 방법으로 증거조사를 한 이상, 가사 항소심에 이르러 범행을 부인하였다고 하더라도 제1심법원에서 증거로 할 수 있었던 증거는 항소법원에서도 증거로 할 수 있는 것이므로 제1심법원에서 이미 증거능력이 있었던 증거는 항소심에서도 증거능력이 그대로 유지되어 심판의 기초가 될 수 있고 다시 증거조사를 할 필요가 없다(대판 2005.3.11. 2004도8313).

④ 준항고의 청구는 재판의 고지 있는 날로부터 7일 이내에 해야 한다(형사소송법 제416조 제3항).

11 난도 ★★☆　　　　　　　　　정답 ①

수사와 공소 > 수사

정답의 이유

① 피고인이 항소이유로 자수감경을 주장함에 대하여 원심이 자수감경을 하지 않고 자수감경 주장에 대하여도 별도의 판단을 하지 아니한 사실을 알 수 있으나, 피고인이 자수하였다고 하더라도 자수한 사람에 대하여는 법원이 임의로 형을 감경할 수 있을 뿐이어서 원심이 자수감경을 하지 아니하였다거나 자수감경 주장에 대하여 판단을 하지 아니하였다고 하여 이를 위법하다고 할 수 없다(대판 2013.11.28. 2013도9003).

오답의 이유

② 형법 제52조 제1항에서 말하는 '자수'란 범인이 자발적으로 자신의 범죄사실을 수사기관에 신고하여 그 소추를 구하는 의사표시를 함으로써 성립하는 것으로서, 범행이 발각된 후에 수사기관에 자진 출석하여 범죄사실을 자백한 경우도 포함하며, 일단 자수가 성립한 이상 자수의 효력은 확정적으로 발생하고 그 후에 범인이 번복하여 수사기관이나 법정에서 범행을 부인한다고 하여 일단 발생한 자수의 효력이 소멸하는 것은 아니라고 할 것이다. 그러나 수사기관에의 신고가 자발적이라고 하더라도 그 신고의 내용이 자기의 범행을 명백히 부인하는 등의 내용으로 자기의 범행으로서 범죄성립요건을 갖추지 아니한 사실일 경우에는 자수는 성립하지 아니하고, 일단 자수가 성립하지 아니한 이상 그 이후의 수사과정이나 재판과정에서 범행을 시인하였다고 하더라도 새롭게 자수가 성립할 여지는 없다(대판 2011.12.22. 2011도12041).

③ '자수'란 범인이 스스로 수사책임이 있는 관서에 자기의 범행을 자발적으로 신고하고 그 처분을 구하는 의사표시이므로, 수사기관의 직무상의 질문 또는 조사에 응하여 범죄사실을 진술하는 것은 자백일 뿐 자수로는 되지 아니하다(대판 2011.12.22. 2011도12041).

④ 수사기관에 뇌물수수의 범죄사실을 자발적으로 신고하였으나 그 수뢰액을 실제보다 적게 신고함으로써 적용법조와 법정형이 달라지게 된 경우, 자수의 성립을 부인한 사례(대판 2004.6.24. 2004도2003)

12 난도 ★★☆　　　　　　　　　정답 ④

공판 > 공판절차

정답의 이유

④ 형사소송법 제266조의3 제5항

오답의 이유

① 피고인 또는 변호인은 검사에게 공소제기된 사건에 관한 서류 또는 물건(이하 "서류 등"이라 한다)의 목록과 공소사실의 인정 또는 양형에 영향을 미칠 수 있는 다음 서류 등의 열람·등사 또는 서면의 교부를 신청할 수 있다. 다만, 피고인에게 변호인이 있는 경우에는 피고인은 열람만을 신청할 수 있다(형사소송법 제266조의3 제1항).

② 서류 등은 도면·사진·녹음테이프·비디오테이프·컴퓨터용 디스크, 그 밖에 정보를 담기 위하여 만들어진 물건으로서 문서가 아닌 특수매체를 포함한다. 이 경우 특수매체에 대한 등사는 필요 최소한의 범위에 한한다(형사소송법 제266조의3 제6항).

③ 검사는 열람·등사 또는 서면의 교부를 거부하거나 그 범위를 제한하는 때에는 지체 없이 그 이유를 서면으로 통지하여야 한다(형사소송법 제266조의3 제3항).

13 난도 ★★☆   정답 ④

공판 > 공판절차

정답의 이유

④ 국민의 형사재판 참여에 관한 법률 제9조 제1항 제4호

제9조(배제결정)
① 법원은 공소제기 후부터 공판준비기일이 종결된 다음날까지 다음 각 호의 어느 하나에 해당하는 경우 국민참여재판을 하지 아니하기로 하는 결정을 할 수 있다. 〈개정 2012.1.17.〉
  1. 배심원·예비배심원·배심원후보자 또는 그 친족의 생명·신체·재산에 대한 침해 또는 침해의 우려가 있어서 출석의 어려움이 있거나 이 법에 따른 직무를 공정하게 수행하지 못할 염려가 있다고 인정되는 경우
  2. 공범 관계에 있는 피고인들 중 일부가 국민참여재판을 원하지 아니하여 국민참여재판의 진행에 어려움이 있다고 인정되는 경우
  3. 성폭력범죄의 처벌 등에 관한 특례법 제2조의 범죄로 인한 피해자(이하 "성폭력범죄 피해자"라 한다) 또는 법정대리인이 국민참여재판을 원하지 아니하는 경우
  4. 그 밖에 국민참여재판으로 진행하는 것이 적절하지 아니하다고 인정되는 경우

오답의 이유

① 국민의 형사재판 참여에 관한 법률에 의하면 제1심 법원이 국민참여재판 대상사건을 피고인의 의사에 따라 국민참여재판으로 진행함에 있어 별도의 국민참여재판 개시결정을 할 필요는 없고, 그에 관한 이의가 있어 제1심 법원이 국민참여재판으로 진행하기로 하는 결정에 이른 경우 이는 판결 전의 소송절차에 관한 결정에 해당하며, 그에 대하여 특별히 즉시항고를 허용하는 규정이 없으므로 위 결정에 대하여는 항고할 수 없다(대결 2009.10.23. 2009모1032).

② 국민참여재판에서 배심원이 만장일치 의견으로 내린 무죄의 평결을 존중하여 제1심 법원이 무죄판결을 내린 경우, 검사는 항소를 제기할 수 있다(형사소송법 제338조 제1항, 대판 2010.3.25. 2009도14065).

③ 국민의 형사재판 참여에 관한 법률 제8조는 피고인이 공소장 부본을 송달받은 날부터 7일 이내에 국민참여재판을 원하는지 여부에 관한 의사가 기재된 서면(이하 '의사확인서')을 제출하도록 하고, 피고인이 그 기간 내에 의사확인서를 제출하지 아니한 때에는 국민참여재판을 원하지 아니하는 것으로 보며, 공판준비기일이 종결되거나 제1회 공판기일이 열린 이후 등에는 종전의 의사를 바꿀 수 없도록 규정하고 있다. 위 규정의 취지를 위 기한이 지나면 피고인이 국민참여재판 신청을 할 수 없도록 하려는 것으로는 보기 어려운 점 등에 비추어 볼 때, 공소장 부본을 송달받은 날부터 7일 이내에 의사확인서를 제출하지 아니한 피고인도 제1회 공판기일이 열리기 전까지는 국민참여재판 신청을 할 수 있고, 법원은 그 의사를 확인하여 국민참여재판으로 진행할 수 있다고 봄이 상당하다(대결 2009.10.23. 2009모1032).

14 난도 ★★☆   정답 ①

수사와 공소 > 수사의 종결과 공소의 제기

정답의 이유

① 법정기간 준수에 대하여 도달주의 원칙을 정하고 재소자 피고인 특칙의 예외를 개별적으로 인정한 형사소송법의 규정 내용과 입법 취지, 재정신청절차가 형사재판절차와 구별되는 특수성, 법정기간 내의 도달주의를 보완할 수 있는 여러 형사소송법상 제도 및 신속한 특급우편제도의 이용 가능성 등을 종합하여 보면, 재정신청 기각결정에 대한 재항고나 그 재항고 기각결정에 대한 즉시항고로서의 재항고에 대한 법정기간의 준수 여부는 도달주의 원칙에 따라 재항고장이나 즉시항고장이 법원에 도달한 시점을 기준으로 판단하여야 하고, 거기에 재소자 피고인 특칙은 준용되지 아니한다(대결 2015.7.16. 2013모2347).

오답의 이유

② 재정신청사건의 심리 중에는 관련 서류 및 증거물을 열람 또는 등사할 수 없다. 다만, 법원은 제262조 제2항 후단의 증거조사 과정에서 작성된 서류의 전부 또는 일부의 열람 또는 등사를 허가할 수 있다(형사소송법 제262조의2).

③ 재정신청은 대리인에 의하여 할 수 있으며 공동신청권자 중 1인의 신청은 그 전원을 위하여 효력을 발생한다(형사소송법 제264조 제1항). 재정신청의 취소는 다른 공동신청권자에게 효력을 미치지 아니한다(동조 제3항).

④ 법원이 재정신청 대상 사건이 아님에도 이를 간과한 채 형사소송법 제262조 제2항 제2호에 따라 공소제기결정을 하였더라도, 그에 따른 공소가 제기되어 본안사건의 절차가 개시된 후에는 다른 특별한 사정이 없는 한 본안사건에서 위와 같은 잘못을 다툴 수 없다(대판 2017.11.14. 2017도13465).

15 난도 ★★☆   정답 ③

공판 > 증거

정답의 이유

③ 피고인이 검사 이전의 수사기관에서 고문 등 가혹행위로 인하여 임의성 없는 자백을 하고 그 후 검사의 조사단계에서도 임의성 없는 심리상태가 계속되어 동일한 내용의 자백을 하였다면 검사의 조사단계에서 고문 등 자백의 강요행위가 없었다고 하여도 검사 앞에서의 자백도 임의성 없는 자백이라고 보아야 한다(대판 2013.7.11. 2011도14044).

오답의 이유

① 일정한 증거가 발견되면 피의자가 자백하겠다고 한 약속이 검사의 강요나 위계에 의하여 이루어졌다던가 또는 불기소나 경한 죄의 소추등 이익과 교환조건으로 된 것으로 인정되지 않는다면 위와 같은 자백의 약속하에 된 자백이라 하여 곧 임의성 없는 자백이라고 단정할 수는 없다(대판 1983.9.13. 83도712). 이 판례의 반대 해석상 자백하면 가벼운 형으로 처벌되도록 하겠다고 약속하에 이루어진 자백은 임의성이 부정된다.

② 수사기관이 피의자를 신문함에 있어서 피의자에게 미리 진술거부권을 고지하지 않은 때에는 그 피의자의 진술은 위법하게 수집된 증거로서 진술의 임의성이 인정되는 경우라도 증거능력이 부인되어야 한다(대판 2014.4.10. 2014도1779).

④ 공동피고인의 자백은 이에 대한 피고인의 반대신문권이 보장되어 있어 증인으로 신문한 경우와 다를 바 없으므로 독립한 증거능력이 있고 이는 피고인들간에 이해관계가 상반된다고 하여도 마찬가지이다(대판 2006.5.11. 2006도1944).

16 난도 ★★★   정답 ④

공판 > 증거

[정답의 이유]

④ 디지털 저장매체에 저장된 로그파일의 원본이 아니라 그 복사본의 일부 내용을 요약·정리하는 방식으로 새로운 문서파일이 작성된 경우 그 문서파일 또는 거기에서 출력한 문서를 로그파일 원본의 내용을 증명하는 증거로 사용하기 위하여는 피고인이 이를 증거로 하는 데 동의하지 아니하는 이상 그 문서파일의 기초가 된 로그파일 복사본과 로그파일 원본의 동일성도 인정되어야 한다. 나아가 이때 새로운 문서파일 또는 거기에서 출력한 문서를 진술증거로 사용하는 경우 그 기재 내용의 진실성에 관하여는 전문법칙이 적용되므로 형사소송법 제313조 제1항에 따라 공판준비기일이나 공판기일에서 그 작성자 또는 진술자의 진술에 의하여 성립의 진정함이 증명된 때에 한하여 이를 증거로 사용할 수 있다(대판 2015.8.27. 2015도3467).

[오답의 이유]

① 진술서의 작성자가 공판준비나 공판기일에서 그 성립의 진정을 부인하는 경우에는 과학적 분석결과에 기초한 디지털포렌식 자료, 감정 등 객관적 방법으로 성립의 진정함이 증명되는 때에는 증거로 할 수 있다. 다만, 피고인 아닌 자가 작성한 진술서는 피고인 또는 변호인이 공판준비 또는 공판기일에 그 기재 내용에 관하여 작성자를 신문할 수 있었을 것을 요한다(형사소송법 제313조 제2항).

② 대판 2013.7.26. 2013도2511

③ 대판 2017.12.5. 2017도12671

17 난도 ★★☆   정답 ③

공판 > 증거

[정답의 이유]

③ '공소외 9 선생 앞: 2011년 면담은 1월 30일 ~ 2월 1일까지 공소외 9과 ▽▽선생과 함께 북경에서 하였으면 하는 의견입니다.'라는 등의 내용이 담겨져 있는 파일들이 피고인 1의 컴퓨터에 '저장'되어 있던 사실을 유죄 인정의 근거가 되는 간접사실 중 하나로 들고 있음을 알 수 있다. 이를 앞서 본 법리에 비추어 살펴보면, 그 내용과 같이 피고인 1, 피고인 5가 북한 공작원들과 그 일시경 실제로 회합하였음을 증명하려고 하는 경우에는 문건 내용이 진실한지가 문제되므로 전문법칙이 적용된다(대판 2013.7.26. 2013도2511).

[오답의 이유]

① 정보통신망을 통하여 공포심이나 불안감을 유발하는 글을 반복적으로 상대방에게 도달하게 하는 행위를 하였다는 공소사실에 대하여 휴대전화기에 저장된 문자정보가 그 증거가 되는 경우, 그 문자정보는 범행의 직접적인 수단이고 경험자의 진술에 갈음하는 대체물에 해당하지 않으므로, 형사소송법 제310조의2에서 정한 전문법칙이 적용되지 않는다(대판 2008.11.13. 2006도2556).

② 타인의 진술을 내용으로 하는 진술이 전문증거인지 여부는 요증사실과의 관계에서 정하여지는 바, 원진술의 내용인 사실이 요증사실인 경우에는 전문증거이나, 원진술의 존재 자체가 요증사실인 경우에는 본래증거이지 전문증거가 아니다(대판 2012.7.26. 2012도2937).

④ 반국가단체로부터 지령을 받고 국가기밀을 탐지·수집하였다는 공소사실과 관련하여 수령한 지령 및 탐지·수집하여 취득한 국가기밀이 문건의 형태로 존재하는 경우나 편의제공의 목적물이 문건인 경우 등에는, 문건 내용의 진실성이 문제 되는 것이 아니라 그러한 내용의 문건이 존재하는 것 자체가 증거가 되는 것으로서, 위와 같은 공소사실에 대하여는 전문법칙이 적용되지 않는다(대판 2013.7.26. 2013도2511).

18 난도 ★★★   정답 ③

공판 > 증거

[정답의 이유]

③ 통신비밀보호법 제1조, 제3조 제1항 본문, 제4조, 제14조 제1항, 제2항의 문언, 내용, 체계와 입법 취지 등에 비추어 보면, 통신비밀보호법에서 보호하는 타인 간의 '대화'는 원칙적으로 현장에 있는 당사자들이 육성으로 말을 주고받는 의사소통행위를 가리킨다. 따라서 사람의 육성이 아닌 사물에서 발생하는 음향은 타인 간의 '대화'에 해당하지 않는다. 또한 사람의 목소리라고 하더라도 상대방에게 의사를 전달하는 말이 아닌 단순한 비명소리나 탄식 등은 타인과 의사소통을 하기 위한 것이 아니라면 특별한 사정이 없는 한 타인 간의 '대화'에 해당한다고 볼 수 없다(대판 2017.3.15. 2016도19843).

[오답의 이유]

① 범행 현장에서 지문채취 대상물에 대한 지문채취가 먼저 이루어진 이상, 수사기관이 그 이후에 지문채취 대상물을 적법한 절차에 의하지 아니한 채 압수하였다고 하더라도(한편, 이 사건 지문채취 대상물인 맥주컵, 물컵, 맥주병 등은 피해자 공소외 1이 운영하는 주점 내에 있던 피해자 공소외 1의 소유로서 이를 수거한 행위가 피해자 공소외 1의 의사에 반한 것이라고 볼 수 없으므로, 이를 가리켜 위법한 압수라고 보기도 어렵다), 위와 같이 채취된 지문은 위법하게 압수한 지문채취 대상물로부터 획득한 2차적 증거에 해당하지 아니함이 분명하여, 이를 가리켜 위법수집증거라고 할 수 없다(대판 2008.10.23. 2008도7471).

② 영장주의 원칙을 위반하여 수집하거나 그에 기초하여 획득한 증거로서, 원칙적으로 그 절차위반행위가 적법절차의 실질적인 내

용을 침해하여 피고인이나 변호인의 동의가 있더라도 유죄의 증
거로 사용할 수 없다고 할 것이다(대판 2012.11.15. 2011도
15258).
④ 피고인이 범행 후 피해자에게 전화를 걸어오자 피해자가 증거를
수집하려고 그 전화내용을 녹음한 이 사건에 있어서는 그것이
피고인 모르게 녹음된 것이라 하여 이를 위법하게 수집된 증거
라고 할 수 없다(대판 1997.3.28. 97도240).

19 난도 ★★☆ 정답 ②

상소와 비상구제절차 > 상소

정답의 이유

② 변호인의 상소취하에 대한 피고인의 동의도 공판정에서 구술로써 할
수 있다. 다만 상소를 취하하거나 상소의 취하에 동의한 자는 다시
상소를 하지 못하는 제한을 받게 되므로(형사소송법 제354조), 상소
취하에 대한 피고인의 구술 동의는 명시적으로 이루어져야만 한다(대
판 2015.9.10. 2015도7821).

오답의 이유

① 대판 1987.6.9. 87도941
③ 대판 2012.6.14. 2011도12571
④ 대판 1998.9.25. 98도2111

20 난도 ★★☆ 정답 ①

종합

정답의 이유

① 위 법원이 원판결의 선고 전에 피고인이 이미 사망한 사실을 알지 못
하여 공소기각의 결정을 하지 않고 실체판결에 나아감으로써 법령위반
의 결과를 초래하였다고 하더라도, 이는 형사소송법 제441조에 정한
'그 심판이 법령에 위반한 것'에 해당한다고 볼 수 없다(대판 2005.3.11.
2004오2).

오답의 이유

② 형사소송법 제457조의2
③ 형사소송법 제184조
④ 대판 1985.6.11. 85도756

한눈에 훑어보기

 영역 분석

공판
7문항, 35%
08 09 13 14 15 16 19

수사와 공소
7문항, 35%
01 03 06 12 17 18 20

상소와 비상구제절차
2문항, 10%
02 07

서론
4문항, 20%
04 05 10 11

✏️ **빠른 정답**

01	02	03	04	05	06	07	08	09	10
③	③	①	②	④	②	③	②	③	①
11	12	13	14	15	16	17	18	19	20
③	①	④	②	①	①	④	②	④	①

📌 **점수 체크**

구분	1회독	2회독	3회독
맞힌 문항 수	/ 20	/ 20	/ 20
나의 점수	점	점	점

01 난도 ★★☆　　　　　　　정답 ③

수사와 공소 > 강제처분과 강제수사

[정답의 이유]

③ 검사 또는 사법경찰관은 제1항 또는 제216조 제1항 제2호에 따라 압수한 물건을 계속 압수할 필요가 있는 경우에는 지체 없이 압수수색영장을 청구하여야 한다. 이 경우 압수수색영장의 청구는 체포한 때부터 48시간 이내에 하여야 한다(형사소송법 제217조 제2항).

[오답의 이유]

① 대판 2016.3.10. 2013도11233
② 대판 2017.12.5. 2017도13458
④ 형사소송법 제216조 제1항 제2호

제216조(영장에 의하지 아니한 강제처분)
① 검사 또는 사법경찰관은 제200조의2·제200조의3·제201조 또는 제212조의 규정에 의하여 피의자를 체포 또는 구속하는 경우에 필요한 때에는 영장 없이 다음 처분을 할 수 있다. 〈개정 1995.12.29., 2019.12.31.〉
　1. 타인의 주거나 타인이 간수하는 가옥, 건조물, 항공기, 선차 내에서의 피의자 수색. 다만, 제200조의2 또는 제201조에 따라 피의자를 체포 또는 구속하는 경우의 피의자 수색은 미리 수색영장을 발부받기 어려운 긴급한 사정이 있는 때에 한정한다.
　2. 체포현장에서의 압수, 수색, 검증

02 난도 ★☆☆　　　　　　　정답 ③

상소와 비상구제절차 > 특별절차

[정답의 이유]

③ 피고인이 정식재판을 청구한 사건에 대하여는 약식명령의 형보다 중한 종류의 형을 선고하지 못한다(형사소송법 제457조의2 제1항).

[오답의 이유]

① 지방법원은 그 관할에 속한 사건에 대하여 검사의 청구가 있는 때에는 공판절차 없이 약식명령으로 피고인을 벌금, 과료 또는 몰수에 처할 수 있다(형사소송법 제448조 제1항). 약식명령으로 구류에 처할 수는 없다.
② 약식절차에서는 전문법칙은 적용되지 않지만 자백배제법칙과 자백보강법칙은 적용된다.
④ 약식명령은 정식재판의 청구에 의한 판결이 있는 때에는 그 효력을 잃는다(형사소송법 제456조).

수사와 공소 > 수사

정답의 이유

① 수사기관이 범죄 증거를 수집할 목적으로 피의자의 동의 없이 피의자의 혈액을 취득·보관하는 행위는 법원으로부터 감정처분허가장을 받아 형사소송법 제221조의4 제1항, 제173조 제1항에 의한 '감정에 필요한 처분'으로도 할 수 있지만, 형사소송법 제219조, 제106조 제1항에 정한 압수의 방법으로도 할 수 있고, 압수의 방법에 의하는 경우 혈액의 취득을 위하여 피의자의 신체로부터 혈액을 채취하는 행위는 혈액의 압수를 위한 것으로서 형사소송법 제219조, 제120조 제1항에 정한 '압수영장의 집행에 있어 필요한 처분'에 해당한다(대판 2012.11.15. 2011도15258).

오답의 이유

② 헌재결 2017.11.30. 2016헌마503

③ 경찰관직무집행법상 응급의 구호를 요하는 자를 24시간을 초과하지 아니하는 범위 내에서 경찰관서에 보호조치할 수 있는 시설로 제한적으로 운영되는 경우를 제외하고는 구속영장을 발부받음이 없이 피의자를 보호실에 유치함은 영장주의에 위배되는 위법한 구금으로서 적법한 공무수행이라고 볼 수 없다(대판 1994.3.11. 93도958).

④ 수사기관이 범죄를 수사함에 있어 현재 범행이 행하여지고 있거나 행하여진 직후이고, 증거보전의 필요성 및 긴급성이 있으며, 일반적으로 허용되는 상당한 방법에 의하여 촬영을 한 경우라면 위 촬영이 영장 없이 이루어졌다 하여 이를 위법하다고 단정할 수 없다(대판 1999.9.3. 99도2317).

서론 > 소송주체와 소송관계인

정답의 이유

② 피의자가 다른 사람의 성명을 모용한 탓으로 공소장에 피모용자가 피고인으로 표시되었다 하더라도 이는 당사자의 표시상의 착오일 뿐이고 검사는 모용자에 대하여 공소를 제기한 것이므로 모용자가 피고인이 되고 피모용자에게 공소의 효력이 미친다고 할 수 없고, 이와 같은 경우 검사는 공소장의 인적 사항의 기재를 정정하여 피고인의 표시를 바로잡아야 하는 것인 바, 이는 피고인의 표시상의 착오를 정정하는 것이지 공소장을 변경하는 것이 아니므로 형사소송법 제298조에 따른 공소장변경의 절차를 밟을 필요가 없고 법원의 허가도 필요로 하지 아니한다(대판 1993.1.19. 92도2554).

오답의 이유

① 대판 1997.11.28. 97도2215

③·④ 대판 1993.1.19. 92도2554

서론 > 형사소송법의 기초이론

정답의 이유

④ 피고인신문제도나 법원의 공소장변경 요구는 직권주의적 요소이나 공소장일본주의는 당사자주의적 요소이다.

 더알아보기

당사자주의적 요소와 직권주의적 요소

당사자 주의적 요소	공소사실의 특정 요구(제254조 제4항), 공소장변경제도(제298조 제1항), 공소장일본주의(형사소송규칙 제118조 제2항), 공소장부본의 송달(제266조), 1회 공판기일 유예기간(제269조), 당사자의 모두진술(제285조·제286조), 당사자의 증거신청권(제294조), 증거조사참여권(제121조·제163조·제176조 등), 증인에 대한 교호신문제도(제161조의2 제1항), 피고인 신문에 앞선 증거조사(제290조·제296조의2), 당사자의 증거동의(제318조 제1항) 등
직권 주의적 요소	피고인신문제도(제296조의2), 법원의 직권증거조사(제295조), 법원의 공소장변경 요구(제298조 제2항), 증거동의에 대한 법원의 진정성 조사(제318조 제1항) 등

수사와 공소 > 수사의 종결과 공소의 제기

정답의 이유

② 법원은 공소의 제기가 있는 때에는 지체 없이 공소장의 부본을 피고인 또는 변호인에게 송달하여야 한다. 단, 제1회 공판기일 전 5일까지 송달하여야 한다(형사소송법 제266조).

오답의 이유

① 검사가 자의적으로 공소권을 행사하여 피고인에게 실질적인 불이익을 줌으로써 소추재량권을 현저히 일탈하였다고 보여지는 경우에 이를 공소권의 남용으로 보아 공소제기의 효력을 부인할 수 있는 것이고, 여기서 자의적인 공소권의 행사라 함은 단순히 직무상의 과실에 의한 것만으로는 부족하고 적어도 미필적이나마 어떤 의도가 있어야 한다(대판 2001.9.7. 2001도3026).

③ 기명날인 또는 서명이 없는 상태로 관할법원에 제출된 공소장은 형사소송법 제57조 제1항에 위반된 서류라 할 것이다. 그리고 이와 같이 법률이 정한 형식을 갖추지 못한 공소장 제출에 의한 공소의 제기는 특별한 사정이 없는 한 그 절차가 법률의 규정에 위반하여 무효일 때(형사소송법 제327조 제2호)에 해당한다. 다만 이 경우 공소를 제기한 검사가 공소장에 기명날인 또는 서명을 추완하는 등의 방법에 의하여 공소의 제기가 유효하게 될 수 있다(대판 2012.9.27. 2010도17052).

※ 형사소송법 제327조 제2호의 법령 변경에 따라 판례 일부를 '무효인' 때에서 '무효일' 때로 수정하였습니다.

④ 공소가 제기된 사건에 대해 다시 공소가 제기되었을 때는 판결로써 공소기각의 선고를 해야 한다(형사소송법 제327조 제3호).

07 난도 ★★☆   정답 ③

상소와 비상구제절차 > 상소

정답의 이유

③ 약식명령에 대하여 피고인만이 정식재판을 청구한 이 사건에서 피고인에 대하여 사서명위조와 위조사서서행사의 범죄사실이 인정되는 경우에는 비록 사서명위조죄와 위조사서서명행사죄의 법정형에 유기징역형만 있다 하더라도 형사소송법 제457조의2에서 규정한 불이익변경금지의 원칙이 적용되어 벌금형을 선고할 수 있다(대판 2013.2.28. 2011도14986).

오답의 이유

① 대판 2014.8.20. 2014도6472
② 대판 1957.10.4. 4290형비상1
④ 대판 2016.3.24. 2016도1131

08 난도 ★★☆   정답 ②

공판 > 증거

정답의 이유

② 대판 2016.2.18. 2015도16586

오답의 이유

① 어떤 증거가 전문증거인지 여부는 요증사실과 관계에서 정하여지는바, 원진술의 내용인 사실이 요증사실인 경우에는 전문증거이나, 원진술의 존재자체가 요증사실인 경우, 예컨대 명예훼손 사건에 있어서 명예훼손적 발언을 들은 자의 증언과 같은 경우는 본래증거이지 전문증거가 아니다(대판 2008.9.25. 2008도5347).
③ 형사소송법 제312조 제3항은 검사 이외의 수사기관이 작성한 당해 피고인에 대한 피의자신문조서를 유죄의 증거로 하는 경우뿐만 아니라, 검사 이외의 수사기관이 작성한 당해 피고인과 공범관계에 있는 다른 피고인이나 피의자에 대한 피의자신문조서를 당해 피고인에 대한 유죄의 증거로 채택할 경우에도 적용된다. 따라서 당해 피고인과 공범관계에 있는 공동피고인에 대해 검사 이외의 수사기관이 작성한 피의자신문조서는 그 공동피고인의 법정진술에 의하여 성립의 진정이 인정되더라도 당해 피고인이 공판기일에서 그 조서의 내용을 부인하면 증거능력이 부정된다(대판 2009.10.15. 2014도1779).
④ 사인인 의사가 작성한 개개의 진단서는 통상문서라고 볼 수 없다는 것이 판례의 태도이다(대판 1969.3.31. 69도179).

09 난도 ★☆☆   정답 ③

공판 > 공판절차

정답의 이유

③ 검사는 국가안보, 증인보호의 필요성, 증거인멸의 염려, 관련 사건의 수사에 장애를 가져올 것으로 예상되는 구체적인 사유 등 열람·등사 또는 서면의 교부를 허용하지 아니할 상당한 이유가 있다고 인정하는 때에는 열람·등사 또는 서면의 교부를 거부하거나 그 범위를 제한할 수 있으나(형사소송법 제266조의3 제2항) 서류 등의 목록에 대하여는 열람 또는 등사를 거부할 수 없다(동법 제266조의3 제5항).

오답의 이유

① 헌재결 2010.6.24. 2009헌마257
② 형사소송법 제266조의4 제1항
④ 형사소송법 제266조의4 제5항

10 난도 ★★☆   정답 ①

서론 > 소송주체와 소송관계인

정답의 이유

① 형사소송에 있어서 변호인을 선임할 수 있는 자는 피고인 및 피의자와 형사소송법 제30조 제2항에 규정된 자에 한정되는 것이고, 피고인 및 피의자로부터 그 선임권을 위임받은 자가 피고인이나 피의자를 대리하여 변호인을 선임할 수는 없는 것이다(대결 1994.10.28. 94모25).

오답의 이유

② 대판 2013.7.11. 2012도16334
③ 대판 2015.1.2. 2014도13797
④ 형사소송법 제201조의2 제8항

11 난도 ★☆☆   정답 ③

서론 > 소송주체와 소송관계인

정답의 이유

③ 기피신청을 인용한 결정에 대해서는 즉시항고할 수 없으나 기각결정에 대해서는 즉시항고할 수 있다(형사소송법 제23조 제1항, 제403조 제1항).

오답의 이유

① 형사소송법 제25조 제2항
② 대판 2002.4.12. 2002도944
④ 형사소송법 제21조 제2항·제3항

12 난도 ★★☆   정답 ①

수사와 공소 > 강제처분과 강제수사

정답의 이유

① 공소제기는 그 절차가 법률의 규정에 위반하여 무효인 때에 해당하므로 '무죄'판결이 아닌 '공소기각'판결로 사건을 종결해야 한다. 즉, 위법한 함정수사에 기초한 공소제기의 효력에 대하여 판례는 "본래 범의를 가지지 아니한 자에 대하여 수사기관이 사술이나 계략 등을 써서 범의를 유발케 하여 범죄인을 검거하는 함정수사는 위법함을 면할 수 없고, 이러한 함정수사에 기한 공소제기는 그 절차가 법률의 규정에 위반하여 무효인 때에 해당한다(대판 2005.10.28. 2005도1247)."라고 판시하여 공소기각판결로 사건을 종결해야 한다는 입장이다.

오답의 이유

② 대판 2007.7.12. 2006도2339
③ 대판 2008.10.23. 2008도7362
④ 대판 2007.11.29. 2007도7680

13 난도 ★★☆   정답 ④

공판 > 재판

정답의 이유

④ 포괄일죄의 관계에 있는 범행일부에 관하여 약식명령이 확정된 경우, 약식명령의 발령시를 기준으로 하여 그 전의 범행에 대하여는 면소의 판결을 하여야 하고, 그 이후의 범행에 대하여서만 일개의 범죄로 처벌하여야 한다(대판 1994.8.9. 94도1318).

오답의 이유

① 대판 1996.4.12. 96도158
② 기판력은 공소가 제기된 피고인에 대해서만 발생하므로 성명모용의 경우 모용자가 피고인이 되기 때문에 피모용자에게는 기판력이 미치지 않게 된다.
③ 면소판결의 특수성으로 인해 형식판결이지만 기판력이 발생한다.

14 난도 ★★☆   정답 ②

공판 > 증거

정답의 이유

② 피의자에 대한 진술거부권 고지는 피의자의 진술거부권을 실효적으로 보장하여 진술이 강요되는 것을 막기 위해 인정되는 것인데, 이러한 진술거부권 고지에 관한 형사소송법 규정내용 및 진술거부권 고지가 갖는 실질적인 의미를 고려하면 수사기관에 의한 진술거부권 고지 대상이 되는 피의자 지위는 수사기관이 조사대상자에 대한 범죄혐의를 인정하여 수사를 개시하는 행위를 한 때 인정되는 것으로 보아야 한다. 따라서 이러한 피의자 지위에 있지 아니한 자에 대하여는 진술거부권이 고지되지 아니하였더라도 진술의 증거능력을 부정할 것은 아니다(대판 2011.11.10. 2011도8125).

오답의 이유

① 대판 2006.11.23. 2004도7900
③ 형사소송법 제311조
④ 대판 2000.6.15. 99도1108 전합

15 난도 ★★☆   정답 ①

공판 > 증거

정답의 이유

ㄱ. (○) 대판 1983.2.22. 82도3107
ㄴ. (×) 피고인이 범행을 자인하는 것을 들었다는 피고인 아닌 자의 진술내용은 형사소송법 제310조의 피고인의 자백에는 포함되지 아니하나 이는 피고인의 자백의 보강증거로 될 수 없다(대판 2008.2.14. 2007도10937).
ㄷ. (○) 자백보강법칙은 정식재판, 즉 일반 형사소송절차에서 적용되므로 형사사건인 이상 간이공판절차와 약식명령절차에 있어서도 보강법칙은 적용된다. 그러나 즉결심판과 소년보호사건에서는 보강법칙이 적용되지 않는다.

16 난도 ★★☆   정답 ①

공판 > 증거

정답의 이유

① 조서말미에 피고인의 서명만이 있고, 그 날인(무인 포함)이나 간인이 없는 검사 작성의 피고인에 대한 피의자신문조서는 증거능력이 없다고 할 것이고, 그 날인이나 간인이 없는 것이 피고인이 그 날인이나 간인을 거부하였기 때문이어서 그러한 취지가 조서말미에 기재되었다거나, 피고인이 법정에서 그 피의자신문조서의 임의성을 인정하였다고 하여 달리 볼 것은 아니다(대판 1999.4.13. 99도237).

오답의 이유

② 대판 2008.11.13. 2006도2556
③ 대판 2014.4.30. 2012도725
④ 대판 2015.4.23. 2013도3790

17 난도 ★☆☆   정답 ④

수사와 공소 > 강제처분과 강제수사

정답의 이유

④ 법원은 보증금의 납입 또는 담보제공을 조건으로 석방된 피고인이 동일한 범죄사실에 관하여 형의 선고를 받고 그 판결이 확정된 후 집행하기 위한 소환을 받고 정당한 사유 없이 출석하지 아니하거나 도망한 때에는 직권 또는 검사의 청구에 따라 결정으로 보증금 또는 담보의 전부 또는 일부를 몰취하여야 한다(형사소송법 제103조 제2항).

오답의 이유

① 형사소송법 제96조
② 형사소송법 제94조
③ 형사소송법 제100조 제3항

---

18 난도 ★☆☆   정답 ②

수사와 공소 > 수사

정답의 이유

② 검사의 불기소처분에 불복하는 고소인이나 고발인은 그 검사가 속한 지방검찰청 또는 지청을 거쳐 서면으로 관할 고등검찰청 검사장에게 항고할 수 있다(검찰청법 제10조 제1항). 따라서 <u>고소하지 않은 피해자는 검찰항고를 할 수 없다.</u>

오답의 이유

① 고소의 주체가 되는 피해자에는 법인, 법인격 없는 사단이나 재단도 포함된다(헌재결 1994.12.29. 94헌마82).

③ 촬영한 영상물에 수록된 피해자의 진술은 공판준비기일 또는 공판기일에 피해자나 조사 과정에 동석하였던 신뢰관계에 있는 사람 또는 진술조력인의 진술에 의하여 그 성립의 진정함이 인정된 경우에 증거로 할 수 있다(성폭력범죄의 처벌 등에 관한 특례법 제30조 제6항).

※ 성폭력범죄의 처벌 등에 관한 특례법 제30조 제6항은 판례(헌재 2021. 12. 23. 2018헌바524)에서 위헌 결정이 있었으나, 아직 법령 개정으로 이어지지 않았으므로 기존 법령에 따른다.

[단순위헌, 2018헌바524, 2021.12.23. 성폭력범죄의 처벌 등에 관한 특례법(2012.12.18. 법률 제11556호로 전부개정된 것) 제30조 제6항 중 '제1항에 따라 촬영한 영상물에 수록된 피해자의 진술은 공판준비기일 또는 공판기일에 조사 과정에 동석하였던 신뢰관계에 있는 사람 또는 진술조력인의 진술에 의하여 그 성립의 진정함이 인정된 경우에 증거로 할 수 있다' 부분 가운데 19세 미만 성폭력범죄 피해자에 관한 부분은 헌법에 위반된다.]

④ 형사소송법 제294조의3 제1항

---

19 난도 ★☆☆   정답 ④

공판 > 공판절차

정답의 이유

ㄱ, ㄴ, ㄷ. 모두 당해사건에서 제3자이지 당사자가 아니므로 증인적격이 인정된다.

ㄱ. 헌재결 2002.11.29. 2001헌바41
ㄴ. 대판 2008.10.23. 2005도10101
ㄷ. 대판 1983.9.13. 83도823

---

20 난도 ★★☆   정답 ①

수사와 공소 > 강제처분과 강제수사

정답의 이유

① 형사소송법 제214조의2의 규정상 '구속'된 피의자로 명시되어 있으므로 '체포'된 피의자에게는 보증금납입조건부 피의자석방은 허용되지 않는다(대결 97모21).

오답의 이유

② 형사소송법 제214조의2 제4항

③ 체포영장이나 구속영장을 발부한 법관은 심사에 관여하지 못한다. 다만, 체포영장이나 구속영장을 발부한 법관 외에는 심문·조사·결정할 판사가 없는 경우에는 그러하지 아니하다(형사소송법 제214조의2 제12항).

④ 형사소송법 제214조의2 제3항

형사소송법개론

기출이 답이다

교정직

MEMO

교정직 5개년

정답 한눈에 보기!

2022년 국가직 국어

01	③	06	②	11	④	16	②
02	④	07	②	12	①	17	④
03	④	08	④	13	④	18	④
04	③	09	③	14	①	19	③
05	②	10	②	15	④	20	①

2022년 국가직 영어

01	①	06	③	11	①	16	③
02	③	07	④	12	④	17	③
03	②	08	④	13	①	18	②
04	②	09	①	14	①	19	④
05	①	10	①	15	③	20	③

2021년 국가직 국어

01	②	06	④	11	④	16	③
02	③	07	③	12	③	17	③
03	②	08	①	13	③	18	③
04	④	09	②	14	①	19	④
05	①	10	④	15	④	20	①

2021년 국가직 영어

01	①	06	④	11	①	16	①
02	②	07	④	12	②	17	②
03	③	08	①	13	③	18	④
04	④	09	④	14	④	19	④
05	④	10	④	15	④	20	①

2020년 국가직 국어

01	②	06	②	11	①	16	③
02	①	07	①	12	④	17	①
03	③	08	④	13	③	18	③
04	④	09	④	14	④	19	②
05	①	10	②	15	②	20	③

2020년 국가직 영어

01	①	06	③	11	④	16	④
02	④	07	③	12	③	17	④
03	④	08	③	13	③	18	③
04	③	09	①	14	①	19	①
05	④	10	④	15	④	20	②

2019년 국가직 국어

01	③	06	②	11	④	16	③
02	①	07	①	12	②	17	②
03	③	08	④	13	①	18	④
04	④	09	④	14	④	19	④
05	①	10	①	15	②	20	②

2019년 국가직 영어

01	①	06	②	11	①	16	①
02	②	07	②	12	②	17	④
03	③	08	④	13	④	18	③
04	③	09	③	14	③	19	③
05	④	10	④	15	④	20	④

2018년 국가직 국어

01	①	06	②	11	④	16	③
02	③	07	④	12	②	17	③
03	④	08	④	13	①	18	②
04	③	09	③	14	①	19	③
05	①	10	②	15	②	20	①

2018년 국가직 영어

01	①	06	③	11	②	16	④
02	②	07	①	12	④	17	④
03	③	08	②	13	②	18	②
04	④	09	③	14	①	19	③
05	④	10	④	15	④	20	④

정답 한눈에 보기!

교정직 5개년

2018년 국가직 한국사

01	02	03	04	05
①	③	①	③	②
①	①	②	④	⑩
④	③			③
③	④	③	②	③

2018년 국가직 교정학개론

01	02	03	04	05
②	③	①	③	②
②	①	②	④	
②	②		②	
④	①	④	④	①

2019년 국가직 한국사

01	02	03	04	05
③	④	②	③	④
①	②	④	③	
④	②	②	①	③
④	①	②	②	②

2019년 국가직 교정학개론

01	02	03	04	05
④	④	②	②	④
②	②	③	④	
②	①	③	②	
①	④	④	④	②

2020년 국가직 한국사

01	02	03	04	05
③	④	③	②	④
②	①	④	②	
④	①	②	①	③
②	②	④	③	④

2020년 국가직 교정학개론

01	02	03	04	05
④	④	①	③	①
②	①	②	④	
④	④	①	②	
②	③	④	④	③

2021년 국가직 한국사

01	02	03	04	05
③	②	③	①	①
④	④	③	③	
④	④	③	④	④
①	④	②	②	③

2021년 국가직 교정학개론

01	02	03	04	05
①	②	③	①	④
③	②	③	③	
①	④	④	②	②
①	②	④	③	②

2022년 국가직 한국사

01	02	03	04	05
①	③	④	①	②
④	④	②	③	③
①	④	②	③	①
②	②	③	②	④

2022년 국가직 교정학개론

01	02	03	04	05
④	②	②	②	①
①	①	③	②	②
①	④	②	①	④
③	④	④	④	①

교정직 5개년

정답 한눈에 보기!

2022년 국가직 형사소송법개론

01	②	02	③	03	④	04	④	05	
06	②	07	③	08	①	09	④	10	④
11	②	12	④	13	①	14	③	15	③
16	①	17	④	18	④	19	②	20	②

2021년 국가직 형사소송법개론

01	①	02	②	03	④	04	②	05	
06	②	07	②	08	④	09	②	10	④
11	②	12	①	13	④	14	④	15	①
16	④	17	④	18	④	19	②	20	③

2020년 국가직 형사소송법개론

01	②	02	④	03	③	04	①	05	
06	③	07	①	08	③	09	①	10	②
11	③	12	③	13	③	14	④	15	④
16	①	17	③	18	②	19	④	20	④

2019년 국가직 형사소송법개론

01	②	02	③	03	③	04	①	05	
06	②	07	③	08	③	09	①	10	④
11	①	12	②	13	①	14	③	15	③
16	④	17	④	18	④	19	①	20	①

2018년 국가직 형사소송법개론

01	②	02	③	03	①	04	②	05	
06	③	07	③	08	①	09	②	10	④
11	③	12	①	13	④	14	①	15	①
16	④	17	④	18	②	19	④	20	①

MEMO

좋은 책을 만드는 길
독자님과 함께하겠습니다.

도서나 동영상에 궁금한 점, 아쉬운 점, 만족스러운 점이
있으시다면 어떤 의견이라도 말씀해 주세요.
SD에듀는 독자님의 의견을 모아 더 좋은 책으로 보답하겠습니다.

www.sdedu.co.kr

2023 기출이 답이다 9급 공무원 교정직 전과목 5개년 기출문제집

개정1판1쇄 발행	2023년 02월 06일 (인쇄 2022년 12월 26일)
초 판 발 행	2021년 01월 05일 (인쇄 2020년 11월 26일)
발 행 인	박영일
책 임 편 집	이해욱
저 자	SD 공무원시험연구소
편 집 진 행	신보용 · 전소정
표지디자인	김도연
편집디자인	김예슬 · 하한우
발 행 처	(주)시대고시기획
출 판 등 록	제 10-1521호
주 소	서울시 마포구 큰우물로 75 [도화동 538 성지 B/D] 9F
전 화	1600-3600
팩 스	02-701-8823
홈 페 이 지	www.sdedu.co.kr
I S B N	979-11-383-4013-7 (13350)
정 가	25,000원